Patrik v. zur Mühlen · Spanien war ihre Hoffnung

Forschungsinstitut der Friedrich-Ebert-Stiftung
Reihe: Politik- und Gesellschaftsgeschichte
Band 12
Herausgegeben von Kurt Klotzbach

Patrik v. zur Mühlen

Spanien war ihre Hoffnung

Die deutsche Linke
im Spanischen Bürgerkrieg
1936 bis 1939

Verlag Neue Gesellschaft

CIP-Kurztitelaufnahme der Deutschen Bibliothek

Zur Mühlen, Patrik von:
Spanien war ihre Hoffnung : d. dt. Linke im Span. Bürgerkrieg 1936 — 1939 / Patrik v. zur Mühlen. — Forschungsinst. d. Friedrich-Ebert-Stiftung, Bonn. — Bonn : Verlag Neue Gesellschaft, 1983.
    (Reihe: Politik- und Gesellschaftsgeschichte ; Bd. 12)
    ISBN 3-87831-375-6
NE: GT

ISBN 3-87831-375-6

Forschungsinstitut der Friedrich-Ebert-Stiftung
Godesberger Allee 149, D-5300 Bonn 2

Copyright © 1983 by Verlag Neue Gesellschaft GmbH
Godesberger Allee 143, D-5300 Bonn 2
Herstellung: satz+druck gmbh, Düsseldorf
Alle Rechte vorbehalten
Printed in Germany 1983

Vorwort

Die Geschichte des Spanischen Bürgerkrieges und besonders auch des Einsatzes deutscher Freiwilliger auf seiten der Spanischen Republik ist in einem umfangreichen Schrifttum untersucht, dokumentiert und dargestellt worden. Wenn diese Thematik in der vorliegenden Schrift erneut behandelt wird, so stehen zwei bislang vernachlässigte Gesichtspunkte im Vordergrunde. Der Einsatz der Deutschen beschränkte sich nicht, wie bisher größtenteils dargestellt, auf den Dienst in den Internationalen Brigaden, sondern erstreckte sich auch auf den Kampf in revolutionären Milizen, auf Aktivitäten in politischen Vereinigungen, auf Presse und Propaganda sowie auf die theoretische Verarbeitung des Geschehens. Das Spektrum der deutschen (Exil-)Parteien in Spanien war eingebettet in die spanische Parteienlandschaft und kann nur in dieser Abhängigkeit vollständig erfaßt werden. Die vorliegende Studie versucht daher, das Thema als Bestandteil der Geschichte zweier Länder zu begreifen.
Der zweite Gesichtspunkt betrifft die Quellengrundlage. Der Spanische Bürgerkrieg ist in einer nicht mehr überschaubaren Literatur untersucht und dargestellt worden, meistens jedoch auf der Grundlage von Sekundärquellen: Memoiren, Denkschriften, politische Traktate und Pamphlete, Flugblätter und Zeitungsartikel. Vernachlässigt wurde das Studium von Archivmaterialien, die trotz kriegsbedingter Lücken einen umfassenden Einblick in bislang wenig beachtete Kapitel des Bürgerkrieges bieten.
Mein Dank gilt daher den Leitern und Mitarbeitern der aufgesuchten Archive, die dem Verfasser bei der Suche nach teilweise noch nicht erschlossenen Quellen mit Rat und Tat zur Seite standen. Besonders hervorheben möchte ich an dieser Stelle die spanischen Archive, auf deren Bestände sich die vorliegende Arbeit zu einem wesentlichen Teil stützt. — Von seiten früherer Bürgerkriegsteilnehmer und Augenzeugen des Geschehens, deren Anzahl inzwischen arg geschrumpft ist, erhielt ich schriftliche oder mündliche Auskünfte, die zur Vollständigkeit dieser Studie, in der vor allem ihre Vergangenheit dargestellt wird, beigetragen haben. Auch ihnen möchte ich an dieser Stelle danken.
So umfangreiche Themen wie der Spanische Bürgerkrieg und die Geschichte der deutschen Emigration können von einem einzelnen Forscher allein kaum vollständig überschaut werden. Als fruchtbar erwies sich der häufige Gedanken- und Erfahrungsaustausch mit Historikern, die sich mit verwandten oder benachbarten Themen beschäftigten und mit Ratschlägen und kritischen Hinweisen die vorliegende Arbeit unterstützt haben; ich möchte an dieser Stelle den Herren Dr. Hartmut Mehringer/München, Hans Schafranek/Wien, Reiner Tossdorf/Bonn und Albert Utiger/Zürich gleichfalls meinen Dank aussprechen.
Die in der Abteilung für Sozial- und Zeitgeschichte der Friedrich-Ebert-Stiftung erarbeitete Studie wurde von der Deutschen Forschungsgemeinschaft im Rahmen des Schwerpunktes „Exilforschung" großzügig gefördert, wodurch unter anderem längere Archivreisen, vor allem aber ein mehrmonatiger Aufenthalt in Spanien möglich wurden; hierfür sei ihr an dieser Stelle besonders gedankt. Mein Dank gilt schließlich auch Herrn Dr. Kurt Klotzbach, der die Veröffentlichung der Schrift in der „Reihe: Politik und Gesellschaftsgeschichte" ermöglichte, sowie Frau Heike Spanier für die Anfertigung des maschinenschriftlichen Manuskripts.

Bonn, im April 1983　　　　　　　　　　　　　　　　　　　　　　Patrik v. zur Mühlen

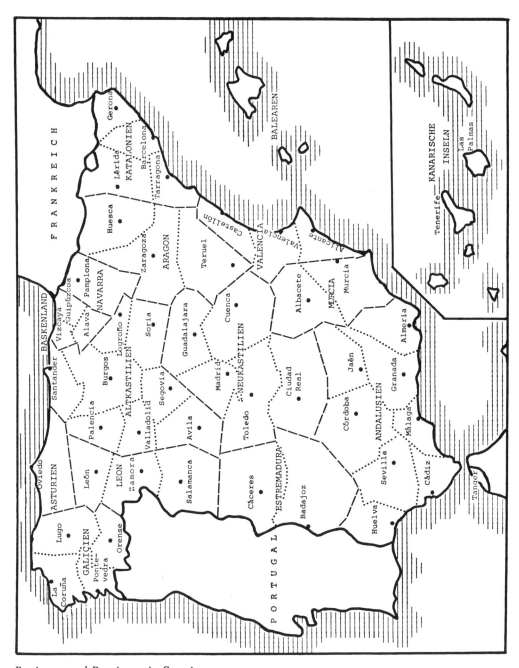

Regionen und Provinzen in Spanien

Inhalt

Abkürzungen und spanische Ausdrücke 9

Einleitung 13

Spanien im Bürgerkrieg 15

Die Wurzeln des Spanienkrieges 15 — Revolution und Restauration im republikanischen Spanien 20 — Der Charakter des Krieges 23 — Der Spanienkrieg als internationaler Konflikt 25 — Die Errichtung des Franco-Regimes 27

Die Deutschen und der Spanische Bürgerkrieg 30

Zur Lage der deutschen Emigration 30 — Spanien als Emigrationsland 33 — Der Spanienkrieg und die deutsche Emigration 38 — Die anderen deutsch-spanischen Beziehungen 41

Deutsche Parteien im Umkreis des POUM 44

Die „Zwischengruppen" in Spanien und Deutschland 44 — Die deutsche und die spanische Volksfrontproblematik 50 — SAP und KPO in Spanien 53 — Deutsche in den POUM-Milizen 61 — Das Ende des POUM 66 — Die Jagd auf die Emigranten 70

Deutsche Anarchosyndikalisten in Spanien 74

Deutcher und spanischer Anarchosyndikalismus im Vergleich 74 — Deutsche Anarchosyndikalisten als Augenzeugen der Revolution 78 — Die Gruppe DAS in Spanien 84 — Deutsche Anarchosyndikalisten in der CNT/FAI 87 — Deutsche in den anarchistischen Milizen 89 — Der Niedergang der Anarchie 95

Deutsche Sozialdemokratie und Spanischer Bürgerkrieg 98

PSOE und UGT im Bürgerkrieg 99 — Die Spanienhilfe der deutschen und internationalen Sozialdemokratie 102 — Deutsche Sozialdemokratie und spanische Volksfront 107 — Deutsche Sozialdemokraten im Kampf für die Republik 110 — Die Einheitsbestrebungen deutscher Sozialdemokraten 115

Die KPD im Spanischen Bürgerkrieg 119

Deutsche und spanische Kommunisten im Vergleich 119 — Die Volksfrontpolitik der spanischen Kommunisten 122 — Komintern und internationale Kommunisten in Spanien 125 — Die KPD und der Ausbruch des Spanienkrieges 126 — Der Fall Hans Beimler (Erster Teil) 129 — Die KPD in Spanien 132 — Die Agitprop-Arbeit der KPD im Spanienkrieg 136 — Deutsche Schriftsteller im Spanischen Bürgerkrieg 138

Im Untergrund des Spanienkrieges 143

    Geheimpolizei und Nachrichtendienste im republikanischen Spanien 144 — Der „Servicio Alfredo Herz" 146 — Die Opfer der Verfolgung 155 — Methoden der Verfolgung 162 — Der Fall Mark Rein 167 — Das Ende des „Servicio Alfredo Herz" 173

Zur Geschichte der Internationalen Brigaden 178

    Die Entstehung der Internationalen Brigaden 180 — Die Rekrutierung der Freiwilligen 184 — Umfang und nationale Zusammensetzung der Freiwilligen-Einheiten 188 — Die Kampfverbände der Internationalen Brigaden 192 — Die Organisation der Internationalen Brigaden 196 — Der Einsatz der Internationalen Brigaden 199 — Das Ende der Internationalen Brigaden 203

Die Deutschen in den Internationalen Brigaden 207

    Die ersten deutschen Milizen 207 — Zur Gründung der XI. Brigade 212 — Der Fall Hans Beimler (Zweiter Teil) 214 — Die Zusammensetzung der deutschen Spanienkämpfer 226 — Die Offiziere der XI. Brigade 229 — Geheimpolizei und Überwachung in den Interbrigaden 234 — Presse und Propaganda in der XI. Brigade 238 — Alltag und Einsatz der deutschen Interbrigadisten 241

Nach dem Spanienkriege 247

    Die Internierung der Spanienkämpfer 247 — Der Bruch mit der KPD 250 — Hilfsaktionen für internierte Spanienkämpfer 254 — Die Verfolgung der Spanienkämpfer 259 — Die deutschen Spanienkämpfer nach 1945 266 —

Nachwort 273

Quellen- und Literaturverzeichnis 277

Personenregister 285

Über den Autor 292

Abkürzungen und spanische Ausdrücke

A	—	Österreich, Österreicher
AA	—	Auswärtiges Amt
ADAP	—	Akten zur Deutschen Auswärtigen Politik
AHN	—	Archivo Histórico Nacional/Sección Guerra Civil (Servicios Documentales), Salamanca
AsD	—	Archiv der sozialen Demokratie/Friedrich-Ebert-Stiftung, Bonn
ASYK	—	Anarcho-Syndikalistisches Komitee
B	—	Belgien, Belgier
BA	—	Bundesarchiv, Koblenz
BDC	—	Berlin Document Center
BHE	—	Biographisches Handbuch der deutschsprachigen Emigration nach 1933
calle	—	Straße
carpeta	—	(Akten-) Mappe
Centuria	—	Hundertschaft, Milizeinheit in Kompaniestärke
CEDA	—	Confederación Española de Derechas Autónomas
CH	—	Schweiz, Schweizer
Checa	—	s. NKWD (auch Bezeichnung für geheime kommunistische Gefängnisse)
CIDEA	—	Comité Internacional de Emigrados Antifascistas (Internationales Komitee antifaschistischer Emigranten)
CIRV	—	Comisión Internacional de la Retirada de Voluntarios (Internationaler Ausschuß für den Rückzug der Freiwilligen)
CNT	—	Confederación Nacional del Trabajo (Nationale Vereinigung der Arbeit), anarchosyndikalistische Gewerkschaft
Columna	—	Kolonne, Milizeinheit in Divisionsstärke
Cortes	—	spanisches Parlament
CS	—	Tschechoslowakei, Tschechoslowake
D	—	Deutschland, Deutscher
DAF	—	Deutsche Arbeitsfront
DAS	—	Deutsche Anarcho-Syndikalisten
DB	—	Deutsche Bibliothek, Frankfurt am Main
DEDIDE	—	Departamento Especial de Información del Estado (Besondere Staatliche Nachrichtenabteilung)
DÖW	—	Dokumentationsarchiv des Österreichischen Widerstandes, Wien
E	—	Spanien, Spanier
F	—	Frankreich, Franzose
FAI	—	Federación Anarquista Ibérica (Iberische Anarchistische Vereinigung)
FAUD	—	Freie Arbeiter-Union Deutschlands
FOUS	—	Federación Obrera de Unidad Sindical (Arbeiterverband der Gewerkschaftseinheit)

Generalitat (Generalidad)	—	Regionalregierung von Katalonien
Gestapa	—	Geheimes Staastpolizei-Amt
Gestapo	—	Geheime Staatspolizei
GPU	—	s. NKWD
H	—	Ungarn, Ungar
HMM	—	Hemeroteca Municipal de Madrid
HStA	—	Hauptstaatsarchiv
I	—	Italien, Italiener
IAA	—	Internationale Arbeiter-Assoziation (anarchistische Internationale)
IfG	—	Institut für Gesellschaftswissenschaften/Universität Marburg
IfZ	—	Institut für Zeitgeschichte, München
IISG	—	Internationaal Instituut voor Sociale Geschiedenis, Amsterdam
ILP	—	Independent Labour Party
ISK	—	Internationaler Sozialistischer Kampfbund
IVKO	—	Internationale Vereinigung Kommunistischer Oppositionsparteien
JCI	—	Juventud Comunista Ibérica (POUM-Jugend)
JSU	—	Juventudes Socialistas Unificadas (Vereinigte Sozialistische Jugend)
KAU(D)	—	Kommunistische Arbeiter-Union (Deutschlands)
Komintern	—	Kommunistische Internationale
KP	—	Kommunistische Partei
KPČ	—	Kommunistische Partei der Tschechoslowakei
KPD	—	Kommunistische Partei Deutschlands
KPO	—	Kommunistische Partei Deutschlands — Opposition
KPÖ	—	Kommunistische Partei Österreichs
KZ	—	Konzentrationslager
legajo	—	(Akten-)Bündel
NKWD	—	Narodnij Komissariat Wuytrennich Del (Volkskommissariat für innere Angelegenheiten, hier: sowjetischer Geheimdienst)
NS	—	Nationalsozialismus
NSDAP	—	Nationalsozialistische Deutsche Arbeiterpartei
OVRA	—	Organisazzione de Vigilancia e Repressione Antifascista (italienische Geheimpolizei)
PA AA	—	Politisches Archiv des Auswärtigen Amtes, Bonn
paseos	—	„Spaziergänge" (Umschreibung für Entführung und Ermordung politischer Gegner)
PCE	—	Partido Comunista Español (Kommunistische Partei Spaniens)
PL	—	Polen, Pole
POUM	—	Partido Obrero de la Unificación Marxista (Arbeiterpartei der marxistischen Einigung)
PSOE	—	Partido Socialista Obrero Espanõl (Sozialistische Spanische Arbeiterpartei)
PSOP	—	Parti Socialiste Ouvrier et Paysan (Sozialistische Arbeiter- und Bauernpartei)
PSUC	—	Partit Socialista Unificat de Catalunya (Vereinigte Sozialistische Partei Kataloniens)
PV	—	Parteivorstand

PVDE	—	Policia de Vigilancia e Defensa do Estado (portugiesische Geheimpolizei)
Requetés	—	Miliz der ultrakonservativen Carlisten
RGI	—	Rote Gewerkschafts-Internationale
RMJu	—	Reichsminister der Justiz
RSÖ	—	Revolutionäre Sozialisten Österreichs
SAI	—	Sozialistische Arbeiter-Internationale
SAJ	—	Sozialistische Arbeiterjugend (der SPD)
SAP	—	Sozialistische Arbeiterpartei Deutschlands
SHM	—	Servicio Histórico Militar/Archivo de la Guerra de Liberación, Madrid
SIFNE	—	Servicios de Información de Nordeste de España (Nachrichtendienst für Nordost-Spanien)
SIM	—	Servicio de Investigación Militar (Militärischer Geheimdienst)
Sopade	—	Sozialdemokratische Partei Deutschlands (im Exil)
SP	—	Sozialdemokratische (Sozialistische) Partei
SPD	—	Sozialdemokratische Partei Deutschlands
SRI	—	Socorro Rojo Internacional (Internationale Rote Hilfe)
SSA	—	Schweizerisches Sozialarchiv, Zürich
SSI	—	Servicio Secreto Inteligente (Geheimer Nachrichtendienst)
SSI	—	Servicio Sanitario Internacional (Internationaler Sanitätsdienst)
Sureté	—	Sureté Nationale (französischer Geheimdienst)
UGT	—	Unión General de Trabajadores (Allgemeine Arbeiter-Union), sozialistische Gewerkschaft
VGH	—	Volksgerichtshof
ZK	—	Zentralkomitee

Einleitung

Die Thematik der vorliegenden Studie gehört der Geschichte zweier Länder an, der deutschen und der spanischen Geschichte. Ort und Zeit der Handlung, Hintergründe und Szenario wurden bestimmt durch den Bürgerkrieg, der Spanien verwüstete und seine Bevölkerung ausbluten ließ. Die jeweiligen Kriegsgegner waren ungeachtet der auswärtigen Mächte, die sich recht bald hinter sie stellten, vor allem Spanier. Sie waren es, die die großen Verluste an Menschen und Gütern zu tragen hatten, deren Land zerstört und deren Volk für Generationen in Sieger und Besiegte geteilt wurde. Wenn wir daher die Frage aufwerfen, welchem Lande die untersuchte Thematik in stärkerem Maße angehöre, so gebührt Spanien unzweifelhaft der Vortritt.
Aber die Akteure der hier dargestellten Geschehnisse waren Deutsche. Sie hatten größtenteils aus Gründen, die wir in der deutschen Geschichte zu suchen haben, ihr Heimatland verlassen oder verlassen müssen und setzten sich in einem für den damaligen Deutschen fernen und exotischen Lande für politische Ziele ein, deretwegen sie in Deutschland verfolgt wurden. Mehr als 5.000 Deutsche kämpften in den Milizen, in den Internationalen Brigaden oder im regulären Heer der Spanischen Republik gegen jene Offiziersjunta, die im Juli 1936 mit dem versuchten Staatsstreich den Bürgerkrieg ausgelöst hatte. Viele hundert wirkten in Dienststellen der Republik, ihrer Parteien und Gewerkschaften mit — als Berater, Übersetzer, Propagandisten oder Spezialisten für irgendwelche besonderen Aufgaben — oder waren bloß anteilnehmende, in der Regel aber engagierte Beobachter und Augenzeugen des Geschehens. Die starke Anwesenheit von Deutschen im republikanischen Spanien ist aber nicht nur damit zu erklären, daß die politischen Verhältnisse in Deutschland die meisten von ihnen außer Landes getrieben hatten; ihr Engagement in Spanien erhielt auch wesentliche Nahrung aus der Überzeugung, daß zwischen Deutschland und Spanien gewisse Parallelen bestanden und daß ihr Einsatz auf der iberischen Halbinsel dem gleichen Gegner galt.
Die Parallelen, die man zwischen der NS-Diktatur in Deutschland und dem Franco-Putsch in Spanien zog, und die Zusammenhänge, die man zwischen beiden zu sehen glaubte und die teilweise auch tatsächlich bestanden, eröffnen uns eine zweite Eigentümlichkeit des hier behandelten Themas. Sowohl die deutsche als auch die spanische Geschichte waren gebrochen, zweigeteilt in Lager, zwischen denen es keine Versöhnung und keinen Kompromiß geben konnte. Dies führte dazu, daß es auch einen Einsatz der „anderen Deutschen" im „anderen Spanien" gab, d. h. der von Hitler entsandten Truppen auf seiten Francos. Insofern war die Annahme der für die Republik kämpfenden Deutschen, mit ihrem Einsatz auf spanischer Seite auch Hitler zu bekämpfen, alles andere als abwegig. Und so ist auch die gesamte hier behandelte Thematik im weiteren Sinne der Geschichte des deutschen Widerstandes zuzurechnen, der allerdings auf fremder Erde und vor dem blutigen Hintergrund der spanischen Tragödie geleistet wurde.
Diese Verflechtung von deutscher und spanischer Geschichte stellt besondere Anforderungen an Form und Inhalt der Darstellung. Sowohl die Seite der aufständischen Militärs unter Führung von Franco als auch die militärische und technische Unterstützung durch Hitler sind nicht Gegenstand dieser Untersuchung. Sie werden nur insoweit skizziert, als es für das Verständnis der engeren Fragestellung erforderlich ist. Das hat zur Folge, daß auch hierzu nur eine begrenzte Zahl von Veröffentlichungen zu Rate gezogen wurde. Angesichts von etwa

20.000 Veröffentlichungen über den spanischen Bürgerkrieg gegen Ende der 1960er Jahre, deren Zahl sich seitdem wahrscheinlich verdoppelt hat, sei hier auf die einschlägigen Bibliographien und Literaturverzeichnisse verwiesen, die wiederum selbst nur als Auswahl angeführt werden können und deren Umfang allein jeden Perfektionsanspruch ad absurdum führt[1].

Die vorliegende Studie muß sich aber auch in der Darstellung des Kriegsgeschehens wie auch der Geschichte der Republik und ihrer Parteien in den Jahren 1936-1939 Beschränkungen auferlegen, um nicht den Blick auf das zentrale Thema — den Einsatz von Deutschen im Kampf gegen die Feinde der Republik — zu verstellen. Zu beiden Gesamtkomplexen gibt es Veröffentlichungen sehr unterschiedlichen Umfanges und verschiedenartiger politischer Couleur, auf die hier gleichfalls verwiesen sei[2]. Der Spanienkrieg als Ganzes und die Geschichte der Republik während dieses Krieges werden soweit skizziert, als sie als Rahmenbedingungen für die engere Thematik bekannt sein sollten. Manches Detail kann hier nur gestreift oder stark vereinfacht und verkürzt wiedergegeben werden; manches besondere Problem kann gar nicht berücksichtigt werden.

Da die hier behandelte Thematik der Geschichte zweier Länder angehört, versucht die Darstellung, die spanischen Probleme vor allem am Beispiel solcher Entwicklungen oder Ereignisse verständlich zu machen, die für die auf dem Gebiet der Spanischen Republik sich aufhaltenden Deutschen und für ihr Wirken von Bedeutung waren. Das Interesse dieser Studie gilt also nicht nur den Deutschen als Akteuren des Geschehens, sondern auch der spanischen Geschichte, die sich in ihren Erlebnissen und Schicksalen widerspiegelt. In einer eigentümlichen Doppelrolle als Flüchtlinge aus Deutschland und als Freiwillige in Spanien, als Handelnde und als Leidende waren sie Kämpfer und Opfer eines Bürgerkrieges, der nicht nur Spanien überzog und verheerte, sondern seine Fortsetzung fand in einem gesamteuropäischen Bürgerkrieg, der zudem weite Teile der übrigen Welt zerstörte.

---

1 Auswahlbibliographie zur Vorbereitung des 30. Jahrestages des nationalrevolutionären Krieges des spanischen Volkes 1936 — 1939, *Zeitschrift für Militärgeschichte* 5 (1966). — Bibliografía general sobre la guerra de España 1936 — 1939 y sus antecedentes históricos. Fuentes para la historia contemporánea de España, intr. general y dirección de Ricardo de la Cierva, Madrid 1968. — Rafael Calvo Serer: La literatura universal sobre la guerra de España, Madrid 1966. — Cuadernos bibliográficos de la guerra de España 1936 — 1939, ed. por la Cátedra de Historia Contemporánea de la Universidad de Madrid, Madrid 1966 ff. — Juan García Durán: 1936 — 1939. Bibliografía de la guerra civil española, Montevideo 1964. — Giorgio Rovida: La guerra civile spagnola. Problemi storici e orientamenti bibliografici, *Rivista Storia del Socialismo* 6 (1959). — Klaus Jörg Ruhl: Der Spanische Krieg. Eine Bibliographie, Teil 1: Die politische Geschichte des Krieges (Schriften der Bibliothek für Zeitgeschichte Bd. 22), München 1982. — Herbert Southword: El mito de la cruzada de Franco. Crítica bibliográfica, Paris 1963.

2 Pierre Broué/Emile Témime: Revolution und Krieg in Spanien. Geschichte des Bürgerkrieges, 2 Bde., Frankfurt am Main 1968. — Raymond Carr: The Spanish Tragedy. The Civil War in Perspective, London 1977. — Guerra y Revolución en España 1936 — 1939, Bde. I/II, Moskau 1966. — Augustin Souchy: Nacht über Spanien. Bürgerkrieg und Revolution in Spanien, Darmstadt 1950. — Georges Soria: Guerre et révolution en Espagne 1936 — 1939, 5 Bde., Paris 1977. — Hugh Thomas: Der spanische Bürgerkrieg, Berlin — Frankfurt am Main — Wien 1962. — Julián Zugazagoitia: Historia de la guerra de España, Buenos Aires 1940. — Weitere Literatur im Zusammenhang mit den einzelnen Kapiteln.

Spanien im Bürgerkrieg

Im spanischen Bürgerkrieg entlud sich sozialer und politischer Sprengstoff, der sich seit Generationen angesammelt hatte. Fragen, die lange ungelöst geblieben waren und in ihren Ursprüngen teilweise bis in die frühe Neuzeit zurückgeführt werden können, waren von lern- und reformunfähigen Regimen lange Zeit unerledigt mitgeschleppt worden. Ungelöste soziale, wirtschaftliche, verfassungsrechtliche und kulturelle Probleme überlagerten sich zu einem unlösbaren Ganzen und vermittelten in sehr verschiedenen politischen Lagern den Eindruck, daß der gordische Knoten nur mit Gewalt entwirrt werden könnte. Die Wurzeln des Bürgerkrieges waren, wie dies der liberale republikanische Historiker Salvador de Madariaga betont, vor allem spanischer Natur. Bei den bloßen Anlässen spielten gewisse nicht-spanische Faktoren eine untergeordnete Nebenrolle; im Verlauf des Konfliktes wuchs dieser indessen immer stärker in die damals herrschende internationale Großwetterlage hinein, so daß die sozial- und innenpolitischen Ursprünge nach außen hin verblaßten[1]. Aber die Wurzeln waren vorrangig spanischer Natur, wie dies die folgenden Ausführungen andeuten sollen.

Die Wurzeln des Spanienkrieges

Eine Übersicht über das innenpolitische Konfliktpotential des iberischen Landes zu geben, fällt angesichts der Fülle der vielen Frontlinien, die seine Gesellschaft durchzogen, außerordentlich schwer, zumal alle sozialen Fragen ihre starken regionalen Wurzeln und Abweichungen hatten, was eine Gesamtdarstellung ohne ungerechtfertigte Vereinfachungen fast unmöglich macht. Dies wird beispielsweise deutlich an der Agrarfrage, die sich in Andalusien völlig anders stellte als in Galicien, dem Baskenlande oder Katalonien. Der Großgrundbesitz war vorherrschend in denjenigen Gebieten, die im Verlauf der Reconquista den Mauren abgenommen worden waren und, in gewisser Weise den ostelbischen Gebieten Deutschlands vergleichbar, halbkolonialen Charakter trugen. Es fehlte dort ein gewachsenes, selbständiges Bauerntum; stattdessen wurde das Land von einer besitzlosen Schicht von Landarbeitern bearbeitet, die sich saisonweise verdingen und den Rest des Jahres ohne Arbeit dahinvegetieren oder aber auswandern mußten. Dies war charakteristisch für das westliche Andalusien, die Estremadura und weite Teile Neukastiliens[2].

In anderen Gebieten bestand ein selbständiges Bauerntum mit landwirtschaftlicher Subsistenzwirtschaft, die aber in vielen Fällen kaum eine ausreichende Grundlage für die Ernährung einer Familie bot. Die Bauern mußten daher auf Heimarbeit oder andere Nebenerwerbsquellen zurückgreifen; wir finden diese Sozialstruktur vorwiegend im Nordwesten des Landes, in Galicien. In einem breiten nördlichen Gürtel, der Asturien, Teile Altkastiliens, das Baskenland,

---

1 Salvador de Madariaga; España, Madrid 1978; deutsch: Spanien, (3. Aufl.) Stuttgart 1979, S. 321.
2 Vgl. Gerald Brenan: The Spanish Labyrinth. An Account of the Social and Political Background of the Civil War, Cambridge 1950; dt.: Die Geschichte Spaniens. Über die sozialen und politischen Hintergründe des Spanischen Bürgerkrieges, Berlin 1978, S. 136 ff. — Franz Borkenau: The Spanish Cockpit. An Eye-Witness Account of the Political and Social Conflicts of the Spanish Civil War, London 1937.

Teile Aragons, Katalonien, die Levante (Valencia) und die Balearen-Inseln umfaßt, waren mittelgroße Besitztümer die Regel, die für relativ langfristige Zeiträume verpachtet und meistens in Intensivwirtschaft ausgebeutet wurden. In Leon, Teilen Neukastiliens und Aragons, in Murcia und im östlichen Andalusien wurden dagegen mittlere Besitztümer meist kurzfristig, d. h. für einen regelmäßig zu zahlenden, aber auch rasch kündbaren Mietzins verpachtet[3]. In den meisten Landesteilen herrschten noch feudale Verhältnisse; 1931 standen 2 Millionen besitzlosen Landarbeitern etwa 50.000 Großgrundbesitzer gegenüber, die über die Hälfte des spanischen Bodens verfügten. Dort wo das freie Kleinbauerntum vorherrschte, hatte der Wirtschaftsliberalismus des 19. Jahrhunderts archaische, aber doch die Lebensbedingungen sichernde Sozialstrukturen zerstört und neue Probleme geschaffen. Die für bestimmte Landstriche typischen Dürreperioden verschärften mit der Zeit die Notlagen[4].

Die zweite schwere Bürde, die auf der spanischen Innenpolitik lastete, war die ungelöste Arbeiterfrage. Während die Agrarprobleme weit in das 16. Jahrhundert zurückreichen, ist die Entstehung der Arbeiterfrage jüngeren Datums und setzt mit der durch britisches oder französisches Fremdkapital eingeleiteten Industrialisierung in der zweiten Hälfte des 19. Jahrhunderts ein. Zentren, die sich relativ unabhängig voneinander entwickelten, waren Madrid, Barcelona, in geringerem Maße Valencia und Aragon; hinzurechnen muß man auch die Bergbaugebiete Asturiens. Diese anorganisch gewachsene Industrialisierung war auch eine der Ursachen dafür, daß keine einheitliche und geschlossene Arbeiterbewegung entstand. In Barcelona und seinem Umland dominierten die Anarchisten, in Madrid die Sozialisten, und die gemeinsame Gegnerschaft zu Kapital, Staat, Armee und Kirche bot keine ausreichenden Bindemittel für diese so unterschiedlichen Flügel der Arbeiterbewegung[5].

Ein drittes Problem waren die ethnischen Minderheiten, von denen Basken und Katalanen an erster Stelle zu nennen sind. In Galicien, wo man einen portugiesischen Dialekt spricht, spielte die Autonomiefrage niemals eine solche Rolle wie bei den zwei anderen Volksstämmen. Der Unterschied zwischen Katalonien und dem von Kastilien dominierten übrigen Spanien ist nicht nur ein sprachlicher: in Valencia und auf den Balearen, wo man gleichfalls katalanische Dialekte spricht, hat es einen vergleichbaren Nationalismus niemals gegeben. Katalonien war stärker verbürgerlicht und durch Industrie und Handel in Barcelona auf Frankreich und den übrigen Mittelmeerraum ausgerichtet. Im katalanischen Nationalismus waren überdies starke liberale, laizistische, bürgerliche und republikanische Elemente enthalten[6].

Im baskischen Nationalismus hingegen war und ist noch ein uraltes Stammesbewußtsein lebendig, das sich — anders als in Katalonien — weniger durch die Weltläufigkeit als vielmehr durch die Isolierung des Landes erhalten konnte. Die sprachliche Sonderstellung dieses nichtromanischen, wahrscheinlich bestimmten kaukasischen Völkern verwandten Stammes hatte durch die alten, bis ins vorige Jahrhundert gültigen eigenen Gesetze und sozialen Einrichtungen zumindest auf der spanischen Seite der Pyrenäen ein eigentümliches Nationalgefühl geschaffen. Der Wirtschaftsliberalismus des 19. Jahrhunderts hatte seine agrarische Sozialstruktur untergraben, der politische Zentralismus seine alten Rechte und Einrichtungen abgeschafft. Der baskische Nationalismus war daher föderalistisch und autonomistisch, konservativ und katholisch[7].

---

3 Ebd., S. 115 ff. — Madariaga, S. 88 ff.
4 Broué/Témime, S. 37 ff.
5 Madariaga, S. 93 ff.
6 Ebd., S. 115 ff.
7 Ebd., S. 145 ff.

Die hier skizzierten drei Problemkomplexe bildeten wiederum die Grundlage für ein vielfältiges und in sich zersplittertes Parteienspektrum, das je nach sozialem oder regionalem Standort weitere Abweichungen zur Folge hatte. Die Arbeiterbewegung, eine der tragenden Säulen der Republik im Bürgerkriege, war gespalten in einen anarchosyndikalistischen und einen sozialistischen Flügel und wies mit der anfangs recht unbedeutenden KP und anderen kleineren Linksparteien weitere Schattierungen auf. Auch das liberale, republikanische und laizistische Bürgertum, obgleich wesentlich kleiner an Zahl und Einfluß, war gespalten und artikulierte sich in verschiedenen Parteien. Selbst der Regionalismus, jedenfalls der katalanische, sprach nicht mit einer Stimme. Spanien war, wie Gerald Brenan es formuliert, atomisiert: horizontal und vertikal, vielfach gespalten und zerstritten und mehrheitlich kaum konsensfähig[8].

Der Thronfolgestreit 1868 und die kurzlebige erste Republik 1873/74 hatten die historisch gewachsenen innenpolitischen und sozialen Probleme nicht vermindert. Die Monarchie wurde restauriert und erlebte in Alfons XIII (1902-31) einen besonders unfähigen König. Die Kirche behielt weiterhin ihren politischen und kulturellen Einfluß und bildete ein festes Bollwerk gegen Reformen. Die diktatorische Regierung des Generals Miguel Primo de Rivera (1923-30) beendete zwar mit französischer Hilfe den Marokko-Krieg und strebte zeitweilig ein entspannteres Verhältnis zur Arbeiterbewegung an, lastete aber dem Lande große Schulden auf. Anfangs ohne Brutalität regierend, unterdrückte Primo de Rivera in den späten 1920er Jahren vor allem die Intellektuellen, das Bürgertum und den katalanischen Nationalismus. Sein Rücktritt hinterließ die Probleme ungelöst, die nach der Abdankung des Königs im Jahre 1931 der zweiten Republik als belastende Erbschaft zufielen[9].

In Deutschland war der Kaiser infolge der Kriegsniederlage und der dadurch ausgelösten Revolution zurückgetreten; in Spanien genügte eine Gemeinderatswahl, in der sich die schon vorher starken antimonarchistischen Strömungen ihre Plattform suchten. Nachdem die Stadtverwaltungen von Barcelona, Sevilla, Valencia und einigen anderen Städten von sich aus die Republik proklamiert hatten, dankte Alfons XIII auf Anraten seiner Vertrauten ab. Der Unterschied in der Dramaturgie schloß indessen nicht Gemeinsamkeiten mit Deutschland aus: Der Wechsel der Staatsform beseitigte nicht die Kräfte, auf die sich das ancien régime gestützt hatte. Mit ihnen geriet die republikanische Regierung, an deren Spitze Ende 1931 der bürgerliche Liberale Manuel Azaña trat, recht bald in Konflikt. Mit dem Verbot des Jesuitenordens und der schrittweise durchgeführten Säkularisierung schuf sich die Republik einen unerbittlichen Feind in der Kirche, deren Einfluß zwar in der Gesellschaft zurückgegangen war, die aber in Form der rechtskonservativen Confederación Española de Derechas Autónomas (CEDA, spanische Vereinigung der Autonomen Rechten) eine aktive Partei des politischen Katholizismus erhalten hatte[10]. Den zweiten Machtfaktor, der gegen die Republik eingestellt war, bildeten die bewaffneten Kräfte, also Militär, Guardia Civil, Carabineros (Grenzzoll) und Polizei. Bereits im 19. Jahrhundert war die Armee oft als eigenständiger politischer Faktor aufgetreten und hatte sich durch ihre eigene Gerichtsbarkeit und andere Privilegien die Stellung eines Staates im Staate erworben. Zwar säuberte man das Offizierskorps von antirepublikanischen Elementen und schickte sie zwangsweise in Pension, schuf sich aber damit einen Kreis einflußreicher Gegner, die nun Zeit hatten, gegen die Republik zu konspirieren[11].

---

8 Brenan, S. 267.
9 Ebd., S. 97 ff. — Madariaga, S. 219 ff.
10 Madariaga, S. 264. — Vgl. Gabriel Jackson: The Spanish Republic and the Civil War 1931-1939, Princeton/New Jersey 1965, S. 56 ff.
11 Madariaga, S. 267 f. — Broué/Témime, S. 43 f.

Feinde der Republik waren auch das Großkapital und der meist aristokratische Großgrundbesitz, die weniger durch eigene Organisationen als durch ihre Querverbindungen zu Wirtschaft, Armee, Kirche, Staatsapparat und rechten Parteien Einfluß hatten. Darüber hinaus gab es in geringer Zahl auch Monarchisten, Anhänger des im portugiesischen Exil lebenden Königs, die wiederum durch persönliche Beziehungen mit den vorgenannten Kreisen verbunden waren. Neben der CEDA standen noch zwei weitere Parteien bzw. Organisationen in erbitterter Feindschaft zur Republik. Die eine war die Comunión Tradicionalista, deren Anhänger besser als „Carlisten" bekannt sind. Vor allem in Navarra beheimatet, propagierten sie eine absolutistische, ultraklerikale Monarchie des carlistischen Zweiges des Hauses Bourbon und lehnten auch die relativ liberale und konstitutionelle Herrschaft der alfonsinischen Linie ab. Die zweite Gruppierung war die im Oktober 1933 von José Antonio Primo de Rivera, einem Sohn des Diktators, gegründete und geführte Falange Española (Spanische Phalanx), die sich bewußt an den faschistischen Vorbildern Deutschlands und Italiens orientierte[12]. Indessen gilt Brenans Feststellung über die horizontale und vertikale Atomisierung auch für das rechte Lager in Spanien; es war in sich zersplittert und einig nur in der Gegnerschaft zur Republik. Das wird am Kontrast zwischen Falangisten und Carlisten besonders deutlich. Waren diese ultrakonservativ, klerikal, monarchistisch, so zeichneten sich jene durch pseudorevolutionäres Gebaren aus: antikapitalistisch, antiklerikal und antimonarchistisch, für einen autoritären, aber eben nicht monarchischen Führerstaat.

Die Republik war indessen auch auf der Linken nicht unumstritten und wurde vor allem von den Anarchisten heftig bekämpft. Dabei griff die linksbürgerliche Regierung mit Hilfe ihres sozialistischen Koalitionspartners durchaus einige Reformen auf, so die Zerschlagung und Verteilung von Latifunden in Andalusien, Estremadura und Kastilien; so auch eine gewisse Sozialgesetzgebung und eine Schulreform, die jedoch alle nach anfänglichen Fortschritten im Sande verliefen oder aber später rückgängig gemacht wurden. Als bleibende Leistung darf die Autonomie Kataloniens angesehen werden, dessen Statut auf einer Volksabstimmung am 2. August 1931 fast einstimmig angenommen wurde. Damit erhielt das Land, dessen Regionalregierung den historischen Namen „Generalitat" (spanisch: Generalidad) annahm, Autonomie vor allem im Bereich des Erziehungswesens, in dem die katalanische Sprache gleichberechtigt, teilweise sogar vorherrschend wurde. Eine vergleichbare Regelung für das Baskenland und Galicien wurde zwar in Angriff genommen, blieb aber im Gesetzgebungsvorgang stecken[13].

Die ersten zwei Jahre der Republik waren keine ruhige Zeit und belasteten die junge Demokratie mit der Erbschaft der früheren Regime: Streiks in den Industriegebieten, Landbesetzungen auf den Latifunden, anarchistische Revolten, Konspirationen und Putschversuche des Militärs und der Guardia Civil. Nachdem die Regierung im Sommer 1933 abgedankt und auch ihre Nachfolgerin kurz darauf resigniert hatte, ergaben Neuwahlen im November 1933 eine deutliche Mehrheit der Rechtsparteien, wobei das Wahlgesetz Parteien mit Stimmenmehrheit zusätzlich begünstigte. Die Rechtsparteien erhielten 207 Sitze, die Parteien der Mitte 167 und die Linke 99 Sitze in den Cortes. Eine Zeit der Restauration begann. Eine Mitte-Rechts-Regierung und ab Oktober 1934 eine durch Beteiligung der CEDA noch stärker rechtslastige Regierung machten die vorher unternommenen Reformansätze im Agrar- und Sozialbereich wieder rückgängig, stellten die zwangsweise pensionierten antidemokratischen Offiziere wieder

---

12 Broué/Témime, S. 52 ff. — Bernhard Nellessen: Die verbotene Revolution, Hamburg 1963. — Bernhard Nellessen: José Antonio Primo de Rivera, der Troubadour der spanischen Falange. Auswahl und Kommentar seiner Reden und Schriften (Schriftenreihe der Vierteljahrshefte für Zeitgeschichte 11), Stuttgart 1965.
13 Madariaga, S. 260 ff.

ein und beschäftigten sich vor allem mit der Niederschlagung von Unruhen, die seitdem das Land weiter erschütterten[14]. Zu nennen sind hier vor allem der Aufstand der Anarchisten in Aragon im Dezember 1933, ein großer landesweiter Bauernstreik im Juni 1934, der Aufstand der Generalitat von Katalonien im Oktober 1934 und speziell die große Bergarbeiterrevolte in Asturien im selben Monat. Besonders die blutige Unterdrückung der 40.000 Bergarbeiter durch die von einem gewissen General Francisco Franco y Bahamonde angeführten Mauren und Fremdenlegionäre, bei denen etwa 3.000 Personen getötet und 30.000-40.000 anschließend inhaftiert wurden, gab dieser Zeit der Restauration den Namen des „schwarzen Doppeljahres" (bienio negro).

Der Wechsel in der öffentlichen Meinung begünstigte wieder einen politischen Pendelschlag nach links und förderte eine bis dahin ungewöhnliche, parteipolitische und ideologische Grenzen überschreitende Solidarität aller revolutionären und republikanischen Parteien. Unter dem Eindruck der Volksfront in Frankreich wurden mit Sozialisten und anderen marxistischen Parteien Wahlbündnisse geschlossen, und auch die Anarchisten, als erbitterte Gegner des Parlamentarismus gegen Parteien und Wahlen eingestellt, empfahlen diesmal ihren Anhängern die Wahlbeteiligung zugunsten einer der Linksparteien, um — wie es hieß — durch eine proletarische Regierung die Freilassung der gefangenen asturischen Bergarbeiter zu erwirken. Bei den Wahlen am 16. Februar 1936 erhielten die Parteien der Volksfront 258 Sitze, die Mitte 62 und die Rechte nur 152 Sitze in den Cortes. Das Wahlgesetz hatte diesmal die Linke begünstigt, denn ohne diesen Vorteil war ihr Ergebnis nicht ganz so eindrucksvoll, wie es schien, denn nach den tatsächlich abgegebenen Stimmen waren Volksfrontparteien und Rechtsparteien sogar annähernd gleich groß[15]. Spanien war in zwei große Lager geteilt, und die Mitte als mögliche Brücke war nur schwach entwickelt. Dennoch versuchte Ministerpräsident Manuel Azaña, die Republik nicht durch ein revolutionäres Abdriften zu gefährden. Nachdem er im Mai 1936 Staatspräsident geworden war — ein Amt, das er bis zum Ende der Republik 1939 behielt —, folgte ihm gleichfalls eine ausschließlich bürgerlich-liberale Regierung, die allenfalls eine parlamentarische Unterstützung durch die Volksfront erhielt. Wenn später die aufständischen Militärs behaupteten, sie hätten einer kommunistischen Machtergreifung zuvorkommen wollen, so ist dieser Vorwand auf mehrfache Weise falsch. Erstens war keine einzige Linkspartei in der Regierung vertreten, zweitens waren die Kommunisten selbst eine recht bedeutungslose Partei, die nur mit Hilfe großzügiger Listenverbindungen sechzehn Abgeordnete in die Cortes hatten entsenden können.

Auch die bürgerlichen republikanischen Regierungen, die zwischen dem 16. Februar und dem 18. Juli 1936 amtierten, waren trotz parlamentarischer Volksfrontunterstützung dem Druck von rechts und von links ausgesetzt. Von rechts veranstalteten „pistoleros" der Falange Überfälle auf rebellierende Landarbeiter, von links verübten Anarchisten Bombenattentate auf Polizisten, Unternehmer und Geistliche. In dem genannten Zeitraum hatte das Land 269 Tote und 1.287 Verwundete zu beklagen. Während die katholischen CEDA-Anhänger immer stärker auf eine antiparlamentarische und antirepublikanische Linie einschwenkten und sich am österreichischen Dollfuß/Schuschnigg-Regime orientierten, hatte der Wahlsieg der Volksfront auf dem linken Flügel der Sozialisten revolutionäre Erwartungen und Hoffnungen genährt, die eine bürgerliche Koalitionsregierung, deren Programm zwangsläufig Kompromisse einschloß, nicht erfüllen konnte.

---

14 Vgl. hierzu José M. Sánchez: Reform and Reaction. The Politico-Religious Background of the Spanish Civil War, The University of North Carolina Press 1962, S. 158 ff.

15 Jackson, S. 184 ff. — Vgl. die Analyse der Wahl bei Madariaga, S. 295 ff.; abweichende Zahlen, die jedoch keine sachlich wichtigen Verschiebungen darstellen, bei Broué/Témime, S. 91, und Thomas, S. 85.

Der Militärputsch kam nicht unerwartet. Während in der ersten Jahreshälfte 1936 die gewalttätigen Aktivitäten der Falangisten und der carlistischen Milizen, der Requetés, zunahmen, traten bereits im Februar militärische Kreise mit Politikern verschiedener Richtungen in Verbindung, um die für die Volksfront siegreiche Wahl für ungültig erklären zu lassen. Obwohl die Regierung über die Haltung der Armee durchaus unterrichtet war, traf sie nur halbe Maßnahmen, indem sie führende Offiziere ihrer Ämter enthob und auf Posten in der Provinz versetzte. Francisco Franco beispielsweise wurde als Generalstabschef abgelöst und als Militärbefehlshaber auf die Kanarischen Inseln versetzt, wo er ziemlich ungestört konspirieren konnte. Mittelsmänner der Armee nahmen Kontakt zu den Regierungen in Berlin und Rom auf, die von Anfang an als wohlwollende Mitwisser, wenngleich kaum als Initiatoren, über den bevorstehenden Putsch informiert waren[16].

Nachdem Streitigkeiten zwischen den konspirierenden Generälen und der Falange sowie den carlistischen Requetés ausgeräumt worden waren, stand der Plan für den Militärputsch ab Juni 1936 fest. Am 17. Juli flog Franco von den Kanaren nach Spanisch-Marokko, wo er vor Fremdenlegionären und maurischen Truppen die „Erhebung zur Errettung des christlichen Abendlandes" ausrief; am nächsten Tage erhoben sich in fast allen spanischen Garnisonsstädten die Truppen. Was als kurzer militärischer Staatsstreich geplant war, weitete sich binnen kurzem zu einem breiten Flächenbrand aus, zu einem zwei Jahre und neun Monate währenden Bürgerkrieg, wie ihn in dieser brutalen und verlustreichen Form kein europäisches Land je zuvor erlebt hatte.

Revolution und Restauration im republikanischen Spanien

Wenn die aufständischen Militärs allerdings geglaubt hatten, in einem kurzen und möglichst unblutigen Handstreich die Macht übernehmen zu können, so sollte sich dies schnell als verhängnisvoller Irrtum erweisen. Der Putsch löste vielmehr Erbitterung aus und setzte revolutionäre Energien frei, die weder die konspirierenden Offiziere noch gar die Weltöffentlichkeit erwartet hatten. Arbeitermassen verließen spontan ihre Fabrikhallen und stürmten, mit Brechstangen und Hämmern bewaffnet, Kasernen, Polizeistationen, Gefängnisse und öffentliche Gebäude. Soldaten, Polizisten, Angehörige der Guardia Civil und des Zolls wurden entwaffnet und, sofern sie sich nicht für die Republik erklärten, vielfach erschlagen. Mit den erbeuteten Waffen stellten Gewerkschaften und Parteien binnen weniger Tage Milizen auf, die ohne besondere Instruktionen auf solche Gebiete in Marsch gesetzt wurden, in denen die Militärs erfolgreich geblieben waren. In der ersten Woche nach der Erhebung wechselten viele Orte mehrfach das Lager, je nachdem wer gerade die Oberhand behielt, und erst nach Tagen zeichneten sich erste klare Frontlinien ab. Anfang August 1936 befanden sich unter Kontrolle des aufständischen Militärs das westliche Andalusien, Leon, Galicien, Altkastilien, Navarra und das westliche Aragon; noch im September stellten die Aufständischen mit der Eroberung der Estremadura die Landverbindung zwischen ihren Gebieten her, machten Landgewinne in Andalusien und stießen nach der Einnahme von Toledo nach Neukastilien in Richtung Madrid vor[17].

---

16 Broué/Témime, S. 103. — Vgl. hiergegen Horst Kühne: Spanien 1936-1939. Proletarischer Internationalismus im nationalrevolutionären Krieg des spanischen Volkes, Berlin 1978.
17 Über die ersten Tage des Bürgerkrieges vgl. Broué/Témime, S. 123 ff.; Thomas, S. 124 ff.; Jackson, S. 231 ff.

Die republikanischen oder korrekter: die antifaschistischen Kräfte siegten in den Zentren der Arbeiterbewegung: in Madrid, Barcelona und Valencia sowie in Asturien und in Landschaften mit starkem ethnischem Eigenpräge: im Baskenland und in Katalonien, darüber hinaus in weiten Teilen Zentralspaniens und entlang der Mittelmeerküste. Spanien war auf ungleiche Weise zweigeteilt. Die ertragreichen landwirtschaftlichen Gebiete waren größtenteils in die

Frontverschiebungen im Bürgerkrieg

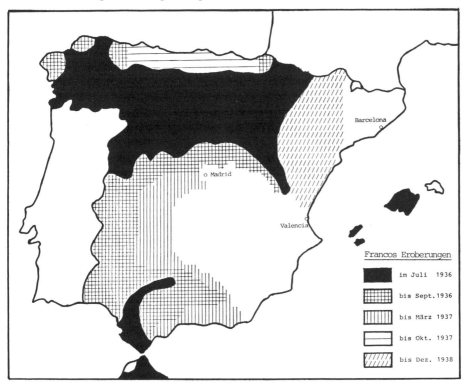

Hände der Aufständischen gefallen, die Industriegebiete verblieben zunächst in den Händen der Republik. Die Frontverschiebungen im Laufe des Bürgerkrieges gingen fast ausschließlich zu Lasten der Republik und begannen mit dem Verlust der isolierten republikanischen Gebiete des Nordens (Asturien, Baskenland) und fanden ihre Fortsetzung im Vormarsch der Aufständischen aufs östliche Aragon nach Katalonien, mit dessen Fall Anfang 1939 der Bürgerkrieg praktisch beendet war. Die heftig umkämpften Gebiete Zentralspaniens mit der von drei Seiten umzingelten Hauptstadt Madrid sowie die östlich und südöstlich anschließenden Gebiete (La Mancha, östliches Andalusien, Levante/Valencia) hielten sich bis zum Schluß und fielen dem Sieger später kampflos in die Hände.

Für die Geschichte des Bürgerkrieges waren indessen nicht nur die rein militärischen Vorgänge von Bedeutung, obwohl sie den äußeren Rahmen des Gesamtgeschehens bildeten, sondern vor allem die innenpolitische Entwicklung. Der Putsch des Militärs hatte gewissermaßen Schleusen geöffnet und Hemmschwellen eingeebnet. Die Abwehr des Staatsstreichs nahm in weiten Teilen der Republik den Charakter einer Revolution an. Empörte Landarbeiter besetzten Ländereien und verjagten ihre meist mit Franco sympathisierenden Grundherren. Die

Gewaltakte der marodierenden Falangisten und Requetés wurden durch Gegengewalt beantwortet. Proletarier beschlagnahmten Fabriken und verhafteten Unternehmer, zündeten Kirchen, Klöster und Schlösser an, verjagten oder erschlugen ihre Besitzer. Etwa 4.000 Geistliche, Mönche und Nonnen verloren so ihr Leben. Das Eigentum der geflohenen Grundherren, Unternehmer, Offiziere, Geschäftsleute und Kirchenmänner wurde kollektiviert und alles, was an Klassenunterschiede erinnerte, in den ersten Monaten unterdrückt. Luxusrestaurants und Modegeschäfte wurden geschlossen, ihre Räume und Inventarien konfisziert. Der Arbeitskittel, der sogenannte „mono", beherrschte das Straßenbild. Bewaffnete Milizangehörige patrouillierten in beschlagnahmten Autos fahnenschwenkend durch die größeren Städte, Freiwillige marschierten singend und mit erhobener Faust zu Sammelplätzen, von denen aus sie zur Front gefahren wurden. Aber nachts starben die Straßen aus; dann rasten nur noch Wagen ohne Licht durch die Stadt, hielten vor Häusern, aus denen dann wirkliche oder nur vermeintliche Faschisten zu sogenannten „Spaziergängen" (paseos) abgeholt wurden; man fand sie dann am nächsten Morgen erschossen am Stadtrand[18].

Die bürgerliche Republik? — Sie existierte nicht mehr. Ihre Exekutivorgane standen entweder auf seiten der aufständischen Generäle oder waren von der Revolution überrannt worden. Zwar war am 19. Juli ein neues Kabinett aus bürgerlichen Parteien gebildet worden, aber die tatsächliche Macht lag in den Händen revolutionärer Ausschüsse in den einzelnen Ortschaften und bei den von Gewerkschaften und Arbeiterparteien gebildeten Milizen. Weder die amtierende republikanische Zentralregierung noch die Generalitat von Katalonien verfügten über irgendeine Autorität. Die Entwicklung ging an ihnen vorbei, sie wurden einfach ignoriert[19]. Erst als Anfang September der als Revolutionär bekannte Linkssozialist und Gewerkschaftsführer Francisco Largo Caballero das Amt des Regierungschefs übernahm und sechs Parteifreunde sowie zwei Kommunisten ins Kabinett berief, verminderte sich die Kluft zwischen formeller Staatsgewalt und tatsächlicher Macht.

Largo Caballero vertrat eine Politik, die einerseits der revolutionären Stimmung breiter Bevölkerungskreise entsprach und andererseits gewisse unkontrollierte Entwicklungen in Schranken zu halten vermochte. Anfang November gelang ihm mit der Umbildung des Kabinetts sogar die Beteiligung der Anarchisten, was — so ungewöhnlich dieser Schritt für beide Seiten war — der Regierung eine breite Basis verschaffte, die ein Spektrum von den anarchistischen Revolutionären bis hin zu den katholisch-konservativen baskischen Nationalisten erreichte. Auch die Regierung der Generalitat von Katalonien wurde auf eine breite Grundlage gestellt. Aber gerade der Umfang dieses Spektrums machte das Dilemma der Republik deutlich, da alle Parteien und Gruppierungen andere, sich teilweise ausschließende Ziele verfochten. Die konservativen baskischen Nationalisten waren Republikaner, aber keine Revolutionäre; sie wollten eine demokratisch-rechtsstaatliche bürgerliche Ordnung wiederhergestellt sehen. Ähnlich dachten die verschiedenen liberalen und bürgerlichen Parteien Spaniens und besonders Kataloniens: eine republikanische, parlamentarische Staatsform, Autonomie für Katalanen, Basken und Galicier, laizistisches Erziehungswesen, Landreform und Sozialgesetzgebung, — aber keine grundsätzliche Umwälzung der Gesellschaft. Der rechte Flügel der Sozialisten verfolgte mit geringfügigen Akzentverschiebungen einen ähnlichen Kurs. Diesen gemäßigten, republikani-

---

18 Aufschlußreiche Schilderungen der Ereignisse enthält der Sammelband: Der Spanische Bürgerkrieg in Augenzeugenberichten. Herausgegeben und eingeleitet von Hans-Christian Kirsch, (dtv 796) München 1971.
19 Zur Übersicht über die innenpolitische Konstellation der Republik vgl. vor allem Broué/Témime, S. 143 ff. — Vgl. Walther L. Bernecker: Die Soziale Revolution im Spanischen Bürgerkrieg. Historisch-politische Position und Kontroversen, München 1977.

schen Kräften stand ein revolutionäres Lager gegenüber, das — obwohl in sich wiederum tief gespalten — die Erhebung des Volkes gegen den Militärputsch fortführen wollte zu einer grundlegenden Neugestaltung der Gesellschaft: Enteignung und Vergesellschaftung der Produktionsmittel, Umbau oder gar Zerschlagung des überlieferten Staatsapparates und Kontrolle der Macht durch die organisierte Arbeiterschaft. Dieses revolutionäre Lager, dem der linke Flügel der Sozialisten unter Francisco Largo Caballero, die kleine Linkspartei POUM und die Anarchisten zuzurechnen waren, hatte in den ersten Wochen des Bürgerkrieges die Oberhand, wurde aber nach und nach zurückgedrängt und im Frühjahr und Sommer 1937 ganz oder teilweise ausgeschaltet[20].

Man darf aufgrund der inneren Kräfteverhältnisse der Republik die zwar spekulative, aber wohl begründete Vermutung aussprechen, daß bei einer frühzeitigen Niederschlagung des Militärputsches wahrscheinlich recht bald ein zweiter Bürgerkrieg ausgebrochen wäre. Linkssozialisten und POUM wollten keine bürgerliche Republik, Anarchisten wollten überhaupt keine Republik, für die sich wiederum die Parteien und Organisationen des anderen Lagers einsetzten. Die innere und äußere Lage, in der sich die Republik befand, begünstigte die zweite, die nicht-revolutionäre Entwicklung und die schrittweise durchgeführte Restauration des republikanischen Staates. Die Auflösung oder Entmachtung der revolutionären Ausschüsse und Komitees, der Aufbau eines republikanischen Heeres, dem recht bald die partei- und gewerkschaftseigenen Milizen unterstellt wurden, — alle diese Entscheidungen vom Herbst 1936 leiteten unübersehbar das Ende der Revolution ein.

Der Charakter des Krieges

In seinem Bühnenstück „Una noche de guerra en el Museo del Prado" (Eine Kriegsnacht im Prado-Museum) beschwor der spanische Dichter Rafael Alberti eine gespenstische Szene. Die Bediensteten der berühmten Gemäldegalerie nehmen zu nächtlicher Stunde die großen Werke der spanischen Meister von den Wänden, um sie vor dem Bombardement der faschistischen Flugzeuge in Sicherheit zu bringen. Als sie bei der Halle mit Goyas Darstellungen des Kampfes der Spanier gegen die napoleonische Besetzung ihres Landes angelangt sind, treten die abgebildeten Gestalten plötzlich als lebendige Personen aus den Gemälden heraus und beginnen Gespräche mit den Arbeitern des Prado. Sie vergleichen die politische Situation ihrer jeweiligen Zeit und stellen betroffen eine weitgehende Übereinstimmung fest.

Was Alberti in dichterischer Vision andeutete, war während des Spanienkrieges eine in vielen Parteien verbreitete Überzeugung, daß man es beim Franco-Putsch mit einem vom Ausland inszenierten Manöver zur Unterdrückung des Landes zu tun habe. Der Widerstand des spanischen Volkes gegen den von Hitler und Mussolini gelenkten Francisco Franco entsprach nach dieser Geschichtsauffassung dem Aufstand der Madrider Bevölkerung vom 2. Mai 1808 gegen den von Napoleon eingesetzten Joseph Bonaparte und dem jahrelangen Kleinkrieg der Spanier gegen die französischen Truppen und ihre einheimischen Kollaborateure. Die Erhebung von 1936 sollte also fortsetzen, was 1808 begonnen hatte, aber durch die spätere Restauration unterbrochen und wieder rückgängig gemacht worden war. Der Kampf der Spanier gegen die aufständischen Militärs wurde als „nationalrevolutionärer Befreiungskampf" angesehen, der absolutistischen, feudalistischen und klerikalen Ballast abwerfen und das Land in eine moderne, demokratische, aber durchaus noch bürgerliche Republik umwandeln sollte —

---

20 Broué/Témime, S. 229 ff.

gewissermaßen ein nachzuholendes Pensum, das andere europäische Völker längst abgeschlossen hatten. Am lautstärksten wurde diese Geschichtsauffassung von einer hier noch nicht erwähnten Partei vertreten, von den Kommunisten[21].

Ihrem Selbstverständnis nach dem revolutionären Lager zuzurechnen, verfolgte die spanische KP in den Jahren 1936/37 eine Politik, die dem gemäßigten republikanischen Lager der Rechtssozialisten, der bürgerlich-liberalen Parteien und der baskischen und katalanischen Nationalisten näher stand als den revolutionären Kräften. Dies hatte Gründe in der damals von der Komintern propagierten Volksfrontpolitik und in taktischen innerspanischen Erwägungen, auf die wir an entsprechender Stelle eingehen werden. Für diese Politik sprach aber auch die Tatsache, daß sie die realistischere war. Eine revolutionäre Entwicklung hätte die liberalen, bürgerlichen und republikanisch-konservativen Parteien entweder auf die Seite Francos gedrängt oder aber das politisch geteilte Land ein weiteres Mal gespalten, in jedem Falle aber das antifaschistische Lager geschwächt. Hinzu kam, daß ein im Krieg befindliches Land ein denkbar ungeeignetes Terrain für revolutionäre Umwälzungen ist. Begeisterte, aber wenig disziplinierte Milizen ohne Kommandozentrale, eine auf viele lokale Revolutionskomitees verteilte öffentliche Macht ohne wechselseitige Koordination und ohne eindeutige Verantwortlichkeiten ist einem Gegner mit regulärer Armee und funktionsfähigem Staatsapparat hoffnungslos unterlegen. Ein dritter gewichtiger Punkt war die internationale Lage. Angesichts der massiven deutschen und italienischen Unterstützung für die aufständischen Offiziere war die Republik auf die Hilfe oder doch wenigstens auf die wohlwollende Neutralität der Westmächte Frankreich und Großbritannien angewiesen. Mit beiden Ländern war Spanien in der Tanger-Frage und der Teilung Marokkos vertraglich verbunden, und beide Staaten hatten aufgrund umfangreicher Investitionen starke wirtschaftliche Interessen in Spanien. Eine revolutionäre Regierung, die den marokkanischen Kolonialstatus verändert oder ausländisches Kapital enteignet hätte, wäre mit auswärtigen Mächten in Konflikt geraten und hätte das bedrängte Land weiter isoliert.

Die Notlage der Republik begünstigte eine Entwicklung, die von den Kommunisten rechtzeitig erkannt und gefördert wurde: die Wiederherstellung einer bürgerlichen Republik, die Restauration der von der Revolution außer Kraft gesetzten republikanischen Staatsgewalt und teilweise auch die Korrektur der anfangs vorgenommenen Kollektivierungen. Da neben Mexiko die Sowjetunion als einziges Land der Republik eine wirksame waffentechnische Hilfe leistete, geriet die Republik in der Außen-, aber recht bald auch in der Innenpolitik in Abhängigkeit von Moskau.

Zwar war die ursprünglich unbedeutende KP während des Spanienkrieges niemals mit mehr als zwei Ministern im Kabinett vertreten, aber sie besetzte rasch eine Reihe von Spitzenposten in Militär, Polizei und Verwaltung und erhielt durch den aufgeschreckten Mittelstand, der die Enteignungen durch die Anarchisten fürchtete, rasch eine — überwiegend kleinbürgerliche — Massenbasis. Unter dem Druck der KP mußte der Linkssozialist Francisco Largo Caballero im Mai 1937 zurücktreten, wurde der POUM verboten, wurden Linkssozialisten und Anarchisten immer stärker entmachtet. Unter der Regierung des Rechtssozialisten Juan Negrín López, der bis zum Ende des Bürgerkrieges amtierte, wurden die ursprünglichen revolutionären Errungenschaften weitgehend liquidiert. Mit der Auflösung der Milizen im Sommer 1937 hatte die Revolution ihren Abschluß gefunden, an ihre Stelle war die sogenannte „demokrati-

---

21 Vgl. Kühne, S. 20 ff. — Dolores Ibárruri: Der national-revolutionäre Krieg des spanischen Volkes 1936 bis 1939, Berlin DDR 1955. — Ercole Ercoli (Palmiro Togliatti): Über die Besonderheiten der spanischen Revolution, Moskau 1936.

sche Republik neuen Typus" getreten, eine autoritäre, in einigen Bereichen durchaus rechtsstaatliche Republik mit demokratischer Fassade. Damit hatte sich aber auch der Charakter des Krieges verändert. Der sozialrevolutionäre Aufbruch der ersten Monate hatte sich durch innere und äußere Einwirkungen in das verwandelt, was die Kommunisten von Anfang an als „nationalrevolutionären Krieg" bezeichnet hatten.

Der Spanienkrieg als internationaler Konflikt

Die Wurzeln des Spanienkrieges waren rein spanischer Natur, aber der Konflikt wurde recht bald ein internationaler, in dem sich die Mächtekonstellationen der 1930er Jahre in Europa widerspiegelten. Zunächst erkannten alle europäischen Mächte die Regierung der Republik weiterhin als die rechtmäßige an und behandelten die putschenden Offiziere als Aufständische und Rebellen. Aber bereits wenige Wochen nach Ausbruch des Bürgerkrieges waren auch die internationalen Fronten, die durch eine allseitig vereinbarte Nichteinmischungspolitik mühsam kaschiert wurden, deutlich erkennbar. Die von den meisten auswärtigen Mächten nach außen gezeigte neutrale Fassade brach nach und nach zusammen und legte spätestens bis Ende 1936 die Parteinahme der anderen Staaten für die eine oder andere Seite in Spanien offen[22]. Die beiden „Achsenmächte" Deutschland und Italien sowie Portugal unterstützten seit Ende Juli über schlecht getarnte Kanäle Franco mit Waffen und anderem Material, zögerten aber mit der Anerkennung des „nationalen Spanien". Zunächst unterhielten Berlin, Rom und Lissabon noch diplomatische Beziehungen mit der Republik, wenngleich in stark unterkühlter Form. Nachdem die republikanische Regierung wegen der Bedrohung Madrids ihren Sitz nach Valencia verlegt hatte, quartierte sich die deutsche Botschaft in Alicante ein, wo sie kaum noch Kontakt zu Regierungsstellen unterhielt. Leichter hatte es da der deutsche Generalkonsul von Barcelona, der durch seine Beziehungen zur Generalitat von Katalonien in einigen Fällen die Freilassung verhafteter Deutscher oder die Rückgabe deutschen Vermögens erwirken konnte. Wahrscheinlich wollte man mit der verzögerten Anerkennung Francos zuerst eine Übersicht über das innerspanische Kräfteverhältnis gewinnen und die Evakuierung deutscher Staatsbürger abschließen. Im November 1936 brachen dann Berlin und Rom die Beziehungen zur Republik ab und erkannten die Militärjunta als spanische Regierung an.
Frankreich hatte unmittelbar nach dem Franco-Putsch durchaus Hilfsmaßnahmen für die spanische Republik geplant, zumal in Paris wie Madrid Volksfrontregierungen im Amte waren. Aber in den französischen Rechtsparteien stieß dieser Gedanke auf massiven Widerstand, in der politischen Mitte auf Reserve, und auf der Linken herrschte eine pazifistische Grundstimmung, die sich deutlich gegen eine direkte Verwicklung in den Spanienkrieg wandte. Hinzu kam aber, daß Großbritannien, mit dem Frankreich seine damalige Außenpolitik weitgehend abstimmte, an einer aktiven Unterstützung der Spanischen Republik nicht interessiert war. Zwar erkannte man wohl die Gefahr einer deutsch-italienischen Expansion im Mittelmeerraum und eine Bedrohung Gibraltars durch nationalistische spanische Forderungen. Andererseits bestanden in der konservativen Regierung in London keinerlei Sympathien für ein revolutionäres Land, in dem auch britische Investitionen gefährdet waren[23].

---

22 Fernando Schwartz: La internacionalización de la Guerra Civil Española, Julio de 1936 — Marzo de 1937, Barcelona 1972.
23 Broué/Témime, S. 401 ff. — Vgl. David Carlton: Eden, Blum and the Origins of Non-Intervention, in: Wolfgang Schieder/Christof Dipper (Hg.): Der Spanische Bürgerkrieg in der internationalen Politik (1936-1939) München 1976, S. 290-305.

Der Kompromiß, zu dem sich London und Paris durchringen konnten, war der Vorschlag einer strikten Nichteinmischung zugunsten einer der beiden spanischen Kriegsparteien. Trotz einer aufschiebenden Politik Berlins und Roms, die mit einem baldigen Siege Francos rechneten, trat Anfang September 1936 in London ein internationaler Ausschuß zusammen, der die Überwachung der Nichteinmischung übernehmen sollte, tatsächlich aber ein recht wirkungsloses Gremium zur gegenseitigen Information blieb. Deutschland und Italien traten dem Ausschuß bei, unterliefen seine Bestimmungen jedoch, indem sie über Portugal, das dem Ausschuß nicht angehörte, fortgesetzt der Franco-Seite Waffen zukommen ließen[24]. Aus diesem Grunde legte die Sowjetunion massiven Protest ein und forderte eine Überwachung der portugiesischen Grenze, jedoch wurde dieser Beschluß vertagt. Schließlich wurde nach langen diplomatischen Verhandlungen fast neun Monate nach Ausbruch des Bürgerkrieges, also im April 1937, eine Seekontrolle der spanischen Küsten vereinbart, mit der die Lieferung von Waffen und Mannschaften an die kriegführenden Parteien verhindert werden sollte. Aber bereits Ende Mai zogen sich Deutschland und Italien aus der Seekontrolle zurück; ihre Unterstützung für die Rebellen, die niemals ein Geheimnis gewesen war, erfolgte nun offen und ohne Verschleierung[25].

Innerhalb der westlichen Welt stand die Spanische Republik ungeachtet der Sympathien der Weltöffentlichkeit recht isoliert. Allein Mexico sandte mit bescheidenen Mitteln Waffen nach Spanien. In dieser Situation internationaler Isolierung sprang als einzige Großmacht die Sowjetunion ein. Ab Oktober 1936 lieferte Moskau in größerem Umfange Waffen, die zumindest im Jahre 1936 die Republik vor dem Ansturm der aufständischen Truppen retteten. Dazu wurden etwa 3.000 militärische, polizeiliche und politische Berater nach Spanien entsandt, die der Republik beim Aufbau des Heeres, der Luftwaffe, der Geheimpolizei und in anderen Bereichen behilflich waren. Ihre Zahl überstieg wohl niemals 3.000, und geschlossene sowjetische Kampfverbände traten nicht in Erscheinung. Für ihre Hilfe ließ sich die Sowjetunion indessen fürstlich bezahlen. Der gesamte spanische Staatsschatz in Gold, das seinerseits noch größtenteils aus den geplünderten Schätzen Mexikos und Perus stammte, wurde am 25. Oktober 1936 in einer geheimen Aktion in Cartagena verschifft und nach Odessa gebracht. Nicht unmittelbar, aber doch auf Umwegen waren auch die Internationalen Brigaden eine von den Sowjets geförderte Truppe. Zwar war die Komintern ihr Initiator, und formell waren diese Einheiten überparteiliche, dem Volksfrontgedanken verpflichtete Verbände. Aber hinter diesen vorgeschobenen Fassaden steckte die UdSSR, die hierzu Waffen, Personal und jede andere Hilfe zur Verfügung stellte. Hinter dem sowjetischen Engagement in Spanien stand der Wunsch, als Avantgarde aller fortschrittlichen Parteien aufzutreten und sie hinter sich zu einigen. Aber sicher nicht unerheblich war auch die Absicht, die sowjetischen Waffen im Einsatz gegen die deutschen Waffen auszuprobieren[26].

Freilich blieben die sowjetische Waffenhilfe und der Einsatz der Internationalen Brigaden vergleichsweise gering gegenüber den massiven deutschen und italienischen Waffenlieferungen, die ab Juli 1936 zunächst getarnt, später offen erfolgten. Auch der Einsatz der deutschen Legion Condor, des italienischen „Freiwilligen"-Verbandes CTV (Corpo Truppe Volontarie)

---

24 Hans-Henning Abendroth: Hitler in der spanischen Arena. Die deutsch-spanischen Beziehungen im Spannungsfeld der europäischen Interessenpolitik vom Ausbruch des Bürgerkrieges bis zum Ausbruch des Weltkrieges 1936-1939, Paderborn 1973, S. 95 ff. — Manfred Merkes: Die deutsche Politik im spanischen Bürgerkrieg 1936-1939, 2. Aufl. Bonn 1969, S. 153 ff.
25 Broué/Témime, S. 422 f. — Abendroth, S. 283. - Als Gesamtdarstellung s. David T. Cattell: Soviet Diplomacy and the Spanish Civil War, Berkeley — Los Angeles 1957.
26 Broué/Témime, S. 459 ff.

und größerer portugiesischer Einheiten überwogen zahlenmäßig erheblich den der Internationalen Brigaden. Nach groben Schätzungen fochten auf Francos Seite etwa 67.000 Italiener, 20.000 Portugiesen und 16.000 Deutsche, wobei es sich hier aber nicht um gleichzeitig eingesetzte Truppen, sondern um Gesamtzahlen handelt. Vor allem bei den deutschen Einheiten war die Zahl von untergeordneter Bedeutung gegenüber der Qualität der Ausrüstung und der Ausbildung; sie sicherten den Franco-Truppen bald die Luftüberlegenheit über die Republik[27].

Die Errichtung des Franco-Regimes

General Francisco Franco war zwar die treibende Kraft bei der Vorbereitung und Durchführung der Militärrevolte, aber er war zunächst nicht ihr einziger Anführer. Dies änderte sich rasch, da die meisten Mitverschwörer ausschließlich Soldaten waren und keine politischen Karrieren anstrebten. Eine Ausnahme unter seinen Mitverschwörern, General José Sanjurjo, verunglückte bereits am 20. Juli 1936, eine andere Ausnahme, General Emilio Mola Vidal, verunglückte im Juni 1937. Der einzige mögliche Rivale aus dem nicht-militärischen Sektor, der Falange-Führer José Antonio Primo de Rivera, wurde von einem republikanischen Gericht wegen Hochverrats zum Tode verurteilt und im Oktober 1936 hingerichtet. Es fiel Franco daher nicht schwer, neben der militärischen auch recht bald die politische Führung im aufständischen Lager an sich zu reißen. Parteien — auch die rechtskonservative CEDA — wurden ebenso wenig geduldet wie Gewerkschaften. Im Oktober 1936 ließ sich Franco als Generalissimus und damit als Oberbefehlshaber und Chef der Staatsregierung ausrufen; er vereinigte auf seine Person — zunächst provisorisch — die militärische und zivile Gewalt, die sich in der aufständischen („nationalen") Zone mit Sitzen in Salamanca und Burgos etabliert hatte. Etappenweise dehnte Franco seine Macht aus, avancierte zum „Caudillo por la gracia de Dios" (Führer von Gottes Gnaden), zum absolutistischen Regierungschef und Generalkapitän aller Streitkräfte[28].

Je nach politischem Standort betrachtete die aufständische Seite ihren Krieg als „guerra de liberación" (Befreiungskrieg) oder als „cruzada" (Kreuzzug) gegen die gottlosen Bolschewisten zur Rettung des christlichen Abendlandes. Vor allem die carlistischen Requetés sahen in ihrem ultraklerikalen Fanatismus die Erhebung als Glaubenskrieg gegen die Ungläubigen an, in dem sie — als Kampfgefährten muselmanischer Söldner — sich auch dazu hinreißen ließen, Massaker an den kleinen protestantischen Gemeinden Spaniens zu verüben. Die pseudorevolutionären Falangisten propagierten den Kampf gegen Juden und Freimaurer, und beide Organisationen sowie die aufständischen Militärs unterdrückten blutig alles, was sie für verdächtig hielten: Mitglieder der Gewerkschaften und Arbeiterparteien, Liberale, Republikaner und vor allem Intellektuelle. „Muera la inteligencia" (Tod der Intelligenz!) lautete ein Schlachtruf, und das prominenteste Opfer dieser Hetzjagd war der Dichter Federico Garcia Lorca, der am Stadtrand von Granada ermordet wurde. Dem durchschnittlichen Deutschen sind — als Spätfolge der Goebbels-Propaganda — in Verbindung mit dem Spanischen Bürgerkrieg vor allem die Verbrechen in Erinnerung, die — unleugbar — auf republikanischem Territorium von Kil-

---

27 Zu den Zahlen s. Thomas, S. 516 ff.; zu den deutschen Materiallieferungen und Einsätzen der Legion Condor vgl. Merkes, S. 373 ff., 396. — Zu den wirtschaftlichen Hintergründen des deutschen Engagements in Spanien vgl. Wolfgang Schieder: Spanischer Bürgerkrieg und Vierjahresplan. Zur Struktur nationalsozialistischer Außenpolitik, in: Schieder/Dipper, a.a.O., S. 162 ff.
28 Broué/Témime, S. 525 ff.; Madariaga, S. 374 ff.

lerkommandos unterschiedlicher politischer Couleur begangen wurden. Aufgrund unsicherer Zahlen wird man kaum die Untaten beider Seiten aufrechnen können, aber weitgehende Übereinstimmung besteht darüber, daß die bei Terroraktionen der Requetés und der Falangisten sowie bei Massenerschießungen durch die aufständischen Militärs getöteten Personen bei weitem die Terropfer auf republikanischem Gebiet übertrafen. Es ist auch ein bitterer Zynismus, daß die von den Rebellen eingesetzten Kriegsgerichte, die während und nach dem Bürgerkriege Todesurteile verhängten und — zuletzt noch 1963 — vollstrecken ließen, diese mit „Rebellion, Aufruhr, Widerstand und Ungehorsam gegenüber den Autoritäten" begründeten[29].

Im April 1937 ließ Franco zwangsweise Falangisten und carlistische Requetés vereinigen und erhob sie als „Bewegung" zu einer Art Staatspartei. Damit neutralisierte er gleich zwei Kräfte, die ihn in seiner Machtausübung stören konnten. Denn beide Gruppierungen vertraten unvereinbare Ziele und hielten sich in der neuen Organisation die Waage. Dem Wunsch der früheren Carlisten nach Wiederherstellung der Monarchie kam Franco insoweit entgegen, daß er Spanien offiziell zum Königreich ausrief; die alten Falangisten wurden damit getröstet, daß Spanien ja gar keinen König, sondern einen „Caudillo" an der Spitze habe und daß die Frage der Staatsform noch nicht endgültig entschieden sei. Die Bewegung mit der umständlichen, in sich durchaus paradoxen Bezeichnung „Falange Española Tradicionalista y de las Juntas Ofensivas Nacionalistas Sindicalistas" wurde dadurch ausgeschaltet, daß Franco an ihre Spitze trat und diese Staatspartei mit dekorativen Aufgaben betraute, ihr aber keine wirkliche Macht verlieh. Um den pseudorevolutionären Zielen der alten Falange gerecht zu werden, wurde der neuen Staatspartei die Sozialfürsorge übertragen, ein syndikalistisches Ständesystem eingeführt und ein mehr gefeiertes als praktiziertes Sozialwerk ins Leben gerufen. Wirkliche Reformen im Agrarbereich und in der Industrie wurden nicht durchgeführt, und die alten Kräfte wie Großgrundbesitz, Armee und Kirche kehrten in ihre alten Stellungen zurück; im Falle der Kirche, die mit neuen Vollmachten vor allem im Bildungsbereich ausgestattet wurde, kann man sogar von einem Rückschritt um viele Generationen sprechen.

Das Franco-Regime war durch das Militär an die Macht gekommen, aber es war keine Militärdiktatur. Die falangistische Staatspartei ahmte zwar die faschistischen Vorbilder Italiens und Deutschlands nach, stellte aber keine die Gesellschaft prägende Kraft dar. Kirche, Großgrundbesitz, Industrie und Bürgertum stützten zwar das Regime und wurden daher von diesem mit Privilegien belohnt, aber sie dirigierten es nicht. Franco hielt zwischen allen die Balance, so daß er als letzte Instanz die wichtigen Entscheidungen sich vorbehielt. Wenn man sein Regime als faschistisch bezeichnet, sollte man sich vorher Klarheit darüber verschaffen, welchen Inhalt man dem Begriff „Faschismus" als politischer Kategorie zuerkennt. Seinem eigenen Weltbild nach stand er den Ideologien Hitlers oder Mussolinis fern und lebte eher in den absolutistischen Traditionen des spanischen Königtums, als dessen Reichsverweser er sich betrachtete. Er ließ sich königliche Ehren erweisen, führte in seiner Titulatur das Gottesgnadentum und verlieh Adelsprädikate. Er baute sich im Tal der Gefallenen (Valle de los Caídos) eine unterirdische Kathedrale in den Felsen, wo seine und des Falange-Führers Primo de Rivera Gebeine ruhen — unweit dem Escorial, in dessen Gruft seit Philipp II. die spanischen Könige beigesetzt werden.

---

29 Jackson, S. 293 ff. — Broué/Témime, S. 560.
30 Vgl. Klaus-Jörg Ruhl: Spanien im Zweiten Weltkrieg. Franco, die Falange und das Dritte Reich, Kevelaer 1975.

Franco kam zweifellos durch Hitlers und Mussolinis Hilfe an die Macht und hätte ohne ihre Waffen und Mannschaften wohl kaum einen fast dreijährigen Krieg führen können. Aber er war nicht ihre Marionette, als die er von Zeitgenossen betrachtet wurde. Er widersetzte sich allen Wünschen Hitlers nach einem Kriegseintritt auf deutsch-italienischer Seite und nach einem Angriff auf das britische Gibraltar[30]. Auch zwischen 1945 und 1949, als das Franco-System außenpolitisch vollkommen isoliert und international geächtet war und keinerlei Hilfe von anderen Ländern erhielt, konnte es sich halten, ohne von kleineren Guerrilla-Aktionen, die bis Ende der 1940er Jahre vor allem in Asturien anhielten, ernsthaft gefährdet zu werden. Die Linke war — nicht nur wegen ihrer eigenen Zersplitterung — nicht in der Lage, den Sturz des Caudillos herbeizuführen. Diese Tatsache wirft noch einmal die Frage nach dem Charakter des Spanienkrieges auf[31]. War dieser wirklich nur ein deutsch-italienischer Interventionskrieg, und war Franco nur eine Kopie des von Napoleon eingesetzten Joseph Bonaparte, wie es das Bühnenwerk Rafael Albertis in Übereinstimmung mit der zeitgenössischen Publizistik darstellte? Wahrscheinlich unterschätzte man zu stark die spanischen Wurzeln des Franco-Regimes und nahm das Postulat, wonach die Republik das ganze spanische Volk repräsentierte, für Wirklichkeit. Es sei daran erinnert, daß bei den Wahlen vom 16. Februar 1936 eine beträchtliche Zahl der Stimmen gegen die Parteien der Mitte und der Linken abgegeben worden war. Daraus läßt sich nicht die Schlußfolgerung ableiten, daß alle diese der Rechten abgegebenen Stimmen als potentielle Zustimmung zur späteren Diktatur Francos gewertet werden können. Wohl aber kann man darin eine durchaus breite antirepublikanische Basis erkennen, ohne die die aufständischen Militärs wohl kaum hätten operieren können. Das spanische Drama war zwar ein Interventions-, aber *auch* ein Bürgerkrieg. Das literarische Gleichnis eines Rafael Alberti trifft nur einen Teil der Wirklichkeit. Ein Vergleich des Spanienkrieges 1936 — 1939 mit der französischen Besetzung des Landes 1808 ist aber wohl angebracht mit Blick auf die ungeheuren Kriegsgreuel, die Spanien im vorigen und in diesem Jahrhundert verwüsteten. Sie wurden von zwei großen zeitgenössischen Malern Spaniens, damals Francisco de Goya und das zweite Mal Pablo Picasso, für die Nachwelt festgehalten. Sie forderten Hunderttausende von Menschenleben und warfen das Land um Jahrzehnte zurück.

---

31 Zum Charakter des Spanienkrieges vgl. die Einleitung zu Schieder/Dipper (Hg.), a.a.O., S. 7 — 49, hier S. 23 ff.

Die Deutschen und der Spanische Bürgerkrieg

Ort und Zeit des Dramas, das die vorliegende Studie untersuchen will, gehören der spanischen Geschichte an. Aber seine Akteure waren Deutsche. Ihr Verhältnis zum Geschehen auf der iberischen Halbinsel, die im Bewußtsein der meisten Deutschen damals fernab am Rande Europas lag, wurde aber wesentlich von Ereignissen in der Heimat bestimmt. Die politische Motivation der Deutschen, die als Freiwillige nach Spanien eilten, die Anteilnahme deutscher Intellektueller, Journalisten und Parteitheoretiker an der denkwürdigen Abwehr des Militärcoups, die Leidenschaftlichkeit, mit der Entwicklung und Verlauf der spanischen Ereignisse diskutiert wurden — all dies unterschied sich zunächst nicht vom Verhalten einer politischen Öffentlichkeit in anderen Ländern. Aber der Hintergrund dieses Verhaltens war ein anderer; diese deutsche politische Öffentlichkeit lebte im Exil, nachdem Hitlers Machtergreifung sie zur Emigration gezwungen hatte. Eine deutsche politische Öffentlichkeit gab es nur im Ausland, nachdem in Deutschland selbst nach und nach alle gesellschaftlichen Bereiche gleichgeschaltet worden waren, so daß eigenständiges Denken nur noch in der Illegalität oder aber im privaten Milieu möglich war.

Das Verhältnis der Deutschen, die sich dem antifaschistischen Kampf der Spanier verbunden fühlten, zu Spanien ist nicht ohne die Situation des Exils und ohne die von vielen Emigranten gezogenen Parallelen zwischen deutscher und spanischer Geschichte zu denken. Gewiß, auch aus Deutschland selbst eilten viele Gegner der Hitler-Diktatur nach Spanien, oft unter Gefahren und fast immer mit großen persönlichen Opfern. Aber die Mehrheit derer, die als bewaffnete Kämpfer der Milizen, als Soldaten der Internationalen Brigaden, als Journalisten, Propagandisten und Vertreter von Exil-Parteien und Exil-Zeitschriften oder auch nur als engagierte und interessierte Augenzeugen nach Spanien gingen, waren Emigranten. Ihr politisches Schicksal, ihre oft schwere soziale Lage, ihre Zerstreuung auf zahlreiche Exil-Länder, die für die Emigration typische Bildung von oft verfeindeten Zirkeln, Gruppen und Parteien, die Atmosphäre aus Angst, Hoffnung und Mißtrauen — sie bilden den materiellen und psychologischen Hintergrund, vor dem das deutsche Engagement für die spanische Republik zu sehen ist.

Zur Lage der deutschen Emigration

Eine massenhafte Fluchtbewegung aus Deutschland hatte im März 1933 eingesetzt, als nach dem Reichstagsbrand und der Unterdrückung der KPD die ersten großen Verhaftungswellen begannen. Die Zerschlagung der Gewerkschaften Anfang Mai und die Auflösung der Parteien im Sommer 1933 stellten weitere Etappen dieser Entwicklung dar. Der Personenkreis, aus dem sich die Emigration zusammensetzte, war ungeachtet des gemeinsamen Gegners und der von ihm ausgehenden Verfolgung ein recht vielfältiger und keineswegs homogen. Zum zahlenmäßig größten Teil gehörten Juden, die nach Erlaß des „Arierparagraphen" und der im öffentlichen Leben rasch einsetzenden Pogrome auch physisch bedroht wurden. Die Zahl der aus rassischen Gründen emigrierenden Personen war gegen Ende 1933 etwa viermal so hoch wie die der übrigen Flüchtlinge, jedoch verschob sich dieses Zahlenverhältnis in den folgenden Jahren[1].

Diese zweite Gruppe umfaßte die aus politischen, in engerem Sinne *partei*politischen Gründen zur Flucht getriebenen Personen, also vorwiegend Kommunisten, Sozialdemokraten, Angehörige kleinerer Linksparteien, aber auch bürgerliche Gruppierungen von liberalen und christlichen Politikern. Der Schwerpunkt lag aber auf den Linksparteien. Wir können die ungefähre Gesamtzahl der Emigranten Ende 1933 folgendermaßen aufschlüsseln: 65.000 Juden, 8.000 Kommunisten, 6.000 Sozialdemokraten und 5.000, die unter keine der vorgenannten Kategorien fielen. Diese Schätzung ist naturgemäß sehr grob und übergeht die Tatsache, daß viele Personen aus mehreren Gründen gleichzeitig zur Emigration gezwungen sein konnten[2]. Eine dritte Gruppierung, die sich gleichfalls mit den bisher genannten überschneiden konnte, aber als eigenständige Größe anzusehen ist, waren Schriftsteller, Publizisten, Künstler und Wissenschaftler, die aufgrund der NS-Ideologie verfemt und wegen der Behinderung ihrer früheren Tätigkeit ins Exil getrieben worden waren. Obwohl nicht sehr zahlreich, kam den Intellektuellen innerhalb der Emigration ein besonderes Gewicht zu, so daß wir auf sie, soweit sie in Spanien waren, gesondert eingehen werden. Eine vierte, oft übersehene Gruppe waren schließlich solche Personen, die unter keine der genannten Kategorien fallen und sich dennoch aus — manchmal unbegründeter — Furcht vor Verfolgung dem großen Strom der übrigen Emigration anschlossen. Vielfach waren es Erwerbslose oder solche Personen, deren bisheriges Dasein durch indirekte Auswirkungen der politischen Entwicklung aus der Bahn geworfen worden war; sie stellten in der Regel die unterste Schicht dar und hatten auch die schwersten Folgen zu tragen. Da ihre Angehörigen auf das geringste Verständnis im Ausland stießen, erhielten sie auch kaum Unterstützung; andererseits war diesem Personenkreis eine Rückkehr nach Deutschland eher möglich als der anderen, die sich erneut in Gefahr begeben hätten. Zahlenmäßig ist diese vierte Gruppe kaum fest zu umreißen und politisch ohne nennenswerte Bedeutung; sie sollte aber auch nicht völlig unerwähnt bleiben.

Zahlenangaben über die gesamte Emigration sind je nach Zeitraum und Aufnahmeland ein recht schwieriges Problem, zumal viele Flüchtlinge von einem Lande zum anderen zogen, was doppelte und dreifache Zählungen in den Statistiken zur Folge hatte, und andererseits viele Personen sich aus Furcht nirgends registrieren ließen, so daß sie unberücksichtigt blieben. Entscheidend waren die ersten drei Jahre der NS-Herrschaft, in denen die größten und maßgebenden Flüchtlingswellen Deutschland verließen. Für die meisten Emigranten bildete Frankreich die erste Station, wo bis Ende 1933 allein über 30.000 ihren Aufenthalt nahmen. Eine beträchtliche Anzahl wanderte von dort aus weiter in andere Länder, andererseits hielt der Zustrom nach Frankreich an, so daß die angegebene Zahl zunächst wohl keinen allzugroßen Schwankungen unterlegen haben dürfte[3]. Auch die Emigranten, die sich vorübergehend in dem unter Völkerbundsverwaltung stehenden Saargebiet niedergelassen hatten, wanderten vor der Rückgliederung dieses Territoriums an das Deutsche Reich zusammen mit saarländischen Flüchtlingen — zusammen etwa 8.000 — nach Frankreich weiter[4].

---

1 Vgl. Ursula Langkau-Alex: Volksfront für Deutschland?. Bd. 1: Vorbereitung und Gründung des „Ausschusses zur Vorbereitung einer deutschen Volksfront" 1933 — 1936, Frankfurt am Main 1977, S. 41; daselbst weitere Quellenverweise.
2 Ebd. — Zur Emigration aus rassischen Gründen s. Werner Röder: Die deutschen sozialistischen Exilgruppen in Großbritannien 1940 — 1945, Hannover 1968, S. 253 ff. — Helmut Müssener: Die deutschsprachige Emigration in Schweden nach 1933. Ihre Geschichte und kulturelle Leistung, Stockholm 1971, S. 61 ff.
3 Vgl. Norman Bentwich: Refugees from Germany, April 1933 to December 1935, London 1936, S. 33.
4 Patrik v. zur Mühlen: „Schlagt Hitler an der Saar!". Abstimmungskampf, Emigration und Widerstand im Saargebiet 1933 — 1935, Bonn 1979, S. 244 ff.

Die anderen Länder, die in größerer Zahl deutsche Flüchtlinge aufnahmen, seien hier nur kurz aufgeführt: die Niederlande, die Tschechoslowakei und Schweden, in geringerem Maße die Schweiz, Belgien, Luxemburg, Dänemark, Norwegen, Großbritannien und die USA sowie einige andere Länder der westlichen Welt. Spanien gehört nicht zu ihnen, obwohl eine durchaus erkennbare Anzahl von Flüchtlingen sich dort niedergelassen hatte. Genannt werden muß als besonderer, weil ideologisch auf eine politische Richtung der Emigration ausgerichteter Fall, die Sowjetunion. Im übrigen finden wir kleinere deutsche Flüchtlingsgruppen in fast allen anderen Ländern Europas und paradoxerweise sogar im faschistischen Italien[5]. Auch in Übersee ließen sich Emigranten aus Deutschland nieder, in Palästina naturgemäß Juden in größerer Zahl, aber kleinere Flüchtlingskolonien finden wir in der Türkei, in China, Südafrika und verschiedenen Ländern Lateinamerikas.

Fast alle deutschen Exil-Parteien machten Paris zu ihrem Hauptsitz, nur die Sozialdemokratische Partei hatte sich in Prag niedergelassen, wo der Exil-Parteivorstand, der sich die Abkürzung „Sopade" zugelegt hatte, am 29. Mai 1933 seine erste Sitzung abhielt. Prag besaß für seine politischen Aktivitäten eine günstige Lage — die Nähe zu Berlin und zu den mitteldeutschen und oberschlesischen Industriegebieten, in die man durch Kuriere illegale Schriften schmuggeln konnte; überdies herrschten in der Tschechoslowakei demokratische Verhältnisse, und eine aktive sudetendeutsche Sozialdemokratie unterstützte wirksam die exilierte reichsdeutsche Schwesterpartei[6]. Erst als der politische Druck auf die Tschechoslowakei stärker wurde und dieses Gebiet dadurch immer mehr in den Mittelpunkt politischer Spannungen geriet, verlegte der SPD-Vorstand 1938 seinen Sitz gleichfalls nach Paris, um noch kurz vor der Besetzung dieser Stadt durch deutsche Truppen weiter nach London zu ziehen.

Paris war das Zentrum für die meisten übrigen Exil-Parteien, die wir in Gegenüberstellung mit ihren jeweiligen spanischen Schwesterparteien noch skizzieren werden. Die französische Hauptstadt war aber auch Zentrum der exilierten deutschen politischen Öffentlichkeit. Da ein großer Teil der deutschen Schriftsteller ihre zur Diktatur verunstaltete Heimat hatte verlassen müssen und zahlreiche Künstler und Wissenschaftler nur noch im Ausland arbeiten konnten, teilte sich gewissermaßen das deutsche Kulturleben in einen in der Heimat verbleibenden, ideologisch verstümmelten Zweig einerseits und die ins Exil getriebene übrige Kultur in ihrer ganzen Vielfalt andererseits. Wegen des Schwerpunktes der deutschen Emigration in Frankreich wurde Paris zugleich ein neues geistiges Zentrum der deutschen Literatur und Kunst[7]. Das gilt auch für die Verlage, die die deutsche Exilliteratur herausbrachten, sowie die recht umfangreiche deutsche Exilpresse. Noch vor Zürich, Basel, Amsterdam, Prag und anderen Städten rangierte Paris als Erscheinungsort für einen beträchtlichen Teil der nicht-faschistischen deutschen Literatur und Publizistik. In Paris hatte der „Münzenberg-Konzern" der KPD seinen Sitz; hier erschienen ab 1933 das *Pariser Tageblatt* (später *Tageszeitung*), ab 1936 die *Deutsche Volkszeitung* und die *Deutschen Informationen,* ab 1938 der *Neue Vorwärts* und die frühere Saarbrücker *Deutsche Freiheit.* Hier gaben auch die deutschen Exil-Par-

---

5 Verwiesen sei hier auf das von der Akademie der Wissenschaften und der Akademie der Künste der DDR herausgegebene umfassende Publikationsprojekt „Kunst und Literatur im antifaschistischen Exil 1933 — 1945", das in sieben Bänden die deutsche Exil-Kultur in den wichtigsten Asyl-Ländern darstellt; in den Einzeldarstellungen werden hierbei auch die Lebensbedingungen und Wirkungsmöglichkeiten für deutsche Emigranten in den einzelnen Gastländern behandelt.

6 Lewis J. Edinger: Sozialdemokratie und Nationalsozialismus. Der Parteivorstand der SPD im Exil von 1933 — 1945, Hannover — Frankfurt am Main 1960, S. 24.

7 Vgl. Matthias Wegner: Exil und Literatur. Deutsche Schriftsteller im Ausland 1933 — 1945, Frankfurt am Main — Bonn 1967.

teien ihre Zentralorgane, Hauspostillen, Rundschreiben und Flugblätter heraus[8]. Und in und um Paris lebten wichtige Vertreter des deutschen Geisteslebens: Heinrich Mann, Lion Feuchtwanger, Klaus Mann, Ernst Toller, Oskar Maria Graf und viele andere.
Die Rolle Frankreichs und besonders Paris' war für das Verhältnis der deutschen Emigration zu Spanien in vielfacher Weise von Bedeutung. Dies gilt einmal für die geographische Nachbarschaft zu Spanien, die für eine unmittelbare und oft persönliche Anteilnahme an den dortigen Geschehnissen günstigere Voraussetzungen bietet als ein für damalige Verhältnisse fern liegendes Land. Hinzu kam aber auch das politische Ambiente Frankreichs, wo seit 1936 die von Sozialisten geführte Volksfront-Regierung unter Léon Blum mit parlamentarischer Unterstützung der Kommunisten und anderer Linksparteien eine Politik betrieb, deren Thematik auch für die Spanische Republik außerordentlich wichtig war. In Paris war es auch, wo unter dem Eindruck der französischen Innenpolitik und der internationalen Lage seit 1935 im Hotel „Lutetia" ein von Heinrich Mann angeregter Gesprächskreis und später der daraus gebildete „Ausschuß zur Vorbereitung einer deutschen Volksfront" tagte, an dem sich zahlreiche Parteien und Splittergruppen sowie einzelne Persönlichkeiten beteiligten[9] und dessen Thematik mit den Vorgängen in Spanien nach Ausbruch des Bürgerkrieges durchaus in Beziehung stand. Die geographische und politische Nähe Spaniens einerseits und das Exil infolge der Verhältnisse in Deutschland andererseits stellen neben den sozialen Komponenten der deutschen Emigration den Rahmen dar, in dem sich das Engagement zahlreicher geflüchteter Deutscher während des Bürgerkrieges bewegte.

Spanien als Emigrationsland

Spanien zählt nicht zu den typischen Exilländern für deutsche Emigranten wie etwa Frankreich und die Niederlande. Vielfach wird es für die Zeit vor dem Bürgerkrieg in dieser Eigenschaft völlig ignoriert, obwohl sich in den Jahren 1933 bis 1936 eine durchaus nicht unbeachtliche Zahl von Deutschen, unter ihnen teilweise recht bekannte Persönlichkeiten, aus politischen Gründen dorthin zurückgezogen hatte. Obgleich man relativ leicht einreisen und eine Aufenthaltsbewilligung erhalten konnte und obwohl dort kein Arbeitsverbot für Emigranten bestand, wurde Spanien vor Ausbruch des Bürgerkrieges als mögliches Refugium wenig beachtet[10]. So waren es denn zunächst Schriftsteller und Intellektuelle, die nach Spanien zogen, oder aber Personen, die bestimmte politische oder private Beziehungen dorthin unterhielten.
Man wird aber nur in einigen Fällen sagen können, daß ausgerechnet Spanien aus politischen Gründen als Exil gewählt wurde. Gerade aus politischer Sicht und wegen seiner Armut und Rückständigkeit war es eigentlich wenig verlockend. Die harten Verfolgungen während des „schwarzen Doppeljahres"1934/35 behinderten auch die politischen Aktivitäten von Ausländern. Ein deutscher Emigrant, der nach Spanien zog, hatte oft andere Motive. Er konnte dort vergleichsweise billig leben und sich, sofern er über Geld verfügte, in einen malerischen, klimatisch angenehmen Ort zurückziehen. Vor allem die Balearen-Inseln Mallorca und Ibiza hatten recht bald kleine Kolonien von emigrierten Schriftstellern, Journalisten und Künstlern. Zu

---

8 Hierzu das umfassende, noch nicht abgeschlossene Werk von Hans-Albert Walter: Deutsche Exil-Literatur 1933 — 1950, bis jetzt 4 Bde., Darmstadt — Neuwied 1972 ff.
9 Langkau-Alex, S. 86 ff.
10 Klaus Hermsdorf/Hugo Fettig/Silvia Schlenstedt: Exil in den Niederlanden und in Spanien (Kunst und Literatur im antifaschistischen Exil 1933 — 1945, Bd. 6), Frankfurt am Main 1981, S. 191 ff.; im folgenden zitiert als Schlenstedt; vgl. Anm. 5.

ihnen gehörten der Publizist Harry Graf Kessler, der von November 1933 bis Juni 1935 in Palma de Mallorca lebte; Walter Benjamin, der 1933 ungefähr ein halbes Jahr auf Ibiza weilte; der Schriftsteller Albert Vigoleis Thelen, den erst der Bürgerkrieg aus seinem Domizil auf Mallorca vertrieb; der damals noch wenig bekannte Lyriker Erich Arendt im Dorfe Pollensa im Norden Mallorcas; der Maler Arthur Segal, die Schriftsteller Franz Blei und Karl Otten sowie der pazifistische Journalist Heinz Kraschutzki bildeten im mallorquinischen Flecken Cala Ratjada eine kleine Künstlerkolonie. Der Schriftsteller Frank Arnau lebte auf dem Festland und gab in Barcelona die spanischen Übersetzungen dreier seiner Bücher heraus. Die soziale Stellung aller dieser Emigranten war jedoch recht unterschiedlich. Während Harry Graf Kessler von seinem im Ausland deponierten Vermögen lebte, mußte Erich Arendt als Lehrer, Hausknecht und Faktotum in einer wohlhabenden Familie arbeiten, der seine Frau als Köchin den Haushalt führte[11].

Eine Geschichte der deutschen Emigration läuft leicht Gefahr, nur „die im Lichte" zu sehen, um mit Brecht zu reden, dagegen „die im Dunkeln" zu übergehen. Denn jene waren bekannt, hatten gewöhnlich die Fähigkeit und Möglichkeit, sich auszudrücken und sich Gehör zu verschaffen, während diese — die Mehrheit der Emigranten — nur als Summe Gewicht hatten. Im Falle der deutschen Emigration in Spanien sind wir jedoch in der Lage, auch einiges über „die im Dunkeln" zu sagen, über die namenlosen Arbeiter und ihren Familienanhang, die weder über finanzielle Mittel noch über persönliche Beziehungen verfügten. Zwar handelt es sich nicht um Quellenmaterial, das allgemeingültige Schlußfolgerungen zuließe, wohl aber um solches, das Einblick in menschliche Schicksale bietet, die sehr wahrscheinlich für einen großen Teil der deutschen Emigration in Spanien typisch waren.

Eine Auswanderung von Deutschen nach Spanien hatte es schon vor 1933 gegeben, weswegen man hier den Begriff einer politisch verstandenen Emigration nicht verwenden kann. Die Mehrheit dieser Spanien-Deutschen gehörte kaufmännischen Berufen, somit dem Bürgertum an, und dürfte — nicht zuletzt dank geschickter NS-Propaganda im Auslandsdeutschtum - 1933 die Machtergreifung Hitlers und 1936 wohl auch die Erhebung Francos mit Sympathie verfolgt haben. Die in größeren spanischen Städten bestehenden Zellen der „Deutschen Arbeitsfront" (DAF) und der Auslands-NSDAP belegen dies. Es gab aber auch Deutsche, die vor 1933 in Spanien lebten und nach dem Franco-Putsch auf seiten der Republik kämpften. Ihre Zahl kann nicht angegeben werden, aber in den Personalien späterer Spanienkämpfer tauchen gelegentlich solche Fälle auf. Da war beispielsweise der aus Pforzheim stammende Kaufmann Luis Schneider, der 1924 nach Spanien gegangen, der UGT und dem PSOE beigetreten war, in den Internationalen Brigaden kämpfte, um schließlich 1939 unfreiwillig seine neue Heimat zu verlassen[12].

Die meisten der Deutschen jedoch, die sich beim Ausbruch des Krieges in Spanien für die Republik entschieden, waren zwischen 1933 und 1936 emigriert. Mögen auch die Flucht vor Hitler und die Suche nach Arbeit maßgebende Motive gewesen sein, so dürften doch in vielen Fällen bereits bestehende politische oder persönliche Beziehungen die Entscheidung zur Emigration in ein Land, das für die meisten Deutschen der damaligen Zeit außerhalb ihres Gesichtskreises lag, erleichtert haben. In Spanien hielten sich vor Ausbruch des Bürgerkrieges einige deutsche Anarchisten auf. Einer der führenden Publizisten des deutschen Anarchosyndikalismus, der aus Schlesien stammende Augustin Souchy, fuhr Anfang Juli 1936 zur Teilnahme an einer Veranstaltung nach Barcelona und wurde dort vom Militärputsch überrascht.

---

11 Ebd., S. 196. — Vgl. Albert Vigoleis Thelen: Die Insel des zweiten Gesichts. Aus den angewandten Erinnerungen des Vigoleis, Düsseldorf 1953.
12 Personalbogen Luis Schneider; AsD: Emigration — Sopade, Mappe 110.

Vorher lebten und wirkten schon einige andere deutsche Anarchisten in Barcelona, meistens als Pressekorrespondenten[13]. Neben diesen beruflich „gehobenen" Vertretern des deutschen Anarchosyndikalismus fanden aber auch Arbeiter und Angestellte Zuflucht in Spanien. Der aus Duisburg-Hamborn stammende Buchhalter Willy Winkelmann war im Mai 1936 nach Barcelona gekommen, wo er als Packer beim CNT-Organ *Solidaridad Obrera* Anstellung fand. Ein anderer deutscher Anarchosyndikalist, Rudolf Michaelis, hatte durch Beziehungen eine Stelle in einem Museum von Barcelona gefunden. Zwei weitere Landsleute und Gesinnungsgenossen hatten weniger Glück gehabt; sie waren Ende 1935 verhaftet und in Barcelona eingekerkert worden und wurden erst durch die Revolution nach Ausbruch des Bürgerkrieges befreit[14].

Seit jeher hatte es auch schon ein kleines Kontingent deutscher Kommunisten in Spanien gegeben. Bereits 1931 berichtete die deutsche Botschaft in Madrid nach Berlin, daß die kommunistische Bewegung vor allem in Andalusien im Wachsen begriffen sei und daß deutsche Kommunisten dabei organisatorische Hilfe leisteten; ihre Gesamtzahl in Spanien werde auf etwa 100 geschätzt. Die Brauchbarkeit dieser Meldung muß aber angesichts der meist undifferenzierten oder aber völlig fehlenden Kenntnis des linken politischen Spektrums bei deutschen Diplomaten mit Skepsis beurteilt werden. 1934 berichtete die Botschaft abermals dem Auswärtigen Amt über die Aktivitäten deutscher Kommunisten in Aranjuez bei Madrid und ihre Verhaftung durch die spanische Polizei[15]. Kurz vor dem Bürgerkrieg betrug die Zahl deutscher Kommunisten allein in Barcelona 40 bis 60 Personen, das damit wohl auch das Zentrum der linken deutschen Emigration überhaupt bildete. Ende 1935 gründeten sie ein „Thälmann-Befreiungskomitee" und veranstalteten mit Hilfe ihrer spanischen Genossen Kundgebungen und Demonstrationen. Am 1. März 1936 zogen anläßlich einer Massenveranstaltung etwa 300.000 Menschen durch Madrid und passierten dabei teilweise auch die deutsche Botschaft. Die führende KP-Funktionärin Dolores Ibárruri und der sozialistische Rechtsprofessor Luis Jiménez de Asúa wollten eine Petitionsliste zugunsten Thälmanns überreichen, wurden aber nicht eingelassen[16].

Andere deutsche Emigranten wandten sich nach Spanien, ohne über entsprechende politische Beziehungen zu verfügen oder nur über solche, die ihnen dort nichts nützten. Zwar traten sie oft einer spanischen Partei oder Gewerkschaft bei und bekamen über derartige Verbindungen auch gelegentlich Arbeitsstellen, blieben aber gleichwohl politisch isoliert. So gab es, im Gegensatz zu Kommunisten und Anarchosyndikalisten, keine Organisation oder wenigstens lose Gruppierung von deutschen Sozialdemokraten in Spanien. Der aus Düsseldorf stammende Dachdecker Josef Machmer beispielsweise, der früher in der Sozialistischen Jugend mitgearbeitet hatte, war im Juli 1933 ins Saargebiet emigriert, von dort nach Frankreich und im Januar 1936 nach Barcelona. Er fand Arbeit als Anstreicher und trat dem PSOE und der UGT bei, scheint aber keine Verbindung zu deutschen Parteifreunden gefunden zu haben; er meldete sich später zu den Internationalen Brigaden. Ganz ähnlich verlief die Auswanderung des Autoschlossers Karl Klemm, der gleichfalls dem PSOE und der UGT beitrat und später sich als Soldat der Republik zur Verfügung stellte[17]. An den Unterlagen über solche zahlenmä-

---

13 Zur kleinen Kolonie deutscher Anarchosyndikalisten in Barcelona s. S.
14 Vernehmungsprotokolle vom 4. 10. 1940; HStA Düsseldorf: RW 58/12 646. — Vgl. Anm. 21.
15 Meldungen der deutschen Botschaft vom 12. 9. 31 und 9. 11. 34 an das Auswärtige Amt; PA AA: Pol. Abt. IIa, Po. 19: Akten betr. Bolschewismus, Kommunismus in Spanien.
16 Bericht der deutschen Botschaft vom 5. 3. 36 an das Auswärtige Amt; ebd. — Vgl. Schlenstedt, S. 200.
17 Vernehmungsprotokoll Josef Machmers vom 30. 5. 40; HStA Düsseldorf: RW 58/16 755. — Personalbögen von Josef Machmer und Karl Klemm; AsD: Emigration — Sopade, Mappe 110.

ßig sicher nicht repräsentativen, aber wohl durchaus typischen Fälle kann man erkennen, daß es sich bei diesen Emigranten meistens um alleinstehende Personen handelte, die infolgedessen auch beweglicher waren als Familienväter und Eheleute; dieses Bild entspricht dem der Emigration insgesamt. Daß der Wahlsieg der spanischen Volksfront auf manche deutsche Emigranten einen besonders hoffnungsvollen Anreiz zur Emigration nach Spanien geboten haben dürfte, läßt sich zwar nicht zahlenmäßig nachweisen, kann aber als recht wahrscheinlich gelten.

Das Exil schützte die Emigranten vor dem unmittelbaren Zugriff der Gestapo, aber nicht vor weiteren Verfolgungen und Schikanen. Das mußte das Ehepaar Arthur und Hilda Adler erfahren, das in Erwartung der braunen Machtergreifung noch im Januar 1933 aus politischen und rassischen Gründen nach Spanien gezogen war. In Madrid schlugen sich beide durch, indem sie Zeitungen verkauften und besonders deutschsprachige Presseerzeugnisse vor deutschen Restaurants, Clubs und Buchhandlungen anboten. Da sich unter ihren Blättern auch Exil-Zeitschriften wie die *Neue Weltbühne* befanden, betätigten sie sich nach Ansicht der Botschaft „in staatsfeindlichem Sinne". Die deutsche Botschaft intervenierte daraufhin bei den Restaurants und Buchhandlungen, die den Adlers ein Verkaufsverbot in ihren Etablissements erteilten bzw. den Kontakt mit ihnen abbrachen. — Drei Jahre später sollten sich Arthur und Hilda Adler mit scharfen Briefen an den Parteivorstand der Exil-SPD wenden und seine laue Haltung zum Spanienkrieg kritisieren[18].

Manche deutschen Emigranten wurden auch von spanischer Seite verfolgt. Die beiden in Barcelona inhaftierten Anarchosyndikalisten wurden bereits erwähnt. Auch der frühere Korrespondent des *Berliner Tageblattes,* Hans Theodor Joel, der sich nach der NS-Machtergreifung dem antifaschistischen Kampf angeschlossen hatte, wurde monatelang in Madrid gefangen gehalten[19]. Die Situation solcher Fälle war deswegen besonders schwierig, weil sie von keiner Seite wirksam unterstützt werden konnten. Von den deutschen diplomatischen und konsularischen Vertretungen war eher das Gegenteil von Hilfe zu erwarten, und die spanischen Linksparteien mit ihren Organisationen waren während des „bienio negro" selbst kaum in der Lage, den tausenden eingekerkerten Landsleuten beizustehen. Nach dem Wahlsieg der Volksfront am 16. Februar 1936 besserte sich jedoch diese Situation. Wenn es auch zutrifft, daß Spanien — anders als Frankreich — keine eigentlichen Hilfsorganisationen für Flüchtlinge und Emigranten gegründet hat[20], so gab es doch wohl eine gewisse politische und materielle Unterstützung für die in Not geratenen Ausländer. Sie wurde von politischen Parteien und Organisationen geleistet, wie dies vor allem von der CNT bekannt ist. Ausführlich lassen sich die Aktivitäten der Internationalen Roten Hilfe (Socorro Rojo Internacional; katalanisch: Socors Roig Internacional, SRI) belegen. Obwohl der SRI eine Nebenorganisation der damals noch kleinen KP war, half er großzügig auch Emigranten, die keine Kommunisten waren und denen er ideologisch nicht gerade nahe stand. So setzte er sich im Juni 1936 für drei inhaftierte Deutsche ein, von denen zwei Anarchisten als Staatsgefangene (gubernativos) und ein Trotzkist als Landstreicher teilweise schon monatelang eingekerkert waren[21]. Diese Parteigrenzen überschreitende Solidarität dürfte ein Jahr später nicht mehr selbstverständlich gewesen sein.

Eine wesentliche Hilfe bei der Unterstützung der Emigranten war der Kontakt der einzelnen nationalen SRI-Sektionen untereinander. Wichtig waren Empfehlungsschreiben für echte Emi-

---

18 Schreiben der Botschaft Madrid vom 13. 1. 34; HStA Düsseldorf: RW 58/31 034. — Vgl. S. 108. — Schlenstedt, S. 199.
19 Schlenstedt, S. 199.
20 Ebd., S. 191.
21 Schreiben des SRI/Catalunya vom 21. 6. 36 an den SRI/España; AHN: Sección P.S. Madrid, carpeta 464.

granten einerseits und Warnungen vor fragwürdigen Elementen und möglichen Agenten andererseits. So empfahl die Madrider Transportarbeitergewerkschaft dem SRI einen deutschen Sozialdemokraten namens Philipp Brandt, der in der Gewerkschaft sowie in der „Eisernen Front" tätig gewesen war; auch Privatpersonen verbürgten sich für ihn[22]. Ähnliche Empfehlungsschreiben des spanischen SRI sowie regionaler und ausländischer SRI-Sektionen liegen für weitere deutsche Emigranten vor, in denen ihr politischer Status und ihre untadelige politische Überzeugung bescheinigt werden[23].

Freilich gab es auch Warnungen vor verdächtigen Personen, wobei wohl auch mancher Verdacht unbegründet war. Wo Emigranten keine Papiere vorweisen oder Bürgen oder Gewährsmänner stellen können, mag bei Organisationen, die häufig um Hilfe angegangen werden, ein gelegentlich auch berechtigtes Mißtrauen entstehen. Hinzu kommt, daß die Not eines Flüchtlings manchmal zu einer Lebensweise verleiten kann, die sich — durch Mundraub oder andere kleine Delikte — am Rande der Legalität bewegt. So warnte ein Schreiben der SRI-Zentrale aufgrund einiger aus der Schweiz vorliegender Informationen vor fünf deutschen Emigranten, die entweder ihre Gastgeber bestohlen oder unglaubwürdige Geschichten erzählt oder einen politisch verdächtigen Eindruck hinterlassen hatten. Wenigstens in einem dieser fünf Fälle war der Verdacht unbegründet: der Sozialdemokrat Josef (José) Hahn kämpfte später bis 1939 in den Internationalen Brigaden, ohne daß jemals irgendetwas an seinem Verhalten beanstandet worden wäre. Das gilt auch für den aus Stuttgart stammenden Sozialdemokraten Carl Oster. Obwohl die Sozialdemokratische Partei der Schweiz für ihn bürgte, hielt man ihn faschistischer Neigungen für verdächtig — wohl zu Unrecht, denn Oster kämpfte jahrelang, zuletzt als Kapitän und Bataillonskommandeur, im regulären republikanischen Heer[24]. In einem anderen Falle erklärte die französische SRI-Sektion, daß man auf Anfrage aus Mangel an Informationen über einen bestimmten Deutschen keine Auskunft und folglich keine Bürgschaft geben könne. In einem weiteren Falle bat ein deutscher Kommunist dringend seine Parteifreunde um Bestätigung seiner Personalien, um von der spanischen SRI-Sektion Unterstützung erhalten zu können[25]. Alle diese Beispiele belegen die vielfältigen Hilfsaktionen von seiten der Roten Hilfe in Spanien, sie beleuchten indessen auch recht gut die oft verzweifelte Situation, in der sich die deutschen Emigranten befanden, welchen sozialen Nöten und politischen Verdächtigungen sie ausgesetzt waren, aber auch welche Beispiele für praktische Solidarität es gab.

Die Zahl der deutschen Emigranten in Spanien erhöhte sich im Juli 1936, als viele Arbeitersportler zur Arbeiter-Olympiade — der Gegen-Veranstaltung zum gleichzeitigen Spektakel in Berlin — nach Barcelona reisten. Sie wurden noch vor Beginn des Sportfestes vom Militärputsch überrascht; viele von ihnen beteiligten sich an den Straßenkämpfen der katalanischen Hauptstadt und reihten sich in die spontan gebildeten Milizen der Parteien und Gewerkschaften ein. Mit ihnen begann die Vorgeschichte der Internationalen Brigaden. Andere wurden wiederum in Gebieten vom Putsch überrascht, in denen das Militär siegreich war oder die nach kurzen Kämpfen unter seine Kontrolle gerieten. Der Schriftsteller Erich Arendt verließ das von den Franquisten eroberte Mallorca, indem er sich durch die von ihnen verhängte

---

22 Schreiben der Federación Provincial Obrera del Transporte vom 21. 5. 36 an den SRI; Schreiben Anton Dürings vom 4. 6. 36 an „Genossen Bröger"; ebd.
23 Schreiben des Socorro Vermelho Internacional/Portugal vom 26. 5. 36, des SRI/Catalunya vom 28. 5. 36 und des SRI/Euzkadi vom 28. 4. 36 an den SRI/España; ebd.
24 Schreiben des SRI/Comité Central vom 20. 6. 36 an den SRI/España; undatierter Vermerk zum Fall Oster; ebd. — Personalien Carl Oster; AsD: Emigration — Sopade, Mappe 110.
25 Schreiben der französischen SRI-Sektion vom 29. 4. 36 an die spanische Sektion; SRI-Vermerk vom 2. 6. 36 und Schreiben Willi Zielizinskys vom 26. 5. 36 an „werte Genossen"; AHN: Seción P.S. Madrid, carpeta 464.

Sperrzone zum amerikanischen Kriegsschiff „Oklahoma" schlug und auf abenteuerlichen Umwegen das republikanische Festland erreichte[26]. Der pazifistische Journalist Heinz Kraschutzki, der in Deutschland anarchistischen und radikaldemokratischen Kreisen nahegestanden hatte, wurde von der Falange festgenommen. In deutschen Anarchistenkreisen in Barcelona wurde daraufhin irrtümlich das Gerücht verbreitet, er sei ermordet worden[27]. Tatsächlich wurde er jedoch von der franquistischen Justiz zu 30 Jahren Gefängnis verurteilt und erst 1945 auf britisches Betreiben freigelassen.

Der sozialdemokratische Publizist Franz von Puttkamer entging nur knapp einem ähnlichen Schicksal. Aufgrund der Denunziationen eines deutschen NS-Sympathisanten wurde er auf Ibiza von den aufständischen Militärs festgenommen und auf den deutschen Frachter „Tarragona" geschleppt. Vor weiteren Maßnahmen bei den Verhören schützte ihn ein — offenbar gefälschter — ungarischer Paß, so daß er bei Genua wieder freigelassen wurde. Er begab sich von dort schleunigst nach Frankreich. Vier Tage nach seiner Verschleppung aus Ibiza wurde die Insel von republikanischen Truppen zurückerobert[28]. Diese deutschen Emigrantenschicksale sind indessen nicht typisch für diejenigen, die nach dem Putsch am Spanienkriege teilnahmen. Die große Mehrheit der deutschen Antifaschisten gelangte erst nach dem 18. Juli 1936 auf die iberische Halbinsel, um sich dort am Kampf gegen die Diktatur zu beteiligen.

Der Spanienkrieg und die deutsche Emigration

Der Putschversuch des spanischen Militärs und seine spontane und weitgehend erfolgreiche Abwehr durch die Volksmassen erregten in der Weltöffentlichkeit ungeheures Aufsehen. Seit Jahren hatte man nur Berichte über Niederlagen der Demokratie gehört; in Ungarn, Italien, Polen, Portugal, Deutschland und Österreich hatten sich Diktaturen etabliert; in allen demokratischen Ländern regten sich starke faschistische Parteien. In Spanien aber hatten schlecht bewaffnete Arbeitermassen den politischen Plänen eines hochgerüsteten Heeres eine Abfuhr erteilt. Gerade auf deutsche und italienische Emigranten griff die Begeisterung der Spanier über, weil diese durch selbstlosen Einsatz verhindert hatten, was sich in ihren eigenen Ländern so leicht und ohne großen Widerstand hatte vollziehen lassen: die Errichtung einer Diktatur. Die allgemeine Euphorie erfaßte vor allem diejenigen Emigranten, die die Ereignisse unmittelbar als Augenzeugen erlebt hatten. Der in Barcelona lebende deutsche Anarchosyndikalist Helmut Rüdiger schrieb überschäumend von den spontanen Entwicklungen der ausgebrochenen Revolution, die sich von einer Etappe wie von selbst zur nächst höheren entwickele[29]. Und auch der KPD-Funktionär Hans Beimler schrieb wenige Wochen später etwas skeptischer, aber immer noch begeistert: „Trotz alledem ist die Stimmung an der Front wie im Hinterland unbeschreiblich. Wer an einem Sieg der Volksfront über die Faschisten zweifelt, ist blind."[30]

Sehr früh wurde in der deutschen Emigration die Parallele gezogen zwischen der Machtergreifung 1933 und dem Franco-Putsch 1936, und recht bald erkannte man auch die Verbindungen, die zwischen Berlin und den putschenden Generälen in Spanien bestanden. Die deutsche

---

26 Schlenstedt, S. 198.
27 Schreiben des deutschen Generalkonsulats vom 20. 10. 36 an das Auswärtige Amt; PA AA: Pol. III (31), Spanien: Innere Politik..., Bd. 19. — Vgl. BHE I, S. 390.
28 Schreiben Franz v. Puttkamers vom 24. 8. 36 an Hans Vogel; AsD: Emigration — Sopade, Mappe 88.
29 Schreiben Helmut Rüdigers vom 29. 7. 36 an Rudolf Rocker; IISG: Rocker-Archiv, Korr. Rüdiger.
30 Zitat nach Antonia Stern: Hans Beimler. Dachau — Madrid, (unveröff. Mskr.) S. 195; IISG.

Exil-Presse reagierte sofort und brachte scharfe Stellungnahmen gegen den Militärputsch und seine Drahtzieher. Auch Schriftsteller und andere Intellektuelle, die unter den Emigranten wegen ihrer Sprecherfunktion besonderes Gewicht besaßen, veröffentlichten Aufrufe und forderten in Zeitungsartikeln und Flugblättern die Deutschen auf, das Spiel, in das sie verwickelt wurden, zu durchschauen. Besonders Heinrich Mann ist hier zu nennen, der schon am 7. August 1936 und seitdem wiederholt in klaren Worten zum Spanienkrieg Stellung bezog[31]. Auch sein politisch weniger engagierter Bruder Thomas Mann schrieb sein in englischer Sprache veröffentlichtes Bekenntnis „Stand with the Spanish people". Es folgten Stellungnahmen anderer Schriftsteller, insbesondere der parteigebundenen, denen an anderer Stelle die gebührende Aufmerksamkeit gewidmet werden soll[32]. Auch die Parteien und politischen Gruppierungen des Exils nahmen sofort Stellung und riefen teilweise ihre Mitglieder auf, sich der Verteidigung der spanischen Republik zur Verfügung zu stellen.

Besonders in den ersten Monaten des Bürgerkrieges reisten viele Deutsche und andere Ausländer nach Spanien, um an den Kämpfen teilzunehmen oder als Augenzeugen und Akteure an der politischen Entwicklung mitzuwirken. Der Zustrom hielt mit abnehmender Tendenz bis 1938 an. Trotz der gemeinsamen Gegnerschaft gegen die putschenden Militärs waren ihre Motive sowie Art und Ausmaß ihres Einsatzes im Bürgerkrieg sehr unterschiedlich. Diese Tatsache läßt es als sinnvoll erscheinen, eine grobe und vorläufige Typologie der in Spanien kämpfenden und wirkenden Deutschen aufzustellen, wobei die Reihenfolge weder eine Wertung noch eine quantitative Aussage enthält.

Zunächst gingen sehr viele Deutsche nach Spanien, um Augenzeugen der dort ausgebrochenen Revolution und des Bürgerkrieges zu sein; hierunter zählen auch zahlreiche Journalisten und Berichterstatter von Exil-Zeitschriften. Sie gelangten meistens nur bis Barcelona, unternahmen — was in den ersten Wochen nicht schwierig war — kurze Besichtigungsreisen an die Front oder nach Valencia oder Madrid und kehrten dann gewöhnlich nach einigen Monaten zurück nach Frankreich. Mit der zunehmenden Restauration der Republik, der ernster werdenden Kriegslage und mit den daraus sich ergebenden innenpolitischen Einschränkungen engte sich ihr Wirkungsfeld ein, so daß die meisten von ihnen im Sommer 1937 Spanien wieder verließen. — Die zweite Gruppe bestand aus Personen, die sich als Funktionäre den spanischen Parteien und Organisationen zur Verfügung stellten — als Übersetzer, als Agitatoren und Propagandisten ihrer internationalen Dienststellen. Mit der Entmachtung der linken Parteien und Organisationen außerhalb des Volksfrontspektrums wurde auch ihr Wirkungsbereich, der in der Regel gleichfalls in Barcelona lag, stark eingeschränkt, so daß sie meistens im Frühjahr oder Sommer 1937 Spanien verließen, sofern sie nicht ohnehin inzwischen verhaftet waren. — Die dritte Gruppe bestand aus den Angehörigen der Milizen, die von den antifaschistischen Parteien gegründet worden waren. Ihr Einsatzgebiet lag größtenteils an der Aragon-Front; mit der zunehmenden Militarisierung der spanischen Streitkräfte und dem Abbau der Milizen in der ersten Jahreshälfte 1937 endete auch ihr Einsatz in dieser Form. Entweder setzten sie ihren Kampf in den inzwischen gegründeten Internationalen Brigaden fort, oder aber sie verließen — oftmals nach längerer Haft — das Land, für das sie hatten kämpfen wollen. — Die vierte Gruppe schließlich bestand aus den im Oktober 1936 gegründeten Internationalen Brigaden und ihren Kadern und Funktionären. Ihr Einsatzgebiet lag an vielen Fronten: Zentralspanien, Andalusien, Aragon und Katalonien. Ihre militärisch und zahlenmäßig hohe

---

31 Schlenstedt, S. 312.
32 Vgl. S. 138 ff.

Zeit lag im Jahre 1937; der Einsatz vieler Interbrigadisten endete erst im Februar 1939 mit dem Übertritt über die französische Grenze.

Diese vier Gruppen, deren Angehörige im Einzelfalle auch von der einen zur anderen Gruppe überwechselten, erlebten den Spanienkrieg aus sehr unterschiedlichen persönlichen Blickwinkeln und sammelten recht verschiedenartige Erfahrungen, was zum Teil auch die Vielfalt der Memoirenliteratur erklärt. Die oftmals verwirrenden Ereignisse und Entwicklungen der für Ausländer ohnehin verwickelten Verhältnisse in Spanien werfen überdies die Frage auf, wieviel von der spanischen Geschichte der einzelne Deutsche, der in den meisten Fällen auch ohne entsprechende Sprachkenntnisse nach Spanien gefahren war, erlebte und begriff. Außer dem persönlichen Eindruck des Atmosphärischen, der natürlich starken subjektiven Einflüssen unterlag, dürfte ihm die Geschichte, die aus der heutigen Distanz aufgrund zahlreicher Forschungen dem Historiker vielfach zugänglicher ist als dem Zeitgenossen, wahrscheinlich nur mehr von der Oberfläche her erschienen sein. Hinzu kommt, daß die meisten Deutschen sich von solchen Parteien, Gruppen oder Zeitungen informieren und beeinflussen ließen, die ihrer eigenen politischen Orientierung entsprachen, was abermals Einseitigkeiten in ihrem Spanienbild zur Folge hatte.

Hier stellt sich eine weitere Frage, nämlich die nach der politischen Orientierung der Deutschen, die nach Spanien gingen. Es waren überwiegend die Linksparteien, deren Angehörige auch die Mehrheit der deutschen Emigranten stellten. Anhänger konservativer nicht-faschistischer Richtungen, Christen, Liberale und Bürgerliche waren in Spanien kaum vertreten, wenn wir einmal von dem früheren Zentrumspolitiker Hubertus Prinz zu Löwenstein absehen, der zeitweilig als politischer Publizist den Bürgerkrieg beobachtete[33]. Das Thema „deutsche Emigration und spanischer Bürgerkrieg" heißt daher ebensogut „die deutsche Linke und der spanische Bürgerkrieg". In der Regel suchten die Deutschen in Spanien ihre Orientierung an dem parteipolitischen Spektrum, das sie von Deutschland her kannten. Vor allem Parteifunktionäre, Propagandisten und Milicianos engagierten sich vielfach bei den Organisationen, die ihrer eigenen politischen Orientierung zu entsprechen schienen. Aber viele mußten auch erkennen, daß Parteitypen nicht ohne Schwierigkeiten von einem Land auf das andere übertragen werden können. Die hieraus resultierenden Mißverständnisse waren für viele Erfahrungen bestimmend, die deutsche Antifaschisten in Spanien machen mußten.

Die vorliegende Untersuchung behandelt die Deutschen im republikanischen Spanien zunächst im Zusammenhang mit den spanischen Parteien und Organisationen, denen sie sich zugehörig fühlten und in deren Umkreis sie mitarbeiteten und mitkämpften. Die Reihenfolge ist keine beliebige und richtet sich nach der Chronologie der spanisch-republikanischen Innenpolitik. Maßgebend war hierbei die zeitliche Abfolge der Entmachtung bestimmter Parteien und Organisationen innerhalb des antifaschistischen Spektrums, in dem schließlich die anfangs bedeutungslosen Kommunisten als einflußreichste Kraft übrig blieben. Als bloße Partei schien die KP keineswegs so mächtig zu sein, wie sie tatsächlich war. Ihre Bastionen lagen in den bürokratischen Schaltstellen der Polizeibehörden und geheimdienstlichen Apparate und nicht zuletzt in den Internationalen Brigaden. Diese Freiwilligenverbände waren im Zeichen der Volksfront gegründet worden und offiziell überparteilicher Natur, standen de facto jedoch unter kommunistischer Führung. Sie wurden auch nicht von der Zäsur betroffen, die im Sommer 1937 die Tätigkeit der vielen nach Spanien geeilten deutschen Emigranten meistens gewaltsam beendete. Ihr Einsatz war und blieb in der Erinnerung die spektakulärste und ein-

---

33 Hubertus Prinz zu Löwenstein: A Catholic in Republican Spain, London 1937.

drucksvollste Teilnahme deutscher Antifaschisten am Spanischen Bürgerkrieg, aber nicht die einzige, wie die nachstehenden Kapitel darlegen sollen.

Die anderen deutsch-spanischen Beziehungen

Die gebrochene Geschichte sowohl der Deutschen als auch der Spanier führte dazu, daß deutsch-spanische Beziehungen unter zwei entgegengesetzten Vorzeichen bestanden. Dem Einsatz deutscher Antifaschisten für die Republik oder für die Revolution stand die Unterstützung Francos durch Hitler gegenüber. Im Rahmen dieser faschistischen deutsch-spanischen Beziehungen soll hier ein kurzer Blick auf die in Spanien lebenden reichsdeutschen Bürger geworfen werden, die keine Emigranten waren. Vielfach handelte es sich um Kaufleute oder um Vertreter deutscher Firmen, die oft schon seit Generationen in Spanien ansässig waren. Man wird davon ausgehen können, daß ihre Mehrzahl durch die massive Arbeit des NS-Regimes unter den Auslandsdeutschen zur braunen Diktatur in der Heimat in einem loyalen, zumindest in keinem oppositionellen Verhältnis stand. Von 3.000 Deutschen in Barcelona, meldete der NS-Landesgruppenleiter von Spanien, seien 1.100 in der DAF organisiert und 200 in der NSDAP[34]. Die meisten der auf republikanischem Gebiet befindlichen Deutschen reisten 1936 mit Unterstützung internationaler Hilfsorganisationen in ihre Heimat zurück. Solange noch diplomatische Beziehungen zwischen Berlin und Madrid/Valencia bestanden, organisierten die deutsche Botschaft, die Konsulate und vor allem das Generalkonsulat in Barcelona die Ausreise der Deutschen. Dieser Vorgang war, soweit die Akten hierüber Auskunft geben, Ende 1936 abgeschlossen. Eine gewisse Zahl von Deutschen war auch in den ersten Tagen der spanischen Revolution unter Spionageverdacht verhaftet worden; einige scheinen auch bei den anfangs häufigen „paseos" ermordet worden zu sein.

Am 18. November 1936 erkannten Deutschland und Italien und kurz darauf auch Portugal das Regime der aufständischen Offiziere als spanische Regierung an und brachen die Beziehungen zur Republik ab. Ursprünglich hatte als Vorwand zu diesem Schritt die erwartete Einnahme der Hauptstadt durch Franco dienen sollen[35]; aber der heftige Widerstand Madrids und seiner Verteidiger hatte diese Entscheidung zunächst aufgeschoben. Der militärische Einsatz zugunsten der Aufständischen war jedoch älter, ebenso die Materiallieferungen, die, wie wir gesehen hatten, schon kurz nach dem Putsch-Versuch eingesetzt hatten. Berlin leistete indessen auch Hilfe bei der Propaganda und richtete in Salamanca eine „Presse- und Propagandastelle" ein, die dem Franco-Regime die erprobten Techniken des Goebbels-Ministeriums vermittelte[36]. Zu den Aufgaben dieses Büros gehörte aber auch die Vermittlung der spanischen Ereignisse an die deutsche Öffentlichkeit. Durch Auslassungen und Übertreibungen verdrehte es die Fakten und trug zu einem Geschichtsbild bei, das mit seinen Irrtümern und falschen Akzenten auch heute noch im Bewußtsein vieler Deutscher weiterlebt. Das beginnt mit der Bezeichnung der Bürgerkriegsparteien. In der republikanischen Presse wurden die Streitkräfte der Republik als „republicanos" oder „leales" (gesetzmäßige) bezeichnet, die der Gegenseite als „fascistas" oder „alcistas" (Aufständische). Die Franco-Seite bediente sich anderer Namen: sie bezeichnete sich selbst als „nacional", die Gegner hingegen als „rojos" (Rote).

---

34 Vermerk der Bayerischen Staatskanzlei vom 27. 7. 36; PA AA: Pol. Abt. III: Spanien/Heimschaffung..., Bd. 1; vgl. Merkes, S. 162 f.
35 Entwurf einer Note des Reichsaußenministers vom November 1936; ADAP, D, Bd. III, Dok. Nr. 114, S. 107.
36 Vgl. hierzu die Dokumente Nrn. 455 und 586, ebd., S. 408 und 559.

Ungeachtet der Tatsache, daß diese farbliche Beschreibung weder die bürgerlich-republikanischen Parteien noch die Anarchosyndikalisten traf, übersah sie vollkommen den Parteienpluralismus, der 1936 in der Republik bestand und, wenngleich mit immer stärkeren Einschränkungen, bis zum Ende des Bürgerkrieges erhalten blieb. Die deutsche Öffentlichkeit machte sich diese Begriffe zu eigen und sieht auch heute noch die Ereignisse von 1936-39 vielfach als Kampf der blutrünstigen „Rotspanier" gegen die zur Rettung des Abendlandes angetretenen „Nationalspanier" an[37].

Auch die recht umfangreiche Memoirenliteratur aus den Reihen der rund 16.000 Angehörigen der „Legion Condor" hat noch während der NS-Zeit wesentlich das Geschichtsbild geprägt. Auch hier wird — vielfach im amtlichen Propagandaauftrag — der Einsatz auf seiten Francos entweder als Abenteuer dargestellt, was die unendlichen dadurch verursachten Leiden vollkommen ausklammert, oder aber als abendländischer Kreuzzug gegen die rote Flut, als der er von den putschenden Militärs verstanden wurde[38]. Es ist klar, daß die auf von deutschen Interventionstruppen begangenen Bluttaten hierbei verharmlost oder ganz verschwiegen werden. Weder die Beschießung Almerías durch die deutsche Marine noch das Bombardement des baskischen Nationalheiligtums Guernica durch die Legion Condor, das Picasso in seinem Monumentalgemälde dargestellt hat, finden hier die gebührende Kennzeichnung, sofern sie nicht ganz übergangen werden.

Der Einsatz der Legion Condor wurde im Zusammenhang mit der Internationalisierung des Krieges bereits erwähnt; seine ausführliche Darstellung ist indessen nicht Aufgabe dieses Buches. Es soll nur betont werden, daß die Condor-Legionäre — weniger durch ihre Zahl, die weit hinter denen der Italiener und Portugiesen lag, als durch ihre technische Qualifikation — einen wesentlichen Beitrag zum Sieg der Aufständischen leisteten, ohne den Franco wohl kaum die Republik bezwungen hätte. Auch der wirtschaftliche Aspekt der deutsch-spanischen Beziehungen wurde bereits erwähnt: die Hilfe Hitlers war nicht kostenlos und forderte ihren Preis. Die von Franco zugesagten Rohstofflieferungen aus spanischen Bergwerken, die Hitler für seine spätere Kriegsrüstung brauchte, bildeten einen wesentlichen Hintergrund des deutschen Engagements in Spanien[39]. Es sind diese Aspekte, die das Bild der „anderen deutsch-spanischen Beziehungen" abrunden.

Aber auch hier muß differenziert werden. Nicht nur die Emigration war derjenige Teil des deutschen Volkes, der auf seiten der Republik stand. Auch innerhalb des NS-Herrschaftsgebietes sympathisierten viele Deutsche mit den Kräften, die den Militärputsch abgewehrt hatten, und waren sogar bereit, auf illegalen Wegen sich nach Spanien durchzuschlagen, um in den Interbrigaden mitzukämpfen. Wiederholt wurde von Spanienkämpfern bezeugt, daß die Franco-Truppen vielfach mit Blindgängern schossen — deutsche Rüstungsarbeiter hatten mit Hilfe von Sabotageakten auf ihre Weise am Kampf teilgenommen[40]. Auch in der Bevölkerung,

---

37 Joseph Goebbels: Die Wahrheit über Spanien, München 1937. — Dieser Terminologie bedienen sich auch nach 1945 zahlreiche deutsche Veröffentlichungen, z. B. Helmuth Günther Dahms: Der Spanische Bürgerkrieg 1936 — 1939, Tübingen 1962.
38 Titel der umfassenden Memoirenliteratur ehemaliger Condor-Legionäre befinden sich in den Literaturverzeichnissen von Merkes und Kühne.
39 Broué/Témime, S. 451 ff.
40 Berichte über Blindgänger bei der von den Franco-Truppen verwendeten deutschen Munition sowie über Sabotage-Akte bei der Verladung der Waffen finden sich in zahlreichen Veröffentlichungen; da ein gewisses Wunschdenken die Bedeutung dieser Sabotage etwas aufgewertet zu haben scheint, ist ihr tatsächliches Ausmaß nur schwer abzuschätzen. — Vgl. Hans Teubner: Die Unterstützung des spanischen Freiheitskampfes durch die Antifaschisten im Innern Deutschlands, in: Interbrigadisten. Der Kampf deutscher Kommunisten

die in Deutschland nicht der braunen Propaganda erlegen war, machten sich durchaus Sympathien für die Republik bemerkbar. Aufschlußreich sind hierfür die Deutschland-Berichte der Sopade, die aus verschiedenen Regionen recht deutlich die Stimmung zahlreicher Personen wiedergeben. Aus Schlesien werden zwischen Sommer 1936 und Februar 1937 vor allem aus den ehemals organisierten Arbeiterkreisen Interesse und Anteilnahme für die Spanische Republik gemeldet. Man erwartete von einem Sieg der Republik eine entsprechende Rückwirkung auf die Volksfront in Frankreich. Der nächste Krieg werde dann zwischen den linksgerichteten und den faschistischen Staaten geführt werden und den Deutschen dann die Befreiung bringen. Der Spanienkrieg wurde in der Erkenntnis bewertet, „... daß dort eine Entscheidung von ungeheurer Tragweite ausfallen muß, die über die Völker Europas bestimmen wird"[41].

Aus dem oberpfälzischen Cham wurde von der Beerdigung eines in Spanien gefallenen Fliegers der Legion Condor berichtet; dem Vater wurde eine Einweisung in das KZ Dachau für den Fall angedroht, daß er Berichte über das Schicksal seines Sohnes weiterverbreitete[42]. Diese Maßnahme sollte wohl dazu dienen, die Verluste in Spanien zu vertuschen und ihr Bekanntwerden in der Bevölkerung zu verhindern. Trotzdem hörte man in Wirtshausgesprächen, so ein Bericht aus Baden, immer wieder Sympathiebekundungen für Spanien; kein Mensch glaube der Goebbels-Propaganda, und man hoffe auf einen Sieg der Republik[43]. Nicht nur in der deutschen Emigration, auch im Lande selber hatte das antifaschistische Spanien seine Anhänger und Freunde. Die spanische Presse brachte sogar die Nachricht, daß in Mönchen-Gladbach etwa 80 Arbeiter und vorher schon andere in Frankfurt am Main und Koblenz verhaftet worden seien, weil sie für die Spanische Republik Sammlungen veranstaltet hatten[44]. Alle diese Tatsachen gestatten uns die Feststellung, daß die deutsch-spanischen Beziehungen auf der antifaschistischen Ebene ein unübersehbares moralisches Gegengewicht bilden zu der engen und massiven Zusammenarbeit zwischen Hitler und Franco.

---

    und anderer deutscher Antifaschisten im national-revolutionären Krieg des spanischen Volkes 1936 bis 1939. Protokoll einer wissenschaftlichen Konferenz an der Militärakademie „Friedrich Engels", 20./21. Januar 1966, Berlin 1966, S. 344 ff.
41 Berichte Hellmuth Hertels vom Juli, August und Dezember 1936 und Januar/Februar 1937; Zitat nach dem Dezember-Bericht; AsD: Emigration — Sopade, Mappe 21.
42 Hans Dill: „Bericht aus der Oberpfalz" vom 20. 3. 37; ebd., Mappe 34.
43 Georg Reinbold: „Bericht aus Baden" vom 30. 4. 37; ebd., Mappe 94.
44 „También los obreros alemanes están a nuestro lado", *La Batalla* 14. 2. 37.

Deutsche Parteien im Umkreis des POUM

In fast allen Ländern Europas war die Parteienlandschaft zwischen den beiden Weltkriegen gekennzeichnet durch das Vorhandensein von kleineren linken Organisationen, die sich gewissermaßen in einer doppelten Dissidenz befanden. Zum einen standen sie in ihrem Selbstverständnis als revolutionäre Kräfte in scharfer Opposition zu den bestehenden bürgerlichen Gesellschaften, ob diese nun demokratisch oder autoritär waren; zum andern standen sie in Opposition zu den etablierten Parteien und Organisationen der Linken, denen sie Verrat an der Revolution, Opportunismus, mangelhafte Aktivitäten, Preisgabe politischer Zielvorstellungen, Abweichungen vom richtigen Kurs oder Fehleinschätzungen vorwarfen. Man hat das parteiensoziologische Phänomen dieser linken Zersplitterung als „Zwischengruppen" bezeichnet[1], da die meisten von ihnen programmatisch zwischen Sozialdemokratie und Kommunismus angesiedelt waren. Auch personell handelte es sich oft um linke Abspaltungen von sozialdemokratischen Parteien oder aber um rechte Abspaltungen von kommunistischen Parteien, denen der zeitweilige ultralinke Kurs der Kommunistischen Internationale nicht behagt hatte. Es gab aber auch kleine Gruppen, die sich von der Kommunistischen Partei nach links abgespalten hatten, weil diese ihrer Ansicht nach zu wenig revolutionär war, auf die Ausdehnung der Revolution auf andere Länder verzichtet oder aber zu autoritäre innerparteiliche Strukturen entwickelt hatte; einige dieser „linkskommunistischen" Gruppen hängen mit dem Flügel des Weltkommunismus zusammen, der sich als „Trotzkismus" von der Partei der Bolschewiki getrennt und ähnliche Entwicklungen in vielen anderen kommunistischen Parteien nach sich gezogen hatte. Schließlich gab es noch Gruppierungen, die man irgendwo zwischen Kommunismus und Anarchismus ansiedeln könnte; sie hatten zwar die Oktoberrevolution begrüßt, waren jedoch enttäuscht darüber, daß diese nicht nur nicht die Vorstufe eines weiteren, auf Abschaffung aller staatlichen Gewalt ausgerichteten Prozesses wurde, sondern vielmehr unter anderer Nomenklatur traditionelle Machtstrukturen restaurierte. Zahlenmäßig ohne große Bedeutung, waren sie doch durch ihre regen Aktivitäten, durch ihre Funktion als Vermittler und als Prellböcke zwischen Sozialdemokratie, Kommunismus und (in Spanien) Anarchismus unübersehbar.

Die „Zwischengruppen" in Spanien und Deutschland

Für die hier behandelte Thematik ist von spanischer Seite nur eine Partei von Interesse, die wiederum aus dem 1935 erfolgten Zusammenschluß zweier solcher Zwischengruppen hervorgegangen war: der Partido Obrero de la Unificación Marxista (Arbeiterpartei der Marxistischen Vereinigung, POUM). Zwar wies das spanische Parteienspektrum noch etliche weitere linke Gruppierungen, Zirkel und Sekten mit zahlreichen ideologischen und regionalen Varianten auf, aber sie blieben während des Bürgerkrieges ohne Bedeutung und wurden in der Regel von den anderen größeren Organisationen weitgehend absorbiert. Von deutscher Seite traten zwei (Exil-)Parteien als zeitweilige Bündnispartner des POUM auf, die Sozialistische Arbeiter-

---

1 Langkau-Alex, S. 7.

partei Deutschlands (SAP) und die Kommunistische Partei Deutschlands/Opposition (KPO oder KPD-O). Die Unterschiede zwischen diesen Gruppen und ihre Gemeinsamkeiten verdienen vor allem aus der Sicht der Parteiensoziologie Interesse, indem sie die Vergleichbarkeit ideologisch verwandter, aber verschiedenen nationalen Gesellschaften zugehöriger Parteien zur Diskussion stellen. Aus der Sicht der Geschichte des Bürgerkrieges interessiert uns vor allem die Funktion des POUM und seiner deutschen Sympathisanten als Zielscheibe kommunistischer Kritik und damit verbundener Verfolgungen. Aufgrund seiner zahlenmäßigen Schwäche spielte der POUM keine vergleichbare Rolle wie anfangs die Anarchisten und später die Kommunisten, aber er nahm in der Innenpolitik einen breiten Raum ein und verdeutlichte in seiner Stellung zu Krieg und Revolution wesentliche Fragen des Spanischen Bürgerkrieges.

Eine Geschichte des POUM[2] muß die beiden Parteien berücksichtigen, aus deren Zusammenschluß er hervorgegangen war. Dieser Zusammenschluß selbst ist nämlich insofern von Interesse, als beide Organisationen unterschiedliche, ja teilweise sogar entgegengesetzte Abspaltungen von der Kommunistischen Partei Kataloniens darstellten. Der Arbeiter- und Bauernblock (Bloque Obrero y Campesino, katalanisch: Bloc Obrer i Camperol, BOC) hatte sich 1930/31 um die Zeitschrift *La Batalla* gebildet und sich dabei mit den offiziellen, an Moskau orientierten Kommunisten wegen der zeitweiligen ultralinken Politik der Komintern überworfen. In internationalen Fragen stand der BOC den Positionen der Komintern keineswegs allzu fern, und er enthielt sich der Einmischung in die inneren Entwicklungen der Sowjetunion. Was ihn von den offiziellen Kommunisten, die durch seine Abspaltung in Katalonien stark geschwächt wurden, unterschied, war die Unabhängigkeit des eigenen Weges von Moskau und ein gewisser katalanischer Nationalismus, der eine Union iberischer Republiken propagierte[3].

Die andere Organisation, die 1935 im POUM aufging, bestand überwiegend aus linken, trotzkistischen Kreisen, die in wesentlichen Fragen von Strategie und Taktik der Komintern abwichen. Hauptsächlich handelte es sich um eine Gruppe von Intellektuellen, die — teilweise mit anarchistischer Vergangenheit — vorübergehend der Kommunistischen Partei angehört hatten. So hatten Andrés Nin und Julián Gorkin als Funktionäre der Roten Gewerkschaftsinternationale bzw. des Komintern-Apparates in Moskau gearbeitet. In ihrer Zeitschrift *Comunismo* vertraten diese linksoppositionellen Kommunisten weitgehend die Positionen Trotzkis, wonach Komintern und KPdSU konterrevolutionär-bürokratisch geworden seien und nicht mehr reformiert werden könnten, woraus sich für sie die Notwendigkeit zur Gründung neuer kommunistischer Parteien und einer neuen Internationale ergab. Innerhalb von zwei Jahren konstituierte sich die kommunistische Opposition als eigene Partei und nahm 1932 schließlich den Namen „Kommunistische Linke" (Izquierda Comunista) an; innerhalb der in vielen Ländern sich formierenden trotzkistischen Parteien stellte sie die zweitstärkste Sektion dar[4]. Trotzki selbst verfolgte die Entwicklung der Partei mit zahlreichen Belehrungen. Er warnte vor ideologischem Versöhnlertum gegenüber anderen Parteien und vor nationaler Isolierung. Der Bruch zwischen Trotzki und der Izquierda Comunista erfolgte 1934, als er ihren Mitgliedern

---

2 Demnächst erscheint eine an der Universität Bochum vorbereitete Dissertation von Reiner Tossdorf: Der POUM in Bürgerkrieg und Revolution in Spanien (Arbeitstitel). — Vgl. auch Victor Alba: Histoire du P.O.U.M., Paris 1975. — Ders.: El marxisme a Catalunya 1919 — 1939, 4 Bde., Barcelona 1974 ff.
3 Alba: Histoire, S. 45 ff. — Ders.: El marxisme, Bd. I: História del B.O.C., Barcelona 1974, S. 98 f.
4 Pelai Pagès: El movimiento trotskista en España (1930 — 1935). La Izquierda Comunista de España y las disidencias comunistas durante la segunda República, Barcelona 1977, S. 67 ff., 101 ff.

empfahl, vorübergehend der Sozialistischen Partei beizutreten und diese trotzkistisch zu unterwandern[5].

Stattdessen nahmen die führenden Funktionäre der Izquierda Comunista Verbindung mit dem BOC auf, wobei die enge persönliche Freundschaft zwischen dem BOC-Generalsekretär Joaquín Maurín und dem Linkskommunisten Andrés Nin nicht ohne Bedeutung war. Im September 1935 fusionierten beide Organisationen zum POUM. Als Grundlage für die weitere Arbeit sah das gemeinsam ausgearbeitete Programm folgende Punkte vor: (1) der internationale Charakter der proletarischen Revolution, (2) Verurteilung der Theorie vom Sozialismus in einem Lande und der demokratischen Diktatur des Proletariats und der Bauernschaft, (3) Verteidigung der UdSSR bei gleichzeitigem Recht auf freimütige Kritik an ihren Irrtümern, (4) Eingeständnis des Scheiterns der Zweiten und Dritten Internationale und der Notwendigkeit, die internationale Arbeitereinheit wiederherzustellen[6]. War diese Partei nun trotzkistisch? Wenn man darunter die bedingungslose Unterwerfung unter die oft wechselnden Dogmen des rechthaberischen Lehrmeisters versteht, gewiß nicht. Trotzki selbst beschuldigte im Januar 1936 vehement den POUM des vermeintlichen Verrats an der Arbeiterklasse — wegen seines Wahlbündnisses mit anderen proletarischen sowie linksbürgerlichen Parteien für den 16. Februar 1936[7]. Seine Kritik am POUM ließ während des Bürgerkrieges an Schärfe nicht nach; wohl existierten aus der Erbmasse der Izquierda Comunista kleinere trotzkistische Zirkel, aber der generelle Vorwurf des Trotzkismus, der regelmäßig von Kommunisten erhoben wurde, war nicht gerechtfertigt.

Der POUM blieb bis Juli 1936 eine kleine Partei, die mit 3.000 — nach anderen Angaben 5.000 oder 7.000 — Mitgliedern allenfalls in Katalonien eine gewisse Rolle spielte. Auch der kleine von POUM-Funktionären geführte Gewerkschaftsbund FOUS war mit seinen schätzungsweise 60.000 Mitgliedern bedeutungslos neben den beiden großen Dachverbänden der Sozialisten und Anarchisten, UGT bzw. CNT[8]. Aber in einer wachsenden revolutionären Stimmung, wie sie im Winter 1935/36 spürbar war, hatten die anderen Linksparteien Spaniens durchaus Gründe, im POUM einen lästigen Nebenbuhler zu erkennen. Auf internationaler Ebene war die Partei mit ideologisch und parteiensoziologisch verwandten, im Detail aber doch recht unterschiedlichen Parteien verbunden. Im August 1933 hatten sich in Paris Delegierte von vierzehn „Zwischengruppen" aus elf Ländern getroffen und die lockere „Internationale Arbeitsgemeinschaft linker sozialistischer Parteien" (IAG) gegründet. Die vorherigen Kontakte Trotzkis mit einigen der Delegierten bedeuteten nicht, daß ihre Parteien unter seinem Einfluß gestanden hätten; vielmehr beschloß Trotzki zu jener Zeit die Gründung seiner eigenen, der IV. Internationale, der die in Paris tagenden Parteien eben nicht beitraten. Vielmehr wurde die IAG 1934 in eine Institution mit festen organisatorischen Strukturen umgewandelt, in das „Internationale Büro für revolutionäre sozialistische Einheit", dessen Sekretär 1935 der Vertreter der britischen „Independent Labour Party" (ILP), Fenner Brockway, wurde. Dem Internationalen Büro gehörten außer der ILP noch die Sozialistische Partei Schwedens an, die Rote Front Österreichs, die französischen Doriot-Sozialisten, die italienischen Sozialisten (Maximalisten) und die Marxistische Aktion der Schweiz (MAS). Von spanischer Seite war der BOC vertreten und nach dessen Fusion mit der Izquierda Comunista der POUM. Von deutscher Seite gehörte dem Internationalen Büro die SAP an, die somit offiziell

---

5 Leo Trotzki: Revolution und Bürgerkrieg in Spanien 1931 — 1939, Bd. 1: Vom Sturz der Monarchie bis zum Bürgerkrieg, eingeleitet von Les Evans, Frankfurt am Main 1975, S. 25 ff., 186.
6 Pagès, S. 285. — Alba: Histoire, S. 152.
7 Trotzki, Bd. 1, S. 192 f. — Vgl. Ignacio Iglesias: León Trotski y España (1930 — 1939), Madrid 1977, S. 87 ff.
8 Broué/Témime, S. 86. — Alba: Histoire, S. 153.

das deutsche Pendant zum POUM darstellte. Beide Parteien hatten vor Ausbruch des Bürgerkrieges nur wenige Beziehungen unterhalten, vermutlich weil sich keine größere Zahl von deutschen Emigranten aus der SAP in Spanien aufgehalten hatte. Erst nach Ausbruch der Kämpfe und der Revolution rückte Spanien stärker ins Blickfeld der Deutschen, wodurch dann auch beide Parteien miteinander in Berührung kamen[9].

Damit wird unser Blick auf die linke Parteienlandschaft in Deutschland (vor 1933) gelenkt, die zwar manche Parallelen zu Spanien, andererseits aber auch wesentliche Unterschiede aufweist. Zu diesen ist vor allem das Fehlen einer starken anarchistischen Kraft zu rechnen, deren Sogwirkung auf das linke Parteienspektrum für Spanien so typisch war. Die Gemeinsamkeit zwischen beiden Ländern bestand dagegen darin, daß die zwischen den großen Arbeiterorganisationen angesiedelten Zwischengruppen hier wie dort niemals eine zahlenmäßige Bedeutung erlangen konnten. Soweit sie nicht aus ideologischen oder taktischen Gründen die Teilnahme an Wahlen verweigerten, konnten sie kaum parlamentarische Positionen erringen und spielten allenfalls auf regionaler oder lokaler Ebene eine gewisse Rolle. In den Gewerkschaften blieben sie ohne Einfluß, und ihre Presseorgane sowie ihre Broschüren- und Traktätchenliteratur zeigten keine nachhaltigen Wirkungen. Die deutschen Trotzkisten, die SAP, die KPO, der Internationale Sozialistische Kampfbund (ISK), der Sozialistische Bund, der Lenin-Bund und andere waren ohne Massenanhang und daher trotz der oft eigenständigen ideologischen Position und ungeachtet des oft hohen theoretischen Niveaus ihrer Publikationen eher als abgebröckelte Bestandteile von SPD oder KPD zu betrachten, die aus ihrer linken Subkultur heraus kaum eine politische Breitenwirkung erzielen konnten. Das Jahr 1933 bedeutete für sie das gewaltsame Ende ihrer legalen organisatorischen Existenz. Für einige wiederum führten Diktatur und Emigration zu einer Aufwertung innerhalb des linken Parteienspektrums: teilweise organisierten sie einen straff gelenkten, durchaus wirksamen Widerstand in Deutschland, teilweise aber standen sie mit den großen Parteien, denen im Exil gleichfalls Apparat und Massenbasis fehlten, auf einer quantitativ angenäherten Stufe. Ihr Einfluß innerhalb der Emigration war größer, als er gegenüber SPD oder KPD vor 1933 in Deutschland gewesen war.

Die Sozialistische Arbeiterpartei Deutschlands (SAP oder SAPD) war 1931 gegründet worden. Die meisten ihrer Mitglieder waren vorher wegen parteiinterner Opposition aus der SPD ausgeschlossen worden oder aber von sich aus ausgetreten. Den Hintergrund dieses Zerwürfnisses bildeten der innerparteiliche Streit um die Panzerkreuzerfrage, die Duldung der Politik des Reichskanzlers Brüning durch den Parteivorstand und einige weitere innenpolitische Konfliktstoffe[10]. Eine Massenpartei wurde die SAP trotz eines gewissen zeitweiligen Zulaufs aus der KPO nicht. In ihrer kurzen „Blütezeit" erreichte sie unter Einschluß ihrer Jugendorganisation einen Mitgliederstand von kaum 25.000, was gegenüber der SPD einen Prozentsatz von nur 2,5 % bedeutete. Die ursprüngliche Absicht der Parteigründer, die SPD nach links zu spalten, war eindeutig mißlungen[11].

Gegenüber der Sozialdemokratie verfocht die SAP eine linkssozialistische Position. Jede Abkehr vom Klassenkampf galt ihr als unverzeihlicher Reformismus. Trotz ambivalenter Hal-

---

9 Vgl. Hanno Drechsler: Die Sozialistische Arbeiterpartei Deutschlands. Ein Beitrag zur Geschichte der deutschen Arbeiterbewegung am Ende der Weimarer Republik (Marburger Abhandlungen zur Politischen Wissenschaft, Bd. 2), Meisenheim am Glan 1965, S. 64 ff. — Jörg Bremer: Die Sozialistische Arbeiterpartei Deutschlands (SAP). Untergrund und Exil 1933 — 1945, Frankfurt am Main — New York 1978, S. 138 ff. — In Kürze erscheint eine an der Universität Bochum angefertigte Dissertation von Willy Buschak: Das Londoner Büro. Ein Beitrag zur Geschichte des europäischen Linkssozialismus.
10 Drechsler, a.a.O.
11 Ebd., S. 159 f.

tung zur Sowjetunion erkannte sie die Autorität Lenins für die Politik einer revolutionären Umgestaltung und des Aufbaus einer sozialistischen Gesellschaft an. Andererseits wurde der KPD und der Komintern die Fähigkeit abgesprochen, die sozialdemokratischen Arbeitermassen zu gewinnen. Die SAP kritisierte den Monopolanspruch der Komintern und machte sie verantwortlich für die folgenschwere „Sozialfaschismus"-Theorie der KPD mit ihren Konsequenzen[12]. Die SAP bejahte die Einheitsfront nicht nur als defensives Bündnis der Arbeiterparteien gegen den Nationalsozialismus, sondern als Zusammenschluß des zersplitterten Proletariats. Vor allem blickte die Partei hierbei auf die Gewerkschaften sowie auf andere Massenorganisationen der Arbeiterschaft, denen sie trotz der ihnen zuerkannten reformistischen Haltung eine tragende Rolle in der Einigung der gespaltenen Arbeiterklasse zuwies. Die SAP verpflichtete ihre Mitglieder, in den Gewerkschaften Fraktionen zu bilden und im Sinne dieser Politik zu wirken[13].

In einer ähnlichen Dissidentensituation wie die SAP befand sich auch die Kommunistische Partei Deutschlands-Opposition. Im Zusammenhang mit den Kurskorrekturen der KPD im Laufe der zwanziger Jahre war 1928 eine Gruppierung des rechten Flügels der Partei ausgeschlossen worden, der sich noch im selben Jahr einen eigenen organisatorischen Rahmen gab[14]. Ihre Hochburgen hatte die KPO im mitteldeutschen Raum (Sachsen, Thüringen, Hessen), wo im Zeitraum 1930/31 etwa 52 % ihrer Mitglieder gelebt haben dürften. Die Gesamtzahl der Mitglieder lag nach allerdings lückenhaften und unzuverlässigen Quellen zwischen 3.500 und 6.000, was gegenüber der KPD eine Mitgliederstärke von 3,3 bis 5 % ausmachen würde. Für die KPD waren die Anhänger der abtrünnigen Tochter „Sozialfaschisten" und „Anarchosyndikalisten", so unsinnig diese Kennzeichnungen auch waren. Aber durch die sogenannte ultralinke Phase der Mutterpartei in den Jahren 1930/31 bröckelten weitere Randgruppen der KPD zur KPO ab. Versuche der KPD zur Abwerbung wie auch zur „Vernichtung" von Ortsgruppen der abgespaltenen KPO blieben ohne nennenswerten Erfolg. Ideologisch unterschied sich die KPO von der KPD nur durch taktische Grundsätze, was zugleich für ihr Verhältnis zur Sozialdemokratie bestimmend war. Zwar lehnte sie die „Sozialfaschismus"-These der offiziellen Kommunisten ab, stand aber doch in grundsätzlicher unversöhnlicher Gegnerschaft zur SPD, von der sie einen Teil der Mitglieder zu sich herüberzuziehen trachtete[15].

Die rechtskommunistische KPO und die linkssozialistische SAP wiesen naturgemäß einige Berührungspunkte auf. Als sich 1931 die SAP gründete, glaubte die KPO, einen Auflösungsprozeß innerhalb der SPD feststellen zu können, und reagierte darauf mit verstärkter Werbung. Als aber die neue Partei sich festigte, übertrug die KPO ihr Verdammungsurteil auch auf die SAP: sie sei eine „zentristische Barriere", die die sozialdemokratischen Arbeiter daran hindern solle, ins kommunistische Lager überzulaufen. Versuche, die SAP zu unterwandern, trugen nicht gerade zu einer beiderseitigen Verständigungsbereitschaft bei[16]. Die sektenhafte Politik der KPO und ihr irrealer Führungsanspruch gegenüber anderen Linksparteien führten allerdings zu internen Differenzen, in deren Folge eine Minderheit in Opposition zur Parteiführung um Heinrich Brandler und August Thalheimer Verbindung mit der SAP aufnahm. Nach

---

12 Ebd., S. 216 f.
13 Ebd., S. 233 ff.
14 Karl Hermann Tjaden: Struktur und Funktion der „KPD-Opposition" (KPO). Eine organisationssoziologische Untersuchung zur „Rechts"-Opposition im deutschen Kommunismus zur Zeit der Weimarer Republik (Marburger Abhandlungen zur Politischen Wissenschaft Bd. 4), Meisenheim am Glan 1964.
15 Ebd., S. 113 ff., 119 f., 121, 199 f., 211 f.
16 Drechsler, S. 153.

ihrem Parteiausschluß trat diese Minderheit unter Paul Frölich und Jacob Walcher weitgehend geschlossen der SAP bei und zog in der darauffolgenden Zeit noch weitere Mitglieder der KPO mit. Seltener waren Übertritte in umgekehrter Richtung, obwohl auch sie gelegentlich stattfanden[17]. Irgendeine Bedeutung konnte die KPO bis zu ihrem Verbot im Jahre 1933 nicht mehr erlangen.

Nach Hitlers Machtergreifung blieben die meisten KPO-Mitglieder im Lande und versuchten, unter den Bedingungen der Illegalität Widerstand zu leisten. Nur etwa 70 von ihnen emigrierten, meistens nach Frankreich oder in die Schweiz, von wo aus ein Auslandskomitee die Verbindung zu den nunmehr illegal arbeitenden Gruppen in Deutschland aufrecht zu erhalten versuchte.

1937 wurde ein beträchtlicher Teil der noch aktiven Kader verhaftet, aber einige kleine Zellen konnten sich bis 1945 halten. Das Auslandskomitee verlegte seinen Sitz im Sommer 1933 zwangsweise von Straßburg nach Paris, von wo durch Kuriere Schriften nach Deutschland geschmuggelt und Informationen herausgebracht wurden. Bis zum März 1940 scheinen noch sporadische Kontakte zwischen der Exil-KPO und den Parteifreunden im Untergrund bestanden zu haben[18].

Auch die SAP erlebte noch kurz vor ihrem Verbot eine tiefe Spaltung. Die Mehrheit im Parteivorstand hatte wohl weitgehend anerkannt, daß die Partei angesichts der innenpolitischen Entwicklung in Deutschland keine Daseinsberechtigung mehr habe. Von Bedeutung waren wohl auch Befürchtungen, daß sie auf dem für den 18. und 19. Februar 1933 anberaumten Parteitag von der bisherigen Vorstandsminderheit abgelöst würde. Es wurde offen über eine Selbstauflösung der SAP und über den Beitritt der Mitglieder zu den bestehenden großen Arbeiterparteien diskutiert. Am 3. März 1933 gab die bürgerliche Presse die Selbstauflösung der Partei bekannt. Etwa 1.500 SAP-Mitglieder traten wieder der SPD bei, einige wenige der KPD. Aber Vertreter der alten Vorstandsminderheit nahmen sofort Verbindung auf zu lokalen Organisationen, um die unter großen Opfern aufgebaute Partei zu erhalten. Eine Mehrheit von 15.600 Mitgliedern blieb ihr treu, bis sie ab Sommer 1933 nur noch unter den Bedingungen der Illegalität weiterexistieren konnte[19].

Nicht nur die SAP, auch die KPO hatte ihre Entsprechungen in Parteien anderer Länder und pflegte mit ihnen mehr oder weniger enge Verbindungen, teilweise in Form eines internationalen Zusammenschlusses. Etwa zur gleichen Zeit, gegen 1929/30, war es in den kommunistischen Parteien der Tschechoslowakei, Polens, der USA, Frankreichs, Norwegens, Schwedens, der Schweiz und anderer Länder zu rechten Abspaltungen gekommen, von denen sich einige im Dezember 1930 in Berlin zur „Internationalen Vereinigung der Kommunistischen Opposition" (IVKO) zusammenschlossen. Die Aktivitäten der IVKO beschränkten sich weitgehend auf die Herausgabe von Manifesten und Traktätchen zu verschiedenen Problemen. Nach 1933 trat die Organisation nur noch selten in Erscheinung. Sie unterhielt jedoch Beziehungen zu kleinen Linksparteien des Auslandes, auch zu solchen, die ihr nicht angehörten. Über diese Verbindungslinie bestanden auch lose Kontakte zwischen der KPO und dem BOC, später dem POUM, weswegen die in Spanien weilenden KPO-Mitglieder diesen als politischen Ansprechpartner betrachteten.

---

17 Tjaden, S. 288 ff., 305.
18 Ebd., S. 318 ff., 325 f.
19 Drechsler, S. 326 ff.

Die deutsche und die spanische Volksfrontproblematik

In der Frage der Volksfront hatte die SAP keine immer sehr klare Stellung bezogen. Als „Zwischenpartei" stand sie naturgemäß dem Gedanken der Vermittlung innerhalb der Linken nahe, woraus sich wiederum eine grundsätzliche Bereitschaft zur Zusammenarbeit mit anderen Arbeiterparteien ableitete. Diesen Gedanken hatte die Partei schon vor 1933 verfochten und nach Hitlers Machtergreifung auch weiterhin vertreten: mit linken Sozialdemokraten und Vertretern anderer linker Gruppierungen hatten SAP-Mitglieder 1934 ein Programm für eine kommende revolutionär-sozialistische Einheitsfront ausgearbeitet. Als sich Ende 1935 Kontakte innerhalb der deutschen Emigration um Heinrich Mann zu Gesprächen über eine deutsche Volksfront verdichteten und im Januar 1936 im Pariser Hotel „Lutetia" zur ersten Volksfrontkonferenz führten, nahm die SAP daran zusammen mit Vertretern von KPD, SPD und anderen Exil-Parteien teil und verabschiedete auch die „Kundgebung an das deutsche Volk", beteiligte sich aber nicht an dem dort ins Leben gerufenen vorbereitenden Ausschuß zur Gründung einer deutschen Volksfront. Insgesamt war ihr Verhältnis zu dieser Entwicklung zwiespältig. Die SAP hatte sich von der SPD wegen ihres reformistischen Charakters getrennt und bejahte die Zusammenarbeit der Linksparteien vorwiegend unter dem Gesichtspunkt des verstärkten Klassenkampfes durch ein geeinigtes Proletariat. Sie forderte also eine *Einheitsfront* der Arbeiterparteien als Kern einer breiteren Volksfront, nicht eine *Volksfront* allein, in der ihre revolutionären Ziele durch bürgerlich-demokratische Elemente verwässert würden[20]. Daher konnten auch die Gegensätze zur KPD und ihrer damaligen Volksfrontpolitik in den Diskussionen innerhalb der deutschen Emigration nicht überbrückt werden. Die Führungsansprüche der KPD und ihre später betriebene Hetze gegen alle als „trotzkistisch" verfemten abweichenden Gruppen erwiesen sich als Hemmnisse gegen jede Zusammenarbeit, so daß die SAP mit keiner der beiden großen Arbeiterparteien engere Beziehungen unterhielt[21].

Die KPO war, soweit erkennbar, an den Volksfrontdiskussionen nicht beteiligt worden. Ihre zahlenmäßige Bedeutungslosigkeit und ihre ungleich schärfere Frontstellung gegen den bestehenden KPD-Apparat ließen einer Zusammenarbeit keinen Raum. In der Frage der Einheitsfront hatte die KPO bislang zwar keine endgültige Stellung bezogen, jedoch deuteten ihre Verlautbarungen eine gewisse Nähe zur Position der SAP an: Einheitsfront, aber keine Volksfront, sofern durch sie die erstgenannte beeinträchtigt würde. Die KPO begrüßte zwar die Abkehr der Komintern von der „ultralinken" Politik, die ja ursprünglich den Anlaß zu ihrer Abspaltung gegeben hatte, kritisierte aber scharf den eingeschlagenen „rechten" Weg der Kommunisten, der nach ihrer Überzeugung den Volksfrontgedanken verallgemeinerte und eine Abkehr vom „revolutionären Klassenkampf" bedeutete. Die KPD, so kritisierte das Auslandskomitee der KPO, habe mit diesem Opportunismus „... die Grundsätze des Kommunismus verlassen"[22]. Es versteht sich, daß dieser Standpunkt die KPO an die Seite des POUM drängte, obwohl beide in wichtigen Fragen unterschiedliche Standpunkte vertraten. Aber ideologische Berührungspunkte mit der spanischen Partei und die seit den frühen dreißiger Jahren bestehenden personellen Querverbindungen zwischen Joaquín Maurín und der IVKO legten es nahe, daß die wenigen in Spanien kämpfenden KPO-Mitglieder sich auf die Seite des POUM stellten.

---

20 Ebd., S. 233 ff.; Bremer, S. 171 f.
21 Bremer, S. 176 f.
22 Tjaden, S. 334.

Die deutsche und die spanische Volksfrontdiskussion wies zwar manche theoretischen Gemeinsamkeiten auf, aber vor allem einen wesentlichen Unterschied: in Spanien stellte sie sich als praktisches, tagespolitisches Problem, während die deutsche Diskussion zu dieser Zeit mehr in der Emigration von Belang war. Zwar gab es in Deutschland selbst Verbindungen zwischen sehr unterschiedlichen illegalen Widerstandsgruppen, die Frage der Volksfront hatte auch Bedeutung für die langfristigen Strategien der einzelnen Parteien. Aber für die spanischen Parteien stellte sie sich in einer viel direkteren Weise als in der deutschen Emigration.

In seinen katalanischen Hochburgen, soweit man diesen Begriff auf eine kleine Partei von 3.000 bis 5.000 Mitgliedern anwenden kann, beteiligte sich der POUM an den Straßenkämpfen in vorderster Linie. Seine bewaffneten Anhänger stürmten Kasernen und Polizeistationen und stellten etwa gleichzeitig wie die UGT oder die CNT eigene Milizen auf, die sofort an die Front marschierten. Der POUM war in zahlreichen lokalen Komitees vertreten, die in den ersten Wochen die eigentliche Macht ausübten. In kleineren Ortschaften und in ländlichen Gebieten Kataloniens und Aragons dominierten zwar die Anarchisten, aber der POUM war in fast allen größeren Städten politisch vertreten und nahm in Lérida, Sabadell und Castellón sogar eine führende Stellung ein. In Lérida setzte der POUM den Ausschluß der Republikaner aus dem Revolutionskomitee durch, so daß diesem Gremium nur noch Vertreter der Gewerkschaften und der Arbeiterparteien angehörten. Im Zentralkomitee der Milizen, das sich wenige Tage nach dem Franco-Putsch als revolutionäre Leitungsinstanz in Katalonien konstituiert hatte, war auch der POUM vertreten. Allerdings erhielt er nur einen von fünfzehn Sitzen, was wohl auf Rivalitäten mit den Anarchisten zurückzuführen war. Die anarchistischen Organisationen CNT und FAI erhielten fünf Sitze, die drei bürgerlich-republikanischen Gruppen ebenfalls fünf, der Rest entfiel auf PSUC und UGT[23]. Dieses Zentralkomitee verstand sich zwar als revolutionäre Instanz, war aber zu einem Drittel mit bürgerlich-bäuerlichen Kräften besetzt.

Je mehr sich der Kampf gegen das putschende Militär in die Länge zog, desto stärker zeigte sich die Notwendigkeit kontinuierlicher Arbeit durch feste Instanzen. Diese Instanzen wiederum konnten nur wirksam arbeiten, wenn sie einen gewissen Konsens aller gegen die Militärdiktatur gerichteten Kräfte vertrat, was die Einbeziehung oder wenigstens Rücksichtnahme auf bürgerlich-demokratische Parteien erforderlich machte. Von den Anarchisten, den linken Sozialisten und vom POUM verlangte dies eine zumindest vorübergehende Preisgabe revolutionärer Prinzipien. Der POUM, der sich als wahrer Erbe Lenins in Spanien fühlte, forderte aber weiterhin die Diktatur des Proletariats, in der alle Macht in den Händen der Arbeiterklasse liege. Als revolutionäres Vorbild für ganz Spanien bezeichnete Andrés Nin, der für den von den Franco-Truppen gefangenen Joaquín Maurín an die Parteispitze getreten war, das katalanische Zentralkomitee der Milizen[24].

Der POUM hatte seit seiner Gründung im August 1935 wohl den Gedanken einer Einheitsfront verfochten, der alle revolutionären Arbeiterparteien und -organisationen angehören sollten, aber nicht den einer auch linksbürgerliche und reformistische Gruppen umfassenden Volksfront. Allerdings hatte die Partei — gegen die massive Kritik Trotzkis — im Februar 1936 das Wahlbündnis mit Sozialisten, Kommunisten, Syndikalisten und bürgerlichen Republikanern mitunterzeichnet und bei gleichzeitiger wohlwollender Duldung durch die Anarchisten auf diese Weise einen rechten Wahlsieg verhindert. De facto hatte der POUM also die Volksfront mitgetragen, was nach Trotzkis polemischer Bemerkung Franco die Vorbereitun-

---

23 Broué/Témime, S. 152 f., 156.
24 Ebd., S. 243.

gen zum Putsch ermöglicht hatte[25]. Nach Ausbruch von Bürgerkrieg und Revolution stellte sich die Frage nach den politischen Zielen als konkrete Alternative: *Krieg und Revolution* oder aber *Krieg oder Revolution*. Der POUM sprach sich entschieden gegen die Restauration der bürgerlichen Republik aus, die sich in den ersten Tagen nach dem Putsch weitgehend aufgelöst hatte, und strebte — in Anlehnung an das russische Vorbild — die revolutionäre und nicht mehr umkehrbare Umwandlung der Gesellschaft an. Dagegen wollte nach dem Verdacht des POUM die Regierung des Staatspräsidenten Manuel Azaña nur ein bürgerliches Reformprogramm durchführen, was man nach POUM-Meinung an ihrer Weigerung erkennen konnte, feudales und klerikales Eigentum anzutasten. Als Keimzelle der künftigen proletarischen Macht bezeichnete der POUM in seinem deutschsprachigen Bulletin die lokalen Arbeiter- und Bauernkomitees und die Arbeitermilizen. Eine aus Delegierten dieser Organe gebildete Volksversammlung sollte später eine endgültige Verfassung ausarbeiten. Der Krieg gegen die aufständischen Militärs sollte aber einhergehen mit der Überwindung bürgerlicher Gesellschaftsstrukturen innerhalb des republikanischen Territoriums[26].

Diese revolutionäre Programmatik, die gewisse Berührungspunkte mit den Forderungen der Anarchisten aufwies, kollidierte indessen mit den internationalen Verflechtungen, in die die Republik eingebunden war. Die vorgesehenen Enteignungen hätten auch das in Spanien investierte ausländische Kapital betroffen, und eine revolutionäre Entwicklung hätte das Land den bürgerlich-demokratischen Ländern Westeuropas entfremdet. Die gemeinsame Bedrohung durch die aufständischen Militärs förderte überdies die Tendenzen zur Restauration des Staates und zur Begünstigung derjenigen Kräfte, die die Zusammenarbeit aller antifaschistischen Organisationen und somit die Volksfront bejahten. Als Kompromiß zwischen Revolution und Volksfront war am 6. September 1936 der Amtsantritt Largo Caballeros als Ministerpräsident anzusehen. Selbst dem revolutionären Flügel der Sozialisten und der UGT zuneigend, nahm er aus Einsicht in die Notwendigkeit sowohl bürgerliche Republikaner als auch Anarchisten in sein Kabinett auf, was diesen gleichfalls eine Preisgabe ihrer antietatistischen Prinzipien abverlangte. Dieser Vorgang wiederholte sich drei Wochen später in Katalonien, wo das Zentralkomitee der Milizen inzwischen aufgelöst und eine Regierung unter bürgerlicher Führung gebildet worden war: drei Ressorts erhielten die Anarchisten, eines — das Justizministerium — übernahm der POUM-Vorsitzende Andrés Nin. „Wir befinden uns in einem Übergangszustand", rechtfertigte er sich, „in dem uns die Macht der Tatsachen zwingt, im Rat der Generalität direkt, zusammen mit den anderen Arbeiterorganisationen, zusammenzuarbeiten."[27] Fast drei Monate lang, bis zum Regierungswechsel am 17. Dezember, beteiligte sich der POUM etwas widerwillig an dem, was de facto eine katalanische Volksfrontregierung, nach seinem ideologischen Selbstverständnis jedoch nur eine Übergangsregierung war. Als kleine Partei mußte der POUM manche Kompromisse schließen, die einer Preisgabe ideologischer Standpunkte sehr nahe kamen. Besonders empfindlich reagierte er auf den von kommunistischer Seite des öfteren erhobenen Vorwurf des Trotzkismus und distanzierte sich daher mehrfach von Trotzkis Ideen [28]. Für dessen kleine Anhängerschaft innerhalb des POUM gingen diese Formen der Anpassung und Anbiederung an die Volksfrontpolitik zu weit. Sie trennte sich im April 1937 von der Partei und gründete zusammen mit einigen gleichgesinnten Ausländern eine eigene Organisation, die offiziell der IV. Internationale beitrat: die bolschewi-

---

25 Trotzki, Bd. 2, S. 225. — Vgl. Iglesias, S. 89; Broué/Témime, S. 89 f.
26 „Die politische Linie des P.O.U.M.", *Informationen des P.O.U.M.* Nr. 1, 1936. — Alba: Histoire, S. 208 f.
27 Broué/Témime, S. 250.
28 „Sobre la cuestión del trotskismo", *La Batalla* 20. 4. 37; Julián Gorkin: „Ni stalinistas ni trotskistas", *La Batalla* 22. 4. 37. — Vgl. hierzu die Gegenkritik von Trotzki in Bd. 2, S. 248 ff.

stisch-leninistische Sektion Spaniens (Sección Bolchevique-Leninista de España). Obwohl diese Gruppierung klein war und nach Schätzung von *La Batalla* nur 25 Mitglieder vereinigte, gab sie das eigene Blatt *La Voz Leninista* heraus, in dem sie sich als Gralshüterin des von ihr so verstandenen Leninismus darstellte[29]. Die spanischen Trotzkisten sahen für die Revolution drei Gefahren: (1) den Sieg der Faschisten, (2) einen Waffenstillstand und (3) einen imperialistischen Krieg. Alle drei würden die Revolution annullieren. Die Volksfront sei indessen nichts als eine (britisch-französische) Agentur des Imperialismus und etabliere in Spanien ein Hindernis gegen die Revolution in Form des restaurierten bürgerlichen Repressionsstaates: „Das Dilemma ist: entweder mit der Volksfront und gegen die Revolution oder mit der Revolutionsfront und für den Kommunismus. Die Arbeiter der CNT, der FAI und des POUM — Organisationen links von der Volksfront, die sie aber doch auf die eine oder andere Weise unterstützen, müssen einen energischen Bruch fordern. Schluß mit Einheitsparolen und verräterischen Taten."[30] Das Bündnis CNT/FAI-POUM, das von dieser Gruppe gefordert wurde, kam jedoch nicht zustande. Es nützte dem POUM übrigens nicht, daß er sich von den Trotzkisten trotz Übereinstimmung in einigen Punkten scharf distanzierte. Im Frühjahr 1937 hatte der Machtverlust des POUM schon eingesetzt. Mit der Fortdauer des Bürgerkrieges behielten die Kräfte die Oberhand, die den republikanischen Staat zumindest bis zur Niederlage des Gegners erhalten wollten.

SAP und KPO in Spanien

In den ersten Tagen nach Ausbruch des Bürgerkrieges hatten die Anhänger republikanischer und revolutionärer Parteien und Gewerkschaften Banken, Geschäftshäuser und Hotels gestürmt und sie für ihre Organisationen beschlagnahmt. Am meisten war dies in Barcelona geschehen, wo PSUC, POUM und CNT ihre Zentralen hatten. Die POUM-Anhänger besetzten an der oberen Rambla, nur wenige Meter von der Plaza de Catalunya entfernt, das Hotel „Falcón" sowie einige hundert Meter weiter an der unteren Rambla das Haus Nr. 2 an der Plaza del Teatro. Dort richtete der POUM sein Hauptquartier ein, Büros für Propaganda und Pressearbeit, Meldestellen für freiwillige Milicianos und Unterkünfte und Arbeitsräume für ausländische Delegierte von befreundeten Parteien[31]. Das Hotel „Falcón" wurde daher für etwa zehn Monate Anlaufstelle und Zentrale für Deutsche, die durch ihre Mitgliedschaft in der SAP oder KPO dem POUM nahestanden.
Wie die anderen Parteien und Organisationen legte auch der POUM großen Wert auf auswärtige Kontakte und fremdsprachige Propaganda. Für den September 1936 ist bereits ein eigener Radiosender mit eigenen Auslandsprogrammen nachweisbar. Wie der deutsche Generalkonsul von Barcelona erfuhr, sendete der POUM-Rundfunk täglich zwischen 18 und 22 Uhr in spanischer, katalanischer, französischer und italienischer Sprache, dreimal wöchentlich auch auf englisch, deutsch, niederländisch und russisch. Nach Angaben eines — vermutlich späteren — Flugblattes dehnte der POUM-Sender dann seine deutschen Sendungen auf alle

---

29 „Sobre la cuestión del trotskismo", *La Batalla* 20. 4. 37. — Vgl. Pelai Pagès: Le mouvement trotskyste pendant la guerre civile d'Espagne, *Cahiers Léon Trotsky* no 10 (juin 1982), S. 47-65. — Jean Cavaignac: Les trotskystes espagnols dans la tourmente (1937 — 1940), ebd., S. 67-74. — Pierre Broué: La mission de Wolf en Espagne, ebd., S. 75-84.
30 „Por la Revolución, por la Victoria Militar" (undatiertes Flugblatt); IISG: SAI-Archiv Nr. 2767.
31 Alba: Histoire, S. 174. — Ders.: El marxisme, II, S. 37.

Tage zwischen 19 und 19.15 Uhr aus und wurde auf Kurzwelle 42 auch in Deutschland und Österreich empfangen, wie dies gelegentliche Hörerpost bestätigte[32].

Das internationale POUM-Sekretariat gab darüber hinaus einige fremdsprachige Blätter heraus. Hier ist zunächst die englischsprachige Wochenzeitschrift *Spanish Revolution* zu nennen, die wohl vor allem als Informationsquelle für die dem „Internationalen Büro für revolutionäre sozialistische Einheit" angeschlossenen Parteien gedacht war. Als unregelmäßige Pressemitteilungen erschienen die *Informationen des POUM*. Daneben gab es noch die von der SAP später herausgegebene *Revolution in Spanien*[33]. Aufgabe des internationalen POUM-Sekretariats war es auch, die ausländischen Freiwilligen in der POUM-Miliz zu betreuen und mit Plakaten, Flugblättern und kleinen Mitteilungsblättchen zu versorgen. Hiervon ist nur noch wenig erhalten geblieben. Vor allem die ersten Monate nach Ausbruch des Bürgerkrieges sind recht lückenhaft dokumentiert, so daß sich Inhalt und Ausmaß der internationalen Propagandaarbeit des POUM nicht untersuchen lassen.

Wie es scheint, organisierte der POUM erst im Herbst 1936 systematisch seine vorher mehr sporadische Arbeit in deutscher Sprache. Anfang Oktober gab es Zeichen dafür, daß die Partei fähige Ausländer aus ihren Milizen abziehen und für die Propagandaarbeit einsetzen wollte, weil sie mit der Tätigkeit ihres Ausländerkomitees unzufrieden war. Zunächst wollte man dabei auf einen KPO-Mann zurückgreifen[34]. Aber dann wurde eine offizielle deutsche Sektion geschaffen, die zugleich Verbindungsstelle der SAP in Spanien war. Ihr Leiter und zugleich Herausgeber der Zeitschrift *Revolution in Spanien* wurde Max Diamant, der damals den Tarnnamen „Hans Diesel" trug. Diamant hatte vorher zeitweilig als Grenzsekretär der SAP kleine, noch bestehende Widerstandsgruppen seiner Partei betreut und danach in Paris als Journalist und Setzer gearbeitet. Erst unter seiner Leitung entstand eine reguläre deutschsprachige Presse-, Rundfunk- und sonstige Öffentlichkeitsarbeit des POUM. Anfang November 1936 folgte ihm sein Parteifreund Peter Blachstein („Fritz Sanders", „Hans Petersen") nach Barcelona, um sich vor allem der Jugendarbeit zu widmen. Vorher hatte Blachstein als Sekretär zusammen mit Willy Brandt in Oslo im Internationalen Sozialistischen Jugendbüro gearbeitet, das wiederum dem Londoner Internationalen Büro angeschlossen war. Vorsitzender dieses Dachverbandes linkssozialistischer Jugendverbände war der POUM-Jugendsekretär Wilebaldo Solano geworden, in dessen Büro etliche ausländische Jugendfunktionäre arbeiteten. Blachstein arbeitete zugleich bei Solano und als Mitarbeiter der deutschen POUM-Sektion unter Max Diamant. Als dieser im April 1937 sein Amt niederlegte und nach Paris zurückkehrte, übernahm Willy Brandt, der schon im Februar 1937 von Oslo nach Barcelona gekommen war, diesen Posten. Daneben arbeitete Brandt als Korrespondent für die norwegische Presse[35].

---

32 Bericht des Generalkonsulats Barcelona an das AA vom 12. 9. 36; PA AA: Pol. Abt. III (31), Spanien: Innere Politik..., Bd. 14. — Undatiertes Flugblatt; IfG/Marburg: Nachlaß Alwin Heucke, Bd. W. — Albert Utiger: Interview Peter Blachstein, S. 6.

33 Die *Spanish Revolution* erschien 1968 als Reprint in New York; die *Informationen des POUM* befinden sich im DÖW, Exemplare der *Revolution in Spanien* im IISG.

34 „8. Bericht aus Spanien vom Anfang Oktober 1936"; IfG/Marburg: Nachlaß Alwin Heucke, Bd. W.

35 BHE I, S. 129 f., 67. — Interview Diamant. — Utiger: Interview Blachstein. — Peter Blachstein: Als Sekretär bei der POUM in Barcelona, in: Hans-Jürgen Degen/Helmut Ahrens (Hg.): „Wir sind es leid, die Ketten zu tragen...". Antifaschisten im Spanischen Bürgerkrieg, Berlin 1979, S. 62-71. — Willy Brandt: Links und frei — Mein Weg 1930 — 1950, Hamburg 1982, S. 215 ff. — Vgl. auch Walther Bernecker: Willy Brandt y la guerra civil española, *Revista de Estudios Políticos* 29 (1982), S. 7-25, hier S. 12 ff. — Eine mit zahlreichen Entstellungen und Unrichtigkeiten angereicherte „Enthüllungsgeschichte" der SAP und besonders Willy Brandts lieferte Hans Frederik: Volksfront. Der taktische Einsatz der Sowjetunion, um mit Hilfe der Einheitsfrontaktionen zwi-

 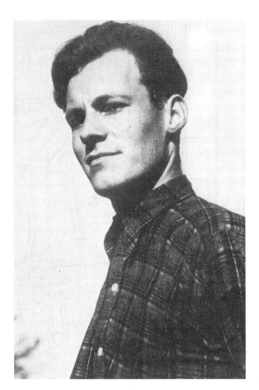

Vertreter der SAP in Spanien: Max Diamant (l.) und Willy Brandt (r.)

Es ist nicht genau festzustellen, wie viele SAP-Mitglieder nach Spanien gingen. Rechnen wir nur diejenigen zusammen, die sich namentlich (teilweise nur nach Vornamen, Abkürzungen oder Tarnnamen) ausmachen lassen, so kommen wir auf über 30 Mitglieder oder Anhänger der SAP, die in der POUM-Zentrale arbeiteten, größtenteils aber in der Miliz mitkämpften. Dazu können wir noch etwa 20 KPO-Mitglieder rechnen. Es versteht sich, daß man eine weit höhere Zahl von Deutschen im Umkreis des POUM wird annehmen dürfen, was vor allem für die Milizen gilt. Aber hier handelte es sich nicht durchweg um SAP- oder KPO-Mitglieder, sondern oft um parteilose Antifaschisten, die die Unterschiede und Konflikte innerhalb der spanischen und internationalen Parteienszenerie nicht übersahen und nicht selten durch zufällige Umstände zum POUM gelangt waren.
Die Politik des POUM wurde von seinen ausländischen Sympathisanten recht unterschiedlich beurteilt. Der Schweizer Revolutionär Paul Thalmann, der der schweizerischen KPO angehört hatte und danach zeitweilig Trotzkist gewesen war, kritisierte heftig den POUM wegen seiner schwankenden Haltung. In einer unter dem Namen „Franz Heller" Ende 1936 in Basel herausgegebenen Broschüre warf er der spanischen Partei geradezu Anpassung an den Volksfrontkurs der Kommunisten vor, was sich insbesondere an der vorübergehenden Regierungsbeteiligung des POUM an der Generalitat von Katalonien äußerte. Indem der Parteivorsitzen-

---

schen Sozialdemokraten und Kommunisten und der Bündnispolitik mit bürgerlichen Regierungen die materielle und politische Weltordnung des Westens abzulösen, Landshut 1977, S. 213 ff.

Die Innenstadt von Barcelona

1 = Hotel „Colón" (PSUC-Zentrale)
2 = Hotel „Falcón" (POUM-Zentrale)
3 = Fomento del Trabajo (CNT-Zentrale)
4 = Telefónica (Telephon-Zentrale)
5 = Hotel „Continental"
6 = Avenida Puerta del Angel 24 („Checa")
7 = ehemaliges deutsches Generalkonsulat

de Andrés Nin katalanischer Justizminister wurde, paßte sich — nach Meinung Thalmanns — der POUM den klassenversöhnenden Parolen der Kommunisten an[36]. Dagegen wurde von seiten der deutschen SAP-Mitglieder Kritik von entgegengesetzter Richtung vorgetragen. Max Diamant beispielsweise hatte im Zusammenhang mit den Volksfrontdiskussionen der deutschen Emigration in Paris einen im Dezember 1936 und Januar 1937 veröffentlichten Aufruf zur Gründung einer deutschen Volksfront mitunterzeichnet. Auf einer im Januar 1937 in der Tschechoslowakei abgehaltenen Konferenz der SAP gab er einen ausführlichen Bericht über die Lage Spaniens und warnte vor einem zweiten Bürgerkrieg innerhalb des antifaschistischen Lagers. Die Volksfront wurde von der SAP also nicht grundsätzlich abgelehnt, sondern nur als eine von mehreren möglichen Formen einer Massenbewegung angesehen[37].

Ähnlich nahm Willy Brandt Stellung, nachdem er die Verhältnisse in Katalonien hatte in Augenschein nehmen können. Er widersprach der in POUM- und anarchistischen Kreisen verbreiteten Ansicht, wonach der Bürgerkrieg vorwiegend ein Klassenkampf sei, schränkte aber auch die von Kommunisten vertretene These ein, daß es sich in erster Linie um einen auswärtigen Interventionskrieg handelte. Der Bürgerkrieg enthielt Elemente von beiden, die sich in ihren Gewichten verschoben. „Der Charakter der Auseinandersetzung am 19. Juli war dadurch bestimmt, daß die soziale Gärung nicht ausgegoren war. Dennoch stand nach den ersten, sozusagen provisorischen Siegen der Milizen die Frage so, daß Krieg und Revolution untrennbar verbunden sind. (...) Inzwischen war aber nun eine Zwangslage entstanden. Der Charakter des Krieges verlagerte sich mehr in der Richtung zum Unabhängigkeitskrieg. Alle Organisationen sind genötigt, dieser Situation Rechnung zu tragen"[38].

Mit dieser Kritik hatten maßgebliche Vertreter der SAP Konsequenzen aus der innerspanischen Entwicklung wie auch aus den Volksfrontdiskussionen der deutschen Emigration gezogen. Zum 10. April 1937, dem Tage, an dem im Pariser Hotel „Lutetia" Vertreter deutscher Exilparteien erneut zu Beratungen zusammentreten sollten, schickten auch in Spanien lebende Deutsche ein Grußtelegramm, das zur Einheit und Gemeinsamkeit aufrief. Wie es scheint, unterzeichnete auch Willy Brandt diesen Aufruf. Er selbst kann sich heute nicht mehr daran erinnern, hält seine Unterschrift unter diesem Aufruf aber für durchaus möglich. Brandts Miturheberschaft wurde in Artikeln und Rundschreiben anderer Parteien erwähnt[39]; überdies wurde er selbst innerhalb seiner eigenen Partei heftig deswegen kritisiert. Daran ist erkennbar, wie umstritten der Volksfrontkurs in der SAP war. Er führte naturgemäß auch zum Konflikt mit der spanischen Schwesterpartei. In einem Grundsatzartikel stellte *La Batalla* fest, daß das Internationale Büro zwar keine Internationale mit zentraler Weisungsbefugnis sei, aber ihren Mitgliedern die Pflicht zu gegenseitiger positiver Kritik auferlege. Die Volksfrontpolitik werde vom Stalinismus angeregt; sie bedeute Klassenversöhnung und Kollaboration und habe in Frankreich und Spanien zur Schwächung des Proletariats geführt. Mit der Annäherung an den Volksfrontgedanken habe die SAP die Konzeption einer monolithischen Partei ohne revolutionären Inhalt übernommen und damit die Bereitschaft bekundet, die internationale Arbeiterbewegung und den Klassenkampf dem Volksfrontgedanken und den Übereinkünften mit imperialistischen Mächten zu opfern. Die SAP-Führung möge im Interesse des Internationa-

---

36 „Franz Heller" (Paul Thalmann): Für die Arbeiter-Revolution in Spanien, o.O. 1936 (Reprint: Zürich 1976), S. 30.

37 BHE I, S. 129 f. — Interview Diamant.

38 „Bürgerkrieg oder Unabhängigkeitskrieg" (Mskr. vom März 1937); AsD: Depositum Willy Brandt/Spanien-Materialien. — Teilabdruck dieser Schrift bei Willy Brandt: Draußen. Schriften während der Emigration, hrsg. von Günter Struve, München 1966, S. 191. — Vgl. Bernecker: Willy Brandt, S. 19.

39 „Begrüßungsschreiben Deutscher Spanienkämpfer an die Volksfront am 10./11. 4. 1937", *Pariser Tageszeitung* 16. 4. 37. — Mitteilung Willy Brandts vom 16. 2. 83 an den Verfasser. — Vgl. Anm. 44 und 51.

len Proletariats ihren Standpunkt überprüfen und ihre neue Linie korrigieren[40]. Der Bruch war aber vollzogen und wurde nicht mehr geheilt. Willy Brandt löste seinerseits die Beziehungen zum POUM, während dieser Max Diamant aus der SAP-Vertretung entfernte[41].

Der Gesinnungswandel eines Teiles der SAP-Mitglieder führte nicht nur zur Trennung vom POUM, sondern verband sich auch mit parteiinternen Konflikten. Eine Oppositionsgruppe, die von der Auslandsleitung der Partei wohl weitgehend zu Unrecht als „trotzkistisch" bezeichnet wurde, kritisierte scharf die vermeintliche Annäherung der SAP-Führung an die KPD im Pariser Volksfrontausschuß. In dem sich abkühlenden Verhältnis zum POUM glaubte sie ein weiteres Anzeichen für die ideologische Abweichung der Partei zu erkennen. Nach einem vergeblichen Versuch, den Parteivorstand auszubooten, wurde die parteiinterne Opposition ausgeschlossen. Sie organisierte sich im März 1937 als Gruppe „Neuer Weg" und entfaltete bis zum Beginn des Zweiten Weltkrieges eine rege publizistische Tätigkeit. Sie gab eine Zeitschrift gleichen Namens heraus, dazu in unregelmäßigen Abständen die zusätzlichen Blätter *Deutsche Information*, *Frankreich Informationen* und *Spanien Informationen*[42].

In ihrer Argumentation vertrat die Gruppe die Ansicht, daß der POUM die einzige echt marxistische Partei Spaniens sei[43]. Die anderen Arbeiterparteien hätten durch ihr Umschwenken auf die Volksfrontpolitik den marxistischen Weg längst verlassen. Mit der Zusammenarbeit von SPD, KPD und anderen Parteien im Rahmen der Volksfront greife man zu einem Mittel, das versagt und den Franco-Putsch nicht verhindert habe. Offensichtlich konnte die Gruppe „Neuer Weg" auch unter einigen der deutschen Mitglieder der POUM-Milicianos Anhänger gewinnen. Eine SAP-Gruppe „Front Aragon" veröffentlichte im *Neuen Weg* eine Resolution, in der sie sich zur spanischen Revolution, aus der das Weltproletariat neue Kraft gewönne, und zur Solidarität mit dem POUM bekannte[44]. Wie in allen Gruppenbildungen hatten aber auch hier die zuletzt diskutierten Differenzen nur auslösenden Charakter. Diskussionen innerhalb der SAP über die in Moskau abgehaltenen Schauprozesse und persönliche Rivalitäten hatten die Spaltung der Partei schon lange vorher vorbereitet[45].

Willy Brandt verließ im Juni 1937 Spanien und formulierte Anfang Juli in einem längeren Referat vor der erweiterten Parteileitung der SAP seine auch schon in früheren Berichten[46] vorgetragene Kritik am POUM. Dieser vertrete zwar die richtige These von der Verbindung von Krieg und Revolution, unterliege jedoch auch „ultralinken, sektiererischen" Irrtümern. So verallgemeinere der POUM die politischen Verhältnisse Kataloniens und übertrage sie auf andere Gebiete der Republik, wo die Arbeiterbewegung sehr viel schwächer sei. Er ignoriere die militärischen Notwendigkeiten, die manchen Kompromiß erforderten. Der POUM vertrete einen unklaren Standpunkt in der Volks- bzw. Einheitsfrontfrage. Und schließlich bedeute Andrés Nins These, wonach die Kommunisten gefährlicher seien als die Bourgeoisie, einen verhängnisvollen Rückfall in die frühere „Sozialfaschismus"-Propaganda der KPD[47].

---

40 „Resolución del Comité Ejecutivo del P.O.U.M. sobre la política del S.A.P.", *La Batalla* 1. 5. 37. — Ebenso in *Die Spanische Revolution* Nr. 7, S. 4.
41 Bremer, S. 191.
42 Drechsler, S. 348 f.
43 „Die spanische Revolution am Scheidewege", *Neuer Weg* Nr. 1 (Ende März 1937).
44 „Die reaktionärste Volksfront, die es gibt" und „Zur spanischen Revolution und den Aufgaben der SAP", *Neuer Weg/Spanien-Information* Nr. 2, 10. 4. 37.
45 Interview Diamant.
46 Brandt: Draußen, S. 212.
47 „Ein Jahr Krieg und Revolution in Spanien. Referat des Gen. Brandt auf der Sitzung der erweiterten Parteileitung der SAP, Anfang Juli 1937" (Broschüre), S. 28 ff.; AsD: Depositum Willy Brandt/Spanien-Materialien. — Vgl. Bremer, S. 189; Bernecker: Willy Brandt, S. 22.

Neben der Gruppe „Neuer Weg" blieb auch ein Teil der SAP-Jugend dem POUM treu. Wie schon erwähnt wurde, hatte die „Revolutionäre Jugend", die dem Internationalen Büro angeschlossen war, im November 1936 ihren Sitz von Oslo nach Barcelona verlegt und sich dort in den Räumen der POUM-Organisation „Juventud Comunista Ibérica" niedergelassen[48]. Nach der Trennung der Mehrheits-SAP vom POUM stellte sich ihr deutscher Sekretär Peter Blachstein auf dessen Seite. Am 9. Mai 1937 tagte das Internationale Jugendbüro und verurteilte einstimmig scharf den Volksfrontkurs der SAP[49]. Damit war auch auf dieser Ebene der Bruch vollzogen. Da Willy Brandt als Vorsitzender der SAP-Jugend sich im Internationalen Büro nicht hatte durchsetzen können, erklärte er offiziell den Austritt des Sozialistischen Jugendverbandes und ließ diesen Schritt später von einem Delegiertentag bestätigen[50]. Blachstein konnte sich indessen nicht mehr lange der Mitarbeit im POUM erfreuen. Als im Mai 1937 die kommunistische Hexenjagd auf den POUM begann, wurde er verhaftet und konnte erst im Januar 1938 nach Frankreich ausreisen.

Anfang 1938 erschien in der katalanischen Zeitschrift *La Llibertat* ein hämischer Artikel in deutscher Sprache über die Deutschen im Umkreis des — inzwischen verbotenen — POUM. Der Verfasser „Fritz Arndt" (KPD-Funktionär Karl Mewis) beschrieb darin in bösartiger Weise die Kursschwankungen der SAP zwischen Revolution und Volksfront. Genüßlich vermerkte er Willy Brandts Grußadresse an die Pariser Volksfront-Konferenz der deutschen Emigration und seinen Versuch, einen antifaschistischen Club in Barcelona zu gründen, aber auch die heftige Kritik, die der SAP von seiten der Gruppe „Neuer Weg", der KPO und des ehemaligen österreichischen Trotzkisten Kurt Landau entgegengebracht wurde[51]. Dieser Artikel zeigte, daß Mewis sich in der Emigration gut auskannte, enthielt aber auch zahlreiche Unwahrheiten und Entstellungen. So deutete er an, daß SAP- und KPO-Funktionäre am Verschwinden einiger Personen beteiligt gewesen seien, obwohl deren Entführungen eindeutig von kommunistischer Seite — wahrscheinlich unter aktiver Mitarbeit von Mewis selbst — organisiert worden waren. Vermutlich gehen auf Mewis' Bericht über die Auseinandersetzungen zwischen Kurt Landau und Willy Brandt auch die Gerüchte zurück, wonach dieser Landau denunziert und damit seine Entführung veranlaßt habe[52].

Die andere deutsche Exil-Partei, die mit dem POUM zusammenarbeitete, war die KPO. Obwohl sie nicht dem Londoner Internationalen Büro angehörte wie die SAP, war ihr Verhältnis zum POUM ungleich weniger getrübt. Die KPO hatte frühzeitig Partei für den POUM ergriffen und ihn publizistisch unterstützt. Mitglieder der kleinen KPO-Emigration gingen nach Spanien und reihten sich ein in die Milizen oder arbeiteten im Parteiapparat mit. Bereits eine Woche nach Ausbruch des Bürgerkrieges sandte ein Vertreter der KPO einen ersten „Spanischen Bericht" aus Barcelona, dem bis zum Frühjahr 1937 noch weitere folgen sollten. Der Bericht nennt den POUM die größte marxistische Partei Kataloniens mit der straffsten Disziplin, die als erste mit dem Aufbau von Arbeitermilizen begonnen habe[53].

---

48 „The International Buro of the Revolutionary Youth Transferred to Barcelona", *Spanish Revolution* 18. 11. 36. — Bremer, S. 188.
49 „La Juventud Archiomarxista...", *Juventud Comunista* 13. 5. 37.
50 Bremer, S. 190. — Utiger: Interview Blachstein, S. 29.
51 „Fritz Arndt": „Im Schlepptau der Trotzkisten", *La Llibertat* Nr. 11 (Januar 1938), S. 3; diese Nummer befindet sich im AsD: Depositum Willy Brandt/Spanien-Materialien.
52 Frederik, S. 242; vgl. Anm. 35. — Zum „Fall Landau" vgl. Hans Schafranek: Kurt Landau, in: Bewegung und Klasse. Studien zur österreichischen Arbeiterbewegung, hrsg. von Gerhard Botz, Hans Hautmann, Helmut Konrad und Josef Weidenholzer, Wien 1978, S. 193-216.
53 „Spanischer Bericht" vom 23./25. 7. 36; AsD: Depositum Putzrath/Spanien-Materialien.

Einen Monat später schilderte das Büro der IVKO, dem auch die KPO angehörte, in einem Rundbrief an alle Mitgliedsparteien die Vorgeschichte des Bürgerkrieges und identifizierte sich vollkommen mit der Politik der spanischen Partei. Ihr „... gebührt die Ehre, daß sie in Katalonien, wo sie die stärkste und einflußreichste kommunistische Organisation ist, die Rolle der revolutionären Initiative übernommen hat, die einer wirklichen Kommunistischen Partei zukommt. Im Gegensatz zur offiziellen KP in Katalonien und Madrid war sie dadurch befähigt, daß sie nicht an die Volksfront gebunden war [und] daß sie vor dem konterrevolutionären Aufstand schonungslos die linksrepublikanische Regierung kritisiert und die Massenaktionen geführt hatte."[54] Zwar habe der POUM auch Schwächen. Er habe es unterlassen, rechtzeitig die Aufhebung der spanischen Kolonialherrschaft in Marokko zu diskutieren und die Bedeutung der Diktatur des Proletariats für die revolutionäre Umwandlung der Gesellschaft zu unterstreichen. Die IVKO forderte ihre angeschlossenen Parteien auf, die „menschewistische" Politik der Kommunisten zu bekämpfen, die in Wirklichkeit ein Hemmschuh für die Revolution sei, und sich vor allem mit dem POUM solidarisch zu zeigen.

Im August 1936 schlug die KPO dem POUM gemeinsame Gespräche über einige wichtige Fragen der spanischen Revolution vor: Spanisch-Marokko, Landverteilung, Arbeiterkontrolle der Produktion, militärische Organisation, Belagerungszustand, Sowjets und Kommunisten. Als Verbindungsmann der KPO beim POUM fungierte Ewald König, der zugleich regelmäßig Berichte an seine Partei nach Paris schickte[55]. Ein anderer KPO-Funktionär, Walter Schwarz, arbeitete in den ersten Bürgerkriegsmonaten als Leiter der deutschen POUM-Sektion, vermutlich solange noch keine SAP-Vertreter diese Aufgabe übernommen hatten[56]. Im November und Dezember 1936 fuhr auch der bekannte KPO-Theoretiker August Thalheimer nach Spanien und überbrachte 200 US-Dollar, die eine kleine KPO-Gruppe in Amerika für Spanien gesammelt hatte[57]. Einige KPO-Mitglieder kämpften bereits in den ersten Bürgerkriegswochen in den POUM-Milizen, worauf wir weiter unten eingehen wollen. Mit etwa 20 nachweisbaren Mitgliedern war die KPO indessen weniger stark in Spanien vertreten als die SAP.

Der POUM scheint über die politische Unterstützung der KPO und der IVKO nicht immer sehr glücklich gewesen zu sein. In einem in Paris geführten Gespräch zwischen Vertretern der KPO und Maurins Ehefrau Juana Maurin hatte diese die Befürchtung geäußert, daß eine allzu enge Zusammenarbeit mit IVKO und KPO Fraktionsbildungen in den POUM hineintragen könnte. Mit einem offiziellen gemeinsamen Schreiben des Auslandskomitees der KPO und des engeren Büros der IVKO sollte diesem Argwohn entgegengewirkt werden. KPO und IVKO erklärten in einem Schreiben ihre volle Zustimmung zur Politik des POUM in der Frage „Revolution oder Volksfront?" und verteidigten ihn sowohl gegen trotzkistische wie kommunistische Vorwürfe. Die Unterschiede lägen allein in der unterschiedlichen Beurteilung der Komintern, der KPdSU und der Sowjetunion. KPO und IVKO lehnten Trotzkis These von einer „neuen Revolution" in Rußland ab und betrachteten die KPdSU weiterhin als kommunistische, wenngleich entartete Partei. Auf dieser Basis müßte, so das KPO/IVKO-Schreiben, eine Verständigung mit dem POUM möglich sein. Die deutschen KPO-Mitglieder im POUM und seinen Milizen unterlägen selbstverständlich der Disziplin der spanischen Organisationen und dürften keine eigene Politik betreiben[58].

54 Büro der IVKO: Rundschreiben Nr. 4 an alle Gruppen der IVKO vom 26. 8. 36; ebd.
55 Schreiben der KPO vom 18. 8. 36 an den POUM; IfG/Marburg: Nachlaß Alwin Heucke, Bd. W.
56 Brief Walter Schwarz' vom 30. 8. 36 an den POUM; ebd. — Vgl. Anm. 34. — Vgl. die Angaben bei Mewis („Arndt") in Anm. 51.
57 „Help from the Germans in America", *Spanish Revolution* 9. 12. 36. — Tjaden, S. 335.
58 Schreiben des Auslandskomitees der KPO und des engeren Büros der IVKO an das Exekutiv-Komitee des POUM vom 9. 4. 37; AsD: Depositum Putzrath/Spanien-Materialien.

Ob dieses Kooperationsangebot konkrete Folgen hatte, läßt sich nicht mehr nachprüfen. Aber nach dem Bruch zwischen POUM und SAP scheint die KPO für kurze Zeit in gewisser Weise deren Erbe als deutsche Parallelpartei zum POUM angetreten zu haben. Sehr konkret kann diese Zusammenarbeit nicht mehr geworden sein. Denn bereits nach den blutigen Wochen in Barcelona Anfang Mai 1937 setzte die Verfolgung des POUM sowie seiner ausländischen Helfer und Anhänger ein. Im Juni 1937 wurde die Partei verboten, ihre Miliz aufgelöst und das gesamte ausländische Personal im Umkreis des POUM verhaftet. Davon waren auch mehrere KPO-Mitglieder betroffen.

Daher wirkte es etwas unzeitgemäß, als das „Londoner Büro" unter Beteiligung der IVKO im Februar 1938 in Paris eine internationale Konferenz abhielt und Stellung zu den inzwischen nicht mehr umkehrbaren Entwicklungen in Spanien bezog. Nach dem Bericht eines Gastdelegierten des inzwischen illegalen POUM würdigte die IVKO dessen Verdienste um die Schaffung revolutionärer Räte und Massenorgane, die jetzt vom Stalinismus und der rechten Sozialdemokratie wieder abgebaut würden. Der POUM habe als einzige Partei einen proletarischen Standpunkt eingenommen, sich aber gegen Widerstände des Stalinismus, Reformismus und teilweise auch des Anarchosyndikalismus nicht durchsetzen können. Scharf kritisierte die IVKO die SAP wegen ihres Umschwenkens zur Volksfront. In einer Resolution drückte die IVKO ihre Solidarität mit dem POUM aus und machte sich die Forderungen des POUM zueigen: die Bildung einer Arbeiter- und Bauernregierung und einer Roten Armee, die vollständige Übernahme der Polizei durch bewaffnete Arbeiter, die entschädigungslose Enteignung der großen Unternehmen und des Bodens, die Gründung ländlicher Kollektive und die Aufgabe von Spanisch-Marokko. Die IVKO verurteilte die Verfolgungen von seiten des Stalinismus und forderte ein revolutionäres Bündnis vom POUM, CNT/FAI und dem linken Flügel der Sozialisten[59]. Diese Unterstützung half den dissidenten Linksgruppen in Spanien ebensowenig wie die publizistische Hilfe von anderen Exil-Organisationen und Parteien. Die Geschichte des POUM endete faktisch mit seinem Verbot im Juni 1937.

Deutsche in den POUM-Milizen

In den Städten, in denen der Franco-Putsch erfolgreich niedergeschlagen worden war, entstanden bereits in den ersten Tagen des Bürgerkrieges spontane Milizen. Organisiert wurden sie von Parteien (POUM, PCE) und Gewerkschaften (CNT, UGT) sowie in geringem Maße auch von noch funktionsfähigen Regierungsstellen Kataloniens oder sonstigen Organisationen. Unter den Freiwilligen, die bereits wenige Tage nach dem mißlungenen Staatsstreich von Barcelona an die Front nach Aragon marschierten, stellten die sozialistisch-kommunistische Gewerkschaft UGT 2.000 Mann, die anarchistische Gewerkschaft 13.000 Mann, der POUM 3.000 und die Generalitat 200 Mann[60]. Angeblich richtete der POUM als erste Partei reguläre Werbestellen für Freiwillige ein und hatte etwa eine Woche nach Beginn des Bürgerkrieges zwischen 6.000 und 7.000 Mann unter Waffen[61]. Nach den — wohl etwas übertriebenen —

---

59 „Beschlüsse der Internationalen Konferenz in Paris vom 19. — 24. Februar 1937", hrsg. von der Internationalen Vereinigung der Kommunistischen Opposition, Paris 1938 (hekt.), S. 54 ff., 58 ff. (Fundort DÖW). — Vgl. hierzu „Beiträge zur Kritik des Trotzkismus", hrsg. von der IVKO (1938), S. 35 f.; IfG/Marburg Nachlaß Alwin Heucke, Bd. W.
60 Alba: Histoire, S. 177 f.
61 „Spanischer Bericht" (der KPO) vom 23./25. 7. 36; AsD: Depositum Putzrath/Spanien-Materialien.

Angaben eines von Anfang an beteiligten KPO-Mannes hatte der POUM bis Anfang Oktober 1936 etwa weitere 50.000 Mann als Freiwillige registriert, die jedoch wegen des Mangels an Waffen nicht an die Front geschickt werden konnten[62]. Andere Schätzungen gehen von durchschnittlich 5.000 POUM-Milicianos aus, von denen etwa 3.000 im Raume Katalonien/Aragon operierten[63]. Insgesamt dürfte die POUM-Columna „Lenin", die sich später 29. Division nannte, von allen partei- und gewerkschaftseigenen Verbänden der kleinste gewesen sein, dem aber wegen seines massiven Fronteinsatzes vorwiegend in Aragon eine nicht zu übersehende militärische Bedeutung zukam.

Wie die Anarchisten nahmen auch die POUM-Milizen Ausländer auf, die zur Verteidigung der Revolution oder der Republik nach Spanien geeilt waren. Der KPO-Funktionär Walter Schwarz teilte in einem ausführlichen Schreiben von Ende August seinen Parteifreunden im Ausland mit, daß ein Teil der in Barcelona ansässigen KPO-Gruppe sich dem POUM zur Verfügung gestellt habe und mit dem ersten größeren Transport an die Front gefahren sei, wo man ihn einer dort bereits kämpfenden Gruppe deutscher Emigranten zugeteilt habe. Die kleine Schar deutscher Freiwilliger sei maßgebend an der Eroberung des Dorfes Lecineña beteiligt gewesen[64]. Für den September 1936 ist bereits ein „Grupo Internacional" nachweisbar, der von einem Italiener befehligt wurde und sich gleichfalls „Lenin" nannte. Die Einheit bestand aus 50 Mann, darunter 21 Italienern, 17 Franzosen, zwei Deutschen und weiteren Ausländern aus sechs anderen Ländern[65]. Wegen des Zustromes neuer Freiwilliger und aufgrund von Kriegsverlusten wurden diese Verbände des öfteren reorganisiert, was den Überblick über einzelne Einheiten, Kommandoposten und Personen erschwert. Im Herbst 1936 gliederte sich der inzwischen angewachsene „Grupo Internacional" in folgende mit Ausländern besetzte Einheiten: „Centuria Extranjera I" unter dem Kommando eines Polen; „Centuria Extranjera II" unter dem Kommando des belgischen Ingenieurs Georges Kopp, in dessen Einheit seit Dezember 1936 auch der englische Schriftsteller George Orwell kämpfte; die „Centuria Francesca" und die „Centuria Inglesa", in der dann im Januar 1937 die auf andere Einheiten verteilten Engländer zusammengefaßt wurden. Ihr gehörten vorwiegend Mitglieder der Independent Labour Party an sowie unabhängige Linke. Später wechselte auch George Orwell zu dieser Einheit über. In diesen Verbänden kämpften aber auch Mitglieder anderer Parteien und Richtungen wie der orthodoxe Kommunist John Cornford, ein Urenkel Charles Darwins, der im Kampfe den Tod fand[66].

Der POUM scheint zwar Freiwillige aus einem sehr breiten Parteienspektrum angenommen, jedoch vorher auch gewisse Nachforschungen über die politische Vergangenheit der Bewerber angestellt zu haben. Der KPO-Funktionär Karl Bräuning erwähnt in seinem Bericht an seine Partei, daß sich seine und Waldemar Bolzes Rekrutierung um einige Zeit bis zum September 1936 wegen der über die Freiwilligen eingezogenen Erkundigungen verzögert habe. Die meisten Ausländer erhielten in einer der Kasernen von Barcelona eine etwa zweiwöchige Ausbildung und wurden dann an die Front geschickt. Bräuning und Bolze wurden nach bereits zwei Tagen nach Aragon abkommandiert und nach kurzer Spezialausbildung einer besonderen

---

62 Anm. 34.
63 Broué/Témime, S. 170. — Vgl. Vicente Guarner: Cataluña en la guerra de España, 1936 — 1939, Madrid 1975, S. 167.
64 Schreiben Walter Schwarz' vom 30. 8. 36; IfG/Marburg: Nachlaß Alwin Heucke, Bd. W.
65 *Informationen des POUM* Nr. 2 (undatiert) und Nr. 4 vom 22. 9. 36 ebd. — Vgl. Borkenau, S. 72 ff.
66 George Orwell: Mein Katalonien. Bericht über den Spanischen Bürgerkrieg, Zürich 1975, S. 49. — Andreu Castells: Las Brigadas Internacionales de la guerra de España, Barcelona 1974, S. 30 f.

POUM-Einheit zugeteilt[67]. Sowohl George Orwell als auch der Schweizer Paul Thalmann bestätigen die Anwesenheit von Freiwilligen, die nicht dem POUM oder seinen Schwesterparteien angehörten. Es bestand kein sehr strenger Gewissenszwang. Allerdings ist Orwells Angabe wenig glaubhaft, wonach die POUM-Milicianos größtenteils Anarchisten waren, während die POUM-Parteimitglieder überwiegend in die UGT-Milizen gingen[68].
Die zahlenmäßig größte ausländische Einheit innerhalb der POUM-Columna „Lenin" wurde aber ein Stoßbataillon („batallón de choque"), das sich nach dem POUM-Kommandeur „Josep Rovira" nannte. Wir sind über die Gründungsphase dieser Einheit durch den Bericht eines Angehörigen der KPO unterrichtet. Vorerst, schrieb er im Januar 1937, bestehe nur die Centuria „Spartacus", in der sich 30 Ausländer befänden, aber sie hätten schon Zulauf von SAP-Mitgliedern und Angehörigen der niederländischen Schwesterpartei RSAP; zum Kommandeur hätte der POUM einen gewissen Huber ernannt[69]. Peter Blachstein, der das Bataillon zu einem späteren Zeitpunkt besuchte, schätzte seine Stärke auf 300-400 Mann, wovon zwei Drittel Ausländer waren. Nach Orwell bestand es größtenteils aus Deutschen, daneben Niederländern, Schweizern und anderen Mitteleuropäern. Stark vertreten waren Freiwillige mit Weltkriegserfahrungen, wie das Bataillon überhaupt als Eliteeinheit galt[70].
Die POUM-Milizen hatten einen eigenen besonderen Aufbau, der sich auch auf die ausländischen Truppenteile erstreckte. Die kleinste Einheit bildete die Zehnergruppe, die von einem elften, von der Partei ernannten Gruppenleiter geführt wurde. Die einfachen Milicianos brauchten offensichtlich keine Mitglieder des POUM oder einer ausländischen Schwesterpartei zu sein, aber für alle Funktionsträger scheint dies strikt eingehalten worden zu sein. Für deutsche Milicianos war daher die SAP-Mitgliedschaft oder die Zugehörigkeit zum POUM selbst erforderlich; aber aus Andeutungen von KPO-Funktionären geht hervor, daß anscheinend auch KPO-Leute Funktionen in den Milizen ausübten[71]. Das Bataillon „Rovira" kannte als nächst höhere Organisationsform die Abteilung (Sección), die etwa 36 Mann umfaßte und von einem Leutnant, zwei Unteroffizieren und sechs Gefreiten geführt wurde. Vier solcher Einheiten bildeten eine von einem Hauptmann geführte Kompanie, drei solcher Kompanien das Stoßbataillon „Rovira", das von dem ehemaligen deutschen Fremdenlegionär Hans Reiter befehligt wurde. Das Bataillon, das insgesamt etwa 450 Mann umfaßte, verstand sich als politische Einheit der Partei. Jede Abteilung entsandte einen Delegierten zum „Comité de Milicianos", dem disziplinarische und ideologische Fragen oblagen. Einem Polit-Kommissar unterstand die Kontrolle des technischen Personals und die politische Führung. Daneben bestand ein Club, der die Milicianos in den Bereichen Sport, Kultur und Bibliothek betreute[72].
Diese parteioffizielle Darstellung des Bataillons entsprach aber wohl mehr den Wunschbildern der Partei, von denen sie sich im April 1937 bei der Reorganisation ihrer Milizen leiten ließ[73]. Im Gegensatz zu den Anarchisten hatte sich der POUM niemals gegen die Militarisierung der Milizen ausgesprochen. Bereits Anfang August 1936 hatte die Partei für sie ein gewisses

---

[67] Undatierter elfseitiger Bericht ohne Überschrift; AsD: Depositum Putzrath/Spanien-Materialien. — Castells, S. 30.
[68] Orwell, S. 76, 90. — Clara & Paul Thalmann: Revolution für die Freiheit. Stationen eines politischen Kampfes. Moskau/Madrid/Paris, Hamburg 1976, S. 184.
[69] „Brief von der Aragonfront vom Januar 1937"; IfG/Marburg: Nachlaß Alwin Heucke, Bd. W.
[70] Orwell, S. 95; Utiger: Interview Blachstein, S. 5, 8 f.; Thalmann, S. 184. — Vgl. Castells, S. 31.
[71] Vgl. Anm. 61 und 58.
[72] A. Farner: „El batallón de choque ‚Rovira'", *Juventud Comunista* 13. 5. 37.
[73] Josep Coll & Josep Pané: Josep Rovira. Una vida al servei de Catalunya i del Socialisme, Barcelona 1978, S. 116 ff., hier S. 118.

Reglement herausgegeben und eine Art Kriegsgerichtsbarkeit für Disziplinlosigkeit und sonstige Vergehen eingeführt. Mit Blick auf diese militärische Zucht des POUM hatten die der Miliz angehörenden deutschen KPO-Mitglieder festgestellt, daß die Verbände der Anarchisten zwar Selbstdisziplin, aber keine Gruppendisziplin besäßen[74]. Allerdings hatte die Partei stets die Wiederherstellung einer Armee alten Typs abgelehnt und vielmehr das sowjetische Modell aus der Zeit des Bürgerkrieges propagiert, wofür sie auch Trotzkis „Handbuch der Roten Armee" herausgab[75].

Diese Militarisierung der Milizen und ihre schrittweise vollzogene Eingliederung in das republikanische Heer nahm ihnen jedoch manches revolutionäre Element, zum Beispiel die gesellschaftliche Gleichstellung aller Milicianos, die George Orwell so beeindruckte: „Jeder, vom General bis zum einfachen Soldaten, erhielt den gleichen Sold, aß die gleiche Verpflegung, trug die gleiche Kleidung und verkehrte mit den anderen auf der Grundlage völliger Gleichheit. (...) Es herrschte Einigkeit darüber, daß Befehle befolgt werden mußten, aber es war selbstverständlich, daß ein Befehl von Kamerad zu Kamerad und nicht von Vorgesetzten an Untergebene erteilt wurde. Es gab Offiziere und Unteroffiziere, aber keine militärischen Ränge im normalen Sinn, keine Titel, keine Dienstabzeichen, kein Hackenzusammenschlagen und kein Grüßen."[76] Als der Schweizer Thalmann im Frühjahr 1937 zeitweilig im „Batallón de choque ‚Rovira'" mitkämpfte, hatte sich dieses Gleichheitsprinzip inzwischen geändert. Es mag sein, daß sich dieser Verband als Eliteeinheit etwas von anderen POUM-Milizen unterschied. Es ist auch nicht auszuschließen, daß die überwiegend deutsche Zusammensetzung des Bataillons den von den KPO- und SAP-Mitgliedern weitgehend befürworteten Prozeß der Militarisierung begünstigte. Jedenfalls rückte die normale Disziplin in der Truppe stärker in den Vordergrund, kleinliche Inspektionen von Waffen und Uniformen wurden häufiger, und die Besoldung von Offizieren und Gemeinen wurde stärker gestaffelt. Die bevorstehende Eingliederung der POUM-Milizen in das republikanische Heer bildete für Thalmann den Anlaß, seinen Abschied zu nehmen[77].

Auch im Politischen paßte sich die POUM-Miliz den Gegebenheiten an, indem sie aus ihren Reihen Personen ausschloß, die den Kommunisten Angriffsflächen hätten bieten können. Das galt vor allem für die echten Trotzkisten, die bis dahin trotz ideologischer Differenzen in den POUM-Milizen mitkämpfen durften. So wurde der dänische Miliciano Aage Knud Kjelso vom POUM aus der „Lenin"-Division zurückgezogen, weil er der IV. Internationale angehörte, und auch Paul Thalmann weiß zu berichten, daß sein Kommandeur Hans Reiter ihn streng beobachten sollte, weil er, Thalmann, in höchstem Maße des „Trotzkismus" verdächtig war[78].

Umstritten sind die Urteile über den Kommandeur Hans Reiter. Während einige spanische Urteile über ihn nicht unfreundlich sind, hatte Thalmann den Eindruck gewonnen, daß es mit seinen militärischen Kenntnissen nicht sehr weit her war. Angeblich war er in politischen Fragen recht indifferent und gelegentlich stärker dem Weine zugetan als der Ideologie. Die Zeitschrift der POUM-Jugendorganisation „Juventud Comunista Ibérica" wußte zu berichten, daß es mit seinen spanischen oder gar katalanischen Sprachkenntnissen nicht sonderlich gut bestellt war[79]. Sollte der gänzlich unpolitische Charakter Reiters richtig beobachtet sein, wäre

---

74 „Vierter Bericht aus Spanien" vom 8. 8. 36; IfG/Marburg: Nachlaß Alwin Heucke, Bd. W.
75 Broué/Témime, S. 269.
76 Orwell, S. 36.
77 Thalmann, S. 187.
78 Bericht Tage Laus vom 15. 5. 38 an das dänische Matteotti-Komitee; IISG: SAI-Archiv 2765 A. — Thalmann, S. 188.
79 Thalmann, S. 184, 188.

dies wohl auch der Grund dafür, daß ihm die kommunistische Verfolgung, die später fast alle wichtigen ausländischen Anhänger und Mitarbeiter des POUM traf, erspart blieb. In den Akten der Internationalen Brigaden wird er wiederholt aufgeführt, einmal als Major der 97. Brigada mixta, ein zweites Mal ohne nähere Angaben[80].

Durch kommunistische Propaganda gerieten der POUM und seine Miliz in einen recht schlechten Ruf. Es wurde die Nachricht verbreitet, daß POUM-Offiziere in nicht umkämpften Gebieten mit Franco-Offizieren gemeinsam Kaffeehäuser besuchten und daß ihre Truppen Fußball spielten. Angeblich arbeiteten sie sogar mit der Gegenseite zusammen, desertierten oder betrieben Sabotage-Arbeit. Diese Gerüchte wurden auch nach dem Bürgerkrieg von der kommunistischen Literatur verbreitet[81], ohne daß jemals ein einziger konkreter, durch Zeugenaussagen belegter Fall genannt worden wäre. Tatsächlich mußten die POUM-Verbände einen hohen Blutzoll entrichten. Bei der Verteidigung von Madrid Ende 1936 und vor allem an der Aragon-Front trugen sie wesentlich zur Abwehr der gegnerischen Truppen bei. Diese Feststellung gilt auch für ihre ausländischen Einheiten. Nach Angaben Andreu Castells' wurde das deutsche Stoßbataillon „Rovira" fast vollständig bei den Kämpfen um das ehemalige Irrenhaus von Huesca aufgerieben[82]. Am 17. März 1937 fiel beim Sturm auf den Hügel, auf dem sich diese Anstalt befand, der SAP-Funktionär Herbert Wolf. Er war im November 1936 nach Spanien gekommen. Dort hatte er zeitweilig als Mitherausgeber der *Spanish Revolution* gearbeitet und die POUM-Milizen betreut, später sich aber selbst den Kombattanten angeschlossen[83]. Im Juni fiel der POUM-Miliciano „Genosse Erich", der direkt aus der Illegalität in Deutschland an die spanische Front geeilt war. Einige andere, teilweise nur mit Vornamen genannte SAP-Mitglieder waren „Kurt" aus Berlin, „Werner" aus Nord-Böhmen, „Sepp" aus München. Die Krankenschwester „Trude" wurde von Falangisten erschossen. Es fielen die SAP-Mitglieder Rudolf Hable, Erwin Kraus und Wolf Zucker. Neun SAP-Mitglieder kehrten heil aus Spanien zurück, weitere fünf wurden verhaftet, zwei blieben verschollen[84].

Unbekannt ist die Zahl der Toten, die die deutschen KPO-Mitglieder in den POUM-Milizen zu beklagen hatten. Die namentlich bekannten Freiwilligen Karl Bräuning und Waldemar Bolze wurden als Spezialisten zur Flugzeugindustrie abkommandiert. Unbekannt ist auch die Zahl der nicht parteigebundenen deutschen Milicianos. Nachdem die POUM-Milizen im Juli 1937 aufgelöst worden waren, wurden viele ihrer Angehörigen den Interbrigaden zugeteilt. Offiziere und politisch engagierte Ausländer wurden größtenteils verhaftet, sofern sie nicht fliehen oder sich verstecken konnten. Die Festnahme der Ausländer erfolgte meistens dann, wenn diese unbewaffnet zum Fronturlaub nach Barcelona gekommen waren. Das Gros der POUM-Milizen wurde nach seiner Rückkehr von längeren Gefechten in einem Hinterhalt von kommunistisch kommandierten Truppen umstellt und entwaffnet. Damit hatte eine der tapfersten Partei-Milizen des Spanischen Bürgerkrieges ihr Ende gefunden.

---

80 Undatierte Namenslisten; SHM: legajo 276, carpeta 5; — legajo 1263, carpeta 9.
81 Walter Fischer: „Kurze Geschichte aus einem langen Leben" (Mskr.), S. 196; DÖW: 07555. — „Paul" (Peter Hofer): Unbetitelter Leitartikel in *Wir Spanienkämpfer* (Broschüre, Oktober 1937, Fundort: DÖW).
82 Castells, S. 31; Coll/Panè, S. 117.
83 „El camarada Wolf caido en el frente de Huesca", *Juventud Comunista* 22. 4. 37. — „Unserem Kameraden Wolf", *Neuer Weg* Nr. 2 Mitte Mai 1937. — „Comrade Wolf Killed in Action", *Spanish Revolution* 31. 3. 37.
84 „Genosse Erich", *Neuer Weg* Nr. 4, Oktober 1937. — Vgl. Bremer, S. 188.

Das Ende des POUM

Etwa seit Jahresbeginn 1937 verschärfte sich die schon seit langer Zeit betriebene kommunistische Kampagne gegen den POUM und griff auch auf sozialistische und bürgerliche Blätter über[85]. Dieser Zeitraum erklärt sich unter anderem daraus, daß nach der verlustreichen Verteidigung der Hauptstadt, an der auch die POUM-Milizen ihren Anteil gehabt hatten, keine unmittelbare Gefahr mehr für Madrid bestand. Die Motive waren vielfältig, konzentrierten sich aber vorwiegend auf folgende Punkte: Der POUM war — mehr noch als die Anarchisten — ein unerbittlicher Gegner der Volksfrontpolitik, über die die Kommunisten angesichts ihrer zahlenmäßigen Schwäche Einfluß auf den Staatsapparat zu gewinnen suchten. Daß der POUM in Katalonien anfangs zahlenmäßig stärker war als der kleine PSUC, dürfte den Kommunisten ein besonderes Ärgernis gewesen sein. Im Oktober 1936 dürfte aber der PSUC den POUM, der durch Zulauf auf etwa 40.000 Mitglieder angestiegen war, zahlenmäßig überrundet haben[86]. In weiterem Zusammenhange war der POUM ein Sammelbecken für Anhänger unabhängiger Linksparteien, die zur Zeit der Moskauer Schauprozesse alle unter das Verdikt des Trotzkismus fielen. Die Kommunisten versuchten, alle Gruppen, die ihnen eine ideologische oder politische Konkurrenz bieten konnten, auszuschalten; dieses Ziel erstreckte sich auch auf ausländische Personen, die im POUM oder seinen Milizen Unterschlupf gefunden hatten und die man bei dieser Gelegenheit als unliebsame Gegner und Kritiker beseitigen konnte.

Die Angriffe der KP gegen den „Trotzkismus" des POUM gipfelten in der Behauptung, daß die Partei im Dienste der Gegenseite stünde. Das kommunistische Zentralorgan *Mundo Obrero* bezeichnete den POUM als Verräterpartei, die im Solde der faschistischen Mächte arbeite und den Wunsch habe, daß Franco und Hitler den Sieg davontrügen[87]. Angebliche oder wirkliche Volksfrontausschüsse forderten bald auch ein Verbot der Partei und ihrer Presseorgane[88]. In den Blättern der Volksfront häuften sich Karikaturen, die Trotzki im Verein mit Franco, Hitler und Mussolini zeigten. Der POUM wehrte sich heftig gegen diese Vorwürfe und vermied alles, was den gegnerischen Angriffen neue Nahrung hätte geben können. Es wurde bereits erwähnt, daß die Partei die wirklichen Trotzkisten aus den Milizen ausschloß. Auch aus der Partei selbst und ihren Organisationen wurden wirkliche oder vermeintliche Trotzkisten entfernt. Die POUM-Jugendorganisation „Juventud Comunista Ibérica" schloß den Deutschen Herbert Leutze aus, weil er als Miliciano an der Front von Huesca angeblich trotzkistische Fraktionsarbeit betrieben hatte[89]. Auch im ideologischen Bereich machte der POUM seine Position deutlich. In einem Grundsatzartikel stellte Julián Gorkin, der Herausgeber von *La Batalla,* die wesentlichen Unterschiede zwischen seiner Partei und Trotzki heraus. Er verurteilte die Aktivitäten der IV. Internationale und erinnerte daran, daß Trotzki wiederholt Joaquín Maurín als Opportunisten bezeichnet hatte[90]. Aber diese Distanzierungsversuche halfen nichts. Die Kommunisten *wollten* den POUM als trotzkistisch ansehen, und so mußte er eben für solche Verdächtigungen herhalten. Im Gegenteil, diese Distanzierung wurde als Vertuschung und als Täuschungsmanöver angesehen, wie dies die kommunistisch redigierten

---

85 Vgl. Javier Maestro: La campagne anti-trotskyste du P.C.E. (1926 — 1935), *Cahiers Léon Trotsky* no. 10 (juin 1982), S. 91 — 107.
86 Alba: Histoire, S. 204.
87 „El trotskismo al servicio de Franco", *Mundo Obrero* 25. 1. 37.
88 „El P.O.U.M., avanzada fascista en nuestro campo", *Mundo Obrero* 5. 2. 37.
89 „Breves respuestas a unas infamias de ‚Revolution' y la ‚Lutte Ouvrière'", *Juventud Comunista* 29. 4. 37.
90 Julián Gorkin: „Ni stalinistas ni trotskistas", *La Batalla* 22. 4. 37. — Anm. 28.

Informationen der Internationalen Brigaden ausdrückten: *La Batalla* täusche die Differenzen mit Trotzki nur vor, zitiere aber gleichwohl sein „hämisches Gekrächze" über den unvermeidlichen Sieg des Faschismus in Spanien[91].

Die bewaffneten Arbeitermilizen von POUM und CNT stellten eine besonders starke Bastion der revolutionären Kräfte gegen die von der KP und anderen Parteien betriebene Restauration des bürgerlichen Staates. Um sie auszuschalten, mußte man sie irgendwie in Mißkredit bringen, so daß ihre Entmachtung auf möglichst geringen Widerstand stieß und vielleicht sogar die Zustimmung weiter Kreise fand. Zunächst ließ Juan Negrin, damals noch Finanzminister, im April 1937 die meist anarchistischen Milizen an den Grenzen durch reguläre bewaffnete Zollbeamte ersetzen, was zu ersten Scharmützeln führte. Kurz darauf tauchte das Gerücht auf, alle nicht der Staatspolizei angegliederten Arbeiterpatrouillen sollten entwaffnet werden, was als Maßnahme gegen den POUM und die Anarchisten interpretiert wurde. Tagelang entwaffneten sich Arbeiter und Polizisten gegenseitig, je nachdem wer gerade in der Überzahl war. Zum 1. Mai schließlich untersagte die Regierung alle Kundgebungen und Versammlungen, was die Stimmung unter Anarchisten und POUM-Anhängern weiter anheizte[92].

Am 3. Mai brach der offene Konflikt aus. Den Anlaß bildete der Versuch des kommunistischen Polizeichefs von Barcelona, mit drei Mannschaftswagen voller Zivilgardisten die Telephonzentrale der Stadt (telefónica) an der Plaza de Catalunya zu besetzen. Dieses Gebäude befand sich seit Beginn des Bürgerkrieges in den Händen der Anarchisten und war für den telephonischen Kontakt Spaniens mit der Außenwelt von großer Bedeutung. Die Besetzung gelang nur im Erdgeschoß. Beim Sturm auf die oberen Stockwerke wurde die Guardia Civil von MG-Salven empfangen. Die Nachricht von den Schießereien breitete sich sofort in der ganzen Stadt aus. Die meisten Arbeiter traten spontan in den Streik und errichteten Barrikaden. Straße für Straße kämpften sich bewaffnete Anarchisten und POUM-Anhänger in die von Polizei und Kommunisten kontrollierten Viertel vor und beherrschten am 4. Mai den größten Teil Barcelonas. Die organisatorischen Spitzen von CNT/FAI und POUM traten noch am 3. Mai eiligst zusammen. Der kommunistische Anschlag hatte beiden gegolten, und beiden schien die Kontrolle über die eigenen Anhänger zu entgleiten. Aber Anarchisten und POUM konnten sich nicht einigen. Der POUM wollte sich an die Spitze der Volksmassen stellen, die Anarchisten waren unentschlossen und traten für eine Verständigung ein. Die Zentralregierung der Republik und die Generalitat von Katalonien riefen zur Waffenruhe auf, die beiden anarchistischen Minister Juan García Oliver und Federica Montseny eilten aus Valencia herbei, und das CNT-Regionalkomitee forderte die Arbeiter auf, die Waffen niederzulegen[93].

Am 5. Mai hielten die bewaffneten Arbeiter noch die Barrikaden besetzt. Inzwischen waren auch die anarchistischen und die POUM-Milizen in Aragon in Alarmbereitschaft getreten. Einige Truppenteile, unter ihnen auch ausländische Einheiten, verließen die Front und marschierten auf Barcelona. Einheiten der 29. Division (POUM-Columna „Lenin") und der 26. Division (CNT-Columna „Durruti") drangen bis Lérida vor, wo sich ihnen PSUC-Einheiten entgegenstellten, jedoch zurückwichen, als die Situation gefährlich wurde. Aber dort erreichte sie ein Emissär der CNT/FAI, der französische Anarchist Gaston Leval, und überbrachte den Milizen die Bitte, von Gewaltaktionen abzusehen und den Marsch abzubrechen, da in Barcelona alles wieder „geregelt" worden sei[94].

---

91 „Die trotzkistischen Verbrecher in Spanien", *Informationen der Internationalen Brigaden* 13. 4. 37.
92 Broué/Témime, S. 348 ff.
93 Ebd., S. 351 f.
94 „POUM-Bericht" (undatiert); AsD: Depositum Putzrath/Spanien-Materialien. — Alba: El marxisme, 2, S. 230 f.; Broué/Témime, S. 352. — Vgl. den Erlebnisbericht bei Orwell, S. 152 ff.

In der Tat war inzwischen auf Druck der Zentralregierung von Valencia aus ein Waffenstillstand verkündet worden, der am 6. Mai auch weitgehend eingehalten wurde. Der Präsident der Generalitat von Katalonien, Lluis Companys, mißbilligte öffentlich die versuchte kommunistische Besetzung der Telephonzentrale. Die Vereinbarung sah den militärischen Status quo vor, d. h. den gleichzeitigen Abzug von Polizei und Arbeitermilizen, klammerte aber die Frage der Kontrolle über die Telephonzentrale aus. Nach außen gab es „weder Sieger noch Besiegte", was den anarchistischen Führern ein Einlenken ohne Gesichtsverlust ermöglichte. Sie scheuten den Konflikt, zu dem die Mitglieder des POUM sowie ein großer Teil der eigenen Anhänger bereit waren. Ein KPO-Zeuge konnte beobachten, wie enttäuschte Anarchisten Exemplare der CNT-Zeitung *Solidaridad Obrera*, die die ganzen Vorgänge auf den letzten Seiten mehr ignorierte als behandelt hatte, wütend zerrissen und demonstrativ das POUM-Blatt *La Batalla* kauften. Aber ohne das Bündnis mit der CNT/FAI war auch der POUM machtlos, so daß sich seine Milizen zögernd und grollend dem Verhalten der Anarchisten anschlossen und an die Front zurückkehrten[95].

Nach außen hin war der Status quo wieder eingekehrt. Der POUM verkündete, das Proletariat habe über die Konterrevolution einen Teilsieg errungen. In Wirklichkeit hatte der Staat über die Revolution gesiegt. Die Regierung zog 5.000 motorisierte Sturmgardisten von der Front ab und verlegte sie als Ordnungsmacht nach Katalonien. Schon am 5. Mai waren republikanische Kriegsschiffe in Barcelona eingelaufen. Die am 7. Mai einsetzende „Normalisierung" des alltäglichen Lebens leitete de facto die Restauration des bürgerlichen Staates ein. Die Revolution hatte sich noch einmal aufgebäumt und war in spontane Kämpfe eingemündet, nach deren Ende man 500 Tote und über 1.000 Verwundete zu beklagen hatte. Nach den blutigen Tagen setzten Spekulationen über die wahren Gründe und Hintergründe der Ereignisse ein. Von kommunistischer Seite wurde behauptet, faschistische Agenten hätten die Kämpfe provoziert, um die Front zu entlasten. Anarchisten und Anhänger des POUM dagegen erwiderten, die Kommunisten hätten die Unruhen absichtlich inszeniert, um einen Vorwand für eine Treibjagd gegen die revolutionären Kräfte zu schaffen. Als Indiz hierfür wurden auch Manöver britischer und französischer Kriegsschiffe vor Barcelona gewertet. Insgesamt jedoch ist die Frage nach der Urheberschaft von zweitrangiger Bedeutung gegenüber der Tatsache, daß der Sturm der Kommunisten auf die „telefónica" nicht eine solche Reaktion hervorgerufen haben würde, wenn nicht eine verbreitete Mißstimmung in der Bevölkerung gegen die KP bestanden hätte. Die Frontlinien in Barcelona waren echt und keine provozierten.

Trotz der nach außen beschwichtigenden Parole vom politischen Status quo setzte sofort nach den Unruhen eine allgemeine Treibjagd auf den POUM ein. Führend waren hier naturgemäß die kommunistischen Blätter, aber auch sozialistische und gewerkschaftliche Zeitungen ließen sich von der Kampagne mitreißen. So schrieb das UGT-Blatt *Claridad*, dessen Herausgeber Francisco Largo Caballero war, unter der Überschrift „Tod den Verrätern!": der Trotzkismus habe sich mit den unkontrollierbaren Elementen der anarchistischen Gruppierung „Amigos de Durruti" verbündet und gegen die Republik geputscht; der POUM müsse sofort aufgelöst werden[96]. Auch die von Kommunisten redigierten Blätter der Internationalen Brigaden griffen die Hetze auf. Noch während der Mai-Ereignisse verkündeten die *Nachrichten aus Spanien,* der gegenrevolutionäre Trotzkismus hätte sich nach dem Vorbilde Francos erhoben, und ein anderes Brigade-Blatt behauptete kurz darauf, die bedauerlichen Zwischenfälle der letzten Tage

---

95 „POUM-Bericht", Anm. 94. — Broué/Témime, S. 353, 357.
96 „A muerte los traidores!", *Claridad* 7. 5. 37.

seien gemeinsam von Francos Fünfter Kolonne, den Trotzkisten und den anarchistischen „Amigos de Durruti" angezettelt worden[97].

In den darauffolgenden Wochen wurden schrittweise die Autonomie Kataloniens eingeschränkt, die Arbeiter entwaffnet und Radiostationen und Zeitungen der Organisationen unter Zensur gestellt. Diese Maßnahmen wurden noch von Francisco Largo Caballero mitgetragen. Aber er sträubte sich, der Forderung der beiden kommunistischen Kabinettsmitglieder nach Auflösung des POUM Folge zu leisten: als Vertreter von Arbeiterorganisationen, die seit jeher reaktionären Verfolgungen ausgesetzt gewesen seien, weigere er sich, jemals eine andere Arbeiterorganisation zu verbieten. Bei der Beratung im Kabinett wurde Largo Caballero von den Anarchisten unterstützt, die sehr wohl ihre eigene Position bedroht sahen. Darauf verließen die beiden Kommunisten die Sitzung. Als aber Largo Caballero auch ohne Kommunisten im Amte bleiben wollte, verweigerten ihm seine eigenen Parteifreunde vom rechten PSOE-Flügel sowie die Republikaner die Gefolgschaft. Am 17. Mai legte Largo Caballero sein Amt nieder, einen Tag später trat der bisherige Finanzminister Juan Negrín das Amt des Ministerpräsidenten an. Linkssozialisten, Anarchisten und Gewerkschaftsvertreter gehörten dem neuen Kabinett nicht mehr an.

Negrín setzte die scharfe Politik der Kommunisten, Rechtssozialisten und der bürgerlichen Parteien gegen den POUM fort. Auf staatsanwaltschaftliche Weisung wurde am 29. Mai *La Batalla* verboten, am 16. und 17. Juni verhaftete man den POUM-Generalsekretär Andrés Nin und die wichtigsten Funktionäre sowie mehrere hundert einheimische und ausländische Anhänger der Partei[98]. In der Pressepropaganda begann nun eine neue gewaltige Hetzjagd gegen den POUM, die in dem Vorwurf gipfelte, daß der POUM und seine ausländischen Sympathisanten nachweislich mit Francos Falange und anderen Kräften der Gegenseite zusammengearbeitet hätten, und die Brigade-Blätter entrüsteten sich über die Schandtaten des „Trotzki-Faschismus" und des „Nazi-Trotzkismus"[99]. Am 11. Juni 1937, also noch vor der Verhaftungswelle, wurde die Partei des Hochverrats angeklagt. Als Beweis diente ein Stadtplan von Madrid, den man einem verhafteten Falangisten abgenommen hatte und auf dem angeblich Hinweise auf eine Zusammenarbeit zwischen POUM und Falange zu finden waren. Am 29. Juli wurde der Prozeß gegen zehn POUM-Funktionäre und den verhafteten Falangisten eingeleitet. Andrés Nin stand nicht auf der Anklageliste. Er war nach seiner Verhaftung entführt und dann aus dem Gefängnis verschleppt worden. Vermutlich hatte man ihm für den geplanten Prozeß durch Folter „Geständnisse" abringen wollen, wogegen er sich wahrscheinlich standhaft wehrte. Wegen der internationalen öffentlichen Erregung über diesen Fall ließ die Regierung verlauten, daß Nin zur gleichen Zeit wie die anderen Funktionäre des POUM verhaftet und in ein Gefängnis nach Madrid gebracht worden, dort aber verschwunden sei. Die Kommunisten, um eine weitere Lüge nicht verlegen, verbreiteten die Nachricht, Nin befinde sich bei seinen Auftraggebern in Salamanca (dem Sitz Francos) oder sogar in Berlin. Vermutlich wurde er, da er für Schauprozesse nicht zu brauchen war und als Lebender gefährlich

---

97 „Der gegenrevolutionäre Trotzkismus in Aktion", *Nachrichten aus Spanien* 4. 5. 37. - „Die Fünfte Kolonne am Werk", *Le Volontaire de la Liberté* (dt. Ausgabe) 8. 6. 37.
98 „‚La Batalla' suspendida", „El ‚putchista' Andrés Nin detenido" und „Los lideres del P.O.U.M. han sido detenidos", *Claridad* 29. 5., 17. 6. und 18. 6. 37. — Vgl. Julián Gorkin: Stalins langer Arm. Die Vernichtung der freiheitlichen Linken im spanischen Bürgerkrieg. Mit einem Vorwort von Willy Brandt, Köln 1980, S. 127 ff. — Broué/Témime, S. 366.
99 „No se querían pruebas?", *Claridad* 29. 7. 37. — „Kein Platz für Verräter am Sozialismus", *Le Volontaire de la Liberté* (dt. Ausgabe) 21. 6. 37.

werden konnte, Mitte Juli 1937 in der Nähe des Pardo-Schlosses bei Madrid oder aber im nahe gelegenen Alcalá de Henares ermordet[100].

Auf der allgemeinen Hetzjagd wurden im Verlauf der folgenden Monate zahlreiche weitere POUM-Funktionäre verhaftet. In den Verhören der Polizei und den Vernehmungen durch den Untersuchungsrichter gingen die Justizbehörden weiterhin von der Annahme einer Verschwörung zwischen POUM und Faschisten aus. Der Untersuchungsrichter kam zum Schluß, daß die Angeklagten nach vorheriger Verständigung mit Gestapo-Agenten, die allerdings noch nicht vorgeführt werden könnten, im Laufe des Mai 1937 eine militärische Erhebung gegen die Regierung durchgeführt hätten. Das Justizministerium hatte schon am 29. Juli 1937 behauptet, daß beschlagnahmte Dokumente, Photographien, Schlüssel und andere Fundstücke den Tatbestand der Verschwörung bewiesen hätten. Die Kommunistische Partei ging weiter und forderte im November 1937, daß die Hinrichtungskommandos in Aktion träten, da der Verrat des POUM erwiesen sei[101].

Als dann ein Jahr später, im Oktober 1938, die Urteile gefällt wurden, erhielten „wegen versuchten Umsturzes der bestehenden Ordnung" vier von sieben Angeklagten Freiheitsstrafen von fünfzehn Jahren und einer von elf Jahren; zwei Angeklagte wurden freigesprochen, das Verbot der Partei und ihrer Presseorgane wurde bestätigt. Das Gericht wahrte einen Rest an Rechtstaatlichkeit, indem es die gefälschten „Beweisstücke" als nicht aussagekräftig betrachtete und den Vorwurf der Zusammenarbeit zwischen POUM und Faschisten nicht aufrecht erhielt[102]. Dennoch behauptete die kommunistisch gelenkte Presse wahrheitswidrig, daß der Prozeß die Zusammenarbeit zwischen POUM und Faschisten erwiesen habe. Vertreter der Gestapo und der italienischen Geheimpolizei OVRA hätten die Radiosendungen des POUM redigiert und der deutsche und italienische Generalstab den Mai-Aufstand von Barcelona vorbereitet[103]. Diese Version wurde auch nach dem Kriege von der kommunistischen Literatur verbreitet[104]. Es mag daher eine späte, in den meisten Fällen posthume Genugtuung für die zu Unrecht Verfolgten sein, daß rund vierzig Jahre nach dem POUM-Prozeß der Generalsekretär der spanischen KP, Santiago Carrillo, die Behauptung vom „faschistischen Verrat des Trotzkismus" nicht mehr aufrecht erhielt und obendrein den Mord an Andrés Nin als scheußliches und nicht zu rechtfertigendes Verbrechen bezeichnete[105].

Die Jagd auf die Emigranten

Die kommunistische Pressekampagne gegen den POUM hatte stets auch seine ausländischen Sympathisanten treffen sollen. Noch bevor als Folge der Mai-Ereignisse die Verhaftungswellen begonnen hatten, waren Angehörige der SAP, der KPO und anderer Schwesterparteien des POUM zahlreichen Schikanen ausgesetzt gewesen. Deutsche, Österreicher und Italiener waren dabei in einer besonders schwierigen Situation, da sie sich als politisch Verfolgte nicht an die Konsulate ihrer Heimatländer wenden konnten und gewissermaßen vogelfrei waren[106].

---

100 Broué/Témime, S. 369 ff. — Gorkin, S. 176 ff.
101 „Andrés Suárez" (Ignacio Iglesias): El proceso contra el POUM. Un episodio de la revolución española, Paris 1974, S. 138, 195 ff. — Broué/Témime, S. 368 f.; Alba: El marxisme, 2, S. 387 f.
102 Broué/Témime, S. 368 f. — Abdruck des Urteils bei Suárez, S. 202 ff.
103 „Der Trotzkismus — eine Agentur des Faschismus", *Le Volontaire de la Liberté* (dt. Ausgabe) 1. 11. 38.
104 Kühne, S. 24.
105 Santiago Carrillo: Eurocomunismo y Estado, Barcelona 1977, S. 151 f.
106 „La persecución de los extranjeros antifascistas", *La Batalla* 2. 5. 37.

Aus begründeter Sorge vor Entführungen, Attentaten und sonstigen Bedrohungen hatte das SAP-Büro frühzeitig ein internes Meldesystem eingeführt, wonach jeder Mitarbeiter, der das Büro verließ und sich nicht innerhalb einer vereinbarten Zeit telephonisch meldete, als vermißt galt[107].

Nach den Mai-Ereignissen nahm die Hetze gegen den POUM groteske Züge an. In den Blättern der Internationalen Brigaden wurden immer heftiger auch die Ausländer im Umkreis des „Trotzkismus" attackiert. In der Brigadezeitung *Pasaremos* bekundete Anfang Juni 1937 ein gewisser „Willi" seine und seiner Kameraden volle Zufriedenheit mit dem inzwischen erlassenen Verbot von *La Batalla* und forderte auch die Auflösung der POUM-Organisationen. Den deutschen Sympathisanten des POUM machte er ähnliche Vorwürfe, wie sie die KP-Propaganda auch gegen die spanische Partei erhob, den der Zusammenarbeit mit der faschistischen Gegenseite: „In Deutschland arbeiteten sie nachgewiesenermaßen mit der Gestapo zusammen." Man müsse solche Gruppen vernichten[108].

Im Verlauf der Polizeiaktion gegen den POUM am 16. und 17. Juni 1937 in Barcelona wurde nach Angaben des verantwortlichen Polizeichefs „eine beachtliche Zahl von Verhaftungen vorgenommen, unter ihnen muß man ein äußerst gefährliches Kontingent von ausländischen Bürgern und Persönlichkeiten einer bestimmten politischen Partei hervorheben."[109] Unter den Ausländern befanden sich viele, die entweder im POUM oder einer seiner Organisationen oder Institutionen gearbeitet oder sonstwie der Partei nahegestanden hatten, dazu naturgemäß die Angehörigen der Schwesterparteien und anderer unabhängiger Linksparteien. Neben den ausländischen Anarchisten, die im nächsten Kapitel behandelt werden, seien hier die Mitglieder der KPO, der SAP, der Gruppe „Neuer Weg" besonders hervorgehoben. Willy Brandt war der Verhaftung nur dadurch entgangen, daß er kurz vor der Verhaftungswelle Spanien verlassen hatte.

Das Ausmaß der Verhaftungen läßt sich nicht genau abmessen. Fenner Brockway von der Independent Labour Party und Sekretär des Internationalen Büros in London wandte sich auf einer Vortragsreise an die politisch interessierte Weltöffentlichkeit mit dem Hinweis, daß bei den Festnahmen in Barcelona 250 POUM-Mitglieder und 30 ausländische Sympathisanten festgenommen worden seien. Diese Zahl ist wahrscheinlich erheblich zu niedrig gegriffen und umfaßt nicht die außerhalb Barcelonas getätigten Verhaftungen. Das SAP-Blatt *Revolution in Spanien* wußte zu berichten, daß annähernd 1.000 POUM-Genossen, darunter fast alle Internationalen, in Haft säßen. George Orwell hörte während der Unruhen im Mai von etwa vierhundert Verhaftungen, schätzte ihre Zahl jedoch wesentlich höher ein[110]. Auf jeden Fall verschwanden fast alle Ausländer, die im Umfeld des POUM gewirkt hatten: SAP- und KPO-Mitglieder, vermeintliche und echte Trotzkisten wie der Österreicher Kurt Landau, der tschechoslowakische Staatsbürger Erwin Wolf (ehemals Sekretär Trotzkis), der Exil-Pole Hans Freund-Moulin und andere. Einige der ausländischen POUM-Milicianos gingen zu den Interbrigaden, sofern eine möglichst unpolitische Vergangenheit dies ermöglichte; viele andere verschwanden aber gleichfalls hinter Gefängnismauern.

---

107 Interview Max Diamant.
108 „Willi": „Schluß mit den Agenten der Faschisten!", *Pasaremos* 6. 6. 37.
109 „Los líderes del P.O.U.M. han sido detenidos", *Claridad* 18. 6. 37.
110 „Bericht über die Reise Fenner Brockways (Independent Labour Party) nach Spanien" (hekt.); IISG: Nachlaß Paul Hertz, Korr.-Mappe R. — „Für die Spanische Revolution", *Revolution in Spanien* Nr. 2 (zweite Julihälfte 1937). — Orwell, S. 255. — Von kommunistischer Seite wurden — unter Einschluß der Ausländer — etwa 300 Verhaftungen zugegeben; vgl. Vicente Arroyo: „Die spanischen Trotzkisten im Dienste des internationalen Faschismus", *Rundschau* Nr. 27, 24. 6. 37.

Besonders schwer hatten es, wie gesagt, deutsche und italienische Häftlinge, da sie nicht mit der Hilfe ihrer Heimatländer rechnen konnten. Zwar waren auch Bürger der westlichen Demokratien manchen Schwierigkeiten ausgesetzt, da sie in den Augen ihrer Regierungen verdächtige Revolutionäre waren, wie dies der Schweizer Paul Thalmann durch das eidgenössische Konsulat in Barcelona zu spüren bekam[111]. Aber zumindest konnte eine breite Öffentlichkeit in der Heimat sich ihres Schicksals annehmen und damit einen gewissen Druck auf die spanische Regierung ausüben. So wurde die Freilassung des belgischen POUM-Kommandeurs Georges Kopp, den die kommunistische Presse als Erzspion denunziert hatte, durch die öffentliche Meinung des Auslandes bewirkt. Andere, vor allem deutsche Häftlinge, blieben bis zum Jahreswechsel 1938/39 in Haft, bis sie beim Zusammenbruch der Republik entkommen konnten. Zur Rettung der deutschen und italienischen Gefangenen regte Fenner Brockway in einem Schreiben an Rudolf Breitscheid eine Initiative der SAI an, der bekanntlich die ILP nicht angehörte. Breitscheid wandte sich daher an den ehemaligen (und ab 5. April 1938 wieder amtierenden) Außenminister Julio Alvarez del Vayo[112], was indessen ohne erkennbaren Erfolg blieb. Ebenso wandte sich die Rote Hilfe des inzwischen illegalen POUM an den in der Abteilung für internationale Propaganda arbeitenden deutschen Sozialdemokraten Rolf Reventlow wegen der eingekerkerten KPO-Männer Bolze und Bräuning[113], ohne daß auch hier ein Erfolg nachweisbar wäre. Die Regierung Negrín deckte weitgehend die Verfolgungspraktiken der spanischen Kommunisten und ihrer ausländischen Helfershelfer, so daß auch Interventionen von hoher und höchster Stelle unbeachtet blieben.

In Spanien selbst kümmerten sich der noch nicht verhaftete Rest der POUM-Mitglieder sowie die Anarchisten um die Gefangenen. Letztere begriffen sehr wohl, daß der Coup gegen den POUM mittelbar auch ihnen gegolten hatte und nur aus taktischen Gründen auf viele kleine Schritte nach Art der Salami-Taktik aufgeteilt wurde. Nicht zuletzt waren auch viele spanische und ausländische Anarchisten inhaftiert worden. Die CNT wandte sich wiederholt an die Regierung wegen der entführten Ausländer[114]. Andererseits wurde von POUM-Mitgliedern und ihren ausländischen Freunden wiederholt der ungenügende und vielfach gleichgültige Einsatz der Anarchisten kritisiert. Den Vorwurf mangelnder Hilfe erhoben auch einige deutsche Anarchisten gegen die CNT[115]. Aber innerhalb der POUM-Gefangenen scheint eine gewisse Solidarität geherrscht zu haben. Im Herbst 1937 traten im Frauentrakt des Gefängnisses Cárcel Modelo in Barcelona die dort eingekerkerten POUM-Anhängerinnen in Hungerstreik wegen der Verhaftung von Kurt Landaus Frau Katia Landau; die Berichte inhaftierter KPO-Leute wissen von ähnlichen Aktionen und mehreren Gefängnisrevolten ihrer männlichen Schicksalsgenossen — teilweise im Bündnis mit Anarchisten — zu berichten[116].

Die politische Verfolgung von Angehörigen verschiedener politischer Gruppen durch die kommunistische Geheimpolizei soll in einem eigenen Kapitel dargestellt werden. Sie hatte schon lange vor dem Mai 1937 begonnen, erreichte aber im Juni 1937 ihren Höhepunkt. Sie setzte den Aktivitäten der linken Zwischengruppen in Spanien ein Ende. Der nachfolgende Leidensweg der ausländischen POUM-Sympathisanten durch spanische Gefängnisse bildete nur den

---

111 Thalmann, S. 204.
112 Schreiben Fenner Brockways vom 18. 8. 37 an Breitscheid und Breitscheids vom 21. 8. 37 an den PV/Sopade; AsD: Emigration — Sopade, Mappe 23.
113 Schreiben Thomas Schockens vom 23. 9. 37 an Paul Hertz; IISG: Nachlaß Paul Hertz, Mappe Sch.
114 Hierzu Materialien im AHN: Sección Político-Social Barcelona carpeta 1568.
115 Anm. 67.
116 Anm. 67. — Schreiben Helmut Rüdigers vom 9. 12. 37 an „Liebe Freunde"; IISL: Rocker-Archiv, Korr. Rüdiger.

in die Länge gezogenen Schlußakt des Dramas, mit dem als Parallele zu den Moskauer Schauprozessen die unabhängigen Linken vernichtet werden sollten. Als erstes und am härtesten traf der Schlag die „Trotzkisten" vom POUM. Aber das SAP-Blatt *Revolution in Spanien* sah richtig voraus: heute (Juli 1937) werde der POUM verfolgt, morgen die CNT/FAI, übermorgen die Linkssozialisten um Largo Caballero[117]. Das Blatt hatte den kommunistischen Macchiavellismus begriffen.

---

117 „Für die Spanische Revolution", *Revolution in Spanien* Nr. 2 (zweite Julihälfte 1937).

Deutsche Anarchosyndikalisten in Spanien

Wahrscheinlich wird man über keine politische Richtung in Spanien die krasse Feststellung treffen können, daß es für sie in Deutschland keine Entsprechung gab, wie für die Anarchosyndikalisten. Gruppierungen verwandter Art waren in Deutschland niemals über den Charakter von kleinen Sekten hinausgelangt, worüber ein zeitlich begrenztes öffentliches Interesse an anarchosyndikalistischen Ideen in den 1920er Jahren nicht hinwegtäuschen sollte. Sie blieben Randerscheinungen, in denen Intellektuelle und mehr periphere Vertreter der Arbeiterschaft sich trafen, hinter denen aber nicht — wie in Spanien — proletarische Massen standen. Der spanische Anarchosyndikalismus trug für deutsche und andere ausländische Beobachter exotische, aber auch faszinierende Züge, zumal seine Anhänger einen wesentlichen Anteil an der Niederschlagung des Militärputsches in weiten Teilen Spaniens hatten. Ihre Organisationen, so resümierte später der deutsche anarchosyndikalistische Theoretiker Rudolf Rocker, hätten in wenigen Stunden Katalonien von Faschisten gesäubert und damit Spanien gerettet[1]. Sie spielten in den ersten Wochen eine führende und ungeachtet ihrer späteren Machteinbußen bis zum Schluß des Spanienkrieges eine maßgebliche Rolle in der Innenpolitik. Sie zogen in den ersten Monaten und Wochen eine Vielzahl ausländischer Anhänger und Sympathisanten an, blieben ihnen jedoch weitgehend fremd, wie es auch die deutschen Anarchosyndikalisten erleben mußten.

Deutscher und spanischer Anarchosyndikalismus im Vergleich

Der spanische Anarchismus hat mehrere Wurzeln, die teilweise recht weit in die Vergangenheit zurückreichen. Spontane Revolten hatte es im Laufe der vergangenen Jahrhunderte in Spanien immer wieder gegeben. Vor allem auf Gebiete mit großen Latifundien und wenig entwickelter kleinbäuerlicher Wirtschaft konzentrierte sich ein besitzloses Landproletariat, das nur während der Ernte ausreichende Beschäftigungsmöglichkeiten fand und die übrige Zeit entweder dahinvegetieren oder aber seine Arbeitskraft an anderem Ort verkaufen mußte. Die Notlage dieser Bevölkerung führte zu einer für den spanischen Anarchismus maßgeblichen Eigenart: zur Bereitschaft zum raschen Zusammenschluß ohne große Organisation, um auf der Basis spontaner Solidarität der gemeinsamen Not begegnen und sich gegen Großgrundbesitz und Kirche, Staat und Polizei zur Wehr setzen zu können[2]. Die Landbevölkerung hatte in der Vergangenheit keinen Grund zur Hoffnung auf eine Besserung ihrer Lage durch Reformen gehabt. Aus dieser Situation erwuchs die Unbedingtheit und Radikalität ihrer Forderungen nach völliger und möglichst sofortiger Veränderung der Verhältnisse. Die Tagelöhner, die in die Städte abwanderten, brachten die Erfahrungen der praktischen Solidarität in die dortigen Unterschichten ein, so daß diese Mentalität auch in der entstehenden Industriearbeiterschaft Verbreitung fand.

---

1 Rudolf Rocker: Extranjeros en España, México D.F. — Buenos Aires 1938, S. 50.
2 Vgl. Brenan, S. 137 ff.

Die zweite Wurzel liegt in der Ideologiegeschichte, die in den 1860er Jahren einige wesentliche Abweichungen gegenüber anderen europäischen Ländern erlebte. Nicht der Marxismus mit seiner starken Betonung der Organisationsfrage im Klassenkampf nahm Einfluß auf die spanische Arbeiterschaft, sondern die Ideen Bakunins. Dessen Mitarbeiter, der Italiener Giuseppe Fanelli, stieß als Propagandist auf fruchtbaren Boden, so daß innerhalb weniger Jahre anarchistische Massenzusammenschlüsse entstanden, die durch ihre direkten Aktionen gegen Polizei, Unternehmer, Kirche und Großgrundbesitz weiteren Zulauf bekamen[3].

Die weitere Geschichte des organisierten Anarchismus in Spanien vor 1936 kann hier nur angedeutet werden. Nach verschiedenen organisatorischen Anläufen wurde 1910 die Confederación Nacional del Trabajo (CNT) als anarchistische Gewerkschaft gegründet, korrekter gesagt: als Dachorganisation einer Vielzahl von Berufsverbänden, die recht unabhängig nebeneinander wirkten und arbeiteten. Die einzelnen Verbände eines Ortes oder einer Region bildeten die Federación Local bzw. Comarcal de Sindicatos, die in der Confederación Nacional zusammengefaßt waren. Daneben schlossen sich auch die einzelnen Berufsverbände zu regionalen Dachverbänden zusammen. Diese strukturelle Vielfalt und die starke Basisorientierung der anarchistischen Gewerkschaftsbewegung stellten einerseits ein Hindernis für eine landesweite und branchenüberschreitende Politik dar, enthielten jedoch zugleich Elemente, die ihre Schlagkraft, ihren Zusammenhalt und ihre Praxisnähe garantierten[4].

Die Ziele des Anarchosyndikalismus richteten sich nicht, wie bei marxistischen revolutionären Parteien, auf die Eroberung der Staatsmacht, sondern auf deren Zerstörung und auf die Zerschlagung ihrer Grundlagen: Privateigentum an Produktionsmitteln und Großgrundbesitz, Entmachtung der traditionellen Eliten des Bürgertums, der Armee und der Kirche, Übernahme der Fabriken und Ländereien durch die Arbeiter und Bauern, die die Produktionsmittel in freier Assoziation selbst verwalten sollten. An die Stelle des Heeres sollten proletarische Milizen ohne Offizierskader, an die Stelle des Staates die Branchensyndikate treten, die zunächst in nationalem Rahmen und später weltweit einen libertären, d. h. staats- und repressionsfreien Sozialismus einführen würden[5]. War die ältere Form des Anarchismus hauptsächlich auf Protest und Aktion fixiert gewesen, so hatte seine jüngere Variante, der Anarchosyndikalismus, mit der Konzeption einer basisdemokratischen Organisation der Gesellschaft auf der Grundlage gemeinsamer Produktionsformen die kühne Vision einer Idealgesellschaft entworfen. Ihr utopischer Charakter äußerte sich auch im Verzicht auf Zwangsbekehrung anderer Arbeiterorganisationen und im Verzicht auf Gewaltanwendung — außer gegen Vertreter der herrschenden Klassen.

Aufgrund seiner antistaatlichen Einstellung war der Anarchosyndikalismus antiparlamentarisch und folglich auch gegen Parteien gerichtet. Er verstand sich als revolutionäre Gewerkschaftsbewegung und nicht als Partei und beteiligte sich folglich auch nicht an Wahlen. Dennoch bildete sich innerhalb des spanischen Anarchosyndikalismus eine zweite nicht-gewerkschaftliche Organisation, der wir mit gewissen Einschränkungen einen parteienähnlichen Charakter zusprechen können: die Federación Anarquista Ibérica (FAI). Im Juli 1927 in Valencia

---

3 Zur Frühgeschichte des spanischen Anarchismus ebd., S. 161 ff.
4 John Brademas: Anarcosindicalismo y revolución en España (1930 — 1937), Barcelona 1974, S. 21 ff. — Michael Zahn: Der spanische Anarchosyndikalismus. Das Problem der Politisierung einer apolitischen Theorie, dargestellt anhand der Ideologie der CNT, Diss. Berlin 1979.
5 Walther L. Bernecker: Anarchismus und Bürgerkrieg. Zur Geschichte der Sozialen Revolution in Spanien 1936 — 1939, Hamburg 1978, S. 11. — Vgl. auch José Peirats: La CNT en la revolución española, 3 Bde., Toulouse — Buenos Aires 1952 ff.

gegründet, stellte die FAI eine Reaktion auf reformistische, nur-gewerkschaftlich ausgerichtete Strömungen innerhalb der CNT dar und wollte die reine revolutionäre Lehre Bakunins bewahren und verbreiten. Sie war folglich radikaler, weniger kompromißbereit und weniger geneigt, mit Arbeiterorganisationen anderer Couleur zusammenzuarbeiten. Mit höchstens 300.000 Mitgliedern gegenüber etwa einer Million CNT-Angehörigen war die FAI 1936 die zahlenmäßig kleinere, aber dennoch oft treibende Kraft des spanischen Anarchismus[6].

Eine dem spanischen Anarchismus vergleichbare Massenbewegung hatte es in Deutschland niemals gegeben. Es fehlte hierzu die bis auf Bakunin zurückgehende ungebrochene Tradition, da das linke Spektrum der deutschen Parteienlandschaft fast ausschließlich von Lassalle und Marx geprägt worden war. Es fehlten aber wohl auch die spezifischen iberischen Sozialstrukturen, aus denen der spanische Anarchismus erwachsen war: die vollkommen besitzlosen Landarbeiter, die von den brach liegenden oder nur zeitweilig bebauten Latifundien in die Städte zogen und in der noch jungen Industriearbeiterschaft die Erinnerungen an spontane Bauernrevolten und politische Guerrilla wachhielten. Der deutsche Anarchismus der Kaiserzeit entwickelte sich aus radikaldemokratischen und radikalpazifistischen Kreisen am äußersten linken Rande der Sozialdemokratie und empfing durch die europäischen Revolutionen 1917/1918 neue Impulse von den Rätesystemen linkskommunistischer Bewegungen. Seine spontaneistische, antibürokratische und antietatistische Kritik trug stark intellektuelle Züge, und Theoretiker waren es auch, die als Philosophen, Historiker, Schriftsteller und Künstler den geistigen Zuschnitt des deutschen Anarchismus, im Gegensatz zum proletarischen Charakter seines spanischen Pendants, prägten. Personen wie der Dichter Erich Mühsam, der Historiker Max Nettlau, der Theoretiker Rudolf Rocker und andere repräsentierten ihn stärker als die Masse der namenlosen Arbeiter und Kleinbürger, die in ihm gleichwohl die Mehrheit der Anhänger stellten[7].

Dieses eigentümliche Gepräge des deutschen Anarchismus stand in engem Zusammenhang mit der Tatsache, daß er niemals eine vergleichbar starke Organisation wie die CNT entwickelt hatte, sondern sich auf eine Vielzahl von kleinen Vereinigungen, von denen hier nur die wichtigsten angeführt seien, verteilte. Im Dezember 1919 gründete sich die Freie Arbeiter-Union Deutschlands (FAUD), im darauffolgenden Februar 1920 die Allgemeine Arbeiter-Union Deutschlands (AAUD), und im April desselben Jahres folgte die Kommunistische Arbeiter-Partei Deutschlands (KAPD)[8]. Diesen drei Organisationen waren einige wesentliche Merkmale gemeinsam: Antietatismus, Antikapitalismus und Antiparlamentarismus (und damit Ablehnung der Parteien)[9]. Zum Teil handelte es sich um linke Abspaltungen der KPD oder um Gruppierungen, die sich später mit solchen Vereinigungen oder aber linken Splitter- und Zwischengruppen zusammenschlossen. Die der spanischen CNT nahestehende deutsche Organisation war die FAUD, die das anarchistische Gedankengut der alten Freien Vereinigung deutscher Gewerkschaften (FVDG) unter Zusatz der neuen Spielart des Syndikalismus

---

6 Brademas, S. 34 ff.; Broué/Témime, S. 67 f.
7 Zur Geschichte des deutschen Anarchismus vgl. Hans Manfred Bock: Zur Geschichte des „linken" Radikalismus in Deutschland. Ein Versuch, Frankfurt am Main 1976. — Ulrich Linse: Die Transformation der Gesellschaft durch die anarchistische Weltanschauung, *Archiv für Sozialgeschichte* XI (1971), S. 289 — 372.
8 Hans Manfred Bock: Syndikalismus und Linkskommunismus von 1918 — 1923. Zur Geschichte und Soziologie der Freien Arbeiter-Union Deutschlands (Syndikalisten), der Allgemeinen Arbeiter-Union Deutschlands und der Kommunistischen Arbeiter-Partei Deutschlands, Meisenheim am Glan 1969.
9 Linse, S. 299 ff., 320 ff., 326 ff.

vertrat. Von allen ideologisch verwandten Gruppen war die FAUD die größte und brachte es zeitweilig auf einen Bestand von 120.000 Mitgliedern[10].

Im Dezember 1922 und Januar 1923 tagte in Berlin ein Kongreß von Vertretern anarchosyndikalistischer Organisationen aus elf Ländern, die die Statuten einer neuen Internationalen Arbeiter-Assoziation (IAA) erarbeiteten. Die stärkste der daran beteiligten elf Organisationen war die spanische CNT mit damals einer Million Mitglieder. Die FAUD nahm den fünften Platz ein. Als Gastdelegation mit beratender Stimme war auch die AAUD vertreten. Die Verbindungen zwischen spanischem und deutschem Anarchismus reichten also über die gemeinsame Dachorganisation IAA bis in die frühen zwanziger Jahre zurück. Allerdings war die IAA eine recht lose Föderation selbständiger Vereinigungen, die niemals eine Rolle spielte wie die Zweite Internationale für die sozialdemokratischen Parteien oder gar die Komintern für die Kommunisten[11].

Spanien rückte für deutsche Anarchisten stärker in den Vordergrund, als 1933 Hitler die Macht ergriff und viele von ihnen emigrierten. In Spanien hatte sich die politische Situation für die CNT nach dem Sturz der Monarchie und dem Ende der Diktatur gebessert. Ein Rückschlag erfolgte jedoch wieder mit dem „schwarzen Doppeljahr" 1934/35, als neben anderen Arbeiterorganisationen auch die Anarchisten wieder heftig verfolgt wurden. Von den engen Beziehungen deutscher Anarchisten zu ihren spanischen Gesinnungsgenossen zeugen die Briefe des spanischen IAA-Funktionärs Eusebio Carbó mit Augustin Souchy, damals deutscher IAA-Sekretär in Berlin, und mit dem in Amsterdam ansässigen Arthur Lehning. Als Hitler bereits an der Macht war, versuchte Souchy Carbó dazu zu bewegen, einen Aufruf an das deutsche Proletariat zu richten und speziell an die FAUD, die mit ihren damals 3.000 Mitgliedern allein keinen wirksamen Kampf gegen den Nationalsozialismus führen könne. Die Korrespondenz zwischen Carbó und Arthur Lehning betraf Veröffentlichungen der IAA in Spanien und Fragen der IAA-Politik[12].

In Deutschland wurde die FAUD recht bald vom NS-Regime zerschlagen; ähnlich erging es anderen anarchistischen Organisationen. Ihre Mitglieder mußten fliehen. Denn obwohl zahlenmäßig klein und unbedeutend, waren sie besonders scharfen Verfolgungen ausgesetzt. Soweit die in Deutschland bleibenden Anarchosyndikalisten untertauchen oder unbemerkt bleiben konnten, kam die Bewegung weitgehend zum Erliegen. Dagegen konnte sie im Ausland neu aufgebaut werden. Nach den Angaben eines 1941 im besetzten Holland von der Gestapo verhafteten deutschen Anarchosyndikalisten gründete der frühere Darmstädter Gustav Doster mit geflüchteten FAUD-Emigranten die Gruppe „Deutsche Anarchosyndikalisten" (DAS), die demnach offensichtlich eine Art Nachfolgeorganisation der FAUD darstellte. Diese Gruppe betätigte sich vorwiegend im Widerstand, indem sie zwischen 1934 und 1937 Broschüren über die holländische Grenze ins Reich schmuggelte. Nach Ausbruch des Spanischen Bürgerkrieges kam die Tätigkeit der Gruppe DAS in Holland recht bald zum Erliegen, da die meisten ihrer Mitglieder nach Spanien gingen[13].

---

10 Rudolf Rocker: Aus den Memoiren eines deutschen Anarchisten, hrsg. von Magdalena Melnikow und Hans Peter Duerr, Frankfurt am Main 1974, S. 301.
11 Eine Gesamtdarstellung der IAA gibt es, soweit ich sehe, nicht; vgl. die verstreuten Beiträge bei Rocker: Memoiren.
12 Briefe Augustin Souchys vom 25. 2. und 1. 3. 33 an Eusebio Carbó; AHN: Sección Politico-Social Barcelona, carpeta 848; daselbst weitere Briefe Souchys aus dem Zeitraum Januar — März 1933 sowie die Korrespondenz Arthur Müller-Lehnings mit Carbó aus den Monaten April — Juni 1933.
13 Anklageschrift des Oberreichsanwalts beim Volksgerichtshof vom 28. 2. 42; IfZ: Fa 117/106.

Neben Holland war Spanien auch schon vor dem Bürgerkriege ein wichtiges Exil-Land für deutsche Anarchisten gewesen. Dort fanden sie aufgrund der starken Stellung der CNT/FAI Arbeitsmöglichkeiten oder wenigstens Unterschlupf und Schutz vor Verfolgungen. Wie bereits dargestellt wurde, hielten sich die meisten von ihnen in Barcelona auf. Anfang Juli 1936, also noch vor dem Militärputsch, schrieb Helmut Rüdiger an Rudolf Rocker, daß sich etwa zwanzig ehemalige FAUD-Mitglieder in Barcelona aufhielten, von denen Rüdiger selbst und Arthur Lewin aus Leipzig im Rahmen der CNT eine internationale Informationsstelle betreiben. Er regte an, daß Rocker sich gleichfalls in Spanien niederlassen sollte, wie es Max Nettlau, der „Herodot der anarchistischen Geschichtsschreibung", auch schon getan habe[14]. Aus dem Briefwechsel geht nicht hervor, wie lange diese Gruppe schon existierte und was ihre Mitglieder dort taten. Aber daran ist erkennbar, daß Spanien bereits vor Ausbruch des Bürgerkrieges auf den deutschen Anarchismus eine starke Anziehungskraft ausgeübt hatte.

Deutsche Anarchosyndikalisten als Augenzeugen der Revolution

Einige der deutschen oder deutschsprachigen Anarchosyndikalisten waren gleichermaßen theoretisch und historisch kundige Vertreter ihrer Bewegung und haben uns scharfsinnige Analysen der spanischen Revolution hinterlassen. Rudolf Rockers Schrift „Extranjeros en España" (Fremde in Spanien) gibt eine kenntnisreiche Übersicht über die innerspanische und internationale Seite des Bürgerkrieges und hebt dabei den besonderen Beitrag von CNT und FAI hervor. Aber sein Bericht war nicht der eines Augenzeugen. Rocker bezog seine Informationen aus der Presse und aus umfangreichen Schilderungen, die ihm Helmut Rüdiger in sein New Yorker Exil schickte. Wichtiger war Rüdiger selbst, der in seiner Korrespondenz sowie in zeitgenössischen Schriften zur sozialen Revolution in Spanien Stellung nahm[15]. Der zweite maßgebende Augenzeuge war Augustin Souchy, wie Rüdiger Mitarbeiter der CNT und publizistisch reger Beobachter der spanischen Ereignisse[16]. Anhand der Schriften und der meist nicht veröffentlichten Briefe dieser beiden Theoretiker sowie einiger anderer Augenzeugen sollen kurz die Grundzüge der sozialen Revolution in Spanien skizziert werden.
Der auswärtige Besucher, der von Frankreich aus in Spanien einreiste, mußte den Eindruck eines fast vollkommen von den Anarchisten bestimmten Katalonien bekommen. CNT-Milizen hatten die Grenzkontrollen übernommen und handhabten die Einreiseformalitäten recht willkürlich. Den einen ließen sie nach strengster Durchsuchung aus unerkennbaren Gründen nicht einreisen, wie dies dem Schweizer Paul Thalmann widerfuhr, den anderen ließen sie nach recht lascher Kontrolle der Papiere passieren[17]. In Barcelona hatten die Anarchisten die Telefonzen-

---

14 Augustin Souchy: „Vorsicht: Anarchist!". Ein Leben für die Freiheit, Politische Erinnerungen. Darmstadt und Neuwied 1977, S. 103 f.
15 Helmut Rüdiger: El anarcosindicalismo en la revolución española, Barcelona 1938.
16 Augustin Souchy Bauer: Entre los campesinos de Aragón. El comunismo libertario en las comarcas liberadas, Barcelona 1937 (Neuauflage 1977). — Augustin Souchy/P. Folgare: Colectivizaciones. La obra constructiva de la revolución española, Barcelona 1977 (Erstveröffentlichung in *Tierra y Libertad* 1937). — Erich Gerlach/ Augustin Souchy: Die soziale Revolution in Spanien. Kollektivierung der Industrie und Landwirtschaft in Spanien 1936 — 1939. Dokumente und Selbstdarstellungen der Arbeiter und Bauern, Berlin 1974. — Die letztgenannte Schrift ist eine Übersetzung von Souchy/Folgare, weicht jedoch in einigen Details von der spanischen Vorlage ab.
17 Thalmann, S. 133. — Willi Müller: Reisebericht Spanien — Stichworte (Mskr. vom 31. 3. 37); IISG: Sammlung Neu Beginnen, Mappe 18.

trale sowie zahlreiche Betriebe besetzt und in ihre Regie genommen. Vor allem in den Industrierevieren und auf dem Lande hatten sie sofort mit dem begonnen, was sie als soziale Revolution verstanden. In der Tat, Spanien und besonders die Hochburgen der CNT/FAI befanden sich mitten in einer Revolution, die den Charakter einer bloßen Abwehr gegen putschende Generäle längst abgestreift hatte. Augustin Souchy zog in einem längeren grundlegenden Artikel Parallelen mit der Französischen und der Russischen Revolution. Spanien befinde sich dort, so schrieb er im März 1937, wo sich Frankreich 1792 und Rußland während des Bürgerkrieges befunden hätten: es gelte die Revolution im Innern voranzutreiben und zugleich die Intervention auswärtiger Mächte abzuwehren[18].

In zahlreichen Ortschaften Kataloniens, Aragons und der Levante zerstörten die Anarchisten die bisherige Sozialstruktur. Die Revolution, für deren Verhinderung das Militär geputscht hatte, war gerade erst dadurch ausgelöst worden. Kaum waren die Vertreter der alten Mächte, Militär, Polizei, Geistliche, Grundherren und Unternehmer verjagt oder erschlagen worden, begannen die Anarchisten das Experiment eines libertären Sozialismus. Güter und Ländereien wurden kollektiviert und in Kommunen oder Genossenschaften umgewandelt, in denen Produktion, Distribution und Verwaltung zusammengefaßt worden waren. In der Industrie wurden die Betriebe zunächst kollektiviert, kleinere Firmen nur von Arbeiterausschüssen „kontrolliert". Diese basisdemokratischen Formen kollektiver Bewirtschaftung unterschieden sich erheblich von jeder Art Nationalisierung oder Verstaatlichung, wie sie von Kommunisten praktiziert wurde und wird.

Am ehesten gelangen die revolutionären Experimente auf dem Lande, wo folgende Faktoren sich für die Verwirklichung eines nichtautoritären Sozialismus günstig auswirkten: Die geographische Abgeschlossenheit der Dörfer und ihre geringe Größe erleichterten die einheitliche Produktionsweise, Distribution und kommunale Selbstverwaltung, durch die auch Bildungsprogramme und Wohlfahrtseinrichtungen in den revolutionären Prozeß einbezogen werden konnten. Die geringere Spezialisierung der Arbeitsvorgänge in der Landwirtschaft ermöglichten eine stärkere Einbeziehung der gesamten Bevölkerung in den Produktionsprozeß, und die relative Autarkie der Dörfer ließ es zu, daß das Geld abgeschafft und durch Gutscheine von lokalem Geltungsbereich oder andere Formen der Entlohnung und Güterverteilung ersetzt wurde. Die Erfolge der landwirtschaftlichen Kollektive waren regional recht unterschiedlich. Wenn man sie nicht nur an Produktionsziffern, erhöhten Anbau- und Bewässerungsflächen mißt, sondern die Alphabetisierung eines großen Teiles der Landbevölkerung sowie die medizinische und soziale Versorgung berücksichtigt, dann fällt nach Überzeugung Souchys ein Gesamturteil über Kollektivwirtschaft der Anarchisten im Agrarbereich keineswegs ungünstig aus[19].

Es gab aber auch deutsche und andere ausländische Anhänger und Sympathisanten der CNT, die die Erfolgsaussichten der anarchistischen Unternehmen sehr skeptisch beurteilten. Einer von Souchys Mitarbeitern, der gebürtige Ungar Paul Partos, bemängelte nach einem Besuch in der anarchistischen Kommune von Puigcerdá an der französischen Grenze die allgemeine Verwahrlosung und den wirtschaftlichen Niedergang. Zwar hatte man Landarbeiter in den Prunkvillen verjagter Großgrundbesitzer einquartiert, wo sie aber getreu ihren bisherigen Gewohnheiten einen einzigen Raum, die Küche, bewohnten und den übrigen Teil des Hau-

---

18 Augustin Souchy: „Revolución y Guerra", *Solidaridad Obrera* 14. 3. 37. — Vgl. auch Augustin Souchy: Anarcho-Syndikalisten über Bürgerkrieg und Revolution in Spanien. Ein Bericht, Darmstadt 1969. — Gaston Leval: Das libertäre Spanien. Das konstruktive Werk der Spanischen Revolution (1936 — 1939), Hamburg 1976.
19 Bernecker: Anarchismus, S. 128 — 36. — Souchy/Folgare, S. 115 ff.

ses verkommen ließen. Insgesamt deprimierte ihn die Unordnung, die zumindest in Puigcerdá das Lebensniveau keineswegs erhöhte. „Es wurde schon in der kleinen Kommune Puigcerdá klar, woran die ‚Revolution' sicher scheitern muß, auch wenn die ‚Republik' und der ‚Antifaschismus' etwa siegreich bleiben sollten: es ist vor allem die Unfähigkeit, eine neue Produktionsweise so in Gang zu setzen, daß sie sofort zumindest dasselbe Lebensniveau den Menschen bieten kann als das alte Regime vor dem Umsturz."[20]

Schwieriger als in der Landwirtschaft sah die Verwirklichung anarchistischer Vorstellungen in der Industrie und im Dienstleistungssektor aus. Gerade die Industrie war einerseits abhängig von Materiallieferungen und andererseits eingebunden in zeitliche, qualitative und quantitative Verpflichtungen, was den Spielraum der Belegschaften als autonomer Entscheidungsträger einengte und im Laufe der Zeit fast völlig den Zwängen der Kriegswirtschaft unterwarf. Insgesamt gab es fünf verschiedene Typen von sozialisierten Betrieben: kollektivierte, kontrollierte, nationalisierte, kommunalisierte und „kartellierte" Betriebe. In den kollektivierten Betrieben wählte die Belegschaft das Betriebskomitee als Leitungsinstanz und dieses wiederum einen Direktor. Die kontrollierten Betriebe blieben weiterhin in Privatbesitz, jedoch trat neben die Geschäftsführung ein von der Belegschaft beauftragtes Kontrollkomitee; in beiden Betriebsformen war die katalanische Generalitat durch einen Kontrolleur vertreten. Bei den nationalisierten Betrieben handelte es sich um staatliche Einrichtungen, die der Zentralregierung in Madrid/Valencia unterstanden; ihre Zahl nahm durch die Militarisierung der Kriegsindustrie erheblich zu. Die kommunalisierten Betriebe beschränkten sich weitgehend auf die öffentlichen Dienste in den katalanischen Kleinstädten. Bei den kartellierten Betrieben handelte es sich um solche Produktionseinheiten, die mit anderen, fachlich verwandten Betrieben zu Industriegruppen oder kollektivierten Kartellen zusammengefaßt wurden[21].

Augustin Souchy beschrieb die Erfolge der Anarchisten in der Industrie 1937 noch recht optimistisch: Lohnerhöhungen, Erweiterung des Personalbestandes, Verringerung der Arbeitszeit. Zwar bemerkte er immer wieder auch den Rohstoffmangel, führte ihn jedoch vorwiegend auf die Kriegslage zurück[22]. In der Tat ist eine Bewertung der Industriekollektive ungleich schwieriger als die der agrarischen Produktionseinheiten. Nimmt man ausschließlich ökonomische Maßstäbe, so fällt sie recht negativ aus. Sämtliche Branchen verzeichneten einen erheblichen Rückgang der Produktion, die in einigen Fällen von der Indexzahl 100 innerhalb von zwei Jahren auf 20 sank. Aber hier müssen vor allem die kriegsbedingten Schwierigkeiten in Rechnung gestellt werden, die die systemimmanenten Probleme überlagerten und so ein abschließendes Urteil erschweren. Insgesamt ging in den vergesellschafteten Betrieben aufgrund der herrschaftsfreien Organisation die Zahl der Arbeitskonflikte zurück; andererseits führte die Selbstbestimmung der Belegschaften oft zu wirtschaftlicher Selbstgenügsamkeit, was dann häufige Eingriffe der Gewerkschaftsführungen zur Folge hatte[23].

Skepsis äußerte auch Paul Partos im Hinblick auf den libertären Sozialismus im industriellen und kommunalen Bereich. Das Vertrauen in die konstruktive Kraft der Spontaneität überzeugte ihn nicht. So brauchten die deutschen Anarchosyndikalisten für ihr Quartier in Barcelona keine Miete zu entrichten, sollten aber Geld für den Verbrauch von Gas, Wasser und Elektrizität bezahlen. Da sie dieses nicht aufbringen konnten, zapften sie die Leitungen illegal an. Das war zwar verboten, wurde aber nicht verfolgt, was schließlich wegen zahlreicher ähn-

---

20 Schreiben Paul Partos' vom 31. 1. 37 an Karl Korsch; IISG: Nachlaß Karl Korsch, corr. Partos.
21 Bernecker: Anarchismus: S. 206 f.
22 Souchy/Folgare, S. 67, 73 ff., 119.
23 Bernecker: Anarchismus, S. 209 f.

licher Fälle die Stadtwerke in arge Bedrängnis brachte[24]. Die Ordnungsliebe deutscher Anarchisten wurde ziemlich strapaziert. Aber jeder Zwang von oben, meinte Rüdiger, hätte die CNT/FAI zu einer Diktaturpartei gemacht. „Die sozialistische Aufbaufähigkeit der CNT reicht nur so weit, als man sich frei und freiwillig zu ihr bekennt." Die konkrete Situation deckte die Widersprüche zwischen der bisher wenig reflektierten Theorie und der Wirklichkeit auf, was Rüdiger mit dem verzweifelten Ausruf kommentierte: „Wie schrecklich ist es, daß diese verdammte Wirklichkeit sich nicht nach der Theorie richten will."[25]

Der Kriegsverlauf begünstigte Entwicklungen, die den Zielen des Anarchosyndikalismus entgegenwirkten. Rasche politische, militärische und wirtschaftliche Entscheidungen und damit zentrale, von öffentlicher Kontrolle unabhängige Instanzen gewannen an Einfluß. Außerdem kämpften die CNT und FAI im republikanischen Lager mit Parteien zusammen, denen sie ideologisch fast ebenso fern standen wie den putschenden Militärs unter Franco: bürgerliche Republikaner, katalanische und baskische Nationalisten, von denen die letztgenannten zudem tief in Kirche und Privateigentum verwurzelt waren. Das Dilemma der Anarchisten zeigte sich, als der Sozialist und UGT-Vorsitzende Francisco Largo Caballero am 5. September 1936 eine aus Sozialisten, Linksrepublikanern und Kommunisten zusammengesetzte Koalitionsregierung bildete. Die CNT und FAI beteiligten sich daran aus grundsätzlicher Ablehnung jeder Form von Regierung nicht, versprachen aber ihre Unterstützung. Aber knapp drei Wochen später, am 23. September, wurden die Anarchisten ihren eigenen Grundsätzen untreu und beteiligten sich mit drei Ministern (für Wirtschaft, Versorgung und Gesundheitswesen) am Rat der Generalitat, der katalanischen Regionalregierung. Es war Präsident Lluis Companys gelungen, durch Beteiligung aller republikanischen Parteien Kataloniens die Revolution in die geordneten Bahnen der überkommenen staatlichen Institutionen zurückzuleiten. Die Bereitschaft der Anarchisten zu diesem Schritt erfolgte aus der Einsicht in die schwierige Situation der Republik, deren internationale Unterstützung angesichts einer von den Anarchisten geprägten oder einer unkontrollierten revolutionären Entwicklung schwieriger geworden wäre[26]. Verbunden war mit dieser „Regierungsfähigkeit" der CNT und FAI die fortschreitende Entmachtung des Zentralkomitees der antifaschistischen Milizen, das am 1. Oktober 1936 aufgelöst wurde; am 9. Oktober 1936 erließ die Generalitat schließlich eine Verordnung, die auch die Auflösung der lokalen Komitees vorsah[27]. Damit endete, wie Enzensberger es ausdrückte, der „kurze Sommer der Anarchie". Der Herbst der Anarchie kühlte die Leidenschaften der Anarchisten ab und ließ manche Illusion erfrieren. Bei der Regierungsumbildung Largo Caballeros am 5. November 1936 wurden auch vier Vertreter der CNT an der Zentralregierung beteiligt, die nun als republikanische Minister die Ressorts Justiz, Handel, Industrie und Gesundheit übernahmen. Um diesen Schritt vor ihren Mitgliedern und Anhängern zu rechtfertigen, verkündete die CNT schon einen Tag vorher: „Aus Prinzip und Überzeugung war die CNT seit jeher staatsfeindlich und Gegnerin jeder Form von Regierung. (...) Aber die Umstände (...) haben das Wesen des spanischen Staates verändert. Die Regierung, das Instrument, das die Staatsorgane lenkt, hat aufgehört, die Unterdrückungsgewalt gegen die Arbeiterklasse zu sein, wie auch der Staat nicht mehr das Gebilde ist, das die Gesellschaft in Klassen scheidet. Beide werden jetzt, mit dem Eintritt der CNT, das Volk noch weniger unterdrücken."[28]

---

24 Anm. 20.
25 Schreiben Helmut Rüdigers vom 15. 3. 37 an Rudolf Rocker; IISG: Rocker-Archiv, corr. Rüdiger.
26 Broué/Témime, S. 249. — Brademas, S. 210 ff.
27 Broué/Témime, S. 251.
28 Zitat nach Broué/Témime, S. 255 f.

In ihren offiziellen Periodika, deren nomineller Herausgeber die CNT war, stellten sich die deutschen Anarchisten voll und ganz hinter ihre spanische Organisation. Aber in ihren Briefen und internen Diskussionen kamen auch ihre Zweifel und Bedenken über die Entwicklung zum Ausdruck. Dies läßt sich deutlich an den Briefen Rüdigers beobachten: bis etwa September 1936 sind sie durchdrungen von revolutionärem Enthusiasmus, um danach schlagartig immer skeptischer und pessimistischer zu werden. Das für diese Entwicklung wohl entscheidende Ereignis war der Regierungseintritt der CNT in die katalanische Generalitat am 26. September, durch den die antietatistischen, gegen jede Art von Volksfront gerichteten Prinzipien durchbrochen wurde. Dieser Schritt verunsicherte sowohl spanische wie auch ausländische Anarchisten aufs tiefste. Dies wird deutlich an den heftigen Diskussionen, die die russisch-amerikanische Anarchistin Emma Goldman nach ihrer Ankunft in Spanien im August 1936 führte. Emma Goldman sah die Anarchisten schon als Diktaturpartei an der Macht, die andere Gruppen unterdrückte, Zwangsmaßnahmen ergriffe und somit den Weg so vieler ehemals revolutionärer Bewegungen einschlüge, sobald sie an der Macht waren. Rüdiger erwiderte ihr, daß Revolution und anarchistische Bewegung nicht identisch seien und daß die letztere nur einen Teil der erstgenannten bilde. Die CNT/FAI sei durch die Situation auf Leben und Tod mit anderen, ihr ideologisch fernstehenden Gruppen verbunden, was zwangsläufig Spannungen erzeugen müsse; die Anarchisten seien vor die Alternative gestellt: mitmachen oder untätig bleiben, was eine dritte Lösung ausschlösse. Um Emma Goldmans Skrupel zu besänftigen, regte Rüdiger Rudolf Rocker an, mit ihr in einen näheren Gedankenaustausch zu treten und die Probleme des Bürgerkrieges theoretisch zu klären[29].

In seiner sehr kritischen, aber gleichwohl von der CNT herausgebrachten Schrift „El anarcosindicalismo en la revolución española" führte Helmut Rüdiger deutlich das Dilemma und die Schwachpunkte des Anarchosyndikalismus auf. Man habe in dieser Bewegung niemals darüber nachgedacht, wie man andere Arbeiterbewegungen zum Verschwinden bringen könne, ohne Unterdrückungsmaßnahmen anzuwenden. Insgesamt sei das theoretische Niveau in der CNT/FAI zu niedrig gewesen. Aufgrund eines unermüdlichen Aktionismus habe man Fragen von zentraler Bedeutung ausgeklammert, für die es folglich keine Antwort gab, als die Anarchisten Verantwortung übernehmen mußten. Die Verhältnisse zwangen sie zu Kompromissen mit anderen politischen Richtungen, die teilweise mit einer Preisgabe ideologischer Grundsätze verbunden waren. Das galt auch für das auf freiwilliger Basis organisierte System der Milizen, die sich auf die Dauer einer disziplinierten Armee als hoffnungslos unterlegen erwiesen. Reiner Enthusiasmus, Spontaneität ohne festen Kodex von Rechten und Pflichten reichten nur für einen kurzen Kampf, nicht aber für einen Krieg von langer Dauer[30].

Die Politik der Kompromisse verwässerte nicht unerheblich die Ziele der Anarchisten. Dieses Dilemma spürte auch Helmut Rüdiger, der seinem Unbehagen über die Entwicklung deutlichen Ausdruck gab: „Vor allem weil wir uns ja stets in unseren *theoretischen* Darlegungen über die Form des Umbaus allzu wohl gefühlt und uns wenig an die Realität gehalten, dafür oft einen etwas zu rosigen Optimismus gepflegt haben. Hier war ganz einfach ein Loch in unserer Theorie. Wir wollen einen syndikalistischen Aufbau des Sozialismus. Gut, aber wenn

---

29 Schreiben Helmut Rüdigers vom 1. 10. 37 an Rudolf Rocker; IISG: Rocker-Archiv, corr. Rüdiger. — Vgl. Robert W. Kern: Anarchist Principles and Spanish Reality: Emma Goldman as a Participant in the Civil War 1936 — 39, *Journal of Contemporary History* 11 (1976), S. 237 - 59, hier S. 238, 240 ff. — Dieses Dilemma der CNT sah auch ihr führender Theoretiker Diego Abad de Santillán: Por qué perdimos la guerra? Una contribución la historia de la tragedia española, con un prólogo de Heleno Saña, Madrid 1975, S. 127 ff.; als „Politisierung einer apolitischen Theorie" dagegen betrachtet diese Entwicklung Zahn, a.a.O., S. 242 ff.
30 Rüdiger: El anarcosindicalismo, S. 48, 6, 50.

in einem bestimmten Moment — selbst in Katalonien!! — ein Teil der Arbeiterschaft und vor allem das Kleinbürgertum nicht in unsere Syndikate *will,* und wenn wir keine *Gewerkschaftsdiktatur* errichten wollen, bleibt nur die Form eines Vertrages *verschiedener* Richtungen, wenn man sich nicht aus der Revolution zurückziehen will, um abzuwarten, ob die Bevölkerung das nächste Mal zu 100 % so will wie wir."[31]

Eine Entwicklung, die vom alten anarchistischen Gedankengut immer weiter fortführte, mußte naturgemäß frühzeitig auf Widerstand stoßen. Als im Frühjahr 1937 die Milizen aufgelöst und als reguläre Einheiten in das Volksheer eingereiht wurden, bildete sich ein anarchistischer Zirkel, der sich nach dem legendären Milizenführer Buenaventura Durruti „Los Amigos de Durruti" nannte. Diese ultrarevolutionäre Gruppierung kritisierte und bekämpfte jede Politik, die irgendwie im Sinne der Volksfront hätte interpretiert werden können. Bereits im Januar 1937 hatte Partos geglaubt, zwei Strömungen in der CNT feststellen zu können: für und gegen die Volksfront[32]. Diese Charakterisierung war sicher übertrieben. Weder die CNT noch die FAI haben jemals die Volksfront gutgeheißen. Aber die faktische Mitarbeit von Anarchisten in den Regierungen von Madrid/Valencia und Barcelona sowie in leitenden Gremien mit regierungsähnlichen Funktionen stellte doch eine stillschweigende Annäherung an die Volksfrontpolitik dar. In ihrem Sprachrohr *El Amigo del Pueblo* zögerten die „Amigos de Durruti" nicht, den kommunistischen PSUC als faschistenfreundlich zu bezeichnen und ein Bündnis mit der UGT solange zu verwerfen, wie diese von den „Konterrevolutionären des PSUC" im Auftrage der Sowjetunion kontrolliert würde[33]. Obwohl zahlenmäßig ohne Bedeutung, drückten die „Amigos de Durruti" mit ihrer Kritik am Verlust der ideologischen Reinheit ein Unbehagen aus, das zu dieser Zeit viele sympathisierende Intellektuelle und viele Mitkämpfer an der Basis teilten[34].

Bezeichnend für die Entwicklung von CNT und FAI waren innerorganisatorische Veränderungen. Die FAI gliederte sich neu, indem sie die lockeren, basisdemokratischen „Gruppen der Gleichgesinnten" (grupos de afinidad) durch territoriale Organisationseinheiten ersetzte, was eine Hierarchisierung der einzelnen Gremien und Funktionen bewirkte. Auch in der CNT setzte ein Schwund an radikaldemokratischer Substanz ein; die politischen Aktivisten, die über bessere Verbindungen und Informationen verfügten, trafen in zunehmendem Maße Entscheidungen, die von der Basis später nur noch gebilligt werden konnten, was zwangsläufig zur Bürokratisierung und Elitenbildung führte[35]. Bezeichnend für die Entwicklung beider Organisationen, die bislang ein sehr breites Spektrum politischer Meinungen geduldet hatten, war die Reaktion auf das beständige Drängen von kommunistischer Seite: Ende Mai 1937 gab die CNT nach und schloß die „Amigos de Durruti" aus[36]. Zwar lehnte der spanische Anarchismus weiterhin aus Prinzip jede Diktatur ab. Aber um in Spanien mitwirken zu können, mußte er Kompromisse schließen, die ihm seine Rechtgläubigkeit nahmen und ihn mit Herrschaft infizierten. „Der Anarchismus hat etwas Neues gelernt", schrieb hierzu Helmut Rüdiger. „Er hat gelernt, daß es eine organisierte öffentliche Macht geben muß, die über Mittel verfügt, sich durchzusetzen, wenn es sein muß."[37]

---

31 Schreiben Rüdigers vom 28. 9. 36 an Rudolf Rocker; IISG: Rocker-Archiv, corr. Rüdiger.
32 Schreiben Paul Partos' vom 13. 1. 37 an Karl Korsch; IISG: Nachlaß Karl Korsch, corr. Partos.
33 „Una maniobra infame", *El Amigo del Pueblo* 12. 8. 37.
34 Bernecker: Anarchismus, S. 159 f., 245 f.
35 Ebd., S. 223 ff.
36 „Los Amigos de Durruti' expulsados de la CNT", *Claridad* 29. 5. 37. — Vgl. Francisco Manuel Aranda: Les amis de Durruti, *Cahiers Léon Trotsky* no. 10 (juin 1982), S. 109 — 114.
37 Schreiben Helmut Rüdigers vom 24. 4. 37 an Rudolf Rocker und Mark Mratschny; IISG: Rocker-Archiv, corr. Rüdiger.

Die Gruppe DAS in Spanien

Nach dem Ausbruch des Bürgerkrieges und der dadurch ausgelösten Volkserhebung wurde auch die kleine Schar deutscher Anarchisten voll in den Strudel der Ereignisse hineingerissen. Die meisten Mitglieder der Gruppe DAS hatten im Umkreis der CNT gelebt, in ihren Zeitungen oder Betrieben mitgearbeitet und an ihren Aktionen teilgenommen. Soweit sie hierzu im Stande waren, beteiligten sie sich an den Straßenkämpfen. Besonders tat sich hier der aus Duisburg-Hamborn stammende Buchhalter Willy Winkelmann hervor. Wir sind über ihn informiert durch die Berichte des deutschen Generalkonsuls von Barcelona, die er bis zu seiner Abberufung im November 1936 nach Berlin schickte. Diese Berichte sind in ihrer Bewertung naturgemäß einseitig gefärbt, lassen sich aber durch andere Quellen ergänzen und zurechtrücken. Noch während der Straßenkämpfe und kurz danach stürmten die Anarchisten deutsche Schulen, Kirchen, Handelszentren und Firmen, in denen sie — nicht ganz zu Unrecht — Dependancen des NS-Regimes vermuteten. Noch etwa 750 Nazis gebe es in Barcelona, schrieb Ende Juli 1936 das CNT-Organ *Solidaridad Obrera,* die im Club „Germania", in den Büros der DAF und im Generalkonsulat ihre Zentren hätten. Eine besondere Aufgabe der DAS-Mitglieder war es, verhaftete Deutsche zu vernehmen und zu überprüfen. Daran nahm übrigens auch der anarchistische Historiker Max Nettlau teil, der aber Spanien bald darauf verließ[38].

Innerhalb der in Barcelona lebenden Deutschen nahmen die Mitglieder der kleinen Gruppe DAS eine führende Rolle ein. Sie beteiligten sich besonders eifrig an der Verfolgung wirklicher oder vermeintlicher Faschisten oder an der Besetzung deutscher Institutionen. Die Generalitat von Katalonien hatte keine Macht, diese Aktivitäten zu unterbinden. So stürmten Willy Winkelmann und seine Freunde das Lokal „Münchner Bräustübl" in der Altstadt, kollektivierten es für die CNT und machten es zum Treffpunkt deutscher Anarchisten. Sie kontrollierten die Ausreise von den als Faschisten bekannten Deutschen, zerstörten den deutschen Club „Germania" und verhafteten zahlreiche verdächtige Ausländer[39]. Winkelmanns Freund Ferdinand („Nante") Götze ließ am Flughafen einen Lufthansa-Kapitän festnehmen, der sich abfällig über die spanische Revolution geäußert hatte, und nach Abzug des deutschen konsularischen Personals besetzten Winkelmann, Götze und andere deutsche Anarchisten das Generalkonsulat, was Winkelmann die — farblich nicht ganz korrekte — Bezeichnung „roter Konsul von Barcelona" einbrachte[40]. Diese Aktivitäten konnten ihm die deutschen Behörden nicht verzeihen; als er sechs Jahre später vor dem Volksgerichtshof stand, wurde er hierfür zu zwölf Jahren Zuchthaus verurteilt.

Die Gruppe DAS hatte ihre Büros in dem von der CNT beschlagnahmten Sitz der Unternehmerorganisation „Fomento del Trabajo Nacional", wo diese seit 1939 nach wie vor ihre Zentrale hat. Diese Adresse in Barcelonas Geschäftsstraße Via Layetana 32-34, die während des

---

38 „El fascismo alemán, junto con el Consulado alemán, contra el proletariado español", *Solidaridad Obrera* 27. 7. 36. — Schreiben Rüdigers vom 29. 7. 36 an Rocker: IISG: Rocker-Archiv, corr. Rüdiger. — Schreiben des Generalkonsuls vom 24. 7. 36 an das AA; PA AA: Pol. III (31), Spanien: Innere Politik..., Bd. 2. — Bericht des Kaufmannes Nahrstedt vom 27. 8. 36; ebd., Bd. 12.

39 Bericht des Generalkonsulats vom 13. 8. 36; Bd. 8. — Berichte des Generalkonsuls vom 13. 9. 36; ebd., Bd. 14. — Vermerk vom 28. 7. 41; HStA Düsseldorf: RW 58/12 646. — Vgl. Fred Schröder: „.... alles war schwarz/rot". Als Zensor und CNT/FAI-Info-Dienst-Herausgeber in Barcelona, in: Degen/Ahrens (Hg.), S. 85 — 96, hier S. 86.

40 Bericht des Generalkonsuls vom 21. 10. 36; PA AA: Pol. III (31), Spanien: Innere Politik..., Bd. 19. — Schreiben der Botschaft Paris an das AA vom 30. 6. 38; ebd., Bd. 37.

Bürgerkrieges Via Durruti hieß, blieb neben einigen Büros im Hause 132 der Straße Pi i Margall (nach 1939 Avenida Generalisimo Franco, heute Avinguda Diagonal) der Sitz der Gruppe. Das geräumte damalige deutsche Generalkonsulat in der calle Vergara 13 an der Plaza de Catalunya wurde ihr zwar von der Generalitat angeboten, aber offensichtlich nicht genutzt. Die Gruppe DAS war und blieb eine kleine, lockere Vereinigung mit fluktuierender Mitgliederzahl, die im Durchschnitt bei 20 lag[41]. Wichtige Funktionen erhielt sie durch die Mitwirkung einiger ihrer Mitglieder in der CNT/FAI, die ihr auch Räumlichkeiten, Gelder und Presseorgane zur Verfügung stellte. Nachdem die Vernehmungen verhafteter Deutscher in den ersten Wochen des Bürgerkrieges abgeschlossen waren, verlagerte die Gruppe ihren Aufgabenbereich immer stärker auf die Propaganda und auf die Betreuung von deutschen und anderen ausländischen Antifaschisten in den anarchistischen Milizen. Dazu gehörte die Unterrichtung und Einweisung von neu in Barcelona ankommenden Emigranten und ihre Ausstattung mit Schutz-, Begleit- und Empfehlungsschreiben. Darin wurde entweder bestätigt, daß der Überbringer Anarchist oder ein sonstiger Antifaschist sei, oder aber es wurde um Hilfe gebeten für die Anreise und für den Eintritt in die zuständige militärische Einheit. Derartige Schreiben, die meist von der Gruppe DAS, gelegentlich auch von CNT-Stellen, in denen Deutsche mitarbeiteten, ausgestellt wurden, bilden wegen der darin enthaltenen biographischen Angaben eine wichtige Quelle für statistische Untersuchungen und für die soziologische Erforschung des deutschen Anarchismus[42].

Neben dieser Betreuungsarbeit oblag der Gruppe DAS eine gewisse Übersicht und wohl auch Beobachtung der in Barcelona ansässigen Deutschen. So stellte sie persönliche Dokumente aus oder beglaubigte Schriftstücke mit ihrem Siegel. Im September 1936 verkündete die *Solidaridad Obrera,* daß die Gruppe DAS statt des langen schmalen Stempels jetzt einen runden Stempel mit der Aufschrift verwende: Grupo Anarcosindicalistas Alemanes Barcelona, und in der Mitte: DAS/AIT[43]. Drei Monate später hieß es, daß sich alle in Barcelona sich aufhaltenden Deutschen im Einvernehmen mit dem Comité de Investigación (Untersuchungsausschuß) beim Ausländerdienst der CNT/FAI (calle Aribau 18) registrieren lassen müßten. Eine wichtige Rolle spielten in diesem Aufgabenbereich mehrere deutsche Frauen, unter ihnen „Nante" Götzes Frau Elli[44].

Außerdem betrieb die Gruppe DAS Propaganda unter ihren in den anarchistischen Milizen kämpfenden deutschsprachigen Anhängern. Auch hier spielte Willy Winkelmann als zeitweiliger Polit-Kommissar eine wichtige Rolle. Wieweit die Gruppe DAS eigenständige Positionen vertrat und sich von der CNT unterschied, ist unklar; vermutlich war ihr eigenes Profil wegen der starken Abhängigkeit von der großen spanischen Partnerorganisation gering. Wahrscheinlich wird man die Öffentlichkeitsarbeit der Gruppe DAS als deutschsprachige Popaganda der CNT/FAI bezeichnen dürfen. Das Pressorgan der Organisation, *Die Soziale Revolution,* blieb, obwohl Rüdiger sich um Rockers Mitarbeit bemühte, ein reines Agitationsblättchen, das in hektographierter tausendfacher Auflage unter den Spanienkämpfern verteilt wurde. Es ist daher für den Historiker von geringem Quellenwert. Dafür kommentierte der frühere FAUD-Verlag *Freie Arbeiterstimme* in einer beträchtlichen Anzahl von Broschüren die Entwicklung

---

41 Bericht des Generalkonsulats vom 13. 9. 36; vgl. Anm. 38. — Mitteilung Augustin Souchys an den Verfasser.
42 Die meisten derartigen Begleitbriefe und Passierscheine liegen bei den Karteikarten, die sich in folgenden Beständen befinden: AHN: Sección P.S. Madrid, carpetas 486, 487 und 488.
43 „Grupo D.A.S.", *Solidaridad Obrera* 22. 9. 36. — Die Buchstaben AIT sind die spanische Abkürzung für IAA (Asociación Internacional de Trabajadores).
44 „Muy importante para los ciudadanos alemanes", *Solidaridad Obrera* 1. 12. 36. — Vgl. Bericht Julius Vosselers vom 23. 7. 38 an das AA; PA AA: Pol. Abt. III, Spanien/Heimschaffung..., Bd. 5.

in Spanien und die Rolle Hitlers; das „Schwarz-RotBuch" der Gruppe DAS und Rockers theoretische Schrift „Anarcho-Syndicalism — Theory und Practice" gehörten hierzu[45]. Außerdem führten die Gruppe DAS oder andere internationale anarchistische Zirkel oder Vereinigungen Veranstaltungen durch, die meist im Hauptquartier der CNT/FAI stattfanden. Zum Teil handelte es sich um Besprechungen von dringenden aktuellen Problemen[46], teilweise aber auch um propagandistische oder theoretische Vorträge wie „Der Anarchosyndikalismus in Deutschland bis 1932 und unsere Aufgaben für die Zukunft"[47].

Über das Innenleben der Gruppe DAS ist wenig bekannt, zumal die lockere Organisationsweise der Anarchosyndikalisten dem Historiker nachträglich zahlreiche Schwierigkeiten bereitet. Neben dieser Gruppe existierte noch eine „Deutsche Anarchosyndikalistische Kampfgemeinschaft" (DASYK oder ASYK), die mit ihr zumindest teilweise personell identisch gewesen zu sein scheint. Von der Gruppe DAS sind etwa zwölf Mitglieder namentlich bekannt, vermutlich solche, die wohl auch in der CNT oder FAI irgendwelche Aufgaben wahrnahmen. Zum Vorsitzenden der Gruppe DAS wollte man im April 1937 Rudolf Michaelis („Michel") wählen, der aber ablehnte, um stattdessen das Auslandsbulletin der CNT/FAI übernehmen zu können[48]. Aber er tat dann auch dies nicht, sondern ging, nachdem er sich von den Wunden seines Fronteinsatzes im Winter 1936/37 erholt hatte, erneut zu den Milizen. Führende Akteure waren in der Propaganda Helmut Rüdiger und Arthur Lewin; wichtigster Aktivist war und blieb aber bis zu seiner Meldung zu den Milizen der 40jährige Duisburger Willy Winkelmann. Die Aktivitäten der Gruppe DAS kamen im Mai/Juni 1937 vollkommen zum Erliegen. In den Mai-Ereignissen hatten auch die deutschen Anarchisten Partei ergriffen[49]; sie waren daher in den nachfolgenden Säuberungen schwer gefährdet. Nach und nach wurde einer nach dem anderen verhaftet, andere tauchten unter in den Internationalen Brigaden oder den regulären spanischen Truppenteilen, in die die anarchistischen Milizen im Frühjahr 1937 überführt worden waren. Aus der zweiten Jahreshälfte 1937 und danach sind Aktivitäten der Gruppe DAS in Spanien nicht mehr nachweisbar.

Die Gruppe DAS stand übrigens zeitweilig in Konkurrenz mit einer sich „Sozialrevolutionäre Deutsche Freiheitsbewegung" nennenden Organisation. In einer kleinen, achtseitigen Flugschrift rief diese Gruppe zum Bündnis aller revolutionären deutschen Kräfte zum Sturze Hitlers auf: Marxisten, Anarchisten, Christlich-Soziale, Nationalrevolutionäre und Romantisch-Bündische. Das aus diesem sonderbaren Spektrum gebildete Bündnis sollte durch direkte Aktionen gegen NS-Funktionäre das Hitler-Regime bekämpfen. Der Gruppe DAS warf die Vereinigung vor, im Oktober 1936 ein solches breites Bündnis verhindert zu haben; nicht die Gruppe DAS, sondern die Sozialrevolutionäre Deutsche Freiheitsbewegung sei legitimer Partner der CNT. Damals hatte offensichtlich dieselbe Gruppe unter dem Namen „Comité Internacional de Emigrados Antifascistas" (CIDEA) erfolglos zu einer Vereinigung deutscher Emigranten aufgerufen[50]. Ihr Flugblatt nennt keinen Verfasser, und der Aufruf enthält nur eine un-

---

45 Schreiben Rüdigers vom 10. 12. 36 an Rocker; IISG: Rocker-Archiv, corr. Rüdiger. Sammlungen der *Sozialen Revolution* befinden sich im IISG und als Kopien im DÖW. — Schwarz-Rot-Buch. Dokumente über den Hitlerimperialismus, hrsg. von der Gruppe DAS, Barcelona 1937. — Vgl. Rocker: Memoiren, S. 373 f.
46 „Internationales Anarchisten-Komitee", *Solidaridad Obrera* 2. 12. 36. — „Comité Internacional de Anarquistas", *Solidaridad Obrera* 22. 1. 37.
47 „Centro Anarcosindicalista Alemán", *Solidaridad Obrera* 19. 1. 37.
48 Schreiben Rüdigers vom 16. 11. 37 an Rocker; IISG: Rocker-Archiv, corr. Rüdiger.
49 „Katalonien nach der Mai-Provokation", *Die Soziale Revolution Nr. 13, Juni 1937*.
50 „Aufruf zum Volkssozialismus" (Broschüre vom 30. 1. 37) und Rundschreiben der CIDEA vom 19. 10. 36; SSA: Sammlung Sozialrevolutionäre Deutsche Freiheitsbewegung (335/71b/16).

leserliche Unterschrift. Dennoch kann mit einiger Sicherheit die treibende Kraft hinter diesen Aktivitäten vermutet werden. Es handelte sich um den deutschen Emigranten Eugen Scheyer, ein etwas undurchschaubares Irrlicht, das zeitweilig im Kreise deutscher Anarchosyndikalisten verkehrte. Ein spanischer Geheimdienstvermerk bezeichnete ihn als Sozialdemokraten, und Scheyer selbst gab nach dem Bürgerkrieg im französischen Internierungslager seine frühere SPD-Mitgliedschaft an. Die deutschen Kommunisten machten ihm seine angeblichen Beziehungen zu den oppositionellen Nazis von der „Schwarzen Front" sowie zu Trotzkisten zum Vorwurf[51]. Wieweit diese Beschuldigungen zu Recht erhoben wurden, ist nicht mehr überprüfbar, aber auch nicht weiter von Interesse. Scheyers Bewegung scheint eine winzige Sekte geblieben zu sein und ist offensichtlich nirgends mehr in Erscheinung getreten; sie beleuchtet aber recht anschaulich die Atmosphäre des Exils, in dem so mancher Tagträumer seine unerfüllten Hoffnungen durch die Gründung oder Spaltung von Gruppen zum Ausdruck brachte.

Deutsche Anarchosyndikalisten in der CNT/FAI

Neben der Gruppe DAS wirkten noch einige deutsche Anarchisten in den Dienststellen der CNT. Diese war dankbar für theoretisch gebildete, sprachenkundige Gesinnungsgenossen, die für Auslandskontakte, Propaganda- und Pressearbeit eingesetzt werden konnten. Augustin Souchy wurde vom katalanischen Regionalkomitee der CNT in der Auslandsabteilung eingesetzt, wo er die internationale Informationsarbeit leitete. Zusammen mit dem aus Lettland stammenden Martin Gudell baute er seine Abteilung auf und leitete sie über fünfzehn Monate, bis sie letzterer übernahm. In dieser Eigenschaft empfing er Schriftsteller, Journalisten und Politiker, die sich über den spanischen Anarchismus und die Revolution informieren wollten: so George Orwell, Willy Brandt und den späteren indischen Ministerpräsidenten Jawarhalal Nehru[52]. Im Januar 1937 stieß noch der Exil-Ungar Paul Partos mit einer kleinen Gruppe von Anarchosyndikalisten von Paris nach Barcelona; die meisten meldeten sich zum Fronteinsatz, wogegen Paul Partos durch Souchy eine bezahlte Büroarbeit in der Propaganda-Abteilung und seine Frau die Möglichkeit erhielt, für die CNT als Photographin zu arbeiten. Paul Partos, durch dessen Briefe an den emigrierten marxistischen Philosophen Karl Korsch wir recht gut über seine Arbeit informiert sind, wurde einer Donau- und Balkansektion der CNT zugewiesen und mußte dort Propagandamaterial für die internationalen Milizen zusammenstellen. In einem späteren Brief deutete Partos an, daß er für die CNT als „Staatssekretär für Auswärtiges" arbeitete, während Souchy und Gudell gewissermaßen das „Außenministerium" darstellten[53]. Übrigens waren weder Partos noch Gudell ursprünglich Anarchosyndikalisten gewesen. Letzterer war unabhängiger Linker und wurde erst von Souchy der CNT zugeführt. Paul Partos hatte Ende der 1920 Jahre in Berlin linkskommunistischen Kreisen um Karl Korsch angehört und trat erst 1936 in Spanien der FAI bei[54]. Beider Anstellung in der CNT zeigt übrigens,

---

51 SSI 29: „Caso de Eugen Scheyer" vom 24. 5. 37; AHN: Sección P.S. Barcelona, carpeta 13. — Schreiben Leopold Kulcsars vom 12. 11. 37 an Otto Bauer; Schreiben Walter Ulbrichts vom 24. 9. 37 an Paul Hertz; IISG: Nachlaß Paul Hertz, Mappe R. — „Fritz Arndt" (Karl Mewis): „Im Schlepptau der Trotzkisten", *La Llibertat* Nr. 11, Januar 1938. — „Getarnte Agenten des Faschismus", *La Llibertat* Nr. 5 (1937).
52 Souchy: „Vorsicht: Anarchist!", S. 105 f. — Rocker: Memoiren, S. 363 f.
53 Schreiben Partos' vom 31. 1. 37 an Karl Korsch und undatiertes Brieffragment Partos'; IISG: Nachlaß Karl Korsch, corr. Partos.
54 Mitteilung Augustin Souchys vom 8. 10. 80 an den Verfasser.

wie wenig doktrinär die spanischen Anarchisten waren, indem sie auch Personen mit anderer ideologischer Herkunft, sofern es eine revolutionäre war, als Mitkämpfer anerkannten.

Wichtigstes Aufgabengebiet Souchys und Gudells waren vor allem internationale Kontakte, zu denen sie aufgrund ihrer Sprachkenntnisse und weltweiten Verbindungen besonders geeignet waren. Souchy wurde im Herbst 1936 nach West- und Nordeuropa geschickt, um für Spanien zu werben. In Norwegen, Schweden, Dänemark, den Niederlanden, Großbritannien und Frankreich hielt er Vorträge und Sammlungen ab. In Schweden hatte ein Solidaritätskomitee für Spanien 1 Mill. ffrs. gesammelt[55]. Martin Gudell unternahm im Spätherbst 1936 als Delegierter der CNT eine Reise in die Sowjetunion, über die er einen längeren kritischen Bericht veröffentlichte[56]. Diese Verbindungen ermöglichten es den deutschen Anarchisten, sich über die CNT und FAI auch für verfolgte oder bedrängte Gesinnungsgenossen außerhalb Spaniens einzusetzen. So attackierte die *Solidaridad Obrera* scharf die Sowjetunion wegen der Verhaftung von Zenzl Mühsam, der Witwe des von den Nazis 1934 ermordeten Schriftstellers Erich Mühsam; man hatte ihr Kontakte zu „trotzkistischen Elementen" vorgeworfen[57].

Nach den Briefen Partos' bildeten Souchy, Gudell und er einen festen Block gegen die „sehr beschränkten und doktrinären ausländischen, besonders deutsch-französischen Anarchisten und Syndikalisten", wogegen die Spanier meist auf ihrer Seite seien[58]. Diese letzte Bemerkung deutete an, daß es innerhalb der deutschen Anarchosyndikalisten durchaus ideologische und persönliche Spannungen gab. Helmut Rüdiger, der schon länger als Souchy in Spanien weilte, wurde zum Leiter der deutschen Propaganda der CNT ernannt, was ihn zum Untergebenen Souchys und damit sachliche und persönliche Differenzen unumgänglich machte. Daneben leitete Rüdiger zusammen mit einem Kommunisten die deutsche Propaganda der katalanischen Generalität. Außerdem hatte ihn Ende 1936 die anarchistische Internationale Arbeiter-Assoziation (IAA) in Abwesenheit zu ihrem Sekretär ernannt, was er wegen der damit verbundenen Loyalitätskonflikte nur zögernd angenommen hatte. Denn die CNT und die FAI und die in Holland ansässige IAA unterhielten nur sehr lockere Beziehungen, was Rüdiger teilweise Souchy anlastete[59]. Die CNT war 1923 der IAA beigetreten und war damit Bestrebungen in ihren eigenen Reihen, sich der kommunistischen Roten Gewerkschafts-Internationale (RGI) anzuschließen, zuvorgekommen[60]. Sie bildete zwar die bei weitem stärkste nationale Landesorganisation, scheint aber während des Bürgerkrieges keine sehr intensiven Kontakte zur IAA unterhalten zu haben. Diese Frontbildung griff auch auf die deutschen und anderen ausländischen CNT-Anhänger über. Die in Spanien sich aufhaltenden ausländischen Anarchisten, schrieb Partos, träten für einen mehr isolierten Kurs der CNT ein, die im Auslande lebenden spanischen Anarchisten dagegen für eine stärkere Anbindung an die IAA; Souchy, Gudell und er selbst befürworteten einen dritten Weg. Partos sah seine Aufgabe vor allem darin, „... unter der Patronage des neuen katalanischen Staates ein Gegengewicht zu den von Rußland beeinflußten Arbeiterbewegungen zu schaffen und dadurch die in letzter Zeit völlig gewordene Versklavung der Arbeiterklasse in den Organisationen durch den Widerstreit eines solchen Dualismus zu lockern"[61].

---

55 „Toda Europa del Norte, sin limitaciones ni restricciones, está al lado del proletariado español", *Solidaridad Obrera* 7. 10. 36.
56 Martin Gudell: „Lo más agradable y desagradable de la U.R.S.S.", *Solidaridad Obrera* 15. 12. 36.
57 „El asunto de la camarada Zenzl Mühsam", *Solidaridad Obrera* 22. 8. 36.
58 Anm. 53.
59 Anm. 45.
60 Rocker, S. 313.
61 Schreiben Partos' vom 13. 4. 37 an Korsch; IISG: Nachlaß Korsch, corr. Partos.

Die internen Fraktionen und Gegensätze waren wohl auch der Grund dafür, daß die Gruppe DAS als eigenständige Organisation nicht sehr stark in den Vordergrund getreten ist. Nach den vorhandenen Quellen fanden Souchy und seine Mitarbeiter mehr Rückhalt bei den Spaniern, während Helmut Rüdiger, der mehr die internationalistische Linie der IAA vertrat, seine politischen Prinzipien dadurch vernachlässigt fand. Das wird klar aus seinen etwas resignierenden Worten, die er — nachdem er Spanien bereits verlassen hatte — im Herbst 1937 aus Paris seinem Briefpartner Rudolf Rocker anvertraute: „An irgendeinem Punkte aber beginnt denn doch *mein* anarchistisches Selbstgefühl und mein Bekenntnis zur *deutschen Bewegung* und zur IAA, mögen die nun noch so winzig sein gegenüber der CNT."[62] Auch in seinen 1938 von der CNT veröffentlichten Schriften warf er seinen spanischen Gesinnungsgenossen „Nationalismus" vor. Damit war keine chauvinistische Überheblichkeit gemeint, sondern eine durch die lange Isolierung Spaniens bewirkte fehlende Bereitschaft, aus den Erfahrungen anderer Länder zu lernen[63].

Deutsche in den anarchistischen Milizen

Die starke Stellung der spanischen Anarchisten in den ersten Monaten des Bürgerkrieges lag zweifellos darin begründet, daß sie als eine der aktivsten politischen Gruppen eine Ausdehnung des Militärputsches verhindert und durch ihre bewaffneten Anhänger einen Teil des republikanischen Territoriums besetzt und in Aragon sogar Landstriche den faschistischen Militärs entrissen hatten. Vier Tage nach der Erhebung Francos waren 3.000 Freiwillige durch die Straßen von Barcelona gezogen und mit der Ausrüstung der entwaffneten Garnisonen unmittelbar an die Aragon-Front abmarschiert. Es handelte sich bei dieser Spitze der anarchistischen Milizen um die legendäre „Kolonne des Sieges" (Columna de la Victoria) unter Buenaventura Durruti. Es ist außerordentlich schwierig, für die anarchistischen Milizen genaue Zahlen zu nennen. Anfang September gab die CNT/FAI für Katalonien und Aragon 22.000 Mann in den anarchistischen Milizen an. In dieser Größenordnung bewegen sich auch die Schätzungen Rudolf Rockers, der allerdings einschränkend von nur 13.000 eigentlichen Angehörigen der CNT oder FAI ausgeht, während die übrigen Milicianos parteilos waren oder anderen Organisationen angehörten. Gesamtschätzungen setzten 150.000 Milicianos an oder etwas über 100.000, wobei etwa die Hälfte oder sogar mehr auf die anarchistischen Einheiten entfielen, 30 % auf die Angehörigen der UGT, 10 % auf die Kommunisten und 5 % auf den POUM; hinzurechnen muß man etwa 12.000 regierungstreue republikanische Mitglieder der Guardia Civil und einige Tausend reguläre Soldaten[64]. Mit dem Ausbau eines republikanischen Heeres und ab Oktober 1936 der Internationalen Brigaden ging der prozentuale Anteil der Anarchisten an den bewaffneten Streitkräften des antifaschistischen Lagers zwar zurück, aber in absoluten Zahlen stieg er noch an. Im April 1937 bezifferte Rüdiger die Zahl der CNT/FAI-Truppen auf 86.000, die aller übrigen republikanischen Einheiten unter Einschluß der Internationalen Brigaden auf 200.000[65].

Die Milizen insgesamt und besonders die der CNT waren spontan zusammengestellte Gruppen aus Freiwilligen, von denen die meisten noch nie eine Waffe in der Hand gehalten hatten.

---

62 Schreiben Rüdigers vom 16. 11. 37 an Rocker; IISG: Rocker-Archiv, corr. Rüdiger.
63 Rüdiger: El anarcosindicalismo, S. 7.
64 Brademas, S. 182; Broué/Témime, S. 170.
65 Schreiben Rüdigers vom 24. 4. 37 an Rocker; IISG: Rocker-Archiv, corr. Rüdiger.

Weder das Waffenhandwerk noch Kenntnisse über den militärischen Einsatz waren den Milicianos bekannt. Taktische Fertigkeiten, organisatorisches und technisches Wissen erlernten sie erst im Fronteinsatz — mit entsprechend hohen Opfern. Erst nach einigen Wochen konnte die CNT zusammen mit dem Verteidigungsrat von Katalonien in beschlagnahmten Kasernen, die nach Bakunin, Malatesta oder anderen Persönlichkeiten aus der Geschichte des Anarchismus umbenannt wurden, militärische Ausbildungsstätten schaffen. In wenigen Ausnahmefällen verfügten die Einheiten über ausgebildete Soldaten, noch seltener über ehemalige Offiziere. Gewöhnlich stellten Funktionäre der CNT oder FAI, in den meisten Fällen jedenfalls die politisch aktivsten Mitarbeiter der anarchistischen Bewegung, das führende Personal. Offiziersränge gab es nicht, nur Kommandeure, die wiederum nach basisdemokratischen Prinzipien von unten nach oben delegiert worden waren. Allerdings legten die CNT und die FAI Wert auf Mitsprache bei der Ernennung der führenden „politischen Beauftragten", die wiederum von „militärischen Fachleuten" unterstützt wurden. Rangabzeichen und Ehrenbezeugungen für Kommandeure gab es nicht, der Tagessold von 10 Peseten war für alle gleich. Militärische Disziplin fehlte vollkommen; die CNT-Milizen traten absichtlich als völlig ungeordnete Haufen auf. Der organisatorische Aufbau war nicht einheitlich. Gewöhnlich bildeten zehn Milizsoldaten einen Zug, den ein von ihnen gewählter „delegado" (Delegierter) führte; diese Züge wurden zu „centurias" (Hundertschaften) zusammengefaßt, diese wiederum zu Bataillonen und diese schließlich zu Kolonnen. Die „Delegierten" der Einheiten bildeten mit dem „Generaldelegierten" der Kolonne sowie Vertretern des Verteidigungsrates den „Stab der Kolonne"[66].

Von Anfang an wurden auch Ausländer in die anarchistischen Milizen aufgenommen. Teilweise handelte es sich um anarchistische Emigranten, die sich zur Zeit des Putsches gerade in Spanien aufgehalten und sich spontan an den Straßenkämpfen in Barcelona beteiligt hatten; zum Teil aber auch um ausländische Gesinnungsgenossen, die in den darauffolgenden Wochen nach Spanien strömten und von den Vertretern der CNT/FAI begeistert empfangen wurden[67]. Dieser Zustrom von Anarchisten aus aller Welt hielt an und scheint im Januar/Februar 1937 einen Höhepunkt und zugleich Abschluß erreicht zu haben. Mit der abnehmenden Bedeutung der Milizen insgesamt, der immer stärkeren Rolle der regulären Truppen und dem Aufbau der Internationalen Brigaden wurden sie stärker in den Hintergrund gedrängt und fanden schließlich mit ihrer Auflösung bzw. Überführung in das republikanische Heer ihr Ende.

Im Historischen Archiv zu Salamanca befinden sich, über mehrere Signaturen verteilt, Karteikarten mit den Namen von etwa 1.200 Ausländern und Auslandsspaniern in den anarchistischen Milizen. Die Verzeichnisse und die Aktenbände selbst tragen hierbei gelegentlich falsche oder irreführende Angaben, indem die dort aufgeführten Personen als Angehörige der Internationalen Brigaden bezeichnet werden. Aber aus den meist italienisch, seltener französisch oder spanisch geführten Karteikarten geht deutlich hervor, daß es sich überwiegend um Kämpfer der anarchistischen Milizen handelt, von denen sich allerdings einige zu den Internationalen Brigaden gemeldet hatten bzw. von diesen zu den Milizen desertiert waren[68]. Nach Nationalitäten aufgeschlüsselt, verteilen sich die Kämpfer wie folgt: Italiener 513, Auslandsspanier 335, Franzosen 169, Deutsche 32, Bulgaren 29, Belgier 20, Schweizer 17, Exil-Russen 15, Niederländer 13; der Rest verteilt sich auf ungefähr zwanzig weitere Nationen. In etwa der Hälfte

---

66 Broué/Témime, S. 173.
67 „Una sola consigna: aplastemos el fascism'" und „La emocionante llegada de un grupo de camaradas...", *Solidaridad Obrera* 29. 7. 36. — Vgl. Souchy: „Vorsicht: Anarchist!", S. 104 f.
68 Vgl. Anm. 42. — Die Karteikarten verteilen sich auf folgende Signaturen: AHN Sección P.S. Madrid, carpetas 321, 485, 487 und 488; Sección P.S. Barcelona, carpetas 454 und 455.

aller Milicianos ist eine Mitgliedschaft in der CNT/FAI oder einer ausländischen anarchistischen Organisation vermerkt; man findet aber auch Kommunisten darunter oder Sozialisten oder schlicht „Antifaschisten".

Obwohl die Kartei unvollständig ist, dürfte sie doch die Zusammensetzung der Milizen zumindest tendenziell richtig wiedergeben. Von den drei Divisionen 25, 26 und 28, zu denen die Kolonnen der anarchistischen Milizen im Frühjahr 1937 zusammengefaßt und reorganisiert wurden, sind folgende italienische und französische Einheiten bekannt: In der Columna Durruti, der späteren 26. Division, bestanden die vorwiegend aus Italienern gebildeten Einheiten: der „Gruppo Internazionale", „Los Aguiluchos", das „Batallón internacional de Asalto" und der „Gruppo Matteotti"; in der Columna Ascaso, der späteren 28. Division, gab es die kleine „Colonna ‚Giustizia e Libertà'" und den „Gruppo Malatesta", die beide im Januar 1937 vereinigt wurden. In der Columna Durruti fochten zudem zwei französische Einheiten, der „Groupe français Berthomieu", dem die französische Schriftstellerin und Politikerin Simone Weil angehörte, und die Gruppe „Banda Negra" sowie in der 25. Division die „Centuria Francia"[69]. Diese vorwiegend in Aragon eingesetzten Einheiten bestätigen die Zugehörigkeit vieler italienischer und französischer Freiwilliger zu den anarchistischen Milizen. Die drittgrößte Ausländergruppe, die deutsche, bildete dagegen nur eine einzige kleine Einheit, die „Centuria Erich Mühsam". Ihre Existenz ist erstmals belegt im September 1936 durch einen Brief Helmut Rüdigers, in dem er ihren Marsch unter Rudolf Michaelis an die Aragon-Front mitteilt. Unter diesem Namen wurden sie aber selten geführt, meist als deutsche Gruppe. Eine Karteikarte vermerkt in einer Mischung aus Französisch, Italienisch und falschem Spanisch die Versetzung eines Milicianos zu ihr: „Parti au grupo allemano il 15. 3. 1937"[70]. Offensichtlich war die Einheit identisch mit jenen deutschen Anarchisten, die bereits kurz nach Ankunft an der Front zusammen mit anderen internationalen anarchistischen Einheiten in den Kampf geschickt wurden und dabei einen Vorstoß der Franco-Truppen bei Siétamo zurückschlugen. Diesen Sieg beanspruchten auch die POUM-Milizen für sich, wogegen sich drei Vertreter der Anarchisten in einem offenen Brief verwahrten[71]. Einer der Unterzeichner war der deutsche Anarchist Oskar Zimmermann aus Stuttgart, der in den Quellen wiederholt als Mitglied der Milizen genannt wird. Aus Archivmaterialien sowie aus der Memoirenliteratur lassen sich noch über 70 weitere Deutsche namentlich feststellen, die der deutschen Centuria der Columna Durruti angehörten. Es gibt Hinweise darauf, daß auch in anderen CNT-Verbänden Deutsche kämpften, jedoch fehlen Anhaltspunkte für ihre Zahl. Man wird den Anteil der Deutschen in den anarchistischen Milizen insgesamt irgendwo zwischen 100 und 200 ansetzen dürfen.

Andererseits gehörten der Centuria auch andere Mitteleuropäer vorwiegend aus dem deutschen Sprachraum an: siebzehn Schweizer und fünf Österreicher lassen sich namentlich belegen sowie einige Sudeten-Deutsche aus der Tschechoslowakei. Wir sind über ihren militärischen Einsatz, der überwiegend an der Aragon-Front bei Pina del Ebro (etwa 50 km östlich von Zaragoza) sowie später bei Huesca erfolgte, durch die Erinnerungen der Schweizer Paul und Clara Thalmann informiert, die sich zu dieser Einheit gemeldet hatten[72]. Ursprünglich hatten den anarchistischen Milizen auch Frauen angehört; in der deutschen Centuria erregte

---

69 Castells, S. 25 ff.
70 Schreiben Rüdigers vom 22. 9. 36 an Rocker; IISG: Rocker-Archiv, corr. Rüdiger. - Castells, S. 29. — Karteikarte für Nicolas Maslenikow; AHN: Sección P.S. Madrid, carpeta 485.
71 „No es cierto que Siétamo fuera tomado por los milicianos del P.O.U.M., sino por el Grupo Internacional de la columna de Durruti", *Solidaridad Obrera* 17. 9. 36.
72 Thalmann, S. 174 ff.

die Teilnahme von Clara Thalmann, neben der nur noch eine andere Frau, eine spanische Sanitäterin, mitkämpfte, bereits Aufsehen. Militärischer Leiter der Hundertschaft war ein Saarländer, dessen Name nicht überliefert ist, politischer Leiter („Kommissar") war Rudolf Michaelis. Er versuchte, jeden schwankenden Miliciano oder jeden noch nicht überzeugten antifaschistischen Kämpfer zum Anarchosyndikalismus zu bekehren. Denn die Centuria war nicht nur in nationaler, sondern auch in ideologischer Hinsicht ein recht heterogener Haufen. Ihr gehörten Trotzkisten, Sozialisten, Anarchisten, vereinzelt wohl auch Kommunisten an. Daher bildete die Miliz, wie dies auch bei den POUM-Einheiten der Fall war, in gewisser Weise ein Sammelbecken für Vertreter sehr verschiedener politischer Splittergruppen. Die beiden Thalmanns standen damals noch dem Trotzkismus nahe; ihr Landsmann und Gesinnungsgenosse Heiri Eichmann, der bei den Interbrigaden zeitweilig inhaftiert und erst durch ein CNT/FAI-Kommando gewaltsam befreit worden war, suchte Schutz vor kommunistischer Verfolgung in der Centuria. Ebenso gehörten der Einheit Mitglieder der KPO oder aber parteilose Antifaschisten an[73].

Gewöhnlich waren die Angehörigen der Milizen aus ihren Heimatländern nach Frankreich gewandert, wo neben den anderen spanischen Organisationen auch die Anarchisten Büros in Paris, Marseille, Lyon, Toulouse und Perpignan unterhielten. Bürger aus faschistischen Diktaturen, also Deutsche, Österreicher und Italiener, hatten dabei oft abenteuerliche Odysseen durchstehen müssen. In Frankreich wurden sie von den Vertretungen der CNT/FAI, sobald sie sich dort meldeten, mit einer Fahrkarte, Proviant und, falls erforderlich, mit Papieren ausgestattet und zur spanischen Grenze geschickt. Wegen der zeitweise recht laschen Überwachung durch französische Gendarmerie gelangten sie in der Regel ohne Schwierigkeiten auf spanisches Gebiet und meldeten sich im nächsten Dorf beim lokalen Anarchistenbüro, das sie dann nach Barcelona weiterleitete. Dort wurden sie in einer Kaserne untergebracht und nach kurzer Ausbildungszeit einer Einheit an der Front zugewiesen. Dieser typische Werdegang eines Milicianos ist durch Primärquellen und Memoiren wiederholt belegt, soll jedoch an folgenden zwei Beispielen verdeutlicht werden. Es handelt sich um die von Franco-Truppen angefertigten Protokolle der Vernehmung von kriegsgefangenen ausländischen Anarchisten, die trotz der erkennbaren situationsbedingten Falschaussagen die charakteristischen Umstände bei der Rekrutierung der Milicianos wiedergeben.

Das erste Verhör galt dem 28jährigen Arbeiter Joseph Scheungrab aus dem niederbayerischen Holzkamm. Nach eigenen Angaben hatte er wegen familiärer Schwierigkeiten Deutschland verlassen und sich über Metz nach Paris begeben. Auf Empfehlung von zwei Elsässern schlug er sich zusammen mit einem anderen Deutschen, zwei Österreichern, zwei Polen und zwei Tschechoslowaken nach Spanien durch, wofür ihm die IAA eine Fahrkarte und Verpflegung mitgegeben hatte. In Barcelona wurde die Gruppe in der Bakunin-Kaserne untergebracht und nach acht Tagen Ende Oktober 1936 zur Columna Durruti nach Pina del Ebro abgeordnet. Dort betätigte sich Scheungrab vorwiegend als LKW-Fahrer. Nach einer Verwundung und längerem Lazarett-Aufenthalt desertierte er, wurde jedoch in Barcelona verhaftet und erneut an die Front geschickt, wo er Ende 1937 mit seinem Maschinengewehr angeblich zu den Franco-Truppen desertierte[74]. Wieweit die Fahnenflucht eine Schutzbehauptung war, läßt sich nicht mehr nachprüfen. In der Vernehmung gab er jedenfalls seine durch andere Quellen belegte Zugehörigkeit zu den Anarchisten nicht an.

---

73 Ebd., S. 179 f.
74 „Información sobre la presencia de extranjeros en las filas rojas" (undatierter Vermerk, vermutlich Ende Dezember 1937); SHM: legajo 276, carpeta 3.

Abenteuerlicher war das Vernehmungsprotokoll des Ungarn Julio David, hinter dessen teilweise recht unglaubwürdigen Aussagen sich deutlich die Konturen seines tatsächlichen Werdeganges abzeichnen. Nach eigener Darstellung war David eigentlich Faschist und hatte sich freiwillig zu den Franco-Truppen melden wollen, war aber an der Grenze versehentlich an die Anarchisten geraten, denen er seine wirkliche politische Gesinnung verschwieg. In Barcelona wurde er von der Gruppe DAS und ihrem Funktionär Willy Winkelmann betreut und später zur deutschen Centuria nach Pina del Ebro abgeordnet. Fluchtversuche zu den Franco-Truppen mißlangen. So meldete er sich ab und kehrte nach Barcelona zurück. Da Ausreiseversuche nach Frankreich scheiterten, meldete er sich erneut zu den Milizen. Dort avancierte er und wurde, trotz seiner geheimen Absicht zur Fahnenflucht, zu einem Offizierslehrgang nach Valencia delegiert. Im April 1938 mußte Julio David zwangsweise der CNT beitreten, nachdem man ihm schon vorher die spanische Staatsbürgerschaft verliehen hatte. Schließlich wurde er im Sommer 1938 erneut an der Aragon-Front eingesetzt, wo ihm dann im August die ersehnte Fahnenflucht gelang[75]. Aus dem Protokoll des Verhörs geht hervor, daß die Spanier ihm keinen Glauben schenkten. Aber hinter den märchenhaften Zügen seines Lebenslaufs treten viele, auch durch andere Quellen belegte Details deutlich zutage.

Was beide Vernehmungsprotokolle wohl korrekt wiedergeben, ist die Rolle anarchistischer Büros in Paris bei der Ausstellung von Papieren für die Einreise nach Spanien und die technische und materielle Hilfe sowie die Bedeutung der Gruppe DAS bei der Betreuung der in Barcelona eintreffenden Ausländer. In den Karteikarten der Milicianos befinden sich zahlreiche Begleit- und Empfehlungsschreiben, Passierscheine und Schutzbriefe, meistens ausgestellt von anarchistischen Organisationen: von „Giustizia e Libertà" in Lyon, vom „Comité Anarcho-Syndicaliste" in Paris, von der IAA oder aber von Dienststellen der CNT/FAI, der Gruppe DAS und anderen Einrichtungen. Die Betreuung der internationalen Anarchisten schloß auch die Hilfe für ihre Rekrutierung ein.

Offensichtlich konnte man als Ausländer nicht nur ohne irgendwelche Schwierigkeiten den Milizen beitreten, sondern darin auch recht schnell avancieren. Helmut Rüdiger berichtete in einem Brief an Rudolf Rocker den Fall des emigrierten Kunsthistorikers Carl Einstein, der aus reinem Interesse für den spanischen Anarchosyndikalismus nach Barcelona gekommen war und sich dann recht bald begeistert der CNT angeschlossen hatte. Einstein wurde von Buenaventura Durruti für die Milizen gewonnen und nach kurzer Zeit zum technischen Leiter für einen 9 km langen Frontabschnitt in Aragon ernannt; er hat über seinen Einsatz einen lebhaften Bericht hinterlassen[76]. So leicht es war, in die Milizen einzutreten, so leicht war es wohl auch, sie wieder zu verlassen. Die beiden Thalmanns verließen ihre Einheit ohne Schwierigkeiten von seiten Michaelis', da diesem die zahllosen ideologischen Dispute lästig und für den Zusammenhalt der Truppe wohl auch problematisch wurden: er könne nicht mehr für ihre Sicherheit garantieren, lautete der Vorwand. Von Rüdiger wurde bestätigt, daß Michaelis die POUM-Leute aus seiner Einheit hinausgeworfen habe, weil ihn ihre permanenten Diskussionen geärgert hätten[77].

Recht unterschiedlich war die militärische Qualität der anarchistischen Milizen. Teilweise waren sie bei den Freiwilligen begehrt wegen ihrer freizügigen Organisationsweise, durch die sie sich wohltuend von dem politischen und militärischen Drill der Internationalen Brigaden

---

75 „Memorias" (Vernehmungsprotokoll vom 12. 8. 38); SHM: legajo 276, carpeta 18.
76 Schreiben Rüdigers vom 10. 12. 36 an Rocker; IISG: Rocker-Archiv, corr. Rüdiger. — Carl Einstein: Die Front von Aragón, *Soziale Revolution* Nr. 12, 1. 5. 37.
77 Anm. 37. — Thalmann, S. 181.

unterschieden. Ausländer, die es dort nicht aushielten, desertierten gelegentlich deswegen zu den Milizen — „e fuggito dalla 11 Brigata Internazionale per non sopportare la rigidezza del commando", wie es in der italienisch geführten Karteikarte des Duisburgers Johann Würfels heißt[78]. Aber die Disziplinlosigkeit förderte auch innere Konflikte. Überliefert ist der Fall des Anarchisten Christian Hornig aus Bad Kissingen, der eingesperrt wurde, weil er — offensichtlich in einem Streitfalle — eine Handgranate zünden wollte: „arrestato per volere sparare con una bomba di mano", vermerkt die Kartei[79]. Zwar vermochten Spontaneität und Opferbereitschaft manchen militärischen Mangel auszugleichen. Andererseits stellte die ideologisch begründete Disziplinlosigkeit der Milizen in den ersten Monaten des Bürgerkrieges ein ernstes Problem für ihre Einsatzfähigkeit dar. Einen besonders schlechten Ruf erwarb sich die von Valencia aus aufgestellte „Eiserne Kolonne" (Columna de hierro), die aus Protest gegen die „Militarisierung" der Milizen meuterte und deswegen schließlich aufgelöst wurde. Rüdiger überliefert den Fall eines in den CNT-Einheiten kämpfenden deutschen Krankenwärters, der sich mit der Begründung nicht an die Front kommandieren ließ, daß ein Anarchist sich nicht befehlen lasse. Die Notwendigkeit einer Reform der alten Milizform gestand denn auch Rüdiger ein: „Wir brauchen jetzt ein Heer mit Kommandeuren und Soldaten. Mit begeisterten Haufen ist nichts mehr zu machen — außerdem ist bekanntlich Begeisterung keine Heringsware usw. ... man kann sie nicht einmal auf Monate einpökeln. An ihre Stelle muß Organisation treten, wenn nicht innere Zersetzung und Demoralisierung einreißen sollen, wie es sich schon an mehreren Stellen beobachten ließ"[80].

Die zunehmende Entmachtung der spanischen Anarchisten nach dem blutigen Mai 1937 betraf auch die Milizen und als erstes ihre ausländischen Kämpfer. Die kommunistische Geheimpolizei verhaftete mehrere von ihnen oder bedrohte ihre persönliche Sicherheit, so daß viele von sich aus Spanien verließen. Im Oktober 1937 wurde Rudolf Michaelis ohne Haftbefehl in Barcelona festgenommen, was nach Rüdigers Vermutung auf die Initiative deutscher Kommunisten zurückging[81]. Nach wochenlangen Verhören hieß es, Michaelis und die übrigen inhaftierten ausländischen Anarchisten würden ausgewiesen. Im April 1938 wurden Michaelis und vier andere Anarchisten aus dem Gefängnis von Segorbe, in das sie deportiert worden waren, nach Barcelona entlassen; drei von ihnen reisten sofort nach Paris weiter. Michaelis wollte weiterkämpfen, was aber aufgrund verschärfter Bestimmungen für Ausländer nur noch in den Internationalen Brigaden möglich war. Um sich nicht unter den dort herrschenden Einfluß der Kommunisten zu begeben, beantragte er mit Erfolg die spanische Staatsbürgerschaft; in dieser Eigenschaft reihte er sich wieder ein unter die Truppenteile, die aus den ehemaligen anarchistischen Milizen nunmehr reguläre Einheiten des republikanischen Heeres geworden waren[82].

Nach der Entlassung der fünf inhaftierten anarchistischen Kameraden wurden dafür fünf andere deutsche Anarchisten verhaftet, unter ihnen der alte Miliz-Kämpfer Helmut Klose. Die CNT setzte sich immer weniger für ihre eingekerkerten ausländischen Kameraden ein, was auch ihren nachlassenden Willen bekundete, gegen den zunehmenden kommunistischen Einfluß Widerstand zu leisten. Helmut Klose wurde zeitweilig im Bauche eines Schiffes festgehalten, während Francos Flugzeuge den Hafen von Barcelona bombardierten. Völlig gebrochen, wurde er erst gegen Ende des Bürgerkrieges entlassen und konnte nach Frankreich entkom-

---

78 Karteikarte Johann Würfels; AHN: Sección P.S. Madrid, carpeta 487.
79 Karteikarte des Christian Hornig; ebd.
80 Anm. 37.
81 Undatiertes Schreiben Rüdigers an Rocker; IISG: Rocker-Archiv, corr. Rüdiger.
82 Schreiben Rüdigers vom 22. 1., 16. 4. und 9. 5. 38 an Rocker; ebd.

men, wo er von den Franzosen interniert wurde[83]. Man wird das Jahresende 1937 als Schlußphase des Einsatzes deutscher und internationaler Anarchisten in den Milizen der CNT und ihrer Nachfolgeeinheiten im republikanischen Heere ansetzen können. Sie traten danach nicht mehr in Erscheinung. Entweder müssen sie bis dahin aufgelöst worden sein, oder aber ihre Kämpfer wurden, sofern sie nicht freiwillig wieder nach Frankreich emigriert waren, den Internationalen Brigaden und damit kommunistischem Einfluß unterstellt.

Der Niedergang der Anarchie

Die Rivalitäten unter den revolutionären Kräften der Spanischen Republik betrafen schon frühzeitig auch die deutschen Anarchisten und rissen sie in die inneren Auseinandersetzungen mit hinein. Das merkten als erste die ausländischen Mitarbeiter und Anhänger der kleineren politischen Gruppen, die weniger Rückendeckung genossen und leichter Opfer politischer Verfolgung werden konnten. Ein Beispiel lieferte der deutsche Anarchist Mauricio Lipschulz, der zwar nicht bei der CNT/FAI mitarbeitete, sondern bei der kleinen anarchistischen Splitterorganisation Partido Sindicalista. Ende März 1937 wurde Lipschulz an seiner Arbeitsstelle in Barcelona durch vier Agenten verhaftet und nach Valencia verschleppt, wo er über sieben Wochen eingekerkert blieb. In den Verhören wurde er immer wieder nach deutschen Mitgliedern der Gruppe DAS sowie deutschen Anhängern des POUM ausgefragt. Besonders für Arthur Lewin und einen nicht näher bezeichneten „Walter" interessierten sich die Agenten, über die er aber nichts aussagen konnte. Dafür notierten sie sich alle Namen von deutschen Anarchisten und POUM-Anhängern, die er wußte, was das deutliche Interesse der Geheimpolizei an der nicht-kommunistischen Emigration anzeigt[84].
In Ortschaften oder aber Situationen, in denen sie keine Rückendeckung von der CNT/FAI erhalten konnten, wurden deutsche Anarchosyndikalisten schon vorher von kommunistischer Seite belästigt. Bezeichnend ist hierfür die abgebrochene Propaganda-Reise des Juliano Schwab, der im Januar 1937 im Auftrage des katalanischen Regionalkomitees der CNT nach Albacete fuhr, dort aber wiederholt von Offizieren der Internationalen Brigaden festgenommen, angepöbelt und behindert wurde, so daß er nach drei Tagen unverrichteter Dinge nach Barcelona zurückfuhr. Unterwegs erfuhr er von anderen deutschen Anarchisten, die Opfer kommunistischer Attacken geworden waren[85].
Je mehr die spanischen Anarchisten an Einfluß einbüßten, desto weniger konnten sie ihren ausländischen Gesinnungsfreunden helfen. Eine Bewegung, die binnen kurzem spontan Tausende von freiwilligen Kämpfern mobilisieren konnte, erwies sich gegenüber langfristig planenden und disziplinierten Gegnern als hoffnungslos unterlegen. Diese Feststellung gilt auch für den Schutz der in der Gruppe DAS organisierten Deutschen oder der in der CNT/FAI mitwirkenden deutschen Anarchisten. Nach den Mai-Ereignissen in Barcelona verschwanden die meisten Mitglieder der Gruppe DAS in Gefängnissen oder Kellern, sofern sie sich nicht verbergen oder nach Frankreich fliehen konnten. In seiner Vernehmung durch die Gestapo gab Willy Winkelmann 1940 die Namen von 37 Gesinnungsgenossen in Spanien an, von denen 19

---

[83] Schreiben Rüdigers vom 16. 4., 12. 7., 4. 2. und 5. 4. 39 an Rocker; ebd.
[84] „Relato de Mauricio Lipschulz sobre la detención y trato que fué objeto" (Mskr. vom 21. 5. 37); AHN: Sección P.S. Barcelona, carpeta 14.
[85] Vermerk vom 23. 1. 37; ebd. — Vgl. auch Willi Paul: Internationale Solidarität: Als Antifaschist in Kassel und Spanien, in: Degen/Ahrens (Hg.), a.a.O., S. 73 — 83, hier S. 79.

verhaftet worden waren[86]. Diese Angaben lassen sich nicht in allen Fällen durch andere Quellen überprüfen, aber über acht von ihnen liegt in spanischen Archiven ergänzendes Material. Winkelmann selbst wirkte ebenso wie Souchy in solcher Nähe zum Zentrum der CNT, daß er für die kommunistische Polizei nicht greifbar war.

Im Oktober 1937 drängte Augustin Souchy auf Bitten des Exekutivkomitees des inzwischen verbotenen POUM das katalanische Regionalkomitee der CNT, bei der Regierung in Valencia zugunsten des verschleppten Österreichers Kurt Landau zu intervenieren, was dieses auch tat[87]. Im Falle verhafteter deutscher Anarchisten war in der Regel das günstigste Ergebnis ihre Ausweisung. Acht von ihnen wurden bis April 1938 festgehalten, zeitweilig im Keller eines ehemaligen Klosters in Segorbe, unter ihnen Rudolf Michaelis und der Gründer der Gruppe DAS, Gustav Doster[88]. Kurz vorher war auch der DAS-Sekretär Arthur Lewin, für den sich die Geheimpolizei im Frühjahr 1937 interessiert hatte, festgenommen und als „Faschist" ausgewiesen worden. Die CNT trat nicht für ihn ein und bezeichnete ihn bei seinem Abgang sogar als „Deserteur"[89]. Überhaupt kühlte die Solidarität der spanischen Anarchisten mit ihren ausländischen Gesinnungsgenossen und Mitarbeitern spürbar ab, was Rüdiger schon früher bemerkt und kritisiert hatte. Mit ihrer politischen Entmachtung sanken ihre Bereitschaft und Fähigkeit, sich für die Fremden einzusetzen. In einem Briefe an Gesinnungsfreunde führt Rüdiger Beschwerde darüber, daß die kommunistische Kerkerleitung des Gefängnisses „Cárcel Modelo" in Barcelona das zuständige Regionalkomitee der CNT immer nur zur Beschwichtigung der Gefangenen bemühe, sobald ein Hungerstreik oder eine Gefängnisrevolte drohe[90]. Zwar intervenierte die CNT, indem sie durch ihr zuständiges Regionalkomitee von Valencia einen Rechtsanwalt nach Segorbe schickte, der sich um die in Haft gehaltenen deutschen Anarchisten kümmerte; im Frühjahr 1938 waren sie auch alle bis auf Helmut Klose wieder in Freiheit[91]. Aber das Interesse der CNT für die fremden Kämpfer hatte spürbar nachgelassen.

Besonders deutlich empfand dies Helmut Rüdiger, der seit jeher die „nationalistische" Linie der CNT kritisiert hatte. Während Souchy und Gudell sich bedingungslos hinter die CNT/FAI gestellt hatten, fühlte er sich durch die nach seiner Meinung fehlende Solidarität mit der IAA politisch isoliert. Er benutzte im Herbst 1937 die Gelegenheit, als Beauftragter der CNT nach Paris zu gehen und dort einen Kongreß der IAA vorzubereiten. Er arbeitete für diese Organisation bis August 1938 in Paris und mußte seine Tätigkeit aufgeben, als die IAA aus Geldmangel ihren bürokratischen Apparat abbaute. Zeitweilig spielte er mit dem Gedanken, illegal Deutschland und die anderen faschistischen Länder zu bereisen, um Kontakte zu den in der Heimat verbliebenen Mitgliedern der alten Organisation herzustellen. Später bemühte er sich vergeblich um die Ausreise nach Mexico und konnte noch rechtzeitig vor Schließung der Grenzen im Frühjahr 1939 nach Schweden emigrieren. Er hat Spanien nie wieder betreten[92].

Im Laufe des Jahres 1937 hatte sich nicht nur die Gruppe DAS in Barcelona weitgehend aufgelöst. Auch der Kreis der deutschsprachigen CNT-Mitarbeiter verringerte sich. Paul Partos

---

86 Vernehmungsprotokoll vom 4. 10. 40; HStA Düsseldorf: RW 58/12 646. — Vgl. Schröder, in: Degen/Ahrens (Hg.), a.a.O., S. 91.
87 Schreiben Souchys vom 15. 10. 37 an Mariano Vázquez und Antwort desselben vom 18. 10. 37; AHN: Sección P.S. Barcelona, carpeta 1568.
88 „Lista de los compañeros extranjeros detenidos en la cárcel de Segorbe" vom 10. 11. 37; ebd., carpeta 806.
89 Schreiben Rüdigers vom 16. 11. 37 an Rocker; IISG: Rocker-Archiv, corr. Rüdiger.
90 Schreiben Rüdigers vom 9. 12. 37 an „liebe Freunde"; ebd.
91 Schreiben Rüdigers vom 22. 1., 2. 2., 16. 4. und 29. 4. 38 an Rocker; ebd.
92 Schreiben Rüdigers vom 5. 4. 39 an Rocker; ebd.

ging im Juli 1937 auf das Angebot der FAI ein und übernahm in Valencia im Comité Peninsular, dem Führungsgremium der Organisation, eine Aufgabe. Wieweit sein inzwischen abgekühltes Verhältnis zu Souchy die Entscheidung zu diesem Schritt beeinflußt hat, ist unklar[93]. Das Ehepaar Partos verließ Spanien erst gegen Ende des Bürgerkrieges. Auch zwischen der Gruppe DAS einerseits und Souchy sowie Gudell andererseits hatte es eine gewisse Verstimmung gegeben. Die beiden hatten einen Bericht über die Gruppe verfaßt, den Rüdiger als außerordentlich boshaft empfand[94]. Souchy schloß sich Anfang 1939 dem großen Flüchtlingsstrom nach Frankreich an und entkam dadurch dem Zugriff der Franco-Truppen[95].

Von den deutschen Anarchosyndikalisten hat sich später Helmut Rüdiger am intensivsten mit dem spanischen Anarchismus auseinandergesetzt. Einige Beispiele seiner Kritik wurden bereits genannt, so vor allem das von ihm monierte niedrige theoretische Niveau der Anarchisten und ihre geringe Vorbereitung auf ideologisch nicht vorgesehene Situationen. Ein weiterer Fehler, für den Rüdiger auch die ausländischen Mitkämpfer der CNT/FAI verantwortlich macht, war der ungeheure revolutionäre Enthusiasmus der ersten Kriegsmonate, der jede Erörterung konkreter politischer, wirtschaftlicher und militärischer Fragen verstummen ließ, was zu einer gewissen Weltfremdheit führen mußte: „Wir Anarchisten sind an gewisse Bedingungslosigkeiten gewöhnt und daran, die Realitäten gering zu schätzen, was uns manchmal zu einer abstrakten Propaganda führt, die nicht den Möglichkeiten des Augenblicks entspricht."[96] Dennoch glaubte Rüdiger nicht, daß die anarchistischen Ideen gescheitert waren; seine weitere Mitarbeit in anarchosyndikalistischen Kreisen im schwedischen Exil belegt seine Überzeugung. Aber in einer 1940 in Buenos Aires veröffentlichten Schrift ging er nochmals auf einige der zentralen Probleme des spanischen Anarchismus ein. Was geschieht mit der Macht, die eine revolutionäre Organisation zur Durchsetzung ihrer Ziele braucht, aber gleichzeitig abschaffen will? Rüdiger sieht die Beteiligung der CNT/FAI an den staatlichen oder quasistaatlichen Institutionen der Republik als schweren Fehler an, aber verweist nur auf neu zu konzipierende Organe, die in einer gleichartigen Situation wahrscheinlich vor einem ähnlichen Dilemma stünden[97]. In seinen sechs Schlußthesen fordert er die Entwicklung neuer Theorien, die sich nicht sklavisch an Proudhon oder Bakunin halten müßten, fordert ein höheres intellektuelles Niveau und eine theoretische Vorbereitung auf alle möglichen gesellschaftlichen Situationen, denen eine revolutionäre Bewegung begegnen könnte[98]. Aber ob es solche Theorien geben könne oder die Wirklichkeit ihnen entsprechen werde, sagt Rüdiger nicht. Es soll nicht ausgeschlossen werden, daß einzelne anarchistische Ansätze wie Mitbestimmung oder Selbstverwaltung sich in einem höheren Maße verwirklichen lassen, als es heute bekannt ist. Aber anders als nach Rüdigers Resumé scheint der Anarchosyndikalismus als gesamtgesellschaftliche Konzeption gescheitert zu sein. Er bleibt eine Utopie voller innerer Widersprüche, die an den realen Interessengegensätzen der Menschen zerbricht.

---

93 Briefe Partos' vom 14. 7., 2. 11. 37 und undatierte Abschrift eines Briefes von Karl Korsch; IISG: Nachlaß Korsch, corr. Partos.
94 Schreiben Rüdigers vom 2. 2. 38 an Rocker; IISG: Rocker-Archiv, corr. Rüdiger.
95 Schreiben Rüdigers vom 4. 2. 39 an Rocker; ebd. — Souchy: „Vorsicht: Anarchist!", S. 122.
96 Rüdiger: El anarcosindicalismo..., S. 8 ff., (Zitat) 23.
97 Helmut Rüdiger: Ensayo crítico sobre la Revolución Española, Buenos Aires 1940, S. 38 f.
98 Ebd., S. 45 ff.

Deutsche Sozialdemokratie und Spanischer Bürgerkrieg

Die Darstellung der deutschen Parteien im Umkreis des POUM (SAP und KPO) sowie der deutschen Anarchosyndikalisten in Spanien hatte deutlich werden lassen, wie wenig Parteien und politische Gruppen verschiedener Länder trotz gleicher oder ähnlicher ideologischer Ausrichtung einander vergleichbar sind. Historisch und national bedingte Unterschiede lassen Programme und Doktrinen vielfach als bloße phraseologische Fassade erscheinen, von der die eigentliche Natur der Parteien verdeckt wird. Diese Ungleichartigkeit verwandter Parteien bestand auch zwischen spanischen Sozialisten und deutschen Sozialdemokraten; bei ihnen stellt sich bereits die Frage, zu welchem Zeitpunkt man sie vergleichen sollte. Die Spanische Sozialistische Arbeiterpartei (Partido Socialista Obrero Español, PSOE) trat erst 1931, nach dem Ende der Diktatur, als innenpolitische Kraft voll in Erscheinung. Die SPD dagegen wurde bereits 1933 unterdrückt und existierte hauptsächlich als Exilpartei weiter, die allerdings mit noch verbliebenen oder neugegründeten illegalen Parteizellen in Deutschland in Verbindung stand. Beide Parteien bestanden also nur etwa zwei Jahre gleichzeitig in voller Legalität, blickten daher auf eine sehr unterschiedliche Vergangenheit zurück und lebten in einer ebenso verschiedenartigen politischen Gegenwart.

In einigen Punkten wiesen jedoch beide Parteien wesentliche Gemeinsamkeiten auf: beide spielten zur Zeit des Bürgerkrieges nicht die Rolle, die ihnen aufgrund ihrer Größe, Geschichte und Bedeutung zukam, der PSOE nicht in der spanischen Innenpolitik und die SPD nicht innerhalb der deutschen Emigration, vollends nicht derjenigen, die sich in Spanien engagierte. Die SPD hatte in der Weimarer Republik etwa eine Million Mitglieder gehabt, zeitweilig sogar mehr als 1,2 Millionen, war aber bis 1931/32 auf etwa eine Million wieder zurückgegangen. Sie war die größte Mitgliederpartei in Deutschland und stand 1932 hinsichtlich ihrer Wähler immer noch an zweiter Stelle[1]. Der PSO war nur wenig jünger als die SPD, hatte aber niemals einen vergleichbaren Anhang besessen. Nach dem Sturz der Monarchie erhielt die Partei zwar einigen Zulauf, verfügte aber bis zum Februar 1936 trotzdem nur über 60 000 Mitglieder; dagegen erhielt sie bei den zwischen 1931 und 1936 abgehaltenen Wahlen einen beträchtlichen Teil der Wählerstimmen. Ihre eigentliche Machtbasis lag aber mehr in dem von ihr kontrollierten Gewerkschaftsdachverband „Allgemeine Arbeiterunion" (Unión General de Trabajadores, UGT), der 1932 etwa 960.000, zwei Jahre später bereits mehr als 1,2 Millionen Mitglieder hatte und damit an Gewicht der anarchistischen CNT annähernd gleichkam[2]. Wenn PSOE und UGT die ihnen aufgrund ihrer Stärke zukommende Rolle im Bürgerkrieg nicht spielten, so deswegen, weil beide in den Jahren 1931 — 1936 infolge interner Streitigkeiten ihre Handlungsfähigkeit weitgehend eingebüßt hatten.

---

1 Jahrbuch der deutschen Sozialdemokratie für das Jahr 1931, Berlin 1932, S. 109.
2 Javier Aisa & Victor Manuel Arbeloa: Historia de la Unión General de Trabajadores (U.G.T.), Madrid 1975, S. 241 f. — Gianfranco Dellacasa: Revolución y Frente Popular en España 1936 — 1939, Madrid 1977, S. 72. — Broué/Témime, S. 74; Brenan, S. 256 f.

PSOE und UGT im Bürgerkrieg

Die spanischen Sozialisten waren bei Ausbruch des Bürgerkrieges tief gespalten. Ein stärker reformistischer Flügel, vertreten vom späteren Verteidigungsminister Indalecio Prieto y Tuero, beherrschte den Parteiapparat und fand Unterstützung in einigen Einzelgewerkschaften. Ein revolutionärer Flügel dagegen wurde vom UGT-Vorsitzenden Francisco Largo Caballero geführt; er hatte seine Massenbasis in der organisierten Arbeiterschaft und im Parteivolk und genoß aufgrund seiner Persönlichkeit hohes Ansehen im gesamten linken Spektrum Spaniens - bis weit in die Kreise der Anarchisten. Largo Caballero hatte erst als Erwachsener lesen und schreiben gelernt, weil ihm die Notlage seiner Familie einen Schulbesuch verwehrt hatte. 1907 war er wegen der Vorbereitung eines Streiks zum Tode verurteilt, aber zu Zwangsarbeit begnadigt worden; seine Wahl zum Abgeordneten der Cortes befreite ihn aus der Haft. Politisch stand Largo Caballero zunächst auf einem gemäßigten, betont nichtrevolutionären Flügel der Partei. Er suchte den Kompromiß zwischen Staat und (revolutionärer) Arbeiterschaft, was er durch eine gewisse Zusammenarbeit mit dem Diktator Primo de Rivera anstrebte[3]. Sein politisches Paulus-Erlebnis hatte er als Arbeitsminister der Republik 1933 — 1934, als er erfahren mußte, daß die konservative Ministerialbürokratie seine sehr gemäßigte Reformpolitik boykottierte. Er resignierte mit der Feststellung, daß im Rahmen der bürgerlichen Demokratie kein Sozialismus verwirklicht werden könne[4].

Erste Frucht seiner nun einsetzenden Linksorientierung war die Gründung der „Arbeiter-Allianz" (Alianza Obrera), eines linken Parteienbündnisses, dem zwar Anarchisten und Kommunisten bis auf kleine lokale Organisationen fernblieben, das aber durch den von ihm getragenen asturischen Bergarbeiteraufstand 1934 wesentlich zur Politisierung der spanischen Arbeiterschaft beitrug[5]. Zu den 30.000 — 40.000 Personen, die nach dem Aufstand verhaftet worden waren, gehörte auch Largo Caballero selbst, der sich nun unter dem Einfluß der Schriften Lenins immer stärker den Kommunisten zuwandte; diese begrüßten seinen Kurswechsel und feierten ihn als „spanischen Lenin"[6]. Nach dem Wahlsieg der Linken im Februar 1936 betrieb er systematisch die Annäherung von Kommunisten und Sozialisten. Geschlossen traten ganze Parteizellen und Verbände des PCE der von Largo Caballero geführten UGT bei, so daß diese rasch von einem kleinen Kern von kommunistischen Parteikadern unterwandert wurde. Die Jugendorganisationen von PSOE und PCE fusionierten im März 1936 zur „Vereinigten Sozialistischen Jugend" (Juventudes Socialistas Unificadas, JSU), deren Führung unter ihrem Generalsekretär Santiago Carrillo einige Monate später nach einer Moskau-Reise geschlossen zur Kommunistischen Partei übertrat. Die Sozialistische Partei verlor damit ihre gesamte Jugendorganisation. Und schließlich vereinigten sich am 24. Juli 1936 in Katalonien kleinere sozialistische Gruppen und die kleine regionale Parteiorganisation der Kommunisten zur „Vereinigten Sozialistischen Partei Kataloniens" (Partit Socialista Unificat de Catalunya, PSUC), die trotz ihrer zusammengewürfelten Basis eine rein kommunistisch geführte Partei wurde und recht bald auch der Komintern beitrat[7]. Obwohl Largo Caballero eine solche Entwicklung wohl nicht gewollt hatte, befanden sich die Sozialisten im Sommer 1936 in einem Zustand der

---
3 Broué/Témime, S. 74 f.
4 Paul Preston: The Coming of the Spanish Civil War. Reform, Reaction and Revolution in the Second Republic 1931 — 1936, London 1978, S. 51 ff.
5 Vgl. Victor Alba: La Alianza Obrera. Historia y análisis de una táctica de unidad en España, Madrid 1977, S. 147 ff.
6 Preston, S. 177 f.
7 Broué/Témime, S. 83 ff. — Vgl. S. 122.

Selbstentmachtung. Sie hatten in Katalonien sowie in der spanischen Jugend ihre Massenbasis verloren und die alleinige Führung im Gewerkschaftsverband UGT eingebüßt. Der rechte, pragmatische Flügel um Prieto hatte diese Entwicklung zwar nicht verhindern können, aber stets mißbilligt. Die Sozialistische Partei war daher obendrein noch tief gespalten.
Es war bezeichnend, daß der PSOE beim Ausbruch des Bürgerkrieges nicht als Organisator von Milizen in Erscheinung trat, wie dies bei Anarchisten, Kommunisten, verschiedenen bürgerlichen Gruppen und beim POUM der Fall war. Wohl kämpften auch zahlreiche Sozialisten als Freiwillige, aber in Milizen der UGT, die wiederum teilweise von Kommunisten durchsetzt waren. Entscheidend für die Lage der Sozialisten aber war die Umkehrung der politischen Positionen, die durch den Kurswechsel der Kommunisten hervorgerufen worden war. Die von Largo Caballero geführte UGT und der linke Flügel der Sozialisten verbanden in ihren Forderungen Bürgerkrieg und Revolution, während Kommunisten, rechte Sozialisten sowie die bürgerlichen republikanischen Parteien die Wiederherstellung der demokratischen Verfassung forderten. In den ersten Wochen nach dem Putsch ergriff Largo Caballero die Partei der Milizen und revolutionären Ausschüsse und kritisierte scharf die Kommunisten, denen er die Unterstützung der „reaktionären" Regierung des Republikaners Giral zum Vorwurf machte. Seine Vorstellungen, die er in Reden sowie in seinem Sprachrohr *Claridad* darlegte, deuteten auf eine Diktatur des Proletariats unter sozialistischer Führung, getragen von den Gewerkschaften und den Milizen, also eine Zielsetzung, die den Rahmen des bürgerlichen republikanischen Staates sprengte[8]. Als jedoch Giral zurücktrat und Largo Caballero am 5. September selbst das Amt des Ministerpräsidenten übernahm, bildete er auf sowjetisches Drängen eine Volksfrontregierung unter Einschluß der bürgerlichen Republikaner. Nicht zuletzt die Furcht vor dem britisch-französischen Mißtrauen angesichts der spanischen Revolution führte zum vorläufigen Verzicht auf eine von der UGT und CNT getragene Arbeiterregierung. Diese Politik erfuhr auch keinen Kurswechsel, als bei der Kabinettsumbildung am 5. November 1936 Anarchisten in die Zentralregierung aufgenommen wurden.
Linke Sozialisten, Anarchisten sowie in Katalonien und Aragon der POUM stellten gewissermaßen das linke Spektrum der antifaschistischen Kräfte dar, rechte Sozialisten, Kommunisten und bürgerliche Gruppen ihren rechten Flügel. Die Spaltung ging mitten durch die Sozialistische Partei und ihren Gewerkschaftsbund UGT. Der rechte Parteiapparat des PSOE unter Prieto gewann zusehends an Stärke, je mehr die revolutionäre Aufwallung der ersten Wochen und Monate in die konstitutionellen Bahnen einer bürgerlichen Republik gelenkt wurde. Die Rechtssozialisten genossen dabei nicht nur die Unterstützung der Kommunisten, Republikaner sowie baskischen und katalanischen Nationalisten, sondern konnten für ihre Politik der Restauration auch außenpolitische und technische Argumente sowie die sogenannten Sachzwänge anführen. Die Notwendigkeiten der Kriegführung standen revolutionären Experimenten entgegen.
Francisco Largo Caballero stand als verhinderter Revolutionär an der Spitze einer gemäßigten Volksfrontregierung und war daher den Verfechtern eines bürgerlich-parlamentarischen Weges ein Ärgernis. Einen belehrenden Brief Stalins mit Empfehlungen und Ermahnungen zur Innenpolitik hatte er am 12. Januar 1937 recht kühl beantwortet und sowjetische Vorschläge zur Verschmelzung der Sozialistischen mit der Kommunistischen Partei zurückgewiesen. Als der sowjetische Botschafter immer aufdringlicher auftrat, warf ihn Largo Caballero schließlich hinaus, was das Verhältnis zu Moskau weiter abkühlte; darauf verschärften sich auch seine Beziehungen zu den spanischen Kommunisten, die den ehemals gefeierten „spanischen Lenin"

---

8 Broué/Témime, S. 239 f.

seit Februar 1937 immer offener angriffen. Die zunehmende Besetzung von Posten im Staatsapparat und im Militär mit linientreuen Kommunisten lieferte neuen Konfliktstoff. Aber je mehr der linke Flügel der Sozialisten sich von der KP distanzierte, desto näher rückte diese an die Rechtssozialisten und richtete auf Partei- und Gewerkschaftsbasis gemeinsame Verbindungsbüros ein. Der Volksfrontgedanke wurde dabei soweit getrieben, daß sogar die Jugendorganisation der bürgerlichen Republikaner sich in Form einer ständigen Allianz der JSU anschloß[9]. Auf breiter Basis formierte sich inzwischen ein Bündnis zur Entmachtung Largo Caballeros.

Anlässe und Vorwände hierzu boten sich in großer Zahl. Die militärischen Niederlagen der republikanischen Truppen im Frühjahr 1937 wurden von der kommunistischen Presse dem Regierungschef, der ja zugleich Kriegsminister war, zur Last gelegt. Schließlich aber ließen sich die Ereignisse der Blutwoche von Barcelona gegen ihn ausschlachten. Er habe mit seiner Politik Trotzkisten und anarchistische Provokateure gedeckt, hieß es. Als Largo Caballero sich der kommunisten Forderung nach einem Verbot des POUM widersetzte, verließen ihn nicht nur die beiden kommunistischen Minister, sondern auch seine eigenen Parteifreunde. Am 18. Mai 1937 übernahm Juan Negrin (PSOE) das Amt des Regierungschefs[10]. Noch am 15. Mai hatte das PSOE-Blatt *Adelante* Largo Caballero als unbestrittenen Regierungschef gefeiert. Selbst am 18. Mai betitelte es den Leitartikel mit „Viva Largo Caballero!", aber der Text zur Überschrift war von der Zensur unkenntlich gemacht worden, und das Blatt brachte in einem anderen Abschnitt stattdessen die Nachricht vom Amtsantritt des neuen Ministerpräsidenten[11]. Damit hatten innerhalb des PSOE die kommunistenfreundlichen Rechtssozialisten gesiegt.

Aber noch verfügten Largo Caballero und die Linkssozialisten über eine beträchtliche Hausmacht in der UGT und ihrer Presse. Jedoch bis Juli 1937 gelang es dem rechten Flügel des PSOE, die Anhänger des alten Revolutionärs aus den Redaktionen der Blätter *Adelante* und *Claridad* herauszudrängen. Widerstände von seiten der Redaktionsstäbe oder lokaler Parteiorganisationen wurden teilweise mit Gewalt unterdrückt. Schließlich mußte noch der Apparat der UGT gespalten werden. Diese Politik deutete sich bereits im Mai an. Als der Sozialist und UGT-Funktionär Pascual Tomás noch vor der Regierungsumbildung verkündet hatte, daß die UGT nur eine Regierung mit Largo Caballero als Ministerpräsidenten und Kriegsminister unterstützen würde, da stellte der kommunistische *Mundo Obrero* drohend fest: „Pascual Tomás muß in eigenem Namen gesprochen haben. Denn die Hunderttausende der UGT-Arbeiter denken da ganz anders"[12].

Am 28. Mai kritisierte der Nationalausschuß der UGT den Vorstand unter Largo Caballero, weil er sich geweigert hatte, die neue Regierung unter Negrin zu unterstützen. Darauf trat der Vorstand zurück, machte aber diesen Beschluß, als der Nationalausschuß keinen neuen Vorstand wählen wollte, wieder rückgängig. Die Mehrheit billigte dieses Verhalten; sie hatte mit der Kritik nur ihrem Unmut über die Entwicklung Ausdruck geben wollen. Im offenen Kampfe konnte der populäre UGT-Führer also nicht ausgebootet werden. Daher konzentrierten sich die Kommunisten auf die Unterwanderung von Einzelgewerkschaften, von denen einige im August 1937 die erneute Einberufung des Nationalausschusses verlangten. Darauf schloß der von Largo Caballero geführte Vorstand die aufsässigen Einzelgewerkschaften wegen versäumter Beitragszahlungen kurzerhand aus dem Dachverband aus. Die in der UGT verblei-

---

9 Ebd., S. 329 ff.
10 Ebd., S. 335 ff., 358 ff.
11 „Viva Largo Caballero!", *Adelante* 15. 5. 37, und „Viva Largo Caballero!", ebd. 18. 5. 37.
12 Einschiebekasten im *Mundo Obrero* 15. 5. 37.

bende kommunistische Minderheit berief daraufhin eigenmächtig den Nationalausschuß ein, der auch trotz des Einspruchs des UGT-Vorstandes zusammen mit den Vertretern der ausgeschlossenen Einzelgewerkschaften zusammentrat. Diese Delegierten konstituierten sich als Nationalausschuß und wählten einen neuen Vorstand. Die alte gewerkschaftliche Tradition sei zerbrochen, verkündete der neue „Vorsitzende" Ramón González Peña, und habe ihren demokratischen Charakter eingebüßt; der neue „Vorstand" bedeute einen Neubeginn. In einem gemeinsam von Vertretern von PSOE und UGT verfaßten Schlußdokument wurde auf die lange enge Verbundenheit von Partei und Gewerkschaftsverband hingewiesen. Die Partei hatte den Coup gedeckt[13].

Noch gab sich Largo Caballero nicht geschlagen und wehrte sich gegen den verbandsinternen Putsch. Auf Volksversammlungen sprach er unter großem Beifall der Bevölkerung zu den Arbeitern, kritisierte scharf die Politik der Regierung, der Kommunisten und der PSOE-Führung. Aber die Apparate in PSOE und UGT saßen am längeren Hebel. Die Postverwaltung überwies die Mitgliedsbeiträge und Briefe nur noch an den neuen UGT-Vorstand. Als der Regierung die Volksreden und ihre Wirkungen unbequem wurden, ließ sie Largo Caballero verhaften und unter Hausarrest stellen. Ende November 1937 wurde der Spaltervorstand der UGT von der Regierung endgültig als alleiniger Vertreter des Gewerkschaftsverbandes anerkannt, der Kaderapparat gleichgeschaltet und von Anhängern Largo Caballeros „gesäubert"[14]. Seitdem spielten die Linkssozialisten keine Rolle mehr im politischen Leben der Republik.

Die Spanienhilfe der deutschen und internationalen Sozialdemokratie

Der Abriß über die Geschichte der spanischen Sozialisten vor und während des Bürgerkrieges war in dieser Ausführlichkeit deswegen erforderlich, weil sich daraus das oftmals gestörte Verhältnis des PSOE zu den auswärtigen sozialdemokratischen Parteien und besonders auch zur Sozialistischen Arbeiter-Internationale (SAI) erklärt. Die insgesamt reformistische Sozialdemokratie Nord- und Westeuropas konnte vor dem Bürgerkrieg dem revolutionären Kurs Largo Caballeros und seiner Annäherung an die Kommunisten keinerlei Sympathien abgewinnen und stand eher den Rechtssozialisten nahe. Mit dem Volksfrontkurs der Kommunisten im Bürgerkrieg änderte sich zwar die politische Konstellation innerhalb des PSOE, aber so, daß beide Richtungen der internationalen Sozialdemokratie fernstanden: Largo Caballero und die Linkssozialisten wegen ihres revolutionären Kurses, der sie zumindest in die Nachbarschaft von POUM und Anarchisten brachte, und die Rechtssozialisten wegen ihrer allzu engen Verbrüderung mit den Kommunisten im Rahmen der Volksfrontpolitik. Das Verhältnis zu den ausländischen sozialdemokratischen Parteien wurde daher von zahlreichen Mißverständnissen begleitet und begründete eine von starken Vorbehalten und Zweifeln belastete Solidarität.

Die deutsche Sozialdemokratie, der Parteivorstand der Exil-SPD (Sopade), stand zwar mit anderen deutschen Parteien und Gruppen im Rahmen des Pariser „Lutetia"-Kreises im Gespräch über eine gemeinsame Volksfront, hegte jedoch noch aus der Zeit der Weimarer Republik starke Vorbehalte gegenüber der KPD. Deren Agitation gegen den „Sozialfaschismus" als Zwillingsbruder des „Nazi-Faschismus" war unvergessen. Wohl hatte für eine kurze Zeit eine Einheitsfront zwischen SPD und KPD im Rahmen des Abstimmungskampfes im Saargebiet

---

13 „Habla el presidente de la UGT", *Claridad* 5. 10. 37. — Vgl. die ausführliche Darstellung dieser Entwicklung bei Amaro del Rosal: Historia de la U.G.T. de España. 1901 — 1939, Bd. 2, Barcelona 1977, S. 653 ff., 666 ff.
14 Broué/Témime, S. 380 ff. — Rosal, Bd. 2, S. 720 ff.

bestanden, der die Sopade jedoch eine deutliche Reserve entgegengebracht hatte. Ein ähnlich kühles Verhältnis zum Volksfront-Gedanken bestimmte auch die meisten anderen in der Sozialistischen Arbeiter-Internationale vereinigten Parteien, ebenso auch den mit ihr eng verbundenen Internationalen Gewerkschaftsbund (IGB). — Diese Distanz zur spanischen Innenpolitik, die von ausländischen Beobachtern ohnehin nur lückenhaft überschaut wurde, bedeutete jedoch nicht den Verzicht auf eine klare und deutliche Stellungnahme gegen den militärischen Staatsstreich. Eine Woche nach dem Franco-Putsch teilte das Sekretariat der SAI allen seinem Büro angeschlossenen Parteien den Entwurf eines gemeinsamen Aufrufes mit, der unter anderem folgende Sätze enthielt: „Die Ereignisse in Spanien beweisen, daß der Faschismus jederzeit bereit ist, die Brandfackel des Bürgerkrieges in jedes einzelne Land zu schleudern. Den heldenhaften Arbeitern Spaniens, die zum Schutze einer durch den Willen der Volksmehrheit berufenen Regierung der Volksfront zu den Waffen gegriffen haben, dankt die gesamte Internationale dafür, daß sie keine Opfer gescheut haben, um die Freiheit und das Recht gegen die blutige Gewalt zu verteidigen."[15] Am 28. Juli 1936 beschloß die SAI die Entsendung einer Delegation nach Spanien, der zunächst die Vertreter einiger wichtiger Mitgliedsparteien angehören sollten. Dieser Plan wurde sodann dahingehend geändert, daß nur die beiden Vorsitzenden von SAI und IGB, Louis de Brouckère und Walter Citrine, zusammen mit dem italienischen Sozialistenführer Pietro Nenni fahren sollten. Da Citrine plötzlich verhindert war, traten nur die beiden anderen am 3. August die Reise an. In einem langen Bericht über seine Gespräche und Eindrücke unterstrich Brouckère nach seiner Rückkehr die großen Schwierigkeiten der spanischen Republik und die dringende Notwendigkeit einer Hilfe[16].

Mit dem Aufruf vom 28. Juli hatten SAI und IGB auch einen Spendenaufruf verbunden, der bis Anfang September 1936 2,3 Millionen ffrs. oder 30.500 Pfund Sterling erbrachte. In zahlreichen Ländern organisierten sozialdemokratische Parteien und Gewerkschaftsorganisationen Sammlungen für den „Internationalen Solidaritätsfonds für Spanien"[17]. Einzelne Parteien oder ihre Organisationen schickten Geld oder Hilfsgüter. So sandte das Schweizerische Arbeiterhilfswerk im Oktober 10 t Trockenmilch nach Spanien, aus denen 80.000 l Flüssigmilch für Kinder und Kranke hergestellt werden konnten. Diese Sendung ging direkt an spanische Stellen und nicht über das Internationale Solidaritätskomitee, weil daran die Rote Hilfe und somit auch Kommunisten beteiligt waren. Außerdem schickten die Schweizer Arbeiter eine Sanitätsambulanz nach Barcelona. Der American Labor Chest überwies 100.000 Dollar, und britische Arbeiterorganisationen stifteten aus Spenden drei Lastwagen[18]. Im Januar 1937 schickte der Internationale Solidaritätsfonds einen vorwiegend von der SAI und dem IGB gestifteten Konvoi von 21 Lastwagen nach Spanien, der vom IGB-Sekretär Walter Schevenels begleitet wurde. Die deutsche Sozialdemokratie war als Exil-Partei, die selbst unter schweren materiellen Problemen litt, zu größeren Hilfeleistungen nicht imstande. Aber immerhin fühlte sich die katalanische kommunistische Partei PSUC bemüßigt, dem ZK der KPD und dem Sopade-

---

15 Rundschreiben der SAI vom 25. 7. 36 an die Mitgliedsparteien des Büros; AsD: Emigration — Sopade, Mappe 126.
16 „Internationale Information" Nr. 27 vom 28. 7. 36; IISG: SAI-Archiv Nr. 2760. — Louis de Brouckère: „Kurzgefaßter Bericht über die Reise nach Spanien"; AsD: Emigration — Sopade, Mappe 213. — Louis de Brouckère: „Reise nach Spanien", *Neuer Vorwärts* 16. 8. 36.
17 „Internationaler Solidaritätsfonds für Spanien", vorläufiger Bericht vom 4. 9. 36; AsD: Emigration — Sopade, Mappe 126.
18 Schreiben von Regina Kägi-Fuchsmann/SAH vom 11. 9. 36 an Georg Stolz und Schreiben Friedrich Adlers/SAI vom 16. 10. 36 an denselben; IISG: SAI-Archiv Nr. 2763 A bzw. 2763 B. — „Las Internacionales Sindical y Socialista han recaudado 6.585.831 francos", *Claridad* 13. 10. 36.

Vorstand für den Einsatz deutscher Kommunisten, Sozialdemokraten und Katholiken zu danken[19].

Dennoch wurde recht bald auch Kritik laut an dem geringen politischen Interesse der internationalen Sozialdemokratie. Aus dem Bericht eines vermutlich deutschen Sozialdemokraten über seine Spanien-Reise geht hervor, daß die SAI in Katalonien einen außerordentlich schlechten Ruf genoß. Ein sozialistischer Politiker wie der französische Ministerpräsident Léon Blum werde von Anarchisten und gelegentlich auch Kommunisten als Verräter bezeichnet. Von spanischer Seite wurde als Grund hierfür die zögernde Haltung der internationalen Sozialdemokratie in der Volksfrontfrage angeführt[20]. Aber Kritik kam auch aus den Reihen sozialdemokratischer Emigranten aus Deutschland, Österreich und Italien. Der Österreicher Julius Deutsch wies die SAI eindringlich auf die kommunistische Spanienhilfe hin, die gerade angesichts der Bedrohung Madrids im November/Dezember 1936 besonderes internationales Aufsehen erregte, und auf die schwache Reaktion der SAI. „Nichts ist entmutigender als die allgemeine Überzeugung, die sozialistischen Parteien tun nichts, halten höchstens Konferenzen ab und raffen sich zu keiner Tat auf."[21]

Einen dringenden Hilferuf sandte die UGT an den IGB mit der Bitte um sofortige Einberufung einer Sitzung des Exekutiv-Komitees, die dann auch für den 5. und 6. Dezember 1936 nach Brüssel anberaumt wurde. Nach einer gemeinsamen Anhörung der Vertreter von UGT und PSOE verabschiedeten SAI und IGB eine Solidaritätserklärung für die Spanische Republik und für „die Genossen der Internationalen Kolonne"[22]. Es war dies übrigens einer der wenigen Fälle, in denen die internationale Sozialdemokratie offiziell von den Internationalen Brigaden Kenntnis nahm. Der einzige führende Sozialist, der dem Einsatz internationaler Freiwilliger von Anfang an Aufmerksamkeit gewidmet hatte, war der Italiener Pietro Nenni. Schon im August schilderte er die Leistungen der sozialistischen Milizen (gemeint waren vermutlich die UGT-Verbände) und meinte, sie würden den Kern einer neuen Armee bilden[23]. Um so enttäuschter wandte er sich an die SAI und warf ihr im Dezember 1936 vor, die internationalen Verbände trotz ihrer Bedeutung immer noch zu ignorieren. Schon am 7. Oktober habe er der SAI die Aufstellung eines internationalen sozialdemokratischen Freiwilligenkorps vorgeschlagen, was aber auf keine Resonanz gestoßen sei. Inzwischen steige der kommunistische Einfluß durch das Ansehen, das sich die Internationalen Brigaden erworben hätten. „Noch heute verstehe ich nicht recht — richtiger: ich verstehe absolut nicht — warum unsere französischen, belgischen, deutschen, österreichischen Genossen kein Interesse an den Internationalen Brigaden nehmen. Unter den Milizleuten sind Sozialisten, aber die sozialistischen Parteien — mit Ausnahme der italienischen — sind nicht da." Für die SAI antwortete ihm deren Generalsekretär Friedrich Adler, daß es außerordentlich schwierig sei, geeignete Genossen hierfür zu

---

19 Schreiben des PSUC vom 9. 12. 36 an den PV Sopade und das ZK der KPD; AsD: Emigration — Sopade, Mappe 87.
20 „Zu dem Bericht und den Bemerkungen über die nationale Konferenz der spanischen Jugend" (Verfasser nicht erkennbar, Eingangsstempel: 26. 1. 37); IISG: SAI-Archiv Nr. 2763 D.
21 Schreiben Julius Deutschs vom 22. 11. 36 an Friedrich Adler; IISG: SAI-Archiv Nr. 2769.
22 Schreiben Pascual Tomás/UGT vom 20. 11. 36 an den IGB; Rundschreiben des IGB vom 27. 11. 36 an die Mitglieder des Exekutivausschusses; AsD: Emigration — Sopade, Mappe 126. - „Der Angriff der Gegenrevolution", *Neuer Vorwärts* 13. 12. 36.
23 Pietro Nenni: „Die siegreiche Verteidigung in Spanien", *Neuer Vorwärts* 30. 8. 36.

finden. Ein allgemeiner Aufruf der SAI hätte in vielen Ländern direkte Angriffe einheimischer Faschisten zur Folge. Konkrete und praktische Arbeit sei hier angemessener[24].

Von allen sozialdemokratischen und sozialistischen Parteien des Auslandes war die italienische die einzige, die sich personell und im Rahmen ihrer Möglichkeiten als Exil-Partei auch materiell in Spanien engagierte. Sie verlegte ihren Exil-Sitz von Frankreich nach Spanien, und namhafte Funktionäre wirkten in den Internationalen Brigaden oder im republikanischen Staatsapparat. Dagegen war das Interesse der Exil-SPD trotz des Einsatzes vieler deutscher Sozialdemokraten in Spanien gering. Auch die Bedeutung der Internationalen Brigaden wurde von der Partei vollkommen verkannt, wofür folgende Episode bezeichnend ist: Der frühere badische SPD-Vorsitzende Georg Reinbold fragte aus seinem französischen Exil brieflich beim Parteivorstand an wegen des Falles eines gewissen Jacob Ott, der als Freiwilliger nach Spanien gehen wollte. Reinbold hatte ihm abgeraten wegen der Gefahr der Invalidität oder tödlichen Verwundung oder der Erschießung bei Gefangennahme. Obendrein, schrieb Reinbold, sei ihm nicht bekannt, daß irgendeine nationale SAI-Sektion ihre Mitglieder zum Eintritt in die spanische Armee aufgefordert hätte, so daß er dem Fragesteller abgeraten habe. Für den SPD-Vorstand antwortete Erich Ollenhauer: „Die Beantwortung der Anfrage Jacob in der spanischen Angelegenheit billigen wir. Sie entspricht durchaus unserer Auffassung"[25]. Statt dessen befaßten sich führende Sozialdemokraten mit Banalitäten. So schrieb Otto Wels an den neuen spanischen Gesandten in Prag, Luis Jiménez de Asua, daß im *Prager Tageblatt* folgende Annonce erschienen sei: „Zwei Spanier suchen Damenanschluß"; vermutlich stamme diese Annonce von Nazis und solle die spanischen Diplomaten diskreditieren, so daß man die Polizei einschalten müsse. Jiménez de Asua erwiderte, daß die Angelegenheit vollkommen bedeutungslos sei[26].

Die von SAI, IGB und einzelnen sozialdemokratischen Parteien geleistete Hilfe stieß nicht selten auf Hindernisse. Von den 21 gestifteten Lastwagen, deren Konvoi Walter Schevenels nach Spanien begleitete, kamen aufgrund von Störungen und Zwischenfällen nur 17 an ihrem Bestimmungsort an. Wegen einer Fehlinformation in der kommunistischen *L'Humanité,* wonach der Konvoi für die Gegenseite bestimmt sei, unterlag die Hilfssendung zahlreichen Kontrollen, Schikanen und Sabotageakten[27]. In einem anderen Falle wurde die von dem IGB entsandte Materialhilfe umgeleitet und der Roten Hilfe zugestellt, worüber sich die UGT heftig beschwerte[28]. Im Frühjahr 1937 besuchten Regina Kägi-Fuchsmann vom Schweizerischen Arbeiterhilfswerk und die frühere sozialdemokratische Reichstagsabgeordnete Anna Siemsen die sozialistische Frauenorganisation von Madrid und überbrachten vier Lastwagen mit Lebensmitteln im Werte von 40.000 sfrs[29]. Eine der größten Hilfsmaßnahmen war die Stiftung des Hospitals von Onteniente (zwischen Valencia und Alicante), das 1.200 Verwundete aufnehmen konnte und von SAI und IGB vollständig ausgerüstet wurde. Dazu gehörten auch neun Krankenwagen, die von den belgischen Sozialisten übergeben und auch später noch von

---

24 Hektographiertes Schreiben Pietro Nennis vom 6. 12. 36 an Friedrich Adler und Antwort Adlers vom 17. 12. 36; IISG: SAI-Archiv Nr. 2764.
25 Schreiben Georg Reinbolds vom 24. 10. 36 an Erich Ollenhauer und Antwort vom 29. 10. 36; AsD: Emigration - Sopade, Mappe 93.
26 Schreiben Otto Wels' vom 21. 10. 36 an Luis Jiménez de Asua und Antwort vom 23. 10. 36; ebd. Mappe 16.
27 Walter Schevenels: „Ausführlicher Bericht über die Mission in Spanien vom 21. — 29. Januar 1937" (hekt); IISG: SAI-Archiv Nr. 2763 E.
28 Rundschreiben des IGB vom 7. 4. 37 an die Landeszentralen; AsD: Emigration — Sopade, Mappe 126.
29 „Las camaradas suizas nos visitan a las mujeres socialistas madrileñas", *Claridad* 15. 5. 37.

den Stiftern betreut wurden[30]. Eine letzte große Hilfsaktion der SAI bestand im November 1938 in der Sammlung von Papier zur Versorgung sozialistischer Zeitungen in Spanien, — indessen zu einem Zeitpunkt, zu dem sich der Bürgerkrieg bereits seinem Ende näherte[31].

Auch durch Aktivitäten im Bereich der Öffentlichkeitsarbeit, auf diplomatischer Ebene sowie durch Reisen führender Vertreter versuchten SAI, IGB und einzelne sozialdemokratische Partei- und Gewerkschaftsverbände, die spanische Republik zu unterstützen. Wiederholt begleiteten sozialdemokratische Politiker Material- und sonstige Hilfssendungen nach Spanien. Im April 1937 fuhren die beiden Generalsekretäre von SAI und IGB, Friedrich Adler und Walter Schevenels, an die Front. Im Juli 1937 besichtigten als Vertreter der SPD die beiden ehemaligen Reichstagsabgeordneten Paul Hertz und Toni Sender Frontabschnitte bei Madrid und statteten den dort kämpfenden deutschen, österreichischen und tschechoslowakischen Einheiten der Internationalen Brigaden einen Besuch ab. Und zur selben Zeit entsandte die Sozialistische Jugend-Internationale eine Delegation nach Spanien, der ihr Generalsekretär Erich Ollenhauer sowie Karl Kern und Ernst Beck vom Internationalen Spanienhilfskomitee in Paris angehörten[32].

Trotz der regelmäßig geleisteten materiellen Hilfe der beiden sozialdemokratischen Internationalen ging die Initiative zu größeren politischen Aktionen oft vom PSOE oder der UGT aus. Auf einer Klausurtagung von SAI und IGB in London im März 1937 richtete der UGT-Vizepräsident Pascual Tomás Vorwürfe an die Adresse der beiden Internationalen, weil sie bisher immer noch kein Dokument veröffentlicht hätten, das den Charakter des Krieges vor aller Welt bloßgestellt hätte. Tomás regte an, daß alle sozialdemokratischen Regierungen sich aus dem Nicht-Interventionsausschuß zurückzögen, der nach acht Monaten im April 1937 Regelungen über eine internationale Kontrolle von Waffenlieferungen an die Bürgerkriegsparteien vereinbart hatte[33]. IGB und SAI kritisierten daraufhin das Unterlaufen der Nicht-Interventionspolitik, die sie für gescheitert erklärten. Überdies beschlossen sie eine Propaganda-Aktion für Spanien, die von seiten des IGB mit einem Aufruf zum 1. Mai verbunden wurde. Darin wurde die Solidarität mit Spanien ausgedrückt und das Recht der Arbeiter auf Selbstverteidigung. Ausdrücklich hob der IGB den Zusammenhang zwischen dem Franco-Putsch und den Zielen der Diktaturen in Deutschland und Italien hervor, so daß der Kampf der Internationalen Brigaden auch den Tyrannen in Berlin und Rom gelte: „Vor Madrid können Hitler und Mussolini geschlagen werden."[34] Die SAI regte bei ihren Mitgliedsparteien einen Vorstoß in den Parlamenten an und verwies auf das Vorbild der britischen Labour Party, die im Unterhaus eine Anfrage zur Hungerblockade von Bilbao eingebracht hatte. Und als die deutsche Marine im Auftrage Francos im Juni 1937 Almeria beschoß und sechzehn Sozialisten in La Coruña von den Aufständischen vor ein Militärtribunal gestellt wurden, veröffentlichte die

---

30 „La Internacional Socialista y la Internacional Sindical instalan un hospital completamente equipado", *Adelante* 4. 5. 37. — „El camarada De Brouckère visitó en [Onteniente] el Hospital Internacional", *Claridad* 6. 9. 37. — Pietro Nenni: „Für das Spital der SAI und des IGB", *Neuer Vorwärts* 30. 5. 37.

31 Rundschreiben der SAI vom 10. 11. 38 an sozialistische Tageszeitungen in Europa; AsD: Emigration — Sopade, Mappe 127.

32 „La UGT, columna y base de la victoria", *Adelante* 21. 4. 37. — „Deutsche Sozialdemokraten besuchen uns", *Le Volontaire de la Liberté* (dt. Ausgabe) Nr. 37, 4. 7. 37. — „Habla en Madrid la Internacional Juvenil Socialista", *Claridad* 3. 7. 37. — Erich Ollenhauer: „Spanien — die Freiheitsfront Europas", *Neuer Vorwärts* 18. 7. 37.

33 „Ayer intervinieron Pascual Tomás, Cordero, Schevenels, De Brouckère y Pietro Nenni", *Adelante* 12. 3. 37. — „Se piden armas para el Gobierno legitimo de España", *Claridad* 12. 3. 37.

34 „Spanien und die Internationale", *Neuer Vorwärts* 18. 7. 37. — Schreiben des IGB vom 26. 4. 37 an die Landeszentralen und Aufruf des IGB zum 1. Mai; AsD: Emigration — Sopade, Mappe 126.

SAI einen massiven Protest[35]. Über das Bombardement auf Almeria und die Zerstörung Guernicas durch deutsche Flugzeuge drückte auch die Sopade Abscheu und Empörung aus[36]. Kurz darauf drängten die Sozialisten erneut auf eine Spanien-Aktion und beschwerten sich, daß der Bürgerkrieg seit dem März 1937 nicht mehr von der SAI diskutiert worden sei. Für die Zeit vom 31. Juli bis zum 6. August regte die SAI bei den Mitgliedsparteien erneut eine Spanienwoche an, die in der Weltöffentlichkeit auf die Bestimmungen des Völkerbundpaktes und auf die Solidarität aller Sozialisten hinweisen sollte[37]. Aber nach dieser Aktion ging das Interesse an Spanien langsam zurück. Im Januar 1938 regte der PSOE eine Konferenz sozialistischer Parlamentarier an und die Gründung einer Sozialistischen Interparlamentarischen Union, die aber nicht aufgegriffen wurde[38]. Im Oktober 1938 tagten in Paris die Präsidenten und Generalsekretäre von SAI und IGB zusammen mit den Vertretern des PSOE und der UGT. Die Spanier forderten eine Sitzung beider Internationalen und eine Aktion zur Sammlung aller antifaschistischen Kräfte. Der Parteivorstand der Sopade antwortete hierauf im November 1938, daß er sich einer solchen Konferenz nicht widersetzen wolle, daß sie aber der Spanischen Republik nicht mehr viel nützen werde[39]. Die bereits erwähnte Papiersammlung für spanische sozialistische Zeitungen war die letzte größere Initiative. Alle späteren Aktionen konzentrierten sich auf die Betreuung der nach Frankreich strömenden Spanienflüchtlinge.

Deutsche Sozialdemokratie und spanische Volksfront

Im Frühjahr und Sommer 1937 unternahm die Komintern im Rahmen ihrer Volksfrontpolitik erneute Annäherungsversuche an sozialdemokratische und bürgerliche Parteien. Im Juni wandte sie sich an die SAI und schlug ihr einen ausführlichen Meinungsaustausch vor, wie er zwischen den Spitzen beider Organisationen schon einmal stattgefunden hatte. Der französische KP-Vorsitzende Maurice Thorez regte in einem Telegramm vom 15. Juni 1937 an den SAI-Vorsitzenden Louis de Brouckère ein Treffen von Delegationen beider Internationalen an, wobei er für die Komintern außer sich selbst folgende Delegationsmitglieder vorschlug: Marcel Cachin, José Diaz, Franz Dahlem und Luigi Gallo (Longo). Das Treffen sollte am Genfer See stattfinden, wo sich Brouckère und andere sozialdemokratische Politiker wegen der alljährlichen Tagung der Internationalen Arbeitskonferenz trafen[40]. Die personelle Zusammensetzung weist auf den Schwerpunkt der spanischen Thematik hin: José Diaz war Generalsekretär des PCE, Franz Dahlem und Luigi Gallo (Longo) waren als wichtige Komintern-Funktionäre in Spanien tätig.

---

35 Schreiben der SAI vom 27. 4. 37 an die Mitgliedsparteien und Schreiben des SAI-Sekretariats vom 3. 6. 37 an die SAI-Exekutive; ebd.
36 „Die Anklage gegen Hitlerdeutschland" und „Schüsse gegen das deutsche Volk", *Neuer Vorwärts* 9. 5. und 6. 6. 37.
37 Schreiben des SAI-Sekretariats vom 12. 7. 37 an das SAI-Büro und vom 10. 7. 37 an die SAI-Exekutive; AsD: Emigration — Sopade, Mappe 126.
38 Schreiben Ramón Lamonedas/PSOE vom 12. 1. 38 an die SAI-Exekutive; ebd.
39 Bulletin der *L'Agence Espagne* Nr. 343 vom 25. 10. 38; Schreiben des PV/SPD vom 4. 11. 38 an Friedrich Adler; ebd., Mappe 127.
40 Abdruck des Telegrammwechsels vom 15. 6. 37 im Rundschreiben des SAI-Sekretariats; ebd. — Vgl. „El único camino: contra el fascismo, la unidad de acción del proletariado mundial", *Claridad* 16. 6. 37.

Von seiten der SAI waren bereits vorher Vorbehalte gegen die von der Komintern vorgeschlagene Einheitsfront zwischen Kommunisten und Sozialdemokraten angemeldet worden[41]. Zwar ließ der erneute Telegrammwechsel den Eindruck entstehen, daß die beiden Internationalen doch noch zu einem Einigungsgespräch finden würden. Aber dagegen regten sich Widerstände in sozialdemokratischen Parteien. Den schärfsten Einspruch erhoben die Niederländer, deren Vorsitzender J.W. Albarda mit dem Austritt seiner Partei aus der SAI drohte. Angesichts der Moskauer Schauprozesse erklärte er, daß die kommunistische Politik kaum geeignet sei, Gegner einer gemeinsamen Front zu ihren Anhängern zu machen[42]. Die Komintern reagierte auf den Mißerfolg ihres Liebeswerbens mit Aggressivität und scharfer Kritik. Aus Anlaß des 20. Jahrestages der Oktoberrevolution zitierte Dimitroff einen Satz Stalins, wonach man, um den Kapitalismus zu schlagen, zuerst mit dem „Sozialdemokratismus" Schluß machen müsse[43]. Zum Zeitpunkt der Moskauer Schauprozesse galt jede Kritik an der sowjetischen Innenpolitik als störend und wurde von kommunistischer Seite als Diffamierung der UdSSR zurückgewiesen. Vielmehr antworteten KP-Blätter mit Verdächtigungen, von denen auch die internationale Sozialdemokratie nicht verschont wurde. Hierbei war der Vorwurf des „Trotzkismus" noch eine recht harmlose Behauptung; ärgerlicher war schon die Behauptung, daß hinter antisowjetischen Äußerungen verkappte Gestapo-Agenten stünden. Wie empfindlich Kommunisten auf jede Form von Kritik antworteten, zeigt der drohende Artikel eines Brigadeblattes: „Zu wiederholten Malen, hinter denen sich die Absicht verbirgt, eine uns besonders befreundete Nation zu beleidigen, um so der Regierung Schwierigkeiten zu bereiten, beschäftigen sich verschiedene Zeitungen mit der UdSSR. Bei dieser Unschicklichkeit sind sie soweit gegangen, die Sowjetunion mit den Nationen, die uns überfallen haben, zu vergleichen. Solche absolut verwerfliche Zügellosigkeit darf von der Zensurstelle keineswegs geduldet werden. Es muß radikal damit Schluß gemacht werden."[44]

Man wird verallgemeinern dürfen, daß auch ein Teil der deutschen Sozialdemokraten in Spanien die Volksfrontpolitik des PSOE und der UGT guthieß. Das Zögern des sozialdemokratischen Parteivorstandes gegenüber der Volksfrontpolitik stieß auf wenig Verständnis angesichts der ständigen militärischen Erfolge Francos. Ein gewisser Arthur Adler aus Valencia schrieb an den Parteivorstand, daß dessen Organ *Neuer Vorwärts* von den meisten sozialdemokratischen Spanienkämpfern als zu reaktionär und die Stellungnahme zur Volksfront als unzeitgemäß empfunden werde. Man meine, daß der Parteivorstand immer noch nicht seine Fehler begriffen habe[45]. Zwar bemühte sich der Parteivorstand um eine ausführliche Berichterstattung über Spanien und bat in einem Rundschreiben um die Zusendung von Informationen und Berichten[46]. Aber mit Stellungnahmen zur Innenpolitik in Spanien hielt sich der *Neue Vorwärts* seitdem zurück. Zwei Monate nach Arthur Adler schrieb dessen Ehefrau Hilda erneut nach Prag und fragte, warum die SPD zum Spanienkrieg schweige. Bislang sei keine Parole, keine Konferenz, keine Aktion von ihr ausgegangen. Die SPD habe viel gut zu machen, warum fange sie nicht endlich mit Aktivitäten zugunsten der spanischen Republik an?[47]

---

41 Vgl. hierzu den abgedruckten Briefwechsel zwischen Brouckère und Dimitroff: „La gloriosa Internacional comunista", *Mundo Obrero* 10. 6. 37.
42 Rundschreiben des SAI-Sekretariats vom 23. 6. 37; AsD: Emigration — Sopade, Mappe 126.
43 Julius Braunthal: Geschichte der Internationale, Bd. 2, Hannover 1963, S. 509.
44 „Bist du genügend wachsam, Kamerad?", *Der Freiwillige* Nr. 15 15. 6. 37. — Zitat aus: „Die Sowjetunion unser bester Freund", *Le Volontaire de la Liberté* (dt. Ausgabe) Nr. 43, 21. 8. 37.
45 Schreiben Arturo Adlers vom 14. 1. 37 an den PV/SPD; AsD: Emigration — Sopade, Mappe 15.
46 Rundschreiben des PV/SPD vom 24. 2. 37; ebd., Mappe 10.
47 Schreiben Hilda Adlers vom 8. 3. 37; ebd., Mappe 15.

Von den linken Parteien und Organisationen des Exils wurde die Sopade besonders häufig angegriffen, jedoch aus sehr unterschiedlichen Gründen. Während SAP und KPO ihr Inaktivität und Anbiederung an die Volksfrontpolitik vorwarfen, bemängelte die Gruppe „Neu Beginnen" gerade ihre Berührungsängste vor Kommunisten und ihre zögernde Haltung gegenüber einem breiten antifaschistischen Bündnis. Anders als die anderen linken Gruppierungen bejahte „Neu Beginnen" den Volksfrontgedanken zumindest im Grundsätzlichen und zog deutlich eine Parallele zwischen Deutschland und Spanien[48]. Unter den vergleichsweise wenigen Mitgliedern der Gruppe, die sich zeitweilig in Spanien aufhielten, warf denn auch der Österreicher Willi Müller der deutschen und internationalen Sozialdemokratie „sträfliche Indifferenz, Verständnislosigkeit und sogar Sabotage" an der spanischen Republik vor. Ihr fehlendes Interesse werde sich langfristig rächen. Besonders scharf kritisierte er die geringe Hilfe der SPD: „Keine Partei ist soweit zurückgeblieben wie die deutsche Sozialdemokratie."[49] Kritik an der Sopade wurde aber auch in ihren eigenen Reihen laut. In der Brigadezeitung *Le Volontaire de la Liberté* drückte „ein ehemaliger SPD-Abgeordneter", womit der frühere preußische Landtagsabgeordnete Erich Kuttner gemeint war, sein Befremden über die Reserviertheit der Sopade gegenüber dem Volksfrontgedanken aus. Trotz der erfolgreichen Arbeit der Volksfront in Spanien stehe ihr die SAI kühl gegenüber, besonders aber der Prager Exilvorstand der SPD[50].

Nun wird man einerseits zugeben müssen, daß die Sopade am Bürgerkrieg wenig interessiert war und die Bedeutung einer internationalen sozialdemokratischen Solidarität angesichts der politischen Entwicklung in Spanien nicht begriff. Aber man muß auch hinzufügen, daß ihr die Solidarität mit der Volksfront schwergemacht wurde. Dies gilt einmal im Hinblick auf die schlechten Erfahrungen, die die Partei in den Verhandlungen mit dem Pariser Ausschuß zur Vorbereitung einer deutschen Volksfront machen mußte. Das gilt aber auch für die innenpolitische Entwicklung in Spanien selbst. Dennoch waren einzelne führende Sozialdemokraten bereit, mit Kommunisten und unabhängigen Intellektuellen gemeinsame Aufrufe zu Spanien zu unterzeichnen. So wurde an den Frontabschnitten, an denen Soldaten der Legion „Condor" kämpften, ein Flugblatt abgeworfen, das zum Kampf gegen Franco aufrief: „Der Kampf des spanischen Volkes ist euer Kampf. Die Niederlage Francos wird der Anfang vom Ende Hitlers sein." Unterzeichnet war es von den Schriftstellern und Journalisten Heinrich Mann, Georg Bernhard und Otto Klepper, den Kommunisten Franz Dahlem, „Kurt Funk" (Herbert Wehner) und Willy Münzenberg und den Sozialdemokraten Rudolf Breitscheid, Georg Denike und dem früheren saarländischen SPD-Vorsitzenden Max Braun[51]. Aber gerade Rudolf Breitscheid beobachtete die spanische Innenpolitik mit großer Skepsis. Der POUM, so schrieb er, vertrete zwar bedenkliche Ansichten, aber das Vorgehen der Kommunisten sei trotz der Kriegslage nicht gerechtfertigt. Die kommunistischen Behauptungen, daß der POUM im Solde Francos stehe, seien Unsinn. „Daß sie eine so ausgedehnte Verbreitung finden, liegt an dem ständig sich verstärkenden Einfluß der Kommunisten in Spanien, der seinerseits auf die materielle Unterstützung zurückzuführen ist, die die Sowjetunion der spanischen Regierung gewährt."[52]

---

48 Kurt Kliem: Der sozialistische Widerstand gegen das Dritte Reich, dargestellt an der Gruppe „Neu Beginnen", Phil. Diss., Universität Marburg 1957, S. 193, 199.
49 Willi Müller: „Reisebericht Spanien, Stichworte", 31. 3. 37; IISG: Sammlung Neu Beginnen, Mappe 18.
50 „Das Beispiel Spaniens", *Le Volontaire de la Liberté* (dt. Ausgabe) Nr. 26, 6. 5. 37.
51 Flugblatt „Hitler führt Krieg!"; IfZ: MA 645, S. 890, 148. — Vgl. „Los socialistas, comunistas y demócratas alemanes dirigen un llamamiento a sus compatriotas", *Solidaridad Obrera* 10. 1. 37.
52 Schreiben Rudolf Breitscheids vom 21. 8. 37 an den PV/SPD; AsD: Emigration — Sopade, Mappe 23.

Die Entwicklung in Spanien belastete auch die Beziehungen zwischen den sozialistischen Jugendorganisationen. Als sich Erich Ollenhauer in seiner Eigenschaft als Sekretär der Sozialistischen Jugend-Internationale in Spanien aufhielt, verkündete er, daß aus seiner Reise auch Konsequenzen gezogen werden sollten; zur Jugend-Komintern seien bereits Kontakte hergestellt worden[53]. Aber konkrete Ergebnisse zeigten diese Kontakte nicht. Einen Monat später wandte sich Ollenhauer an den JSU-Sekretär Santiago Carrillo, um auf Drängen der belgischen, österreichischen und amerikanischen Jugendorganisation um eine Stellungnahme zu den Verfolgungen von POUM-Anhängern zu bitten[54]. Die Bemühungen deutscher Sozialdemokraten um die Suche nach dem entführten Deutschen Mark Rein und das hierbei wenig kooperative Verhalten spanischer Sozialisten, die in diesem Falle ihren kommunistischen Volksfrontpartner nicht bloßstellen wollten oder konnten[55], bildeten unüberwindbare Hindernisse für eine enge beiderseitige Zusammenarbeit.

Zunächst hatte es den Anschein gehabt, als ließe sich im Bereich der Jugendorganisationen noch am ehesten eine gewisse Zusammenarbeit zwischen Sozialisten und Kommunisten verwirklichen. Die JSU bot sich hier als Vermittler an, weil sie nach außen hin zwischen den Parteien stand bzw. die Jugendorganisationen beider Parteien vereinigte; so war sie im Frühjahr 1937 in die Sozialistische Jugend-Internationale aufgenommen worden, jedoch anschließend auch der Jugend-Komintern beigetreten. Die sozialistischen Jugendorganisationen Frankreichs, Belgiens, Großbritanniens, Schwedens und anderer Länder organisierten Sammlungen zugunsten der spanischen Republik; aus ihren Reihen meldeten sich auch zahlreiche Freiwillige zu den Internationalen Brigaden, zu deren Führung die Sozialistische Jugend-Internationale auch einen ständigen Vertreter entsandte[56].

Aber die bereits erwähnten Streitpunkte - die Unterdrückung des POUM und die Verfolgung zahlreicher Nicht-Kommunisten — belasteten auch die Beziehungen zwischen der Sozialistischen Jugend-Internationale und der JSU. In einem Gespräch, das Erich Ollenhauer und ein anderer Funktionär im September 1937 in Stockholm mit einem Vertreter der JSU führte, prallten die Gegensätze erneut aufeinander. Der Spanier verbat sich jede Einmischung in die inneren Angelegenheiten seines Landes und rechtfertigte die Verfolgung von „Trotzkisten und faschistischen Agenten"[57]. Zwar bekundete die Sozialistische Jugend-Internationale weiterhin ihre Solidarität mit Spanien und führte Sammlungen und Propagandaaktionen durch. Aber ihr Verhältnis zum Volksfrontgedanken war trotz des fortgesetzten kommunistischen Liebeswerbens ein eher distanziertes. Für die deutsche sozialdemokratische Jugend im Exil hatte dieser Gedanke ohnehin nie eine besondere Anziehungskraft besessen; die belasteten Beziehungen zwischen KPD und SPD erstreckten sich auch auf ihre Jugendorganisationen.

Deutsche Sozialdemokraten im Kampf für die Republik

Im Gegensatz zu den italienischen Sozialisten, die während des Bürgerkrieges ihren offiziellen Sitz nach Spanien verlegten, besaß die Sopade dort keinen Vertreter. Alle Kontakte zwischen SPD und PSOE liefen über die SAI oder beschränkten sich auf gelegentliche Briefe oder Ge-

---

53 „Habla en Madrid la Internacional Juvenil Socialista", *Claridad* 3. 7. 37.
54 Schreiben Erich Ollenhauers vom 19. 8. 37 an Santiago Carrillo; IISG: SAI-Archiv Nr. 2765 A.
55 Vgl. S. 172 ff.
56 Erich Wittmann: Die Sozialistische Jugend-Internationale. Ihre politische Tätigkeit und Entwicklung in den Jahren 1932 — 1939/40, Diss. Wien 1979, S. 154 f.
57 Ebd., S. 157 f.

spräche bei Begegnungen auf internationaler Ebene. Zu einer offiziellen Vertretung der SPD oder auch nur der SAI ist es, trotz wiederholter Anregungen von verschiedenen Seiten, niemals gekommen.

Im Oktober 1936 wandte sich ein gewisser Eduard Figal, Generalsekretär der bis dahin unbekannten Organisation der deutschen Freunde Spaniens, an die SAI mit der Mitteilung, daß er von Außenminister Julio Alvarez del Vayo mit der Leitung eines Propagandabüros beauftragt worden sei. Figal bat die SAI, die beiliegende, vom PSOE-Sekretariat ausgestellte Legitimation sowie ein vervielfältigtes Rundschreiben an die Mitgliedsparteien weiterzuleiten. In dem Rundschreiben erläuterte Figal, daß sein Pressebüro die mittel- und nordeuropäischen Zeitungen, vor allem die Arbeiterpresse, aber auch linksbürgerliche Blätter sowie Frauenorganisationen mit Nachrichten versorgen solle. Was aus dieser Institution, die vermutlich als eine Art Verbindungsbüro zur internationalen Sozialdemokratie gedacht war, schließlich wurde, ist nicht bekannt. Die SAI fragte nur nach Spanien zurück: wer ist Figal?[58] Vermutlich handelte es sich hier um den privaten Vorstoß eines ehrgeizigen Emigranten, der vorher keinerlei Bedeutung besessen hatte. Figal ist nie wieder in Erscheinung getreten.

Eine der wichtigsten Persönlichkeiten der deutschsprachigen Emigration in Spanien war der Österreicher Julius Deutsch, Mitbegründer und langjähriger Leiter des Republikanischen Schutzbundes und zeitweilig Staatssekretär im Wiener Heeresministerium. Nach der Niederschlagung der Erhebung vom 12. und 13. Februar 1934 durch das Dollfuß-Regime mußte er in die Tschechoslowakei fliehen, wo er in Brünn die Auslandsvertretung der österreichischen Sozialdemokraten (ALÖS) mitbegründete. Auf Einladung der republikanischen Regierung fuhr Deutsch im November 1936 nach Spanien. In Barcelona traf er den deutschen Sozialdemokraten Rolf Reventlow, den er als Dolmetscher und Begleiter engagierte. Nach seinem Eindruck hatte die spanische Regierung offensichtlich keine konkreten Vorstellungen über seine mögliche Verwendung. Er unterbreitete nach kurzer Zeit dem Außenminister Alvarez del Vayo ein kurzes militärisches Exposé über die Lage Spaniens, das diesen sehr beeindruckte. Nach einer geplanten Frontreise wollte er dem Kriegsrat ein weiteres Elaborat mit militärischen Vorschlägen vorlegen. Dieses scheint die Spanier abermals so überzeugt zu haben, daß sie ihn zum Eintritt in die republikanische Armee bewogen. Julius Deutsch wurde General und Kommandeur der 3. spanischen Division und war verantwortlich für die Küstenverteidigung im Raume Valencia[59]. Im Herbst 1937 mußte Deutsch wegen eines Nierenleidens Spanien verlassen und sich in Karlsbad einer Kur unterziehen, kehrte jedoch im Januar 1938 wieder zum spanischen Heer zurück.

Julius Deutschs Begleiter Reventlow hatte früher dem linken Flügel der SPD angehört und bis 1933 in Breslau die *Volkswacht für Schlesien* redigiert. Aus seinem ersten Exilland Österreich mußte er 1934 in die Tschechoslowakei fliehen, wo er in der ALÖS mitwirkte, und ging schließlich im September 1936 nach Spanien. Nach seiner Begegnung mit Julius Deutsch wurde er zunächst dessen Adjutant, scheint sich jedoch für eine stärker politische Arbeit interessiert zu haben. Im Sommer 1937 wurde Reventlow zum Leiter des vom PSOE eingerichteten Sekretariats für internationale Propaganda (Secretaría de Propaganda internacional del

---

58 Schreiben Eduard Figals vom 27. 10. 36 an die SAI; Rundschreiben sowie Legitimation des PSOE-Sekretariats vom 26. 10. 36; Schreiben der SAI (ohne Datumsangabe) an das PSOE-Sekretariat; IISG: SAI-Archiv Nr. 2763 B.

59 Brief Julius Deutschs vom 15. 11. 36 an Otto Bauer (Abschrift); IISG: SAI-Archiv Nr. 2769. — „Julius Deutsch en ‚Claridad'", *Claridad* 20. 11. 36. — Julius Deutsch: Ein weiter Weg. Lebenserinnerungen, Zürich — Leipzig — Wien 1960, S. 249 ff. — Vgl. auch die Erinnerungen seiner Lebensgefährtin Maria Deutsch-Kramer: „Mein Kampf gegen den Faschismus" (Mskr.); DÖW: Akt 4375.

PSOE) in Valencia berufen, in der auch schon der Deutsche Thomas Schocken arbeitete. Ursprünglich war Schocken für dieses Amt vorgesehen und bereits zum Unterbeauftragten für die Internationalen Brigaden ernannt worden. Jedoch wurde diese Ernennung durch das PSOE-Exekutivkomitee nicht bestätigt; durch Pietro Nennis Vermittlung wurde Reventlow hierzu ernannt. Schocken war wohl darüber etwas enttäuscht: „Meine Bemühungen gehen nun dahin, zu den ‚ingenieros' (Pionieren) überzutreten, wo ich wohl Anspruch auf Offiziersrang hätte."[60]

Die Anwesenheit Deutschs und Reventlows war für die deutsche und internationale Sozialdemokratie insofern von Bedeutung, als durch die beiden eine gewisse Verbindung zwischen PSOE und spanischen Regierungsstellen einerseits und den Mitgliedsparteien der SAI andererseits bestand, von denen nur noch der italienische PSI stärker vertreten war. Zum andern bestand über die beiden auch eine Verbindung zwischen deutschen und österreichischen Exil-Sozialdemokraten und den in Spanien kämpfenden Freiwilligen aus der mitteleuropäischen Emigration. Eine offizielle Vertretung der SAI war dies indessen nicht. Dies wurde, wie Schokken in seinem Schreiben vom 23. September andeutete, vielerorts als Nachteil empfunden, besonders als Julius Deutsch wegen seines Nierenleidens vorübergehend außerhalb Spaniens weilte.

Im November 1937 nahm auch Reventlow seinen Abschied vom Internationalen Büro des PSOE und trat im Range eines Majors in die spanische Armee ein. Er wurde dem 20. Armee-Korps zugeteilt und diente folglich nicht in den Internationalen Brigaden. Schon vorher scheint er kein großes Interesse mehr an der Arbeit gehabt zu haben, und nach Schockens Angaben gefährdete er durch seinen Umzug nach Barcelona sogar die Existenz des Propagandabüros insgesamt[61]. Aber bereits vor seinem Übertritt in die Armee machte er sich Sorgen um die Präsenz der internationalen Sozialdemokratie in Spanien. Mit Rücksicht auf die meist von Kommunisten ausgeübte Zensur übermittelte Reventlow durch einen aus Spanien in seine Heimat zurückkehrenden belgischen Sozialisten an den SAI-Generalsekretär Friedrich Adler Vorschläge zur Vereinigung der sozialdemokratischen Freiwilligen in Spanien. Man müsse mit Hilfe des Internationalen Sekretariats des PSOE alle in spanischen oder internationalen Verbänden kämpfenden Sozialdemokraten und Sozialisten zusammenfassen. Bis jetzt seien sie auf viele Einheiten verstreut und der massiven Propaganda der Kommunisten ausgesetzt. Dagegen würde die Entsendung von SAI-Vertretern mit Zeitungen sowie die Ausbildung von Kadern sowohl für die SAI als auch für den PSOE von günstigem Einfluß sein. — Die SAI scheint auf diese Anregung nicht reagiert zu haben. Sechs Wochen später erinnerte der belgische Sozialist Adler daran, daß er in Kürze nach Spanien zurückkehren wolle und daß somit nur noch wenig Zeit bleibe, ihm eine mündliche Antwort an Reventlow mitzugeben[62].

Inzwischen hatte Reventlow sich nochmals brieflich an Adler gewandt und darauf hingewiesen, daß seine Stelle im Internationalen Sekretariat des PSOE jetzt vakant würde. Erforderlich sei ein ständiger Vertreter von SAI und IGB in Spanien[63]. Wenig später teilte Reventlow Adler mit, daß er nunmehr als Major und Bataillonskommandant der 218. Brigada mixta im Raum

---

60 Schreiben Thomas Schockens vom 8. 9. 37 an „liebe Freunde" und vom 23. 9. 37 an Paul Hertz; IISG: Nachlaß Paul Hertz, Mappe Sch. — Interview Reventlow. — Vgl. Rolf Reventlow: Spanien in diesem Jahrhundert. Bürgerkrieg, Vorgeschichte und Auswirkungen, Wien — Frankfurt — Zürich 1968, S. 141 ff.
61 Schreiben Thomas Schockens vom 22. 11. 37; IISG: Nachlaß Paul Hertz, Mappe Sch. — Vgl. Rolf Reventlow: Kaleidoskop des Lebens (Mskr.), S. 241 ff.; AsD: Nachlaß Rolf Reventlow.
62 Schreiben Antoine Spinoys vom 2. 10. und 17. 11. 37 an Friedrich Adler; IISG: SAI-Archiv Nr. 2771. — Reventlow, S. 174.
63 Schreiben Rolf Reventlows vom 2. 11. 37 an Friedrich Adler; ebd.

Rolf Reventlow als spanischer Offizier — Erich Ollenhauer (l) als Sekretär der Sozialistischen Jugend-Internationale in Spanien 1937; hinten: Santiago Carrillo

Levante (Valencia) überreichlich beschäftigt und für Parteifragen nicht mehr ansprechbar sei[64]. Offensichtlich haben SAI und IGB auf sein Drängen nicht reagiert.
Ein anderer prominenter deutscher Sozialdemokrat in Spanien war Erich Kuttner. Nach seiner Emigration 1933 war er vorwiegend in den Niederlanden und Frankreich publizistisch tätig. In den Volksfront-Diskussionen setzte er sich für eine begrenzte Zusammenarbeit mit den Kommunisten ein[65]. Im Dezember 1936 ging er als Pressekorrespondent nach Spanien. Nach vorübergehendem Aufenthalt in Frankreich kehrte er im März 1937 wieder nach Spanien zurück, und zwar, wie er selber bekannte, auf Wunsch jener sozialdemokratischen Emigranten, die für die deutsche Volksfront eintraten. Neben schriftstellerischen Arbeiten verfolgte er auch die Absicht, die Verbindung zu den auf viele Einheiten verteilten deutschen Sozialdemokraten aufzunehmen, weil, wie er meinte, der Parteivorstand hier nur wenig in Erscheinung getreten sei[66]. Tatsächlich unternahm er, teilweise in Begleitung von Egon Erwin Kisch, dem „rasenden Reporter" aus Prag, Rundfahrten zu einzelnen Truppenteilen der XI. Internationalen Brigade und anderer Einheiten sowie zum Basislager der Internationalen Brigaden in Albacete[67].
Kuttner bot dem Parteivorstand an, für die Dauer seines Aufenthaltes in Spanien die Funktion eines Beauftragten der SPD in Spanien wahrzunehmen. Der Parteivorstand stimmte zu und gab dem nach Spanien abreisenden Vorstandsmitglied Paul Hertz hierfür nähere Instruktionen mit. Einen Monat später überwarf sich Kuttner mit dem Parteivorstand. Anlaß waren zwei

---

64 Undatiertes Schreiben Rolf Reventlows (hekt., Eingangsstempel: 4. 1. 38) an Friedrich Adler; ebd.
65 BHE I, S. 406.
66 Schreiben Erich Kuttners vom 30. 4. 37 an den PV/SPD; AsD: Emigration — Sopade, Mappe 67. — In ähnlichem Sinne Schreiben Kuttners vom 4. 6. 37 an Friedrich Stampfer: AsD: Nachlaß Stampfer I/Mappe 8.
67 „Eine große Freude", *Nachrichten aus Spanien* 9. 5. 37. — Erich Kuttner: „Auf Besuch bei der Elften" und ders.: „Die abgelegene Dreizehnte", *Le Volontaire de la Liberté* (dt. Ausgabe) Nrn. 29 und 36 vom 17. 5. und 26. 6. 37.

Artikel im *Neuen Vorwärts,* die die Rolle der Kommunisten in Spanien sowie die Moskauer Schauprozesse scharf kritisierten. Kuttner schrieb dem Parteivorstand, daß die Sowjetunion neben Mexiko als zuverlässigster Verbündeter gelte. In der UdSSR vergrößerten sich die Voraussetzungen einer Entwicklung in fortschrittlichem Sinne, in faschistischen Ländern verschwänden sie. Angesichts dieses Standpunktes, schrieb Kuttner, sei es ihm nicht möglich, das mit Paul Hertz vereinbarte Programm durchzuführen[68]. Ohne jeden Kontakt zur Partei betätigte er sich weiter für die spanische Volksfront, zeitweilig am Deutschen Freiheitssender 29,8 Madrid. Bei einer Frontbesichtigung bei Brunete wurde er Ende Juli durch ein Geschoß am Bein schwer verletzt[69]. Nach seiner Genesung kehrte er in sein holländisches Exil zurück. Er wurde während des Krieges von der Gestapo verhaftet und 1942 im Konzentrationslager Mauthausen „auf der Flucht erschossen".

Deutsche Sozialdemokraten waren in vielen Bereichen des öffentlichen Lebens der Republik tätig. Im Mai 1937 teilte ein gewisser Willi Tieze dem *Neuen Vorwärts* mit, daß er den deutschen Sendedienst von Radio „Libertad" organisiere und leite und daß jeden Tag eine halbe Stunde vor Mitternacht in deutscher Sprache gesendet werde. Der Parteivorstand brachte gegenüber Tieze die Anregung zur Sprache, die deutsche Sozialdemokratie bei der Gestaltung der für Deutschland bestimmten Sendungen einzuschalten; eine frühere Anfrage in dieser Angelegenheit war von Radio Unión Valencia unbeantwortet geblieben[70]. Es ist nicht bekannt, was aus dieser Anregung wurde.

In Spanien arbeitete auch eine deutsche sozialistische Journalistin: Ilse Wolff (de Ribera). Sie hatte Deutschland 1934 verlassen und war ein Jahr später nach Spanien emigriert. Sie übersetzte deutsche Bücher ins Spanische und schrieb für sozialistische und linke Zeitungen aus mehreren europäischen Ländern, darunter auch für die *Neue Weltbühne*. In Spanien arbeitete sie zugleich an der sozialistischen Zeitung *Claridad*. Von ihr stammen einige Artikel über die Internationalen Brigaden oder über deutschsprachige Intellektuelle, die sie der spanischen Öffentlichkeit vorstellte; unter anderem interviewte sie den berühmten „rasenden Reporter" Egon Erwin Kisch aus Prag[71]. Im Sommer 1937 wurde sie plötzlich verhaftet. Eine spanische Zeitung hatte massive Beschuldigungen gegen sie erhoben. Um die Vorwürfe zu prüfen, nahm schließlich das Exekutivkomitee des PSOE den Fall an sich. Der Ausgang der Angelegenheit ist nicht bekannt; jedoch weiß man, daß Ilse Wolff sich in Spanien bis 1938 aufhielt, so daß sie wahrscheinlich wieder in Freiheit entlassen worden[72]. Mit den Verfolgungsmaßnahmen wurden auch Sozialdemokraten, die bislang weitgehend verschont geblieben waren, verhaftet. Schließlich kam auch Rolf Reventlow an die Reihe. Er hatte an der Winterschlacht von Teruel 1937/38 teilgenommen und dabei schwere Erfrierungen erlitten. Danach wurde ihm vorgeworfen, bei den Operationen um Teruel bestimmte Befehle nicht ausgeführt sowie Krankheit simuliert zu haben. Diese Beschuldigungen wurden von dem zuständigen Militärgericht jedoch nicht aufrechterhalten; das Vorverfahren wurde eingestellt und Reventlow kurz vor Ende des Krieges noch rechtzeitig freigelassen[73].

---

68 Schreiben Erich Ollenhauers vom 5. 6. 37 an Erich Kuttner und Antwort vom 4. 7. 37; AsD: Emigration — Sopade, Mappe 67.
69 „Erich Kuttner, herido", *Claridad* 2. 8. 37. — BHE I, S. 406.
70 Schreiben Willi Tiezes vom 26. 5. 37 an den *Neuen Vorwärts* und Antwort vom 5. 6. 37; ebd., Mappe 138.
71 Ilse Wolff: „Puente de los franceses", „Egon Erwin Kisch, el repórter furioso..." etc., *Claridad* 6. 5. und 16. 6. 37. — Schlenstedt, S. 305.
72 „Las acusaciones contra Ilse Wolff...", *Claridad* 22. 9. 37. — Schlenstedt, S. 379.
73 Schreiben Else Reventlows vom 21. 12. 38 und Rolf Reventlows vom 19. 12. 38 an Friedrich Adler; IISG: SAI-Archiv Nr. 2771.

Die Einheitsbestrebungen deutscher Sozialdemokraten

Es ist nicht bekannt, wie viele deutsche Sozialdemokraten in den Internationalen Brigaden oder in regulären Einheiten des republikanischen Heeres kämpften. Spätere Statistiken, die 1939 in einem französischen Internierungslager erstellt wurden, weisen etwa 15 % der deutschen Freiwilligen als Mitglieder der SPD aus. Dieser Prozentsatz bezieht sich aber nur auf die in einem bestimmten Lager internierten Personen und läßt sich nicht verallgemeinern. Vielmehr muß man annehmen, daß sich in diesem Lager Angehörige gleicher politischer Gruppen zum gegenseitigen Zusammenhalt und Schutz sammelten, woraus sich dieser hohe Prozentsatz ergibt[74]. Rechnet man alle diejenigen Spanienkämpfer zusammen, bei denen mit einiger Sicherheit eine sozialdemokratische Parteizugehörigkeit nachweisbar ist, so kommen wir auf knapp 100, unter ihnen etwa zehn, die in Spanien Offiziersränge bekleideten. Darüber hinaus wird man noch eine Zahl von statistisch und quellenmäßig nicht erfaßbaren SPD-Mitgliedern annehmen dürfen, wobei Umfang und Höhe nicht abzuschätzen sind.

Diese sozialdemokratischen deutschen Spanienkämpfer wurden vom Parteivorstand nur sporadisch betreut. Das lag einmal an objektiven Schwierigkeiten, da die meisten auf viele Einheiten verstreut waren, zum andern aber auch an dem geringen Interesse des Parteivorstandes. Angesichts dieser unverschuldeten Isolierung bahnten sich unter den in Spanien kämpfenden deutschen Sozialdemokraten eigenständige Entwicklungen an, die von dem Exil-Parteivorstand nicht beeinflußt und wohl auch nicht immer übersehen wurden.

Zur Situation der Interbrigadisten muß erwähnt werden, daß in den Einheiten eigene parteipolitische Gruppenbildungen nicht erlaubt waren. Gestattet waren entweder unpolitische Vereinigungen, die sich auf Bereiche wie Sport und Kultur beschränkten, oder aber solche, die auf der offiziellen Volksfrontlinie lagen. Mit anderen Worten: es waren keine Zusammenschlüsse ohne Zustimmung oder gar gegen den Willen der KP möglich. Daher war die erste Vereinigung deutscher Interbrigadisten, an der Sozialdemokraten beteiligt waren, ein reines Volksfront-Komitee. Am 14. Dezember 1937 wandte sich ein „Einheitskomitee deutscher Sozialdemokraten und Kommunisten in Spanien" an den Parteivorstand der SPD in Prag und das ZK der KPD in Paris mit der Mitteilung, daß es sich am 8. Dezember in Albacete zusammengeschlossen habe, um den Volksfrontgedanken zu unterstützen. Das Komitee habe gewissermaßen eine Schrittmacherfunktion übernommen, nachdem die Kontakte zwischen der SAI und der Komintern zu keiner Einigung geführt hätten. „Die Einigung der beiden deutschen Arbeiterparteien ist eine Pflicht gegenüber dem spanischen Volke. Die Einigung ist eine Pflicht gegenüber dem deutschen Volk, das nun fast 5 Jahre vom Naziregime geknechtet wird. Sie ist eine Notwendigkeit zum Kampf gegen die Kriegsverbrechen der braunen Diktatur. Wir brauchen den Zusammenschluß zur Einheits-, zur Volksfront."[75]

Unterschrieben war der Brief von drei Sozialdemokraten (Ernst Braun, Kurt Garbarini und Hans Martens) und drei Kommunisten (Ernst Blank, Willi Engler und Walter Knobloch). Die Teilnahme der Kommunisten läßt angesichts der starken Parteidisziplin innerhalb der KPD vermuten, daß das Einheitskomitee zumindest nicht gegen den Willen der Parteiführung zustandegekommen war. Interessanter sind die drei Sozialdemokraten. Ernst Braun war früher Mitglied der saarländischen SPD gewesen und Vorsitzender der SAI an der Saar, wo es im Abstimmungskampf 1934/35 für etwa ein halbes Jahr eine sogenannte Einheitsfront zwischen

---

74 Zu den Berechnungen s. S. 228.
75 Schreiben des Einheitskomitees vom 14. 12. 37 an den PV/SPD und das ZK/KPD; AsD: Emigration — Sopade, Mappe 35.

Sozialdemokraten, Kommunisten und einigen kleineren bürgerlichen Gruppen gegeben hatte. Auch Kurt Garbarini hatte in der Emigration mit Kommunisten zusammengearbeitet. Man wird sagen können, daß diese Einigung mit Zustimmung oder gar auf Wunsch der KPD zustandekam, aber ohne Wissen oder Initiative der SPD — eine Entwicklung, die sich angesichts des in Spanienfragen politisch weitgehend abstinenten sozialdemokratischen Parteivorstandes verselbständigt hatte[76].

In einer dem Briefe beigefügten Anlage wurden die Richtlinien dargelegt, nach denen das Einheitskomitee arbeiten wollte. Grundsätzlich wurde die Gleichberechtigung aller Mitglieder und der Verzicht auf Abwerbungen von seiten einer Partei auf Kosten der anderen vereinbart. Das Komitee drückte seine Verbundenheit mit den Parteien und Organisationen der spanischen Republik aus, womit es sich auch zur Volksfront-Politik Negrins bekannte, und erklärte den Kampf gegen die „trotzkistischen Feinde" und den Kampf gegen den Faschismus für untrennbar. Die Einheits- und Volksfront galt auch als einziger Weg, die Diktatur Hitlers zu stürzen[77].

Im März 1938 fand in Valencia eine Konferenz deutscher Antifaschisten statt. Organisiert wurde sie von einem in Barcelona gegründeten „Antifaschistischen Klub" und einem überparteilich zusammengesetzten Arbeitsausschuß der XI. Internationalen Brigade in Verbindung mit spanischen Parteien. Die Träger dieser Veranstaltung waren also nach außen nicht identisch mit dem genannten Einheitskomitee, aber die Namen der Konferenzteilnehmer deuten auf eine weitgehende personelle Übereinstimmung. Auch das uneingeschränkte Bekenntnis zum Volksfrontkurs der spanischen Republik läßt unschwer gemeinsame Initiatoren erkennen[78]. Aus dieser Konferenz ging allerdings noch keine feste Organisation hervor; sie bildete sich erst im Juni 1938, wobei Julius Deutsch eine Schlüsselstellung einnahm. Wir sind über die Entstehung des „Grupo de socialistas alemanes y austriacos unidos en España" (Gruppe der vereinigten deutschen und österreichischen Sozialisten in Spanien) durch ein ausführliches Schreiben Ernst Brauns informiert, das dieser etwa ein Jahr später im französischen Internierungslager Gurs verfaßte. Nach seinen Angaben bildete sich auf seine und Hans Martens' Anregung eine lose Gruppierung deutscher Sozialdemokraten, die aber nur die in Albacete selbst und die in der Nähe des Basislagers stationierten Freiwilligen zusammenfassen konnte. Versuche, auch außerhalb des Raumes Albacete sich aufhaltende SPD-Mitglieder durch Rundschreiben anzusprechen, scheiterten an der von Kommunisten kontrollierten Briefzensur des Basislagers. Die Situation besserte sich, als Braun zur Intendanz der XI. Brigade versetzt wurde. Dadurch kam er häufiger an die Front sowie nach Barcelona und konnte leichter den Kontakt zu den auf verschiedene Einheiten und Quartiere verteilten deutschen Sozialdemokraten herstellen[79].

Den eigentlichen Anstoß zur Gründung des Zusammenschlusses gab Julius Deutsch, der aufgrund seiner Stellung als General in spanischen Diensten gewissermaßen als Protektor und Schutzpatron aller deutschen und österreichischen Sozialdemokraten wirken konnte. Durch seine Vermittlung konnte sich die Gruppe relativ ungehindert konstituieren. Julius Deutsch hatte stets betont, daß im Kampfe gegen den gemeinsamen faschistischen Feind die parteipolitischen Gegensätze verschwinden würden, und sich mit Einheits- und Volksfrontaufrufen an

---

76 Vgl. Mühlen, S. 94 u. ö. — BHE I, S. 87, 213.
77 Anm. 75; abgedruckt in: Pasaremos. Deutsche Antifaschisten im nationalrevolutionären Krieg des spanischen Volkes, hrsg. von einem Autorenkollektiv unter der Leitung von Horst Kühne, o. O. o. J. (Berlin, DDR 1970), S. 263.
78 Ebd., S. 265-69.
79 Schreiben Ernst Brauns vom 16. 6. 39 an Erich Ollenhauer; AsD: Emigration — Sopade, Mappe 139.

die österreichische Sozialdemokratie solidarisiert[80]. Durch die überragende Stellung Deutschs wurden auch die deutschen und österreichischen Sozialdemokraten in Spanien zusammengeführt. Julius Deutsch berichtet, daß etwa 100 Österreicher dem „Grupo" angehörten[81]; es ist nicht bekannt, wie viele Deutsche sich ihm anschlossen.
Größere Aktivitäten hat dieser sozialdemokratische Zusammenschluß, wenn man den Quellen folgt, nicht entwickelt. Aber immerhin scheint die Existenz dieser Gruppe doch eine gewisse Interessenvertretung der Sozialdemokraten gewährleistet zu haben. Politisch wirken und ein Gegengewicht gegen den kommunistischen Einfluß bilden konnte sie naturgemäß nicht, da ihr die erforderlichen materiellen und technischen Möglichkeiten hierzu fehlten. Andererseits waren ihre führenden Vertreter wie Ernst Braun ohnehin Befürworter der Volksfrontpolitik, so daß unmittelbare politische Konfrontationen nicht zu erwarten waren. In Erscheinung trat der „Grupo" erst, als gegen Ende des Bürgerkrieges die Internationalen Brigaden abgezogen und in sogenannten Demobilisierungslagern (Demob-Lagern) einquartiert wurden. Wegen der Probleme, die aus der Rückkehr der Freiwilligen nach Frankreich zu erwarten waren, beauftragte der „Grupo" Reventlows früheren Mitarbeiter Thomas Schocken, mit der SAI über die Anerkennung der Vereinigung und über die Entsendung eines SAI-Vertreters zur Lösung der anstehenden Fragen zu verhandeln[82].
Unabhängig von diesem Zusammenschluß und parallel zu seiner Entstehung entwickelte sich der Volksfrontgedanke unter den deutschen und österreichischen Freiwilligen. Am 17. Dezember 1938 wurde im Demob-Lager Nr. 4 in einem kleinen katalanischen Dorfe eine „Einheitsfront der deutschen und österreichischen Spanienkämpfer" ausgerufen, an der 60 Delegierte teilnahmen, je 15 für die KPD, SPD, KPÖ und für die österreichischen Sozialisten. Als Redner traten unter anderem Ernst Braun und Ernst Blank auf, die auch schon im März in Valencia die Einheitskonferenz veranstaltet hatten. Unerwartet erschienen als Gäste auch Vertreter der Sudetendeutschen Sozialdemokratie und der KPČ. Alle Vertreter unterstrichen die Bedeutung der Zusammenarbeit beider Arbeiterparteien in der Emigration und auch in ihren Heimatländern und gelobten feierlich die Fortsetzung dieses politischen Kurses nach der Demobilisierung der Internationalen Brigaden[83]. In mehreren Schreiben an die Parteivorstände der deutschen und österreichischen Kommunisten und Sozialdemokraten wie auch schon in Proklamationen, die am 1. Dezember 1938 abgegeben worden waren, bekundeten die Teilnehmer ihren Willen zur Einheit der beiden Arbeiterparteien im Kampf gegen faschistische Diktaturen[84].
Der endgültige Zusammenschluß der deutschsprachigen sozialdemokratischen Spanienkämpfer erfolgte indessen nicht mehr auf spanischem Boden, sondern im französischen Internierungslager St. Cyprien. Dort sprachen sich die internierten Interbrigadisten in einem Aufruf für die Vereinigung aller regional aufgesplitterten sozialdemokratischen Parteien zu einer einzigen Partei aus. Außer der regionalen Zersplitterung wollten die Verfasser des Aufrufs auch die ideologische Zersplitterung in verschiedene Richtungen überwinden. „Fort mit dem Viel-

---

80 Julius Deutsch: „Einheitsfront im Kampf", *Le Volontaire de la Liberté* (dt. Ausgabe) Nr. 13, 17. 3. 37. — *Wir Spanienkämpfer*. Vom österreichischen Bataillon „12. Februar", (Borschüre, Oktober 1937).
81 Schreiben Julius Deutschs vom 22. 7. 38 an Friedrich Adler; IISG: SAI-Archiv Nr. 2769. - Vgl. Karl Stadler: Opfer verlorener Zeiten. Geschichte der Schutzbund-Emigration 1934 — 1945, Wien 1974, S. 268. — In seinen Erinnerungen verwechselt Julius Deutsch die Einheitsbestrebungen während und nach dem Bürgerkriege.
82 Schreiben Werner Meisters vom 5. 12. 38 an den PV/SPD; AsD: Emigration — Sopade, Mappe 139.
83 Undatierter Bericht über die Einheitsfrontkonferenz; ebd., Mappe 35.
84 Aufruf vom 1. 12. 38; Schreiben vom 27. 12. 38 an den PV/SPD und das ZK/KPD sowie Gelöbnis der Spanienkämpfer; Solidaritätsadresse vom 18. 12. 38 an das Verbindungsbüro der spanischen Sozialisten und Kommunisten; ebd. — Teilabdruck in: Pasaremos, a.a.O., S. 270 ff.

parteien- und Gruppensystem deutscher Sozialisten! Her mit der gesamtdeutschen sozialistischen Partei, als Grundlage zur Bildung einer proletarischen Einheitsfront!" Unterzeichnet war der Aufruf von Ernst Braun, der hier als Vertreter der SPD/Saar firmierte, Hans Martens (SPD), Georg Herre (SP Danzig), Rudi Farda (DSAP Sudetenland) und Hans Eichinger für die Revolutionären Sozialisten Österreichs (RSÖ) als Nachfolgeorganisation für die alte österreichische Sozialdemokratie[85].

Innerhalb der österreichischen Emigration führten diese Einheitsbestrebungen zu heftigen Auseinandersetzungen. Sowohl die Anlehnung an die KPÖ als auch an die deutsche Sozialdemokratie waren umstritten. Die Spanien-Erfahrungen und die Emigrationsgeschichte seit 1934 hatten bei manchen österreichischen Sozialisten das Mißtrauen gegen die KP eher vertieft als abgebaut. Die Einheit mit deutschen Parteifreunden hingegen berührte die Neuorientierung eines Teiles der österreichischen Emigration in bezug auf ihre nationale Identität. Nach 1918 hatten fast alle Parteien die Vereinigung mit Deutschland gefordert und in ihre Programme aufgenommen. 1937 verkündete als erste Partei die KPÖ eine eigenständige österreichische Nation, nach dem „Anschluß" folgten andere Gruppen. Die der KPÖ näher stehenden Sozialisten waren stärker national-österreichisch orientiert, andere dagegen dachten großdeutsch oder wollten die Frage der eigenen Nationalität einer späteren demokratisch legitimierten Entscheidung vorbehalten[86]. Für den Kampf der deutschsprachigen Freiwilligen in Spanien dagegen war diese Frage nicht mehr von Bedeutung; auch die Volksfrontdiskussionen wurden davon nicht beeinflußt. Die Sopade schloß sich diesen Einheitsbestrebungen nicht an, so daß diese nur für solche Sozialdemokraten richtungweisend wurden, die später ohnehin der KPD oder SED beitraten.

---

85 Aufruf des „Grupo" vom 23. 2. 39; AsD: Emigration — Sopade, Mappe 139.
86 Schreiben Hans Martens' vom 22. 2. 39 an das ZK der RSÖ; DÖW: Akt 7591.

Die KPD im Spanischen Bürgerkrieg

Während des Bürgerkrieges vollzog sich im republikanischen Spanien ein merkwürdiger Wandel des linken Parteienspektrums. Die bis dahin bedeutungslose KP gewann innerhalb weniger Monate entscheidende Machtpositionen und schaltete mögliche Konkurrenten aus — so den POUM, neutralisierte sie — so die Anarchisten, oder aber spaltete und unterwanderte sie — so die Sozialistische Partei und die Gewerkschaft UGT. Bemerkenswert an diesem Wandel war die Tatsache, daß dieser Machtzuwachs einer Partei gelang, die sich gegen den Strom einer breiten linken Öffentlichkeit stemmte, indem sie die durch den Militärputsch ausgelöste soziale Revolution einfach leugnete oder sogar in einer ihr genehmen Weise rückgängig machte. Die Partei, die sich für die Avantgarde des Proletariats hielt und für die Vollstreckerin der Weltrevolution, setzte sich für die Restauration des — allerdings modifizierten — bürgerlich-demokratischen Staates ein, der dann die eingeleitete revolutionäre Umwälzung „verstaatlichte" und gewissermaßen in die von ihm kontrollierten Bahnen umleitete.
Wesentlichen Anteil am Machtzuwachs der Kommunisten hatten einerseits die sowjetischen Waffenlieferungen, mit denen die republikanische Regierung erpreßt werden konnte, andererseits aber auch die organisatorischen, technischen und personellen Hilfen der Komintern und der ihr angeschlossenen Parteien. Eine klare Mehrheit der Ausländer, die sich als Freiwillige in Milizen und Internationalen Brigaden, als technische Spezialisten, Instrukteure, politische Kader und sonstige Funktionäre betätigten, waren Kommunisten. Während aber die ausländischen Anhänger und Sympathisanten anderer spanischer Parteien trotz ideologischer und politischer Nachbarschaft selbständig waren und blieben, unterstanden spanische und ausländische Kommunisten einer gemeinsamen Zentrale und gehorchten den für beide gleichermaßen verbindlichen Richtlinien. Im Falle der anderen Parteien und Gruppen lag eine internationale Solidarität vor, im Falle der Kommunisten eine internationale Kampfgemeinschaft, die Spanier wie Ausländer in eine gemeinsame Disziplin zwang und jeweilige Abweichungen von der Norm nur in engen Grenzen zuließ.

Deutsche und spanische Kommunisten im Vergleich

Als Teil der zentralistischen Komintern waren sowohl die KPD als auch die spanische KP (Partido Comunista de España, PCE) gleich oder ähnlich gegliedert. Organisatorischer Aufbau und Ideologie waren vorgeschrieben und ließen einer eigenen Politik nur noch wenig Spielraum. Diese Tatsachen legen die Annahme einer fast gleichartigen politischen Physiognomie der beiden Parteien in Deutschland (vor 1933) wie in Spanien nahe. Aber dennoch lassen sich kaum größere Unterschiede denken zwischen zwei Parteien derselben Richtung als zwischen KPD und PCE. Bereits das Panorama der politischen Parteienlandschaft war in Deutschland ein anderes als in Spanien. Als hochindustrialisiertes Land mit etwa 65 Millionen Einwohnern und einer starken, durch alte politische Traditionen geprägten Arbeiterschaft hatte Deutschland vor 1933 die größte kommunistische Partei außerhalb der UdSSR gehabt. Ihre Mitgliederzahl unterlag zwar starken Schwankungen, gleichwohl wird man für die gesamte Zeit zwischen 1920 und 1933 von einer breiten Massenbasis sprechen dürfen: 1920 erreichte sie einen Höchststand von 350.000 Mitgliedern, deren Zahl allerdings in den Jahren 1924-1929 zeitweilig auf 95.000 absank; vor ihrem Verbot im Jahre 1933 bewegte sich die Mitgliederzahl bei 300.000. Nach Ausbruch der Weltwirtschaftskrise rekrutierte die Partei einen großen Teil ihrer Anhänger aus Arbeitslosen und repräsentierte so in starkem Maße die „unteren Schichten" der Arbeiterschaft. Innerhalb des Parteienspektrums behauptete die KPD einen beachtlichen Anteil der Wählerstimmen, der in ihren Hochburgen um oder sogar über 30 % betrug: so im November 1932 in Berlin 37,6 %, in Düsseldorf-Ost 23,3 %[1]. Im Reichsdurchschnitt erreichte die Partei im November 1932 16,9 % der Stimmen und bildete — nach NSDAP und SPD — die drittstärkste Partei.

Auch das parteipolitische Umfeld der KPD war ein anderes als das der spanischen Schwesterpartei. Als Rivalen sahen die deutschen Kommunisten vorwiegend die Sozialdemokratie an, wogegen kleinere linke Absplitterungen niemals eine ernsthafte Gefahr für ihren Mitgliederbestand bildeten. Hingegen war der relativ kleine PCE gewissermaßen eingeklemmt zwischen den an aktionistischer Dynamik ihn weit übertreffenden anarchistischen Verbänden CNT und FAI und der mitgliederstarken, traditionsreichen Sozialistischen Partei und dem ihr nahestehenden Gewerkschaftsbund UGT. Hinzu kommt, daß die unter Linksparteien verbreitete Neigung zu ideologischen Abspaltungen auch den Kommunisten nicht fremd war, was zur Folge hatte, daß sie in einigen Regionen zeitweilig überhaupt keine Organisation besaßen. Mit anderen Worten: in dem nur in einzelnen Gegenden industrialisierten Spanien war der PCE eine schwache und weithin bedeutungslose Partei, die weder über die entsprechende Massenbasis noch über die in langen innenpolitischen Auseinandersetzungen gewonnenen Erfahrungen und Traditionen verfügte wie die KPD[2].

Wie die deutsche war auch die spanische KP aus linken Abspaltungen der Sozialistischen Partei hervorgegangen, allerdings verstärkt durch einen kräftigen Zustrom aus der anarchistischen Bewegung. Trotz einiger organisatorischer Ansätze im Jahre 1919 gilt 1920 als das eigentliche Gründungsjahr. Einen gewissen Zulauf erhielt der PCE nochmals vom PSOE, als dieser 1921 mit einer erkennbaren, aber keineswegs breiten Mehrheit den Beitritt zur Komintern ablehnte. Aber zahlreiche Parteimitglieder verließen in den späten 1920er Jahren die KP, kehrten zu ihren sozialistischen oder anarchistischen Verbänden zurück oder schlossen sich kleineren Gruppierungen an, von denen einige zu Vorläufern des POUM wurden. Den Hintergrund dieser Abspaltungen bildeten die Differenzen zwischen Stalin und Trotzki sowie die zunehmende „Stalinisierung" der Partei mit ihrer ideologischen Gleichschaltung. Reste weiterer Abspaltungen vegetierten vor allem in Katalonien weiter und schlossen sich 1936 zur eigenständigen katalanischen KP zusammen[3].

Die Diktatur Primo de Riveras einerseits und parteiinterne Konflikte andererseits wirkten sich in den 1920er Jahren hemmend auf die Mitgliederzahl aus. Nach Schätzungen der Komintern und nach eigenen Angaben hatte die spanische KP 1931 nur etwa 800 eingeschriebene Mitglieder. In der folgenden Zeit setzte dann ein gewisser Zulauf ein, der ihre Zahl von 10.000 — 12.000 im Jahre 1932 auf angeblich 30.000 im November 1933 ansteigen ließ. Damals gelang

---

1 Hermann Weber: Die Wandlung des deutschen Kommunismus. Die Stalinisierung der KPD in der Weimarer Republik, Bd. 1, Frankfurt am Main 1969, S. 280 ff.
2 Zur Geschichte der spanischen KP vgl. die offizielle Historia del Partido Comunista de España, Paris 1960. — Eine sehr kritische, aber materialreiche Darstellung liefert der ehemalige POUM-Funktionär Victor Alba: El Partido Comunista en España. Ensayo de interpretación histórica, Barcelona 1979, hier S. 93 ff.
3 Juan Andrade: Apuntes para la historia del PCE, Barcelona 1979, S. 33 ff. — Alba: Partido Comunista, S. 120 ff., 179 ff.

es der Partei erstmals, bei Wahlen einen Abgeordneten in die Cortes zu entsenden. In der Folgezeit scheint die Partei wieder auf etwa 20.000 Mitglieder abgesunken zu sein, um bis zu den Wahlen im Februar 1936 wieder auf 30.000 Mitglieder anzusteigen. Zeitgenössische Angaben über 83.000 KP-Angehörige gehören wohl ins Reich einer bloßen Wunschwelt. 1936 entsandte der PCE sechzehn Abgeordnete in die Cortes, was aber wegen der praktizierten Wahlbündnisse mit anderen Linksparteien und aufgrund der gemeinsamen Wahllisten nur wenig über den tatsächlichen Stimmenanteil aussagt[4].

Die Wahlbeteiligung des PCE im Bündnis mit anderen Linksparteien beendete eine selbstverschuldete Isolierung. Nicht in ihrer geringen Größe, die der Partei den Spitznamen „partido microscópico" eingetragen hatte, lag ihre Bedeutungslosigkeit begründet. Ihre eigene bisherige ultralinke Politik hatte sie in der Arbeiterschaft isoliert. Ähnlich der Polemik der KPD gegen die als „sozialfaschistisch" geschmähte Sozialdemokratie hatte der PCE lange Zeit jede Zusammenarbeit mit anderen Linksparteien verweigert. Vor allem in Katalonien hatten sich 1933 verschiedene Parteien und gewerkschaftliche Gruppen zu „Arbeiterallianzen" (Alianzas Obreras) zusammengeschlossen, um kurzfristig gemeinsame Ziele durchzusetzen. Diese Bündnisse beruhten auf der Gleichheit der angeschlossenen Parteien und Verbände und schlossen gewaltsame Erhebungen nicht aus, wie dies der Oktober-Aufstand in Katalonien und Asturien 1934 zeigte. Der PCE bezeichnete die „Alianzas Obreras" lange als „Heilige Allianz der Gegenrevolution", schloß sich aber in letzter Minute doch noch den Aufständen an. In der Folgezeit und endgültig nach dem VII. Komintern-Kongreß 1935 griffen die Kommunisten den Bündnisgedanken auf, um unter dieser Bezeichnung ihre neue Volksfrontpolitik zu verfolgen. Die „Arbeiterallianzen" sollten ausgebaut und erweitert werden, hieß es. Zwar stand ihre proletarische Zielsetzung in einem gewissen Widerspruch zum Volksfrontgedanken, der ja auch linke bürgerliche Kräfte mit einbezog, aber mit erklärtem Ziel, durch einen linken Wahlsieg am 16. Februar 1936 zur Befreiung der politischen Gefangenen beizutragen, gelang es den Kommunisten, im linken Parteienspektrum eine gewisse Stellung zu erwerben[5].

Da die Partei nach Ausbruch des Bürgerkrieges einen regen Zulauf von Mitgliedern erhielt, ist es schwierig, angesichts der wechselnden Zahlen eine soziologische Beschreibung ihrer Anhänger zu geben und sie denen der deutschen Schwesterpartei gegenüberzustellen. Auch fällt es schwer, die führenden Funktionäre des PCE mit denen der KPD zu vergleichen. Während die deutschen Kommunisten im Laufe von fast anderthalb Jahrzehnten einige erfahrene Persönlichkeiten hervorgebracht hatten, waren ihre spanischen Genossen als Angehörige einer linken Splitterpartei ohne Profil geblieben. Weder zogen sie bedeutende Theoretiker an, wie man sie bei den Anarchisten und im POUM antraf, noch konnten sie einen Arbeiterführer und Gewerkschaftsvorsitzenden wie den Sozialisten Largo Caballero vorweisen. Ihr Generalsekretär José Díaz war wie viele andere Funktionäre erst spät zur Partei gestoßen. Der starke Mann des Apparats, Jesús Hernández, war als 14jähriger in die Partei eingetreten und mit 22 Jahren ins Politbüro gewählt worden; er blieb stets nur der blasse Karriere-Funktionär. Allein eine Persönlichkeit genoß auch außerhalb der Partei ein gewisses Ansehen, das teils auf ihrem großen rhetorischen Talent, teils auf ihrem langjährigen und eifrigen politischen Engagement beruhte: die aus Asturien stammende Dolores Ibárruri Gómez, genannt „La Pasionaria", die während des Bürgerkrieges eine nicht unbedeutende Rolle als Parteipropagandistin spielen

---

4 Eine Übersicht über die Mitgliederzahlen mit entsprechenden Quellen liefert Rainer Huhle: Die Geschichtsvollzieher. Theorie und Praxis der Kommunistischen Partei Spaniens 1936 bis 1938, Giessen 1980, S. 182 ff.
5 Alba: Partido Comunista, S. 151 ff. – Vgl. auch Victor Alba: El Frente Popular en el Mundo, Barcelona 1976, S. 397 ff.

sollte[6]. Aber ungeachtet dieser aus der ungleichen Größe beider Parteien hervorgehenden Unterschiede behielt der PCE eine Eigenschaft, die er auch mit der deutschen KPD gemeinsam hatte: er war und blieb eine straff organisierte Kaderpartei, die durch die zahlenmäßige und soziale Mitgliederfluktuation weder im Bereich der Ideologie noch der Organisationsstruktur wesentlich verändert wurde. Die Seele der spanischen KP war und blieb der Apparat, der wiederum in einem engen Verhältnis zur Komintern stand und von dort seine ideologische und politische Prägung empfing.

Die Volksfrontpolitik der spanischen Kommunisten

Der Kurswechsel der Komintern in Richtung Volksfront eröffnete den spanischen Kommunisten auch neue Möglichkeiten im Bereich der Gewerkschaftsarbeit. Sie lösten ihren eigenen, bis dahin unbedeutenden Gewerkschaftsverband CGTU auf und empfahlen ihren Mitgliedern den Beitritt zur UGT. Dort erlangten sie aufgrund ihrer intensiven Mitarbeit wichtige Positionen, die es ihnen schließlich 1937 erlaubten, den populären UGT-Vorsitzenden Largo Caballero auszuschalten und abzusetzen. Ein anderer Bereich war, wie wir gesehen hatten, die Jugendarbeit. Mit der Vereinigung des sozialistischen und des kommunistischen Jugendverbandes zur Vereinigten Sozialistischen Jugend (Juventudes Socialistas Unificadas, JSU) hatten sie im Frühjahr 1936 dem PSOE einen beträchtlichen Teil der jüngeren Mitglieder abspenstig gemacht und den Verband unter der Führung von Santiago Carrillo de facto in eine Nebenorganisation der KP umgewandelt.

Ein weiteres Resultat dieser Politik war die Gründung einer kommunistisch geführten Einheitspartei in Katalonien, die zwar erst am 24. Juli 1936, also kurz nach Ausbruch des Bürgerkrieges, erfolgte, aber schon vor längerer Zeit vorbereitet worden war. Nach einer durch ideologische und personelle Streitigkeiten verursachten Auflösung der katalanischen KP in verschiedene linke Sekten hatte es unter diesen immer wieder Einigungsversuche gegeben. Aus einem dieser Versuche war dann der POUM hervorgegangen. Andere Gruppen bemühten sich seit Anfang 1936 um den Zusammenschluß mit einigen meist regional begrenzten Linksparteien, von denen die Unión Socialista Catalana (USC) die bedeutendste war. Ihr Vorsitzender Joan Comorera wurde Generalsekretär der neuen Partei. Aber weder die sozialistische Herkunft dieses Mannes noch der irreführende Parteiname „Vereinigte Sozialistische Partei Kataloniens" (Partit Socialista Unificat de Catalunya, PSUC) dürfen darüber hinwegtäuschen, daß es sich hier um eine fast ausschließlich von Kommunisten geführte Partei handelte. Einige der Splittergruppen, die sich dem PSUC anschlossen, hatten ursprünglich auch Interesse am Beitritt zum POUM gezeigt. Diese Tatsache stellt deswegen eine Ironie der Geschichte dar, weil es gerade der PSUC war, der 1937 den wesentlichen Anteil an der Zerschlagung und Unterdrückung des POUM haben sollte[7]. Mochten die Mitglieder auch aus sehr verschiedenen linken Gruppen stammen, so war doch der Kaderapparat fest in kommunistischer Hand. Als regional auf Katalonien beschränkte Partei war sie formell unabhängig vom PCE, aber über die gemeinsame Mitgliedschaft in der Komintern diesem eng verbunden. Ihre regionale Beschränkung war als Tribut an das katalanische Nationalgefühl gedacht, in der praktischen Tagespolitik und angesichts des straffen Komintern-Zentralismus war aber diese organisatorische Tren-

---

6 Broué/Témime, S. 83.
7 Alba: Partido Comunista, S. 179 ff.

nung von untergeordneter Bedeutung und der Begriff „spanische Kommunisten" umfaßt daher auch die Mitglieder des PSUC.

Da die Haltung des PCE zu den anderen Parteien bereits dargestellt wurde, sollen hier nur einige allgemeine Grundzüge seiner Politik herausgestellt werden. Im Gegensatz zu Anarchisten, Linkssozialisten und zum POUM sahen die spanischen Kommunisten die nach dem Franco-Putsch ausbrechende Volkserhebung nicht als Revolution an, durch die die kapitalistische Gesellschaft beseitigt würde. Vielmehr lautete ihre ständig wiederholte Parole: „Erst den Krieg gewinnen, dann die Revolution"[8]. Die Frage der Enteignung von Latifundien, Industrie- und Bankkapital sollte erst nach dem Siege über Franco geregelt werden. Sofern solche Enteignungen bereits von den Volksmassen unter Führung von Anarchisten und anderen revolutionären Gruppen durchgeführt worden waren, stemmte sich der PCE ihnen entgegen und machte sie in der Spätphase des Bürgerkrieges teilweise wieder rückgängig. Nur das Eigentum von Franco-Sympathisanten, flüchtigen Kapitalisten und Großgrundbesitzern sowie kriegswichtige Industrien sollten verstaatlicht, teilweise auch nur staatlich kontrolliert werden. Dies schloß zugleich eine Selbstverwaltung autonomer Betriebe, wie sie die Anarchisten anstrebten, aus. Dagegen setzte sich der PCE für das bäuerliche und handwerkliche Kleineigentum und für mittelständische Betriebe ein[9].

Die in den Augen der revolutionären Parteien reaktionäre oder restaurative Politik der Kommunisten erstreckte sich auch auf Staat und Gesellschaft. Sie billigten und suchten die Zusammenarbeit mit bürgerlichen republikanischen Parteien, Gruppen und Bevölkerungsschichten. Sie bejahten — zumindest verbal — die bürgerliche Republik und ihre Institutionen, das Mehrparteiensystem, das Parlament, die Gewaltenteilung, die Polizei, das stehende republikanische Heer. Sie mißbilligten dagegen außerstaatliche Gewalten wie die Milizen und revolutionären Komitees und verurteilten Gewaltakte gegen Vertreter der Kirche, wie sie vor allem von seiten der Anarchisten verübt wurden. Ihre Volksfrontpolitik auf breitester Grundlage war eindeutig *nicht* revolutionär oder — wenn wir die ideologische Verschleierung dieser Haltung in Rechnung stellen — *verbalrevolutionär*. Parteipropagandisten nannten den Krieg gegen die putschenden Militärs einen „nationalrevolutionären Kampf" und verglichen ihn mit dem spanischen Volksaufstand von 1808 gegen Napoleon; die Volksfront solle das vollenden, was die Revolution von 1789 in Frankreich geschafft habe: das Land von seinen feudalen oder halbfeudalen, klerikalen und absolutistischen Fesseln befreien[10].

Die Gründe für die Haltung der spanischen Kommunisten gegenüber der 1936 ausbrechenden Revolution, die in ihren Augen keine war, lagen vor allem in folgenden Gesichtspunkten:

1) Der PCE hatte sich seit langem auf Lenins Analyse der russischen Revolution berufen, wonach ein unterentwickeltes Land wie Spanien erst noch die bürgerlich-demokratische Entwicklung nachholen müsse, bevor es den Schritt in eine sozialistische Umformung der Gesellschaft wagen könne. Diese Umwandlung könne und müsse unter der Führung des (in Spanien bereits entwickelten) Proletariats vonstatten gehen, dessen Avantgarde wiederum die Kommunistische Partei sei[11].

2) Ein zweiter Gesichtspunkt lag in stärker machttaktischen, organisatorischen und außenpolitischen Rücksichten. Eine soziale Revolution hätte die bürgerlichen, teilweise konservativ-

---

[8] Huhle, S. 84.
[9] Ebd., S. 174 ff.
[10] Vgl. die entsprechenden rhetorischen Äußerungen wichtiger PCE-Vertreter; José Díaz: Tres años de lucha, Paris 1939, S. 380 ff. Jesús Hernández/Juan Comorera: Spain Organizes for Victory. The Policy of the Communist Party of Spain, London 1937.
[11] Huhle, S. 68 f.

katholischen Kräfte wie baskische und katalanische Nationalisten und Liberale möglicherweise auf die Seite Francos getrieben, in jedem Falle aber das republikanische Kräftepotential stark geschwächt. Auch waren „revolutionäre Experimente" wie autonom geführte Betriebe, unkoordinierte Milizen usw. zu einer Zeit, in der ein starker und straff organisierter Staatsapparat gebraucht wurde, für die Republik lebensgefährlich. Zudem mußte die Republik auf ausländisches Eigentum, vor allem britisches und französisches, Rücksicht nehmen, um in Europa nicht völlig isoliert zu stehen. Die Kommunisten konnten also Argumente anführen, bei denen die Fakten auf ihrer Seite standen[12].

3) Schließlich dürfte noch ein recht macchiavellistisches Argument maßgebend gewesen sein. Die Kommunisten konnten keine revolutionäre Entwicklung gutheißen, die nicht von ihnen geführt wurde und bei der sie mehr oder minder Randfiguren waren. Die Kommunisten traten daher in den ersten Wochen nach dem Franco-Putsch für die Restauration des Staates ein, der im ersten revolutionären Freudentaumel unterzugehen drohte. Sie schufen noch im Juli 1936 eine straff organisierte und disziplinierte Truppe, das sogenannte 5. Regiment (quinto regimiento), das sich durch strenge Disziplin stark von den begeisterten Haufen der Anarchisten unterschied. Noch im Juli 1936 zählte es bereits 8.000, zwei Monate später 30.000 Mann, und bildete nach Eingliederung der Milizen in das reguläre spanische Heer, die gleichfalls vom PCE eifrig betrieben wurde, den Kern der in Zentralspanien operierenden republikanischen Truppen[13].

Die Politik des „nationalrevolutionären" Weges zahlte sich für die Kommunisten aus. Mit dem Erstarken des republikanischen Staates gewannen sie, die diesen Prozeß förderten, auch zunehmend Einfluß auf den Staatsapparat. Und mit ihrer ausgesprochenen nicht-revolutionären Politik erhielten sie regen Zulauf aus Bevölkerungsschichten, die durch die revolutionären Umwälzungen geschädigt worden waren oder aber Gründe hatten, sich vor ihnen zu fürchten. Ein Jahr nach Ausbruch des Bürgerkrieges hatte der PCE seine Mitgliederzahl von etwa 30.000 auf über 300.000 mehr als verzehnfacht, wobei die organisatorisch formell selbständigen katalanischen Kommunisten noch nicht mitgerechnet sind. Unter Einschluß der PSUC-Mitglieder und der formell gleichfalls selbständigen baskischen Kommunisten, die aber wegen der im Sommer 1937 erfolgenden Eroberung ihrer Heimat durch Franco-Truppen bald ausfielen, zählten die spanischen Kommunisten insgesamt 380.000 Mitglieder. Der starke Zulauf zur KP gab dieser die bislang fehlende Massenbasis, veränderte indessen auch die soziale Zusammensetzung der Partei. Nach José Díaz bestand der PCE zu 35 % aus Industrie- und zu 25 % aus Landarbeitern, wogegen Bauern 31 %, Mittelklassen 6 % und Intellektuelle 3 % der Mitgliedschaft ausmachten. Diese Angaben werfen Fragen auf, die wegen der kriegsbedingten sozialen Veränderungen kaum schlüssig beantwortet werden können. Wichtige Berufsgruppen fehlen hier, die soziale Zuordnung der zum Militär Einberufenen ist nicht angegeben[14]. Dennoch waren sich zeitgenössische Beobachter darin einig, daß Mittelstand und Kleinbürgertum in einem für kommunistische Parteien untypischen Maße unter den Mitgliedern des PCE vertreten waren[15]. Als straffe Kaderpartei jedoch wurde der PCE hinsichtlich seiner Organisation, Ideologie und Politik hiervon wenig berührt. Die Führung blieb im wesentlichen konstant.

---

12 Broué/Témime, S. 189 ff.
13 Ebd., S. 290.
14 Díaz, S. 341 ff.
15 Vgl. Borkenau: Spanish Cockpit, S. 192. — Vgl. Huhle, S. 187 ff.; Broué/Témime, S. 288.

Komintern und internationale Kommunisten in Spanien

Während der Straßenkämpfe in Barcelona im Juli 1936 besetzten Kommunisten das an der Plaza de Catalunya Ecke Paseo de Gracia, also im Herzen der Stadt, gelegene Hotel „Colón". Dieses Hotel existiert heute noch an anderer Stelle; in dem pompösen Gebäude aber, in dem sich heute eine Bank befindet, nahm kurz darauf der eben erst gegründete PSUC sein Quartier, richtete dort Arbeits- und teilweise auch Wohnräume für Funktionäre ein und unterhielt seitdem dort die meisten wichtigen Dienststellen seiner rasch wachsenden Parteizentrale. Das Hotel „Colón" wurde zum Synonym für den Einfluß der Kommunisten in Katalonien und sogar im ganzen republikanischen Spanien; es galt als Befehlszentrale der Komintern auf der iberischen Halbinsel, in der in einem beträchtlichen Maße die Geschichte Spaniens mitentschieden wurde. Das Hotel „Colón" stand durchaus zu Recht in diesem Ruf, denn in seinen Etagen waren auch die Büros auswärtiger kommunistischer Parteien, der Komintern und hoher sowjetischer Funktionäre untergebracht. Die räumliche Unterbringung aller dieser Dienststellen in einem Gebäude macht symbolhaft deutlich, daß die Politik von PCE und PSUC keine isolierte und selbständige war, sondern eingebettet in die den spanischen Belangen übergeordneten Ziele der Komintern und der Sowjetunion.

In der Geschichte der internationalen kommunistischen Bewegung nimmt der Spanische Bürgerkrieg eine besondere Rolle ein. Wie kaum ein zweites Ereignis vermochte er, in aller Welt und vor allem in Europa die Massen zu mobilisieren und in breiten Bevölkerungsschichten einen Konsens mit Kommunisten bei den Hilfsmaßnahmen für das republikanische Spanien zu erzeugen. Führende Organe waren die Komintern selbst und internationale kommunistische oder kommunistisch geführte Organisationen. Naturgemäß stand hinter diesen Bemühungen in starkem Maße die Sowjetunion, die aber dort, wo es ihr aus taktischen Gründen sinnvoll erschien, hinter die genannten Organisationen zurücktrat. Da die UdSSR mit Rücksicht auf britisches und französisches Mißtrauen zunächst nicht allzu deutlich in Erscheinung treten wollte, entschloß sich Stalin erst im Spätsommer 1936 zum massiven und offenen Eingreifen in Spanien. Dagegen gründete die Internationale Rote Hilfe in Paris bereits am 31. Juli 1936 ein „Kriegshilfskomitee für das republikanische Spanien", das sofort mit Aktivitäten für Hilfsaktionen und Propaganda begann[16].

Wie bereits erwähnt wurde, beteiligten sich viele ausländische Arbeiter, die zur Arbeiter-Olympiade nach Barcelona gekommen waren, an den Straßenkämpfen und traten den hastig aufgestellten Milizen bei. Die Solidarität mit Spanien war im gesamten linken Parteienspektrum der meisten europäischen Länder spontan und echt und führte zu einer Welle von Hilfsbereitschaft. Die Internationale Rote Hilfe griff diese Stimmung auf und machte sich die öffentliche Meinung ihren Hilfsaktionen zunutze. Sie organisierte Materialsendungen, führte Sammlungen durch und rief die Antifaschisten aller Länder zur Hilfe auf. Von ihr und der Komintern sowie von den in vielen Ländern gegründeten Spanien-Komitees gingen auch im Herbst 1936 die Kampagnen aus, mit denen Freiwillige für die Internationalen Brigaden geworben wurden. Es versteht sich, daß die große, von kommunistischen Organisationen geleistete Hilfe auch dem Ansehen der spanischen Kommunisten im eigenen Lande zugute kam.

Die Politik der Sowjetunion gegenüber Spanien trug ein ähnliches Gesicht wie die der spanischen KP zu den internen Ereignissen. Moskau interpetierte die Reaktionen der Bevölkerung auf den Putsch nicht als Revolution, sondern als Verteidigung des Verfassungsstaates. Die

---

16 Broué/Témime, S. 461. — Vgl. David T. Cattell: Communism and the Spanish Civil War. New York 1965, S. 80. — Horst Duhnke: Die KPD von 1933 bis 1945, Köln 1972, S. 266 f.

Sowjetunion forderte eine Politik der maßvollen Reformen und die Wiederherstellung einer konstitutionellen parlamentarischen Regierungsform im Rahmen eines bürgerlichen Staates. Ähnlich war die Position der Komintern und der ihr angeschlossenen Parteien. So wie die spanischen Kommunisten nach außen das Ziel verfolgten, die faschistische Gefahr abzuwehren und eine demokratische bürgerliche Republik zu errichten, so lief die sowjetische Unterstützung unter der Parole der selbstlosen Hilfe für ein bedrohtes demokratisches Land. Daß diese Hilfe im Oktober 1936 mit dem spanischen Goldschatz im voraus bezahlt wurde, blieb damals geheim; ebenso aber auch die Tatsache, daß die Spanische Republik dadurch erpreßbar geworden war. Mit der Drohung einer verringerten oder verzögerten Waffenlieferung konnte die UdSSR einige wichtige Entscheidungen vor allem personeller Natur durchsetzen. Unter der offiziell überparteilichen Volksfrontparole wurden spanische und ausländische Kommunisten auf wenig auffällige, aber um so einflußreichere Schaltstellen im spanischen Staatsapparat, in Militär und Polizei und in den von der Komintern protegierten Internationalen Brigaden gesetzt. Aufgrund der vielfachen Vertuschung kommunistischer Ziele durch geschickte Propaganda, durch Tarnung mit parteineutralen, aber kommunistisch geführten Organisationen gelang es der KP, weite Bereiche des Staates zu kontrollieren[17]. Die ausländischen Spitzenfunktionäre der Komintern in den Interbrigaden und in anderen Stellen waren hierbei wichtige Gehilfen. Nur in diesem Rahmen kann auch der Einsatz der KPD in Spanien gesehen werden.

Die KPD und der Ausbruch des Spanienkrieges

Wie bereits erwähnt wurde, hatte es in Spanien eine kleine Kolonie von emigrierten deutschen Kommunisten gegeben, deren Zahl für Barcelona auf etwa 40 — 60 geschätzt wird. Sie erhielten im Juli 1936 Verstärkung durch die anreisenden Sportler und Zuschauer der für die zweite Juli-Hälfte geplanten Arbeiter-Olympiade. Herbert Wehner, damals Mitglied der in Paris ansässigen „operativen Leitung des Politbüros" der KPD, schreibt, daß ein in Barcelona lebender Funktionär einen Bericht über den Beitrag deutscher Kommunisten an den Straßenkämpfen an die Parteiführung schickte. Die KPD-Spitze beschloß daraufhin — nach Wehners Angaben auf seine Anregung —, einige führende Funktionäre nach Spanien zu entsenden, um die Aktivitäten der KPD-Mitglieder zu unterstützen, zu organisieren und zu koordinieren[18]. Neben den Kämpfern, aus denen in den ersten August-Wochen kleinere deutsche Milizeinheiten hervorgingen, müssen sich aber auch schon einige qualifizierte Parteileute in wichtigen Positionen in Spanien befunden haben. Dafür spricht nicht nur die Existenz jenes Berichterstatters, sondern auch die Tatsache, daß in der Zentrale des PSUC schon in den ersten August-Tagen ein kleines hektographiertes Blatt in deutscher Sprache herausgegeben wurde. Es hieß „Informationsdienst" und trug den Untertitel „Mitteilungsblatt der deutschen Antifaschisten". Als Herausgeber zeichnete eine „Deutsche Antifa" mit Sitz im Hotel „Colón". Zwei Nummern sind uns dadurch erhalten geblieben, daß der deutsche Generalkonsul von Barcelona sie seinen Berichten an das Auswärtige Amt als Anlage beilegte. Es handelt sich um die Nummern 2 und 7 vom 3. bzw. 9. August 1936. In beiden Nummern wird vorwiegend über den Einsatz deut-

---

17 Diese mehrgleisige Politik hinter ihren vielfachen Tarnungen beschreibt Burnett Bolloten: The Grand Camouflage. The Spanish Civil War and Revolution 1936-1939, New York 1961. Im folgenden wird die stark überarbeitete und erweiterte Fassung dieses Werkes verwertet: La Revolución Española. Sus origines, la izquierda y la lucha por el poder durante la guerra civil 1936-1939, Barcelona — Buenos Aires — México D.F. 1980. - Cattell: Communism, S. 98 ff.
18 Vgl. Herbert Wehner: Zeugnis, hrsg. von Gerhard Jahn, Köln 1982, S. 176 f.

scher Freiwilliger in Aragon berichtet; das Blatt enthält auch Warnungen vor Agenten und empfiehlt, vor Kontaktaufnahme mit Fremden sich im Hotel „Colón" beraten zu lassen. Wie lange dieser Informationsdienst erschien, ist nicht bekannt. In einem späteren Bericht teilte das deutsche Generalkonsulat dem Auswärtigen Amt in Berlin mit, daß auf sein Betreiben ein „Informationsdienst" genanntes Flugblatt der FAI eingestellt worden sei[19]. Angesichts der in diplomatischen Berichten häufigen Verwechslung von Anarchisten und Kommunisten kann es sich durchaus um das im „Colón" herausgegebene Blatt handeln.

Am 4. August, nach anderen Angaben am 7. August 1936, trat das Politbüro des ZK der KPD in Paris zusammen, um über die Ereignisse in Spanien zu beraten. Zunächst sah die KPD-Führung es als ihre wichtigste Aufgabe an, die spezifisch deutsche Perspektive des Bürgerkrieges aufzudecken: die Intervention Hitlers zugunsten Francos. Sodann beschloß die Partei, unter den in den europäischen Emigrationsländern lebenden deutschen Antifaschisten für die militärische Unterstützung der spanischen Republik zu werben. Der sozialdemokratische Exil-Parteivorstand in Prag, die Sopade, wurde zur Teilnahme an gemeinsamen Aktionen aufgefordert, und an den deutschen Volksfrontausschuß in Paris wurde der Appell gerichtet, zum Spanienkrieg eine eigene Stellungnahme herauszugeben. — Auf einer weiteren Sitzung am 23. August 1936 konkretisierte das Politbüro des ZK der KPD die gefaßten Beschlüsse[20].

Der wichtigste Teil dieser Stellungnahme vom Anfang August war der Aufruf der KPD zur freiwilligen Teilnahme an den Kämpfen, mit dem die Partei die Idee der Internationalen Brigaden vorwegnahm. Dieser Aufruf hing wohl mit einem Beschluß führender Komintern-Vertreter vom 26. Juli 1936 zur Gründung eines internationalen Freiwilligen-Korps zusammen. Er ist auch deswegen bemerkenswert, weil sowohl die Komintern als auch die ihr angeschlossenen Parteien sich in den darauffolgenden Wochen äußerste Zurückhaltung in dieser Frage auferlegten und sich zunächst auf Solidaritätsadressen und rein humanitäre Hilfsmaßnahmen beschränkten[21]. Da der Aufruf der KPD nirgends gedruckt erschien, ist gelegentlich der Verdacht geäußert worden, es handele sich hier um eine nachträgliche Fiktion; die KPD habe nur hinhaltend und rhetorisch Stellung genommen und einen aktiven Einsatz deutscher Freiwilliger erst befürwortet, als auch die Komintern dies beschloß. Dieser Verdacht ist unbegründet. Zwar konnten wörtlicher Text und Fundort dieses Aufrufes nicht ermittelt werden, wohl aber eine — in diesem Falle etwas ungewöhnliche — Bestätigung: das deutsche Generalkonsulat in Leningrad berichtete, daß der Komintern-Sender den sogenannten „Zürcher Aufruf" der KPD verbreitet und alle „Antifaschisten zum Eintritt in die Reihen der Volksfront-Kämpfer in Spanien" aufgefordert habe; in Leningrad hätten sich daraufhin einige Deutsche und Österreicher hierfür gemeldet. Auch das deutsche Konsulat in Kiew berichtete über Aktionen zur Werbung von Spanienfreiwilligen unter Emigranten aus Deutschland und Ländern der ehemaligen Donaumonarchie[22]. Es kann durchaus sein, daß der Aufruf nur regional begrenzt verbreitet wurde, beispielsweise nur in der Sowjetunion, aus der auch eine größere Gruppe von Freiwilligen über Odessa nach Spanien ausgereist zu sein scheint[23].

---

19 Bericht des deutschen Generalkonsulats vom 13. 8. 36 an das AA nebst Anlagen; PA AA: Pol. Abt. III (31), Spanien: Innere Politik..., Bd. 8. — Schreiben des Generalkonsulats vom 27. 8. 36; ebd., Bad. 11.
20 Duhnke, S. 269; Kühne, S. 125.
21 „Nicht passive Sympathie, sondern aktive Hilfe für das spanische Volk!", „Internationale Solidaritätsaktion" (KPD-Adresse vom 31. Juli) sowie Harry Pollitt: „Was müssen wir für das spanische Volk tun?", *Rundschau* Nr. 35, 6. 8. 36. — „Internationale aktive Hilfe dem kämpfenden spanischen Volk" (KPD-Telegramm); *Rundschau* Nr. 40, 3. 9. 36.
22 Bericht des deutschen Generalkonsulats Leningrad vom 18. 8. 36 an das AA; PA AA: Pol. Abt. III (31), Spanien: Innere Politik..., Bd. 10. — Schreiben des Konsulats Kiew vom 11. 8. 36 an das AA; ebd., Bd. 9.
23 Duhnke, S. 270.

Zusammen mit etwa hundert meist deutschen Freiwilligen schickte die KPD einige Funktionäre nach Barcelona, die dort am 7. August eintrafen. Es handelte sich einmal um den früheren Reichstagsabgeordneten Hans Beimler, der — jedenfalls pro forma — die politische Leitung der deutschen Kommunisten in Spanien übernahm, und um die Parteifunktionäre Albert Schreiner („Schindler"), Willi Wille und Hermann Geisen. Beimler, auf dessen Person noch besonders eingegangen werden soll, war für einen Kombattanten zu alt, verfügte aber aus dem Ersten Weltkrieg über große militärische Kenntnisse und Erfahrungen. Er war aber nicht nur deswegen für die Vorbereitung einer deutschen Freiwilligen-Miliz geeignet, sondern auch wegen seiner Beliebtheit, die er bald unter den Freiwilligen genoß. Als politischer Leiter der deutschen Kommunisten war Beimler zugleich Verbindungsmann der Partei zum PCE. Die anderen drei Funktionäre waren für den militärischen Einsatz vorgesehen und wurden Offiziere der „Centuria Thälmann".

Teil der KPD-Entschließung vom Anfang August 1936 war auch der Appell an die Sozialdemokratie zur Zusammenarbeit gewesen. Wie die kommunistischen Parteien anderer Länder und die Komintern insgesamt hatte auch die KPD eine politische Kehrtwendung vollzogen. Getreu dem auf dem VII. Komintern-Kongreß (Juli/August 1935) eingeleiteten Kurswechsel übernahm auch die deutsche Partei auf ihrer bei Moskau abgehaltenen, aus Gründen der Tarnung aber „Brüsseler Konferenz" genannten Tagung (3.-15. Oktober 1935) die neuen Leitlinien der Volksfrontpolitik. Die Konfrontation gegen die als „Sozialfaschismus" bekämpfte Sozialdemokratie wurde nun als sektiererischer Fehler gebrandmarkt. Der Volks- und Einheitsfrontgedanke, der bereits 1934 in Frankreich und im Saargebiet zwischen Sozialisten und Kommunisten praktiziert worden war, wurde zur neuen Parteitaktik erhoben[24]. Was die spanische KP ihrerseits seit Anfang 1936 konsequent vorantrieb, das verfolgten auch die deutschen Kommunisten zielstrebig: die Annäherung an die Sozialdemokratie und ein antifaschistisches Bündnis auf breitester Front — in Deutschland selbst, im Exil und besonders auch in Spanien.

Die Sopade hatte auf den KPD-Appell vom Anfang August nicht reagiert. Wohl aber gab es gemeinsame Stellungnahmen von Sozialdemokraten und Kommunisten im Rahmen des „Ausschusses zur Vorbereitung einer deutschen Volksfront", dessen treibende Kraft Heinrich Mann war. In einem bereits zitierten Aufruf vom 21. Dezember 1936 wurde das deutsche Volk aufgefordert, Hitlers Intervention in Spanien zu sabotieren. „Die Franco und Mola sind nur Werkzeuge Hitlers. Hitler führt in Spanien Krieg, um das spanische Volk durch ein Regime der Zwangsarbeit auszuplündern. (...) Der Kampf des spanischen Volkes ist euer Kampf. Die Niederlage Francos wird der Anfang von Hitlers Ende sein"[25]. Schon vorher, im November, hatte das Politbüro des ZK der KPD die Parallele zwischen dem Widerstand gegen Hitler und dem Einsatz der deutschen Freiwilligen in Spanien gezogen und damit für viele von ihnen, die aus recht unterschiedlichen politischen Lagern kamen, das Motiv ihres Kampfes gegen die Unterdrückung Spaniens ausgesprochen. Franco galt als Stellvertreter des deutschen Diktators, und seine Niederlage sollte zum Anfang vom Ende seiner Herrschaft führen. „Die Rolle Hitlers als Hauptkriegstreiber in Europa und in aller Welt legt uns deutschen Antifaschisten die größte Verantwortung auf, alles zu tun, um Hitler in Spanien mit schlagen zu helfen."[26]

Noch im Herbst 1936 bildete die Partei zwei Kommissionen, von denen die eine sich mit der Agitprop-Arbeit in und für Spanien beschäftigte und die andere sich um die Rekrutierung von

---

24 Vgl. Duhnke, S. 166; Kühne, S. 123.
25 Aufruf vom 21. 12. 36, in: Pasaremos, S. 51.
26 Ebd., S. 50.

Freiwilligen für die im Oktober 1936 gegründeten Internationalen Brigaden bemühte[27]. Im Dezember 1936 hielten sich bereits zahlreiche Spitzenfunktionäre der KPD in Spanien auf und organisierten umfangreiche Aktivitäten in den Bereichen Militär, Presse, Agitprop und Kultur zugunsten der spanischen Republik.

Der Fall Hans Beimler (Erster Teil)

Die Darstellung der KPD in Spanien 1936 — 1939 muß etwas näher auf eine Persönlichkeit eingehen, die für den Einsatz deutscher Freiwilliger im Bürgerkrieg eine fast symbolische Bedeutung erlangen sollte. Obwohl sich Hans Beimler nur knapp vier Monate in Spanien aufgehalten hatte, wurde sein Einsatz für die deutschen Freiwilligen und vor allem sein Tod an der Front, der ihn am Stadtrand von Madrid am 1. Dezember 1936 ereilte, zum Sinnbild des opfervollen Kampfes tausender internationaler Antifaschisten für die spanische Republik und damit auch für die Freiheit in der eigenen Heimat. Die große Verehrung, die sein Tod in der spanischen und internationalen Öffentlichkeit auslöste, aber auch die Gerüchte und Mutmaßungen über seine mögliche Ermordung enthoben die historische Persönlichkeit bald der Welt der Tatsachen und machten ihn zum Mythos, als der er in der zeitgenössischen wie auch in der späteren Literatur auftritt.

Hans Beimler (1895 — 1936) stammte aus München, wo er sich schon früh der Arbeiterbewegung anschloß. Während des Ersten Weltkrieges leistete er Dienst auf einem Minensuchboot, nahm 1918 an den revolutionären Kämpfen teil, gehörte dem Arbeiter- und Soldatenrat und der Leitung des Spartakusbundes von Cuxhaven an und fand 1919 den geradezu vorgezeichneten Weg in die KPD. In den 1920er Jahren arbeitete er als Partei- und Gewerkschaftsfunktionär in München und Oberbayern und wirkte zeitweilig als Stadtverordneter von Augsburg sowie als Sekretär des KPD-Unterbezirks Südbayern. 1932 gehörte er kurze Zeit dem bayerischen Landtag, von Juli 1932 bis März 1933 dem Reichstag an. Am 11. April 1933 wurde er von der SA verhaftet und in das KZ Dachau geschleppt, aus dem er nach vier qualvollen Wochen der Erniedrigungen und Folterungen entfliehen konnte. Seine schriftlich niedergelegten Erinnerungen „Im Mörderlager von Dachau" waren einer der ersten authentischen Berichte über das Terrorsystem des NS-Regimes und erregten in der Weltöffentlichkeit großes Aufsehen. Beimler schlug sich über Berlin bis in die Sowjetunion durch und arbeitete ab 1934 als KPD-Vertreter in Prag, wo er deutsche Flüchtlinge auswählte und vorbereitete. Nach kurzem Zwischenspiel in Paris übernahm er dann im Juli 1935 die Rote Hilfe in Zürich und ging schließlich im Sommer 1936 über Paris nach Spanien[28].

Beimler wird als Persönlichkeit geschildert, die für die KPD-Funktionäre jener Zeit untypisch war. Er gehörte nicht zu sogenannten Apparat-Leuten, also jenen bürokratischen Berufskommunisten, die im Laufe der Stalinisierung der KPD vorherrschend geworden waren. Beimler war und blieb Idealist, für den der Mensch im Vordergrund politischer Bemühungen stand. Auch seine langjährige Parteiarbeit hatte aus ihm nicht jenen rechthaberischen Doktrinär machen können, wie er für die disziplinierte, stalinistisch geprägte KPD typisch geworden war.

---

27 Kühne, S. 168.
28 BHE I, S. 47. — Willi Höhn: Hans Beimler, unser Kommissar; in: Spanien 1936 bis 1939. Erinnerungen von Interbrigadisten aus der BRD. Herausgegeben und eingeleitet von Max Schäfer, Frankfurt am Main 1976, S. 77. — Vgl. auch die Kurzbiographie von Katja Haferkorn: „Wir haben das Recht, stolz zu sein auf einen solchen Kämpfer...". Hans Beimler, *Beiträge zur Geschichte der Arbeiterbewegung* (1981), S. 84-93.

So sehr alle Schilderungen seiner Persönlichkeit darin übereinstimmten, daß er auf seine Zeitgenossen sympathisch und menschlich wirkte, so sehr liegen auch Hinweise darauf vor, daß er seit langem über die ihm entfremdete Partei enttäuscht war. Sein bayerisches Temperament konnte sich nur schwer an eine abstrakte Disziplin gewöhnen, und die Bürokratisierung der Partei und die Entwicklung der Sowjetunion zu einem Despotenregime bedeuteten für ihn den Verlust jener Ziele, für die er seit langem eingetreten war[29]. Hinzu kamen sachliche Konflikte. In Zürich arbeitete Beimler 1935 mit einem gewissen „Theo" (Max Troll) zusammen, der von der Schweiz aus die Verbindung zu illegalen kommunistischen Zirkeln im Reich aufrechterhielt. Wegen zahlreicher Unregelmäßigkeiten und verschiedener Verdachtsmomente äußerte er gegenüber der KPD-Führung in Paris die Vermutung, daß „Theo" Gestapo-Spitzel sei, und forderte seine Ablösung. Die Parteispitze reagierte darauf nicht, obwohl Beimler seinen Verdacht wiederholte. Schließlich verschwand „Theo" 1936 mit einer großen Summe von Parteigeldern endgültig in Deutschland, so daß seine Agententätigkeit offenbar geworden war. Statt aber das eigene Versagen einzugestehen, beschuldigte die KPD-Führung Beimler der Nachlässigkeit und Unvorsichtigkeit und enthob ihn seiner Funktionen[30].

Da im folgenden einige Einzelheiten aus Beimlers Leben geschildert werden, die in kommunistischen Veröffentlichungen nicht erwähnt werden, soll hier kurz über die Quellenlage Rechenschaft abgelegt werden. Wir sind über Beimler ausführlich unterrichtet durch ein unveröffentlichtes Typoskript, das ursprünglich als Text zu einer Biographie in Buchform gedacht war. Verfasserin war die emigrierte Pianistin und Klavierlehrerin Antonia Stern, mit der Beimler während seiner Zürcher Zeit offensichtlich liiert gewesen war. Antonia Stern sah Beimler zuletzt im Juli 1936. Als sie im Dezember vom Tode Beimlers hörte, eilte sie nach Spanien, um anhand von Augenzeugenberichten die näheren Umstände des Falles zu erfahren und in eine geplante Beimler-Biographie einzuarbeiten. Fast ein halbes Jahr hielt sich Antonia Stern in Spanien auf und recherchierte, stets behindert und schikaniert von Funktionären der KPD, die das Zustandekommen der Schrift offensichtlich verhindern wollten. Mehrfach wurden gesammelte Materialien und bereits geschriebene Entwürfe gestohlen oder beschlagnahmt. Antonia Stern stellte die Biographie erst im Ausland fertig und versuchte, mit eigenen Geldmitteln das Buch herauszugeben. Hierbei wurde sie betrogen, so daß das Projekt auch 1939/40 in Paris scheiterte. Nach 1945 versuchte sie es wieder vergeblich, so daß der Text nur als Typoskript in Amsterdam und wohl auch noch andernorts in wenigen Exemplaren erhalten ist[31]. Zur Frage der Zuverlässigkeit der Darstellung muß angemerkt werden, daß Antonia Stern ihre Informanten sehr sorgfältig befragte und ihre Ergebnisse in ausgewogener Form wiedergibt. Zudem zitiert sie mehrfach Briefe Beimlers, die damals noch existiert haben müssen. Soweit Antonia Stern sich auf solche und ähnliche konkrete Quellen stützt, macht ihre Darstellung einen zuverlässigen Eindruck, um so mehr als sie teilweise durch Dokumente gänzlich anderer Provenienz bestätigt werden kann. Einige Male ist sie jedoch offensichtlich der Versuchung erlegen, einen Beimler-Roman zu schreiben und Gespräche sinngemäß oder gar wörtlich wiederzugeben, deren Zeugin sie nicht war und von denen sie auch keine Zeugen hatte befragen können. Hier handelt es sich um zwar denkbare, aber gleichwohl fiktive Gespräche, deren hypothetischer Inhalt keinerlei Quellenwert besitzt.

---

29 Franz Feuchtwanger: Der militärpolitische Apparat der KPD in den Jahren 1928-1935. Erinnerungen, *Internationale wissenschaftliche Korrespondenz zur Geschichte der deutschen Arbeiterbewegung,* Nr. 4, 17. Jg. (1981), S. 485-533, hier S. 488.

30 Der Fall „Theo" wird anhand von Quellen ausführlich dargestellt in einem Anhang zu dem Typoskript von Antonia Stern: Hans Beimler. Dachau — Madrid; IISG: Signatur EMss VII/3.

31 Thalmann, S. 268 ff. — Broué/Témime, S. 303, 484.

Auch Antonia Stern bestätigt das von Enttäuschung und Verbitterung geprägte Verhältnis zwischen Beimler und der Partei. Anfang Juli 1936 war er nach Paris gefahren, um sich in der „Theo"-Affäre zu rechtfertigen. Da er augenblicklich keine Funktionen mehr ausübte, wollte die KPD-Führung ihn nach Barcelona schicken, „... da nach dort jetzt eine größere Anzahl deutscher Emigranten geschickt werden soll und ich dort sozusagen ihr ‚Oberhaupt' werden soll". Was Beimler in dem hier zitierten Briefe vom 5. Juli andeutet, war die Absicht der KPD, zu der geplanten Arbeiter-Olympiade deutsche Kommunisten zu entsenden, für die dann Beimler wegen seiner KZ-Haft ein vorzeigbarer Repräsentant gewesen wäre. Offensichtlich gab es dann Meinungsverschiedenheiten mit der Partei, denn am 10. Juli schreibt Beimler: „Da das Verhältnis mit den Freunden sowieso nicht gerade das beste ist, möchte ich keinen Anlaß geben, aufs neue auf mich einzuhacken."[32] Bevor Beimler nach Spanien fuhr, brach der Bürgerkrieg aus und brachte die alten Pläne durcheinander. In seinen Briefen drückte er wiederholt Ärger und Verbitterung über seine Isolierung in der Partei aus und erwog den Plan, auf eigene Faust nach Spanien zu gehen. Schließlich stimmte die KPD-Führung diesem Plan zu und schickte Beimler mit einer größeren Gruppe deutscher Freiwilliger nach Spanien, um dort eine antifaschistische Miliz aufzustellen[33]. Das unter deutschen Emigranten kursierende Gerücht, wonach Beimler gegen den Willen der Partei nach Spanien gefahren sei und diese nur nachträglich ihre Billigung erteilt habe, ist offensichtlich falsch, enthält jedoch mit der Mutmaßung über Meinungsverschiedenheiten einen richtigen Kern.

Beimlers rastlose Tätigkeiten für die Aufstellung der deutschen Miliz werden an anderer Stelle im Zusammenhang mit der Geschichte der „Centuria Thälmann" geschildert. Hier soll zunächst nur seine Funktion und Rolle als ranghöchster Vertreter der KPD und als ihr Verbindungsmann in Spanien berücksichtigt werden. Als Beimler nach Barcelona kam, saßen dort bereits deutsche Kommunisten im Hotel „Colón" und betrieben im Rahmen des PSUC eine Dienststelle für deutschsprachige Ausländer. Die hier wirkenden Kommunisten kannten sich in Barcelona aus, verfügten über entsprechende Beziehungen und beherrschten die erforderlichen Sprachen, um in Barcelona erfolgreich wirken zu können: Spanisch und Katalanisch. Sie waren daher in jeder Beziehung dem sprachenunkundigen Hans Beimler überlegen, der seinerseits auf Dolmetscherdienste und ihre technische Hilfe angewiesen war. Es versteht sich, daß Beimler nicht ihr Vorgesetzter sein konnte, sondern mehr eine Repräsentationsfigur der KPD in Spanien. Offensichtlich beschränkte sich Beimler vorwiegend auf solche Tätigkeiten, bei denen er durch eigene Leistungen und Kenntnisse nützlich sein konnte. Neben den organisatorischen Arbeiten für die „Centuria Thälmann" widmete sich Beimler vor allem den Personalfragen. Er scheint die meisten deutschen Freiwilligen auf ihre politische und persönliche Vergangenheit befragt zu haben. In den von Antonia Stern überlieferten Tagebuchaufzeichnungen befinden sich wiederholt Eintragungen über Verhöre und Vernehmungen, daneben militärische Übungen, Besprechungen mit zuständigen Stellen, Vorträge[34]. In den Erinnerungen nicht-kommunistischer Spanienkämpfer erhielten diese Tätigkeiten nachträglich eine andere Färbung. Da wurde Beimler zum Chef der deutschen „Checa" erhoben, der im Hotel „Colón" Vernehmungen und Verhöre durchführte[35].

Diese Darstellung ist recht unwahrscheinlich, da in den ersten Wochen des Bürgerkrieges eine derartige Einrichtung noch nicht existierte und Beimler mit den Personen, die später einer

---

32 Antonia Stern: Hans Beimler, a.a.O., S. 114, 115.
33 Ebd., S. 118 f.
34 Ebd., S. 153 f.
35 Vernehmungsprotokoll vom 22. 4. 41; HStA Düsseldorf: Akt 19 529.

kommunistischen Geheimpolizei zur Überwachung und Verfolgung von Ausländern angehörten, in einem sehr gespannten Verhältnis stand. Nach Angaben Antonia Sterns war Beimler sogar in eine heftige Auseinandersetzung geraten, weil die KPD-Funktionäre im Hotel „Colón" die Errichtung einer „Checa" zur Ausschaltung unzuverlässiger oder widerspenstiger Freiwilliger gefordert hatten. Beimler soll hiergegen heftig protestiert und sich auch über andere eigenmächtige und fragwürdige Entscheidungen seiner Parteifreunde beschwert haben[36]. Nachweisbar sind diese Auseinandersetzungen allerdings nicht; hier scheint Antonia Stern phantasiert zu haben. Da sie Beimler nach seiner Abreise aus Zürich im Juli 1936 nie mehr zu sehen bekam und die KPD-Funktionäre im „Colón", von denen sie bei ihren Recherchen über Beimlers Tod ständig behindert und schikaniert wurde, ihr kaum davon berichtet haben dürften, muß dieser Teil ihrer Biographie mehr als Beimler-Roman angesehen werden. Eine Geheimpolizei für die deutschen Freiwilligen wäre indessen für einen politischen Idealisten, für den Opferbereitschaft und aufrichtiger politischer Einsatz mehr galten als ideologische Lippenbekenntnisse und taktisches Finassieren, sicher ein unerträglicher Gedanke gewesen.

Als die von ihm betreute „Centuria Thälmann" im Oktober 1936 aufgelöst und ihre Angehörigen dem „Thälmann-Bataillon" der Internationalen Brigaden eingegliedert wurden, verlegte Beimler seinen Sitz nach Albacete, dem Basislager dieser Einheiten, und nach Madrid, ihrem ersten Einsatzort. Zwischen diesen beiden Städten pendelte er einige Male hin und her, um den von ihm betreuten Verbänden möglichst nahe zu sein. Wie weit er dort als offizieller Vertreter der KPD auch Kontakte mit spanischen Parteien und Regierungsstellen unterhielt, ist nicht bekannt. Er übte die mehr informelle als genau abgegrenzte Funktion eines offiziellen KPD-Vertreters in Spanien, eines Verbindungsmannes der Partei zu spanischen Stellen und eines politischen Leiters und Betreuers der deutschen Freiwilligen aus. In Erfüllung dieses seines Auftrages starb er auch am 1. Dezember 1936 am Stadtrand von Madrid.

Die KPD in Spanien

Nach dem Tode Beimlers entsandte die KPD-Führung in Paris einen ihrer Spitzenfunktionäre nach Spanien, Franz Dahlem. Man darf daraus schließen, daß an der Bedeutung dieses Mannes auch die Aufmerksamkeit erkennbar ist, die die Partei der Entwicklung in Spanien widmete. Dahlem nahm in Personalunion mehrere wichtige Funktionen wahr. Zunächst war er als Vertreter der deutschen Kommunisten beim Zentralkomitee der spanischen Schwesterpartei akkreditiert. Zum andern war er Leiter des „Deutschen Büros", das in der Zentrale des PCE in Valencia und ab November 1937 in Barcelona residierte. Diese Dienststelle, in der seine Frau Käthe Dahlem als Sekretärin arbeitete, war zudem Verbindungsstelle zwischen der KPD und der Leitung der Internationalen Brigaden. Außerdem nahm das „Deutsche Büro" einige propagandistische Funktionen wahr; es belieferte die deutschsprachigen Zeitungen der Freiwilligenverbände mit Nachrichten, stellte das Redaktionspersonal und betrieb den deutschsprachigen Sender 29,8. Diese Agitprop-Arbeit wird noch weiter unten ausführlich skizziert werden. Schließlich war Franz Dahlem Mitglied der Zentralen Politischen Kommission der Internationalen Brigaden, deren Sitz in Albacete, dem Basislager dieser Einheiten lag[37].

---

36 Antonia Stern: Hans Beimler, a.a.O., S. 187 ff., 229.
37 BHE I, S. 120. —Vgl. Franz Dahlem: Am Vorabend des Zweiten Weltkrieges. 1938 bis August 1939. Erinnerungen, 2 Bde., Berlin DDR 1977, hier Bd. 1, S. 58 f.

Vertreter der KPD in Spanien: Hans Beimler (l) und Franz Dahlem

Im Januar 1937 entsandte das ZK der KPD in Paris noch einen weiteren Vertreter nach Spanien: Karl Mewis, der damals unter dem Tarnnamen „Karl Arndt", gelegentlich auch als „Fritz", auftrat. Auch Mewis galt als Nachfolger Beimlers und vertrat die deutschen Kommunisten beim PSUC in Barcelona, womit der formellen Selbständigkeit dieser Partei Genüge getan wurde[38]. Die offiziellen und die tatsächlichen Funktionen von Mewis waren nicht identisch. Vertreter der KPD bei den spanischen Kommunisten war Franz Dahlem, und trotz der formellen Selbständigkeit des PSUC war dieser in Entscheidungen von zentraler Bedeutung vom PCE oder gar von der Komintern abhängig. Mewis brauchte also nicht die Aufgaben wahrzunehmen, die bereits Dahlem oblagen. Zwar unternahm er Reisen an die Aragon-Front und besuchte deutsche Einheiten der Internationalen Brigaden. Aber in erster Linie lag sein Arbeitsgebiet bis Ende 1937 in Barcelona, wo er in der PSUC-Zentrale im ehemaligen Hotel „Colón" residierte und teilweise geheimpolizeiliche Funktionen ausübte. Katalonien und besonders Barcelona bildeten das Zentrum der deutschsprachigen Emigration in Spanien. Ihre Überwachung und die Verfolgung unbequemer Nicht-Kommunisten oblagen der Ausländerstelle des PSUC („Servicio extranjero del PSUC"), in der Mewis eine maßgebende Rolle spielte. In diesem Zusammenhang werden Mewis und seine Dienststelle weiter unten noch näher untersucht werden[39].

Offiziell waren die deutschen KPD-Funktionäre Mitglieder der spanischen KP. Man hatte diese Regelung vermutlich deswegen eingeführt, um die Arbeit der Kommunisten und vor allem auch der Ausländer zu straffen[40]. Dies schloß nicht aus, daß die KPD durchaus eigenständige

---

38 Karl Mewis: Im Auftrag der Partei. Erinnerungen, Berlin DDR 1971, S. 115 f. — BHE I, S. 495.
39 Vgl. S. 146 ff.
40 Kühne, S. 168.

Aufgaben ausführte. Dazu gehörten eine Parteischule im Badeort Benicásim, in der vor allem Agitprop-Arbeit geleistet wurde, eine Kaderschule in Pozo Rubio, die vor allem konspirative Techniken vermittelt haben dürfte, der bereits genannte Sender 29,8 sowie die Redaktionen deutschsprachiger Brigadezeitungen[41]. Die vielfältige Arbeit dieser Einrichtungen war indessen mit der Politik des PCE und der Komintern abgestimmt und bewegte sich vollständig auf der sogenannten Volksfrontlinie. Auf ihre Initiative ging die bereits beschriebene Gründung des von deutschen und österreichischen Sozialdemokraten und Kommunisten gebildeten Volksfrontausschusses in Albacete im Dezember 1937 zurück[42]. Die KPD war es auch, die zu diesem Zweck den sozialdemokratischen Politiker Erich Kuttner aus seinem niederländischen Exil nach Spanien einlud. Die Volksfrontpolitik der spanischen und deutschen Kommunisten hatte zur Folge, daß mit ihr eine breite Basis geschaffen wurde für den gemeinsamen Kampf von Angehörigen auch solcher Parteien, die unter anderen Umständen wahrscheinlich dazu nicht bereit gewesen wären. Mit Rücksicht auf die politisch heterogene Zusammensetzung der Freiwilligenverbände diente die Volksfrontparole auch als Integrationsfaktor. Um parteipolitische Differenzen nicht aufkommen zu lassen, war jede einseitige Agitation verboten. Im Sommer 1937 erließ das Verteidigungsministerium der spanischen Republik ein Dekret, in dem die Werbung für den Eintritt in eine bestimmte Partei verboten wurde; jeder Zwang zu einem solchen Eintritt oder Übertritt sollte mit Degradierung der Schuldigen, bei Kriegskommissaren sogar mit Absetzung bestraft werden[43].

Tatsächlich bot die Volksfrontpolitik den Kommunisten eine hervorragende Tarnung, um unter irreführendem Etikett eine sehr zielbewußte Arbeit für die eigene Partei zu betreiben. Da die wichtigsten Posten in den Internationalen Brigaden und den ihnen angeschlossenen Institutionen von KP-Mitgliedern besetzt waren, war jede formell für die Volksfront betriebene Propaganda de facto Agitation für die KP. Wie wenig ernst übrigens die Kommunisten den Grundsatz der Überparteilichkeit der Interbrigaden nahmen, zeigt die Tatsache, daß sie trotz des Verbots durch die Regierung in den einzelnen Einheiten illegale Parteizellen bildeten. Wir sind darüber informiert durch Namenslisten der Parteizellen 1003 bis 1007, die, wie es scheint, in einer Verwaltungszentrale der Interbrigaden in Barcelona (calle Guatemala 4) ihren Sitz hatte. Diese Listen stammen vom Mai 1938, also aus einer Zeit, in der Spanier bereits einen beträchtlichen Teil der Mannschaften stellten; aber an den aufgeführten ausländischen Namen können wir erkennen, daß es sich teilweise um eine deutschsprachige Einheit gehandelt haben muß. Die Größe dieser Zellen lag zwischen 11 und 22 Mitgliedern, von denen durchschnittlich zwei bis vier deutsche Namen trugen. Erhalten ist uns auch das Protokoll einer Sitzung einer solchen Zelle. Diskutiert wurde eine Erklärung des Ministerpräsidenten Negrín sowie die Problematik des Ausbaus und der Arbeit der Zelle. Es wurde vereinbart, daß jede Zelle zweimal wöchentlich zusammentrete, aber insgesamt streng geheim arbeiten solle, da jede Parteipolitik im Militär verboten sei[44]. Für die Rolle der KPD in Spanien sind diese Papiere wenig interessant, aber sie zeigen, daß die auch von ihr betriebene Volksfrontpolitik weitgehend Tarnung für kommunistische Aktivitäten bildete.

---

41 Dahlem, S. 56 f. — Vgl. S. 136 ff. und S. 238 ff.
42 Duhnke, S. 269. — Vgl. S. 240, Anm. 89.
43 „Volksfrontpolitik, die einzig zulässige im Heer", *Le Volontaire de la Liberté* (dt. Ausgabe) Nr. 37, 4. 7. 37. — Vgl. Kühne, S. 154, 200 f.
44 Protokoll vom 6. 5. 38 und Listen der Zellen 1003, 1004, 1005, 1006 und 1007; AHN P.S. Barcelona, carpeta 769.

Im Dezember 1937 wurde der Vertreter der KPD beim ZK der KP Spaniens, Franz Dahlem, zur Berichterstattung nach Moskau gerufen. Es hatte in der politischen Führung der Internationalen Brigaden schwere Konflikte gegeben, und Dahlem hatte sich wiederholt für die Abberufung ihres höchsten Funktionärs, des Franzosen André Marty, eingesetzt. Nicht nur behinderten dessen persönliches Willkürregiment in Albacete und seine deutschfeindliche Einstellung einerseits und technische, taktische und politische Mißgriffe andererseits die Zusammenarbeit in der Führung der Interbrigaden[45]. Dazu kamen noch bestimmte Interessenkonflikte. Wegen der starken Verluste der Interbrigaden und aufgrund des nachlassenden Zustromes neuer Freiwilliger hatte die Zahl der ausländischen Kombattanten abgenommen. Die Lücken wurden — zunächst im Mannschaftsbereich, danach auch bei den Offizieren — immer mehr durch Spanier gefüllt, wodurch sich der Charakter der Verbände änderte. Ausländische Parteifunktionäre konnten ersetzt und mit anderen Aufgaben betraut werden, für die sie dringender gebraucht wurden. Das galt vor allem auch für die KPD, die viele ihrer Kader in der innerdeutschen Widerstandsarbeit einsetzen wollte, was gleichfalls auf den Einspruch André Martys stieß[46]. Wahrscheinlich wird man diesen Kurswechsel auch in einem anderen Zusammenhang sehen dürfen. Im Sommer und Herbst 1937 war den Franco-Truppen die Eroberung Asturiens, Cantabriens und des Baskenlandes gelungen, so daß sie den gesamten Norden kontrollierten und sich nun verstärkt gegen Aragon und Katalonien wenden konnten. Die Zukunft der Spanischen Republik sah bedenklich aus, und die Sowjetunion verminderte ihre Waffenexporte in ein Land, das sie militärisch für verloren hielt.

Als Nachfolger Dahlems wurde Karl Mewis ernannt, der somit die Ämter eines KPD-Vertreters beim PSUC und beim PCE in Personalunion vereinigte und zudem auch die Funktionen seines Vorgängers in der Führung der Interbrigaden übernahm[47]. Geographisch ließ sich diese Ämterhäufung insofern bewältigen, als die Regierung der Spanischen Republik am 31. Oktober 1937 ihren Sitz von Valencia nach Barcelona verlegt hatte und ihr die Parteizentralen unter Einschluß des PCE dorthin gefolgt waren. Zeitweilig verließ Mewis Barcelona und wirkte in Albacete. Dies war deswegen möglich, weil andere Aktivitäten, die er in Barcelona bislang betrieben hatte, inzwischen überflüssig geworden waren. Bekanntlich hatte sich Mewis teilweise mit geheimpolizeilichen Aufgaben beschäftigt: mit der Überwachung und Verfolgung ausländischer, vor allem aber deutschsprachiger Nicht-Kommunisten. Mit den großen Verhaftungswellen des Sommers und Herbstes 1937 war diese Aufgabe weitgehend abgeschlossen. Politisch unliebsame Personen befanden sich entweder in Haft oder aber waren ausgewiesen worden. Die Verfolgungsarbeit war im Herbst 1937 also weitgehend abgeschlossen, und die hierzu eingesetzten Kader konnten größtenteils für andere Arbeiten abgezogen werden.

Lange blieb auch Mewis nicht mehr in Spanien. In Albacete geriet er gleichfalls in Konflikt mit André Marty wegen der veränderten Konzeption der Internationalen Brigaden und wegen dessen Weigerung, deutsche Funktionäre für die innerdeutsche Widerstandsarbeit freizugeben. Im April 1938 verließ auch Mewis das Land, um an der „zweiten Front" von Skandinavien aus zu wirken[48]. Wie es scheint, war die KPD in der Folgezeit durch keinen Funktionär mehr bei den spanischen Kommunisten offiziell vertreten. Nach späteren Aussagen ehemaliger Spanienkämpfer war zeitweilig Gustav Szinda Leiter der deutschen Abteilung des PCE und damit

---

45 Dahlem, S. 46 ff., 56.
46 Ebd., S. 51, 56 ff.
47 Dahlem, S. 57; Mewis, S. 162. — BHE I, S. 495.
48 Mewis, S. 167 f., 169, 174 ff.

wohl auch umgekehrt Verbindungsmann der KPD zu den spanischen Kommunisten[49]. Da Szinda im April 1938 als Kommandeur der XI. Internationalen Brigade abgelöst wurde und überdies Ulbricht nahegestanden haben soll, ist diese Nachricht nicht völlig abzuweisen, indessen wohl auch kaum zu belegen. Nach dem Abzug der Spitzenfunktionäre bestanden jedoch noch einige Institutionen der KPD weiter. Auch blieben noch die rein militärischen Funktionsträger der Partei sowie einige Kader mit besonderen Aufträgen auf ihren Posten. Aber das Engagement der KPD in Spanien war seit dem Frühjahr 1938 nur noch ein stark eingeschränktes.

Die Agitprop-Arbeit der KPD im Spanienkriege

Eine wichtige Aufgabe der KPD bestand in Spanien in der Propaganda unter den Interbrigadisten. Diesem Zweck dienten zahlreiche deutschsprachige Blätter, die von der Zentrale der Interbrigaden, von der XI. Brigade oder einzelnen Truppenteilen herausgegeben wurden. Wie schon angedeutet, wurden die Redaktionen vom „Deutschen Büro" des PCE in Valencia und später Barcelona mit Informationen und fertigen Texten versorgt. Wir werden diese Pressearbeit an anderer Stelle näher untersuchen[50]. Außerdem betrieb die KPD auch Propaganda durch Veranstaltungen, auf denen Sänger mit ihren Darbietungen und Schriftsteller als Redner auftraten, sowie durch Kurse und Lehrgänge. Hierfür wurde mit Zustimmung des PCE die bereits erwähnte Parteischule in Benicásim gegründet, die in der zweiten Jahreshälfte 1937 mehrere Lehrgänge für jeweils 25 bis 30 Teilnehmer organisierte. Der erste Lehrgang wurde nur von deutschen Teilnehmern besucht, die späteren Kurse standen auch Funktionären aus anderen deutschsprachigen sowie sprachverwandten Ländern zur Verfügung. Die Richtlinien für den ersten dieser Kurse, der im September 1937 abgeschlossen wurde, gingen davon aus, daß die meisten Teilnehmer erst seit kurzer Zeit in Spanien eingesetzt wurden. Vermutlich diente also die Parteischule der Ausbildung und Erziehung von Kadern für ihre Arbeit in Spanien. Neben allgemeinen Einführungen in die Ideologie standen vor allem Exegesen der Komintern-Beschlüsse zur Volksfrontpolitik und Instruktionen für künftige Polit-Kommissare in den Interbrigaden. Geleitet wurde die Schule von Anton Ackermann und Ewald Munschke („Fischer"). Wie es scheint, wurde diese Einrichtung Ende 1937 abgelöst durch die in Pozo Rubio gegründete Kriegskommissarschule[51].
Einen zentralen Bestandteil der Propaganda bildete die Arbeit mit Flugblättern in Deutschland selbst. Auf diese Weise wurde ein Teil der deutschen Öffentlichkeit mit Informationen über den Bürgerkrieg versorgt, die aufgrund der offiziellen nationalsozialistischen Pressepolitik nicht oder nur mit entsprechender propagandistischer Verzerrung zu erhalten waren. In dem Flugblatt mit der Überschrift „Arbeiter, Bauern, Soldaten!", datiert vom Anfang Dezember 1936, wurde darauf hingewiesen, daß Hitler Soldaten an Franco verkaufte, so wie früher Zwergpotentaten ihre Untertanen verkauft hatten. Das Flugblatt rief die deutschen Soldaten auf, nicht auf die Spanier zu schießen, und gipfelte in der Parole: „Alles für die Niederlage Hitlers in Spanien wie in Deutschland!"[52] Ein anderes Flugblatt informierte über die zahlreichen

---

49 Schreiben der Gestapo-Leitstelle Düsseldorf vom 4. 3. 42 an die Gestapo-Stelle Dresden; HStA Düssseldorf: RW 58, Akt 24 763.
50 Vgl. S. 238 ff.
51 Kühne, S. 176 ff.
52 „Arbeiter, Bauern, Soldaten!" (hekt. Flugblatt); IfZ: Mikrofilm MA 645, S. 890 140-41.

Soldaten, die in Spanien „verunglückt" seien, und forderte die Veröffentlichung einer amtlichen Verlustliste; unterzeichnet war das Flugblatt von einer Einheitsfront von Sozialdemokraten und Kommunisten der Reichshauptstadt Berlin[53]. Auch ein Flugblatt Heinrich Manns sowie der bereits zitierte, von Heinrich Mann und anderen Mitgliedern des Volksfrontausschusses unterzeichnete Aufruf wurde verbreitet. Als Fundorte gab die Gestapo in einem Schreiben an die Abwehr Berlin und Koblenz an[54].

Die Propagandaarbeit für Deutschland war keineswegs ohne Wirkung. Nicht nur schlugen sich zahlreiche Freiwillige über oft verschlungene und nicht immer ungefährliche Wege nach Spanien. Auch im Reich selber wurden die Aufrufe der Flugblätter befolgt, etwa durch Sabotageakte bei der Produktion der für Spanien bestimmten Rüstungsgüter. Gelegentlich stellten sich beim Einsatz deutscher Granaten, Bomben und anderer Waffen vorprogrammierte Fehler heraus, vereinzelt fanden sich sogar Handzettel darin mit Grußparolen an die spanische Republik. Auch unter Soldaten der Wehrmacht, die nach Spanien befohlen werden sollten, wurden von der KPD Flugblätter verbreitet, die über die Hintergründe des Militärputsches vom 18. Juli 1936 und über Hitlers und Mussolinis Unterstützung für Franco informierten. Eine derartige Propaganda wurde sogar in Spanien selbst unter den Angehörigen der deutschen Legion Condor verbreitet, insgesamt aber ohne großen Erfolg[55].

Die Propagandaarbeit für Deutschland wurde nicht nur durch Flugblätter und illegale Zeitschriften betrieben, sondern auch durch den Rundfunk. Zunächst gab es deutschsprachige Sendungen in den Sendeanstalten der Spanischen Republik, die teilweise von Kommunisten gestaltet und gesprochen wurden. Hierbei handelte es sich um Radio Barcelona, das der Generalitat von Katalonien unterstand, und um den in Madrid stationierten Sender „La Voz de España republicana", der der Zentralregierung unterstellt war. Daneben gab es aber ab 10. Januar 1937 eine besondere Sendeanstalt, die zunächst ausschließlich der KPD und ab April 1937 formell dem deutschen Volksfrontausschuß in Paris zur Verfügung stand, de facto aber von Kommunisten geleitet wurde. Sie bestand aus einem modernen Kurzwellensender, den der Siemens-Schuckert-Konzern Anfang 1936 bei Madrid installiert hatte und der auch in Übersee empfangen wurde. Außer in der deutschen Sprache brachte dieser Funk auch portugiesische, italienische und bulgarische Sendungen, also für Hörer, die unter einem rechtsradikalen Regime lebten[56].

Bekannt wurde der Sender unter seiner Wellenlänge 29,8. Seine wichtigsten Mitarbeiter waren die KPD-Funktionäre Gerhart Eisler, Hans Teubner und Erich Glückauf, die zeitweilig von Kurt Hager unterstützt wurden. Eisler war ab Sommer 1937 als Redakteur für fremdsprachige Sendungen bei „La Voz de España republicana" zuständig. Im allgemeinen waren es kleine Redaktionsstäbe mit zwei oder drei Redakteuren und wenigen weiteren Mitarbeitern; bei Radio Barcelona arbeitete sogar nur ein einziger Redakteur. Die deutschsprachigen Sendungen von „La Voz de España republicana" und Radio Barcelona wurden auch in Spanien selbst von deutschen und österreichischen Interbrigadisten abgehört. Der „Deutsche Freiheitssender 29,8", der täglich eine Stunde sendete, war nur in größerer Entfernung zu empfangen. Seine Sendungen waren vor allem für Deutschland gedacht und wurden dort auch gehört, wie dies die regelmäßig über Deckadressen eintreffende Hörerpost belegte. Lange Zeit war der Stand-

---

53 „Bürger Berlins! Frauen und Mütter!"; ebd., S. 890 143-45.
54 Flugblätter „Deutsche, es ist Zeit" und „Hitler führt Krieg". ebd., S. 890 146-47; Schreiben des Gestapa vom 11. 2. 37; ebd., S. 890 151-52. — Vgl. Kühne, S. 128.
55 Kühne, S. 128, 144, 146 ff.
56 Hans Behrend: „Deutscher Radiosender greift in den Kampf gegen Hitler ein", *Rundschau* Nr. 16, 15. 4. 37. - Vgl. Schlenstedt, S. 242 ff.

ort des Senders der Gestapo unbekannt und wurde sogar in Deutschland selbst oder in der Nähe der Grenze vermutet, zeitweilig glaubte man ihn in Südwestfrankreich (Tarbes) oder in Moskau; erst im Juli 1937 ermittelte man ihn endgültig in Pozuelo del Rey bei Madrid. Er konnte wahrscheinlich im gesamten Reichsgebiet abgehört werden, wie dies den internen Meldungen der Gestapo aus Königsberg, Breslau, Leipzig, Berlin, Hamburg, Düsseldorf und München zu entnehmen ist. Zunehmende Verhaftungen und härter werdende Strafen gegen Personen, die den „Deutschen Freiheitssender 29,8" abgehört hatten, bezeugen eine breite Resonanz dieser Radiosendungen. Auch die Flugblätter der KPD, die im Reich verteilt wurden, wiesen immer wieder auf Sendezeiten und -frequenzen hin[57].

Der Inhalt der Sendungen hatte naturgemäß zwei Schwerpunkte: Spanien und Deutschland. Die Hörer erfuhren vieles über den Bürgerkrieg, die Hilfe Hitlers und Mussolinis für Franco, aber auch den Einsatz zahlreicher Deutscher auf seiten der Republik. Den anderen Schwerpunkt bildete die deutsche Innenpolitik. Durch Verbindungsmänner erfuhr die KPD Nachrichten aus Betrieben, aus dem Widerstand, aus der Jugend. Die Sendungen entlarvten die Demagogie der Goebbels-Propaganda, widerlegten die Lehren der Rassenideologie, empfahlen die Lektüre freiheitlicher (nicht verbotener) deutscher Klassiker und brachten auch Gedichte, Lieder und Chansons von Bert Brecht, Hanns Eisler, Ernst Busch und anderen. Auch ein Aufruf von Heinrich Mann, den dieser vorher auf eine Schallplatte gesprochen hatte, wurde gesendet. Lion Feuchtwanger sprach aus Anlaß der Judenpogrome der „Reichskristallnacht"[58]. — Da die Redaktion des „Deutschen Freiheitssenders" sich am Sitz der Zentralregierung, des PCE und der Vertretung der KPD bei der spanischen Schwesterpartei aufhielt, mußten die Sendematerialien täglich von Valencia, ab Anfang 1938 von Barcelona zur Sendeanstalt nach Pozuelo del Rey bei Madrid transportiert werden. Als die näher rückende Front hierbei immer größere Schwierigkeiten bereitete, wurde auch die Arbeit der Redaktion stark behindert. Die Manuskripte trafen unregelmäßiger ein, und der Sprecher Hanns Maaßen mußte oft improvisieren, um die Aktualität der Sendungen zu wahren. Radio 29,8 arbeitete bis zum Schluß des Bürgerkrieges, bis Madrid durch Franco-Truppen besetzt wurde. Hanns Maaßen wurde dabei festgenommen und anschließend jahrelang in Haft gehalten.

Deutsche Schriftsteller im Spanischen Bürgerkrieg

Ein besonderes Merkmal des Einsatzes von Antifaschisten aus vielen Ländern war die starke Anteilnahme von Schriftstellern, Künstlern und Journalisten. André Malraux aus Frankreich, George Orwell aus England, Mate Zalka aus Ungarn kämpften mit der Waffe für die Republik; Ernest Hemingway und John Dos Passos aus den Vereinigten Staaten, Ilja Ehrenburg aus der Sowjetunion, die Franzosen Georges Bernanos und Louis Aragon erlebten als Kriegsberichterstatter, als Journalisten, als Gäste der Spanischen Republik oder schlicht als zufällige Augenzeugen des Geschehens die Greuel der Zerstörung und den Widerstand der Bevölkerung gegen den Militärputsch; wieder andere wie der Chilene Pablo Neruda, der Amerikaner Upton Sinclair und viele andere nahmen aus mehr oder minder großer Entfernung Anteil an

---

57 Schreiben des Gestapa vom 10. 3. 37 an die Stapo-Stellen und Leitstellen; Schreiben der deutschen Botschaft Paris vom 16. 4. 37 an das AA; Schreiben der Gestapo vom 6. 7. 37 an das AA; PA AA: Inland II geheim, Bd. 40: betr. Kommunismus/Bekämpfung eines Geheimsenders. - Vgl. Ulbrichts Rundfunkrede „Wofür kämpft das spanische Volk?", in: Walter Ulbricht: Zur Geschichte der deutschen Arbeiterbewegung, Aus Reden und Aufsätzen, Bd. II: 1933-1946, Berlin 1955, S. 166 ff.
58 Schlenstedt, S. 244 ff., 247, 249 ff.

der spanischen Tragödie und widmeten ihr zahlreiche Veröffentlichungen[59]. Auch die deutschsprachige Literatur, deren Vertreter sich größtenteils im Exil befanden, engagierte sich für Spanien, wie dies die Aufrufe Heinrich Manns und Lion Feuchtwangers zeigten. Aber die meisten parteilosen Schriftsteller gingen nicht soweit, daß sie sich durch ihre Anwesenheit in Spanien oder gar ihren Einsatz in bewaffneten Verbänden für die Republik engagiert hätten. Wohl besuchten Klaus und Erika Mann im Herbst 1936 Spanien und berichteten darüber in der *Pariser Tageszeitung*. Wohl bildete sich 1937 in Paris ein deutsches Nationalkomitee für die Spanienhilfe, das mit maßgeblicher Hilfe deutscher Intellektueller Geldsammlungen und andere Aktionen für die Spanische Republik durchführte. Wieder andere Schriftsteller beobachteten den Bürgerkrieg zwar aus der Ferne, aber mit starker Anteilnahme, und wählten ihn zum Gegenstand von Erzählungen oder Dramen (Rudolf Leonhard, Hermann Kesten)[60]. Aber diejenigen deutschen Dichter, Künstler und Journalisten, die für längere Zeit nach Spanien gingen, dort politisch oder propagandistisch arbeiteten oder mit der Waffe kämpften, waren fast ausschließlich Kommunisten; ihr Einsatz erfolgte mit Wissen und im Auftrage der KPD, weswegen es angebracht ist, ihn im Zusammenhang mit der Rolle der Partei in Spanien darzustellen.

Die in Spanien engagierten kommunistischen Parteien und insbesondere die KPD scheinen das wirksame Mittel des Einsatzes von international renommierten Schriftstellern ganz bewußt und zielstrebig vorbereitet zu haben. Es dürfte daher nicht überraschend sein, daß nur wenige Wochen nach Beginn des kommunistischen Engagements in Spanien eine Schriftstellertagung nach Madrid einberufen wurde. Sie fand Ende Oktober 1936 im „Teatro Español" statt, was hinsichtlich des Termins deswegen von Interesse ist, weil die Franco-Truppen gerade zur Eroberung der Hauptstadt ansetzten. Veranstaltet wurde die Tagung von der „Alianza de Intelectuales para la Defensa de la Cultura", in der maßgeblich der kommunistische Lyriker Rafael Alberti mitarbeitete. Mit großer Aufmachung wurden in der Presse die am 21. Oktober aus Paris anreisenden Schriftsteller gefeiert: es erschienen Ludwig Renn und Gustav Regler sowie Louis Aragon. In Barcelona übergaben die drei als Delegierte der Internationalen Schriftsteller-Assoziation einen Lastwagen mit einer Ausrüstung für Filmvorführungen für den Fronteinsatz. In Madrid sprach Renn im überfüllten „Teatro Español", wo er eine Parallele zog zwischen dem Kampf des spanischen Volkes gegen die Militärs und dem der deutschen Exil-Schriftsteller gegen das NS-Regime[61].

Diese Veranstaltung bildete gewissermaßen den Auftakt für den II. Schriftstellerkongreß im Sommer 1937, der aus Solidarität mit der Hauptstadt wieder nach Madrid einberufen wurde. Wegen der kriegsbedingten Lage begann aber der Kongreß am 4. Juli 1937 in Valencia, dem Sitz der republikanischen Regierung, tagte sodann vom 6. bis 8. Juli in der von drei Seiten bedrohten Hauptstadt und beschloß seine Veranstaltungen in Spanien am 10. Juli in Barcelona; danach fanden noch einige abschließende Tagungen in Paris statt. Bei den im Madrider Kino „Salamanca" abgehaltenen Ansprachen und Podiumsgesprächen traten der sowjetische Journalist Michail Kolzow, André Malraux sowie der mit Jubel begrüßte Gustav Regler auf, der gerade von einer schweren Verwundung durch eine Granate genas. Weitere deutschsprachige Autoren, die sich in Spanien und in Paris zu Wort meldeten, waren Willi Bredel, Egon Erwin

---

59 Vgl. Frederick R. Benson: Schriftsteller in Waffen. Die Literatur und der spanische Bürgerkrieg, Freiburg/Br. — Zürich 1969. - Erich Weinert: Die Fahne der Solidarität. Deutsche Schriftsteller in der spanischen Freiheitsarmee 1936-1939, Berlin 1953.
60 Schlenstedt, S. 312 ff.
61 „El gran escritor Ludwig Renn entre nosotros", *Mundo Obrero* 22. 10. 36. — „Ludwig Renn, Andrés [sic!] Aragón y otros escritores en España" und „Los intelectuales antifascistas", *Claridad* 23. bzw. 26. 10. 36. — Schlenstedt, S. 318.

Kisch, Bert Brecht, Ludwig Renn und andere. Spanien und der Einsatz — auch der bewaffnete — der Schriftsteller bildeten das zentrale Thema des Kongresses, selbst bei Themen, die stärker literarischen und theoretischen Fragen gewidmet waren[62].

Spanien wirkte wie ein Magnet auf kommunistische Intellektuelle in der deutschen Emigration, was umgekehrt von der KPD auch für die von ihr und vom PCE betriebene Propaganda ausgenutzt wurde. Im Dezember 1936 reiste auf Einladung der katalanischen Regierung der bekannte Dramaturg und Regisseur Erwin Piscator nach Barcelona, wo er Vorträge über revolutionäre Kunst hielt. Er unterbreitete Vorschläge zur politischen Mobilisierung durch das Theater[63]. Im Juni 1937 reiste der „rasende Reporter" Egon Erwin Kisch von Prag nach Madrid. Als tschechoslowakischer Staatsbürger kein Emigrant, besuchte er zusammen mit Erich Kuttner die Internationalen Brigaden und richtete aufmunternde Ansprachen an die Freiwilligen. Aus diesen seinen Frontbesichtigungen gingen einige Reportagen hervor. Von Kisch stammt auch die Anregung, daß die Interbrigadisten ihre eigene Geschichte schreiben sollten, was in der Tat einige der Freiwilligen zu autobiographischen Berichten und Erzählungen animierte[64].

In den meisten Fällen nahmen die Schriftsteller propagandistische Funktionen wahr, — in den Internatioanlen Brigaden oder aber außerhalb Spaniens in der Weltöffentlichkeit. Einige von ihnen wie Gustav Regler, Ludwig Renn, Willi Bredel und Hans Marchwitza gehörten als Soldaten, Offiziere, Instrukteure oder als Polit-Kommissare den Internationalen Brigaden an. Einen etwas anders gelagerten Fall stellte Arthur Koestler dar. Weder trat er auf großen Veranstaltungen der KPD auf, noch arbeitete er als Funktionär im Parteiapparat, sondern ging als Pressekorrespondent ins Feindesland. Ursprünglich hatte er im Sommer 1936 dem „Hilfskomitee für das republikanische Spanien" seine Hilfe angeboten, ging dann jedoch auf Betreiben Willi Münzenbergs als angeblicher Korrespondent des *Pester Lloyd* und des *News Chronicle* in den von den Franco-Truppen beherrschten Teil Andalusiens. Dort interviewte er, ohne als Kommunist erkannt zu werden, Francos General Queipo de Llano und entlarvte nach seiner Rückkehr ins Ausland die Absichten der putschenden Militärs und das Ausmaß der deutschen und italienischen Intervention[65]. Kurz darauf fuhr er erneut nach Spanien, diesmal in den republikanischen Teil Andalusiens, wurde jedoch bei der Eroberung Málagas durch Franco-Truppen verhaftet und zum Tode verurteilt. Drei Monate wartete er in der Todeszelle in Sevilla auf die Vollstreckung des Urteils, bis er auf Intervention der britischen Regierung freigelassen wurde. Literarische Frucht dieser Erlebnisse waren die Schrift „Menschenopfer unerhört. Ein Schwarzbuch über Spanien" (Paris 1937) und der erschütternde Bericht aus der Todeszelle „Ein spanisches Testament" (Zürich 1938)[66]. Ein Jahr später brach Koestler mit der KPD, der er seit 1931 angehört hatte, und vollzog diesen Bruch 1940 auch öffentlich. Die Politik der

---

62 „La Asamblea de Escritores", Claridad 8. 7. 37. — Schlenstedt, S. 319 ff.; hier finden sich auch detaillierte Inhaltsangaben der diskutierten Themen. Bildmaterial über das Wirken der Künstler und Intellektuellen befindet sich in: Un año de las brigadas internacionales, Madrid 1937 (Reprint: Berlin 1976), S. 84 f.
63 „Piscator, en Cataluña", Claridad 21. 11. 36.
64 Ilse Wolff: „Egon Erwin Kisch, el repórter furioso en las calles de Madrid", Claridad 16. 6. 37. — Erich Kuttner: „Die abgelegene Dreizehnte", *Le Volontaire de la Liberté* (dt. Ausgabe) Nr. 36, 26. 6. 37. — Schlenstedt, S. 274. — Egon Erwin Kisch: Unter Spaniens Himmel, Berlin 1961.
65 Arthur Koestler: Die Geheimschrift. Bericht eines Lebens, Wien — München — Basel 1955, S. 331 ff.
66 Das „Spanische Testament" wurde auf Veranlassung Goebbels' in Deutschland mit folgender Mitteilung des Propagandaministeriums an die Gestapo vom 22. 9. 38 verboten: „Die Gesamtproduktion des Koestler sowie des Europa-Verlages wurde bereits in die Liste des schädlichen und unerwünschten Schrifttums eingereiht"; PA AA: Pol. Abt. III (31), Spanien: Innere Politik..., Bd. 38.

Kommunisten in Spanien gegenüber anderen linken Gruppen und Parteien, vor allem auch gegenüber dem POUM, hatte hierzu den maßgeblichen Anstoß gegeben[67].

Von den deutschen Intellektuellen, die als Kombattanten zu den Internationalen Brigaden gingen, ist Alfred Kantorowicz zu nennen. Vor seinem Spanieneinsatz hatte er in Paris bei Willi Münzenberg in der Internationalen Arbeiterhilfe gearbeitet. Er wurde Polit-Kommissar der XIII. Brigade und verfaßte zum ersten Jahrestag ihres Bestehens einen illustrierten Erinnerungsband über das aus Freiwilligen vieler Länder zusammengesetzte Bataillon „Tschapajew". Überdies stammen von ihm umfassende Tagebuchnotizen aus seiner Spanien-Zeit[68]. Wie Koestler brach auch er mit seiner kommunistischen Vergangenheit. Da dies fast zwei Jahrzehnte später erfolgte, bildeten Erlebnisse des Bürgerkrieges kein auslösendes Moment. Entscheidend waren vielmehr Entwicklungen in Deutschland nach 1945. Aber bestimmte Erlebnisse in Spanien hatten den Keim zu dieser Trennung gelegt und die Entfremdung zwischen Kantorowicz und der Partei eingeleitet.

Erwähnt werden muß der Lyriker Erich Arendt, der bis 1936 im spanischen Exil auf Mallorca gelebt hatte. Er kämpfte in den republikanischen Streitkräften. Frucht seiner Bürgerkriegserlebnisse sind Gedichte, die er 1952 in Berlin veröffentlichte[69]. Der Arbeiterdichter Erich Weinert und der Sänger Ernst Busch reisten zu den einzelnen Truppenteilen der Freiwilligenverbände in Spanien und trugen Gedichte oder Lieder vor. Willi Bredel, Hans Marchwitza, Bodo Uhse und andere Schriftsteller aus den Reihen der KPD kämpften in den Internationalen Brigaden und hinterließen Memoiren oder andere Formen der Verarbeitung ihrer Teilnahme am Bürgerkrieg[70]. Besondere Erwähnung verdient hier Ludwig Renn. Im Ersten Weltkrieg königlich-sächsischer Offizier, legte er später seinen Geburtsnamen Arnold Vieth von Golssenau ab und trat Ende der zwanziger Jahre der KPD bei. Bekannt wurde er durch sein Antikriegsbuch „Krieg" (1929). Als ehemaliger Offizier brachte er in die Interbrigaden die dringend benötigte militärische Sachkenntnis ein und wirkte im Range eines Obersten bis zum Ende ihres Einsatzes in der XI. Brigade, zeitweilig als ihr Stabschef. Als Schriftsteller trat er weder in Spanien noch später wieder hervor, hinterließ jedoch aufschlußreiche Memoiren über seinen Einsatz im Bürgerkrieg[71].

Ein anderer Schriftsteller muß besonders hervorgehoben werden, da er einmal eine wichtige Rolle in den Interbrigaden spielte und zum andern — ähnlich wie Koestler — durch die Erlebnisse in Spanien zum politischen Kurswechsel bewogen wurde. Gustav Regler hatte bis 1935 in seiner saarländischen Heimat für die KPD gearbeitet. Zusammen mit Louis Aragon fuhr Regler im Herbst 1936 nach Spanien und wirkte zeitweilig als Polit-Kommissar der XII. Brigade. Regler wurde im Juni 1937 bei einer Frontbesichtigung, die er zusammen mit Ludwig Renn und dem ungarischen Schriftsteller Mate Zalka („General Lukacs") durch Aragon unternahm, von feindlichen Granaten schwer verwundet. Zunächst tauchte das irrige Gerücht auf, daß Regler — wie übrigens Mate Zalka — getötet worden sei. Er konnte sich nach einiger

---

67 Koestler: Geheimschrift, S. 406 ff. — Schlenstedt, S. 300 f.
68 Alfred Kantorowicz: Spanisches Kriegstagebuch, Köln 1966; ders.: Spanisches Tagebuch, Berlin 1948.
69 Erich Arendt: Bergwindballade. Gedichte des spanischen Freiheitskampfes, Berlin 1952.
70 Willi Bredel: Spanienkrieg, Bd. 1: Zur Geschichte der 11. Internationalen Brigade; Bd. 2: Begegnungen am Ebro. Schriften, Dokumente, Berlin — Weimar 1977. — Bodo Uhse: Die erste Schlacht. Vom Werden und von den ersten Kämpfen des Bataillons Edgar André, (1. Aufl. Straßburg 1938) Berlin 1952. — Vgl. Schlenstedt, S. 282; Kühne, S. 203 f. — Hans Marchwitza: Unter uns. Erzählungen, Potsdam 1950. — Erich Weinert: Camaradas. Ein Spanienbuch, Berlin 1952.
71 Ludwig Renn: Im spanischen Krieg, Berlin 1963.

Zeit von den Verletzungen erholen[72]. Nach einer Genesungszeit von vier Monaten stellte sich aber heraus, daß er für den Militärdienst nicht mehr tauglich war. Er verließ Spanien Ende 1937, arbeitete aber in der Öffentlichkeit weiterhin für die Republik, deren Lage immer schwieriger wurde. Ein Ergebnis seiner Teilnahme am Bürgerkrieg war der allerdings erst nachträglich herausgegebene Roman „Das große Beispiel"; er erschien 1940 zunächst in englischer Sprache in den USA und erst 1976 im deutschen Original[73]. Wie Koestler begann auch Regler in Spanien sich von der KPD abzuwenden, vollzog aber den endgültigen Bruch erst im mexikanischen Exil.

Den Eindrücken des Bürgerkrieges konnten sich nur wenige Schriftsteller entziehen. Unter denen, die großen Anteil am Geschehen nahmen, ist hier Anna Seghers zu nennen, die sich kurz in dem vom Krieg heimgesuchten Land aufhielt, ebenso Bert Brecht, der zwar nicht nach Spanien fuhr, sich aber durch die Ereignisse zum Drama „Die Gewehre der Frau Carrar" anregen ließ. Indessen gibt es auch einen Fall, in dem ein Schriftsteller seine Teilnahme am Bürgerkrieg zu verbergen versucht. Stephan Hermlin (Rudolf Leder) unterbrach eigens seine Buchhändlerlehre, um als Freiwilliger nach Spanien zu gehen. Aber außer seiner Teilnahme am Spanienkrieg verraten westliche literarische und biographische Nachschlagewerke keine weiteren Einzelheiten, während Handbücher aus der DDR sowie Hermlins eigene Werke diese Episode seines Lebens fast ganz unterschlagen. Angesichts der Tatsache, daß zahlreiche deutsche Spanienkämpfer 1956 vom Ministerrat der DDR die „Hans-Beimler-Medaille" erhielten, deutet das Auslassen Hermlins auf seine persönliche oder aber eine amtliche Absicht des Verschweigens seiner Rolle im Bürgerkrieg hin[74].

Die Liste deutschsprachiger Autoren, die sich als KP-Mitglieder in und für Spanien engagierten, ließe sich noch um ausländische, aber in deutscher Sprache schreibende Autoren ergänzen. Der tschechoslowakische Journalist Egon Erwin Kisch wurde bereits erwähnt; zu nennen wären noch der Österreicher Josef Toch, der Jugoslawe Theodor Balk und andere[75]. Einige von ihnen brachen später mit der Partei, wie dies schon vorher Koestler, Regler und andere getan hatten. Dem Einsatz der Schriftsteller widmete Ende 1938 das Organ der Interbrigaden in seiner Abschiedsnummer einen langen Dankesartikel[76]. Ihr öffentliches Wirken hatte dem Einsatz der Freiwilligen in Spanien ein hohes Ansehen in der Weltöffentlichkeit verschafft, von dem kommunistische Parteien, wenn sie sich des Spanienkrieges entsinnen, auch heute noch zehren.

---

72 „Regler herido", *Mundo Obrero* 16. 6. 37; „Gustavo Regler continúa mejorando", *Adelante* 20. 6. 37. — Vgl. die Memoiren Gustav Reglers: Das Ohr des Malchus. Eine Lebensgeschichte, (1. Aufl. Köln 1958), Frankfurt am Main 1975, S. 411 ff.

73 Gustav Regler: Das große Beispiel. Roman aus dem Spanischen Bürgerkrieg, Frankfurt am Main 1976.

74 Im Jahre 1956 erwähnte die DDR-Presse im Zusammenhang mit dem Spanienkrieg auch den Einsatz Stephan Hermlins. Als Kantorowicz daraufhin von seinen Studenten gefragt wurde, weswegen Hermlin nicht die Hans-Beimler-Medaille erhalten habe, meinte Kantorowicz, dies müsse ein Irrtum sein, da Hermlin nach seiner Kenntnis nie in Spanien gewesen war. Dagegen erwiderte sein damaliger Assistent Hermann Kant, er selbst habe Hermlin über seine Spanien-Erlebnisse berichten hören. Vgl. Alfred Kantorowicz: Deutsches Tagebuch. Zweiter Teil, München 1961, S. 643 f.

75 Eine Übersicht über die deutschsprachige Memoirenliteratur nebst ausführlicher Liste von Veröffentlichungen liefert Martin Franzbach: Eine Aufgabe der vergleichenden Literatur- und Sozialgeschichte: Die deutschsprachige Exilliteratur über den Spanischen Bürgerkrieg, in: ders.: Plädoyer für eine kritische Hispanistik, Frankfurt am Main 1978, S. 61-77.

76 Erich Weinert: „Dichter an der Front", *Le Volontaire de la Liberté* (dt. Ausgabe) Nr. 92, 1. 11. 38.

Im Untergrund des Spanienkrieges

Spanien war in den Jahren 1936-1939 ein bevorzugtes Betätigungsfeld zahlreicher Geheimdienste. Den Hintergrund hierzu bildeten die internationalen Verwicklungen, in die der innerspanische Konflikt recht bald geriet. Spanien wurde Exerzierplatz für auswärtige Truppenverbände und Versuchsfeld für neue deutsche und sowjetische Waffen. Es gab also zahlreiche Dinge, die für Nachrichtendienste anderer Länder von brennendem Interesse sein konnten. Für die deutsche Gestapo, die italienische OVRA, für den portugiesischen PVDE und Polizeidienste anderer Diktaturen war Spanien auch insofern interessant, als sich in der Republik Emigranten aus ihren Ländern und somit Gegner ihrer Regime aufhielten und sich teilweise politisch betätigten.

Beim Sturm spanischer Revolutionäre auf deutsche Clubs, Schulen und andere Einrichtungen im Juli/August 1936 wurden auch zahlreiche Dokumente erbeutet, die eine rege Agententätigkeit von Spanien-Deutschen und ihre vielfältigen Verbindungen zur Seite der Aufständischen belegten. Aus diesem Material stellte der tschechoslowakische Kommunist Otto Katz („André Simone") unter dem Pseudonym Franz Spielhagen eine aufschlußreiche Broschüre mit umfassender faksimilierter Dokumentation zusammen[1]. Das von ihm ausgewertete Aktenmaterial muß heute als verschollen gelten. Aber noch vorhandene Akten im Archiv des Auswärtigen Amtes sowie in spanischen Archiven bestätigen und ergänzen einen Teil der aufgedeckten Machenschaften deutscher Agenten und Spione. Erwähnenswert ist hier der Doppelagent Bernhard Funck (bei Spielhagen irrtümlich Eberhard Funck), der schon vor Ausbruch des Bürgerkrieges für die französische Sureté und für die spanische Spionageabwehr gearbeitet und dabei auch Kontakte zur deutschen Abwehr sowie zu den später putschenden spanischen Militärs besessen hatte. Er erlebte den 18. Juli 1936 in Untersuchungshaft in Madrid, wo man ihn wegen gefälschter Papiere inhaftiert hatte. Seiner von kommunistischen Milizen geplanten Erschießung entging er dadurch, daß vorübergehend die Anarchisten das Gefängnis übernahmen. Er wurde wegen Spionage zu neun Jahren Gefängnis verurteilt und 1938 aufgrund eines Gefangenenaustauschs nach Deutschland entlassen[2]. Das Auswärtige Amt in Berlin bemühte sich auch um andere Personen, die als verurteilte Spione in der Todeszelle auf ihre Hinrichtung warteten und bei denen es sich teilweise auch um Abenteurer und andere zwielichtige Gestalten handelte. Auf den Gefangenenlisten tauchen immer wieder die Namen des Spanien-Deutschen Manuel Ahles und des Doppelagenten Kurt Haumann auf, die beide in Valencia einsaßen[3].

---

1 Franz Spielhagen: Spione und Verschwörer in Spanien, Paris 1936. — Der Verfasser, mit richtigem Namen Otto Katz (auch „André Simone"), wurde im Zuge stalinistischer Säuberungen in der ČSSR des „Hochverrats und der Spionage" angeklagt und 1952 in Prag hingerichtet.

2 Bernhard Funck: „Meine Gefangenschaft im Roten Spanien" (22. 10. 38) und „Spezial-Bericht für das Auswärtige Amt" (7. 11. 38); PA AA: Pol Abt. III: Spanien/Gefangenenaustausch, Bd. 4. — Vgl. Spielhagen, S. 35.

3 Schreiben der Botschaft Paris vom 13. 10. 37 an das AA; Bericht der Gesandtschaft Den Haag vom 18. 10. 37 an das AA; Schreiben des Albert Maier vom 27. 10. 37; undatierte „Liste der in Rotspanien verhafteten bzw. verurteilten Reichsangehörigen, deren Austausch angestrebt wird"; PA AA: Pol. Abt. III: Spanien/Gefangenenaustausch, Bd. 1. — Kurt Haumann wurde offensichtlich später ausgetauscht und schließlich 1940 in München in den Polizeidienst übernommen; BDC: Partei-Kanzlei, Akt Kurt Haumann. — Weiteres Material über deutsche Agenten in Spanien vor allem im SHM: legajo 280, carpetas 12 und 15.

Man sieht, daß der Untergrund des Spanischen Bürgerkrieges ein geeigneter Tummelplatz war für Schnüffler, Geheimniskrämer, Hochstapler, Wichtigtuer, Polit-Voyeure, Ränkeschmiede und anderes Gauklervolk der Weltgeschichte. Über sie ließen sich anhand der vorhandenen Materialien umfassende Studien anfertigen, sofern ein historisches Interesse an ihnen bestünde. Im folgenden wollen wir uns indessen auf einen bestimmten Fragenkomplex beschränken und die Rolle von Deutschen in der republikanischen Geheimpolizei untersuchen, deren Aufgabe es wiederum war, andere in Spanien sich aufhaltende Deutsche und Mitteleuropäer zu überwachen und zu verfolgen. Es ist hier also die Rede von den Aktivitäten deutscher kommunistischer Geheimagenten in entsprechenden spanischen Dienststellen oder getarnten Einrichtungen der Komintern oder des sowjetischen Geheimdienstes in Spanien.

Geheimpolizei und Nachrichtendiesnte im republikanischen Spanien

Die Spanische Republik besaß in den ersten Wochen nach dem Putsch keinen Geheimdienst. Entweder waren die Mitarbeiter derartiger Dienststellen auf die Seite der Militärs übergelaufen, oder aber ihre Institutionen hatten sich in den revolutionären Umwälzungen aufgelöst[4]. Statt dessen stellten die politischen Organisationen Kommandos zusammen, die Gegner oder Rivalen entführten und auf sogenannten „paseos" ermordeten. Diese „paseos" wurden von parteieigenen Komitees, von denen die der Kommunisten und der Anarchisten die aktivsten waren, vorbereitet und gelenkt[5]. Auf lokaler und regionaler Ebene übten derartige Ausschüsse auch Überwachungsfunktionen aus, die erst mit der zunehmenden Entmachtung der revolutionären Organisationen und dem Erstarken des republikanischen Staates von dessen Organen übernommen wurden. Als zentrale Dienststelle wurde hierfür Ende 1936 die dem Innenministerium unterstellte „Besondere Staatliche Nachrichtenabteilung" (Departamento Especial de Información del Estado, DEDIDE) geschaffen.

Mit dem überstürzten Aufbau eines republikanischen Heeres richtete der Generalstab auch bald einen dem Verteidigungsministerium unterstellten Sonderdienst (servicio especial) ein, dessen Aufgaben sich auf Spionage und Spionageabwehr erstreckten. Er begann seine Arbeit im August 1936 und wurde ein Jahr später durch die drei inzwischen gegründeten Geheimdienste SIM, SIEE und SIEP ersetzt. Die beiden letztgenannten Organisationen waren zuständig für die Spionage im Ausland bzw. in dem vom Gegner kontrollierten Teil Spaniens. Der SIM (Servicio de Investigación Militar) war zunächst ein reiner Nachrichten- und Sicherheitsdienst, der sich aber rasch zu einer allmächtigen politischen Geheimpolizei entwickelte. Wenige Monate nach seiner Gründung beschäftigte der SIM über 6.000 Agenten und unterhielt eigene Gefängnisse und Haftlager. Er durfte ohne gerichtliche Anordnung Personen verhaften. Beim Aufbau der Organisation hatten sowjetische „Berater" maßgeblich mitgewirkt und für die Besetzung wichtiger Posten mit zuverlässigen Kommunisten gesorgt. Der SIM entzog sich bald vollständig der Kontrolle des Justiz- und vor allem auch des Kriegsministeriums, dem er formell weiterhin unterstand[6].

Eine Sonderstellung nahm in geheimdienstlicher Sicht Katalonien ein. Da das Land bis zur Schlußphase des Krieges nicht unmittelbar bedroht war, hatten sich dort trotz der Heftigkeit der revolutionären Umwälzung die staatlichen Apparate in personeller und materieller Hin-

---

4 Vgl. Domingo Pastor Petit: Los dossiers secretos de la guerra civil, Barcelona 1978, S. 13 f.
5 Broué/Témime, S. 148.
6 Pastor Petit, S. 96 ff.; Broué/Témime, S. 385; Bolloten: Revolución, S. 647.

sicht relativ gut erhalten können. Dort bestand nach wie vor das der Generalitat von Katalonien unterstehende Generalkommissariat für öffentliche Ordnung (Comisaría General d'Ordre Públic), auf dessen Mitarbeiter man später beim Ausbau des Polizeiapparates nur zurückzugreifen brauchte. Bereits im Herbst 1936 richtete Katalonien einen Geheimdienst ein, den Servicio Secreto Inteligente (SSI), für dessen personelle Ausstattung das Generalkommissariat eine Reihe von Polizeibeamten zur Verfügung stellte. Diese Organisation, die im August 1937 im republikanischen SIM aufging, gliederte sich in zwei Brigaden, eine für Nachrichten und die andere als ausführendes Organ, die sich beide wiederum jeweils in eine militärische, politische und wirtschaftliche Sektion aufteilten. Die politischen Sektionen beider Brigaden stellten bis zur Gründung des SIM die katalanische Geheimpolizei[7].

Nun wären diese verschiedenen Dienststellen des politischen Untergrundes nicht von besonderem Interesse, wenn sie nicht in wichtigen Bereichen durchsetzt gewesen wären vom sowjetischen Geheimdienst und seinen internationalen Mitarbeitern. Durch zwei hohe sowjetische Funktionäre aus diesem Tätigkeitsbereich, die 1937/38 desertierten und sich nach Nordamerika absetzten, sind wir über die Anfänge der geheimpolitischen Aktivitäten Moskaus in Spanien informiert. Ein Mitarbeiter des sowjetischen Nachrichtendienstes in West-Europa, W. G. Krivitsky, überliefert uns, daß auf Stalins Geheiß sein damaliger Polizeichef Jagoda am 14. September 1936 eine Konferenz in das Lublianka-Gefängnis in Moskau einberufen ließ, um mit den verschiedenen Abteilungen des sowjetischen Geheimdienstes und anderen betroffenen Dienststellen das politische Engagement der UdSSR in Spanien vorzubereiten[8]. Auf dieser Sitzung wurde ein Agent der NKWD-Auslandsabteilung, Alexander Orlow (alias „Schwed", „Liowa"), mit der Errichtung eines umfangreichen Geheimapparates in Spanien beauftragt: Orlow selbst begab sich noch im September nach Barcelona, um — nach eigener Aussage — die spanische Regierung in Fragen der Gegenspionage und Guerrilla zu „beraten"[9].

Die Aufgaben der sowjetischen Agenten und Geheimfunktionäre waren recht vielfältig. Neben der Sammlung von Nachrichten über Wirtschaft, Innenpolitik, Militärwesen und Waffentechnik in beiden Hälften Spaniens sowie über die am Bürgerkrieg beteiligten auswärtigen Mächte oblag es dem sowjetischen Apparat, möglichst getarnt Waffen und Munition nach Spanien zu schmuggeln, beim Aufbau des republikanischen Heeres, der Polizei und des Nachrichtendienstes behilflich zu sein und nicht zuletzt — bei Sowjets eine besonders ausgeprägte Tradition — sich selbst zu bewachen. Alle diese Aufgaben sollten mit der üblichen Geheimniskrämerei betreut werden. Vor allem durften sowjetische Militärs möglichst nicht in Erscheinung treten. „Haltet euch aus dem Artilleriefeuer heraus!" lautete die hierzu von Stalin ausgegebene Parole. Tatsächlich waren von rund 3.000 sowjetischen Funktionären, die sich 1936-1939 in Spanien aufhielten, nur 41 Kombattanten. Alle übrigen waren — getarnt als Diplomaten, Journalisten, Offiziere oder irgendwelche Fachberater — Agenten für militärische, politische, geheimpolizeiliche und nachrichtendienstliche Aufgaben[10].

Die genaue Organisationsstruktur des sowjetischen NKWD[11] in Spanien ist wegen der Ge-

---

7 Pastor Petit, S. 101 ff., 106, 113.
8 W.G. Krivitsky: Ich war in Stalins Dienst!, Amsterdam o. J. (1940), S. 100 f.
9 Alexander Orlow: Kreml-Geheimnisse, Würzburg o. J. (1953), S. 8. — Es ist bedauerlich, daß Orlows Erinnerungen außer Anekdoten und Geheimdienstklatsch nur wenige verwertbare Informationen enthalten. — Zu Orlow und Krivitsky vgl. Bolloten: Revolución, S. 302 ff.
10 Krivitsky, S. 98, 101 ff. — Kühne, S. 48. - Broué/Témime, S. 468 ff.
11 In der Literatur werden Tscheka (Checa), GPU und NKWD weitgehend synonym gebraucht. Diese Abkürzungen bezeichnen die sowjetische Geheimpolizei, die nach Reorganisationen mehrfach ihren Namen wechselte. Für den hier behandelten Zeitraum ist NKWD die nicht ganz korrekte, aber übliche Bezeichnung.

heimniskrämerei und der vielfachen Tarnungen kaum exakt darzustellen. Nicht nur erschweren wechselnde Decknamen, häufige Funktionswechsel und Versetzungen die Beobachtung bestimmter Personen. Auch die Rangfolge und damit die Subordination bestimmter Agenten unter andere entsprach in der Praxis nicht immer dem nach außen hin vorgetäuschten Anschein. Nach Krivitsky war der eigentliche Drahtzieher Stalins in Spanien der Pole Arthur Staszewski, seiner offiziellen Funktion nach bloß Handelsattaché im sowjetischen Generalkonsulat in Barcelona. Daneben wirkten in Spanien Armeekommissar Ian Berzin und als dessen Mitarbeiter Krivitsky selbst; sie waren zuständig für militärische Belange. Mit der geheimpolizeilichen Arbeit war der bereits erwähnte Orlow betraut. Die NKWD-Aktivitäten wurden naturgemäß von der Moskauer Zentrale gelenkt, wofür Abram Slutsky zuständig war. Orlow residierte gewöhnlich in Barcelona, hatte jedoch als Gehilfen und NKWD-Statthalter für Katalonien den Ungarn Ernö Gerö (auch „Pedro" oder „Singer") zur Seite, der dem PSUC-Vorsitzenden Joan Comorera assistierte und mit Hilfe katalanischer Kommunisten eine eigene Geheimpolizei aufbaute. Mitwirkende im Apparat, deren Funktion und Rang im einzelnen nicht immer erkennbar sind, waren der sowjetische Botschafter in Madrid/Valencia, Marcel Rosenberg, der sowjetische Generalkonsul in Barcelona, Wladimir Antonow-Owsejenko, der *Prawda*-Korrespondent Michail Kolzow sowie ein ganzes Heer weiterer dienstbarer Geister aus der UdSSR. Wichtige Funktionen nahmen auch einige nicht-sowjetische Agenten wahr, wie man dies am Beispiel Gerös erkennen kann. Erwähnenswert ist noch der Italiener Vittorio Codovila („Medina"), der hinter den Kulissen den PCE lenkte und beaufsichtigte und — vermutlich im Sommer 1937 — von dem PCI-Vorsitzenden Palmiro Togliatti („Ercole Ercoli") abgelöst wurde[12].

Der Aufgabenbereich des NKWD in Spanien war so umfassend, daß seine Darstellung den engeren Themenkreis der vorliegenden Studie sprengen würde. Im folgenden soll der Blick auf die Sektion innerhalb dieses Apparates gerichtet sein, die einerseits aus Deutschen oder jedenfalls deutschsprachigen Mitarbeitern bestand und andererseits für die Beobachtung und Verfolgung von Mitteleuropäern zuständig war. Diese Sektion stand organisatorisch unterhalb der Befehlsebene von Ernö Gerö und hatte ihre Zentrale in Barcelona. Offensichtlich war sie nicht nur für die Deutschen in Katalonien zuständig, sondern für das gesamte republikanische Territoium, soweit sich dort Deutsche, Österreicher und Schweizer, aber auch Ungarn, Tschechoslowaken und Polen aufhielten. Es ist anzunehmen, daß dieser auf ziviler Ebene wirkende Apparat mit ähnlichen Dienststellen in den Internationalen Brigaden und im sonstigen militärischen Bereich zusammenarbeitete und wohl auch unter einer gemeinsamen Leitung stand. Gleichwohl sollen beide Wirkungsbereiche des NKWD hier getrennt behandelt werden, so daß seine Bedeutung für die Interbrigaden erst an anderer Stelle dargestellt wird.

Der „Servicio Alfredo Herz"

Eine Untersuchung und Darstellung der obskuren und zwielichtigen Welt der Geheimdienste stößt gewöhnlich auf große Quellenprobleme. Ihre meist im Dunkeln sich abspielenden Aktivitäten machen sich zwar oft in Form von abgeschlossenen Taten und der betont unauffälligen Arbeitsweise hinterlassen sie nur wenige Spuren, die dem Historiker nachträglich hilfreich sein können. Vor der Darstellung sollte daher an dieser Stelle kurz Rechenschaft abgelegt werden

---

12 Krivitsky, S. 113 f. — Broué/Témime, S. 284 f., 469 ff. — Bolloten: Revolución, S. 528. — Cattell: Communism, S. 138 ff. — Julián Gorkin: Los Métodos de la GUEPEU al Desnudo, *Argentina Libre* 21. 11. 40.

über die Quellenlage, die trotz beträchtlicher Lücken eine insgesamt recht günstige ist. Verständlicherweise findet sich in kommunistischen Veröffentlichungen nichts, was für diesen Themenkreis aufschlußreich sein könnte; sie beschränken sich weitgehend auf die glorifizierende Darstellung der Internationalen Brigaden und schweigen sich über die Tatsache aus, daß die blutigen Säuberungen und Verfolgungen Stalins mit ähnlichen Methoden auch in Spanien nachgeahmt wurden. Andererseits kann die weit verbreitete Annahme, wonach die wichtigsten Quellen hierzu in Moskau liegen und daher wahrscheinlich für viele Generationen unzugänglich seien, nicht aufrechterhalten werden. Zahlreiche Mosaiksteine, verteilt auf spanische, deutsche und andere Archive, überlieferte Beobachtungen von Augenzeugen, veröffentlichte Berichte in der zeitgenössischen Presse, ergeben ein zwar lückenhaftes, in groben Umrissen aber erkennbares Bild.

Eine wichtige Quelle sind Personen, die mit dem Apparat der Geheimpolizei in Barcelona in Kontakt traten, weil sie sich für verhaftete oder entführte Freunde einsetzten oder das Schicksal von spurlos Verschwundenen klären wollten. Ihre Erfahrungen mit den Schikanen und Hindernissen sowie bewußt irreführenden Auskünften, mit denen ihnen der Apparat ihre Recherchen erschwerte, sowie die Begegnungen mit führenden Vertretern desselben ergeben bereits ein recht aufschlußreiches Bild. Hier ist Antonia Stern zu nennen, die den Tod Hans Beimlers klären wollte; die Gruppe „Neu Beginnen", die ihr entführtes Mitglied Mark Rein suchte, und die Mission des britischen Unterhausabgeordneten John McGovern und des französischen Professors Félicien Challaye, die eine offizielle Untersuchung über viele mysteriöse Fälle von Verhaftung, Entführung und Ermordung durchführten. Ergänzend hierzu müssen Recherchen zeitgenössischer Journalisten genannt werden, deren Ergebnisse teilweise in der deutschen Emigrationspresse veröffentlicht wurden, sowie amtliche Untersuchungen, deren Dossiers teilweise in spanischen Archiven liegen. Von besonderem Wert sind die als Typoskript erhaltenen Erinnerungen Hubert von Rankes, eines zeitweiligen Mitarbeiters dieses Apparates, der — nachdem er dessen finsteren Charakter durchschaut hatte — nicht ohne Lebensgefahr mit ihm brach und sich zurückzog.

Schließlich enthalten einige Bestände der Archive von Salamanca und Amsterdam noch amtliche Schriftstücke und sogar private Briefe von Angehörigen des hier behandelten geheimen NKWD-Apparates in Spanien. Diese reiche Palette von Quellen vermittelt uns einen guten Einblick in dessen Wirkungsbereiche, ohne daß wir auf die Archive der Sowjetunion oder auch der DDR angewiesen wären.

Das Eigentümliche an dem hier skizzierten Apparat war seine Verquickung mit staatlichen spanischen Dienststellen sowie Institutionen spanischer Parteien, so daß er selbst niemals als handelnde Größe in Erscheinung trat. Hier sind zwei solcher Institutionen zu nennen: das Generalkommissariat für öffentliche Ordnung der Generalitat von Katalonien und das Auslandsbüro des PSUC („Servicio extranjero del PSUC"). Aber um die Tarnung perfekt zu machen, waren beide Dienststellen keineswegs vollständig in den Apparat der Geheimpolizei eingegliedert und beschäftigten auch Mitarbeiter, die — wahrscheinlich ohne Wissen um die Tätigkeiten ihrer Kollegen — durchaus zivile und unverfängliche Aufgaben betreuten. Die „Comisaria General d'Ordre Públic" war außerdem eine reguläre Polizeibehörde, der „Servicio extranjero del PSUC" zugleich die Verbindungsstelle der katalanischen Kommunisten zu ausländischen Kommunisten in Katalonien und im Ausland. Um eine irreführende Nennung der beiden Dienststellen zu vermeiden, scheint es sinnvoll, den hier bezeichneten Apparat nach seinem Chef mit dem informellen Namen „Servicio Alfredo Herz" zu benennen.

Erste Anzeichen für geheimpolizeiliche Aktivitäten von seiten ausländischer Kommunisten in Barcelona lassen sich bereits für Juli und August 1936 nachweisen, jedoch beruhten sie vorwiegend auf der Vernehmung verdächtiger Ausländer, von denen wiederum besonders viele Deutsche auch wirkliche Agenten gewesen waren. An diesen Verhören hatte sich ja auch Hans Beimler beteiligt, um eine Infiltration der Milizen mit unzuverlässigen und zwielichtigen Gestalten möglichst zu verhindern. Auch wurden viele echte Agenten, aber wahrscheinlich auch unschuldige Personen in diesen ersten Wochen des Bürgerkrieges im Keller des Hotel „Colón" erschossen. Anzeichen für den Aufbau einer kommunistischen Geheimpolizei, die gleichzeitig in verschiedenen Organisationen verankert war, lassen sich jedoch erst für den September 1936 nachweisen, was vermutlich mit der Ankunft Alexander Orlows und anderer sowjetischer Spitzenagenten zusammenhängt. Durch Verfügung des katalanischen Generalkommissars für öffentliche Ordnung vom 26. September 1936 wurden neun Beamte von ihrem regulären Polizeidienst suspendiert und dem neu geschaffenen „Grupo de Información" zugewiesen. Einen Monat später wurde der Leiter dieser Gruppe, Mariano Gómez Emperador, nochmals ausdrücklich seiner bisherigen Amtsfunktionen entbunden und zur besonderen Verfügung gestellt[13].

Nun wäre eine solche Dienstversetzung ein alltäglicher Vorgang, dem keinerlei Bedeutung beigemessen zu werden brauchte, wenn nicht der Werdegang des Gómez Emperador und seiner Mitarbeiter nachträglich eine besondere Interpretation nahelegen würde. Der „Grupo de Información", gelegentlich auch „Brigada Gómez Emperador" genannt, war nichts geringeres als der eine Zweig des katalanischen Geheimdienstes SSI, der sich auf Überwachung und Nachrichtendienste spezialisierte[14]. Er stellte somit den katalanischen Zweig des in Spanien arbeitenden NKWD dar, der sich personell rasch ausdehnte und sich vor allem für Ausländer interessierte. Eine Liste vom Januar 1937 führte bereits 44 Mitarbeiter auf, unter ihnen als Dolmetscher den Exil-Russen Vladimiro Yampolsky. Dieser hatte — seinem eigenen Lebenslauf zufolge — kurz nach der Oktoberrevolution Rußland verlassen und seitdem in Danzig, Paris, Bessarabien und Barcelona als Kaufmann gearbeitet. Nach Ausbruch des Spanienkrieges trat Yampolsky als Dolmetscher in die Dienste des Generalkommissariats für öffentliche Ordnung[15]. Daß der Schwerpunkt der Arbeit der „Brigada Gómez Emperador" auf der Beobachtung der in Spanien sich aufhaltenden Fremden lag, belegen die noch erhaltenen Korrespondenzen über verhaftete oder entführte Ausländer, in denen Gómez Emperador um Auskunft gebeten wurde, oder Vermerke, in denen er offensichtlich Ergebnisse von Vernehmungen festhielt. Daß er eine recht einflußreiche Stellung bekleidete, bezeugen auch Bittschreiben, in denen seine Hilfe und Fürsprache für Personen erbeten wurde, die offensichtlich aufgrund von Denunziationen verhaftet worden waren[16].

Die Verzahnung dieser rein katalanischen Dienststelle mit auswärtigen Apparaten wird deutlich an der durch das Generalkommissariat für öffentliche Ordnung vollzogenen Ernennung eines gewissen Don Alfredo Herz zum einstweiligen Hilfsagenten (agente auxiliar interino) der Abteilung für Nachforschung und Überwachung (Cuerpo de Investigación y Vigilancia) der Generalitat von Katalonien. Diese Ernennung erfolgte, „damit alle dem Generalkommissariat unterstehenden Dienststellen Mittel zur Verfügung stellen, die ihm für das Amt, für das er er-

---

13 Verfügung der Comisaría General d'Ordre Públic vom 26. 9. 36; Schreiben des Comisario General d'Ordre Públic vom 19. 10. 36 an den Jefe del Negociado de Personal (Personalchef); AHN: Sección P.S. Barcelona, carpeta 804.
14 Vgl. Pastor Petit, S. 101 f.
15 „Personal del Grupo de Información en fecha de 16 de enero 1937" und „Informe detallado de Vladimiro Yampolsky" vom 16. 1. 37; AHN: Sección P.S. Barcelona, carpeta 804.
16 Schreiben des Mariano Gómez Emperador vom 21. 4. 37 an Manuel Portela; Schreiben der Oficina de Información y Enlace vom 24. 5. 37 an Gómez Emperador und Schreiben des Rosando Corral vom 18. 2. 37 an denselben; ebd.

nannt wurde, zustehen, sobald er sich mit diesem Dokument ausweist."[17] Zu dieser Zeit war Alfred Herz bereits keine unbedeutende Gestalt mehr. Schon in den ersten Tagen des Spanienkrieges scheint er in Zusammenarbeit mit katalanischen Kommunisten im Hotel „Colón" wichtige Weichenstellungen vorgenommen zu haben. Herbert Wehner erinnert sich, daß wenige Tage nach Beginn der Kämpfe ein Brief von einem in Barcelona sich aufhaltenden KPD-Mann („er nannte sich Herz") im ZK der KPD eintraf, in dem über die Teilnahme deutscher Emigranten an den Straßenkämpfen gegen das putschende Militär berichtet wurde[18]. Wie bereits erwähnt, gab eine sich „Deutsche Antifa" nennende Stelle im Hotel „Colón" in der ersten Augustwoche ein „Mitteilungsblatt der deutschen Antifaschisten" heraus, von dem noch zwei Nummern erhalten sind. In Nr. 2 warnt das Blatt die Deutschen vor Agenten in Barcelona und empfiehlt, sich vorher im „Colón" beraten zu lassen: eine geeignete Maßnahme, um auf diese Weise zahlreiches Material von und über die in Barcelona sich aufhaltenden Ausländer zusammenzutragen[19].

Fast alle Zeitgenossen, die mit Alfred Herz zu tun hatten, entsinnen sich seiner nur in seiner Eigenschaft als Mitarbeiter des „Servicio extranjero del PSUC", also der Verbindungsstelle der katalanischen Kommunisten zu auswärtigen Schwesterparteien und zu den in Spanien sich aufhaltenden Ausländern. Niemand kannte ihn als „einstweiligen Hilfsagenten" der Generalitat von Katalonien, und dennoch verzahnte er erst durch seine Doppelfunktion den NKWD mit den einheimischen Polizeiapparaten. Aus einem späteren Vermerk spanischer Dienststellen, dessen Urheberschaft für uns an anderer Stelle von Bedeutung sein wird, geht diese Verzahnung deutlich hervor: „Chef der Geheimdienste ist der ehemalige Agent Alfredo Herz; sein Gehilfe ist ein gewisser Hermann (der einäugig ist). Sie werden unterstützt von Herz' Frau, drei Mann Begleitschutz und einem Agentenpaar der Brigade Gómez Emperador. Sie benutzen als Büro gleichermaßen das Hotel ‚Colón' und das Karl-Marx-Haus sowie diverse, uns gegenwärtig unbekannte Wohnungen. (...) Dieser Geheimdienst hat die Auflage, in Barcelona wohnende Deutsche mit antikommunistischer Richtung verfolgen und verschwinden zu lassen. (...) In den ersten Monaten der Bewegung wurden sie von Herz' Geheimdienst gegenüber der Brigada de Información als Faschisten bezeichnet, und in Unkenntnis von Herz' Doppelspiel verhaftete diese Brigade verschiedene bewährte Antifaschisten, kerkerte sie ein und jagte sie dann heraus. Zur Tarnung operiert dieser Geheimdienst unter dem Namen ‚Auslandsabteilung des PSUC' oder ‚Sección de extranjeros del PSUC'. Er besitzt eine Ausländerkartei, die die der Staatlichen Delegation der SSI-Leitung übertrifft, daneben existiert eine schwarze Liste mit lästigen Elementen, um damit die kommunistische Politik vorantreiben zu können."[20] Das Zusammenwirken von Alfred Herz und Mariano Gómez Emperador wird auch von Antonia Stern bestätigt. Nach ihrer Beobachtung bewegte sich Herz gewöhnlich in Begleitung von einheimischen Polizeiagenten, die sich jedoch im Hintergrund hielten und bei Bedarf herbeigerufen wurden und Verhaftungen vornehmen konnten. Seltener tat dies Alfred Herz persönlich, wie in jenem Falle im März 1937, als er mit gezogener Pistole eine ungarische Familie in einem Straßencafé von Barcelona festnehmen ließ[21].

Über die Person des Alfred Herz entstanden schon bei Zeitgenossen zahlreiche Gerüchte. Der inhaftierte POUM-Funktionär Julián Gorkin beschreibt ihn folgendermaßen: „Einer der un-

---

17 Ernennungsurkunde (Durchschlag) des Comisario General de Orden Público vom 26. 10. 36; ebd.
18 Herbert Wehner: Zeugnis, S. 176.
19 *Mitteilungsblatt der deutschen Antifaschisten* Nr. 2, 3. 8. 36; PA AA: Pol. III (31), Spanien: Innere Politik..., Bd. 8.
20 Pastor Petit, S. 160.
21 Vgl. Antonia Stern: Hans Beimler (Mskr.), S. 272.

heimlichsten Agenten ist Alfred Herz, zugleich Spion, Provokateur, Meister im Verhören und Töten. Es gelang ihm, in die Ausländerpolizei hineinzukommen, Paßamt und Grenzverkehr zu überwachen. Das hatte zahllose Verhaftungen und Entführungen zur Folge. Neben der Tagesarbeit der Spionage widmete er sich in der Nacht Folterungen und Genickschüssen. Er hat einen so üblen Ruf, daß sogar seine Kumpane sich vor ihm in acht nehmen."[22] Nach Angaben der Österreicherin Katia Landau, deren Mann im Sommer 1937 entführt wurde und niemals wieder auftauchte, war es Herz' Aufgabe, Ausländer zu überwachen und vor allem diejenigen dem NKWD zu melden, die ausreisen wollten. Und dem Sozialdemokraten Rolf Reventlow war Herz als „Polizeichef des PSUC" bekannt, der mit grellen Lampen die Verhafteten verhörte[23]. Auch in späteren Zeiten wurde viel über die Identität des Alfred Herz gerätselt. Man hielt ihn für einen NKWD-Agenten lettischer oder litauischer Herkunft, der zeitweilig in der Tarnung eines Taxi-Chauffeurs in Philadelphia gearbeitet hatte und dann über Kopenhagen nach Europa zurückgekehrt war. 1936 hatte er sich nach Barcelona begeben, wo er die Jagd auf Trotzkisten und ihre Entführung organisierte. 1938 wurde er von dem italienischen Anarchisten Carlo Tresca als Urheber zahlreicher Verbrechen aufs schwerste belastet[24]. Offensichtlich wird dieser Alfred Herz alias George Mink auch mit dem von Krivitsky genannten Alfred Tilden identifiziert, einem aus Lettland stammenden NKWD-Agenten, der vorwiegend in Mitteleuropa eingesetzt wurde. Diese Mutmaßungen mögen daher rühren, daß sich auch andere Agenten später Alfred Herz nannten und zur Verwischung der eigenen Spuren ihre „Identität" auswechselten[25].

Die Gerüchte können nach dem heutigen Quellenstand leicht korrigiert werden. Alfred Herz war nicht identisch mit Alfred Tilden und wahrscheinlich auch nicht mit George Mink. Die Personenbeschreibung, die Krivitsky über seinen Agentenkollegen gibt, widerspricht vollkommen derjenigen, die von Alfred Herz überliefert ist. Sowohl Antonia Stern als auch Hubert von Ranke, die beide monatelang mit Herz zu tun hatten, schildern ihn als kleine, schmächtige Person mit blondem Haar, fliehendem Kinn, vorstehenden Zähnen und Brille, während Krivitsky seinen Alfred als groß und mit derben Zügen beschreibt. Auch die Ehefrauen der beiden Alfreds werden unterschiedlich überliefert. Tildens Maria wird als lebende Statue geschildert mit großen geistigen Gaben, während Käthe Herz als gutmütiges, aber nicht gerade scharfsinniges blondes Pummelchen erscheint. Auch die lettische oder litauische Herkunft Alfred Herz' ist fragwürdig; er sprach nach Auskunft von Zeitgenossen reines Hochdeutsch und nicht einmal einen ostpreußischen oder baltendeutschen Akzent, wie er von Letten oder Litauern erwartet werden kann[26]. Die von ihm überlieferten Briefe enthalten zwar grammatikalische und orthographische Fehler, die auf einen niedrigen Bildungsstand verweisen, lassen aber nicht eine mangelhafte Beherrschung der deutschen Sprache erkennen. Schließlich erwähnt Herz selbst einmal einen Schwager im Ruhrgebiet, was also seine reichsdeutsche Herkunft als glaubwürdigste Vermutung erscheinen läßt.

Wir können die Person des Alfred Herz anhand von Briefen, die er mit dem in Amsterdam lebenden deutschen Emigranten Hans Stein gewechselt hat, zumindest teilweise erschließen. Überliefert sind uns 24 Briefe von Alfred Herz und 18 von Hans Stein. Von diesen 24 Briefen

---

22 Gorkin, S. 236.
23 Katia Landau: Le stalinisme en Espagne (*Cahiers Spartacus* No. 13), Paris 1939, S. 62. — Reventlow, S. 320.
24 Vgl. „Le procès de Moscou dans le monde", *Cahiers Léon Trotsky* numéro spécial 3 (juillet — septembre 1979), S. 179.
25 Krivitsky, S. 147 f. — Karl Rienffer: Comunistas españoles en América, Madrid 1953, S. 156. — Vgl. Castells, S. 393.
26 Antonia Stern: Beimler, a.a.O., S. 5. — Hubert von Ranke: Erinnerungen/Spanien-Kapitel, S. 4; (Mskr.) IfZ.

stammen die meisten aus den Jahren 1935 und 1939, also aus Zeiten vor bzw. nach Herz' Tätigkeit im Bürgerkrieg, und nur drei aus dem Jahre 1937. Aus den Jahren 1936 und 1938 ist keine Korrespondenz erhalten. Diese Brieffreundschaft war offensichtlich rein privater Natur und beruhte auf einer durch gemeinsames Schicksal begründeten Freundschaft. Die Ehepaare Herz und Stein hatten zusammen im Amsterdamer Exil gelebt, in das sie Hitlers Machtergreifung getrieben hatte, also ein alltägliches Geschick jener Jahre. Aus dem ältesten dieser Briefe geht hervor, daß Herz in der zweiten Jahreshälfte 1934 von Amsterdam nach Barcelona gezogen sein und sich im Stadtteil Sarriá niedergelassen haben muß[27]. Die Briefe enthalten neben persönlichen Mitteilungen sehr viel Klatsch und Tratsch über andere deutsche, meistens kommunistische Emigranten. Im Juli 1935 berichtete Herz, daß er ein kleines Geschäft eröffnet habe. Er schreibt zwar nicht, womit er handelte; aber seine in einem späteren Brief erwähnte Verlagstätigkeit scheint die auch unter deutschen und österreichischen Spanienkämpfern verbreitete Annahme zu bestätigen, wonach Herz in Barcelona eine kleine Buchhandlung für ausländische Literatur betrieben hatte[28].

Es ist indessen nicht anzunehmen, daß Herz in dem damals noch malerischen Villenvorort Sarriá das mühselige Dasein eines mittellosen Emigranten fristen mußte. Vielmehr deutet manches darauf hin, daß er auch schon vor dem Spanienkrieg gewisse Agententätigkeiten ausgeübt habe. Für diese Annahme spricht nicht nur seine spätere Blitzkarriere zum NKWD-Funktionär in Spanien. Auch die Tatsache, daß er bereits in den ersten Tagen des Bürgerkrieges im Hotel „Colón" saß und von dort aus der KPD-Führung Bericht erstattete, deutet auf Beziehungen zu kommunistischen Kreisen, die auch schon vorher bestanden haben müssen. Schließlich enthalten die Briefe aus dem Jahre 1935 zahlreiche Einzelheiten über deutsche Emigranten in Spanien, über die er recht gut informiert gewesen sein muß. Es ist eine nicht beweisbare, aber doch naheliegende Vermutung, daß Herz in Spanien die Aufgabe hatte, andere deutsche Emigranten — und zwar vorzugsweise seine kommunistischen Gesinnungsgenossen — zu beobachten. Dabei dürfte ihm seine Buchhandlung, in der naturgemäß vorwiegend Ausländer verkehrten, eine recht hilfreiche Einrichtung gewesen sein.

Ein großer Teil von Herz' Tätigkeit spielte sich im „Servicio extranjero del PSUC" ab, der im Zimmer 340 des Hotels „Colón" an der Plaza de Catalunya sein Büro hatte. Diese Dienststelle wird von Antonia Stern als ziemlich unordentlicher Raum geschildert, in dem Plakate und Broschüren herumlagen, Telephone und Schreibmaschinen standen, vor allem aber Briefe, die abgehen sollten oder auf ihren Empfänger warteten. Deutsche und andere ausländische Antifaschisten gingen ein und aus, um Auskünfte einzuholen, sich Papiere ausstellen zu lassen, Postsachen in Auftrag zu geben oder Briefe abzuholen[29]. Nach außen wirkte dieses Büro wie eine stark besuchte Verbindungs- und Informationsstelle, die es ja auch war. Herz selbst klagte in zwei Briefen vom Januar 1937 über Arbeitsüberlastung, die ihm wegen seiner gerade akuten Lungenentzündung übermenschliche Kräfte abverlange. Auch Antonia Stern bestätigt Herz' Erkrankung und die dadurch bewirkten Unregelmäßigkeiten im „Servicio extranjero del PSUC."[30] Dem deutschsprachigen Büro oblag auch Propagandaarbeit. Sie wurde zeitweilig von einem gewissen „Emil" geleitet, der als kleinwüchsiger Däne geschildert wird und der zeit-

---

27 Schreiben Alfred Herz' vom 5. 6. 35 an Hans Stein; IISG: Nachlaß Hans Stein/Persönliche Korrespondenz, Mappe 77.
28 Schreiben Alfred Herz' vom 14. 7. 35 und vom 18. 2. und 20. 2. 39 an Hans Stein; ebd. — Interview Josef Toch.
29 Antonia Stern: Beimler, a.a.O., S. 15, 133 f.
30 Briefe Alfred Herz' vom 21. und 22. 1. 37 an Hans Stein; vgl. Anm. 27.

weilig ein weiteres deutsches Büro des PSUC in der Avenida Diagonales geleitet haben soll[31]. Eine wichtige Funktion des „Servicio extranjero del PSUC" bestand darin, Bescheinigungen über die politische Zuverlässigkeit von Personen auszustellen und von spanischen Behörden die Erlaubnis für ihre Weiterreise oder auch für ihre Ausreise zu erwirken. Einige noch erhaltene Bittschreiben dieses Inhalts an den Verteidigungsrat von Katalonien belegen dies[32]. Schließlich zog der „Servicio extranjero del PSUC" auch innerhalb der deutschen Emigration Erkundigungen über Personen ein. Erhalten ist noch die spanische Übersetzung des Vermerks eines gewissen Hermelin über den Dichter Erich Arendt, dessen politische Zuverlässigkeit er aufgrund von Aussagen des in Ibiza ansässigen kommunistischen Malers Walter Segal skeptisch beurteilte und den er für arbeitsscheu hielt[33].

Es versteht sich, daß eine stark in der Öffentlichkeit stehende Einrichtung wie der „Servicio" als Ganzes kaum geeignet war für das lichtscheue Treiben einer Geheimpolizei. Gewiß, fast alle seine Tätigkeiten vermittelten ihm zahlreiche Informationen: als Anlaufstelle, als Auskunftsbüro, als Zentrale für den auswärtigen Postverkehr deutscher Freiwilliger und als Zensurbehörde für ihren Schriftwechsel wußte er viel. Aber nicht jede Frau, die in seinem Büro vorübergehend Schreibarbeiten erledigte, und nicht jeder Mann, der Zeitungen stapelte oder Flugblätter hektographierte, war NKWD-Agent. Allerdings kann man dies durchweg von den Spitzenfunktionären annehmen, also auch von Karl Mewis, dem KPD-Vertreter in Katalonien. Zwar lag seine Tätigkeit stärker auf politischem Gebiet, während Herz ausschließlich geheimpolizeiliche Tätigkeiten wahrnahm, aber Mewis dürfte über die Aufgaben seines Kollegen nicht nur bestens informiert, sondern — wie im Entführungsfall Mark Reins — auch daran beteiligt gewesen sein. Es ist daher verständlich, daß er sich in seinen Erinnerungen darüber ausschweigt und daß die umfangreiche kommunistische Literatur über den Einsatz von KPD-Funktionären in Spanien Alfred Herz vollständig übergeht.

Der „Servicio Alfredo Herz" bestand größtenteils aus deutschsprachigen Mitarbeitern, aber auch seine Opfer waren, wie wir sehen werden, überwiegend Mitteleuropäer. Zwar tauchten unter den Agenten gelegentlich auch Personen anderer Nationalität auf, aber das deutschsprachige, zumindest aber das mitteleuropäische Element überwog. Dies glaubte übrigens auch Francos Nachrichtendienst SIFNE feststellen zu können, daß nämlich in der ausländischen Sektion der republikanischen Geheimpolizei viele Deutsche, Portugiesen, Franzosen und Italiener arbeiteten, also Personen, die — mit Ausnahme der Franzosen — aus ihren Heimatländern hatten emigrieren müssen[34]. Bei seiner Vernehmung gab der deutsche Anarchist Scheungrab den aufständischen Militärs, zu denen er desertiert war, zu Protokoll, daß in der „Checa" vor allem Deutsche, Österreicher und Schweizer stark vertreten seien, an zweiter Stelle Franzosen, Polen, Belgier und Luxemburger[35]. Den starken Anteil deutschsprachiger Agenten bestätigen aufgrund eigener Erfahrungen auch Paul Thalmann, Katia Landau, John McGovern

---

31 Willi Müller: „Reisebericht Spanien Stichworte" (31. 3. 37); IISG: Sammlung „Neu Beginnen", Mappe 18.
32 Schreiben Gelberts/Servicio vom 19. und 23. 2. 37 an die Consejeria de Defensa; AHN: Sección P.S. Barcelona, carpeta 937. — Die hier erwähnten Namen sind: Ernst Weber, Frank Berko, Theodor Eisler, Rudolf Frantz, Johann Seper und Otto Faust.
33 Vermerk „Hermelins" (Übersetzung) vom 27. 12. 36, ebd., carpeta 804. — Da es in Barcelona einen Emigranten namens Werner Hermelin gab, liegt die Annahme nahe, daß der Vermerk von ihm stammte. Andererseits ist die spanische Wiedergabe ausländischer Namen oft derart großzügig, daß auch ähnlich klingende Namen angenommen werden könnten.
34 Vermerk des SIFNE vom 6. 10. 37: „Información de un agente destacado en la zona roja"; SHM: legajo 280, carpeta 14.
35 „Información sobre la presencia de extranjeros en las filas rojas" (undatiert); ebd., legajo 276, carpeta 3.

und andere. Die Quellenlage gestattet uns naturgemäß keinen vollständigen Einblick in ein Metier, das vorwiegend im Dunkeln angesiedelt ist. Nicht alle wichtigen Drahtzieher neben Alfred Herz können ermittelt werden. Manche tauchen nur irgendwo mit einem Tarnnamen auf, um sofort wieder in der Anonymität zu verschwinden.

Eine solche Gestalt war „Carmen", eine deutsche Frau, die sich ständig im Hintergrund hielt und offensichtlich die Verbindung zwischen dem NKWD und den verschiedenen Dienststellen in Spanien herstellte. Im Umkreise von Alfred Herz ist sie nicht nachweisbar. Gorkin hörte von ihr durch einen deutschen Mithäftling: „Man hat sie mir als Mannweib beschrieben, gedrungen und häßlich, überall ‚trotzkistische Spione' witternd. Sie hatte Recht über Leben und Tod der deutschen Kämpfer der Internationalen Brigaden, mehrere Erschießungen gingen auf sie zurück."[36] Nun können derartige auf Gerüchten beruhende Personenbeschreibungen nicht immer als sehr zuverlässig angesehen werden. Über die Identität „Carmens" liegt nur die Aussage eines Spitzels in deutschen Diensten vor: angeblich war sie identisch mit der aus Straßburg stammenden Gertrud Schildbach geb. Neubauer, die an der Ermordung des abtrünnigen NKWD-Agenten Ignaz Reiss 1937 in Lausanne beteiligt war. Wie Gorkin jene „Carmen" so schildert auch Reiss' Lebensgefährtin die Schildbach als gedrungen und häßlich, was eine mögliche, aber keineswegs beweisbare Identität der beiden andeutet[37].

Leichter lassen sich einige Personen im Umkreis von Alfred Herz identifizieren. Einer seiner Handlanger war der aus Polen stammende Szaja Kindermann. Sein Vorname wird auch in orthographischen Variationen wie Chaya, Schaia oder Scheyer überliefert; Kindermann selbst nannte sich zeitweilig auch „Georg" oder „Jorge Szaya". Er hatte vor dem Spanienkrieg in Barcelona als ärmlicher Emigrant gelebt und seinen Unterhalt als Flickschneider verdient. Ähnlich wie Herz scheint er Beziehungen zu einflußreichen Stellen gehabt zu haben, denn bereits Ende Juli 1936 spielte er bei Verhören und Folterungen, die im Keller des Hotels „Colón" durchgeführt wurden, eine maßgebende Rolle. Durch zwei voneinander unabhängige Zeugenaussagen wird Kindermanns Beteiligung belegt. Ein Interbrigadist gab später zu Protokoll, daß er bei Ausbruch des Bürgerkrieges im Hotel „Colón" eingekerkert worden sei. Durchschnittlich wurden in den Kellern dieses Hotels nachts zehn bis zwölf Personen erschossen; erster Sekretär sei ein gewisser „Scheyer" gewesen. Ein anderer Deutscher, der im August 1936 im „Colón" inhaftiert worden war, entsinnt sich eines gewissen „Scheier" als des Leiters des SIM[38]. Diese Aussage ist insofern nicht ganz richtig, als der militärische Geheimdienst zu dieser Zeit noch nicht bestand; aber sein Name wurde nachträglich oft auch auf seine Vorläufer übertragen. Nach dem Eindruck Antonia Sterns war Kindermann in Barcelona die rechte Hand von Alfred Herz[39]. Wir werden ihm noch an anderer Stelle in ähnlichen Positionen begegnen.

Etliche andere Namen aus dem Umkreis des „Servicio Alfredo Herz" sind überliefert, die entweder nicht identifiziert werden können oder aber bedeutungslos waren: die beiden Deutschen „Hans" und „Anton", die beiden Ungarn „Harry" und Paul Feldmann („Ferry"), der Pole „Benjamin" und der Jugoslawe „Gerhard", ein gewisser Leopold Nerst und der schon erwähnte Däne „Emil"[40]. Einige andere Namen werden noch in besonderem Zusammenhang auftau-

---

36 Gorkin, S. 202.
37 „2. Bericht des V-Mannes ‚Pat' über seine Internierung in Frankreich" vom 12. 9. 40; BA: R 58/590. — Elisabeth K. Poretski: Le nôtres. Vie et mort d'un agent soviétique, Paris 1969, S. 248.
38 Vernehmungsprotokoll vom 22. 4. 41; HStA Düsseldorf: RW 58/19 529; Vernehmungsprotokoll vom 6. 6. 40; ebd.: RW 58/16 755.
39 Antonia Stern: Beimler, a.a.O., S. 21 f. — Hubert von Ranke: Erinnerungen, a.a.O., S. 25.
40 Landau, S. 62. — Gorkin, S. 202.

chen. Jedoch sollten hier zwei Personen nicht übergangen werden, deren Stellung und Rolle das Gesamtbild des geheimen Polizeiapparates abrunden und zugleich differenzieren. Der eine ist der bereits erwähnte einäugige „Hermann", bei dem es sich um den KPD-Funktionär Hermann Geisen handelt. Er hatte der ausländischen Miliz angehört und an der Aragon-Front ein Auge verloren. Nach seiner Genesung arbeitete er im „Servicio extranjero del PSUC" in Barcelona und war somit Mitarbeiter von Alfred Herz. Er wird von Antonia Stern und Karl Mewis als etwas klobiger Grobian, in den Erinnerungen Hubert von Rankes als etwas ungehobelter, aber nicht unsympathischer Kamerad beschrieben[41]. Er führte das aus, was Herz ihm befahl, vermutlich ohne jemals genau zu begreifen, was er tat. NKWD-Mann war er mit großer Wahrscheinlichkeit nicht, nur ausführendes Werkzeug in einem Apparat, den er wahrscheinlich nicht durchschaute.

Die andere Person war Hubert von Ranke selbst, dessen Erinnerungen wir wertvolle Einblicke in den „Servicio Alfredo Herz" verdanken. Ursprünglich nationalistischen Organisationen nahestehend, hatte er sich später der KPD genähert und für deren Militär-Apparat (Mil-Apparat) gearbeitet. 1936 ging er mit seiner späteren Frau von Paris nach Barcelona und kämpfte als Polit-Kommissar der „Centuria Thälmann" an der Aragon-Front. Aus gesundheitlichen Gründen mußte er das Waffenhandwerk quittieren, wurde Mitarbeiter der staatlichen Dienststelle für Gegenspionage und mußte vorwiegend verdächtige Personen auf mögliche Verbindungen zur Franco-Seite oder gar zur Gestapo vernehmen. Zugleich wirkte er im „Servicio extranjero del PSUC" mit, wo er aufgrund gefälschter luxemburgischer Papiere als „Moritz Bresser" bekannt war. Ranke war nicht Mitglied des NKWD. In seinen Erinnerungen beschreibt er, wie Alfred Herz ihn im Hotel „Colón" einmal Alexander Orlow, ein andermal „Pedro" (Ernö Gerö) vorstellte. Beide Vorstellungsgespräche dienten offensichtlich einer Überprüfung Rankes im Hinblick auf eine mögliche Mitarbeit im NKWD, die ihm Orlow dann auch ganz offen anbot[42]. Ranke lehnte ab. Je mehr er Verhöre durchführte, desto mehr kamen ihm Zweifel auf über die Glaubwürdigkeit der Vorwürfe, die man den verhafteten Personen machte. Neben echten Nazis und offensichtlichen Agenten wurden ihm immer mehr überzeugte Revolutionäre aus den Reihen des POUM und der Anarchisten als vermeintliche Faschisten vorgeführt. Im Sommer 1937 trennte sich Hubert von Ranke von seiner Dienststelle, dann aber auch von der KPD insgesamt, und tauchte wegen der Gefahren, die ihm als „Verräter" drohten, in Paris unter.

Dieser Werdegang Hubert von Rankes macht zweierlei deutlich. Nicht alle Mitarbeiter des „Servicio extranjero del PSUC" gehörten dem NKWD an, sondern nur die führenden Drahtzieher. Unter den einfachen Helfern befanden sich auch viele gutgläubige Idealisten, die vom Apparat der Geheimpolizei mißbraucht wurden. In Katia Landaus Enthüllungsschrift wird „Moritz Bresser" alias von Ranke als einer der gefährlichsten Akteure des NKWD bezeichnet, was nun offensichtlich falsch ist. Paul Thalmann erkannte später im besetzten Paris Ranke als den Mann wieder, der ihn in Barcelona vernommen hatte. Auf der nun einsetzenden Verfolgungsjagd konnte Hubert von Ranke zwar entkommen, aber durch Vermittlung eines gemeinsamen Freundes lernten sich beide kennen und söhnten sich aus, nachdem jener glaubwürdig dargelegt hatte, wie sehr er ohne sein Wissen und Wollen Werkzeug einer allmächtigen Geheimpolizei geworden war[43]. Ranke und seine Frau blieben nach dem Kriege in Frankreich

---

41 Antonia Stern: Beimler, a.a.O., S. 5. — Mewis, S. 124 — BHE I, S. 215 f. — Ranke: Erinnerungen, a.a.O., S. 6.
42 Ranke: Erinnerungen, S. 20, 40 f.
43 Landau, S. 41. — Thalmann, S. 254 ff. — Ranke: Erinnerungen, a.a.O., S. 47.

und kehrten erst spät nach Deutschland zurück. Aus begründeter Vorsicht wurden seine Erinnerungen erst nach seinem Tode 1977 der interessierten Fachwelt zugänglich gemacht.

Die Opfer der Verfolgung

Der Personenkreis derer, die vom „Servicio Alfredo Herz" verfolgt wurden, unterlag im Laufe des Bürgerkrieges einigen Veränderungen. In den ersten Monaten wurden wahrscheinlich überwiegend Ausländer verhaftet, die man der Verbindung und Zusammenarbeit mit der Gegenseite, mit der Gestapo oder mit der italienischen OVRA für verdächtig hielt. Opfer von „paseos" oder von Erschießungen wurden im Juli und August 1936 Personen aufgrund ihrer Zugehörigkeit zur Auslandsorganisation der NSDAP oder der DAF. Es unterliegt aber keinem Zweifel, daß in Zeiten, in denen wegen der besonderen Situation der Republik reguläre Gerichtsprozesse nicht stattfanden und insgesamt sorgfältige, differenzierende Untersuchungen von Verdachtsfällen nicht durchgeführt wurden, auch viele Unschuldige aufgrund ungerechtfertigter Denunziationen entführt und ermordet wurden. Manche willkürlich scheinenden Verhaftungen von Personen, die dann nach kurzer Zeit freigelassen wurden, dienten einer gewissen Einschüchterung von Emigranten, um sie vorbeugend von einer möglichen Zusammenarbeit mit dem Feinde abzuhalten. Schließlich kam es in den ersten Kriegswochen nicht selten vor, daß man mit Verhaftungen Freiwillige für den Eintritt in die antifaschistische Milizen „warb"; man beschuldigte wahllos festgenommene Personen der Komplicenschaft mit dem Kriegsgegner und bot ihnen die Möglichkeit der Bewährung im antifaschistischen Kampf an.
In den Monaten September bis Dezember 1936 fanden systematische Verfolgungen offensichtlich nicht statt. Wohl verschwanden Personen, die niemals wieder auftauchten. Wohl gab es einzelne Fälle von willkürlichen Verhaftungen, von Schikanen aller Art gegen politisch unliebsame Ausländer in Spanien. Aber eine langfristig vorbereitete Aktion ist darin nicht erkennbar. Das hängt einmal damit zusammen, daß der NKWD-Apparat in Spanien sich noch in einer Aufbauphase befand und die innenpolitische Stellung der Kommunisten ein allzu dreistes Auftreten des stalinistischen Polizeiapparates nicht gestattete. Erst in den Monaten Januar bis April 1937 ist eine sich steigernde Hetzjagd gegen ausländische Antifaschisten zu beobachten, die wiederum eng mit der Kampagne gegen den POUM zusammenhing, und in den Monaten Mai und Juni 1937 setzte eine Verhaftungswelle ein, der ein beträchtlicher Teil der nicht-kommunistischen Ausländer zum Opfer fiel. Diese Verhaftungswelle war langfristig vorbereitet worden und vollzog sich schlagartig an einigen wenigen Tagen, was ihre gute Organisation deutlich erkennen läßt. Wegen des Entführungsfalles Mark Rein ließ die spanische Regierung durch einen Mitarbeiter, der in den Akten als SSI 29 auftritt, die Machenschaften des „Servicio Alfredo Herz" untersuchen. Dieser Agent berichtete Ende Mai 1937 seiner Dienststelle über eine Reihe von Fällen, in denen Alfred Herz Personen hatte verhaften lassen, und sagte eine durch fieberhafte Aktivitäten des NKWD sich ankündigende Verhaftungswelle voraus. Die Beobachtung des Agenten SSI 29, dessen Identität uns an anderer Stelle beschäftigen wird, war zutreffend. Ungefähr drei Wochen später erlebten die Festnahmen ihren zahlenmäßigen Höhepunkt.
Im Dezember 1936 und Januar 1937 weilte Walter Ulbricht in Spanien. Es ist bekannt, daß er Barcelona, die Aragon-Front und Valencia besuchte sowie das Städtchen Albacete in der Landschaft La Mancha, wo das Basislager der Internationalen Brigaden eingerichtet worden war. Es ist nicht anzunehmen, daß Ulbricht in seinem Gepäck Miguel de Cervantes' „Don Quijote de la Mancha" bei sich trug, um sich bei dessen Lektüre vom genius loci inspirieren zu

lassen. Es ist aber wohl anzunehmen, daß er eine umfangreiche Schwarze Liste nach Spanien brachte, auf der die Namen von Personen verzeichnet waren, die nach seiner und der Komintern Überzeugung Gegenstand stalinistischer Säuberungsaktionen werden sollten. Diese Reise verlief unter strengster Geheimhaltung und war nur führenden kommunistischen Funktionären bekannt. Sie machte sich bei den kämpfenden deutschen Interbrigadisten nur mittelbar bemerkbar, indem Ulbrichts unauffällige Besuche in Aragon und anderswo personelle Veränderungen in den politischen Kommandostäben zur Folge hatten[44]. Weitere spätere Fahrten nach Spanien dürfen vermutet, können aber nicht nachgewiesen werden. Ein enger Zusammenhang zwischen Ulbrichts Winterreise in den Süden und den langfristig vorbereiteten Verfolgungen dürfte aber außer Zweifel stehen.

Wenn wir versuchten, den Personenkreis der Verfolgten einzuteilen, eröffnet sich uns ein sehr breites Spektrum. Wenn wir davon einmal absehen, daß sich unter den Opfern auch wirkliche Spione der Franco-Regierung oder aber der deutschen Abwehr, der Gestapo oder anderer auswärtiger Geheimdienste befanden, und wenn wir berücksichtigen, daß einige Fälle von Verhaftung oder Entführung für immer ungeklärt bleiben werden, lassen sich die verfolgten Personen in nachstehende Gruppen einteilen:

1) Sozialdemokraten und Sozialisten;
2) Anarchosyndikalisten;
3) „Trotzkisten", worunter nach kommunistischer Sicht alle POUM-nahen Parteien wie SAP und KPO fallen;
4) politisch abweichende Kommunisten;
5) Personen, die aufgrund ihrer Mitwisserschaft bei bestimmten Vorgängen oder aus anderen Gründen unbequem und lästig waren;
6) Opfer von offensichtlich privaten Racheakten.

Im folgenden sollen für diese verschiedenen Gruppen gut belegbare Beispiele angeführt werden.

Es würde den Umfang und thematischen Rahmen der vorliegenden Studie sprengen, wenn in der nachstehenden Übersicht außer Deutschen auch noch NKWD-Opfer anderer Nationalität berücksichtigt würden. Dennoch sollen einige Entführungen, die in der zeitgenössischen Weltöffentlichkeit Aufsehen erregten, nicht vollkommen übergangen werden. Einer der spektakulärsten Fälle war der des italienischen Anarchisten Camillo Berneri, der in Spanien das Blatt *Guerra di classe* herausgab. In einem Artikel dieser Zeitschrift rechnete er scharf mit den Kommunisten ab und forderte: „Heute kämpfen wir gegen Burgos, morgen werden wir gegen Moskau kämpfen müssen, um unsere Freiheiten zu verteidigen." Wegen dieses Satzes intervenierte der sowjetische Generalkonsul von Barcelona bei der katalanischen Regierung. Berneri stand seitdem auf der Schwarzen Liste. Während der Mai-Ereignisse 1937 stürmte ein Kommando von zwölf Männern das Haus, in dem er wohnte, und entführte ihn und einen anderen Italiener. Man fand beide Männer am nächsten Tage erschossen in einer Seitenstraße. Opfer solcher Entführungsfälle, die nie gesühnt wurden, waren auch das italienische Ehepaar Tioli und der Engländer Bob Smillie, Jugendfunktionär der Independent Labour Party, der im Gefängnis an einer nicht behandelten Blinddarmentzündung starb[45].

Bevorzugte Opfer waren wirkliche oder vermeintliche Trotzkisten. Zu nennen ist hier der aus Polen stammende Hans Freund-Moulin, der in Genf Soziologie studiert hatte und dann nach

---

44 Kantorowicz: Spanisches Kriegstagebuch, S. 407. — Vgl. Carola Stern: Ulbricht. Eine politische Biographie, Köln — Berlin 1963, S. 92 f.
45 Souchy: „Vorsicht! Anarchist!", S. 116 f.; Thalmann, S. 237.

Spanien gegangen war. Er wurde am 2. August 1937 entführt und ist seitdem verschollen. Ähnlich erging es dem tschechoslowakischen Staatsbürger Erwin Wolf, einem ehemaligen Sekretär Trotzkis. Obwohl er sich lange versteckt hielt und häufiger die Wohnung wechselte, wurde er festgenommen und trotz seiner Verstellung erkannt. Auch er tauchte nie wieder auf und wurde wahrscheinlich eines der zahlreichen Opfer des NKWD in Spanien[46]. Ein dritter Fall dieser Art war der Österreicher Kurt Landau, dessen Entführung durch die Recherchen seiner Frau Katia Landau der Weltöffentlichkeit vermittelt wurden. Landau hatte seine politische Wanderung bei der KPÖ begonnen, war zeitweilig Trotzkist gewesen, hatte sich aber nach seinem Bruch mit Trotzki linkskommunistischen Gruppen angeschlossen, für die er unter dem Pseudonym „Wolf Bertram" arbeitete. Landau wußte, daß er während der Hexenjagden von Barcelona im Mai/Juni 1937 unter Lebensgefahr stand, und konnte sich längere Zeit versteckt halten. Augustin Souchy stellte ihm in der CNT-Zentrale einen Raum als Unterkunft zur Verfügung; da diese Zentrale von schwer bewaffneten Anarchisten bewacht wurde, war er hier von einem kommunistischen Zugriff geschützt. Nach einigen Wochen jedoch wähnte er sich zu sicher und verließ sein Asyl, wurde dann im September verschleppt und ist seitdem verschollen. Unter deutschsprachigen Emigranten kursierte das Gerücht, daß Landau Bluter gewesen und vermutlich an den ihm durch Foltgerungen zugefügten Wunden verblutet sei. Seine Frau Katia wurde selbst monatelang eingekerkert, nach auswärtiger Intervention freigelassen, erneut verhaftet und schließlich 1938 nach Frankreich abgeschoben. Dort verfaßte sie die Enthüllungsschrift „Le stalinisme en Espagne", zog diese jedoch später wieder zurück, nachdem sie sich mit einem spanischen Kommunisten verheiratet hatte[47].

Von den deutschen Opfern des NKWD in Spanien seien zunächst einige ungeklärte Fälle genannt, deren Verschwinden zwar nachgewiesen, aber aufgrund der vorhandenen Quellen nicht erklärt werden kann. Drei solcher Beispiele hat uns der bereits erwähnte Agent SSI 29 überliefert, dessen Aktenvermerke teilweise in spanischen Archiven erhalten sind. Walter Friedmann und Max Hoffmann arbeiteten beide in Barcelona in der Firma „Select" und wurden im Herbst 1936 auf Anweisung von Alfred Herz durch Mitglieder der Brigade Gómez Emperador verhaftet. Friedmann ließ man vorübergehend frei, behielt jedoch seine Papiere zurück und verhaftete ihn dann erneut. Hoffmann wurde seit seiner Verhaftung nicht mehr gesehen und noch im Jahre 1938 vom Internationalen Roten Kreuz gesucht. Private Motive für die Verhaftung können nach den Berichten des SSI 29 zumindest bei Hoffmann nicht ausgeschlossen werden; insgesamt müssen beide Fälle als ungeklärt angesehen werden[48]. Anders gelagert war die Verhaftung des in einer Filiale der Firma Röchling in Barcelona arbeitenden Edmund Dünwald. Dieser stellte sich bei Ausbruch des Bürgerkrieges den antifaschistischen Milizen zur Verfügung und kämpfte auf Mallorca und in Aragon. Aufgrund von Namensverwechslungen geriet er in den Verdacht, Verbindungen zu politisch zwielichtigen Personen zu unterhalten, worauf ihn der „Servicio Alfredo Herz" verhaften ließ. Wegen seines Einsatzes für die Spanische Republik wurde er im Oktober 1937 von der deutschen Reichsregierung ausgebürgert. Nach Kenntnis deutscher Stellen wurde er später erschossen[49].

---

46 Landau, S. 47; Thalmann, S. 172, 198, 237.
47 BHE I, S. 412. — Souchy: „Vorsicht! Anarchist!", S. 117 f.; Thalmann, S. 237. — Mitteilung Augustin Souchys an den Verfasser. — Vgl. dazu Hans Schafranek: Kurt Landau, S. 204 ff.
48 SSI 29: „Caso Max Hoffmann" und „Caso Alter Friedmann" vom 27. 5. 37; AHN: Sección P.S. Barcelona, carpeta 13. — Schreiben des deutschen Konsulats Genf vom 27. 8. 38 an das AA; PA AA: Pol. Abt. III, Spanien/Gefangenenaustausch, Bd. 4.
49 SSI 29: „Caso Comandante Dünwald" vom 24. 5. 37; AHN: Sección P.S. Barcelona, carpeta 13. — Vermerk des Oberbürgermeisters von Krefeld vom 21. 10. 36; Schreiben der Gestapo Krefeld vom 23. 1. 42 an die Leitstelle Düsseldorf; HStA Düsseldorf: RW 58/21 373.

Daß sich unter diesen ungeklärten Fällen auch Beispiele privater Racheakte befinden können, geht aus der gleichfalls vom Agenten SSI 29 überlieferten Verhaftung eines gewissen Bernhard Rosner hervor. Dieser war überzeugter Kommunist und lebte seit 1935 in Barcelona; bei Ausbruch des Bürgerkrieges meldete er sich sofort als Agitprop-Delegierter zur Columna „Carlos Marx" und trat später den Internationalen Brigaden bei. Im Februar 1937 wurde er auf höhere Weisung von den Interbrigaden ausgeschlossen, darauf von Szaja Kindermann in Valencia verhaftet und durch den Dolmetscher der Brigade Gómez Emperador nach Barcelona gebracht. Die Begründung dieser Behandlung war so absurd, daß man den Vorwand daraus deutlich herauslesen kann: Rosner habe es am 16. Februar 1937 unterlassen, den ersten Jahrestag der Volksfrontwahlen gebührend zu feiern. Wahrscheinlich müßte man seine Verhaftung zu den ungeklärten Fällen rechnen, wenn nicht Briefe Alfred Herz' aus dem Jahre 1935 über andere Motive Aufschluß gäben. Mehrfach beklagte sich Herz bei seinem Amsterdamer Briefpartner, daß Rosner ihn um 15.000 ffrs. geprellt habe und daß er, Herz, darauf wie ein Anfänger hereingefallen sei[50]. Rosner wurde in Barcelona in das sogenannte Mustergefängnis (Cárcel Modelo) eingeliefert; sein weiteres Schicksal ist nicht bekannt.

Vergleichsweise glimpflich verlief im Juli 1936 die Verhaftung des im spanischen Exil lebenden Schriftstellers Frank Arnau. Er wurde telefonisch durch einen gewissen „Ferry", der sich darauf als Arnaus Vetter Paul Feldmann zu erkennen gab, zu einem Gespräch ins Hotel „Colón" gebeten. Dort bat man ihn um Rat, wie man Lastwagen mit Stahlplatten bestücken und so als provisorische Panzerwagen einsetzen könnte, wie dies zu Beginn des Bürgerkrieges durchaus häufig geschah. Nach dem Gespräch wollte Arnau das Hotel verlassen, wurde jedoch auf dem Flur verhaftet, in den Keller geführt und verhört. Man fragte ihn nach Vorfällen aus, die elf Jahre zurücklagen, und war bestens über seine wirtschaftliche Lage und seine Beziehungen zu anderen Emigranten informiert. Da Arnau bestimmte Auskünfte nicht geben wollte, verweigerte man ihm Essen und vor allem Wasser, was in der Juli-Hitze besonders drückend war. Schließlich wurde er abends nach vielen Stunden ohne nähere Erklärungen freigelassen. Wie Arnau später erfahren konnte, hatten Freunde, die ihn zu einem festen Zeitpunkt erwartet hatten, seinen Vetter Feldmann angerufen, der von der Verhaftung offenbar nichts gewußt hatte und seine sofortige Befreiung veranlaßte[51]. Frank Arnau verließ darauf Spanien auf schnellstem Wege.

Dieser „Ferry" alias Paul Feldmann, den Katia Landau in ihrer Broschüre als einen der Mitarbeiter des NKWD erwähnte, scheint in diesem Falle unschuldig gewesen zu sein. Offensichtlich war die Festnahme von einer anderen Person veranlaßt worden. Erwähnenswert in diesem Zusammenhang ist die Tatsache, daß Alfred Herz in einem seiner Briefe aus dem Jahre 1935 auch Frank Arnau erwähnte und seinen Briefpartner fragte, was man von ihm halten solle[52].

Der „Servicio Alfredo Herz" verfolgte naturgemäß auch Personen, die ihm lästig waren, ihn bei seinen Aktivitäten störten, zuviel wußten oder zuviel der Öffentlichkeit preisgaben. Dies mußte auch Antonia Stern erfahren, die bei ihren Recherchen nach Hans Beimler auf alle nur erdenkliche Weise schikaniert, behindert, belästigt und am Schluß ihres Spanienaufenthaltes verhaftet wurde. Man gab ihr falsche Informationen, nahm ihr Papiere ab, durchsuchte ihre Wohnung und beschlagnahmte ihre Notizen, verweigerte ihr eine Reiseerlaubnis für Madrid und nahm sie vorübergehend fest, als sie sich nach Frankreich einschiffen wollte. Auch die

---

50 SSI 29: „Caso Bernardo Rosner" vom 27. 5. 37; vgl. Anm. 48. — Schreiben des Alfred Herz vom 24. 8. und 20. 9. 35; IISG: Nachlaß Hans Stein, Persönliche Korrespondenz, Mappe 77.
51 Frank Arnau: Gelebt — geliebt — gehaßt. Ein Leben im 20. Jahrhundert, München 1972, S. 240, 242 ff.
52 Schreiben Alfred Herz' vom 20. 9. 35 an Hans Stein; IISG: Nachlaß Stein/Persönliche Korrespondenzen, Mappe, S. 77. — Vgl. Landau, S. 62.

Personen, die ihr bei ihren Nachforschungen helfen wollten, wurden verhaftet, verhört, eingesperrt und auf alle mögliche Weise von Alfred Herz und seinen Mitarbeitern im Hotel „Colón" drangsaliert. Das mußten auch Beimlers Dolmetscher Max Geyer und der Schweizer Vincenz Zweifel erfahren, die Antonia Stern mit Informationen über Beimler versorgt hatten[53].

Unter den Opfern politischer Verfolgungen waren Sozialdemokraten vergleichsweise selten. Die Erklärung liegt nicht nur in ihrer geringen Zahl in Spanien, die trotzdem wohl immer noch der der deutschen Anarchosyndikalisten und anderer linker Gruppen entsprach, sondern auch darin, daß die Volksfrontpolitik der Komintern ihnen gegenüber eine besondere Schonung empfahl. Wenn also Sozialdemokraten oder Mitglieder von ihnen nahestehenden Gruppierungen entführt oder festgenommen wurden, dann bildeten sie Ausnahmen. Ein solcher Fall war Mark Rein, der wegen der typischen Umstände der Entführung wie auch der Nachforschungen nach ihm gesondert dargestellt werden soll. Ein anderer Fall war die bereits geschilderte zeitweilige Verhaftung Rolf Reventlows, der als Offizier im republikanischen Heer diente. Auch Kommunisten selbst wurden verfolgt, wenn sie von der Parteilinie abwichen oder mit Männern des Apparates im Hotel „Colón" in Konflikt gerieten. Der Agent SSI 29 nennt den Fall eines ungarischen KP-Mannes, der für den PSUC Übersetzungen anfertigte und bei irgendeiner Gelegenheit mit Alfred Herz in Streit geriet, worauf dieser ihn verhaften ließ. Julián Gorkin begegnete im Gefängnis „Cárcel Modelo" in Barcelona dem deutschen Kommunisten Baumrück, der zeitweilig in den Internationalen Brigaden gekämpft hatte. Trotz seiner Treue zur KPD erlaubte er sich den Luxus einer eigenen Meinung und nahm nicht jede Entscheidung der Partei kritiklos hin. Unter dem Vorwurf der Spionage wurde er im Sommer 1937 festgenommen und zu 30 Jahren Haft verurteilt[54].

Eine weitere Gruppe von Verfolgten waren deutsche Anarchosyndikalisten. Bereits Anfang 1937 waren einige von ihnen, die in der CNT, der FAI oder anderen Organisationen arbeiteten, belästigt und schikaniert worden, wie wir dies an dem bereits geschilderten Fall des Mauricio Lipschulz hatten sehen können. Schon im Januar war ein anderer Anarchosyndikalist namens Juliano Schwab, der unter Interbrigadisten Agitprop-Arbeit leisten wollte, von Offizieren und Polizeiagenten angepöbelt worden[55]. Aber derartige Fällen waren nur ein harmloses Vorspiel. Noch wagte man sich nicht an eine Massenverhaftung deutscher Anarchosyndikalisten; noch war die CNT ein zu mächtiger innenpolitischer Faktor, als daß der NKWD es hätte wagen können, sich an ihren ausländischen Milicianos zu vergreifen. Erst die Mai-Ereignisse und die anschließende Entmachtung des POUM blockierten die CNT und machten auch den Weg frei für die Verhaftung ausländischer Anarchosyndikalisten.

Bei seiner Vernehmung durch die Gestapo im Jahre 1940 gab der deutsche Anarchosyndikalist Willy Winkelmann etwa 40 Namen von Personen an, die ihm in Spanien begegnet waren. In der Regel waren es Mitglieder der Gruppe DAS oder der Columna Durruti gewesen. Nach seinen Angaben wurden 19 von ihnen Ende Mai 1937 verhaftet, von denen die meisten Ende 1937 wieder entlassen und nach Frankreich abgeschoben wurden; andere blieben bis zum Ende des Spanienkrieges in Haft. Diejenigen, die unbehelligt blieben, hatten Spanien entweder schon vor der Verhaftungswelle verlassen oder waren den Interbrigaden beigetreten, ohne wegen ihrer anarchosyndikalistischen Vergangenheit belästigt zu werden[56]. Nun mag man einräumen, daß diese Liste weder vollständig noch in allen Angaben zuverlässig sei. Nach ande-

---

53 SSI 29: „Caso Hans Beimler" und „Asunto Toni Stern" vom 24. 5. 37 und „Caso de V. Zweifel" vom 28. 5. 37; vgl. Anm. 48. — Vgl. Antonia Stern: Beimler, a.a.O., S. 24-28, 32 f.
54 SSI 29: „Caso Carlos Karolyi" vom 27. 5. 37; vgl. Anm. 48. — Gorkin, S. 201 f.
55 Vgl. S. — Vermerk vom 23. 1. 37; AHN: Sección P.S. Barcelona, carpeta 14.
56 Vernehmungsprotokoll vom 4. 10. 40; HStA Düsseldorf: RW 58/12 646.

ren Unterlagen muß eine erheblich größere Zahl deutscher Anarchosyndikalisten entführt oder verhaftet worden sein. Wir wollen uns aber auf die Fälle beschränken, die aufgrund der Quellenlage besonders gut dokumentiert werden können.

Im Juli 1937, also nach dem Abebben der ersten Verhaftungswellen, wurden unter anderem sieben deutsche Anarchosyndikalisten festgenommen, die innerhalb der Gruppe DAS sowie teilweise in den Milizen mitgewirkt hatten. Sie wurden zunächst in einer Garage mit zahlreichen anderen Gefangenen eingesperrt, dann in ein Gefängnis nach Valencia gebracht und schließlich nach Segorbe verlegt, einem Städtchen etwa 70 km nördlich von Valencia. Die meisten von ihnen waren vorher von Alfred Herz persönlich verhört worden. Zeitweilig befanden sich acht Mitglieder der Gruppe DAS dort in Haft, unter ihnen auch Gustav Doster, der Gründer der Gruppe DAS, Rudolf Michaelis und einige andere, die sich teilweise schon seit Jahren in Spanien aufgehalten hatten. Durch eine in den CNT-Akten aufbewahrte Liste wissen wir, daß die spanischen Anarchisten sich um ihre deutschen Kameraden kümmerten, wenngleich nicht in einem Maße, wie diese es wünschten. In einem Brief vom 22. Januar 1938 berichtete Helmut Rüdiger von einem Schreiben Rudolf Michaelis' aus dem Gefängnis von Segorbe und von den Bemühungen der CNT um die deutschen Genossen. Im April 1938 konnte er berichten, daß die letzten fünf Deutschen aus Segorbe nach Barcelona gebracht und freigelassen worden seien; drei von ihnen seien gleich nach Frankreich weitergereist, Michaelis hatte sich sofort wieder zum Frontdienst gemeldet. An Stelle der Freigelassenen habe man dafür fünf andere deutsche Anarchosyndikalisten in Segorbe eingesperrt, darunter den Miliciano Helmut Klose, für den nun eine Odyssee durch spanische Gefängnisse begann, die erst Anfang 1939 endete[57].

Mit den Massenverhaftungen sollten die deutschen und anderen ausländischen Anarchosyndikalisten eingeschüchtert und möglichst aus Spanien herausgegrault werden. Aber soweit erkennbar, wurde keiner von ihnen ermordet. Anders erging es Personen, die nach kommunistischer Version unter die Kategorie „Trotzkisten" fielen. Einige solcher Opfer wurden bereits genannt. Unter den Deutschen waren hiervon besonders die Mitglieder von SAP und KPO betroffen, aber auch Personen, die aufgrund irgendwelcher Zufälle in den Verdacht des „Trotzkismus" geraten waren. Der bereits mehrfach zitierte Agent SSI 29 berichtete den Fall des seit vielen Jahren in Barcelona ansässigen Gustav Schlosser, der seinen Lebensunterhalt als Privatlehrer und Übersetzer verdiente. Der „Servicio Alfredo Herz" verhaftete ihn am 15. April 1937 unter dem Vorwand einer Personenüberprüfung, jedoch dürfte das wirkliche Motiv darin gelegen haben, daß Schlosser Presseartikel über die in Moskau laufenden Prozesse gegen angebliche Trotzkisten übersetzt hatte[58]. Eine systematische Hetzjagd gegen deutsche „Trotzkisten" setzte jedoch erst im Mai/Juni 1937 ein, als der POUM zerschlagen wurde. Anders als die ausländischen Anarchosyndikalisten hatten sie keine Fürsprecher in Spanien, sofern nicht die CNT gelegentlich für sie eintrat. In ihrem Falle ist es besonders schwierig, eine Zahl der Opfer anzugeben, aber es gibt Anzeichen dafür, daß fast alle SAP- und KPO-Mitglieder und -Mitläufer, die sich zu dieser Zeit noch in Spanien aufhielten, festgenommen und teilweise erst im Januar oder Februar 1939 entlassen wurden.

---

57 „Lista de los compañeros extranjeros detenidos en la cárcel de Segorbe" vom 10. 11. 37; AHN: Sección Barcelona, carpeta 806. — Schreiben Helmut Rüdigers vom 22. 1., 2. 2., 16. 4. 38 und 4. 2. 39 an Rudolf Rocker; ISSG: Rocker-Archiv, Korr. Rüdiger.
58 SSI 29: „Caso Gustavo Schlosser" vom 27. 5. 37; vgl. Anm. 48. — Eine Verhaftung aufgrund eines bloßen „Trotzkismus"-Verdachts erlebte auch Franz Borkenau Anfang 1937; vgl. Borkenau: Spanish Cockpit, S. 236-257.

Vereinzelte Verhaftungen erfolgten bereits in der zweiten Mai-Hälfte 1937, meistens unter dem Vorwand einer Kontrolle von Papieren. Jedoch läßt sich zu diesem Zeitpunkt noch keine Systematik der Festnahmen erkennen. Wahrscheinlich erfolgten sie mehr zu Erkundungszwecken. Die eigentliche Verhaftungswelle setzte erst anläßlich der Zerschlagung des POUM, also am 16. und 17. Juni 1937 ein. Mehr zufällig geriet Peter Blachstein, Mitglied der von der SAP abgespaltenen Gruppe „Neuer Weg", in die Hände der Geheimpolizei, als diese mit einer groß angelegten Razzia eigentlich nach Kurt Landau fahndete. In dem als Gefängnis dienenden Hause Puerta del Angel Nr. 24 in Barcelona wurde er mit etwa 60 anderen Personen in einer Garage untergebracht. Wegen der schlechten hygienischen Verhältnisse erkrankte er recht bald und wurde in ein Lungensanatorium überwiesen, das — zu seinem Glück — unter anarchistischer Kontrolle stand. Von dort gelang es ihm, die für die Ausreise erforderlichen Papiere zu erwerben, so daß er im Januar 1938 nach Frankreich gehen konnte[59]. Nach einer im Sommer 1937 von Fenner Brockway, dem Generalsekretär der Independent Labour Party, angefertigten Liste über inhaftierte Ausländer in Spanien befanden sich zahlreiche Deutsche in spanischer Haft. Wenn wir Brockway dahingehend korrigieren, daß wir die deutschen Anarchosyndikalisten, die er irrtümlich als POUM-Anhänger anführt, von der Liste abziehen, verbleiben noch acht weitere SAP-Mitglieder sowie vier KPO-Angehörige, die er in Barcelona hatte ausfindig machen können[60]. Diese Liste ist naturgemäß sehr lückenhaft und könnte bei vorliegendem Interesse an Vollständigkeit aufgrund anderer Quellen teilweise ergänzt werden. Zusammenfassend kann man feststellen, daß die Behandlung der SAP- und KPO-Mitglieder weitgehend der der deutschen Anarchosyndikalisten entsprach. Sie wurden in der Regel Ende 1937 oder Anfang 1938 aus der Haft entlassen und des Landes verwiesen. In einigen Fällen behielt man den Ehepartner eines Gefangenen — möglicherweise als Geisel — noch eine längere Zeit in Haft; so konnte das KPO-Mitglied Hans Sittig bereits im September 1937 ausreisen, während seine Frau Eva noch ein Jahr lang in Ausweisehaft festgehalten wurde[61].

Wir sind am besten unterrichtet über den Leidensweg der drei KPO-Mitglieder Waldemar Bolze, Karl Bräuning und Kuno Brandel, die am 16. Juni 1937 verhaftet worden waren. Erhalten geblieben sind mehrere Briefe Bräunings und Bolzes sowie ein gemeinsam verfaßter Erlebnisbericht nach ihrer Flucht nach Frankreich im Februar 1939. Von Brandel wurden beide rasch getrennt, als dieser zusammen mit Sittig ausgewiesen wurde. Die drei waren als Facharbeiter und nicht als KPO-Funktionäre nach Spanien gefahren, um in der republikanischen Flugzeugindustrie zu arbeiten. Der Schweizer Paul Thalmann begegnete ihnen in einem Gefängnis in Valencia. Offiziell hieß es, daß ein Hochverratsprozeß gegen sie vorbereitet würde, der jedoch niemals eingeleitet wurde[62].

Es ist schwierig, eine Gesamtzahl derer anzugeben, die aus irgendwelchen Gründen Opfer des „Servicio Alfredo Herz" wurden. Nimmt man nur die Mitglieder von Exilparteien und Gruppen wie KPO, SAP, Gruppe „Neuer Weg", Gruppe DAS, SPD, Gruppe „Neu Beginnen" und andere, so wird man vielleicht auf etwa hundert allein unter den Deutschen kommen. Aber es gab, wie wir gesehen hatten, auch unpolitische Gefangene, die keiner Organisation angehörten und die aufgrund von widrigen Umständen, Verwechslungen und Willkürmaßnahmen eingekerkert wurden. In spanischen Archiven finden sich immer wieder Gefangenenlisten mit deut-

---

59 Albert Utiger: Interview mit Peter Blachstein am 18. Mai 1976, (hekt.), S. 33.
60 Liste bei Gorkin, S. 286 f.
61 Mitteilung der Dirección General de Seguridad vom 12. 9. 38 an den Innenminister; AHN: Sección P.S. Madrid, carpeta 550.
62 Undatierter elfseitiger Bericht (Karl Bräunings) ohne Überschrift; AsD: Depositum Putzrath/Spanien-Materialien.

schen oder anderen ausländischen Namen, ohne daß aus den Akten die Motive ihrer Festnahme hervorgingen. Wahrscheinlich wird man allein unter den Deutschen in Spanien zwischen 100 und 200 Opfer des „Servicio Alfredo Herz" annehmen dürfen — nicht eingerechnet die Personen, die als Angehörige der Internationalen Brigaden einer ähnlichen Behandlung durch die militärische Geheimpolizei unterzogen wurden.

Methoden der Verfolgung

Die Art und Weise, in der die Verhafteten behandelt wurden, weist Parallelen zum Verhalten von Geheimpolizeien aller Zeiten und Länder auf, zeigt jedoch einige Besonderheiten, die damals für die stalinistischen Säuberungen in der Sowjetunion charakteristisch waren. Ziel der Haft war es, den Gefangenen einzuschüchtern oder ihm Geständnisse und Auskünfte zu entlocken, wozu ein breites Spektrum an physischen und psychischen Torturen zur Verfügung stand. Dieses ausgeklügelte System der Folter scheint jedoch erst in der ersten Jahreshälfte 1937 angewendet worden zu sein[63].

Gewöhnlich erfolgte eine Verhaftung unter dem Vorwand, daß die Papiere überprüft werden müßten. Manchmal gingen der Festnahme mehrere solcher Kontrollen voraus, die von der Geheimpolizei wahrscheinlich zur Erkundung aller sachdienlichen Einzelheiten durchgeführt wurden. Dem Verhafteten wurde zugesagt, daß es sich nur um eine Formalität handele, so daß er keinerlei Anstalten für eine längere Abwesenheit von seinem Quartier zu treffen brauche. Zunächst wurde der Häftling auf irgendein Kommissariat gebracht, kurz verhört, von dort in eine andere Polizeistelle geschleppt, wieder verhört, und nach mehrfacher Wiederholung dieses Schauspiels schließlich in ein Gefängnis geworfen. In Barcelona war dies gewöhnlich die „Checa"-Zentrale in der Avenida Puerta del Angel 24, unmittelbar neben der Katalanischen Gas- und Elektrizitätsgesellschaft, wo man Zimmer und Kellerräume in Kerkerzellen umgewandelt hatte. Das Personal bestand neben spanischen Wachmannschaften aus Deutschen, Polen oder Russen. In mehreren Fällen sind Vernehmungen durch Alfred Herz persönlich und durch seinen Gehilfen Szaja Kindermann bekannt[64].

In den Verhören wurde in der Regel nach Belastungsmaterial gegen den Verhafteten, aber auch gegen andere Häftlinge gesucht, wobei man den Verdacht bereits als bestätigt betrachtete. Man erpreßte Personen, andere Häftlinge zu belasten, um so unter den Gefangenen eine Atmosphäre gegenseitigen Mißtrauens zu schaffen. Dies konnte der in Valencia inhaftierte Anarchosyndikalist Mauricio Lipschulz am eigenen Leibe erfahren. Am 24. März 1937 hatte man ihn an seinem Arbeitsplatz verhaftet, nach Valencia verschleppt und mehrfach — teilweise durch Szaja Kindermann — vernommen. Kindermann interessierte sich vor allem für Lipschulz' Bekannte in der Gruppe DAS und in POUM-Kreisen. Nach neun Tagen ließ man ihn frei, verhaftete ihn aber nach Art des Katz- und Maussspiels erneut, als er seine Papiere abholen wollte. Gerüchteweise hatte er gehört, daß ein hinkender blonder Deutscher ihn denunziert habe. Diesem Manne begegnete Lipschulz nun im Gefängnis von Valencia persönlich. Der Denunziant war selbst Gefangener und durch Folter gezwungen worden, ein belastendes Dokument zu unterschreiben, das dann gegen den ihm vollkommen unbekannten Lipschulz verwendet wurde. Erst nach neun Wochen wurde dieser aus der Haft entlassen[65].

---

63 Vgl. Abad de Santillán, S. 224-234.
64 Vgl. Thalmann, S. 201, 203, 205 ff. — Utiger: Interview Blachstein, S. 30 f. — Antonia Stern: Beimler, S. 41 ff.
65 „Relato de Mauricio Lipschulz sobre la detención y trato que fué objeto" vom 21. 5. 37; AHN: Sección P.S. Barcelona, carpeta 14.

Mißhandlungen und Folterungen der Gefangenen waren nicht selten. Katia Landau, Paul Thalmann, Julián Gorkin und viele andere berichten, daß neben spanischen auch ausländische Gefangene durch nächtelange Verhöre, Dunkel- und Einzelhaft, Entzug von Schlaf und Nahrungsmitteln gequält wurden. Eine Besonderheit waren sogenannte Schrankzellen („celdas armario"), die bei den Gefangenen auch unter dem Spitznamen „la verbena" (Kirmes) oder „el pozo" (Schacht) bekannt waren. Es handelte sich um Schränke, die etwa 50 cm breit und 40 cm tief waren und Platz für eine Person boten. Die Höhe war regulierbar und wurde so eingestellt, daß der Häftling den Kopf gebeugt halten und gegen die Schranktür lehnen mußte; in Kopfhöhe hatte die Schranktür ein Loch, durch das von außen eine Glühbirne ständig das Gesicht beschien. Der Fußboden war schräg und nach unten gewölbt, so daß die Füße keinen Halt fanden. Eingebaute Bretter verhinderten, daß sich der Gefangene setzen konnte. In dieser Haltung, die eine Zwischenform von Stehen, Sitzen und Hocken darstellte, mußten die Häftlinge mehrere Stunden verbringen, bevor sie verhört wurden. Es sind aber auch Fälle bekannt, daß Personen für längere Zeit, sogar für mehrere Tage darin eingesperrt wurden. Von diesem Folterinstrument, das man in technisch perfekter Ausführung in einem SIM-Keller in der calle Vallmajor 5 in Barcelona fand (das Haus mußte inzwischen einem Neubau weichen), gab es zahlreiche Abarten, deren Variantenreichtum auch dem breiten Spektrum sadistischer Phantasien entsprach, zu denen Menschen in bestimmten Situationen fähig sind. Der bereits erwähnte Anarchosyndikalist Lipschulz wurde in Valencia einer solchen Tortur unterzogen, und auch Thalmann weiß von ähnlichen Fällen zu berichten[66].

Trotz dieser ungeheuerlichen Zustände in spanischen Gefängnissen können die Mißhandlungen nicht verallgemeinert werden. Nach einer von ehemaligen Häftlingen mehrfach bestätigten Erfahrung war die Behandlung durch spanisches Personal in der Regel korrekter als das Verhalten ausländischer NKWD-Funktionäre. Trotz allem bestanden in den meisten Gefängnissen gewisse rechtsstaatliche und humanitäre Einrichtungen. So war die Ernährung recht unterschiedlich, in einigen belegbaren Fällen aber nicht schlecht. Oft bestand auch eine medizinische Versorgung, aufgrund derer beispielsweise Peter Blachstein in ein Lungensanatorium überwiesen wurde. Max Geyer, der Dolmetscher Hans Beimlers, wurde erst nach einem Herzanfall aufgrund ärztlicher Anweisung freigelassen, nicht ohne daß Alfred Herz ihm Bedingungen gestellt hätte. Es sind aber auch Fälle bekannt, daß Gefangene an ihren Folterungen und Krankheiten zugrundegingen[67]. In einigen Fällen war den Gefangenen der Kontakt mit der Außenwelt gestattet, so daß sie sich brieflich an ihre Angehörigen, an ihre Organisationen oder Anwälte wenden konnten. Bekannt ist dies von einigen inhaftierten deutschen Anarchosyndikalisten, hinter denen die mächtige CNT stand. Daß sich deren Aktivitäten zugunsten ihrer ausländischen Anhänger in Grenzen hielt, wurde bereits angedeutet. Aber allein das Wissen der CNT um den Verbleib der deutschen Gesinnungsgenossen dürfte diesen einen gewissen Schutz gewährt haben, den beispielsweise eingekerkerte SAP- oder KPO-Mitglieder nicht beanspruchen konnten.

Es ist heute kaum noch möglich, alle Gefängnisse ausfindig zu machen, die der NKWD in Spanien unterhielt. Viele Kerker befanden sich in den Kellern beschlagnahmter Privathäuser, Kirchen oder Klöster; sie werden sich kaum noch vollzählig ermitteln lassen, zumal in viereinhalb Jahrzehnten sich die Städte sehr verändert haben. Wohl aber sollen hier einige Haftorte vorgestellt werden, in denen die meisten deutschen und anderen ausländischen Gefangenen des

---

66 Vgl. Félix Llaugé Dausá: El terror staliniano en la España republicana, Barcelona 1974, S. 193 ff. — Thalmann, S. 230; Gorkin, S. 195, 232.
67 Utiger: Interview Blachstein, S. 32. — Stern: Beimler, S. 272. — Gorkin, S. 195.

NKWD zeitweilig festgehalten wurden. Eines der wichtigsten Verliese befand sich, wie wir gesehen hatten, im Hotel „Colón" an der Plaza de Catalunya, wo heute der „Banco Español de Crédito" seinen Sitz hat. In seinen Kellern wurden in der ersten Zeit Erschießungen durchgeführt, wobei man die Leichen — nach damals verbreiteter Vermutung — im Heizkeller verbrannte[68]. Eine weitere „Checa" befand sich im Hotel „Falcón" an der unteren Rambla, wo vorher zwischen Juli 1936 und Juni 1937 der POUM seinen Sitz gehabt hatte. Nicht weit vom „Colón", im Hause 24 der Avenida Puerta del Angel, war die eigentliche „Checa"-Zentrale von Barcelona untergebracht; während des Bürgerkrieges lautete die Adresse wegen der Umbenennung der Straße calle Pawlow 19. Es handelte sich um ein vornehmes Wohnhaus mit schöner getäfelter Eingangshalle, in dem man Räume in Einzel- und Sammelzellen umgewandelt hatte. Aus Platzgründen hatte man auch die Garagen, in denen sich heute Geschäfte befinden, als Massenquartiere hergerichtet. Thalmann erfuhr bei seiner Einlieferung, daß in diesem Gebäude etwa 300 Personen, überwiegend Ausländer, festgehalten würden; die Gemeinschaftszellen beherbergten bis zu 20, die Garage, in der Peter Blachstein gefangen saß, etwa 60 Gefangene[69]. Fast alle verhafteten Mitglieder der Gruppe DAS wurden dort vorübergehend eingesperrt. Offensichtlich bildete der Aufenthalt in diesem Gefängnis eine Art Untersuchungshaft, bis über das weitere Schicksal eines Gefangenen entschieden wurde. Danach wurde dieser gewöhnlich in eine andere Haftanstalt verlegt, so daß die Puerta del Angel Nr. 24 nur die erste Station eines Leidensweges durch spanische Gefängnisse war. Das Wachpersonal bestand auch hier nur teilweise aus Spaniern, die Leitung aus Sowjets, Deutschen, Polen und anderen Ausländern.

Die häufige Verlegung von Häftlingen in andere Gefängnisse verfolgte wahrscheinlich den Zweck, Nachforschungen über ihren Verbleib zu erschweren. In den meisten belegbaren Fällen war die zweite Station dieser Wanderung durch spanische Kerker der ehemalige Convento de Santa Ursula in Valencia, ein beschlagnahmtes Nonnenkloster unmittelbar neben den „Torres de Cuart", den alten Befestigungstürmen der mittelalterlichen Stadt. Katia Landau verwechselt dieses Gefängnis in ihrer Enthüllungsschrift „Le stalinisme en Espagne" mit einem anderen Nonnenkloster, das in dem kleinen Nachbarort Torrente in einem großen Park versteckt liegt und zeitweilig als Frauengefängnis diente. Der Convento de Santa Ursula in Valencia „beherbergte" zeitweilig fast alle ausländischen politischen Häftlinge: unter den Deutschen die Mitglieder der SAP, der KPO und der Gruppe DAS, Sozialdemokraten, abweichende Kommunisten und unabhängige Linke. Wir sind über diese Haftanstalt unterrichtet durch die Erlebnisberichte des Syndikalisten Mauricio Lipschulz und des Schweizer Ehepaares Thalmann sowie durch zeitgenössische Presseberichte. Als Gefängnisdirektor trat ein Spanier auf, aber die tatsächliche Leitung hatten nach mehreren übereinstimmenden Berichten ein Russe sowie Alfred Herz' Mitarbeiter Szaja Kindermann, der gewissermaßen dessen Statthalter in Valencia war und in der Avenida Nicolá Salmerón 9 die dortige NKWD-Zentrale leitete. Er galt auch als Vernehmungsspezialist und war nach mehreren Aussagen an Folterungen persönlich beteiligt. Auch das Personal bestand — bis auf die spanischen Wachmannschaften — überwiegend aus Ausländern. Über die Zahl der Insassen liegen einander widersprechende, allerdings aus verschiedenen Zeiten stammende Angaben vor. Thalmann erfuhr bei seiner Einlieferung die Zahl 200-300, meinte jedoch im Herbst 1937 rückblickend, es seien wohl nur 170-200 Gefangene gewesen. Dem entsprach annähernd auch die von der dänischen Zeitung *Politiken* angestellte Schätzung über etwa 190 Häftlinge, von denen ein Fünftel Ausländer ge-

---

68 Gorkin, S. 235.
69 Thalmann, S. 206, 208 ff. — Blachstein: Interview, S. 30.

wesen, nach späteren Nachrichten sogar 60 % Deutsche gewesen seien[70]. Diese Zahlen lassen sich nicht mehr überprüfen, jedoch kann festgestellt werden, daß fast alle deutschen Opfer der stalinistischen Hexenjagd, soweit sich ihre Fälle belegen lassen, zeitweilig Insassen des Convento de Santa Ursula gewesen waren.

Neben diesen Gefängnissen existierten zahlreiche kleinere Kerker in verschiedenen Orten; das ehemalige Priesterseminar von Segorbe, in dem einige der deutschen Anarchosyndikalisten festgehalten worden waren, wurde bereits erwähnt. Einem ähnlichen Zweck dienten die ehemalige evangelische Kirche von Albacete (capilla evangélica), die alte Burg Castelldefels südwestlich von Barcelona und zahlreiche Gebäude innerhalb der katalanischen Hauptstadt. Eine Besonderheit waren sogenannte Haftschiffe im Hafen von Barcelona. Ihre Existenz wird in der Literatur gelegentlich bestritten, ist jedoch nachweisbar. Es handelte sich um drei im Hafen verankerte Schiffe mit den Namen „Uruguay", „Argentina" und „Ciudad de Sevilla", deren Kabinen und Kammern man in Zellen umgewandelt hatte. Die Funktion eines schwimmenden Gefängnisses wird auch der „Komsomol" und anderen sowjetischen Schiffen zugeschrieben, die im Rahmen der Moskauer Waffensendungen des öfteren in Barcelona anlegten. Solche Haftschiffe hatten den Vorteil, daß sie im Hafen, also einem militärischen Sperrgebiet, lagen und daher nur schwer beobachtet werden konnten. Im Bauch eines solchen Kerkers wurde zeitweilig der deutsche Anarchosyndikalist Helmut Klose festgehalten, der in dieser Behausung zudem ein Bombardement des Hafens durch Francos Luftwaffe erleben mußte[71].

Ein großer Teil der verhafteten Ausländer landete nach einer wechselvollen Wanderung durch spanische Kerker schließlich in Barcelona in der „Checa" des Hauses calle de Córcega 299 (heute durch einen Neubau ersetzt) oder aber im sogenannten Mustergefängnis (Cárcel Modelo), wenige hundert Meter vom neuen unterirdischen Hauptbahnhof Barcelona-Sants entfernt. Hier handelte es sich um eine reguläre Haftanstalt. Während des Bürgerkrieges wurden dort vor allem politische Gefangene untergebracht, überwiegend Spanier. Gorkin gibt etwa 2.300 Gefangene an, darunter 1.300 Sympathisanten Francos und 500 Antifaschisten, wogegen der Rest überwiegend aus kriminellen Elementen bestand. Karl Bräuning, der dort mit anderen KPO-Kameraden einsaß, gibt 700 Antifaschisten an, überwiegend Anarchisten, aber auch etwa 70 POUM-Mitglieder oder Sympathisanten. Offiziell galten auch sie als „Faschisten". Als eine internationale Delegation im November 1937 das Gefängnis besuchte, um nach dem Verbleib verschollener Personen zu forschen, wurde sie von den angeblichen Faschisten mit dem Gesang der Internationale begrüßt[72].

Die verschiedenen politischen Gruppen waren so auf die einzelnen Galerien verteilt worden, daß Gleichgesinnte möglichst beisammen blieben. Diese Maßnahme sollte wohl ursprünglich Konflikte vermeiden, förderte aber auch eine Politisierung der Gefangenen. Sie organisierten sich, wählten einen Sprecherrat und führten Hungerstreiks und mehrere Revolten durch. Trotz der gemeinsamen Unterdrückung kam es auch schon zu Streitigkeiten zwischen POUM- und CNT-Anhängern. Das Mustergefängnis erlangte einen besonders schlechten Ruf, nachdem der katalanische Kommunist Gaspar Dalmau i Gibanel die Leitung übernommen hatte. Er

---

70 Vgl. die Angaben Lipschulz'; Anm. 62. — Gorkin, S. 194. — Thalmann, S. 219 f. — Paul Thalmann: „GPU in Spanien", *Freies Deutschland* Nr. 42, 28. 10. 37. — „Moskaus Terror in Valencia-Spanien", *Bohemia* 31. 10. 37 (unter Berufung auf *Politiken*).
71 Vernehmungsprotokoll vom 6. 10. 41; HStA Düsseldorf: Akte 6 480. — Schreiben Helmut Rüdigers vom 12. 7. 38 an Rudolf Rocker; IISG: Rocker-Archiv, Korr. Rüdiger.
72 Gorkin, S. 213 ff. — Undatierter elfseitiger Bericht; Anm. 62. - John McGovern: Terror in Spain. How the Communist International has destroyed Working Class Unity, undermined the fight against Franco and suppressed the Social Revolution, London 1938, S. 9.

ließ die im November 1937 und Februar 1938 ausbrechenden Häftlingsrevolten brutal unterdrücken. Wir sind über die Vorgänge im Cárcel Modelo durch den Augenzeugenbericht des KPO-Mannes Bräuning unterrichtet: „Im Modelo sah es jetzt Februar 1938 auch schlimmer aus. Es gab Typhus, und der Hunger wütete. Es gab wöchentlich 1-2 Tote. Während die Antifaschisten hungerten, die in den Fabriken schufteten und in den Gefängnissen saßen, lebten die Faschisten in den Gefängnissen in Saus und Braus. Täglich kamen 3-4 Wagen Pakete in die faschistischen Galerien. Die Antifaschisten bekamen fast nichts von draußen. Ihre Familien hungerten ja auch. (...) Zu neuen Tumulten kam es in den antifaschistischen Galerien und in der vierten Galerie, da dort die Antifaschisten waren. Eine Fliegerbombe schlug in die sechste Galerie ein. Die Offiziere sperrten die Gitter der Galerien ab und gingen stiften. Die antifaschistischen Gefangenen, maßlos empört, daß keine Hilfsaktion geleistet wurde, erbrachen die Gitter. Das Zentrum, der Verwaltungskiosk der Beamten, wurde demoliert, und die Verwaltungsräume. Die Polizei rückte mit großem Aufgebot an, nachdem sie mit Maschinengewehren die Gefangenen in ihre Zellen zurückgetrieben hatte. Eine Kolonne Guardia Civil bot sich an, die antifaschistischen Galerien mit Handgranaten zu räumen, das wurde abgelehnt, aber diese mutige Kolonne wurde am nächsten Tage verhaftet wegen ihrer Zugehörigkeit zur illegal aufgebauten Phalange."[73]

Die Gefängnisrevolte vom November 1937 brachte keine Besserung, wohl aber führte eine zweite dazu, daß Gaspar Dalmau als Gefängnisdirektor - offiziell wegen Korrpution — abgelöst wurde. Zu dieser Zeit existierte der „Servicio Alfredo Herz" nicht mehr, wie wir weiter sehen werden. Für die Einkerkerung politischer Gefangener war der inzwischen gegründete SIM zuständig. Obwohl offiziell Innen- und Justizministerium die Oberaufsicht führten, waren sie tatsächlich ohnmächtig gegenüber dieser vom NKWD durchsetzten Dienststelle. Dies mußte die aus John McGovern und Félicien Challaye bestehende Delegation im November 1937 erleben, die trotz ausdrücklicher Genehmigung des Justizministers und eines Empfehlungsschreibens des damals noch amtierenden Gaspar Dalmau nicht in das Preventorio Judicial in der calle Vallmajor eingelassen wurde und auch nach Vorsprache bei führenden russischen und deutschen NKWD-Funktionären in der Puerta del Angel keinen Erfolg hatte. Die Rolle der „Checa" in der calle Vallmajor wurde übrigens erst nach dem Bürgerkrieg in vollem Umfange erkannt[74].

Ab Frühjahr 1938 wurden viele Gefangene in Internierungslager überführt, wo sie Arbeiten an Befestigungsanlagen, Kanälen und anderen Projekten ausführen mußten. Als im März die seit langem erwartete Aragon-Offensive des Feindes einsetzte, wurden die Insassen der Haftanstalt Cárcel Modelo in Barcelona größtenteils zur Aushebung von Schützengräben und anderen Arbeiten an die aragonesisch-katalanische Front verlegt. Neben militärischen Erwägungen war diese Maßnahme wohl auch als Disziplinierung der Häftlinge und als Strafe für die wiederholten Gefängnisrevolten gedacht. Unter diesen Sträflingen befanden sich auch die beiden KPO-Funktionäre Bräuning und Bolze, von denen uns eine Beschreibung dieser Behandlung erhalten ist: „Die Revanche kam einige Wochen später. Die Mehrzahl, hauptsächlich Jugendliche, wurde unter unmenschlichen Bedingungen in ein Konzentrationslager an der Front zu Fortifikationsarbeiten geschickt — mit den Faschisten zusammen. Vier Mann bildeten eine Gruppe. Wenn einer von ihnen auskniff, wurden die Gruppe und die Vorder- und Hintergruppe erschossen. Kranke wurden erschossen. 50 Mann, Militanten des POUM und der CNT,

---

73 Undatierter elfseitiger Bericht; Anm. 62; AsD: Depositum Putzrath/Spanien-Materialien. — Brief-Fragment Helmut Rüdigers vom 9. 12. 37; Rocker-Archiv, Korr. Rüdiger. — Vgl. Gorkin, S. 232; Pastor Petit, S. 400.
74 McGovern, S. 12 f. — Gorkin, S. 232 ff. — Llaugé Dausá, S. 204 ff.

wurden so erschossen. Die Lager waren in den Händen des SIM, jeder Guardia hatte eine Maschinenpistole. Die ausgehungerten Gestalten mußten von früh bis nachts vor dem Gewehrlauf schuften. Nach einigen Monaten wurde das Regime in den Konzentrationslagern etwas gemildert."[75]

Die meisten der den Kommunisten unliebsamen Ausländer waren Ende 1937 oder Anfang 1938 entlassen und nach Frankreich abgeschoben worden. Manche Personen tauchten niemals mehr auf. Einige allerdings, wie die beiden KPO-Leute oder der Anarchosyndikalist Klose, entkamen erst der Haft, als die Republik Anfang 1939 zu zerfallen begann. Nach den Erlebnissen der Haft und der Folter waren sie innerlich gebrochen und für ihr weiteres Leben gezeichnet. Dies ist deutlich an dem Schreiben Bräunings erkennbar, das er nach seiner und Bolzes Flucht über die tiefverschneiten Pyrenäen als erstes Lebenszeichen an Londoner Freunde sandte: „Gerettet! Eine Minute vor 12 Uhr sind wir, Waldemar Bolze und ich, aus dem Wirbel des Totenhauses der spanischen Republik entkommen. Der Faschist, der Tod hinter uns her. Aus einer Freiheit, die vorläufig keine ist, sende ich Ihnen und ihrer lieben Frau die herzlichsten Grüße und umarme Sie beide. Was seit Juli v. J. hinter uns liegt, ist grauenhaft und furchtbar zugleich. Die Bilder Dostojewskys aus einem Totenhaus sind blasse Schemen. Dauernd mit Menschen zusammen, die ein internationales Intermezzo von Gorkis Nachtasyl-Gestalten darstellen, war eine harte Nervenprobe. Dazu immer Hunger bis zum Delirium. Von meinem früheren Ich bin ich nur noch die Hälfte. Haut und Knochen. Dazu krank und vollkommen entkräftet. Bei Waldemar dasselbe. Hier verwischt sich die Grenze von Mensch und Tier. Die erste Stufe der Barbarei ist erreicht. O! Der Faschismus kann bei diesen Banditen noch vieles lernen und sich dabei noch als Kulturträger aufspielen. Unsere Akten hatten wahrscheinlich den Vermerk: ‚Mit legalen Mitteln physisch zu vernichten'. Das hat man bis zuletzt versucht."[76]

Der Fall Mark Rein

Ein besonders spektakulärer Fall war die Entführung und mutmaßliche Ermordung des jungen Sozialisten Mark Rein. Zwar war er weder eine herausragende Persönlichkeit, noch löste sein Verschwinden besondere politische Entwicklungen aus. Aber sein Fall wurde in der Emigration besonders heftig diskutiert und von allen vergleichbaren Fällen aufgrund umfassender Recherchen am gründlichsten untersucht. Seine Schilderung gibt daher einen besonders gründlichen Einblick in die Methoden und Ziele des NKWD in Spanien und seine Aktivitäten unter deutschen und anderen ausländischen Emigranten.

Mark Rein war der Sohn des russischen Menschewikenführers Raphael Abramowitsch. Die Ungleichheit der Namen rührte daher, daß sich der Vater als Politiker ein russisches Pseudonym zugelegt hatte, während der Sohn weiterhin den Namen der ursprünglich aus Deutschland stammenden Familie führte. Rein hatte 1933 Deutschland verlassen müssen und in Skandinavien Ingenieurwissenschaften studiert. In Berlin hatte er zuvor der Sozialistischen Arbeiter-Jugend (SAJ) angehört und war später der Gruppe „Neu Beginnen" beigetreten. Im Exil hatte er außerdem Verbindungen zur norwegischen Sozialdemokratie unterhalten[77]. Nach seinem Studienabschluß als Radio-Ingenieur bot er der Spanischen Republik seine Dienste an.

---

75 Anm. 62.
76 Schreiben Karl Bräunings vom 13. 12. 39; AsD: Depositum Putzrath/Spanien-Materialien.
77 Broué/Témime, S. 374 Fn.

Die Regierung nahm dieses Angebot an und sagte ihm eine Stelle in der von der CNT kontrollierten Rüstungsfabrik Télécommande zu. Mit Rücksicht auf französische Grenzformalitäten und wohl auch wegen eigener publizistischer Pläne reiste Mark Rein Anfang März 1937 als Journalist nach Spanien, ausgewiesen als Pressekorrespondent des Stockholmer *Social-Demokraten* und des New Yorker *Jewish Daily Forward*.

Als Mark Rein am 5. März 1937 in Barcelona ankam, arbeitete seine Fabrik noch nicht, so daß er die Zeit für landeskundliche Forschungen und kleinere Reisen nutzen konnte. In Barcelona lebte er in dem noch heute bestehenden Hotel „Continental" an der oberen Rambla, wenige Meter von der Plaza de Catalunya entfernt. Dort logierten auch sein Freund Nicolas Sundelewitsch, ein gleichfalls aus Rußland stammender Ingenieur französischer Staatsangehörigkeit, sowie annähernd zur gleichen Zeit der Schriftsteller George Orwell. Mitte März fuhr Rein für mehrere Tage nach Valencia, wo er sich der Pressestelle der spanischen Regierung vorstellte und mit deutschen Emigranten Kontakt aufnahm. Er traf den Sozialdemokraten Thomas Schocken, den Vertreter der Gruppe „Neu Beginnen", Willi Müller, sowie einige Kommunisten, unter ihnen Franz Dahlem. Nach seiner Rückkehr aus Valencia am 20. März nahm er Kontakte mit Vertretern deutscher Exil-Parteien auf, die die Volksfront unterstützten. Zusammen mit „Arndt" (Karl Mewis) und anderen Emigranten unterschrieb er einen Aufruf, der als Telegramm an die für den 10. April im Pariser Hotel „Lutetia" anberaumte Volksfrontkonferenz gerichtet war[78]. Mit seiner Unterschrift unter diesem Aufruf handelte Mark Rein in Übereinstimmung mit der Gruppe „Neu Beginnen". Von gelegentlichen persönlichen und privaten Gesprächen mit deutschen Parteivertretern abgesehen, war dies seine einzige politische Tat in Spanien. Weitere Aktivitäten waren ihm nicht möglich, denn in der Nacht vom 9. zum 10. April 1937 verschwand er spurlos aus seinem Hotelzimmer.

Da Mark Rein zunächst nicht vermißt wurde, stellte sein Freund Sundelewitsch erst am 11. April Nachforschungen an. Dabei ergab sich, daß Rein am 9. April abends auf sein Zimmer gegangen war und sich noch ein Mineralwasser hatte bringen lassen. Sein Bett fand man später unberührt; in die Schreibmaschine war ein Bogen eingespannt, auf den er die Überschrift eines offensichtlich geplanten Artikels über die katalanische Wirtschaft geschrieben hatte. Wie es scheint, hatte er vor Beginn der Niederschrift sein Zimmer verlassen. Am 16. April erhielt Nicolas Sundelewitsch einen in russischer Sprache abgefaßten Brief in Mark Reins Handschrift, in dem dieser in wenigen Worten mitteilte, daß er kurz in dringender Angelegenheit nach Madrid gefahren sei. Eine andere Handschrift hatte als Datum den 15. April eingetragen, und der Briefumschlag trug einen Stempel vom selben Tage. Aber gerade diese Tatsache machte Nicolas Sundelewitsch und die Personen, denen er seinen Verdacht anvertraute, stutzig. Ein Brief brauchte von Madrid nach Barcelona mindestens drei Tage, überdies trug Mark Reins Schreiben nicht den damals üblichen Zensurvermerk für Postsachen. Sein Brief konnte gar nicht in Madrid abgeschickt worden sein und war offensichtlich zum Zwecke der Täuschung mit falschen Orts- und Zeitangaben versehen worden[79].

Die in der Folgezeit angestellten Nachforschungen konnten den Fall Mark Rein zwar nicht endgültig klären, aber doch zahlreiche Informationen zusammentragen, die einige recht gesicherte Hypothesen gestatten. Die Nachforschungen wurden zunächst von befreundeten deutschen Emigranten, darunter Willy Brandt, später im Auftrage der Gruppe „Neu Beginnen" von Willi Müller und Paul Hertz sowie von Reins Vater angestellt. Sie führten Unterredungen

---

78 Vgl. Langkau-Alex, S. 136 ff.
79 Schreiben Willi Müllers und Paul Hertz' vom 28. 7. 37 an das ZK der KPD in Paris; IISG: Nachlaß Paul Hertz, Korr.-Mappe R.

mit Vertretern deutscher Parteien in Spanien, mit amtierenden und ehemaligen spanischen Ministern der Zentralregierung und der Generalität von Katalonien, mit Polizeidienststellen, Parteien und Organisationen. Wie sich aus ihren Ermittlungen ergab, hatte sich am 8. April ein Polizist im Hotel „Continental" nach den Gästen der Zimmer 39-45 erkundigt, wobei Mark Rein Zimmer 42 bewohnte. Dieser Polizist wies sich übrigens durch eine nicht mehr gültige Dienstmarke aus und konnte nicht mehr festgestellt werden. Am nächsten Tag rief ein Unbekannter an und wollte den Gast des Zimmers 42, einen gewissen „Bowitsch", sprechen, was vermutlich eine mißverstandene und verballhornte Fassung des Namens seines Vaters Abramowitsch war. Als die Telefonistin zur Antwort gab, einen Gast dieses Namens gebe es nicht, verlangte der Anrufer den richtigen Namen des Bewohners von Zimmer 42, der ihm jedoch nicht genannt wurde. Nachdem diese Versuche seiner Verfolger zur Kontaktaufnahme gescheitert waren, erhielt er an dem besagten Abend einen Anruf, der ihn offensichtlich zu einem dringenden Treffen rief[80].

Die Nachforschungen über mögliche Motive einer Gewalttat gegen Mark Rein lieferten zwar keine Gewißheit, aber in Form einer negativen Selektion doch einige Wahrscheinlichkeit über die Urheber. In der kurzen Zeit seines Aufenthaltes in Spanien war er politisch nicht tätig gewesen, wenn man von dem Volksfrontaufruf und oberflächlichen Kontakten zu Vertretern von SPD, SAP, KPD und „Neu Beginnen" absieht. Als Täter scheiden Agenten Francos oder der Gestapo aus, da er ihnen nicht bekannt gewesen sein dürfte und sie trotz der Anwesenheit einer starken „Fünften Kolonne" im republikanischen Spanien kaum zu spektakulären Aktionen in Barcelona fähig gewesen wären. Ebensowenig kamen der POUM und die Anarchisten in Frage, da sie von Mark Rein und seiner Anwesenheit in Spanien nichts wissen konnten und überdies kein Motiv für eine Gegnerschaft bestanden haben dürfte, wenn sie von ihm etwas gewußt hätten. Außerdem boten die Anarchisten später ihre Hilfe bei Nachforschungen an und gaben Willi Müller, Paul Hertz und Raphael Abramowitsch wertvolle politische Informationen, was sie sicher nicht getan haben würden, wenn ein für sie abträgliches Ergebnis dabei herausgekommen wäre[81].

Von Anfang an verdächtig machten sich die Kommunisten, indem sie die Nachforschungen behinderten und ständig neue, sich widersprechende Versionen über den Verbleib Mark Reins in die Welt setzten. „Arndt" (Karl Mewis) behauptete einmal, die Trotzkisten hätten Rein entführt und ermordet, weil er über sie Informationen nach Paris weitergeleitet habe. Ein andermal meinte er, Mark Rein habe mit Waffenschiebern verkehrt und sei von der Unterwelt beseitigt worden. „Franz" (Franz Dahlem) teilte Willi Müller mit, der POUM habe Rein entführt, weil er von dessen „Aufstandsplänen" gewußt habe. Alfred Herz schließlich verbreitete das Gerücht, Rein sei an die Front abgereist. Gegenüber Abramowitsch meinte „Arndt" wiederum, Rein habe sich verdächtig gemacht, weil er unter falschem Namen in anderen Hotels übernachtet habe. Alle diese Mutmaßungen waren hinfällig. Es war „Arndt" bekannt gewesen, daß Mark Rein nach seiner Rückkehr aus Valencia vorübergehend in einem anderen Hotel übernachtet hatte, da sein Zimmer im „Continental" für die Zeit seiner Abwesenheit anderweitig vergeben worden war. Mark Reins Kontakte zur Unterwelt und zu Waffenschiebern sind recht unwahrscheinlich, und von Aufstandsplänen des POUM kann er nichts gewußt haben, da er zu Vertretern dieser Partei keinen Kontakt hatte und derartige Pläne nicht bestanden

---

80 „Hypothesen zum Fall Mark Rein" (undatiert, vermutlich von Willi Müller und Paul Hertz); ebd. — Brandt: Links und frei, S. 250 ff.
81 Ebd. — „Bericht über die Nachforschungen im Falle Mark Rein in Spanien vom 1.-10. Juli"; ebd.

hatten. Unter Hinweis auf diese Ungereimtheiten forderten Willi Müller und Paul Hertz das ZK der KPD auf, zum Entführungsfall Stellung zu nehmen[82].

Für die KPD antwortete nach zwei Monaten „Walter" (Walter Ulbricht), indem er sein Befremden darüber ausdrückte, daß Paul Hertz und Willi Müller den Fall Mark Rein aufrollten, statt ihre Energien auf die Volksfrontdiskussion zu verwenden. Zu den Vorwürfen selber meinte Ulbricht, die Verdächtigungen gegen die KPD stammten von zweifelhaften Elementen, Spitzeln und Spionen, die mit Trotzki in Verbindung stünden. Dahlem, Mewis und Herz seien empört über die ihnen in den Mund gelegten Versionen; sie hätten sie nur als gängige Hypothesen geäußert, die im Umlauf seien. Aber alle derartigen Nachforschungen schädigten die Bemühungen um die Volksfront und nützten nur den Trotzkisten im POUM und in der SAP[83]. Die Angeschriebenen antworteten Ulbricht, daß sie ihn nicht um Ratschläge für politische Aktivitäten gebeten hätten, sondern um Auskunft über Mark Rein. Ulbrichts Schreiben verdrehe die Fakten und deute an, daß die KPD die Aufdeckung des Verbrechens nicht unterstützen wolle. In Prag habe die KPD eine Liste zusammengestellt, auf der Mitglieder von „Neu Beginnen" als Trotzkisten aufgeführt werden; was würde die KPD mit ihnen tun, wenn sie in Prag über soviel Einfluß verfügte wie in Spanien[84]?

Der Verdacht gegen die KPD und ihre in Spanien tätigen Funktionäre verstärkte sich, je mehr Willi Müller, Paul Hertz und Raphael Abramowitsch Nachforschungen anstellten und je merkwürdiger sich die deutschen Kommunisten zu diesem Fall verhielten. Auffällig war, daß ihre Blätter den Fall totschwiegen, während die internationale Presse unter Einschluß der deutschen Exil-Zeitschriften über ihn berichteten. Während spanische Anarchisten sich in Barcelona bereitwillig an der Suche beteiligten, diskreditierten und behinderten die Kommunisten sie. Eine Untersuchung, die der Agent SSI 29 im Auftrage des katalanischen Generalstabes durchführte, belastete aufs schwerste Alfred Herz sowie Mariano Gómez Emperador, dessen Brigade das Hotel „Continental" observiert hatte. Er führte als Beleg eigene Recherchen an, dazu Nachforschungen der Gruppe DAS und Informationen eines mit der Angelegenheit befaßten Londoner Anwalts[85].

Eine derart massive Belastung der Kommunisten wirft naturgemäß die Frage nach den Motiven auf. Innerhalb der Gruppe „Neu Beginnen" brachte eines ihrer Mitglieder, der Österreicher Leopold Kulcsar, das Gerücht in Umlauf, Mark Rein habe von Willi Müller den Auftrag erhalten, in Spanien eine Einheitsfront zwischen allen maßgeblichen Kräften in Katalonien (POUM, PSUC und Anarchisten) herzustellen, um damit den Einfluß der Kommunisten ausschalten zu helfen. Dadurch müsse er mit allen Gruppen Kontakt gehabt haben und sei so zwischen alle Fronten geraten. Er sei vermutlich vom POUM oder von den Anarchisten entführt worden. Diese Version wurde jedoch von Willi Müller energisch bestritten. Er habe Mark Rein niemals einen derartigen Auftrag erteilt. Vielmehr sei Rein aus eigenem Antrieb und mit nachträglicher Billigung der Gruppe „Neu Beginnen" nach Spanien gefahren[86]. Kulcsar trennte sich Ende 1937 von der Gruppe „Neu Beginnen", da er sich immer stärker dem Standort der Kommunisten angenähert hatte. Im Herbst dieses Jahres war er nach Spa-

---

82 Anm. 79.
83 Schreiben „Walters" vom 24. 9. 37 an Willi Müller und Paul Hertz; ebd.
84 Schreiben Willi Müllers und Paul Hertz' vom 7. 11. 37 an „Walter"; IISG: Sammlung „Neu Beginnen", Mappe 14.
85 Schreiben Paul Hertz' und Willi Müllers vom 18. 11. 37 an Fritz Adler/SAI; ebd. — SSI 29: „Caso Marc Rein", vgl. Anm. 48.
86 Schreiben Kulcsars vom 12. 11. 37 an Otto Bauer und Schreiben Paul Hertz' und Willi Müllers vom 1. 11. 37 an Fritz Adler; IISG: Nachlaß Paul Hertz, Korr.-Mappe R.

nien gefahren und hatte sich durch „antitrotzkistische" Aktivitäten hervorgetan. Seine frühere, seit 1936 in Spanien verheiratete Frau sowie Katia Landau beschuldigten ihn massiv der Mittäterschaft bei der Entführung Kurt Landaus sowie auch einer Verwicklung in den Fall Mark Rein. Im Februar 1938, wenige Wochen nach Kulcsars Tod, stellte Willi Müller fest, daß dieser mit Mark Reins Entführung zwar nichts zu tun gehabt, aber womöglich belastendes Material nach Spanien geleitet habe[87]. In jedem Fall paßt Kulcsars Version eher in den Rahmen kommunistischer Desinformation und dürfte auch als solche gewertet werden.

Die Frage nach den Motiven der Entführung wird natürlich die Möglichkeit nicht ausschließen dürfen, daß die Kommunisten Mark Rein einen politischen Auftrag der genannten Art unterstellten, ohne daß ein solcher bestanden hätte. Dennoch spricht die Wahrscheinlichkeit mehr für ein anderes Motiv, das Raphael Abramowitsch und die Mitglieder der Gruppe „Neu Beginnen" vermuteten. Mark Rein wurde stellvertretendes Opfer — als Sohn seines Vaters. Raphael Abramowitsch war führender Exil-Politiker der russischen Sozialdemokratie, die noch über einige wenige Verbindungen zu oppositionellen Kreisen in der Sowjetunion verfügte. Es mag sein, daß man bei Mark Rein Kenntnisse über diese Verbindungen vermutete oder sie irgendwie durch Geiselhaft herauspressen wollte. Die politische Bedeutungslosigkeit der Person Mark Reins, dessen Verwandtschaftsverhältnis zu Abramowitsch allgemein bekannt war, schließt als Motiv dessen eigene Aktivitäten einerseits und andererseits persönliche Verwechslungen aus[88]. Mark Rein wurde das Opfer stalinistischer Hexenjagd, die ebenso sehr wirkliche wie bloß vermeintliche Gegner des Sowjetregimes traf und auch vor deren Angehörigen nicht Halt machte.

Der Fall Mark Rein erregte starkes Aufsehen im Ausland. Sozialdemokratische Regierungsvertreter in Schweden und Frankreich, britische Labour-Politiker und belgische Sozialisten wurden bei spanischen Parteiführern und Ministern vorstellig. Zweimal reiste Abramowitsch nach Spanien, ausgestattet mit Empfehlungsschreiben der SAI, in deren Exekutivkomitee er saß, und stellte gründliche Nachforschungen an. Er wurde zwar von Vertretern der Regierung und von Ministerpräsident Negrín persönlich empfangen, jedoch prallten alle seine Aktivitäten auf unsichtbare Wände. So wie die deutschen Kommunisten in Spanien ständig neue Desinformationen hervorbrachten, die sich gegenseitig aufhoben, so gaben spanische Stellen ausweichende oder ablenkende Antworten. Auf dringliches Befragen behauptete die Polizeiverwaltung von Barcelona, keine Unterlagen über den Fall zu besitzen. Als zwei ausländische Sozialisten im Juli 1938 den Innenminister um das amtliche Dossier zum Fall baten, legte dieser ihnen ein einziges Blättchen mit unbedeutenden Formalitäten vor. Wo die gesamte beschlagnahmte Korrespondenz Mark Reins verblieben war, wußten angeblich weder die katalanische noch die spanische Regierung[89]. Aber die Auskünfte der amtlichen Stellen waren, wie wir heute wissen, falsch. Von Anfang an bestand ein Dossier über den Fall Reins. Am 24. Mai 1937 wandte sich die „Oficina de Información y Enlace" (Nachrichten- und Verbindungsbüro) an Mariano Gómez Emperador mit der Bitte, die Briefe und Dokumente des verschwundenen Mark Rein zu übergeben, da über dessen Verbleib von höherer Stelle Nachforschungen angeordnet worden seien[90].

---

87 Rundschreiben „Ilses" (Ilse Kulcsar de Barea) vom 14. 2. 38; IISG: Sammlung „Neu Beginnen", Mappe 14. — Schreiben Willi Müllers vom 22. 2. 38 an Raphael Abramowitsch; ebd., Mappe 16. Vgl. Landau: Le stalinisme, S. 44.

88 Abschlußbericht R. Abramowitsch an das Exekutivkomitee der SAI zum Fall Mark Rein nebst Unterlagen, Mai 1939; AsD: Emigration — Sopade, Mappe 214.

89 Ebd.

90 Schreiben der Oficina de Información vom 24. 5. 37 an Mariano Gómez Emperador; AHN: Sección P.S. Barcelona, carpeta 804.

Der Staatssekretär des Innenministeriums äußerte gegenüber Abramowitsch den dringenden Verdacht der Mittäterschaft des Gómez Emperador an der Entführung Mark Reins. Aber der Staatssekretär unternahm auch dann nichts, als er den Agenten SSI 29 den beiden Beschuldigten Gómez Emperador und Alfred Herz gegenüberstellte und jener unzweideutiges Belastungs- und Beweismaterial vorlegen konnte[91]. Statt dessen wurde der unbequeme Agent SSI 29 einen Tag später vom „Servicio Alfredo Herz" vorübergehend verhaftet. Ähnlich erging es auch anderen Personen, die unfreiwillige Mitwisser des Falles geworden waren. Im Januar 1938 wurde Mark Reins Freund und Zimmernachbar vom Hotel „Continental", Nicolas Sundelewitsch, wegen angeblicher Spionage und POUM-Anhängerschaft festgenommen. Trotz französischer Intervention — er war naturalisierter Franzose — wurde er nicht freigegeben[92]. Die spanische Regierung deckte diese Machenschaften, indem sie die Aufklärung des Falles behinderte. Als der SAI-Generalsekretär Walther Schevenels im Sommer 1937 bei Ministerpräsident Juan Negrín intervenierte und den Fall zur Sprache brachte, stieß er auf Reserve. Verteidigungsminister Prieto dagegen sprach die Gründe für das amtliche Desinteresse an Mark Rein offen aus: da der Fall die Beziehungen zu einer gewissen Stelle verderben könnte, sei es besser, ihn unaufgeklärt zu lassen[93].

Nach fast zweijährigen minutiösen Nachforschungen faßte Abramowitsch einen offiziellen Abschlußbericht zusammen, in dem er nochmals den vermuteten Ablauf der Entführung seines Sohnes darlegte[94]. Mark Rein wurde wahrscheinlich durch einen dringenden Anruf zu einem Treffpunkt bestellt, als er sich gerade zur Niederschrift eines Artikels hingesetzt hatte. Dieser Treffpunkt lag allem Anschein nach in einem kommunistischen Lokal in der calle Plata Ecke calle Muntaner im Villenviertel Buena Nova. Im angrenzenden Hinterhof stand damals ein geheimer kommunistischer Sender, so daß man Mark Rein möglicherweise mit der Bitte rief, als Elektro-Ingenieur irgendwelche Reparaturen vorzunehmen. In einer Villa auf dem Nachbargrundstück befand sich eines der Privatgefängnisse des PSUC. Dort schrieb Rein vermutlich auch die Briefe an Sundelewitsch und einige andere Empfänger. Diese Briefe machen nicht den Eindruck einer erzwungenen Niederschrift. Wahrscheinlich hatte man Rein zugeredet, er müsse in geheimer militärischer Mission einige Tage von Barcelona fernbleiben und solle seinem Freundeskreis Briefe ohne Datumsangabe schicken, um sie über seine Abwesenheit zu beruhigen. Der „Grupo de Información" setzte dann später das Datum „15. April" ein und versah den Umschlag nachher mit dem Stempel „Madrid".

Das weitere Schicksal Reins ist ungewiß. Nach einer Zeugenaussage wurden in der Nacht vom 7. zum 8. Mai in jener Villa zehn Personen, darunter zwei Ausländer, erschossen und im Garten verscharrt. Nach Aussage eines belgischen Gefangenen, der während seiner Haft im Juli/September 1937 das Dossier gegen Mark Rein gesehen haben will, soll dieser in den Verliesen des Gefängnisses Puerta del Angel festgehalten und in der Nacht vom 23. zum 24. Juli erschossen worden sein. Gegen diese beiden Versionen spricht die Tatsache, daß niemals jemand angetroffen wurde, der in irgend einem Gefängnis, schon gar nicht in der viel „frequentierten" Puerta del Angel, Mark Rein gesehen hätte, wie dies in anderen Entführungsfällen vorgekommen ist. Abramowitsch deutet eine dritte Möglichkeit an, daß nämlich Mark Rein

---

91 Anm. 88.
92 Hektographiertes Schreiben R. Abramowitschs vom 14. 1. 38 an das Exekutivkomitee der SAI; IISG: Nachlaß Paul Hertz, Korr.-Mappe R. — Vgl. Gorkin, S. 231.
93 Schreiben R. Abramowitschs vom 20. 8. 37 an Paul Hertz; IISG: Nachlaß Paul Hertz, Korr.-Mappe R. — Eine Antwort ähnlichen Inhalts erhielt McGovern von Innenminister Zugazagoitia; vgl. McGovern, S. 11.
94 Siebenseitiger Bericht Raphael Abramowitschs vom Mai 1937 an das Exekutivbüro der SAI; AsD: Emigration — Sopade, Mappe 214.

auf eines der im Hafen liegenden sowjetischen Schiffe gebracht und dort ermordet oder aber in die Sowjetunion verschleppt worden sei. Da diese „Haftschiffe" existierten, kann diese Version nicht grundsätzlich ausgeschlossen werden. Diese Möglichkeit deutete auch der Agent SSI 29 an, als er schrieb, man sollte prüfen, ob Rein in Barcelona liquidiert oder als „Paket" an Bord eines russischen Schiffes verschleppt worden sei, zumal zwischen dem 9. April und Monatsende eines im Hafen geankert hatte. Eine derartige Version will auch der Österreicher Julius Deutsch von der spanischen Polizei erfahren haben: Rein sei auf ein Schiff gebracht und dort ermordet worden[95].

Das Ende des „Servicio Alfredo Herz"

Die geheimpolizeilichen Aktivitäten des NKWD in Barcelona, Valencia und anderen Orten Spaniens wurden im Frühjahr 1937 Gegenstand amtlicher Untersuchungen und in zunehmendem Maße Zielscheibe scharfer Attacken der ausländischen Presse. Anlaß war die Entführung Mark Reins, für den sich in der Folgezeit viele einflußreiche Politiker des Auslandes einsetzten. Wegen der zahlreichen Angriffe und Beschuldigungen beauftragte der Generalstab einen Agenten des katalanischen Geheimdienstes SSI mit der Untersuchung der bis dahin erfolgten Fälle von Verhaftung und Entführung. Es handelte sich um den bereits mehrfach zitierten Agenten SSI 29, der Ende Mai 1937 einige Berichte über seine Nachforschungen verfaßte. In der Literatur wird gelegentlich über die Identität dieses Mannes gerätselt. Pastor Petit vermutet ihn in der Nähe der Sozialistischen Partei und meint, daß er im Hinblick auf die einzelnen Fälle über gute Deutschkenntnisse verfügt haben müsse. Diese Spekulationen sind müßig, weil bereits Zeitgenossen über die Identität des SSI 29 gut informiert waren. Es handelte sich um den gebürtigen Jugoslawen Alfons Laurencic, der als mutmaßlicher ehemaliger Bürger der Donaumonarchie wahrscheinlich auch recht gut deutsch gesprochen haben dürfte. Offensichtlich bestand seine Aufgabe in der Beobachtung von Ausländern aus Mitteleuropa. Die von ihm geschilderten Fälle betreffen größtenteils Personen aus deutschsprachigen Ländern, aber auch aus Polen, Ungarn und der Tschechoslowakei. Nach Angaben der zeitgenössischen Presse verfaßte Laurencic 40 Berichte, von denen noch 18 im Archiv von Salamanca erhalten sind[96].

Laurencic suchte persönlich Zeugen auf, die ihm aus eigener Erfahrung über Willkürakte des „Servicio Alfredo Herz" berichten konnten, darunter Antonia Stern und Hans Beimlers Dolmetscher Max Geyer, und stand später auch mit Raphael Abramowitsch sowie mit Vertretern der Gruppe „Neu Beginnen" in Verbindung, als sie nach dem Verbleib von Mark Rein forschten. Seine noch erhaltenen Untersuchungsberichte stammen vom 24., 27., 28. und 31. Mai 1937, also aus einer Zeit nach den Mai-Unruhen, aber noch vor der eigentlichen Hexenjagd vom 16./17. Juni. Interessant ist Laurencics Beobachtung, daß aufgrund der intensiven Aktivitäten des „Servicio Alfredo Herz" demnächst größere Aktionen zu erwarten seien — die dann ja auch eintrafen. Nach Angaben der zeitgenössischen Presse forschte Laurencic etwa zwei Wochen lang, bis der NKWD mißtrauisch wurde und ihm immer mehr Hindernisse in

---

95 Deutsch, S. 282. — Vgl. Carlo Tresca: „En fustigeant sans trêve ni peur toutes dictatures, nous accomplissons notre devoir", *Cahiers Léon Trotsky,* numéro spécial 3 (juillet — septembre 1979), S. 188-200, hier S. 192.
96 Pastor Petit, S. 153 f. — Antonia Stern: Beimler, S. 36 ff. - Vgl. „Gefährliche Umtriebe hinter der spanischen Front", *Freies Deutschland* Nr. 29, 29. 7. 37.

den Weg legte[97]. Der Konflikt gipfelte in der bereits erwähnten Gegenüberstellung von Laurencic einerseits und Alfred Herz und Gómez Emperador andererseits. Diese Unterredung fand Anfang Juli 1937 beim Staatssekretär des Innenministeriums in Anwesenheit von Willi Müller und Paul Hertz als Vertretern der Gruppe „Neu Beginnen" statt. Hierbei belastete Laurencic aufs schwerste Alfred Herz und Gómez Emperador und überführte sie der Urheberschaft der Entführung von Mark Rein, was jedoch ohne angemessene Folgen blieb. Vielmehr wurde Laurencic am 10. Juli 1937, dem Tag der Ausreise der beiden Vertreter von „Neu Beginnen", vorübergehend verhaftet. Allerdings war seine Dienststelle stark genug, seine Freilassung zu erzwingen[98].

Die spanischen Behörden unternahmen zwar nichts gegen Alfred Herz und seine Mitarbeiter, wohl aber war er selbst für seine eigenen Auftraggeber untragbar geworden. Er „verschwand", d. h. er wurde gewissermaßen aus dem öffentlichen Verkehr gezogen. Allerdings blieb er in Barcelona und betätigte sich wahrscheinlich weiterhin in seinem Metier, aber an weniger auffälliger Stelle. Aus dieser Zeit existiert ein Schreiben von ihm an seinen Amsterdamer Briefpartner, dessen Stil und Inhalt erkennen lassen, daß auch er dramatische Tage durchgemacht hatte. Waren seine früheren Briefe salopp und witzig geschrieben, so erging er sich hier in langatmigen Ausführungen über die Richtigkeit der von der Komintern betriebenen Volksfront-Politik und belehrte auch seinen Briefpartner in penetrantem Tone, daß die von diesem kritisierte niederländische KP auf richtigem Kurs liege. Über sein persönliches Schicksal schrieb Alfred Herz nichts und deutete nur an, daß er in letzter Zeit viele Scherereien gehabt habe: „Ich habe augenblicklich sehr viel Ärger und Unannehmlichkeiten, die ich aber innerhalb kurzer Zeit überwunden zu haben hoffe. Es ist mir nicht erspart geblieben, viel dazuzulernen, worauf ich lieber verzichtet hätte."[99] Herz' Rückzug aus der für ihn nun unerträglich gewordenen Öffentlichkeit führte zu Gerüchten, daß er sich ganz aus Spanien zurückgezogen habe. Von „gut unterrichteter Seite" hatte die deutsche Gesandtschaft in Brüssel erfahren, daß man den „Leiter der GPU in Spanien", Alfredo Herz, in die Sowjetunion zurückgerufen habe[100]. Aber diese Nachricht war eindeutig falsch, sowohl hinsichtlich der Ausreise als auch des zu hoch angesetzten Ranges von Alfred Herz. Er blieb weiterhin in Barcelona wohnen (calle San Cugat del Vallés 15) und verließ, wie wir sehen werden, Spanien erst gegen Ende des Bürgerkrieges.

Überdies wurden auch andere Personen aus seinem Umkreis versetzt, wodurch man die Spuren des „Servicio Alfredo Herz" zu verwischen hoffte. Auch die kompromittierte „Brigada Gómez Emperador" wurde aufgelöst und unter einem gewissen Victorio Sala neu begründet, wobei dieser von den alten Mitarbeitern ausschließlich den Dolmetscher Yampolsky übernahm. Mariano Gómez Emperador selbst wurde, wie die zeitgenössische deutsche Exilpresse vermutete, auf einen Posten nach Paris versetzt. Diese Nachricht scheint zuzutreffen, denn dort ortete ihn eine ganz andere Stelle — Francos Geheimdienst SIFNE[101]. Das Bekanntwerden der Praktiken des NKWD in Spanien bereitete der KPD und ihren Schwesterparteien naturgemäß etlichen Ärger. Dieser ist deutlich erkennbar an jenem bereits zitierten Briefe Walter

---

97 Anm. 85 und Anm. 96.
98 Anm. 96.
99 Schreiben Alfred Herz' vom 6. 7. 37 an Hans Stein; IISG: Nachlaß Hans Stein/Persönliche Korrespondenz, Mappe 77.
100 Bericht der deutschen Gesandtschaft Brüssel vom 2. 1. 38 an das AA; PA AA: Pol. Abt. III (31), Spanien: Innere Politik..., Bd. 36.
101 „Der Dolchstoß gegen die spanische Revolution", *Freies Deutschland* Nr. 32, 19. 8. 37. — SIFNE: „Nota de esta oficina: espionaje rojo", 31. 8. 37; SHM: legajo 280, carpeta 17.

Ulbrichts, in dem er gegenüber der Gruppe „Neu Beginnen" vom Fall Mark Rein abzulenken versuchte. Ulbricht beschuldigte Laurencic der früheren Mitarbeit im deutschen Geheimdienst und beschimpfte das Blatt *Freies Deutschland,* das im belgischen Exil einige Enthüllungen veröffentlich hatte, als zwielichtig[102]. Aber der Ärger der KPD hatte die im Juli 1937 vollzogene Auflösung des „Servicio Alfredo Herz" nicht verhindern können. Unklar ist der Verbleib Szaja Kindermanns, des Vernehmungsspezialisten; er scheint zumindest eine Zeitlang noch im Convento de Santa Ursula in Valencia weitergearbeitet zu haben. Was aus Alfons Laurencic, dem Gegenspieler Alfred Herz', wurde, ist nur bruchstückweise bekannt. Obwohl sein Chef, von den Kommunisten als „Faschist" geschmäht, spurlos verschwand und wohl Opfer einer Rache des NKWD wurde, konnte Laurencic nach vorübergehender Haft offensichtlich ungehindert weiterarbeiten. Er fiel 1938 in die Hände der Franco-Truppen und wurde vor ein Kriegsgericht gestellt, das ihn wegen angeblicher Verbrechen für den NKWD zum Tode verurteilte und hinrichten ließ[103].

Die Auflösung des „Servicio Alfredo Herz" im Juli 1937 ist im Zusammenhang mit einer größeren Reorganisation der Geheimpolizei zu sehen. Im August wurde der republikanische SIM geschaffen, der die Funktionen der bisher nebeneinander arbeitenden Geheimdienste übernahm; am 26. März 1938 wurde auch der DEDIDE aufgelöst und dem SIM eingegliedert[104]. Damit scheinen die wichtigsten Zweige der Geheimpolizei vereinigt und in eine Hand gelegt worden zu sein. Zwar gab es noch die besonderen Nachrichtendienste für das Ausland (SIEE) und für das von Franco kontrollierte Gebiet (SIEP), aber sie traten nicht als politische Polizeidienste in Aktion. Es ist zu vermuten, daß sich hinter den Kulissen der Aufbau des NKWD in Spanien kaum geändert hatte, so daß die Reorganisation allenfalls die spanische Fassade betraf. Der Einfluß sowjetischer, deutscher, polnischer und anderer Agenten blieb nach wie vor erhalten und dürfte wegen des Verlustes der Kontrolle über sie auf seiten der republikanischen Regierung sogar zugenommen haben. Aber da fast alle den Kommunisten nicht genehmen Ausländer im Frühjahr und Sommer 1937 verhaftet worden waren, verblieben dem NKWD nur noch solche Personen, die in den Internationalen Brigaden, also im militärischen Bereich, tätig waren, wofür naturgemäß eine militärische Geheimpolizei wie der SIM eher zuständig war als eine zivile. Es ist sicher auch kein Zufall, daß die ausländischen politischen Gefangenen, soweit sie nicht bis Anfang 1938 nach Frankreich abgeschoben worden waren, fast durchweg in Haftanstalten eingewiesen wurden, die dem SIM unterstanden.

Es wurden bereits verschiedene spanische und ausländische Aktionen zur Freilassung der politischen Gefangenen genannt: Bemühungen der CNT zugunsten eingekerkerter Anarchosyndikalisten und POUM-Sympathisanten; die Reise des Generalsekretärs der Independent Labour Party, Fenner Brockway, im Juli 1937 nach Spanien; mehrere Delegationen der Gruppe „Neu Beginnen" sowie Interventionen der SAI im Entführungsfall Mark Rein; schließlich die Reise des britischen Unterhausabgeordneten John McGovern und des Sorbonne-Professors Félicien Challaye nach Barcelona im November 1937. Ihr unmittelbarer Erfolg ist nicht meßbar. Nur in einzelnen Fällen hatten diese Interventionen einige wenige Haftentlassungen zur Folge. Wahrscheinlich lag die Wirkung dieser Aktionen mehr darin, daß sie Öffentlichkeit zugunsten der politischen Gefangenen herstellten und damit indirekt einen Beitrag zur Entlassung und Abschiebung der meisten inhaftierten Ausländer leisteten.

---

102 Anm. 83.
103 Antonia Stern: Beimler, S. 44 f. — Vgl. Rafael López Chacón: Por qué hice las checas de Barcelona? Alfonso Laurencic ante el Consejo de Guerra, Barcelona 1939.
104 Llaugé Dausá, S. 60; Pastor Petit, S. 96 ff.

Ein Teil der Gefangenen erlangte erst die Freiheit, als die Polizeidienste infolge des feindlichen Vormarsches nicht mehr funktionsfähig waren und ihre Schergen und Büttel selbst die Flucht ergreifen mußten. Einige der führenden NKWD-Funktionäre hatten dies schon vorher getan, mit ihrer Dienststelle gebrochen und sich in die USA abgesetzt — so Alexander Orlow und General Krivitsky. Andere hohe NKWD-Funktionäre wie der ehemalige Sowjetbotschafter Marcel Rosenberg, Generalkonsul Antonow-Owsejenko, *Prawda*-Korrespondent Michail Kolzow, Arthur Staszewski und A. Slutskij wurden noch während des Bürgerkrieges zurückgerufen und als Opfer ihrer eigenen Dienststelle ermordet — zur Stalin-Zeit durchaus ein Berufsrisiko sowjetischer Agenten; sie wurden in der Chruschtschow-Ära teilweise rehabilitiert[105]. Einige ausländische Mitarbeiter des NKWD hatten größeres Glück. Ernö Gerö, der NKWD-Statthalter von Katalonien, avancierte 1945 zum ungarischen Minister, später für einige Monate zum Ministerpräsidenten, bis ihn die Volkserhebung vom November 1956 aus dem Amte jagte.

Karl Mewis (alias „Arndt"), der den „Servicio extranjero del PSUC" geleitet und dabei eng mit Herz zusammengearbeitet hatte, blieb als Vertreter der KPD in Spanien. In Katalonien hatte sich nach gründlicher Säuberung des Hinterlandes von „Trotzkisten" die Lage „normalisiert", wie er dies in einem Artikel selbst darstellte. 1938 ging er nach Schweden, wo er dann während des Krieges Herbert Wehner durch Denunziation ins Gefängnis brachte[106]. Nach 1945 durchlief er in der Provinz eine mittlere SED-Karriere und war zeitweilig DDR-Botschafter in Warschau. Er genießt seitdem sein Dasein als „Parteiveteran". Was aus dem Vernehmungsspezialisten Szaja Kindermann wurde, ist nicht bekannt. Wenn wir von den kleinen und unbedeutenden Agenten einmal absehen, bleibt nur noch Alfred Herz selbst übrig. Über ihn liegen widersprüchliche, zum Teil recht abenteuerlich anmutende Nachrichten vor. Die einen besagen, daß er bei Gefechten in Madrid ums Leben gekommen sei, andere sprechen davon, daß er in Mexiko von Trotzkisten erkannt, ermordet und in einen Vulkankrater geworfen worden sei. In Mexiko habe später ein anderer Sowjetagent namens Dimitri Utnik seine „Identität" übernommen[107].

Wir haben Kenntnis von Alfred Herz' Weggang aus Spanien durch einige Briefe, die er — nach längerer Pause — wieder an seinen Amsterdamer Freund schrieb. Nach eigenen Angaben hatte er Barcelona am 25. und Spanien am 30. Januar 1939 verlassen und war am 4. Februar, von Frankreich kommend, nach Antwerpen gefahren. Dort hatte er sich mit seiner Frau Käthe in einer billigen Absteige (Pension „Plieger", Britschelei 82) einquartiert und sann über die weitere Zukunft nach. Mehrfach äußerte er die Absicht, nach Lateinamerika auszuwandern; als Ziele schwebten ihm Kolumbien, Ecuador oder Mexiko vor. Als Betätigungsfeld und Lebensgrundlage suchte er eine möglichst unpolitische Beschäftigung: Verlagsarbeit oder — wohl ironisch gemeint — Hühnerzucht. Im letzten Brief konkretisierten sich die Mexiko-Pläne. Herz klagte dabei über Geldmangel. Angesichts der drohenden Kriegsgefahren, deren Schatten Europa im Juli 1939 verdunkelten, mußte er wiederholt feststellen, daß Schiffe nach Mexiko abgingen, auf denen er wegen noch fehlender und ausstehender Gelder keine Überfahrt hatte buchen können[108]. Insgesamt vermitteln die Briefe eine resignierte und bedrückte Stimmung. Offensichtlich gelang es dem Ehepaar Herz, noch rechtzeitig Europa zu verlassen

---

105 Broué/Témime, S. 373, 468 f., 474 f.
106 Fr. Arndt: „Katalonien reiht sich ein", *Rundschau* Nr. 27, 24. 6. 37. — Wehner: Zeugnis, S. 251 ff.; Mewis, S. 313 ff.
107 Castells, S. 393; Rienffer, S. 156.
108 Briefe Alfred Herz' vom 18. 2., 20. 2., 7. 3., 12. 4. und 16. 7. 39 an Hans Stein; IISG: Nachlaß Stein/Persönliche Korrespondenz, Mappe 77.

und Mexiko zu erreichen. Insofern sind jene abenteuerlichen Spekulationen über sein Ende richtig; aber nicht Trotzkisten ermordeten beide, vielmehr nahmen sie — den glaubwürdigsten Berichten zufolge — sich selbst das Leben[109].

Diese Nachricht kann aus verschiedenen Gründen die größte Wahrscheinlichkeit für sich beanspruchen. Offensichtlich hatte der NKWD Herz aus seinen Diensten entlassen, so daß eine Emigration in die Sowjetunion nicht in Frage kam. Nachdem man ihn als williges und brauchbares Instrument benutzt hatte, ließ man ihn fallen, da er für eine weitere Verwendung nicht mehr interessant war. Damit aber war das Ehepaar Herz ohne jede weitere Zukunftsperspektive. Wahrscheinlich reichte ihr Geld gerade noch für die Überfahrt nach Mexiko, aber nicht mehr für den Aufbau einer neuen Existenz. Viel wichtiger aber dürfte die Tatsache gewesen sein, daß Alfred Herz aufs höchste gefährdet war. In sämtlichen Emigrationsländern konnte er Personen begegnen, die er hatte verhaften und foltern lassen; insofern dürfte in der Spekulation über seine Ermordung durch Trotzkisten ein Kern Wahrheit enthalten sein. In dieser ausweglosen Situation scheint sich der Freitod als letzte Entscheidung aufgedrängt zu haben. Das Ehepaar Herz wäre unter spanischen und ausländischen NKWD-Agenten, die von ihrer Vergangenheit verfolgt und durch die Ausweglosigkeit ihrer Lage zum Freitod getrieben wurden, kein Einzelfall, wie dies das Ende des hohen katalanischen NKWD-Funktionärs Joaquin Olaso und seiner Lebensgefährtin im Jahre 1954 in Paris belegt[110].

Die Person des Alfred Herz steht nicht stellvertretend für alle deutschen Kommunisten in Spanien, geschweige denn für die deutschen Spanienkämpfer insgesamt. Ihr selbstloser Kampf gegen politische Kräfte, die sie für Ableger der Hitler-Diktatur hielten, steht für die überwältigende Mehrheit außer Zweifel. Vielmehr war Herz bloße Charaktermaske eines Apparates, dem er diente und von dem er seine Macht empfing. Sollte man ihn ausschließlich aufgrund seiner Briefe und ohne Kenntnis seines Wirkens in Spanien beurteilen, so müßte man eingestehen, daß er keineswegs unsympathisch wirkte. Er war keine dämonische Gestalt, wie man sie gerne in jene zwielichtige Subkultur der Geheimdienste projiziert, sondern eine durch und durch banale Persönlichkeit — nicht anders, als es bei seinen größeren Amtskollegen von Fouché bis Himmler und Berija der Fall gewesen war. Eine banale Persönlichkeit aber, die durch bestimmte Umstände unbeschränkte und geheime, der Öffentlichkeit weitgehend entrückte Macht über einige hundert Menschen erlangte, für die Alfred Herz dann zum Herrn über ihr Schicksal wurde.

---

109 Ranke: Erinnerungen/Spanien-Kapitel, S. 14, (Mskr.), JGZ.
110 „La mort troublante de Joaquin Olaso Piera et de Dolorès Garcia Echevarieta", *Bulletin de l'Association d'Etudes Politiques Internationales* I/15 (1954), S. 1-11.

Zur Geschichte der Internationalen Brigaden

Die Internationalen Brigaden bildeten in vielfacher Weise die spektakuläre Form des Einsatzes von ausländischen Antifaschisten in Spanien. Dies gilt einmal hinsichtlich ihrer Zahl, zum andern mit Blick auf Organisation und Umfang dieses Einsatzes. Die internationalen Einheiten der Anarchisten und des POUM waren zahlenmäßig vergleichsweise klein und vereinigten in sich allenfalls einige hundert Kämpfer. Die Stärke der Internationalen Brigaden umfaßte mehrere zehntausend Mann, von denen allerdings nicht alle gleichzeitig im Einsatz standen. Während die Milizen recht spontan zusammengesetzte Haufen mit provisorischer Bewaffnung waren, entwickelten die Internationalen Brigaden einen umfangreichen, technisch ausgerüsteten Apparat, der von Kombattanteneinheiten bis zu Dienststellen für Sanitätswesen, Presse, Ausbildung und Verwaltung reichte. Während die internationalen Einheiten der Milizen nur etwa zehn Monate lang bestanden und dann aufgelöst bzw. in andere Verbände überführt wurden, bildeten die Internationalen Brigaden mehr als zwei Jahre lang — vom Herbst 1936 bis Anfang Februar 1939 — eine militärische und politische Potenz, die für die Spanische Republik eine durchaus spürbare Hilfe darstellte.

Der Geschichte der Internationalen Brigaden ist eine umfangreiche Literatur gewidmet. Unter den Veröffentlichungen befinden sich voluminöse Standardwerke wie das wiederholt zitierte von Andreu Castells, dessen Materialreichtum und quellenkundliche Erschließung des Themas wahrscheinlich künftige Gesamtdarstellungen entbehrlich macht und nur noch Ergänzungen oder Korrekturen von Details erfordert. Genannt werden müssen auch kürzere Darstellungen, die zwar nicht auf umfassender Quellenforschung beruhen, aber in resümierender Weise den aktuellen Forschungsstand wiedergeben und dabei teilweise eine recht wertvolle Übersicht vermitteln[1]. Zudem sind zahlreiche Erinnerungsbände erschienen mit Kurzdarstellungen von einzelnen Vorgängen, Ereignissen oder Personen, mit Erlebnisberichten von Augenzeugen, mit Dokumenten und in der Regel mit umfassendem Bildmaterial; dabei handelt es sich bei einigen dieser Schriften um Neuauflagen oder Reprintausgaben solcher Veröffentlichungen, die von den Internationalen Brigaden selbst oder von einzelnen Verbänden noch während des Bürgerkrieges herausgegeben worden waren[2]. Neben dieser ideologisch leicht gefärbten Literatur steht noch eine reine Tendenzliteratur — entweder kommunistisch-parteiamtlicher

---

1 Jacques Delperrie de Bayac: Les brigades internationales, Paris 1968. — Verle B. Johnston: Legions of Babel. The International Brigades in the Spanish Civil War, Pennsilvania State University Press 1968. — Luis Aguilera Durán: Origines de las brigadas internacionales, Madrid 1974. — Vincent Brome: The International Brigades. Spain 1936 — 1939, London 1965. — Ricardo de la Cierva y de Hoces: Leyenda y tragedia de las brigadas internacionales: una aproximación histórica a la guerra civil desde las avanzadas del Ejército Popular, Madrid 1973. — José Manuel Martínez Bande: Las Brigadas internacionales, Barcelona 1972. - Vgl. auch die Literaturübersicht von Klaus-Jürgen Ruhl: Die Internationalen Brigaden im Spanischen Bürgerkrieg 1936 — 1939, *Militärgeschichtliche Mitteilungen* XVII (1975), S. 212-24.

2 Un año de las brigadas internacionales, (Madrid 1937) Reprint: Berlin 1976. — Epopée d'Espagne. Brigades internationales 1936 — 1939. Recueil de récits vécus et de documents historiques, ed. par l'Amicale des anciens volontaires français en Espagne républicaine, Paris 1957. — Vergleichbare Erinnerungsbände gibt es in zahlreichen Sprachen; auf die entsprechende deutschsprachige Literatur wird im nächsten Kapitel verwiesen.

Natur[3] oder aber mit strikt antikommunistischer Spitze[4]. Die übrige Literatur konzentriert sich auf besondere Probleme der Internationalen Brigaden oder aber auf Freiwillige aus bestimmten Nationen, wobei hier nur die Schriften berücksichtigt werden, die auch für die überwiegend deutschen Einheiten von Interesse sind[5].
Angesichts einer so umfangreichen Fachliteratur zur Geschichte der Freiwilligen auf seiten der Spanischen Republik stellt sich naturgemäß die Frage, welchen Sinn eine weitere Darstellung dieses bereits so oft abgehandelten Themas habe. Die nachstehenden beiden Kapitel über die Internationalen Brigaden unter besonderer Berücksichtigung der Deutschen wollen denn auch nicht das von neuem beschreiben, was bereits Gegenstand eines ausgedehnten Schrifttums ist. Wenn im folgenden nochmals diese Thematik behandelt wird, so rechtfertigt sich dies einmal unter dem Gesichtspunkt der besonderen Situation der deutschen Freiwilligen in Spanien. Zwar gibt es auch umfangreiches Schrifttum über die Deutschen in den Internationalen Brigaden[6], indessen mit wenigen Ausnahmen nur von kommunistischen Autoren, deren Hagiographien gewöhnlich ideologisch unbequeme Fakten oder Fragen auslassen. Allein deswegen sind gewisse Ergänzungen und Korrekturen erforderlich. Zum anderen rechtfertigt sich eine neue Darstellung aus Gründen der Quellenlage. Die meisten Veröffentlichungen beruhen auf Memoirenliteratur sowie auf zeitgenössischen gedruckten Quellen: Zeitungen, Brigadezeitschriften, Broschüren und amtlichen Publikationen, die aus Gründen kriegsbedingter Tarnung oder ideologischer Borniertheit nur selektiv oder verzerrt informierten. Einige weitere Veröffentlichungen enthalten Materialien aus öffentlich nicht zugänglichen Parteiarchiven, wobei der Außenstehende über die Zusammenstellung, Auswahl und Vollständigkeit des Stoffes keine Übersicht gewinnen kann[7]. Jedoch hat, soweit ich sehe, mit Ausnahme einiger spanischer Historiker keiner der Autoren die seit langer Zeit zugänglichen Archive in Spanien selbst aufgesucht. Dort befinden sich vermutlich die meisten Dokumente zur Geschichte der Internationalen Brigaden, — mit kriegsbedingten Lücken zwar und teilweise in unübersichtlicher Zusammenstellung, aber von unbestreitbarer Authentizität. Solange nicht Moskauer Archive und verschiedene KP-Archive in aller Welt zusätzliches Material zur allgemeinen Einsicht freigeben, bleiben die spanischen Dokumente die wichtigste Quelle zum behandelten Gegenstand.
Thema der vorliegenden Studie sind die Deutschen auf seiten der Spanischen Republik, in den beiden nachstehenden Kapiteln also die Deutschen in den Internationalen Brigaden. Jedoch ist diese begrenzte Fragestellung bereits so umfassend, daß sie sich kaum in einem einzigen Kapitel erschöpfend darstellen läßt. Zunächst soll daher eine Übersicht über die Internationalen Brigaden als Gesamtheit gegeben werden, ihre Entstehung und ihre Probleme, die mehr oder minder für alle Verbände gleich oder ähnlich waren. Nach dieser allgemeinen Darstellung soll

---

3 Luigi Longo (Gallo): Die Internationalen Brigaden in Spanien, (Berlin DDR 1956) Reprint: Berlin 1976. — Weitere kommunistische Literatur zum Thema wird im Literaturverzeichnis der folgenden Veröffentlichung aufgeführt — Horst Kühne: Spanien 1936 - 1939, a.a.O.
4 Les Brigades Internationales. L'aide étrangère aux rouges espagnols, ed. Bureau d'Information Espagnol, Madrid 1948. — Richard D. Richardson: The International Brigades as Comintern Propaganda Instrument, *Canadian Journal of History* (1974).
5 Schweizer kämpfen in Spanien. Erlebnisse der Schweizer Freiwilligen in Spanien, hrsg. von der Interessengemeinschaft Schweizer Spanienfreiwilliger, redigiert von Max Wullschleger, Zürich 1939. — Max Stern: Spaniens Himmel... Die Österreicher in den Internationalen Brigaden, Wien 1966. — Literaturhinweise auf entsprechende Veröffentlichungen aus anderen Ländern finden sich in den Darstellungen von Andreu Castells und Host Kühne.
6 Vgl. die Literaturangaben des nächsten Kapitels.
7 Zur Quellenproblematik vgl. Ruhl, S. 213.

dann im nächsten Kapitel die Situation der Deutschen mit ihren besonderen personellen und politischen Problemen geschildert werden.

Die Entstehung der Internationalen Brigaden

Die Internationalen Brigaden bzw. ihre Vorläufer unterschieden sich von den Milizen der Parteien und Gewerkschaften dadurch, daß sie nominell überparteilich waren, wenngleich sie de facto überwiegend kommunistisch geführt wurden. Bereits das Ereignis, das als ihre Geburtsstunde bezeichnet werden kann, war nach außen ein überparteiliches, bei dem aber Kommunisten vielfach Regie führten. Es handelt sich um das als Gegenveranstaltung zu den in Berlin abgehaltenen Olympischen Spielen geplante Sportfest für Teilnehmer aus der Arbeiterbewegung aller Länder. Über die Zahl der teilnehmenden Sportler und der auswärtigen Zuschauer liegen nur ungenaue oder vermutlich übertriebene Angaben vor. Dolores Ibárruri sprach von 4.000, der *Mundo Obrero* von 3.000 Sportlern und 15.000 auswärtigen Zuschauern[8].

Die Ereignisse wurden bereits geschildert: am 17. Juli putschte das spanische Militär zunächst in Spanisch-Marokko und darauf im Mutterland. Zahlreiche Sportler und Zuschauer des verhinderten Sportfestes griffen darauf in die Kämpfe ein. Die beiden ersten Fremden, die im Kampfe am 19. Juli ihr Leben ließen, waren ein Österreicher und ein Italiener[9]. Kleinere Gruppen von ausländischen Antifaschisten — Emigranten, Touristen, zufällig sich dort aufhaltende Reisende — kämpften auch in Madrid und im baskischen Norden. Aber ihre Zahl war und blieb gering gegenüber den in Barcelona engagierten Fremden. Aus den angereisten Teilnehmern der Arbeiter-Olympiade bildeten sich kleine Gruppen, die sich aus Gründen der Verständigung aus Angehörigen gleicher oder sprachverwandter Nationen zusammensetzten: die italienischen Gruppen „Giustizia e Libertà" und „Gastone Sozzi", eine englische Gruppe namens „Tom Mann", eine jüdische und eine polnische Gruppe, dazu Franzosen, Belgier, Deutsche und Angehörige vieler anderer Völker[10].

Der Gedanke, internationale Freiwilligenverbände unter (de facto) kommunistischer Führung aufzustellen, dürfte im Zusammenhang mit anderen Hilfsmaßnahmen der kommunistischen Parteien schon recht früh entstanden sein. Bekanntlich hatten die anderen politischen Parteien und Gewerkschaften POUM, CNT/FAI und UGT spontan eigene Milizen ausgerüstet und dabei auch internationale Einheiten mit ausländischen Freiwilligen gebildet. Es hätte dem Ansehen der Kommunisten sehr geschadet, wenn sie hier abseits gestanden hätten. Schon am 26. Juli 1936 versammelten sich in Prag der Vertreter der Komintern und der kommunistischen Gewerkschaftsinternationale und beschlossen einen finanziellen Hilfsfonds von 1 Milliarde ffrs., zu dem die sowjetischen Arbeiter angeblich 90 % freiwillig beitragen würden. Gleichzeitig wurde beschlossen, ein internationales Freiwilligen-Korps von 5.000 Mann aufzustellen, das mit voller Ausrüstung auf seiten der Republik kämpfen sollte. Mit der Verwaltung des Hilfsfonds wurden die Vorsitzenden der italienischen, französischen und spanischen KP, Palmiro Togliatti, Maurice Thorez und José Diaz beauftragt sowie Dolores Ibárruri und Francisco Largo Caballero[11]. Wenige Tage danach wurde in Paris unter den Auspizien der Inter-

---

8 Martínez Bande, S. 7 f.
9 Castells, S. 21; Martínez Bande, S. 9.
10 Martínez Bande, S. 11; de la Cierva, S. 37; Castells, S. 33. — Vgl. Un año de las brigadas internacionales, a.a.O., S. 11.
11 Aguilera Durán, S. 23 f.

nationalen Roten Hilfe ein Internationales Spanienhilfskomitee gebildet, das wiederum Ableger in den meisten europäischen Ländern gründete. Sie sollten in der Folgezeit eine wichtige Rolle spielen bei der Werbung von Freiwilligen.

Diesen Vorbereitungen zum Trotz war die Politik Stalins zunächst eine mehr abwartende. Wie es scheint, konnten der französische KP-Vorsitzende Maurice Thorez und der Generalsekretär der Komintern, Georgi Dimitroff, Stalin von den Vorteilen eines weltweiten kommunistischen Engagements überzeugen. Die Sowjetunion brauchte nicht durch eigene Truppen einzugreifen; die internationalen Freiwilligenverbände würden zwar überwiegend kommunistisch geführt, sollten aber formell überparteilich sein, was den Avantgarde-Anspruch der Kommunisten innerhalb des linken Parteienspektrums unterstrichen hätte. Schließlich scheint für Stalin noch ein weiterer Gesichtspunkt nicht völlig bedeutungslos gewesen zu sein. Mit der Aufstellung der Internationalen Brigaden konnte Stalin das Gros kommunistischer Emigranten in der Sowjetunion loswerden, zumal sie einen potentiellen Unsicherheitsfaktor bildeten und nicht unbedingt Augenzeugen der gerade anlaufenden Säuberungen zu sein brauchten[12].

Wir wissen nicht, ob und mit welchen Druckmitteln die Komintern bzw. die Sowjetunion Spanien die Internationalen Brigaden aufdrängte, zumal sowohl Staatspräsident Azaña als auch Ministerpräsident Largo Caballero diesem Gedanken zurückhaltend gegenüberstanden. Es müssen hinter den Kulissen recht zähe Verhandlungen über dieses Vorhaben stattgefunden haben. Aber als ein Dreierkomitee der Komintern am 22. Oktober 1936 einen Antrittsbesuch bei Ministerpräsident Largo Caballero abstattete und ihn formell um die Erlaubnis zur Bildung internationaler Freiwilligenverbände bat, war das Projekt eine längst vereinbarte Angelegenheit. Davon zeugt nicht nur die sofort erteilte Zustimmung Largo Caballeros hierzu[13]. Auch der rasche Aufbau der ersten Einheiten und die Einrichtung der Zentralstelle für die Internationalen Brigaden in Albacete am 14. Oktober belegen die bereits seit einigen Wochen laufenden Vorbereitungen. Wenn überdies in der kommunistischen Literatur behauptet wird, daß die Gründung der Internationalen Brigaden auf einem souveränen Akt der Spanischen Republik beruhte, so gilt dies nur für die formelle juristische Seite. Tatsächlich blieb der stark bedrängten Republik nichts anderes übrig, als jede materielle, technische, organisatorische und personelle Hilfe anzunehmen, woher und unter welchen Bedingungen sie auch angeboten wurde.

Die Vorbereitungen für den Aufbau internationaler Freiwilligenverbände begannen bereits Anfang August, wenngleich für den Außenstehenden kaum erkennbar hinter einem propagandistischen Nebelschleier. Am Sitz der französischen KP in der rue Lafayette in Paris sowie in den Komintern-Büros in Moskau wurden die nächsten Schritte vorbereitet. Die Anwerbe- und Rekrutierungsbüros begannen, die Namen von Freiwilligen zu registrieren und Material zu sammeln sowie organisatorische Vorbereitungen zu treffen. Aber noch wurden keine Mannschaften nach Spanien geschickt. Zwar strömten Tausende von Freiwilligen auf eigene Initiative nach Spanien, um sich den dort kämpfenden Milizen anzuschließen. Aber sie taten es aus eigener Verantwortung und, sofern sie Kommunisten waren, oft ohne Erlaubnis der Partei. Dagegen wurde der Kaderapparat aufgebaut, so daß die Interbrigaden als organisatorisches Gerüst bereits bestanden, bevor sie offiziell gegründet worden waren[14]. Schließlich wurde am 11. Oktober die erste größere Gruppe von Freiwilligen in Bewegung gesetzt. Sie fuhr von Paris nach Marseilles mit der Bahn, schiffte sich dort auf dem Dampfer „Ciudad de Barcelona"

---

12 Vgl. Cattell: Communism, S. 82 f. — Thomas, S. 234. — Broué/Témime, S. 461 f.
13 Broué/Témime, S. 461. — Delperrie de Bayac, S. 78 f.
14 Zur Geschichte der Vorarbeiten vgl. Martinez Bande, S. 26 ff.; Longo, S. 40 ff.

ein und landete am 13. Oktober in Alicante, um von dort aus nach Albacete zu marschieren[15]. Am 14. Oktober wurde Albacete zum Stammquartier der Freiwilligenverbände erhoben, zwei Tage später das sogenannte Kommissariat der Internationalen Brigaden geschaffen. Als die Dreierkommission der Komintern den zögernden Francisco Largo Caballero um die Erlaubnis der Freiwilligenverbände ersuchten, waren die Brigaden bereits im Aufbau begriffen. Da die Franco-Truppen mit der Einnahme von Navalcarnero schon 15 km vor Madrid standen, blieb dem mißtrauischen Ministerpräsidenten nichts anderes übrig, als seine Zustimmung zu erteilen.

Mit der offiziellen Gründung der Internationalen Brigaden setzte einerseits die massive Werbung der Spanienhilfskomitees in Frankreich und in anderen Ländern ein. Andererseits hatte die Gründung selbst bereits eine propagandistische Wirkung und erhöhte den Zulauf von Freiwilligen. Luigi Longo berichtet, wie Arbeiterfamilien den Vater oder Sohn nach Paris zur Meldestelle begleiteten; oft hatten die Freiwilligen sich auf eigene Kosten mit Kleidungsstücken, Feldflaschen, Tornistern, Pistolen und anderen Utensilien ausgerüstet. Zwar kam es auch weiterhin vor, daß Freiwillige sich einzeln oder in kleinen Gruppen bis Spanien durchschlugen. Aber die Transporte mit der Eisenbahn an die Grenze oder zu Schiff von Marseille nach Spanien wurden bald zu einem regelmäßigen Vorgang. Wegen der formellen Nicht-Einmischung Frankreichs mußte der Grenzübergang oft illegal oder in getarnter Weise vor sich gehen. Vor allem Emigranten aus faschistischen Diktaturen wie zum Beispiel Deutsche und Italiener besaßen oft keine richtigen Papiere und mußten daher besonders vorsichtig sein. In Katalonien wurden die Freiwilligen in Kasernen oder Notquartieren von Barcelona oder Figueras untergebracht und von dort recht bald nach Albacete weitergeleitet. Für die Verpflegung sorgten in der Regel der PSUC oder kommunistisch geführte Hilfsorganisationen[16].

Internationale Freiwilligenverbände in Spanien hatte es in den Milizen fast aller linker spanischer Organisationen gegeben, so daß keine von ihnen irgendeine Priorität beanspruchen könnte. Auch die Idee internationaler (überparteilicher) Brigaden wurde im Sommer 1936 vielfach diskutiert. Aber ihre tatsächliche Gründung war ein Akt der Komintern, d. h. weder die spanische Regierung noch irgendeine andere Stelle hatte sie ins Leben gerufen. Zwar beschwor die Propaganda stets den Grundsatz eines überparteilichen Antifaschismus: „Wir erklären, daß wir von Menschen aller Nationalitäten und aller politischen Ansichten getragen werden, aber alle darin übereinstimmen, in Spanien für keine der Strömungen Partei zu nehmen, sondern allein für die republikanische und antifaschistische Sache, die alle vereint"[17]. Gleichwohl gab der führende Brigade-Funktionär „Mario Nicoletti" (Giuseppe di Vittorio) zu, daß trotz des spontanen Antifaschismus die organisatorische Geburtshilfe von kommunistischer Seite stammte[18].

Trotz der Vorbereitungen zum Aufbau eines Kaderapparates erfolgte die Gründung der Internationalen Brigaden unter recht chaotischen Umständen. Die erforderlichen räumlichen und technischen Einrichtungen fehlten. Auch der Ort, der nun für etwa anderthalb Jahre die Baais der Interbrigaden werden sollte, war auf seine Rolle nicht eingestellt. Eine gewisse Erleichterung brachte die organisatorische Hilfe des 5. Regiments (quinto regimiento), der kommunisti-

---

15 Der vom Verfasser befragte Österreicher Josef Toch gehörte diesem ersten offiziellen Transport an. — Vgl. Longo, S. 46.
16 Longo, S. 40 ff.
17 Zitat nach Kühne, S. 149.
18 „Quiénes son los héroes de la Brigada Internacional?", *Mundo Obrero* 16. 11. 36. — Zur Gründungsgeschichte vgl. Albert Utiger: Die Internationalen Brigaden im Spanischen Bürgerkrieg 1936 — 1939, Lizentiatsarbeit Zürich 1980, S. 84 ff.

schen Elitetruppe, die sich in den Kasernen der früheren Guardia Civil einquartiert hatte. Kurz nach der Ankunft der ersten 500 Freiwilligen tauchten mit jedem Eisenbahnzug aus Valencia oder Alicante weitere 200-300 Männer auf, die irgendwo untergebracht und verpflegt, ausgerüstet und organisiert werden mußten. Als die Kasernen bald überfüllt waren, wählte man die Baulichkeiten einer Stierkampfarena, die aber wegen der schon kühlen Herbstnächte ungeeignet waren, und beschlagnahmte in der Umgebung Klöster, Schulen, Lagerhallen und andere Gebäude[19]. Arbeiter mit besonderen handwerklichen Fertigkeiten installierten die sanitären Anlagen, führten Reparaturen durch und stellten einen kleinen Fuhrpark zusammen. Nach etwa zehn Tagen waren im technischen Bereich die größten Probleme überwunden. Besondere Schwierigkeiten bestanden in der Einteilung der Freiwilligen, die ja aus vielen Ländern gekommen waren und ein wahres Sprach-Babel verursachten. Man faßte sie zunächst nach ihrer geographischen Herkunft zusammen, wobei die Maßstäbe sehr großzügig gehandhabt wurden, teilte die Gruppen aber wieder, nachdem weitere Ankömmlinge neue Zusammenstellungen ermöglicht oder nahegelegt hatten. Aus den bis Ende Oktober 1936 eintreffenden 3.000 — 4.000 Freiwilligen wurden innerhalb der ersten zehn Tage vier Bataillone zusammengestellt, überwiegend nach nationalen und sprachlichen Gesichtspunkten. Aber innerhalb dieser Bataillone bestanden wiederum Kompanien, die sich aus Angehörigen anderer Völker zusammensetzten. Zunächst bildete man aus den stärksten Sprachgruppen ein italienisches und ein französisches Bataillon sowie ein internationales, in dem vorwiegend Deutsche, Österreicher, Polen, Niederländer und Skandinavier zusammengefaßt wurden. Nachdem kurz darauf eine größere Gruppe von Polen eingetroffen war, wurden Polen und Angehörige anderer slawischer Völker sowie Ungarn in einem eigenen Bataillon zusammengefaßt. Am 28. Oktober war die Organisation abgeschlossen, und die vier Bataillone wurden auf Nachbarorte verlegt, um Platz für Neuankömmlinge zu schaffen. Diese vier Bataillone bildeten zunächst eine gemeinsame Brigade, die erst die provisorische Nummer IX erhielt, aber dann endgültig mit der Nummer XI versehen wurde. Im Laufe des Bürgerkrieges wurde die Numerierung auf arabische Ziffern umgestellt, jedoch soll hier zur Vermeidung von Irrtümern und Verwirrungen an der ersten Art der Bezeichnung festgehalten werden. Die einzelnen Bataillone, die meisten Kompanien und viele andere Einheiten (Züge, Batterien) erhielten Eigennamen, an denen man gewöhnlich die nationale Zusammensetzung der Freiwilligen erkennen konnte. Die XI. Brigade gliederte sich somit in folgende Einheiten, die zusammen etwa 4.000 Mann umfaßten: 1. Bataillon „Edgar André" (Deutsche, Österreicher, Schweizer, Niederländer, Flamen, Skandinavier und Tschechoslowaken); 2. Bataillon „Commune de Paris" (Franzosen, Belgier, einige Angelsachsen); 4. Bataillon „Dabrowski" (Polen, Tschechoslowaken, Jugoslawen, Ungarn usw.) In den ersten Novembertagen marschierte die Brigade — mit Ausnahme des „Garibaldi"-Bataillons, das wieder aus der Brigade ausgegliedert wurde, — an die Front nach Madrid[20].

Während die drei Bataillone bereits am Rande der Hauptstadt ihre Feuertaufe erhielten, wurden in fieberhafter Eile mit Hilfe der „Garibaldi"-Italiener in Albacete neue Freiwilligenverbände aufgestellt. Am 9. November kam der Befehl zum Einsatz auch der zweiten aufgestellten, der XII. Internationalen Brigade, die aber noch größtenteils aus einigen auf Kompanieebene zusammengefaßten Verbänden bestand. Gewissermaßen im Eisenbahnzug nach Madrid wurden aus diesen Einheiten neue Bataillone zusammengestellt: ein französisch-belgisches,

---

19 Mario Nicoletti: „Die siegreiche Aktion der internationalen Brigaden vor Madrid", *Rundschau* Nr. 53, 27. 11. 36. - Longo, S. 46. — Johnston, S. 41 ff.
20 Castells, S. 98 ff. - Vgl. Longo, S. 66 f.

das sich später nach dem Vorsitzenden des Kommissariats der Interbrigaden „André Marty" nannte, und ein überwiegend deutsches mit starkem Anteil von Freiwilligen aus slawischen Ländern, das sich „Thälmann"-Bataillon nannte. Kurz nach ihrer Ankunft bei Madrid, wurden am 12. November die neuen Einheiten am „Engelshügel" (Cerro de los Angeles) im Südwesten der Stadt an die Front geworfen, wo sie in schweren und verlustreichen Kämpfen ihre ersten Erfahrungen sammelten[21].

Die Rekrutierung der Freiwilligen

Um die vergleichsweise große Zahl von Spanienkämpfern zu begreifen, muß man sich zwei Tatsachen vor Augen halten. Zunächst herrschte aufgrund der Weltwirtschaftskrise in Europa und Nordamerika eine starke Arbeitslosigkeit. Ein großes Heer von Männern ohne Beschäftigung, notdürftig unterstützt von sozialen Institutionen, wartete ohne Hoffnungen auf eine Veränderung der Verhältnisse. Aus diesen Massen, die Cierva die „100.000 Söhne der Weltwirtschaftskrise" nennt[22], rekrutierte sich ein großer Teil der Freiwilligen in Spanien. Der zweite Personenkreis, aus dem zahlreiche Interbrigadisten stammten, waren Emigranten und politisch Verfolgte aus den Diktaturen Europas: an erster Stelle Italiener und Deutsche, aber auch Österreicher, Polen, Ungarn, Griechen, Rumänen, Portugiesen und Angehörige anderer Nationen. Ihre Lage war wegen ihrer Verfolgung und der Bedingungen des Exils ungleich härter als die der Arbeitslosen, zumal sie in den meisten Fällen selbst auch noch unter Arbeitslosigkeit zu leiden hatten. Aus diesen beiden Heeren der Hoffnungslosen rekrutierten sich die meisten Interbrigadisten; Spanien bedeutete den meisten von ihnen ein Fanal der Hoffnung, für das sie mit dem oft einzigen, was sie besaßen, mit ihrem Leben, ein Opfer bringen wollten. Die Aufbruchstimmung vermittelte vielen von ihnen das Gefühl, einen Ausweg aus der eigenen Lage gefunden zu haben; sie schuf — und dies ist nicht abwertend gemeint — eine eigentümliche Abenteuerlust, nämlich die Lust, an dem Abenteuer einer von Unterdrückung und Not befreiten Welt teilzuhaben. Man muß diesen emotionalen Hintergrund vor Augen behalten, wenn man den Einsatz von Zehntausenden, von denen viele ihr Leben ließen, begreifen will.

Angesichts der genannten Hintergründe und der großen internationalen Anteilnahme am Geschehen in Spanien, fiel es den Initiatoren der Internationalen Brigaden 1936 nicht schwer, Freiwillige zu gewinnen. Vielfach hatten die KP-Büros verschiedener Länder die sich meldenden Personen zunächst zurückgehalten, um sie erst im Oktober 1936 mit den ersten offiziellen Transporten nach Spanien zu schicken. Um diese Zeit begann auch die systematische Rekrutierung von Freiwilligen, wobei die Werbestellen größtenteils in Frankreich lagen und in Paris ihre Zentrale hatten. Hilfe leisteten auch die Vertretungen der Spanischen Republik sowie die Büros der Generalität von Katalonien, in unauffälliger Weise wohl auch die Vertretungen der Sowjetunion. In der ersten Hälfte des Bürgerkrieges unterhielten auch Anarchisten, POUM und andere Gruppen und Parteien durch ihre entsprechenden französischen Schwesterorganisationen Verbindungsbüros, deren Rolle aber mit der zunehmenden Entmachtung und Ausschaltung aller politischen Kräfte außerhalb der Volksfront an Bedeutung verlor. An der Anwerbung von Freiwilligen waren sozialdemokratische Parteien nur selten beteiligt, in nennenswertem Umfang nur bei Franzosen und bei italienischen Emigranten. Die Mehrheit der Inter-

---

21 Castells. S. 106 ff. — Zum ersten Einsatz der Internationalen Brigaden s. S. 212 ff.; vgl. auch Delperrie de Bayac, S. 105 ff., und Castells, S. 98 ff.
22 Ricardo de la Cierva, S. 31 ff.

brigadisten wurde jedoch durch kommunistische oder kommunistisch gelenkte Organisationen geworben, seltener durch die jeweilige KP selbst, um vermutlich ihre Urheberschaft hinter dem Volksfrontgedanken nicht allzu deutlich hervortreten zu lassen. Das zeigen auch einige Karteikarten mit biographischen Angaben von Interbrigadisten, die sich heute im Militärarchiv in Madrid befinden. Von 77 Personen wurden für den Spanieneinsatz geworben: 36 durch eines der Spanienhilfskomitees, 24 durch die KP, 4 durch die CGT, 2 durch die Rote Hilfe und der Rest von 11 durch sonstige Stellen oder durch Privatpersonen[23]. Die Zahl von 77 ist sicher nicht repräsentativ für Zehntausende von Freiwilligen, dürfte aber die tatsächlichen Verhätnisse einigermaßen korrekt wiedergeben.

Für diese Annahme sprechen auch die folgenden Tatsachen. Die zentrale Rekrutierungsinstanz der Internationalen Brigaden, das sogenannte „Pariser Komitee", lag im Gebäude des ZK der französischen KP in der rue Lafayette. Es stand mit den in Spanien wirkenden Komintern-Funktionären wie Luigi Longo und Giuseppe di Vittorio in engster Verbindung. Eine weitere Dienststelle, das „Koordinationskomitee", hatte seinen Sitz in der Nr. 38 der rue de Châteaudun. Die für die Abwicklung der Formalitäten wichtigste Stelle lag beim „Comité Intersindical" in der Gewerkschaftszentrale des Hauses 8 der Avenue de Mathurin-Moreau, von wo aus die Transporte nach Spanien abgingen; weitere Zentren, die Propagandaarbeit und Vermittlerdienste leisteten, waren in fast allen Parteilokalen eingerichtet[24]. Außerhalb von Paris bildete Toulouse ein Zentrum für die Rekrutierung der Freiwilligen, vermutlich wegen seiner verkehrsgünstigen Lage und der geographischen Nähe zu Spanien.

Daneben gab es derartige Zentralen in fast allen größeren französischen Städten einschließlich Nordafrikas. Von untergeordneter Bedeutung waren dagegen entsprechende Stellen in anderen Ländern. Da fast alle Freiwilligen über Frankreich nach Spanien gingen, kam diesem Lande eine besondere Rolle als Rekrutierungsbasis und als Relaisstation für alle für Spanien bestimmten Hilfsmaßnahmen zu.

Für die Anwerbung deutscher Freiwilliger im französischen Exil war vor allem die KPD unter Mitwirkung ihrer französischen Schwesterpartei aktiv. Wir sind über derartige Anwerbeaktionen, wie sie im Oktober 1936 stattfanden, durch den Bericht eines deutschen Sozialdemokraten aus dem Saargebiet unterrichtet. Er gehörte einer 1935 nach Frankreich geflüchteten Emigrantengruppe an, die im französischen Bourges Zuflucht gefunden hatte. Eines Tages im Oktober 1936 erschien ein KPD-Vertreter aus Paris mit der Parole, er wolle mit den Emigranten über die Lage der saarländischen Emigration in Frankreich reden. Anschließend hielt er getrennte Besprechungen mit KPD- und SPD-Mitgliedern ab. Während er mit den letzteren relativ belanglose Dinge beredete, warb er unter den Kommunisten eifrig für den Spanieneinsatz. Als sich darauf etwa ein Dutzend meldete, nahm er sofort die Anmeldung an und erklärte, die Freiwilligen müßten für jeden der kommenden Tage zur Abreise gerüstet sein. Ende Oktober fuhr diese Gruppe dann nach telegraphischer Aufforderung nach Paris und einen Tag später von dort aus über Marseille nach Spanien[25].

Diese Darstellung läßt sich hinsichtlich der Details naturgemäß nicht verallgemeinern. Richtig ist jedoch, daß zunächst und vor allem unter Kommunisten geworben wurde. Zum andern

---

[23] „Fichas individuales"; SHM: legajo 1263, carpeta 10. — Die Karteikarten sind undatiert; vermutlich dienten sie vorwiegend statistischen Zwecken.

[24] Ein Bericht des Franco-Geheimdienstes SIFNE vom 31. 8. 37 zählte allein für Paris 15 derartige Dienststellen auf, wobei allerdings die Vertretungen der einzelnen Parteien und Gruppen sowie der spanischen und der katalanischen Regierung mitgerechnet wurden. — Castells, S. 60 ff., schätzt für ganz Frankreich die Zahl der Rekrutierungsbüros auf über 50.

[25] Schreiben Jacob Otts vom 21. und 29. 10. 36 an Georg Reinbold; AsD: Emigration — Sopade, Mappe 93.

trifft es zu, daß die Werbeaktionen unter einem gewissen moralischen Druck durchgeführt wurden: wer sich weigerte, isolierte sich und zog den Verdacht auf sich, nicht gegen den Faschismus kämpfen zu wollen. Der saarländische Sozialdemokrat gewann den Eindruck, daß einige von denen, die sich vorschnell für Spanien gemeldet hatten, nachträglich nicht sehr glücklich über ihre Entscheidung waren. Das Zahlenverhältnis zwischen Kommunisten und Nicht-Kommunisten war innerhalb der einzelnen Nationalitäten recht unterschiedlich, zeigte aber in allen Fällen ein erhebliches Übergewicht der KP-Anhänger. Wegen des großen Bedarfs an Kämpfern wurde auch unter Sozialdemokraten und Angehörigen anderer politischer Richtungen geworben. Der moralische Druck wurde während des ganzen Bürgerkrieges dort eingesetzt, wo die Mittel der Propaganda nicht ausreichten. Dies gilt aber vornehmlich für eine spätere Zeit, etwa ab Anfang 1938, als der Zustrom der Freiwilligen versiegte. Für 1936 und für das erste Halbjahr 1937 kann man durchaus von einem regen Zustrom von Freiwilligen aus vielen Ländern sprechen.

Es ist relativ leicht, eine soziale Aufschlüsselung derer aufzustellen, die sich für den Spanieneinsatz meldeten. Nach einer Aufstellung des „Tschapaieff-Bataillons" waren von 389 Angehörigen dieser Einheit 231 Industriearbeiter, 68 Landarbeiter, 36 Seeleute, 7 Beamte, 13 Bauern, 19 Angestellte, 8 Intellektuelle und 7 Gewerbetreibende[26]. Die soziale Zusammensetzung variierte naturgemäß nach den jeweiligen Nationalitäten. Freiwillige aus mehr agrarisch geprägten Ländern wiesen eine geringere Zahl von Industriearbeitern auf, wie dies die Statistiken von 334 bularischen Spanienkämpfern zeigen. Nur 46 von ihnen waren hauptberufliche Arbeiter, 77 Gelegenheitsarbeiter, 89 Handwerker, 6 Bauern, 86 Intellektuelle und 30 mit unbekannter oder unbestimmbarer Berufsangabe[27]. Ziehen wir die bereits erwähnten 77 Personalbögen zu Rate, so waren unter den durch sie erfaßten Individuen 62 Arbeiter, 3 Bauern, 3 Kaufleute, 5 Vertreter von Dienstleistungsberufen und 4 Intellektuelle[28]. Zu ähnlichen Ergebnissen gelangte aufgrund von Umfragen Hugh Thomas. Nach seinen Angaben waren 80 % der Interbrigadisten Arbeiter[29]. In auffallendem Maße waren Seeleute vertreten, was sich wohl einmal aus ihrer Mobilität erklärt und zum andern aus der damals starken Stellung der KP innerhalb dieser Berufsgruppe.

Unter den statistischen Merkmalen der Spanienkämpfer bleibt noch die Charakterisierung der Altersgruppen übrig. Nach den bisher ausgewerteten Personalunterlagen zeigt sich eine ziemlich klare und deutliche Tendenz, nach der es nicht die jüngeren Erwachsenen waren, die sich rekrutieren ließen. Die stärkste Altersgruppe war die zwischen 31 und 35 Jahren, gefolgt von den annähernd gleich starken Gruppen der 26-30 und der 36-40jährigen, nach ihnen die über 40jährigen und als kleinste die 20jährigen und Jüngeren. Die über Dreißigjährigen stellten eine klare Mehrheit. Nach den zitierten 77 „fichas individuales" (Personenkarteien) waren 40 Freiwillige zum Zeitpunkt der Erhebung zwischen 31 und 40, aber nur 31 zwischen 21 und 30 Jahren alt[30]. Der relativ hohe Altersdurchschnitt ist wahrscheinlich damit zu erklären, daß sich vor allem Männer mit einem entsprechenden Erfahrungshorizont meldeten, nachdem sie durch die Weltwirtschaftskrise arbeitslos geworden waren. Diese Tatsache läßt wohl auch den Rückschluß zu, daß „jugendlicher Leichtsinn" und Abenteuerlust, von denen es natürlich auch Beispiele gab, in der Mehrheit nicht die entscheidende Motivation für die Meldung zum

---

26 Tschapaieff. Das Bataillon der 21 Nationen. Dargestellt in Aufzeichnungen seiner Mitkämpfer. Redigiert von Alfred Kantorowicz, Madrid 1938 (Berlin 1956), S. 20; Kühne, S. 156.
27 Aguilera Durán, S. 130.
28 Anm. 23.
29 Thomas, S. 235.
30 Anm. 23.

Spanieneinsatz bildeten. Das schloß allerdings auch nicht aus, daß mancher Freiwillige in seinen persönlichen und politischen Erwartungen getäuscht wurde und die nächste sich bietende Gelegenheit zur Fahnenflucht benutzte.

Zwar boten sich immer wieder Gelegenheiten zu desertieren, aber die Schwierigkeit bestand darin, Spanien ungehindert zu verlassen. In der Regel wurden den Freiwilligen bei den Rekrutierungsstellen oder an der Grenze, spätestens jedoch in Albacete die Personalpapiere abgenommen und nicht wieder ausgehändigt. Auf diese Weise brachte man die Freiwilligen in eine gewisse Abhängigkeit, da sie ohne Dokumente unbeweglich waren und auf legalem Wege Spanien nicht verlassen konnten. Offiziell wurden die Papiere der Verwaltung der Internationalen Brigaden übergeben, wanderten jedoch größtenteils in die Archive der sowjetischen Geheimpolizei. Dadurch erwarb der NKWD einen wertvollen Bestand an Dokumenten, der für die Fälschung von Pässen und Stempeln und zur Ausstattung von Agenten mit falschen Papieren von unschätzbarem Wert war. Mit jedem Diplomatengepäck aus Spanien oder Frankreich gelangte, wie der frühere hohe NKWD-Funktionär Krivitsky beschreibt, ein beträchtlicher Stapel an ausländischen Pässen nach Moskau[31].

Es ist schwierig, genau abzuschätzen, wann die meisten Freiwilligen nach Spanien gingen. Aus dem allgemeinen Interesse, das die Weltöffentlichkeit dem Bürgerkrieg entgegenbrachte, läßt sich die Vermutung folgern, daß die meisten Meldungen im zweiten Halbjahr 1936 erfolgten. Danach gewöhnte man sich an den Spanienkrieg, und die allgemeine Anteilnahme ließ nach. Zudem waren die erkennbaren militärischen Erfolge Francos nicht dazu angetan, die für die ersten Kriegs- und Revolutionswochen so typische Begeisterung zu entfachen. Für diese Annahme sprechen auch die oben zitierten Statistiken, die vom November bzw. Dezember 1938 stammen und somit die Daten aus der Sicht eines abschließenden Resümees zusammentragen. Diese Tendenz wird auch größtenteils von der Forschung bestätigt. Castells hat nachgewiesen, daß die systematische Rekrutierung sich Anfang November 1936 erheblich steigerte, mit leicht abnehmender Tendenz bis zur Schlacht von Brunete (Juli 1937) auf hohem Niveau anhielt und dann rasch nachließ. Wohl erlebte der Zulauf aus bestimmten Nationen — so aus den skandinavischen Ländern — einen späten Höhepunkt, als sich Freiwillige anderer Nationalitäten nur noch in geringer Zahl meldeten; aber nach dem Sommer 1937 gestaltete sich die Werbung Freiwilliger schwieriger, und die Bereitschaft zum Spanieneinsatz ließ nach[32].

Diese Beobachtungen werden deutlich durch die Akten des republikanischen Verteidigungsministeriums bestätigt. Entgegen den Propagandameldungen der Franco-Seite über den fortlaufenden Zustrom tausender „internationaler Bolschewisten" meldete der Generalstab Anfang 1938, daß die Rekrutierung von internationalen Freiwilligen stark abgenommen habe und daß besonders bestimmte Nationalitäten wie Deutsche und Italiener ausblieben[33]. Mit der stockenden Rekrutierung verminderte sich auch die Zahl der Interbrigadisten. Zwar lieferte Francos militärischer Geheimdienst SIPM noch in den ersten Monaten des Jahres 1938 abenteuerliche Berichte von der Einreise zahlreicher Freiwilliger. In den letzten zwei Wochen, so berichtete der SIPM am 14. Januar 1938, seien mehr als 4.000 Ausländer in die „zona roja" gekommen; eine Woche später berichtete Francos Auslands-Nachrichtendienst SIFNE, daß täglich 80-90 Mann die Grenze zur Republik überschritten und daß sich in der letzten Woche 1.800 Freiwillige gemeldet hätten[34]. Die Tatsachen sahen indessen anders aus, wie dies der Bericht des re-

---

31 Castells, S. 63.
32 Ebd., S. 378 ff.
33 Schreiben des Estado mayor vom 17. 2. 38 an das Verteidigungsministerium; SHM: legajo 276, carpeta 2.
34 Schreiben des SIPM vom 14. 1. 38 und des SIFNE vom 20. sowie 21. 1. 38 an Franco; SHM: legajo 276, carpeta 3.

publikanischen Generalstabs an seine ihm vorgesetzte Behörde darlegt. Aus diesem Grunde schlug er vor, die besonders dezimierten Einheiten bis zu 50 % mit Spaniern aufzufüllen. Insgesamt scheint auch der organisatorische Apparat der Werbestellen im Ausland stark nachgelassen zu haben. Der SIFNE glaubte im April 1938 sogar von einer allgemeinen Demoralisierung in den Rekrutierungsbüros in Paris berichten zu können, da es an freiwilligen Mitarbeitern fehlte[35]. Von anderer Seite liegt eine Bestätigung dieser Nachricht nicht vor. Aber es ist denkbar, daß zu einem Zeitpunkt, zu dem zahlreiche führende KP-Funktionäre aus Spanien abgezogen wurden, auch die Rekrutierung für einen Krieg, in dem die Niederlage sich bereits abzeichnete, zum Erliegen kam.

Umfang und nationale Zusammensetzung der Freiwilligen-Einheiten

Mit dem Kapitel der Rekrutierung ist eng verbunden die Frage nach der zahlenmäßigen Stärke der Internationalen Brigaden. Die Schwierigkeit ihrer Beantwortung liegt nicht nur in lückenhaften und teilweise sich widersprechenden Quellen. Sie liegt auch in der Verteilung zahlreicher ausländischer Freiwilliger auf solche militärischen Einheiten, die nicht den Interbrigaden angehörten. Und die Frage selbst ist schließlich ein ideologischer Streitpunkt, da die gegnerischen Seiten an der Annahme bestimmter Zahlenverhältnisse ein propagandistisches Interesse hatten und teilweise auch heute noch haben. Das Franco-Regime — und in seinem Gefolge auch rechtsgerichtete Parteien und Regierungen des Auslandes — gaben möglichst hohe Zahlen an, nicht zuletzt, um von der massiven deutschen, italienischen und portugiesischen Unterstützung für die Aufständischen abzulenken. Nach einer von Francos Pressestelle im Februar 1937 veröffentlichten und von der deutschen Propaganda übernommenen Meldung waren seit dem 1. August 1936 „102.000 nichtspanische Bolschewisten" nach Spanien geeilt. Zahlen in dieser Größenordnung spukten auch noch durch die Memoiren nationalspanischer Offiziere und Funktionäre, so bei Francos ehemaligem Pressesprecher Luis Bolin, der rückblickend die Interbrigaden auf 125.000 Mann schätzte[36]. Diese Zahlen waren nicht nur falsch, sondern auch gefälscht, denn Francos eigener Geheimdienst SIFNE wußte es besser. In einer vertraulichen Aufzeichnung vom 6. Februar 1937 schätzte er die Zahl der Ausländer auf seiten der Republik auf etwa 54.000 Mann[37]. Zwar sprechen zahlreiche Indizien dafür, daß auch diese Zahl zu hoch gegriffen war, aber sie dürfte sich doch stärker der Realität nähern als die offizielle Propaganda.

Umgekehrt geht das Bemühen kommunistischer Historiker dahin, den Einsatz der Interbrigadisten auf ein möglichst niedriges Zahlenniveau herunterzuspielen und damit die Leistung des republikanischen Volksheeres aufzuwerten. Wenngleich es unbestritten ist, daß die spanischen Soldaten — neben der Zivilbevölkerung — die Hauptlast des Bürgerkrieges tragen mußten, stellen die Zahlenangaben des kommunistischen Generals Enrique Lister doch eine arge Untertreibung dar, wenn er von einer Maximalstärke der Interbrigaden von 35.000 Mann spricht,

---

35 Schreiben des SIFNE vom 13. 4. 34; ebd.
36 Das Rotbuch über Spanien. Bilder — Dokumente — Zeugenaussagen, hrsg. von der Antikomintern, Berlin — Leipzig 1937, S. 308 ff. In der Regel bewegten sich amtliche deutsche Schätzungen bei 100.000 oder mehr; sie wurden gelegentlich als „marxistische Fremdenlegion" bezeichnet. — Vgl. auch Luis Bolin: The Vital Years, London 1968, S. 213.
37 Vermerk des SIFNE vom 6. 2. 37; SHM: legajo 276, carpeta 1.

die jedoch zu keinem Zeitpunkt eine Ist-Stärke von 15.000 Mann überschritten habe[38]. Nicht nur klammert Lister hier die Ausländer aus, die in Einheiten des regulären republikanischen Heeres kämpften, sondern seine Zahlen widersprechen auch den noch erhaltenen amtlichen Statistiken des spanischen Verteidigungsministeriums. Nach einer von Castells zitierten Aufstellung vom 4. Juli 1937 umfaßten die Internationalen Brigaden 30.000 Mann, darunter rund 26.000 Soldaten, aber aufgrund eigener Recherchen schätzt er ihre tatsächliche Stärke für Ende 1937 auf fast 48.000 und im Gesamtergebnis unter Einschluß von Sanitäts- und sonstigem Personal auf 59.000 Mann[39].

Eines der Probleme bei der Schätzung besteht darin, daß vollständige amtliche Aufzählungen, soweit ich sehe, erst für das Jahr 1938 vorliegen, aus einer Zeit also, in der die Zahl der Freiwilligen schon erheblich zurückgegangen war. Die älteste und wohl auch vollständigste Liste stammt vom 24. Januar 1938 und ist außerordentlich sorgfältig angelegt. Sie unterscheidet „jefes" (Kommandeure), „oficiales" (Offiziere) und „soldados" und führt dabei Ausländer und Spanier getrennt auf. Nach dieser Einteilung listet sie nun sämtliche Einheiten auf, in denen zum genannten Zeitpunkt ein größeres Kontingent von Ausländern diente. Zu diesen Einheiten gehörten einmal die fünf „klassischen" Internationalen Brigaden (Nr. XI, XII, XIII, XIV, XV), die Brigaden bzw. Divisionen Nr. 15, 35, 45 und 86, Angehörige der verschiedenen Spezialeinheiten, des Sanitätswesens, das Personal des Basislagers von Albacete und die in Lazaretten und Spitälern stationierten Verwundeten und Kranken. Nach dieser Liste stellten die Ausländer 19.017, die Spanier 29.635 Mann[40]. Innerhalb dieser Einheiten stellten die Spanier also bereits die Mehrheit. Eine Ende April 1938 nach gleichem Schema, allerdings weniger ausführlich, aufgestellte Liste nennt rund 16.000 Ausländer[41]. Spätere Statistiken stammen vom Herbst 1938, als ein Teil der Interbrigadisten schon wieder nach Frankreich entlassen worden war oder sich in katalanischen Demobilisierungslagern befand. Ihre durchweg unter 10.000 liegenden Angaben für Ausländer sind nicht mehr repräsentativ für den ganzen Bürgerkrieg.

Auch die Zahlen aus anderen Quellen bewegen sich für 1937 zwischen 40.000 und etwas über 50.000 Freiwilligen, wobei daraus keineswegs die Höchstzahlen der jeweils einsatzfähigen Kombattanten abgeleitet werden können. Angesichts der hohen Fluktuation innerhalb der Internationalen Brigaden waren viele Freiwillige nur eine recht kurze Zeit einsatzfähig. Nach Castells erlitten die Interbrigadisten folgende Verluste[42]: Tote 16,7 %, Gefangene, Deserteure und Verschwundene 12,9 %, (geheilte) Verletzte 50,1 % und dauerhaft Verwundete (Invaliden) 13 %. Ziehen wir von dieser Liste die als geheilt entlassenen Verwundeten ab, so bleibt immer noch eine außerordentlich hohe Verlustziffer von 42,6 %. Rechnen wir die durch Verwundung zeitweilig als Kämpfer ausfallenden Soldaten hinzu, so ergibt sich eine Summe von 92,7 %, was erneut die große Fluktuation erklärt.

So sehr von kommunistischer Seite die Zahl der internationalen Freiwilligen heruntergespielt wird, so sehr ist die Geschichtsschreibung der einzelnen — auch der kommunistischen — Länder daran interessiert, ihren eigenen Anteil an Spanienkämpfern herauszustellen und sogar die besondere Beteiligung — gemessen an der Bevölkerungszahl des Herkunftslandes — zu unterstreichen. Besteht zwar auch keine Einigkeit über die Gesamtzahl der internationalen

---

38 Enrique Lister: Unser Krieg, Berlin DDR 1972, S. 358. — Der Zahl von etwa 35.000 Freiwilligen schließt sich heute ein großer Teil der kommunistischen Literatur an; vgl. Kühne, S. 153; Dahlem I, S. 54.
39 Castells, S. 379; leider gibt er nicht den Fundort für diese Statistik an.
40 „Relación numérica por Internacionales y Españoles" vom 24. 1. 38; SHM: legajo 276, carpeta 2.
41 „Combatientes extranjeros en las Unidades Internacionales en 30. 4. 38"; ebd.
42 Castells, S. 383.

Freiwilligen, so wird doch die besonders starke Beteiligung einiger Nationen übereinstimmend festgestellt. Mit knapp 7.800 Freiwilligen waren Juden in starkem Maße überrepräsentiert, wobei es natürlich problematisch ist, sie zu diesem Zeitpunkt als eigene Nation zu betrachten[43]. Am stärksten waren zweifellos Franzosen vertreten. Ricardo de la Cierva schätzt ihren Anteil auf 35.000 von 63.000 ausländischen Freiwilligen, steht jedoch mit dieser Zahl ziemlich allein. Delperrie de Bayac vermutet 9.000 Franzosen von insgesamt 35.000 Ausländern; Castells steht mit 15.400 Franzosen in der Mitte[44]. Der hohe Anteil der Franzosen ist ungeachtet ihrer tatsächlichen Zahl zumindest nicht unerklärlich. Die geographische Nachbarschaft einerseits, die hohe Arbeitslosigkeit andererseits, das rege politische Leben mit seiner für faschistische Gefahren sensibilisierten Öffentlichkeit und nicht zuletzt die vergleichsweise einfache Ausreisemöglichkeit nach Spanien waren günstige Voraussetzungen für eine starke französische Teilnahme. Zudem befanden sich auch die meisten Rekrutierungs- und Werbestellen mit ihrer entsprechenden Infrastruktur in Frankreich.

Über den Anteil anderer Nationen besteht erheblich weniger Einigkeit, was teilweise auf unvollständige Quellen, ungenaue Statistiken und nicht sehr sorgfältig geführte Listen zurückzuführen ist. In vielen Fällen war die Nationalität unklar oder stimmte mit der eigentlichen Volkszugehörigkeit nicht überein. Polnische Gastarbeiter aus Frankreich wurden teils als Franzosen, teils als Polen geführt. Problematisch war die Nationalität von Angehörigen solcher Völker, die keinen eigenen Staat besaßen, neben Juden beispielsweise Armenier oder aber Araber aus Kolonialgebieten. Teilweise wurden auch Freiwillige aus Territorien wie der internationalen Tanger-Zone als eigene Nation aufgeführt. Die von der Propaganda ausgegebene Zahl von 53 Ländern, deren Söhne für die Spanische Republik fochten, muß daher mit den entsprechenden Einschränkungen und Vorbehalten aufgenommen werden.

Vergleichen wir die einzelnen Schätzungen über die nationale Zusammensetzung der Interbrigaden, so ergibt sich folgende Übersicht:

	nach Thomas	nach Delperrie de Bayac	nach Castells	nach R. de la Cierva
Gesamtzahl	40.000	35.000	59.000	63.000
Franzosen	10.000	9.000	15.400	35.000
Polen		4.000	5.400	5.000
Italiener	3.350	3.100	5.100	5.000
Deutsche	5.000	5.000	4.300	10.000
Österreicher			1.500	
US-Amerikaner	2.800		3.900	4.000
Briten	2.000	2.000	3.500	2.000
Belgier		2.000	3.100	
Skandinavier	1.000	2.500	1.500	2.000

Man sieht, daß diese Statistiken nur schwer miteinander verglichen werden können. Unverständlich ist die fehlende Angabe für Polen bei Hugh Thomas, obwohl sie offensichtlich doch die zweitstärkste Nation unter den Freiwilligen darstellten. Zwar wurden sie in den Statistiken

---

[43] Vgl. Josef Toch: Juden im Spanischen Krieg 1936 — 1939, *Zeitgeschichte* H. 7 (1974), S. 157-170.
[44] Cierva, S. 82; Delperrie de Bayac, S. 386; Castells, S. 381; Thomas, S. 518.

gelegentlich mit Tschechoslowaken, Jugoslawen und Bulgaren als „eslavos" (Slaven) geführt oder zusammen mit Angehörigen von Balkan-Ländern als „balcánicos" oder aber nach ihrem letzten Aufenthaltsort als Franzosen, stellten aber eine unübersehbare Größe unter den Freiwilligen dar. Allein die Zahl der Italiener wird ziemlich übereinstimmend mit etwa 5.000 angegeben. Vergleichen wir diese Zahlen mit den Ermittlungen des Franco-Geheimdienstes SIFNE, so ergeben sich folgende Übereinstimmungen bzw. Abweichungen[45]: Gesamtzahl 54.000, Franzosen 23.000, Polen 6.500, Italiener 5.000, Deutsche 5.000, Österreicher 3.000 und Belgier 3.000. Die übrigen Nationen werden nur pauschal angegeben. An dieser — hier unvollständig wiedergegebenen — Liste fallen die für den Februar 1937 zweifelsfrei zu hohen Zahlen auf. Weder dürfte es zu diesem Zeitpunkt eine so hohe Zahl von Interbrigadisten insgesamt gegeben haben, noch dürften die Angehörigen der einzelnen Nationalitäten hier in irgendeinem Falle korrekt sein. Vielmehr übertreffen sie — wie im Falle der Polen und Österreicher — sogar die Höchstschätzungen für den gesamten Zeitraum des Spanienkrieges. Dennoch gibt diese Liste eine — allerdings lückenhafte — Bestätigung für die in Spanien besonders stark engagierten Nationen.

Wenn wir uns der Frage nach dem Anteil der Deutschen zuwenden, so wiederholen sich die meisten der uns schon bekannten Schwierigkeiten. Amtliche Statistiken hierzu existieren nur aus dem letzten Quartal des Jahres 1938, als die Internationalen Brigaden zurückgezogen wurden. Hinzu kommt, daß die Nationalitätsbezeichnung „deutsch" mehrdeutig war und einmal die reichsdeutschen Staatsangehörigen bzw. die ausgebürgerten Emigranten bezeichnete, zum andern aber auch Ausländer deutscher Sprach- und Volkszugehörigkeit. So umfaßte der in spanischen Listen gelegentlich verwendete Begriff „germánicos" gewöhnlich auch Österreicher und teilweise auch Sudetendeutsche. Dies war nicht als Reaktion auf die im Jahre 1938 vollzogenen „Anschlüsse" in Mitteleuropa zu verstehen, sondern als mehr pauschale Bezeichnung einiger für damalige Spanier weit abgelegener Völkerschaften.

Nach Schätzung Castells' kämpften in Spanien 4.300 Deutsche und 1.500 Österreicher. Nach Unterlagen der KPD waren bis Januar 1937 1.200 Deutsche nach Spanien gekommen, deren Zahl sich ein Jahr später auf 3.500 erhöhte. Nach Angaben des Österreichers Fritz Honner fochten in Spanien mehr als 3.000 Deutsche und 2.000 Österreicher[46]. Hugh Thomas schätzt die Angehörigen beider Nationen auf zusammen 5.000, was Honners Angaben ungefähr entspräche. Nun besteht eine Schwierigkeit darin, daß deutsche und österreichische Freiwillige keineswegs allein in den in der XI. Brigade konzentrierten deutschsprachigen Einheiten kämpften, sondern auch auf zahlreiche andere Verbände verteilt waren. Wenn man die umfangreichen und dennoch lückenhaften Akten der Internationalen Brigaden und anderer Heeresteile durchgeht, so tauchen immer wieder in anderen Einheiten deutsche und österreichische Interbrigadisten auf, so im amerikanischen „Lincoln"-Bataillon der XV. Brigade, in den sogenannten „brigadas mixtas" und sonstigen Verbänden[47]. Wenn wir davon ausgehen, daß Castells seine Annahme von etwa 4.3000 Deutschen und 1.500 Österreichern vorwiegend auf die Größenordnung der XI. Brigade stützt, so wird man diese Ziffer um eine zunächst nicht näher bestimmbare Zahl aufrunden dürfen.

Für diese Überlegung spricht noch eine andere Berechnung. Nach dem Kriege fertigten die spanischen Behörden auf der Grundlage der von den Franco-Truppen erbeuteten Akten eine

---

[45] Vermerk des SIFNE vom 6. 2. 37; SHM: legajo 276, carpeta 1.
[46] Castells, S. 381; Kühne, S. 168. — Fritz Honner: Die Internationalen Brigaden und das „12. Februar"-Bataillon, *Weg und Ziel* 6 (1955), S. 450.
[47] Beispiele finden sich verstreut in den Akten des AHN: Sección P.S. Aragón, carpetas 4, 6, 7, 86, 119 und 122.

Namensliste aller auf seiten der Republik engagierten Ausländer an. Die dabei zusammengetragenen ca. 15.000 Personen sind nicht sehr sorgfältig recherchiert und teilweise mit nur geringer Kenntnis ausländischer Namen aufgeführt worden. Ein „Hans Müller" wird manchmal außerdem als „Müller Hans" geführt; viele Namen tauchen mit leichten Variationen noch einmal, teilweise sogar mehrmals auf, obwohl sie den Angaben zufolge eindeutig dieselbe Person darstellen. Schließlich fehlt in vielen Fällen die Angabe der Nationalität, so daß nur aus der Namensform und eventuell auch aus der militärischen Einheit auf eine mutmaßliche deutsche oder österreichische Herkunft geschlossen werden kann; hierbei sind naturgemäß zahlreiche Fehler dergestalt möglich, daß Schweizer oder Angehörige anderer Länder, in denen deutsche Namen getragen werden, mitgerechnet werden, weswegen die auf dieser Liste beruhenden Schätzungen eher niedrig angesetzt werden müssen. Von diesen ca. 15.000 werden ungefähr 1.400 als Deutsche oder Österreicher ausgewiesen oder sind, wo derartige Angaben fehlen, aufgrund anderer Indizien mit großer Wahrscheinlichkeit als solche auszumachen. Von diesen 1.400 Personen stellen die Österreicher etwa 31 %, was ihre bereits in anderen Statistiken erkennbare überdurchschnittliche Beteiligung im Vergleich zu den Deutschen erneut bestätigt. Nun stellen die von der Liste erfaßten Personen nur einen Bruchteil aller ausländischen Freiwilligen dar, deren Namen sich zufällig in den ausgewerteten Akten fanden. Da diese einen Querschnitt durch die Quellen darstellen und eine willkürliche Auswahl nicht erkennen lassen, wird man bei einer geschätzten Zahl von 45.000 internationalen Freiwilligen die Zahl der Deutschen auf etwa 5.000, die der Österreicher auf etwa 2.000 ansetzen dürfen, bei einer größeren Gesamtzahl der Freiwilligen entsprechend höher[48]. Die Zahlen entsprechen ungefähr den Angaben, die auch von den überlebenden Interbrigadisten aus beiden Ländern nachträglich ermittelt wurden[49]. Diese Schätzungen beschränken sich dabei nicht auf die eigentlichen Kombattanten, sondern erstrecken sich auch auf zivile Mitarbeiter in den Bereichen von Verwaltung, Polizei- und Nachrichtenwesen, technische Dienste, Presse und Propaganda, Ausbildungs- und Sanitätswesen; gerade in dem zuletzt genannten Bereich war eine nicht unbeträchtliche Zahl von weiblichen Mitarbeitern tätig.

Die Kampfverbände der Internationalen Brigaden

Die Internationalen Brigaden erlebten ständig Reorganisationen, so daß es schwierig ist, eine systematische Darstellung ihrer Organisation zu geben, die für mehr als nur wenige Wochen Gültigkeit besäße. Dennoch soll hier versucht werden, eine ungefähre Übersicht über ihren Aufbau zu geben. Vorher sollte aber nochmals betont werden, daß alle internationalen Freiwilligenverbände auch und im Laufe des Krieges in zunehmendem Maße spanische Angehörige hatten, die später sogar die Mehrheit stellten; einzelne Einheiten bestanden fast ausschließlich aus Spaniern. Wenn im folgenden eine nationale Zuordnung der einzelnen Verbände versucht wird, so schließt dies immer die mehr oder minder starke Anwesenheit von Spaniern ein und ebenso die Tatsache, daß alle Verbände trotz Konzentration bestimmter Nationalitäten recht heterogen zusammengesetzt waren.
Wir hatten als erste Brigaden die XI. und XII. kennengelernt, von denen die XI. gewöhnlich als die „deutsche Brigade" bezeichnet wurde. Tatsächlich dominierten in ihren Bataillonen „Thälmann", „Hans Beimler", „Edgar André" und „12. Februar" deutsche und österreichi-

---

48 „Relación alfabética de extranjeros enrolados en las Brigadas Internacionales"; AHN Salamanca.
49 Honner, a.a.O. (Anm. 46).

sche Freiwillige sowie Angehörige sprachgleicher oder sprachverwandter Nationen: Sudetendeutsche, Schweizer, Niederländer, Flamen und Skandinavier. Die XII. Brigade, deren Grundstock das „Garibaldi"-Bataillon gewesen war, entwickelte sich rasch zur italienischen Einheit. Die ebenfalls Ende 1936 gegründete XIII. Brigade bestand aus zunächst drei Bataillonen, von denen das „Tschapaieff"-Bataillon sich rühmte, Kämpfer aus 21 Nationen in sich zu vereinen — mehrheitlich aus dem deutschsprachigen und slawischen Raum. Die Bataillone „Mickiewicz" und „Henri Guillemin" umfaßten größtenteils Polen bzw. Franzosen. Die XIII. Brigade entwickelte sich zur sogenannten „slawischen Brigade", in der später neben Polen auch Bulgaren, Jugoslawen und Tschechoslowaken kämpften. Nach schweren Verlusten in der Schlacht von Brunete (Sommer 1937) wurden ihre deutschsprachigen Interbrigadisten der XI. Brigade zugeteilt, die alte XIII. Brigade aufgelöst und mit der bisherigen 150. Brigade vereinigt, die dann wieder die Ziffer XIII erhielt[50]. In der XIV. Brigade dominierten Franzosen und in der XV. Angelsachsen und Lateinamerikaner sowie einige Bulgaren und Spanier. Neben diesen „klassischen" Interbrigaden wurden sogenannte „gemischte Brigaden" (brigadas mixtas) aufgestellt, in denen ein beträchtlicher Teil der Soldaten Ausländer waren; sie trugen die Ziffern 129 und 150, von denen die letztere dann, wie schon erwähnt, im Sommer 1937 mit der aufgeriebenen XIII. Brigade vereinigt wurde. Darüber hinaus gab es drei internationale Bataillone, je eines in der 86. spanischen Brigade und der 15., 35. und 45. Division. Weitere Ausländer verteilten sich auf Spezialeinheiten, auf das Sanitätswesen und auf die Kriegsindustrie[51].

Eine Internationale Brigade bestand gewöhnlich aus drei bis fünf Infanteriebataillonen zu je vier Kompanien sowie einer Feldartilleriebatterie, einer Panzerabwehrbatterie, einer Pionierkompanie, einer Nachrichtenkompanie, einer Transportkompanie, einer Sanitätskompanie und einem Kavalleriezug. Eine Interbrigade hatte in der Regel eine Ist-Stärke von etwa 2.000 Mann; nach Auffüllung der beträchtlichen Verluste durch Spanier erhöhte sich diese Zahl auf 3.000-3.500[52]. Die bereits in den internationalen Milizen entwickelte Gewohnheit, den Einheiten Namen zu geben, wurde fortgesetzt. Bataillone und Kompanien trugen Namen, die gewöhnlich an die Geschichte der Arbeiterbewegung erinnerten und zugleich die nationale Identität der Einheit ausdrückte. Der Name Ernst Thälmanns, den bereits mehrere Gruppen und eine Centuria in den ersten Kriegswochen angenommen hatten, wurde auch noch von einer überwiegend deutschen Kompanie getragen. Das Bataillon „12. Februar" erinnerte an die Erhebung der österreichischen Arbeiter gegen die Dollfuß-Diktatur im Jahre 1934. Die Bataillone „Henri Barbusse" und „Mickiewicz" trugen die Namen politisch engagierter Schriftsteller, die Bataillone „Garibaldi", „Lincoln", „Dimitroff", „Masaryk" und „Dabrowski" trugen die Namen von bedeutenden Politikern, Revolutionären oder Nationalhelden[53].

Eine der großen Schwierigkeiten beim Aufbau der Interbrigaden bestand im Mangel an militärisch ausgebildetem Personal. Viele Freiwillige waren nicht einmal einfache Soldaten gewesen und hatten noch nie eine Waffe in der Hand gehalten. Wegen der Dringlichkeit ihres Einsatzes wurden die Interbrigadisten in Schnellkursen nur flüchtig ausgebildet. Allerdings wurde die Ausbildung in Kampfpausen und Ruhezeiten fortgesetzt, so daß dienstältere und erfahrene Interbrigadisten durchaus als vollwertige Soldaten angesehen werden konnten. Schwieriger war es, geeignetes Offizierspersonal zu finden. In den ersten Tagen wurden, wie Luigi Longo zu berichten weiß, recht wahllos solche Personen zu Offizieren und Funktionsträgern ernannt,

---

50 Vermerk des Verteidigungsministeriums vom 8. 8. 37; SHM: legajo 276, carpeta 2.
51 Kühne, S. 155.
52 Anm. 37.
53 Kühne, S. 159. — Auf die Anknüpfung an nationalrevolutionäre Traditionen verweist vor allem Utiger, S. 187.

die gewisse Erfahrungen aus ihrer eigenen Militärzeit vorzuweisen behaupteten. Da in der Eile naturgemäß auch ungeeignete Personen zu Einfluß gelangten, wurden diese Ernennungen korrigiert, sobald sie sich als Fehlentscheidungen herausstellten[54]. Im Laufe der Zeit entstand jedoch ein gut funktionierender Offizierskader, der durch den Krieg Erfahrungen sammelte und sie auch den nachrückenden Jahrgängen vermittelte.

Einige wenige Kommandeure der Interbrigaden hatten bereits im Ersten Weltkrieg eine steile militärische Karriere eingeschlagen. General „Emilio Kléber" (Manfred Stern), der anfangs die XI. Brigade kommandierte, war Offizier der k.u.k. Armee gewesen — ebenso der ungarische Schriftsteller General „Lukács" (Mate Zalka), der die XII. Brigade führte. Eine Offizierslaufbahn hatten auch Ludwig Renn und andere hinter sich, während manche Offiziere vorher in der Sowjetunion ideologisch, militärisch und nachrichtendienstlich ausgebildet worden waren. Die überwältigende Mehrheit der Offiziere bestand aus Kommunisten; wir werden auf die wenigen Nicht-Kommunisten am Beispiel der Deutschen und Österreicher in den Interbrigaden an anderer Stelle eingehen[55]. Auch zu einer Zeit, in der die Spanier bereits etwa 60 % der Mannschaften in den Interbrigaden stellten, blieben die Kommandeurs- und Offiziersstellen größtenteils in ausländischer Hand: 151 von 195 Kommandeuren und 72 % aller Offiziere waren Anfang Januar 1938 internationale Freiwillige[56].

Die Rolle der Offiziere machte im Verlaufe des Bürgerkrieges einige Wandlungen durch und näherte sich der Stellung in traditionellen Heeren: die Bedeutung des Offiziers stieg und damit auch sein Abstand zu den Soldaten. Im Gegensatz zu den Milizen der ersten Wochen und Monate, in denen es nur gleichgestellte Anführer gab, wurden Rangunterschiede, Grußpflicht und andere disziplinarische Maßregeln eingeführt. Die Diskussionszirkel, die vor allem in den anarchistischen Milizen auch dringende militärische Entscheidungen langatmig erörterten, waren in den Interbrigaden unerwünscht. Dort wurde dieser „absurde Demokratismus" (Luigi Longo) als besonders schwacher Punkt verpönt und recht bald durch ein strenges Subordinationssystem ersetzt[57]. Die anfangs relativ gleiche Entlohnung der Interbrigadisten erfuhr im Laufe der Zeit eine immer stärkere vertikale Staffelung, und 1938 gab es sogar einen getrennten Küchenzettel für Offiziere[58].

Neben den Offizieren spielten die Kommissare eine wichtige Rolle. Sie waren nach dem Vorbild der Roten Armee eingeführt worden und hatten die Aufgabe, einerseits Mannschaften und Offiziere politisch zu erziehen und zu kontrollieren, andererseits sich auch um die persönlichen Belange der Soldaten zu kümmern und ihre Wünsche nach außen und nach oben zu vertreten. Es gab sie in allen Einheiten von Kompaniestärke an aufwärts. Sie wurden von oben ernannt; gewählte Vertreter der Mannschaften (delegados) gab es nur in den kleinsten Einheiten, den Zügen. Neben der Kontrolle und der Vertretung der persönlichen Belange leisteten die Kommissare vor allem Agitprop-Arbeit und redigierten und verteilten in der Regel auch die Zeitung der jeweiligen Einheit. Sie besaßen Offiziersrang, hatten aber keine unmittelbare Befehlsgewalt über Soldaten. Insgesamt wurde — bei aller sonstigen Kritik, die später gegen die Internationalen Brigaden vorgebracht wurde, — diese Einrichtung nicht angegriffen; sie scheint sich bewährt zu haben[59]. Je größer der militärische Verband, desto weniger wurde übrigens auf die

---

54 Longo, S. 53 f.
55 Vgl. S. 232.
56 Anm. 40.
57 Longo, S. 53.
58 Ein sargento (Feldwebel) erhielt Ende 1937 einen Zehn-Tage-Sold von 131 pts., ein comandante (Major) 600 pts.; Vermerk der Jefatura del SIPM vom 22. 12. 37; SHM: legajo 276, carpeta 1.
59 Kühne, S. 172 ff.; Castells, S. 88; Johnston, S. 99 ff. — Vgl. insbesondere Utiger, S. 208 ff.

Nationalität der Kommissare geachtet. So war der Italiener „Nicoletti" (Giuseppe di Vittorio) zeitweilig Kommissar der überwiegend deutschsprachigen XI. Brigade, während Gustav Regler und andere Deutsche in französischsprachigen oder angelsächsischen Einheiten als Kommissare wirkten. Wegen ihrer politischen Bedeutung wurden die Kommissarsposten fast durchweg mit Kommunisten besetzt. Einige Sozialdemokraten, die man auf Volksfrontkurs festgelegt hatte, bildeten seltene Ausnahmen: so der frühere saarländische SAJ-Vorsitzende Ernst Braun. Auffallend ist unter den deutschsprachigen Einheiten die Verwendung von Schriftstellern als Kriegs- und Polit-Kommissaren: Gustav Regler, Bodo Uhse, Willi Bredel, Hans Marchwitza und andere. Wahrscheinlich erwartete man von ihnen besondere Fähigkeiten im Bereich von Agitation und Propaganda.

Die internationalen Freiwilligen verpflichteten sich durch Fahneneid, der Spanischen Republik bis zum Ende des Krieges zur Verfügung zu stehen. Das bedeutete, daß eine Rückkehr in die Heimat nur mit ausdrücklicher Genehmigung der Führung der Interbrigaden erfolgen konnte. Wurden die Truppen ohne Genehmigung verlassen, so wurde dies als Fahnenflucht bestraft — im härtesten Falle durch Erschießen. Mit dem Fahneneid bekannte der Freiwillige seine Bewunderung für den Heldenmut des spanischen Volkes im Kampfe gegen den internationalen Faschismus und erklärte diesen auch für eine Gefahr für sein eigenes Land, wenn er in Spanien erfolgreich sein sollte; der Freiwillige versprach, wenn nötig seinen letzten Tropfen Blut für die Freiheit Spaniens und der Welt zu opfern[60].

Im Laufe des Bürgerkrieges setzte eine immer stärkere Professionalisierung der Internationalen Brigaden ein: aus einer provisorischen Hilfstruppe wurde ein schlagkräftiges Berufsheer. Das machte sich auch in Uniformierung und Bewaffnung bemerkbar. Waren die ersten Einheiten noch mit dem für die Milizen typischen „mono" (Arbeitsanzug der Arbeiter) bekleidet, so wurden nach und nach einheitliche Uniformen eingeführt; als Kopfbedeckung diente bei Soldaten eine Baskenmütze oder ein „Schiffchen", bei Offizieren eine Schirmmütze. Offiziell waren Abzeichen bestimmter Parteien oder Weltanschauungen verboten. Nur Rangabzeichen und Symbole der Spanischen Republik oder — inoffiziell — der Volksfront waren zugelassen. Als Fahne diente die der Republik, gelegentlich auch das Rote Banner mit gelbem Stern und Hammer und Sichel. Als Hymne wurde die Internationale gesungen; daneben wurden auch von Dichtern und Komponisten — unter ihnen Dimitri Schostakowitsch, Hanns Eisler und Paul Dessau — eigene Lieder für die Interbrigaden komponiert und von dem Sänger Ernst Busch mit seinem Akkordeon verbreitet[61].

Auch in der Bewaffnung entwickelten sich die Internationalen Brigaden bald zu einem regulären Berufsheer. Waren die ersten Einheiten noch unvollständig ausgerüstet mit Waffen unterschiedlicher Produktion und Qualität aus verschiedenen Beständen, so vereinheitlichte sich die Ausrüstung dank den sowjetischen Waffenlieferungen recht bald. Anfangs besaß nicht einmal jeder Freiwillige ein Gewehr; oft mußten Soldaten die Waffen ihrer gefallenen, verwundeten oder von der Front zurückbefohlenen Kameraden übernehmen. Nach einer Aufstellung der Führung der XI. Brigade von Anfang Dezember 1936 hatte diese mehr als 1.600 Mann, verfügte aber nur über 1.100 Remington-Gewehre sowie 16 bzw. 27 Maschinengewehre der Typen Lewis bzw. Maxim[62]. Nach Überwindung der größten Schwierigkeiten besserte sich auch die waffentechnische Ausrüstung.

---

60 Castells, S. 89.
61 Ebd., S. 91 f.
62 Vermerk der Comandancia der XI. Brigade vom 3. 12. 36; SHM: legajo 1266, carpeta 3.

Die Organisation der Internationalen Brigaden

Als Basislager und Verwaltungszentrale der Internationalen Brigaden hatte man Albacete ausgewählt. Dieses Städtchen bildet den Mittelpunkt der Mancha, einer zwar fruchtbaren, aber eintönigen Hochebene, deren Anblick nur selten durch eine kleine Baumgruppe, ein einsames Gehöft oder Dorf oder aber einen fernen Höhenzug belebt wird. Diese kahle und weite Landschaft bildete die Kulisse zu Cervantes' „Don Quijote", dem Ritter von der traurigen Gestalt, der die unwirkliche Leere dieser Einöde mit seinen skurrilen Phantasien bevölkerte. Vermutlich hatte man Albacete aus geographischen Gründen ausgewählt. Es lag in einer frontfernen Gegend inmitten des republikanisch kontrollierten Territoriums und gewährleistete so die sichere, von feindlichen Angriffen kaum gestörte Aufstellung der Freiwilligenverbände. Andererseits war Albacete durch Eisenbahnen sowohl mit Madrid und der zentralspanischen Front als auch mit den für den Nachschub wichtigen Küstenstädten Valencia und Alicante verbunden. Als Stadt war der bis dahin nicht sehr bekannte Ort den Anforderungen einer größeren Garnison keineswegs gewachsen. Die heute nicht mehr existierende alte Kaserne der Guardia Civil und einige beschlagnahmte Gebäude, zu denen neben Kirchen, Klöstern, Schulen und Hotels auch die Stierkampfarena gehörte, reichten nicht aus, um größere Rekrutenmassen sowie das entsprechende Personal der Führungsinstanzen, des Generalkommissariats, des Generalstabes und der verschiedenen Dienststellen aufzunehmen. Daher wurden im Umkreis von 50 km Gutshöfe, Schlösser, Klöster, Kirchen und sonstige Baulichkeiten requiriert und den Internationalen Brigaden zur Vergügung gestellt. Die kleinen Nachbarorte Tarazona, Casas Ibáñez, La Roda, Quintanar, Madrigueras, Villanueva de la Jara, Chinchilla und Fuentealbilla beherbergten solche Außenstellen[63]. — Wer übrigens heute in Albacete die Spuren jener Zeit sucht, wird arg enttäuscht werden. Es existieren noch der Sitz des alten Generalkommissariats, die Stierkampfarena und die kleine Kirche La Purísima de la Concepción, die zeitweilig als Gefängnis diente. Aber die meisten übrigen Bauwerke, insbesondere um die Plaza mayor, mußten im Gefolge einer ungebremsten Bauwut modernen Hochhäusern weichen, die den Charakter des Landstädtchens weitgehend zerstört haben.

Das militärische Oberkommando, welches den Einsatz der Internationalen Brigaden bestimmte, Standorte zuwies und Ausrüstungen lieferte, waren naturgemäß Verteidigungsministerium und Generalstab der Spanischen Republik. Dennoch entwickelte die Zentrale der Internationalen Brigaden recht bald ihr Eigenleben, das überdies durch die starke Rückendeckung von seiten der Sowjetunion und der Komintern rasch der Kontrolle und Übersicht der spanischen Stellen entglitt. Die Zentrale der Internationalen Brigaden, die von Oktober 1936 bis April 1938 ihren Sitz in Albacete hatte und diesen anschließend nach Barcelona verlegte, gliederte sich in zwei Abteilungen, eine militärische und eine politische. Spiritus Rector der Zentrale und Chef der militärischen Abteilung, die ihren Sitz in einem ehemaligen Dominikanerinnenkloster sowie in einigen Villen der Stadt hatte, war der Franzose André Marty. Dieser genoß unter seinen kommunistischen Parteifreunden ein hohes Ansehen als Anführer der Meuterei französischer Schwarzmeermatrosen gegen die Intervention im revolutionären Rußland. Seine Persönlichkeit war eher umstritten. Aufgrund eines wohl pathologischen Mißtrauens und Verfolgungswahns soll er zahlreiche Willkürakte begangen haben, darunter auch Verhaftungen und Erschießungen[64]. Marty verstand seine Tätigkeit vorwiegend als politische; er überließ die rein militärischen Aufgaben seinem Landsmann Vital Gayman („Vidal") und pflegte dafür mehr

---
63 Castells, S. 143.
64 Broué/Témime, S. 487; Thomas, S. 237; Les brigades internationales..., S. 91 ff.

die Kontakte zur spanischen und sowjetischen Regierung, die beide in Albacete durch Delegierte vertreten waren. Marty besetzte die Posten seiner Umgebung in starkem Maße mit Franzosen, so daß der militärische Führungsstab recht bald zu einer französischen Domäne wurde. Französisch war auch die Umgangssprache der Internationalen Brigaden und nicht Spanisch. Franz Dahlem, der als einer der wenigen Nicht-Franzosen im Stab mitarbeitete, warf Marty später nationale Überheblichkeit vor allem gegenüber Deutschen vor und entsann sich der guten Zusammenarbeit mit anderen Funktionären in den Monaten April bis Dezember 1937, als Marty vorübergehend in Moskau weilte[65].
Die andere Abteilung, das politische Kommissariat (comisaria politica), war die den Polit- und Kriegskommissaren vorgesetzte Instanz. Geleitet wurde es von Luigi Longo, der unter seinem Tarnnamen „Gallo" den Titel eines Generalkommissars und Inspekteurs der Internationalen Brigaden führte. Dieses Kommissariat war weitgehend eine italienische Domäne. Die Kriegskommissare waren viel unterwegs, um Truppen, ihre Stellungen und Unterkünfte zu inspizieren. Ein wichtiger Aufgabenbereich des Kommissariats war die Propaganda, wozu auch die Redaktion und Verbreitung der umfangreichen Pressedienste und anderer Publikationen gehörte. Die Leitung des Zentralorgans der Interbrigaden, *El Voluntario de la Libertad,* unterstand ab Frühsommer 1937 dem Deutschen Alfred Kantorowicz. Da dieses Blatt in mehreren Sprachen erschien, wirkten hier noch verschiedene nationale Redaktionsstäbe mit[66]. Wir werden an anderer Stelle auf die publizistische Arbeit, vor allem auf die deutschsprachigen Blätter der Internationalen Brigaden eingehen. — Die Zentrale der Brigaden unterhielt Verbindungsstäbe in Madrid, Valencia und Barcelona bei den entsprechenden Regierungsstellen, Parteien und Gewerkschaften. Umgekehrt gab es Vertreter auswärtiger Parteien oder Dachverbände in Albacete, die in Personalunion teilweise schon andere Funktionen dort bekleideten. So war Franz Dahlem bekanntlich Vertreter der Komintern und zugleich der KPD bei den Internationalen Brigaden. Delegierter der italienischen Sozialisten in Albacete war Pietro Nenni[67].
Erwähnenswert ist besonders der Sanitätsdienst der Internationalen Brigaden, der in der zeitgenössischen Weltöffentlichkeit große Anerkennung fand. Namhafte Ärzte aus vielen Ländern waren nach Spanien gekommen, um freiwillig und ohne Aussicht auf Lohn oder Ruhm einen selbstlosen Dienst an verwundeten Freiwilligen und an der spanischen Zivilbevölkerung zu leisten. Im Sanitätsdienst waren in starkem Maße Deutsche tätig. Der „Internationale Sanitätsdienst" (Servicio Sanitario Internacional, SSI) wurde etwa gleichzeitig mit den Interbrigaden im Oktober 1936 gegründet und rasch ausgebaut. Einer der ersten Ärzte war der aus Moskau herbeieilende Chirurg Maxim Zetkin, ein Sohn Clara Zetkins; dem ersten Leiter des Sanitätsdienstes, einem Franzosen, der aus Gesundheitsgründen sein Amt niederlegte, folgte der deutsche Kinderarzt Rudolf Neumann. Nach ihm übernahm der Bulgare Oscar Telge die medizinische Leitung. Den organisatorischen Apparat leitete als „Chef-Administrator" der KPD-Funktionär Gustav Gundelach. Insgesamt wirkten etwa 250 ausländische Ärzte im SSI sowie 1.500 Schwestern, Pfleger, Sanitäter und sonstige Helfer[68]. Daneben arbeiteten auch etliche internationale Mediziner in zivilen Krankenhäusern oder auch in rein spanischen Heeresteilen. Erwähnenswert von den deutschsprachigen Ärzten sind der Österreicher Fritz Jensen und der deutsche Neurologe Werner Heilbrunn. Jensen, der als KPÖ-Mitglied 1934 zeitweilig in Österreich interniert worden war, wirkte in der XIII. Brigade; er ging nach dem Spanienkrieg nach

---

65 Dahlem I, S. 56.
66 Castells, S. 454.
67 Ebd., S. 456 f.
68 Ebd., S. 150 ff. — Vgl. Rainer Gless/Peter Kolmsee/Bernd Kopetz: Zur Geschichte des Internationalen Sanitätsdienstes (SSI) in Spanien 1936 — 1939, *Zeitschrift für Militärgeschichte* 15 (1976), S. 312-20.

China. Der Neurologe Werner Heilbrunn mußte 1933 aus politischen Gründen seine Heimat verlassen und emigrierte nach Frankreich und von dort nach Spanien, wo er zuerst in einer Columna als Miliz-Arzt, später als Frontarzt der XII. Brigade arbeitete und im Sommer 1937 vor Huesca fiel[69].

Die schweren Verluste der Freiwilligen-Verbände machten eine große Anzahl von Lazaretten, Hospitälern, Kliniken und Rekonvaleszentenheimen erforderlich, die wiederum von einem größeren Mitarbeiterstab betrieben und verwaltet werden mußten. Der Umfang der Aufgaben des SSI wird ersichtlich aus einer Aufstellung der Basis der Interbrigaden vom März 1937; dort werden über fünfzig Hospitäler aufgeführt mit 3.825 stationär behandelten Patienten[70]. Die höchste Bettenzahl erreichte im Laufe des Krieges die 5.000-Grenze. Nicht berücksichtigt sind hierbei noch zahlreiche Not- und Feldlazarette, die in Ställen, Zelten oder anderen Räumlichkeiten untergebracht waren und mit ihrer mangelhaften Ausrüstung nicht viel mehr als Erste Hilfe leisten konnten. Erwähnenswert ist an dieser Stelle das von der Sozialistischen Internationale gestiftete und unterhaltene Hospital von Onteniente. Daneben gab es auch Rekonvaleszentenheime, so die „Casa Hans Beimler" im katalanischen S'Agaró, und eine Anzahl von ähnlichen Einrichtungen im Badeort Benicásim. Eine Besonderheit waren einige von den Interbrigaden gestiftete und unterhaltene Kinderheime für spanische Kriegswaisen. Wir sind insgesamt über den Sanitätsdienst und sein Wirken recht gut unterrichtet. Es existieren in spanischen Archiven Karteien mit den Namen von Ärzten und Helfern, Listen der einquartierten Soldaten mit ihren Gebrechen, medizinische und soziale Statistiken und obendrein Beschreibungen und Erinnerungen von zahlreichen Augenzeugen, darunter im SSI mitwirkenden Ärzten[71].

Neben den bisher genannten Einrichtungen müssen auch die Kriegsschulen genannt werden. Die Internationalen Brigaden waren dringend auf einen qualifizierten Kaderapparat von Offizieren und Kommissaren angewiesen. So wurde in Almansa bei Albacete eine Artillerieschule eingerichtet. Kurse über verschiedene militärische und politische Bereiche wurden in Pozo Rubio und den angrenzenden Wäldern durchgeführt. Dieser Ort diente vor allem als Ausbildungsstätte für deutschsprachige Offiziers- und Kommissaranwärter. Den militärischen Unterricht erteilten erfahrene Offiziere und Militär-Experten der Internationalen Brigaden, die politischen Kurse wurden gewöhnlich von der KPD gestaltet. In den militärischen Kursen wurden die Offiziersanwärter mit verschiedenen Waffengattungen bekannt gemacht, mit Strategie und Taktik, Astronomie, Topographie und Menschenführung. Die Leitung der Schule von Pozo Rubio unterstand 1937 einem Amerikaner, wie überhaupt Engländer und Amerikaner einen großen Teil des Ausbildungspersonals stellten. Vom Beginn des Bürgerkrieges bis zum Winter 1936/37 war nominell der KPD-Funktionär Wilhelm Zaisser für die Ausbildungsgänge verantwortlich, bevor er unter dem Decknamen General „Gómez" das Kommando über die XIII. Brigade übernahm.

Die Ausbildungsstätten waren indessen teilweise auch nur Tarninstitutionen, hinter denen sich geheimpolizeiliche Dienststellen verbargen. Es ist dies ein Kapitel, das in den offiziösen kommunistischen Darstellungen der Geschichte der Internationalen Brigaden nur am Rande er-

---

69 Gless/Kolmsee/Kopetz, S. 320. — „Muere el doctor Heilbrunn", *Claridad* 18. 6. 37.
70 Liste der Basis der Interbrigaden vom 24. 3. 37; SHM: legajo 1263, carpeta 12.
71 Materialien hierzu finden sich im SHM: legajo 276, carpetas 10 — 24; legajo 278, carpeta 3; legajo 1263, carpetas 7, 9 — 12. — Besonders aufschlußreich sind die Erinnerungen des österreichischen Arztes Walter Fischer: Kurze Geschichten aus einem langen Leben, DÖW: Akt 07555; Schilderung Gustav Gundelachs über Dr. Fritz Jensen, ebd.: Akt 4571. — Vgl. Egon Erwin Kisch: Die Sanität der Internationalen Brigaden, in: Gusti Jirku: Kampf dem Tode, Madrid o.J.

wähnt oder auch ganz verschwiegen wird. Luigi Longo berichtet, daß man beim Aufbau der Interbrigaden einen Zensurdienst bei der Poststelle errichtete, der alle möglichen geographischen oder sonstwie militärisch interessanten Angaben zu streichen hatte. Die Absender mußten eine Deckadresse mit Ziffern und Buchstaben angeben, so daß auswärtige Spionage- und Geheimdienste daraus nicht ihren Aufenthaltsort erkennen konnten[72]. Diese Zensurstelle war indessen nur die Spitze eines Eisbergs, der unter der Oberfläche größere Dimensionen annahm. Sobald der militärische Aufbau der Interbrigaden die ersten Phasen des Provisoriums überwunden hatte, ließ der mißtrauische André Marty in Übereinstimmung mit der Komintern — oder auf ihren Befehl — eine Geheimpolizei einrichten. Vertreter der Komintern bei dieser Dienststelle war Palmiro Togliatti („Ercole Ercoli"); die besondere Verantwortung für die Verfolgung von echten oder vermeintlichen Trotzkisten trug sein Landsmann Vittorio Vidali („Carlos Jorge Contreras"). Diese Polizei hatte ihren Hauptsitz in Albacete und verfügte in der unscheinbaren kleinen Kirche La Purísima de la Concepción sowie in einem nahen maurischen Kastell, dem Alcázar von Chinchilla, über sichere Gefängnisse[73]. Wir werden auf diese Geheimpolizei im Zusammenhang mit den Deutschen in den Interbrigaden noch zurückkommen.

Der Einsatz der Internationalen Brigaden

Der Einsatz der Internationalen Brigaden soll hier nicht im einzelnen beschrieben werden, wie dies in der einschlägigen Literatur schon so oft geschehen ist. Hier soll nur kurz umrissen werden, wo und in welchem Ausmaß die Freiwilligen eingesetzt wurden, welche Opfer sie brachten und welchen seelischen und körperlichen Belastungen sie ausgesetzt waren und ggf. auch unterlagen. Wenn wir einmal von Asturien und dem Baskenland, wo bis zum Sommer 1937 nur eine beschränkte Zahl auswärtiger Freiwilliger in antifaschistischen Milizen kämpfte, absehen, wurden die Internationalen Brigaden an fast allen Fronten des Spanienkrieges eingesetzt. Ihr erster Einsatz erfolgte, wie wir gesehen hatten, an der Madrider Front, und Zentralspanien bildete auch weiterhin das wichtigste Operationsfeld der XI. und XII. Brigade. Dank ihrem Beitrag gelang es den republikanischen und antifaschistischen Kräften, die Hauptstadt vor dem Zugriff der Aufständischen zu bewahren. Dem Schutz Madrids galten auch in den folgenden Monaten die Kämpfe der Internationalen Brigaden auf der kastilischen Hochebene: Pozuelo und Boadilla del Monte bei Madrid im Dezember 1936/Januar 1937, Rio Jarama südöstlich der Hauptstadt im Februar 1937, Brunete, Quijorna und Villanueva de la Cañada im Juli 1937; psychologisch von besonderer Bedeutung war die Schlacht von Guadalajara nordöstlich Madrids im März 1937, weil hier die italienischen Freiwilligen ihre von Mussolini nach Spanien entsandten Landsleute in die Flucht schlugen[74].

Nach diesen teilweise schweren und verlustreichen Schlachten beruhigte sich die zentralspanische Front und verschob sich bis zur Schlußphase des Krieges nur noch geringfügig. Ein anderes Einsatzgebiet war im Winter 1936/37 der Süden, wo vor allem die XIII. und XIV. Brigade eingesetzt wurden. Die internationalen Freiwilligen sollten den republikanischen Truppen helfen, den Vormarsch des Gegners auf die andalusische Mittelmeerküste aufzuhalten. Die

---

72 Longo, S. 50 f.
73 Vgl. S. 234 ff. — Vgl. Utiger, S. 248 ff.
74 Castells, S. 182 ff.; Longo, S. 212. — Vgl. den Augenzeugenbericht von Gustav Regler: Ohr des Malchus, S. 396 ff.

Kämpfe in der Sierra Nevada und bei Motril an der Mittelmeerküste konnten indessen nicht verhindern, daß Franco-Truppen am 8. Februar 1937 Málaga eroberten und darauf den größten Teil Andalusiens besetzten. Nach diesem Verlust zu Lasten der Republik verfestigte sich jedoch die Front im Süden und verschob sich bis Kriegsende nur noch unwesentlich.

Ein weiteres Kampfgebiet, welches in den Jahren 1936-1939 eines der heißest umkämpften war, lag in Aragon. An der sogenannten Ebro-Front sollte das Vordringen der feindlichen Truppen nach Katalonien verhindert werden. Hier wurden bereits zu Beginn des Krieges die spontan gebildeten Einheiten eingesetzt, hier kämpften auch die meisten ausländischen Freiwilligen der Milizen und später der Internationalen Brigaden. Das Dorf Tardienta zwischen Huesca und Zaragoza war im Herbst 1936 und später das ganze Jahr 1937 über Einsatzgebiet vor allem deutschsprachiger Freiwilliger nördlich des Ebro. Südlich des Flusses erinnern die Kämpfe von Quinto und Belchite (August/September 1937) an den lange Zeit erfolgreich verhinderten Vormarsch der Franco-Truppen, der dann erst nach den Kämpfen um Caspe (März 1938) in Richtung Mittelmeer weiterging. Eine besonders heftig umkämpfte Stadt war das südaragonesische Teruel, das wie ein Keil in das republikanisch kontrollierte Gebiet hineinragte und Zentralspanien von Katalonien zu trennen drohte. Wegen ihrer strategischen Bedeutung war diese hochgelegene Stadt stets heftig umkämpft worden, jedoch letztlich in den Händen der aufständischen Militärs verblieben. Um einen zu dieser Zeit von Franco geplanten neuen Vorstoß auf Madrid abzufangen, schritten die republikanischen Truppen Anfang Dezember 1937 zur Entlastungsoffensive gegen das tief verschneite Teruel vor. Es gelang ihnen, die Aufständischen zurückzudrängen, die Stadt einzuschließen und nach längerer Belagerung im Januar 1938 einzunehmen. Aber das Ergebnis dieser Schlacht, an der insgesamt etwa 180.000 Mann teilnahmen, war gering. Der Sieg des republikanischen Heeres brachte keine Kriegswende; im Februar konnten Francos Truppen Teruel zurückerobern und bald darauf die Aragon-Front in Richtung Mittelmeer durchbrechen, das sie am 15. April 1938 bei Vinaroz erreichten: Katalonien war vom übrigen republikanischen Spanien abgeschnitten. Bei allen diesen Kämpfen, die besonders im winterlichen Teruel verlustreich waren, hatten die Internationalen Brigaden mitgekämpft und schwere Opfer gebracht. Von nun an war es nur noch ihre Aufgabe, im Zustande völliger Erschöpfung und mangelhafter Ausrüstung den Vormarsch der Gegenseite wenigstens zu verlangsamen.

Neben dem Einsatz als reguläre Truppen verdient es noch eine weitere Aktivität der Internationalen Brigaden, erwähnt zu werden: die Guerrilla hinter den feindlichen Linien. Sie unterstand weitgehend sowjetischen Sabotagespezialisten und entzog sich somit dem organisatorischen Schema der regulären Kombattanteneinheiten. Diese Guerrillas operierten in landschaftlich unzugänglichen Gebieten der Estremadura, Andalusiens und Kastiliens und zerstörten Gleisanlagen, sprengten Brücken und Straßen und behinderten Transporte von Waffen und Mannschaften. Hemingway hat in seinem Roman „Wem die Stunde schlägt" das Wirken solcher Partisaneneinheiten beschrieben.

Die Internationalen Brigaden waren Kampftruppen und wurden jeweils nach mehrwöchigen oder auch mehrmonatigen Ruhepausen immer wieder an die Front geworfen. Nur kleinere Truppenteile wurden für den Objektschutz, als Pioniere oder für sonstige besondere Aufgaben verwendet. Wegen ihres häufigen und intensiven Kampfeinsatzes waren die Verluste entsprechend hoch. Die bereits erwähnten Berechnungen Castells' sind hinsichtlich der knapp 17 % Toten wahrscheinlich zu niedrig angegeben, jedenfalls im Hinblick auf die deutschen Freiwilligen. Die von Castells geschätzten 50,1 % wieder geheilten Verletzten und 13 % Invaliden machen indessen klar, daß fast zwei Drittel aller Freiwilligen vorübergehend oder auf Dauer zur stationären medizinischen Behandlung gezwungen wurden. Die zahlreichen Lazarette, Kliniken und Hospitäler beherbergten daher vorübergehend die Mehrheit der Freiwilligen. Gewöhnlich wurde ein wieder hergestellter Kombattant seiner alten Einheiten zugewiesen, gelegentlich auch einem anderen Truppenteil. War seine Gesundheit oder seelische Verfassung trotz der Rekonvaleszenz weiterhin beeinträchtigt, wurde er dem Wach-, Verwaltungs- oder Dienstleistungspersonal der Internationalen Brigaden zugeteilt. Invalide wurden oft recht lange gepflegt und dann irgendwann nach Frankreich abgeschoben. Die Behauptung Bromes, wonach Verwundete oder Invaliden vielfach sich selbst überlassen wurden[75], kann sicher nicht verallgemeinert werden. Es trifft zu, daß nicht mehr kampffähige Interbrigadisten oft bettelnd durch das republikanische Spanien zogen, das sie ohne gültige Papiere nicht verlassen konnten. Aber zum Teil handelte es sich auch um Verwundete, die nach ihrer Genesung eine Rückkehr zu den Kampfeinheiten verweigert hatten. In den Vernehmungsprotokollen der von deutschen Behörden später verhafteten Spanienkämpfer tauchen solche Angaben des öfteren auf, wobei diese Aussagen aber wohl auch von der Absicht geleitet wurden, den eigenen Spanieneinsatz gegenüber der Gestapo irgendwie zu entlasten.

Dies führt uns zur Frage nach der Disziplin der Freiwilligen in Spanien. Selbstdarstellungen der Interbrigaden und auch ihre späteren Hagiographien rühmen den heldenhaften Einsatz. „Ruhmbedeckt, stolz und zuversichtlich ziehen wir ab", verkündete die Abschiedsnummer des Brigade-Blattes *El Voluntario de la Libertad* im November 1938, und in einer bald nach dem Bürgerkrieg herausgegebenen Broschüre der österreichischen Spanienkämpfer wird behauptet, daß von 1.000 Österreichern nur 13 dersertiert seien[76]. Die Wirklichkeit sah bei den Freiwilligen aller Nationalitäten durchweg anders aus. Die Interbrigaden waren teilweise recht undiszipliniert und Fälle von Gehorsamsverweigerung, Sabotage oder Fahnenflucht keineswegs selten. In einem Befehl des Stabes der XI. Brigade vom März 1937 wird aus gegebenen Anlässen untersagt, daß Angehörige der Einheit ohne ausdrückliche Genehmigung ihr Quartier verlassen; als Gegenmaßnahmen werden Kontrollpatrouillen eingeführt und Haftstrafen für Übertretungen angeordnet[77]. Wiederholt wurden Maßnahmen zur Straffung der Disziplin eingeführt, offensichtlich ohne großen Erfolg. Allen Reorganisationen zum Trotz, so vermerkte der Geheimdienst der Gegenseite SIPM, war es nicht möglich gewesen, diese Disziplinlosigkeit zu beheben: „A pesar de la reorganización de estas Brigadas, la indisciplina no fué posible rectificarla."[78] Vor allem ab Ende 1937 und nach dem Winter 1937/38 häuften sich die Fälle von Ungehorsam, Sabotage und Fahnenflucht. In einem Tagesbefehl ordnete der Stab der XI. Brigade an, daß in Fällen von Selbstverstümmelung der Arzt den Delinquenten sofort dem Bataillonsstab zu überantworten habe, der ein Feldgericht zusammenstelle, welches die Höchststrafe verhängen solle[79].

Zum Hintergrund der Disziplinlosigkeit muß bemerkt werden, daß viele Interbrigadisten sich über die Folgen ihrer Rekrutierung wohl nicht ganz im klaren gewesen waren. Bekanntlich hatten sie sich bei ihrer Vereidigung verpflichtet, bis zum Ende des Krieges der Spanischen Republik zur Verfügung zu stehen. Da sie aus dem Dienst der Interbrigaden nur selten entlassen wurden und nur mit Schwierigkeiten eine amtliche Ausreisegenehmigung erhielten, befanden sie sich in Fällen dringender Familienangelegenheiten in schwierigen Situationen. Die Un-

---

75 Brome, S. 187 f.
76 *El Voluntario de la Libertad* Nr. 92 (Abschiedsnummer), 1. 11. 38. — *Der österreichische Freiwillige*, o.O., o.J., S. 49 ff.
77 „Orden para resforzar la disciplina de la 11. Brigada"; SHM: legajo 276, carpeta 2.
78 Vermerk des SIPM; ebd.: legajo 276, carpeta 1. — Interview Toch. — Vgl. auch Brome, S. 184 ff. — Thomas, S. 358. — Les brigades internationales..., S. 121 ff.
79 „Orden del día" vom 23. 1. 38; SHM: legajo 276, carpeta 6.

beweglichkeit von Regierung und Generalstab in dieser Frage verleitete manchen Interbrigadisten zur illegalen Entfernung von seiner Einheit[80]. Es sind auch Fälle bekannt, daß Freiwillige wegen ihrer nichtkommunistischen Einstellung schikaniert wurden, wie dies die Mißhandlung eines italienischen Sozialisten, der sich später hilfesuchend an die Anarchisten wandte, bestätigt[81]. Manche Freiwillige liefen zu den anarchistischen Milizen über, weil sie den Dienst in den Internationalen Brigaden als zu hart empfanden. Wieder andere hatten sich den Einsatz anders, jedenfalls nicht so gefährlich vorgestellt und verweigerten ihn. Überliefert sind uns Meutereien von angelsächsischen Einheiten der XIII. Brigade, die auch nicht dadurch besänftigt wurden, daß in einem Falle der Kommandeur exemplarisch einen der unbotmäßigen Soldaten vor seinen Kameraden mit der Pistole erschoß[82].

Indessen wurden bei Feldgerichtsprozessen zumindest die längste Zeit des Bürgerkriegs über nur selten Höchstrafen verhängt. Gewöhnlich wurden Deserteure nur zu Haftstrafen, Degradierung und Versetzung in ein Frontbataillon verurteilt. Erhalten ist uns das Protokoll eines Feldgerichtsprozesses gegen zwei fahnenflüchtige englische Freiwillige von der XV. Brigade. Um nationale Empfindlichkeiten zu schonen, wurde ein nur aus Engländern bestehendes Feldgericht zusammengestellt, welches den einen Angeklagten degradierte und zur Bewährung in ein Frontbataillon versetzte, den anderen aber zum Tode verurteilte; das Urteil wurde vollstreckt[83]. Die abschreckende Wirkung der verhängten Höchststrafe war jedoch nicht stark genug, um einen zunehmenden Verfall der Disziplin der Internationalen Brigaden zu verhindern.

Im Frühjahr 1938 stieg die Zahl der Fahnenflüchtigen aus den Interbrigaden sprunghaft an. Anfang April machte die Generaldirektion für Staatssicherheit den Innenminister darauf aufmerksam, daß am 22. März etwa 100 Deserteure auf das gegnerische Gebiet übergewechselt seien und daß sich Fluchtaktionen kleinerer Gruppen nach Frankreich fast täglich ereigneten; kurz darauf meldete der SIPM, daß 26 meist polnische Interbrigadisten nach Andorra geflohen seien. In den Monaten August bis Oktober 1938 häuften sich Suchmeldungen über solche Interbrigadisten, die von ihrem Urlaub oder aber von ihrem Lazarettaufenthalt nicht mehr zu ihrer Einheit zurückgekehrt waren und somit als Deserteure gesucht wurden[84]. Zu größeren Fluchtbewegungen kam es schließlich, als die bereits demobilisierten Internationalen Brigaden Anfang 1939, soweit sie sich noch auf spanischem Boden befanden, zum sogenannten „zweiten Einsatz" befohlen wurden. In dem durch die Fluchtbewegung der Zivilbevölkerung verursachten Durcheinander liefen auch ganze Einheiten davon, lösten sich auf, mischten sich unter die fliehenden Zivilisten und versuchten auf alle nur mögliche Weise, die rettende französische Grenze zu erreichen.

---

80 Longo, S. 190 ff.
81 Schreiben Massettis vom 18. 4. 38 an das Comité Regional der CNT nebst Anlagen; AHN: Sección P. S. Barcelona, carpeta 937.
82 Castells, S. 246 ff. — Delperrie de Bayac, S. 171.
83 „Sonderbefehl der 35. Brigada vom 12. 1. 38" SHM: legajo 176, carpeta 2. — Das Urteil wurde zur Abschreckung in deutscher Sprache in der XI. Brigade bekanntgegeben.
84 Schreiben der Dirección General de Seguridad vom 1. 4. 38 an den Innenminister der Republik; AHN: Sección P.S. Barcelona, carpeta 794. — Vermerk des SIPM vom 26. 4. 38; SHM: legajo 276, carpeta 3. — Suchmeldungen im AHN: Sección P.S. Barcelona, carpeta 827.

Das Ende der Internationalen Brigaden

Der Einsatz ausländischer Soldaten in beiden Hälften Spaniens beschäftigte während des ganzen Bürgerkrieges die Außenministerien der meisten europäischen Staaten. Der Nicht-Interventionsausschuß, der sich frühzeitig als Farce entpuppt hatte, bestand zwar weiter, jedoch gehörten ihm die hauptsächlich am spanischen Kriegsgeschehen beteiligten Mächte — Deutschland und Italien einerseits, die Sowjetunion andererseits — nicht mehr an. Die Welt hatte den Einsatz von Ausländern in Spanien hingenommen, zumal jeder der beiden innerspanischen Kriegsgegner dankbar auf die fremde Hilfe zurückgriff. Um so mehr überraschte es die Weltöffentlichkeit, daß Ministerpräsident Juan Negrín am 21. September 1938 vor dem Völkerbund in Genf das Angebot unterbreitete, die internationalen Freiwilligen zurückzuziehen, um auf diese Weise zur Entspannung beizutragen und den rein spanischen Charakter des Krieges deutlich zu machen. Der Rückzug der Freiwilligen sollte auch diejenigen Ausländer mit einschließen, die seit 1936 die spanische Staatsbürgerschaft erlangt hatten[85]. Die Motive für dieses Angebot waren vielfältiger Natur, aber wohl hauptsächlich von der Überlegung bestimmt, daß ein gleichzeitiger Rückzug der deutschen und italienischen Truppen der arg bedrohten Republik vielleicht eine gewisse Entlastung bieten könnte.

In den Internationalen Brigaden stieß diese Nachricht auf sehr unterschiedliche Reaktionen. Es war vielen nicht verborgen geblieben, daß die Kommunisten einen Teil ihrer führenden Funktionäre zurückgezogen hatten und somit ein nachlassendes Interesse an Spanien bekundeten. Auch die erheblich verschlechterte Kriegslage, vor allem die Trennung Kataloniens vom übrigen republikanisch kontrollierten Territorium durch Franco-Truppen, machte den Interbrigadisten den wahrscheinlichen weiteren Kriegsverlauf deutlich. Für manche mag die Aussicht auf Entlassung begrüßenswert erschienen sein. Andere fühlten sich getäuscht und empfanden das Ende ihres Einsatzes, für den sie ihr Leben hinzugeben geschworen hatten, als Verrat an einer mit großen Opfern vertretenen Sache[86]. In starkem Maße aber hing die Reaktion auch von der Nationalität der Freiwilligen ab. Einige konnten ungefährdet in ihre Heimat zurückkehren, andere befürchteten Strafverfolgung, wieder andere waren aus politischen Gründen zum Exil gezwungen, wenn sie nicht in ein KZ eingewiesen werden wollten. Für sie war es nur ein schwacher Trost, daß Negrín allen Freiwilligen für die Zeit nach einem republikanischen Sieg die spanische Staatsbürgerschaft anbot.

Die spanische Regierung machte mit ihrem Beschluß Ernst. Bereits zwei Tage nach Bekanntgabe ihrer Absicht zog sie die Internationalen Brigaden von den Fronten zurück und entwaffnete sie; die militärischen Ausrüstungsgegenstände wurden spanischen Truppen übergeben. Als beaufsichtigende Instanz wurde unter den Auspizien des Völkerbundes im Oktober 1938 in Perpignan eine Internationale Kommission für den Abzug der Freiwilligen (CIRV, Comisión Internacional para la Retirada de Voluntarios) eingesetzt, die unter der Leitung eines finnischen Generals stand und mit internationalem Personal besetzt war. Die Delegierten der CIRV besuchten Quartiere, Lager, Frontstellungen und Lazarette in Katalonien und in Zentralspanien, um Material für Listen und Statistiken über die Freiwilligen zu gewinnen. Dabei waren sie so eifrig, daß sie sich auch bis zu den Schützengräben an der Front heranwagten, aus denen sie dann durch Warnschüsse der Franco-Truppen vertrieben wurden.

Wir sind durch die Ergebnisse dieser Fleißarbeit in Form von Listen und Statistiken recht gut informiert über die Etappen der Entwaffnung und Demobilisierung. Die einzelnen Brigaden

---

85 Castells, S. 371; Thomas, S. 426 ff.
86 Castells, S. 372.

wurden auf verschiedene Lager in Katalonien verteilt: Bisaura de Ter (XI. Brigade), Torrelló (XII.), Vallserrat (XIII.), Calella de Palafrugell (XIV.), Ripoll (XV.) und Campdevánol (129. Brigada mixta)[87]. Als Gesamtzahl gab die CIRV Mitte Oktober 1938 etwas über 11.000 internationale Freiwillige an; knapp eine Woche später waren es nur noch 5.664[88]. In der Zwischenzeit müssen daher einige Tausend Spanien in Richtung Frankreich verlassen haben. Die restlichen wurden nach Nationalitäten auf verschiedene Demobilisierungslager aufgeteilt. Die meisten Deutschen waren in Bisaura de Ter, Pineda, Calella de Palafrugell, Olot und Santa Coloma de Farnés einquartiert, also in der Nähe der französischen Grenze.

Im November 1938 erfolgte dann die Verabschiedung der Internationalen Brigaden. Am 1. November erschien die Abschiedsnummer (Nr. 92) des Brigade-Blattes *El Voluntario de la Libertad*. Neben Artikeln, die die Beiträge einzelner nationaler Gruppen in den Brigaden würdigten, wurde die politische Perspektive und ihr Zusammenhang mit dem Widerstand gegen die Diktaturen in der Heimat herausgestellt[89]. Am 15. November verabschiedeten sich die Interbrigaden von Spanien durch eine Parade in Barcelona, an der Staatspräsident Azaña, Ministerpräsident Negrín, Vertreter der Generalitat von Katalonien, des Generalstabes und der Parteien und Gewerkschaften teilnahmen. „Kameraden der Internationalen Brigaden!", rief ihnen Dolores Ibárruri zu, „Ihr werdet zurückgesandt aus politischen Gründen der Staatsräson, um derselben Sache willen, für die ihr mit grenzenloser Bereitschaft euer Leben eingesetzt habt. Manche von euch können nach Hause gehen, manche nur in ein unfreiwilliges Exil. Ihr könnt mit Stolz abziehen. Ihr seid Geschichte geworden."[90]

Der Abzug der internationalen Freiwilligen warf eine Reihe von schwierigen Fragen auf, da viele von ihnen kein Vaterland besaßen, in das sie ohne Gefahr hätten zurückkehren können. In dieser Situation befanden sich Deutsche, Österreicher, Italiener, Polen und Ungarn, aber auch Tschechoslowaken, deren Heimat inzwischen Opfer der nationalsozialistischen Expansion geworden war. Aber auch Bürger mancher demokratischer Staaten hatten sich durch ihren Einsatz in Spanien nach den Gesetzen ihres Heimatlandes strafbar gemacht und hatten eine gerichtliche Verfolgung zu erwarten, so etwa Schweizer, Niederländer und auch Franzosen. Das Aufnahmeland für die demobilisierten Interbrigadisten war Frankreich, dessen Regierung also eine neue Welle von potentiellen Asylanten befürchtete. Deswegen war die Pariser Regierung zunächst nur bereit, Freiwillige aufzunehmen, die ungehindert in ihre Heimat zurückkehren konnten, also Briten, Amerikaner, Kanadier, Belgier, Skandinavier. Frankreich zögerte bis zum Jahresende 1938 sogar mit einer Amnestie für die eigenen Spanienkämpfer[91]. Wegen dieser Schwierigkeiten äußerten viele Interbrigadisten den Wunsch, in die Sowjetunion auszureisen, die sie als Vaterland des Proletariats betrachteten. Aber solche Anträge wurden durch die Führung der Internationalen Brigaden rasch beantwortet: die UdSSR sei keine Wohlfahrtseinrichtung[92].

Durch diese Situation erfolgte eine nationale Selektion der internationalen Freiwilligen. Es wanderten diejenigen ab, die ungehindert und problemlos in ihre Heimat ziehen konnten. Zu-

---

87 „Desmovilización de voluntarios internacionales" (undatiert, vermutlich Oktober 1938); SHM: legajo 276, carpeta 18.
88 „Voluntarios extranjeros" vom 15. 10. 38; ebd., carpeta 6. — „Resumen numérico por nacionalidades" vom 21. 10. 38; ebd., carpeta 15; weiteres umfangreiches Material hierzu befindet sich ebd., carpeta 17. - Vgl. Castells, S. 374.
89 Anm. 76.
90 Zitat nach Kühne, S. 197.
91 Frankreich hatte 1936/37 zwar die Rekrutierung Tausender seiner Bürger wohlwollend geduldet, gleichwohl hatten sich die französischen Freiwilligen durch ihren Dienst unter fremden Fahnen strafbar gemacht.
92 Castells, S. 386; Delperrie de Bayac, S. 375.

rückblieben die Angehörigen derjenigen Völker, deren Land zum Gefängnis geworden war. Natürlich versuchten einige, mit gefälschten Papieren auszureisen, was in dem Durcheinander dieser Situation durchaus möglich gewesen sein dürfte; so waren unter den über 1.500 meist französischen Freiwilligen, die am 12. November 1938 ausreisen durften, auch etliche falsche „Franzosen". Anfang Dezember erreichten britische, schwedische und andere Kontingente ihre Heimat; aufgrund großzügiger Spenden aus den USA konnten auch die amerikanischen Freiwilligen ihre Heimreise antreten[93].

Noch während einige tausend Interbrigadisten auf ihre Ausreise warteten und die nun nicht mehr so zahlreichen Ausländer im zivilen Bereich von Parteien und Verbänden Vorbereitungen für ihren eigenen Abschied von Spanien trafen, drangen die Franco-Truppen weiter nach Osten vor. Die republikanischen Heere mußten über den Ebro nach Nordosten zurückweichen. Mit mangelhafter oder gar keiner Ausrüstung ausgestattet, erschöpft und demoralisiert, vermochten sie nicht, die feindlichen Einheiten auf ihrem Marsch auf Katalonien aufzuhalten. Als sie — ungeachtet der vom Erzbischof von Paris vorgeschlagenen Waffenpause zu Weihnachten 1938 — die republikanischen Verteidigungslinien aufbrachen, verkündete die Regierung der Spanischen Republik die allgemeine Mobilmachung. Wehrfähige Männer bis zum 45. Lebensjahr wurden größtenteils an die Front geworfen, der Rest zu Befestigungsarbeiten befohlen. Aber dieser verzweifelte Versuch konnte das Vordringen der Franco-Truppen nicht verhindern. Ohne auf großen Widerstand zu stoßen, marschierten sie die Küste entlang nach Norden und standen am 21. Januar 1939 in Villanueva y Geltrú, etwa 40 km vor Barcelona[94]. In dieser Situation entschied der republikanische Generalstab, noch einmal die in Katalonien auf ihre Ausreise wartenden Interbrigadisten zum Kampf aufzubieten. Damit begann der sogenannte „zweite Einsatz" der formell schon aufgelösten Internationalen Brigaden, der — bezogen auf die Zahl der daran beteiligten Ausländer - mehr Verluste forderte als der ganze Einsatz der Freiwilligen zuvor.

Um die Jahreswende befanden sich noch etliche tausend Ausländer in Spanien. Ungefähr 4.400 waren unter der Aufsicht der CIRV aus Spanien abgezogen. Es blieben noch etwa 3.400 Freiwillige in Katalonien zurück und weitere 2.200 in Zentralspanien. Wir sind über die in den katalanischen Demobilisierungslagern einquartierten Spanienkämpfer informiert durch ein Schreiben Luigi Longos an den Generalstab, in dem er der Spanischen Republik die im Sammellager von La Garriga nördlich von Barcelona vereinigten Freiwilligen zur Verfügung stellte: 888 Deutsche, 880 Polen, 450 „Balkanesen" (balcánicos), 140 Italiener, 116 Lateinamerikaner und 100 Tschechoslowaken. Sie organisierten sich nach Volks- oder Sprachzugehörigkeit zu Kompanien. Allerdings fehlten den meisten Ausländern Waffen, Uniformen und sonstige Ausrüstungen, weswegen Longo um eine entsprechende Ausstattung sowie um Verpflegung für die etwa 2.600 Mann bat. Die 888 Deutschen waren erst einen Tag vorher zum Lager von La Garriga gestoßen, nachdem der deutsche Kriegskommissar „Ernst Blank" (Karl Thoma) eine eifrige Werbeaktion durchgeführt hatte[95].

Aus diesen etwa 2.600 Ausländern in La Garriga und weiteren auf verschiedene Orte verteilten 700 Ausländern wurden in aller Eile fünf der alten Brigaden (mit Ausnahme der XIV. Brigade und der betreffenden spanischen Divisionen) wiederhergestellt bzw. neu aufgestellt. Die überwiegend aus Deutschen und Österreichern bestehende XI. Brigade erreichte sogar noch

---

[93] Statistisches Material und Namenslisten der demobilisierten zurückgezogenen Freiwilligen befinden sich im SHM: legajo 276, carpeta 23.
[94] Guarner, S. 355 ff.
[95] Schreiben Luigi Longos („Gallos") vom 25. 1. 39 an Juan Modesto; Schreiben Major Rettigs und Kommissar „Ernst Blanks" vom 24. 1. 39 an Luigi „Gallo"; SHM: legajo 276, carpeta 21.

einen beträchtlichen Teil ihrer alten Stärke. Sie wurde dem Kommando des früheren kommunistischen Reichstagsabgeordneten Heiner Rau unterstellt, Stabschef wurde Ludwig Renn. Wie weit dieser letzte Einsatz der bereits entpflichteten Spanienkämpfer noch ein freiwilliger war, kann nicht beantwortet werden. Es trifft zu, daß von den bereits nach Frankreich entlassenen Freiwilligen etliche nach Spanien zurückkehrten — wohl aus freien Stücken, da man sie durch nichts dazu hätte zwingen können. Andererseits wußte Francos Geheimdienst SIPM außer von dieser Infiltration meist tschechoslowakischer Kämpfer auch von Fällen schwerer Disziplinlosigkeit und Gehorsamsverweigerung in den hastig zusammengestellten Truppen zu berichten, die erst nach einigen standrechtlichen Erschießungen nachgelassen hätten[96]. Es ist fraglich, ob die blutigen Einsätze der internationalen Spanienkämpfer das Vordringen des Feindes überhaupt behindert, geschweige denn aufgehalten haben. Es handelte sich um verlustreiche Rückzugsgefechte, die sich in der Nähe der französischen Grenze in Fluchtbewegungen auflösten. Wir sind über diesen letzten Einsatz unterrichtet durch den österreichischen Arzt Walter Fischer, der als einer der letzten Interbrigadisten mit einer Gruppe von sechzehn Deutschen und zwei Österreichern Spanien verließ[97]. Hunderte strömten über den Grenzübergang von El Pertús/Le Perthus oder durch den Eisenbahntunnel von Port Bou ins französische Cerbère; mehrfach brach in dem Gedränge Panik aus. Viele Flüchtlinge versuchten, illegal über die grüne Grenze der Pyrenäen, die wegen des Winters gewöhnlich weiß war, nach Frankreich zu entkommen. Am 9. Februar 1939 brach in Katalonien der Widerstand zusammen; kurz darauf besetzten Franco-Truppen die Grenzen und verhinderten weitere Fluchtbewegungen größeren Ausmaßes.

Die im restlichen Territorium der Spanischen Republik verbliebenen Interbrigadisten sowie viele andere Ausländer und Spanier versuchten in aller Eile, an die Mittelmeerküste zu gelangen und dort ein Schiff zu erreichen. Vereinzelt wurden einfache Fischerboote gekapert, mit denen Flüchtlinge die algerische Küste ansteuerten. Mit dem vor Alicante ankernden Schiff „Stanbroock" entkamen einige der am meisten gefährdeten republikanischen Politiker nach Algerien; an Bord befanden sich auch Rolf Reventlow sowie kleinere Gruppen von meist jugoslawischen und tschechoslowakischen Spanienkämpfern[98]. Ende März 1939 erschien in Valencia eine aus Engländern, Franzosen und Schweden gebildete Kommission, um die Evakuierung von Flüchtlingen vorzubereiten. Ihre Erfolge dürften wegen der Kriegslage nur begrenzt gewesen sein. Am 28. März 1939 marschierten Franco-Truppen in Madrid ein und rückten auf den Rest des republikanischen Territoriums vor, der nunmehr auch keine Regierung mehr besaß. Einige Flüchtlinge wurden von britischen und französischen Kriegsschiffen aufgenommen und in ein ungewisses Exil gebracht. Es ist kaum mehr möglich, die Zahlen der Interbrigadisten aufzuschlüsseln, die sich den Franco-Truppen ergaben oder sich vorübergehend zu verbergen suchten und dann irgendwann in Gefangenschaft gerieten. Es gab Selbstmorde und andere Verzweiflungstaten. Aber auch manche derer, die entkommen konnten, brachen seelisch zusammen: „Einer aus der Gruppe", berichtete Paul Partos über die letzten Tage der Republik, „ein einfacher proletarischer Mensch, der mit an Bord gekommen ist, hat während der Reise dreimal Selbstmordversuche gemacht und ist in der ‚befreienden Sicherheit' der Emigration als Irrsinniger angekommen. Er wurde in einer Londoner Irrenanstalt interniert."[99]

---

96 Bericht des SIPM vom 13. 1. 39; ebd.: carpeta 3.
97 Walter Fischer: Kurze Geschichten..., S. 228; vgl. Anm. 74.
98 Castells, S. 393 ff.
99 Paul Partos: „Die letzten Tage des Krieges" (Mskr.); IISG: Nachlaß Karl Korsch, Korrespondenz mit Paul Partos.

Die Deutschen in den Internationalen Brigaden

Die Deutschen in den Internationalen Brigaden hatten einen anderen politischen Hintergrund als die Spanienkämpfer vieler anderer Länder. Viele von ihnen hatten wegen der NS-Diktatur fliehen müssen. Andere waren unter oft gefährlichen Umständen illegal ausgereist, um sich für Spanien zu melden. Nicht wenige hatten in der Illegalität gegen das Hitler-Regime gekämpft und dabei Verfolgung, Haft und Folter erlebt. Zwar teilten sie dieses Schicksal mit Österreichern, vor allem als diese nach dem „Anschluß" 1938 unter derselben Diktatur standen, sowie mit Italienern, Polen und Ungarn. Anders aber als Briten, Franzosen, Belgier, Niederländer oder Skandinavier begegneten sie in Spanien einer Situation, die hinsichtlich der politischen Frontlinien gewisse Parallelen mit der Heimat aufwies. Anders auch als die Bürger demokratischer Länder konnten sie nicht ohne Gefahren für ihre Person zurückkehren: sie waren heimatlos geworden. Das Land, für das sie kämpften, war Spanien. Aber in den Zeitschriften und Blättern der deutschen Emigration und vor allem auch der Internationalen Brigaden wurde stets auch auf die Parallelität hingewiesen: der Kampf gegen Franco war indirekt auch ein Kampf gegen Hitler.

Die ersten deutschen Milizen

In Barcelona als dem für die deutsche Emigration wichtigsten Ort Spaniens entstanden neben den stark international besetzten Milizen der Parteien und Gewerkschaften auch die ersten Gruppen von Ausländern innerhalb überparteilicher spanischer Freiwilligenverbände. Es wurde bereits erwähnt, daß sämtliche internationalen Einheiten ihre Vorläufer in den auswärtigen Arbeitersportlern sowie Emigranten hatten, die an den Straßenkämpfen in der katalanischen Hauptstadt teilgenommen und sich recht spontan zu kleineren Verbänden zusammengeschlossen hatten. Dazu gehörten auch kleinere Gruppen von Deutschen, zu denen noch in den ersten Tagen nach dem Franco-Putsch weitere Freiwillige stießen. Auf diese Weise bildete sich eine Gruppe von etwas mehr als einem Dutzend Ausländern — überwiegend Deutschen — zu einem kleinen Verband, der sich dann nach Rücksprache mit KPD-Vertretern im Hotel „Colón" den Namen „Grupo Thälmann" zulegte. Diese Tatsache läßt darauf schließen, daß es sich hierbei überwiegend um die Kommunisten handelte, über deren Teilnahme an den Kämpfen Alfred Herz dem ZK der KPD nach Paris berichtet hatte[1].

Am 23. Juli, nach einigen Quellen einen Tag später, zog die kleine Gruppe — nunmehr auf etwa 22 Männer und drei Frauen angewachsen — im Verein mit katalanischen Milizen an die

---

[1] Vgl. Max Friedemann: Kämpfe in Barcelona, und Gerhard Wohlrath: Als Arbeitersportler zur Volksolympiade nach Barcelona, in: Brigada Internacional ist unser Ehrenname..., Erlebnisse ehemaliger deutscher Spanienkämpfer. Ausgewählt und eingeleitet von Hans Maaßen, Bd. I, Frankfurt am Main 1976, S. 51 ff. und 54 ff. — Max Friedemann: Die Geschichte der Gruppe Thälmann, in: Interbrigadisten. Der Kampf deutscher Kommunisten und anderer Antifaschisten im national-revolutionären Krieg des spanischen Volkes 1936 bis 1939. Protokoll einer wissenschaftlichen Konferenz an der Militärakademie „Friedrich Engels" (20./21. Januar 1966), Berlin DDR 1966, S. 356 ff.

Aragon-Front. Wir sind über diesen Einsatz durch Erinnerungen einiger ihrer Kämpfer sowie durch das kleine hektographierte, im Hotel „Colón" von deutschen Kommunisten herausgegebene Blättchen informiert. Durch Genossen, die zum Fronturlaub nach Barcelona gekommen seien, habe man Einzelheiten über den Kampf der Gruppe erfahren. Die Gruppe werde an der Chaussee Huesca — Zaragoza eingesetzt; ihre Basis liege in Tardienta, der Stab sitze im Dorfe Grañen. Bislang habe die Gruppe noch keine Verluste erlitten. In einer späteren Nummer wird vom Vormarsch der PSUC-Columna, in deren Verband die Gruppe eingebunden war, auf Huesca berichtet sowie davon, daß man unter den Deutschen einen Faschisten enttarnt und erschossen habe[2]. Als im August die von Hans Beimler aufgestellte „Centuria Thälmann" am selben Frontabschnitt in unmittelbarer Nachbarschaft eingesetzt wurde, gab es sowohl Diskussionen über die Priorität des Namens als auch über den möglichen Anschluß der Gruppe an die gleichnamige Centuria; sie wurden durch die Ereignisse überholt. Im Oktober 1936 wurde die „Gruppe Thälmann" von der Front zurückgezogen und nach Gründung der Internationalen Brigaden dem „Thälmann"-Bataillon zugeteilt[3].

Noch zwei weitere kleine deutsche Gruppen müssen erwähnt werden. Anfang August 1936 schlossen sich den baskischen Milizen auch einige Ausländer an. Vorwiegend waren es Belgier und einige Franzosen, die meistens aus den Industrierevieren Walloniens und um Paris nach Spanien gezogen waren. Zu ihnen gesellten sich Deutsche, so daß sich aus dieser kleinen Schar die deutsch-belgische Gruppe (Grupo belga-alemán) „Edgar André" formierte. Den Namen leitete diese Einheit von einem ursprünglich aus Belgien stammenden Hamburger Kommunisten ab, der sich in nationalsozialistischer Haft befand und wenige Wochen später hingerichtet wurde. Die Gruppe beteiligte sich an den Straßenkämpfen in den größeren baskischen Städten. Eine andere im Norden kämpfende Gruppe nannte sich wie die in Barcelona gebildete Einheit gleichfalls „Grupo Thälmann" und dürfte wohl höchstens zwei Dutzend meist deutsche Freiwillige vereinigt haben. Geführt wurde sie von dem damals 53jährigen Sozialdemokraten Arthur Pfeiffer, der allgemein unter dem Spitznamen „Genosse Papa" bekannt war. Mit dem Vormarsch der Franco-Truppen auf die Grenze wurden auch die internationalen Freiwilligen auf französisches Territorium abgedrängt. Am 5. September 1936 besetzten faschistische Einheiten Irún und schnitten damit den Landweg zwischen Frankreich und dem Baskenland ab. Etwa 500 baskische Kämpfer und internationale Freiwillige fuhren dann, teilweise in einem Sonderzug, nach Barcelona, um sich dort in neue Einheiten eingliedern zu lassen[4].

Der erste „große" deutsche Verband war die Anfang August 1936 zusammengestellte „Centuria Thälmann". Sie setzte sich anfangs größtenteils aus Arbeitersportlern zusammen, die durch deutsche und österreichische Emigranten aus Frankreich Verstärkung erhielten. Wie es scheint, bildeten solche Deutsche und Österreicher ihren Stamm, die sich nach dem Abmarsch der „Gruppe Thälmann" bei der UGT oder beim PSUC in Barcelona als Freiwillige gemeldet hatten. Sie wurden an das Cuartel „Carlos Marx" verwiesen, eine im Vorort Pedralbes gelegene Kaserne, von der aus übrigens der Putschversuch des Militärs in Barcelona ausgegangen war. Diese vorerst noch wenig organisierte Ansammlung von Freiwilligen wurde durch die Anfang August aus Paris anreisenden KPD-Funktionäre Hans Beimler, Willi

---

[2] *Informationsdienst* Nrn. 2 vom 3. 8. 36 und 7 vom 7. 8. 36; PA AA: Pol. III., Spanien: Innere Politik, Parlaments- und Parteiwesen, Bd. 8.
[3] Vgl. Karl Jung: Wir warteten nicht erst die Erlaubnis ab, in: Brigada Internacional I, S. 59 ff. — Friedemann, in: Interbrigadisten, S. 361. — Einen plastischen Erlebnisbericht über seinen Besuch beim „Grupo Thälmann" liefert John Wintringham: English Captain, London 1938, S. 19 ff.
[4] Bredel: Spanienkrieg, Bd. I; S. 44 f. — Castells, S. 36.

Wille, Hermann Geisen und andere neu zusammengestellt und durch eine Gruppe weiterer Freiwilliger verstärkt[5]. Über die zahlenmäßige Stärke dieser Einheit liegen unterschiedliche Angaben vor. Einmal heißt es, sie habe bei ihrer Gründung etwa 180 Mann gehabt, an anderer Stelle werden 147, 125 oder gar nur 90 Kombattanten genannt[6]. Unterschiedlich sind auch die Zahlenangaben für diejenigen, die mit Hans Beimler als Verstärkung aus Paris gekommen waren. Nach einer Überlieferung waren es 56 Mann; nach dem Vernehmungsprotokoll eines später verhafteten Spanienkämpfers war dieser mit 40 Mann der Centuria zugeteilt worden, als diese etwa 140 Mann umfaßte[7]. Dieser Hinweis erklärt hinreichend die unterschiedlichen Zahlenangaben der Einheit damit, daß sie durch Verluste einerseits und Neuzugänge andererseits starken Schwankungen unterlagen. Neben dem eigentlichen Kampfverband blieb in Barcelona ein kleiner Mitarbeiterstab, der die Versorgung der Einheit mit Ausrüstungsmaterial und frischen Kräften organisierte. Durch die Frontzeitschrift des Verbandes, durch spätere Vernehmungen und durch Memoiren lassen sich noch etwa 60 ehemalige Kämpfer der „Centuria Thälmann" namentlich nachweisen.

Wie bereits dargestellt wurde, hatte die KPD Anfang August 1936 deutsche Antifaschisten zum freiwilligen Einsatz in Spanien aufgefordert. Wie erinnerlich, waren der Abreise Beimlers Streitigkeiten zwischen ihm und der Partei vorausgegangen. Überdies war seine Fahrt nach Barcelona schon vor Ausbruch des Bürgerkrieges geplant worden und hatte durch die aktuellen Ereignisse eine besondere Dringlichkeit erhalten. Beimler und seine Begleiter erreichten am 3. August 1936 die spanische Grenze, am 4. August Barcelona. Dort wurden sie zunächst von Anarchisten festgenommen und sollten auf diese unsanfte Weise genötigt werden, den CNT-Milizen beizutreten. Sie konnten dieses Ansinnen geschickt zurückweisen und sich im „Colón" bei dem Vertreter der KPD melden. Albert Schreiner („Schindler"), Willi Wille und Hermann Geisen hatten einen militärischen Auftrag und wurden in der Kaserne „Carlos Marx" einquartiert. Beimler, der seine Aufgabe vornehmlich in der politischen Betreuung der Deutschen sah, logierte fortan im „Colón"[8].

Wir sind über Beimlers Tätigkeit in Barcelona durch Erinnerungen von Zeitgenossen sowie durch Antonia Sterns Manuskript unterrichtet, in dem sich auch Auszüge aus Beimlers Tagebuchnotizen finden. Beimler ließ sich über den Stand der Dinge, vor allem über den Einsatz der „Gruppe Thälmann" unterrichten, verhandelte mit Vertretern des Staates und der Parteien, führte Gespräche mit den Freiwilligen, um sie auf ihre politische Zuverlässigkeit hin zu prüfen, und half bei der Organisation und Ausbildung der „Centuria Thälmann". Belegt sind Streitigkeiten über Aufbau und Disziplin des Verbandes. Beimler geriet einmal mit dem zeitweiligen Polit-Kommissar der deutschen Anarcho-Syndikalisten, Willy Winkelmann, aneinander, als es um die Fragen der militärischen Disziplin ging. Nach einigen Schwierigkeiten konnte er die Mehrheit der Freiwilligen, unter denen sich auch Nicht-Kommunisten befanden, von der Notwendigkeit militärischer Disziplin überzeugen[9]. Trotz seiner wichtigen organisatorischen Arbeit für die „Centuria Thälmann" gehörte ihr Beimler selbst nicht an, bekleidete we-

---

5 Willi Jagow: Die Aufstellung der Centuria „Thälmann", in: Brigada Internacional I, S. 71 f.
6 „XI.a Brigada. Su historia", *Periódico Reconquista* No. 3, 20. 10. 38. — „Centuria Thälmann", *Le Volontaire de la Liberté* Nr. 38, 1. 11. 38. — Albert Schreiner: „Die Centuria Thälmann", in: Pasaremos, a.a.O., S. 61. — Jagow, in: Brigada Internacional I, S. 72. — Castells, S. 34.
7 Vernehmungsprotokoll vom 6. 10. 41; HStA Düsseldorf: RW 58/66 890. — Delperrie de Bayac, S. 60.
8 Antonia Stern: Hans Beimler (Mskr.), S. 132 ff. — Albert Schreiner: Mein Auftrag in Spanien, in: Brigada Internacional I, S. 61 ff. — Golda Friedemann: Hans Beimler in Barcelona, ebd., S. 66 ff.
9 Vernehmungsprotokoll vom 4. 10. 40; HStA Düsseldorf: RW 58/12 646. — Schreiner: in: Brigada Internacional I, S. 63.

der einen militärischen Rang noch den eines Polit-Kommissars, wie dies gelegentlich behauptet wird. Kommandeur wurde der erwähnte Albert Schreiner und nach seiner Versetzung Hermann Geisen, der uns schon als „einäugiger Hermann" im „Colón" begegnet war. Schreiner war 1918 für drei Wochen Kriegsminister der württembergischen Revolutionsregierung gewesen, hatte zwischendurch der KPO angehört und war erst 1936 wieder der KPD beigetreten. Auch Geisen hatte schon eine längere und bewegte Parteikarriere hinter sich[10]. Polit-Kommissar der Einheit wurde „Moritz Bresser" (Hubert von Ranke), der später gleichfalls im Hotel „Colón" tätig war und sich schließlich im Sommer 1937 von der KPD trennte.

Die „Centuria Thälmann" war die 13. Centuria des Bataillons „19 de julio" der UGT-Columna „Carlos Marx". Nach Umwandlung der Columna in eine Division des spanischen Heeres wurde sie offiziell als 13. Centuria der 27. Division geführt, behielt aber ihren alten Namen bei. Am 29. August wurde sie in Richtung Aragon in Marsch gesetzt. Standort wurde Tardienta an der Bahnlinie zwischen Zaragoza und Huesca. Auftrag der Einheit war es, zur Rückeroberung der von Franco-Truppen besetzten Provinzhauptstadt Huesca beizutragen[11]. Wir sind über das Innenleben der „Centuria Thälmann" durch einige kleine Blätter informiert, die im Schützengraben oder in Frontnähe mit primitiven Mitteln hergestellt und verbreitet wurden. Naturgemäß durften diese Blätter nichts berichten, was irgendwelcher militärischen Geheimhaltung unterlag. Aber die Artikel der noch erhaltenen Nummern vermitteln doch einen guten Eindruck vom Einsatz der Truppe. So liege sie seit zehn Tagen, also seit dem 5. Oktober, im vordersten Schützengraben. „Wir wissen, daß jeder Schuß, den wir abgeben, nicht nur den spanischen Faschisten gilt, sondern den Hauptkriegstreibern, die unser eigenes Volk knechten." Ein anderer Artikel berichtet davon, daß die „Centuria Thälmann" einen eigenen Panzerwagen erhalten habe, der nach einer gefallenen spanischen Jungkommunistin „Lina Odena" benannt wurde. Das Blatt berichtet zudem vom Besuch Ludwig Renns bei der Einheit und von der Genesung einiger verwundeter Kämpfer[12].

Einblick in die Centuria vermitteln uns auch einige erhalten gebliebene Erlebnisberichte von Angehörigen, die teilweise in Willi Bredels Sammlung von Augenzeugenberichten und Dokumenten aufgenommen wurden. Beschrieben werden dabei Persönlichkeiten und ihre Motive für den Einsatz in Spanien. Drei dänische Brüder waren mit dem Fahrrad von Kopenhagen bis Barcelona gefahren, um am Kampf teilzunehmen. Auch Sozialdemokraten und Katholiken gehörten der Einheit an. Wegen ihres verlustreichen militärischen Einsatzes wurden auch das Ausland und die deutsche Emigration auf die Centuria aufmerksam, und sowohl Heinrich Mann als auch das ZK der KPD übermittelten Grüße an sie[13].

Im September 1936 war es vor allem Aufgabe der Centuria, den Vormarsch der Franco-Truppen aufzuhalten. Um ein Tal, das als Aufmarschgebiet des Gegners hätte dienen können, unpassierbar zu machen, sprengte die Einheit einen Kanal und überschwemmte dadurch die feindlichen Stellungen. Einen schweren Angriff der Franco-Truppen auf Tardienta konnte die Centuria am 19. Oktober zurückschlagen. In der Nacht vom 23. zum 24. Oktober setzte die Centuria zum Sturm auf die von marokkanischen Söldnern besetzte Eremitage bei Tardienta (Ermita de Santa Quiteria) an. Unter dem Gesang der Internationale erklommen die Freiwilligen den Hügel und verjagten die Feinde. Da sie aber kaum noch über Munition ver-

---

10 BHE I, S. 215 f., 668. — Vgl. auch Vincent Brome, S. 72 ff.
11 Schreiner, in: Pasaremos, S. 61; Bredel I, S. 39 ff. — Vgl. auch den Erlebnisbericht bei Wintringham, S. 26 ff.
12 „Zur Lage" und „Aus dem Leben der Centuria", *Rote Sturmfahne* Nr. 1, 15. 10. 36; vgl. Renn: Im spanischen Krieg, S. 43 f.
13 Bredel I, S. 40 ff., 54 ff. — Um so verwunderlicher ist es, daß die KPD-Presse die Centuria erst würdigte, als sie schon aufgelöst war; vgl. Hans Behrend: „Centuria Thälmann", *Rundschau* Nr. 54, 3. 12. 36.

Die Centuria „Thälmann" beim Abmarsch nach Aragón

fügten und keinen Nachschub erhielten, mußten sie am nächsten Tage die Stellung vor den erneut anrückenden feindlichen Truppen wieder räumen. Dieser schwerste Einsatz der „Centuria Thälmann" forderte einen hohen Preis: 52 Verwundete und 19 Tote; sechs der Toten lassen sich anhand der Quellen noch namentlich feststellen[14]. Der Kommandeur Hermann Geisen verlor bei den Kämpfen ein Auge und mußte seine militärische Karriere abbrechen; er arbeitete fortan im „Servicio extranjero del PSUC". Nach diesen schweren Verlusten wurde die Centuria nach Barcelona zurückgerufen und schließlich Mitte November 1936 aufgelöst. Ihre Mannschaft bildete zusammen mit einigen neu eintreffenden Freiwilligen den Kern des in Albacete im Aufbau befindlichen „Thälmann"-Bataillons der Internationalen Brigaden.

Hans Beimler ließ den zurückkehrenden Milicianos in Barcelona einen festlichen Empfang bereiten. Es ging im Triumphzug vom Bahnhof zur Kaserne im Vorort Pedralbes, wo ihnen eine Ehrenfahne überreicht wurde; sie enthielt die katalanische Aufschrift „Centuria Thälmann — els heroiches luchadores de Tardienta" (Centuria Thälmann — die heldenhaften Kämpfer von Tardienta). Aber der festliche Empfang verdeckte die schweren Auseinandersetzungen, die über den verlustreichen Einsatz bei der Ermita de Santa Quiteria entbrannt waren. Beimler warf der militärischen Leitung vor, daß der Sturm auf die Anhöhe ohne seine Zustimmung er-

---

14 Hans-Hugo Winkelmann: Sturm auf die Höhe Santa Quiteria, und Willi Borostowski: Den ersten Toten zum Gedenken, in: Brigada Internacional I, S. 80 f. und 83 ff. — Bredel I, S. 49, 50 f.; Schreiner, in: Pasaremos, S. 61. — Castells, S. 33.

folgt sei. Ein weiterer Streit entstand, als die KPD-Vertreter im Hotel „Colón" den zur Erholung in Barcelona weilenden Angehörigen der Centuria zugunsten der „Roten Hilfe" den Sold kürzen wollten. Auch diese Entscheidung war ohne Wissen und Zustimmung Beimlers getroffen worden, worauf er sich für die empörten Milicianos erneut im „Colón" beschwerte[15]. Der Streit wurde wegen der kurz darauf erfolgten Auflösung der Centuria gegenstandslos, machte aber deutlich, daß Beimler offensichtlich außerhalb der parteiinernen Entscheidungsprozesse stand. Es war unklar, welche Zuständigkeiten er hatte und wer wem in welchen Fragen untergeordnet war. Der Verdacht ist nicht von der Hand zu weisen, daß man Beimler auf das ehrenvolle, aber einflußlose Amt eines politischen Betreuers der deutschen Freiwilligen abgeschoben hatte und daß die wichtigen Entscheidungen von anderen Kräften im Hintergrund getroffen wurden.

Zur Gründung der XI. Brigade

Eine knappe Übersicht über die Anfänge der überwiegend deutschsprachigen XI. Brigade soll an die Darstellung anknüpfen, die bereits über die Entstehung der Interbrigaden insgesamt gegeben wurde. Der Kern der künftigen XI. Brigade war das „Edgar-André"-Bataillon, das zusammen mit überwiegend französischen und polnischen Truppenteilen sowie kleineren spanischen Einheiten den Verband bildete. Durch Reorganisation wurde wenige Wochen später das im Rahmen der XII. Brigade aufgestellte „Thälmann"-Bataillon der XI. Brigade zugeteilt, so daß die beiden größten deutschsprachigen Verbände unter ein gemeinsames Kommando kamen. Das „Thälmann"-Bataillon stellte gewissermaßen eine Fortsetzung der „Centuria Thälmann" dar, aus deren Mannschaften es größtenteils gebildet wurde. Beide Bataillone wurden unter ziemlich chaotischen Verhältnissen in Albacete zusammengestellt, notdürftig ausgebildet und am 9. November 1936 nach Madrid zur Verteidigung der Hauptstadt verlegt[16].
Nach einer von der „Comandancia" (Brigadeführung) aufgestellten Liste vom 3. Dezember 1936 umfaßte die XI. Brigade folgende Truppenteile[17]:

„Thälmann"-Btl.	252 Mann
„Edgar André"-Btl.	359 Mann
„Dabrowski"-Btl.	310 Mann
Btl. „Commune de Paris"	451 Mann
franz.-belg. Batterie	65 Mann
Kavallerie-Peloton	92 Mann
spanische Batterie	67 Mann
Panzerabwehr	25 Mann
Brigade-Stab	24 Mann
Nachrichtenwesen	2 Mann
Summe:	1.647 Mann

Zu dieser Aufstellung ist zu bemerken, daß sie erst nach einigen schweren Verlusten im November 1936 angefertigt worden war. Da das „Edgar-André"-Bataillon anfangs aus etwa 650

---
15 Antonia Stern: Hans Beimler, S. 175, 183, 187 ff.
16 Vgl. Richard Staimer: Die Aufstellung des „Thälmann"-Bataillons, in: Brigada Internacional I, S. 115 ff. — Gustav Szinda: Die XI. Brigade, Berlin DDR, S. 10 ff.
17 Liste der comandancia vom 3. 12. 36; SHM: legajo 1266, carpeta 3.

Mann und das „Thälmann"-Bataillon bei vergleichbarer Größe nur zum Teil aus Deutschen bestand, werden die beiden Bataillone zunächst etwas weniger als 1.000 Deutsche gehabt haben, von denen allerdings ungefähr ein Drittel bei den Kämpfen umgekommen sein dürfte[18]. Im Laufe des ersten Halbjahres 1937 wurden die polnischen und französischsprachigen Einheiten anderen Brigaden zugeteilt: mit den Bataillonen „12. Februar" und „Hans Beimler" wurden neue deutschsprachige oder sprachverwandte Einheiten aufgestellt. Dem letztgenannten Bataillon gehörten vorwiegend Niederländer und Flamen sowie Skandinavier und andere Nordeuropäer an. Wenn wir einmal davon absehen, daß im Verlaufe des Krieges noch weitere Umgruppierungen vorgenommen wurden und andererseits kleinere deutschsprachige Einheiten (Batterien, Züge) außerhalb der XI. Brigade blieben, hatte diese im Frühjahr 1937 ihren annähernd endgültigen organisatorischen Stand erreicht. Unberührt davon bleibt die Tatsache, daß mit der Rekrutierung von Einheimischen die Brigade später einen immer stärker spanischen Charakter gewann.

Der Aufbau der Internationalen Brigaden ging recht überstürzt vonstatten. Diese Feststellung gilt nicht nur im Hinblick auf Ausrüstung und Ausbildung der Mannschaften, sondern ganz besonders auch für die Offiziere. Wegen des großen Mangels an erfahrenen Berufssoldaten erfolgten, wie bereits beschrieben wurde, recht willkürliche Ernennungen und Besetzungen, von denen sich viele bald als Fehlentscheidungen herausstellten und korrigiert werden mußten[19]. Man nahm als Kommandeure oder Kommissare Personen, die zwar über Erfahrungen aus dem Ersten Weltkrieg verfügten, aber teilweise zur Führung national gemischter, schlecht ausgebildeter und ausgerüsteter Freiwilligenheere ungeeignet waren. In manchen Fällen dürften Parteizugehörigkeit und ideologische Linientreue Vorrang vor militärischer Qualifikation gehabt haben. Die Ernennungen wurden wahrscheinlich innerhalb der Brigadeführung in Albacete getroffen. Wieweit dabei auf Empfehlungen auswärtiger KP-Führungen Rücksicht genommen wurde, ist für die Gründungsphase der Interbrigaden ungewiß. Aber sicher scheint zu sein, daß Hans Beimler hierbei übergangen wurde. Er bewegte sich, nachdem er Barcelona verlassen hatte, zwischen Madrid und Albacete, um „seine" Truppen zu betreuen. Aber da er keinen militärischen Rang innerhalb der Interbrigaden bekleidete, verfügte er auch über keine klar abgegrenzten Kompetenzen. In der kommunistischen Literatur wird Hans Beimler gelegentlich als Polit-Kommissar der XI. Brigade („Hans der Kommissar") bezeichnet, was eindeutig falsch ist; an anderer Stelle wird behauptet, Beimler sei Polit-Kommissar aller deutschen Freiwilligen an der Front, was unsinnig ist, da es ein solches Amt nicht gab. Und zum Teil findet man, wie in der Broschüre von Gustav Szinda, widersprüchliche Aussagen: auf der einen Seite wird Beimler als Polit-Kommissar der XI. Brigade vorgestellt, wenige Seiten weiter wird für denselben Zeitpunkt völlig zutreffend „Nicoletti" in dieser Funktion genannt[20]. Tatsächlich war der Italiener von Anfang November 1936 bis Mitte Januar 1937 Polit-Kommissar der XI. Brigade und wurde dann von Artur Dorf abgelöst, der diese Funktion vorher im „Edgar-André"-Bataillon ausgeübt hatte.

Hans Beimler war also ohne klar umrissene Funktion und ohne besondere Vollmachten in Spanien. Seine Stellung lag irgendwo zwischen einem Vertreter der KPD und einem politischen Betreuer der deutschen Freiwilligen, was den Verdacht erhärtet, daß man ihn auf ein politisches Nebengleis abgeschoben hatte. Dafür sprechen auch die letzten Wochen vor seinem Tode. Beimler war Anfang November von Barcelona über Albacete nach Madrid geeilt, wo er

---

18 Kühne, S. 169; Castells, S. 111 f.
19 Vgl. S. 155 f.
20 Kühne, S. 202; Bredel I, S. 85; Szinda, S. 11, 20.

am 9. November den Fronteinsatz der deutschen Spanienkämpfer inspizierte[21]. Aber nun schien man in Albacete Katz und Maus mit ihm zu spielen. Wir sind darüber unterrichtet durch das Manuskript Antonia Sterns, die sich wiederum auf die Aussagen von Augenzeugen stützte. Nach ihren Angaben fuhr Beimler am 11. November nach Albacete, um das gerade aufgestellte „Thälmann"-Bataillon zu besuchen, erfuhr aber dort, daß es schon am 10. November in Richtung Madrid abmarschiert sei; ihre Wege hatten sich also gekreuzt. Beimler fuhr zurück nach Madrid. Dort fand er zahlreiche Anlässe zum Ärger. Nach Antonia Sterns heute nicht mehr überprüfbarer Behauptung störte sich Beimler erneut daran, daß man in den Interbrigaden eine „Checa", eine Geheimpolizei, errichten wollte. Mehrfach belegt ist sein Wunsch, nach Barcelona zu fahren, um den KPD-Bürokraten im „Colón" seine Meinung zu sagen. Als er in dieser Absicht am 19. November von Madrid kommend wieder in Albacete ankam, wurde er sofort mit der dringenden Meldung nach Madrid zurückgeschickt, daß im „Thälmann"-Bataillon eine Meuterei ausgebrochen sei. Beimler fuhr nach Madrid zurück, stellte aber fest, daß dies eine arge Übertreibung war. Es hatte in den Mannschaften nur eine Verstimmung wegen des schlechten Essens gegeben. Beimler verschob seine Fahrt nach Barcelona, scheint aber seinen Plan nicht verschwiegen zu haben, mit den „Colón"-Funktionären eines Tages ein deutliches Wort zu reden[22].

Die ersten Verbände der Internationalen Brigaden, unter ihnen die deutschen Bataillone „Thälmann" und „Edgar André", blieben bis Mitte Januar 1937 in Madrid stationiert. In dem westlich des Rio Manzanares gelegenen Parkgelände Casa de Campo sowie im Universitätsgelände am nördlichen Stadtrand Madrids verhinderten sie die Umzingelung und Einnahme der Hauptstadt. Über ihre Erlebnisse liegen zahlreiche Berichte vor, die diesen besonders dramatischen und verlustreichen Einsatz schildern[23]. Hier erlebten die meistens noch recht schlecht ausgebildeten und mangelhaft ausgerüsteten Freiwilligen ihre Feuertaufe und erwarben sich durch ihren Einsatz die Anerkennung und Zuneigung der spanischen Öffentlichkeit.

Der Fall Hans Beimler (Zweiter Teil)

Das Ansehen der Internationalen Brigaden in Spanien und auch die Achtung vor dem Einsatz deutscher Freiwilliger wuchsen infolge eines unerwarteten Ereignisses. Wenige Tage, nachdem der Anarchist Buenaventura Durruti bei Madrid gefallen war, starben auch Hans Beimler und sein Adjutant „Louis Schuster" (Franz Vehlow) am 1. Dezember 1936 am Stadtrand von Madrid. Die verschiedenen offiziellen Versionen vom Hergang des Ereignisses und die Gerüchte, die sich darum rankten, sowie die gesamte Informationspolitik mit allen ihren Widersprüchen und Ungereimtheiten entwickelten sich selbst bald zu einem Politikum, dessen Untersuchung einiges Licht auf interne Vorgänge in den Internationalen Brigaden und besonders in ihren deutschen Einheiten wirft.

Die erste Nachricht vom Tode Beimlers brachte das kommunistische Zentralorgan *Mundo Obrero* am 2. Dezember. Am Vortage sei Beimler gegen 13 Uhr im Universitätsgelände durch eine feindliche Kugel getötet worden. Er wollte seine Truppeneinheit besuchen, die nur 50 m vom Feinde entfernt lag, und mußte hierbei eine kurze Wegstrecke durchqueren, die bis dahin

---

21 Artur Dorf: Der Tod Hans Beimlers, in: Brigada Internacional I, S. 145 ff., hier 146.
22 Antonia Stern: Hans Beimler, S. 215, 229 f. — Vgl. Anm. 33. — Bei Bredel I, S. 87, werden militärische Fehler als Ursache der Unzufriedenheit genannt.
23 Hierzu die zahlreichen Erlebnisberichte in: Brigada Internacional I, S. 110 — 160; in: Spanien 1936 bis 1939, S. 6 - 170, sowie in weiten Teilen der Memoirenliteratur. — Vgl. auch Hugh Thomas, S. 245 ff., und Castells, S. 98 ff.

noch nicht unter Feuer stand. Plötzlich hörten seine Begleiter Schüsse. Beimler rief: „Ay!" und fuhr mit der Hand zum Herzen; dann entfuhr ihm noch der Ruf „Rot-Front!", und er stürzte hin. Seine Kameraden konnten ihn unter Lebensgefahr nur noch tot bergen[24]. Diese Version wurde, meist stark verkürzt, von der übrigen spanischen Presse übernommen. Die anarchistische *Solidaridad Obrera* berichtete kurz, daß das Mitglied des ZK der KPD, Hans Beimler, in den vordersten Kampflinien bei Madrid gefallen sei. Die sozialistische *Claridad* meldete, Beimler sei vor Madrid bei einer „avanzadilla" (Erkundungsgang) von einer faschistischen Kugel, einem Explosivgeschoß, tödlich getroffen worden[25]. In ähnlichem Sinne berichteten auch die Provinzzeitungen. In der kommunistischen deutschen Exil-Presse wurde der Vorgang noch ungenauer dargestellt, und die Nachrufe waren nur sehr allgemeiner Natur. In der *Rundschau* wurde mitgeteilt, daß der Kommandeur der XI. Brigade (sic!), Hans Beimler, an der Madrider Front gefallen sei[26].

Noch am selben Tage wurde im Kino „Royalty" eine Gedenkfeier veranstaltet, auf der Offiziere der Internationalen Brigaden sprachen, unter ihnen General „Emilio Kléber" und Hans Kahle, sowie Vertreter der Parteien. Auf dieser Feier, über die der *Mundo Obrero* am 3. Dezember ausführlich berichtete, verkündete „Kléber" erstmals den Vorschlag, ein neues Bataillon der XI. Brigade „Hans Beimler"zu nennen. Offensichtlich reichte dieser Artikel den Kommunisten als Würdigung des Toten nicht aus. Am nächsten Tage erschien ein weiterer Bericht über die Trauerfeier im „Royalty", der noch die in der Ausgabe des Vortages nicht erwähnte Ansprache des italienischen Sozialisten Pietro Nenni wiedergab. Ein weiterer Artikel in derselben Nummer des *Mundo Obrero* schilderte die Trauerfeier in Valencia, wohin der Leichnam inzwischen gebracht worden war. KP-Sekretär José Diaz und seine Parteifreundin Dolores Ibárruri fuhren dem Trauerzug weit entgegen; zusammen mit dem sozialistischen Außenminister Julio Alvarez del Vayo und anderen Politikern hielten sie im Hause des kommunistischen Provinzkomitees die Ehrenwache für Beimler, dessen Bahre mit Blumen und den Fahnen der republikanischen Parteien und Organisationen geschmückt war[27].

Am 5. Dezember 1936 brachte der *Mundo Obrero* einen weiteren Nachtrag über die noch vor Valencia im Hauptquartier der Internationalen Brigaden in Albacete abgehaltene Trauerfeier. An dem im Rathaus aufgebahrten Leichnam sprachen für die Brigaden André Marty und Vertreter der einzelnen Parteien. Für die kommunistische Jugendorganisation trat JSU-Sekretär Santiago Carrillo auf, und außer den Delegierten der Parteien gedachte auch der Zivilgouverneur der Provinz Albacete, Justo Martínez Amutio, seines verstorbenen Freundes[28]. Von Albacete wurde der Sarg nach Valencia gebracht und von dort nach Barcelona, wo der Leichnam eingeäschert und auf demselben Friedhof wie Buenaventura Durruti, nämlich auf dem Montjuich am Südrande der Stadt, begraben wurde. Hubert von Ranke erinnert sich, daß er zu den Kommunisten gehörte, die die Ehrenwache halten durften[29].

---

24 „Los combatientes del frente popular europeo en Madrid", *Mundo Obrero* 2. 12. 36.
25 „Hans Beimler ha muerto en el campo de la batalla", *Solidaridad Obrera* 3. 12. 36. — „Ludwig Renn habla del glorioso Beimler", *Claridad* 4. 12. 36.
26 „Der deutsche Kommunist Hans Beimler an der Madrider Front gefallen", *Rundschau* Nr. 54, 3. 12. 36. — Wilhelm Pieck: „Genosse Hans Beimler im Freiheitskampf gefallen", *Rundschau* Nr. 56, 10. 12. 36; daselbst weitere Nachrufe und Artikel.
27 „En honor del gran combatiente de la libertad: Hans Beimler", *Mundo Obrero* 3. 12. 36. — „En recuerdo de Hans Beimler" und „El homenaje del pueblo español al heróico camarada Hans Beimler", *Mundo Obrero* 4. 12. 36.
28 „El Frente Popular y las multitudes rinden homenaje al cadáver del gran luchador Hans Beimler", *Mundo Obrero* 5. 12. 36.
29 Hubert von Ranke: Erinnerungen/Spanien-Kapitel, S. 16; IfZ.

Belagerung und Verteidigung von Madrid

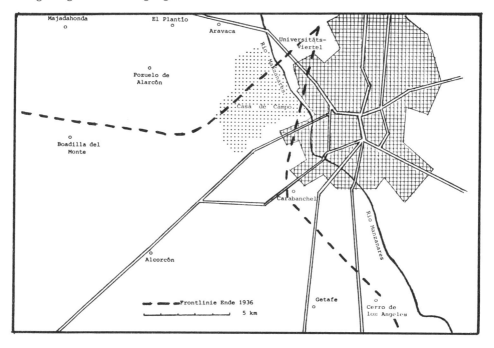

Hans Beimlers letzter Weg

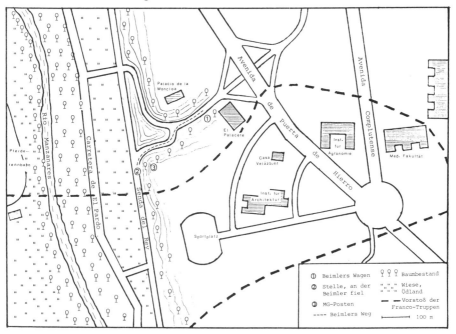

Nun war die Anteilnahme der spanischen Öffentlichkeit und auch der internationalen Freiwilligen sicher aufrichtig und nicht Folge irgendeiner Manipulation. Allein in Barcelona sollen 200.000 Menschen dem Fremden die letzte Ehre gegeben haben, der nach Spanien gekommen war, um für die Freiheit dieses Landes zu kämpfen. Andererseits ist eine gewisse Pressepolitik doch unverkennbar. In zwei Fällen brachte der *Mundo Obrero* ergänzende Nachträge, die die ohnehin schon ausführlichen Darstellungen noch unterstreichen sollten. Davon zeugen vier öffentliche Trauerfeiern (Madrid, Albacete, Valencia, Barcelona) und weitere Würdigungen Beimlers. Nicht nur erhielt später ein neues Bataillon der XI. Brigade seinen Namen, sondern auch ein Erholungsheim der Internationalen Brigaden für rekonvaleszente Freiwillige, die „Casa Hans Beimler". Es erschienen mehrere Broschüren über sein Leben, in denen Schriftsteller seinen Kampf würdigten. Der kommunistische Dichter Rafael Alberti widmete ihm mehrere Gedichte, darunter den Hymnus „Hans Beimler, comunista, defensor de Madrid". Diese Broschüren[30] wurden zum ersten Jahrestag von Beimlers Tod herausgegeben, an dem auch im Kommissariat der Internationalen Brigaden unter dem Vorsitz von Luigi Longo ein Gedenkakt stattfand.

Von besonderem Interesse ist die Broschüre des katalanischen Kommunisten Arturo Perucho, weil darin eine stark ausgeschmückte, aber auch abweichende Version von Beimlers Tod gegeben wird. Perucho zitiert dabei einen namentlich nicht genannten Kampfgefährten, der das Ende Beimlers und „Louis Schusters" folgendermaßen schildert: Beimler hatte gesehen, daß in der Nähe anarchistische Einheiten in schwere Kämpfe mit gegnerischen Truppen verwickelt worden waren. Er forderte einen Sanitäter seiner Einheit auf, Ambulanzen für die verwundeten Spanier bereitzustellen. Der Sanitäter erwiderte, daß ihre Einheit bald auch in Gefechte verwickelt würde und daß sie die Ambulanzen selber brauchen würden. Beimler fragte darauf den Sanitäter, ob er denn die verwundeten Spanier verbluten lassen wolle, worauf dieser dann beschämt die Ambulanzen bereitstellen ließ. Zu dritt liefen der Sanitäter, Hans Beimler und „Louis Schuster" los und überquerten dabei einen nicht geschützten Pfad. „Die Kugel eines faschistischen Schützen traf Beimler mitten ins Herz, als er im Laufschritt die ungedeckte Stelle überquerte. Louis wurde durch einen Gewehrschuß in den Kopf getroffen, als er Beimler, den er stürzen sah, zu Hilfe eilen wollte. Der deutsche Sanitäter wurde auch verletzt. Der Kompaniechef bat sofort den Brigadechef General Kléber um einen Panzer, um sie zu holen. Aber als der Panzer an jener Stelle ankam, war es wieder still, und die Körper konnten geborgen werden. Hans war schon tot. Louis und der deutsche Sanitäter lebten noch. Die Kämpfer der Thälmann-Kompanie empfanden tiefsten Schmerz und Trauer und teilten sich untereinander Gegenstände, die Beimler bei sich getragen hatte: seine Brieftasche und Stücke seiner Uniform."[31]

Diese Version unterscheidet sich von jener ersten durch einige wichtige Details. Zunächst war hier Beimler unterwegs, um Ambulanzen zu besorgen, während er nach *Mundo Obrero* seine Einheit besuchen wollte. Hier wurde er durch einen Panzer geborgen, dort wird trotz der Ausführlichkeit der Berichterstattung der Panzer nicht erwähnt. Nun könnte man diese Unterschiede auf ungenaue Recherchen zurückführen, wenn nicht die Veröffentlichung propagandistische Zwecke verfolgt hätte. Perucho war Direktor des Zentralorgans des PSUC, *Treball,* und seine Broschüre mitsamt den abgedruckten Gedichten und Photos fügte sich lückenlos in den damals betriebenen Beimler-Kult der Kommunisten ein. Die zweite ausgeschmückte Ver-

---

30 „Madrid honra a Hans Beimler" (Broschüre), Madrid o.J. (1937); Arturo Perucho: La vida heróica de Hans Beimler, Barcelona 1937. — Eine Übersetzung des in der erstgenannten Broschüre abgedruckten Gedichtes von Rafael Alberti befindet sich in Bredel I, S. 135 f.
31 Perucho, S. 84 f.

sion besaß also offiziellen Charakter. Und noch eine weitere Tatsache wirft Fragen auf: sowohl der *Mundo Obrero* als auch die zum ersten Jahrestag herausgegebene Broschüre „Madrid honra a Hans Beimler" bringen ein Photo, auf dem der Leichnam einen dicken Kopfverband trägt, obwohl keine einzige noch so ausführliche zeitgenössische oder posthume Darstellung etwas von einer Kopfverletzung zu berichten wußte.

Unter den Zeitgenossen, insbesondere unter den deutschen Spanienkämpfern, zirkulierten bald Zweifel an dem Wahrheitsgehalt dieser offiziellen Versionen. Allgemein waren die Spannungen zwischen Beimler und der KPD und ihre Meinungsverschiedenheiten über die kommunistische Politik in Spanien bekannt geworden. Gerüchte wollten wissen, daß die tödliche Kugel nicht von den Franco-Truppen stammte, sondern aus den eigenen Reihen gekommen sei[32]. Diese Gerüchte gründeten sich größtenteils auf Behauptungen von Beimlers Dolmetscher Max Geyer, einem Deutschen mit tschechoslowakischem Paß. Geyer befand sich während des Vorfalls in der Nähe und fragte später Augenzeugen aus, auf deren Aussagen er dann seinen Mordverdacht stützte. Wir besitzen von Geyer selbst keine eigenen Zeugnisse, wohl aber Schriftstücke von Personen, die wiederum von ihm informiert worden waren. Eine dieser Personen war der Agent Alfons Laurencic (SSI 29), eine zweite Beimlers Freundin Antonia Stern und die dritte ein gewisser „Aster", der nach dem Bürgerkriege in einem kleinen französischen Linksblatt den Fall Beimler ausführlich darstellte. Alle drei Quellen stimmen weitgehend überein und enthalten Einzelheiten, die aller Wahrscheinlichkeit nach nur von Geyer stammen können.

Zunächst zu Laurencic, der soviel Material über den „Servicio Alfredo Herz" zusammengetragen hatte. In einem Vermerk vom 24. Mai 1937 notierte er, daß Beimler wenige Tage vor seinem Tode in leicht angetrunkenem Zustande sich wütend über die Politik der deutschen Kommunisten geäußert und damit gedroht habe, er werde nach Barcelona zurückkehren und „denen im Hotel ‚Colón'" seine Meinung sagen. Diese Ausfälle wurden recht bald im „Colón" bekannt. Die Folgen schilderte Laurencic unter Berufung auf Max Geyer folgendermaßen: „Beimler, sein Adjutant Schuster, Geyer, der Chauffeur und der Russe Richard, der gerade aus Rußland angekommene Kommandeur des Thälmann-Bataillons, hielten mit dem Wagen bei einer Brücke, etwa 200 m von den bei der Universitätsstadt eingenommenen Stellungen. Geyer und der Chauffeur blieben im Wagen, während die anderen drei in Richtung Front gingen. Nach etwa zehn Minuten Wartezeit kam Richard zurückgelaufen und rief schon von weitem: ‚Man hat gerade Beimler getötet!' Geyer fragte: ‚Und Schuster?' worauf Richard antwortete: ‚Er ist auch gefallen, Kopfschuß!' Als Geyer darauf zu der Stelle gehen wollte, hielt Richard ihn am Arm fest und sagte: ‚Geh nicht, er ist ganz sicher tot durch einen Herzschuß!' — Geyer wurde nun darüber mißtrauisch, wie Richard in der Eile wissen konnte, daß Beimler durch einen Herzschuß gestorben war. Man erlaubte Geyer weder die Ehrenwache noch das Geleit nach Barcelona, wohin er aber dann auf eigene Kosten fuhr. Dort machte er im ‚Colón' den PSUC-Leuten heftige Vorwürfe, worauf Alfred Herz in festnehmen ließ. Im Verhör versuchte Herz ihm nachzuweisen, daß er, Geyer, wegen der Entfernung von der fraglichen Stelle gar nicht genau wissen könne, wie Beimler gestorben sei. Nach seiner Freilassung versteckte sich Geyer, wohl weil er weitere Repressalien des ‚Servicio Alfredo Herz' fürchtete."[33]

Die zweite Darstellung über Beimlers mutmaßliche Ermordung erschien in der Halbmonatsschrift *Juin 36*, die von der kleinen französischen Linkspartei PSOP (Parti Socialiste Ouvrier

---

32 Vgl. Rienffer, S. 134 f. — Castells, S. 116; Aguilera Durán, S. 40 f., 89.
33 SSI 29: „Caso Hans Beimler"; AHN Salamanca: S.P. Barcelona, carpeta 13. — Der Text ist vollständig abgedruckt bei Pastor Petit, S. 161 ff.

et Paysan) herausgegeben wurde. In einem auf zwei Nummern verteilten Artikel beschreibt „Aster" unter Berufung auf einen gewissen M.G. (Max Geyer) den Ablauf des Ereignisses[34]. Danach war Beimler mit dem Wagen von der Nordbrücke über den Manzanares (Puente de San Fernando) zum Westpark (Parque del Oeste) gefahren, durch den damals die Frontlinie lief. Er ließ an einer geschützten Stelle den Wagen abstellen und ging mit „Louis Schuster" und „Richard", der dem Wagen vom nahen Stabsquartier zu Fuß gefolgt war, in Richtung auf die vordersten Linien zu, während der spanische Chauffeur „Thomas" (Tomás Calvo Aribayos) und Beimlers Dolmetscher Geyer beim Wagen zurückblieben. In geringer Entfernung lag ein von antifaschistischen Milizen als Vorposten gehaltenes landwirtschaftliches Institutsgebäude El Palacete (damals wie heute ein agrotechnisches Mustergut), während weiter südlich in ungefähr gleicher Entfernung ein rötliches Gebäude (casa roja) von Francos maurischen Scharfschützen gehalten wurde, von dem aus sie die Linien und Stellungen der Interbrigadisten und antifaschistischen Milizen beschossen. Beimler, „Schuster" und „Richard" gingen aber nicht auf die Front zu, sondern bogen vorher einen Seitenweg ein, der durch einen bewaldeten Hügel vor den feindlichen Kugeln geschützt wurde.

Während Geyer und der Chauffeur warteten, wurde ein Verwundeter herbeigetragen, und die beiden berieten, ob man ihn sofort abtransportieren oder noch auf die Rückkehr Beimlers warten solle. Plötzlich kam „Richard" angelaufen und rief, Beimler sei von einem Herzschuß getroffen worden. Auf Geyers Frage, woher er das wisse, sagte „Richard", er habe Beimler schreien und seine Hand zum Herzen führen sehen; sie seien von der Casa Roja aus beschossen worden. „Schuster" habe einen Kopfschuß erhalten. „Richard" schickte darauf Geyer los, um Sanitäter und Bahrenträger zu holen; als Geyer losrannte, bemerkte er in „Richards" Hand Beimlers Maschinenpistole. Später fragte er die Milicianos, wo sie den Leichnam gefunden hätten, und erhielt die Antwort: auf dem kleinen Seitenweg. Diese Antwort weckte Geyers Verdacht, denn diese Stelle konnte unmöglich von der Casa Roja aus beschossen werden. Als er zum Leichnam trat, sah er um Beimlers Gesicht auch einen Kopfverband — hatte er also zwei Schüsse abbekommen?

Alle diese Umstände nährten Geyers Mutmaßungen über einen Mord an Beimler. Wie schon Laurencic berichtet hatte, begleitete Geyer gegen den Willen der Partei den Trauerzug und wurde dafür in Barcelona für einige Wochen inhaftiert. Der Artikelschreiber „Aster" spricht recht unverhohlen den Verdacht aus, daß „Richard" oder eine weitere Person Beimler erschossen habe. Als Motiv vermutet auch er schwere Zerwürfnisse mit der KPD-Vertretung im Hotel „Colón"; Beimler habe am nächsten Tage nach Barcelona fahren wollen, um gegen die „Militarisierung" der Interbrigaden zu protestieren. „Aster" beruft sich auch auf eigene Recherchen, die er unter Auswertung von Aussagen von Interbrigadisten an Ort und Stelle vorgenommen habe, und fügt seinem Artikel zudem einen Lageplan bei. Allerdings halten die geographischen Angaben strengen Nachprüfungen nicht stand; die Entfernungen sind alle erheblich zu groß angegeben, wovon sich der Verfasser nach einer Besichtigung der Örtlichkeit selbst überzeugen konnte. Andererseits entsprechen die Rahmenbedingungen weitgehend den Angaben Laurencics' und lassen sich auch mit den meisten Versionen wenigstens teilweise vereinbaren.

Die ausführlichste Darstellung des Todes Beimlers stammt von seiner Freundin Antonia Stern, die auf diese Nachricht hin von Zürich sofort nach Barcelona geeilt war, um die näheren Umstände zu erfahren und eine Broschüre über das Leben Beimlers zu schreiben. In Spa-

---

[34] „Aster": „Une mort mystérieuse: celle du communiste Hans Beimler", *Juin 36* No. 61 vom 30. 6. 39 und No. 62 vom 14. 7. 39.

nien wurde sie von Alfred Herz und seinen Mitarbeitern irregeleitet, schikaniert und behindert, am Ende ihres mehrmonatigen Aufenthaltes sogar kurz verhaftet. So wurde ihr eine Weiterreise nach Madrid verboten, dennoch konnte sie aufgrund der Aussagen Max Geyers den Fall gut rekonstruieren und mit Hilfe der Berichte von Angehörigen der „Centuria Thälmann" auch einige Hintergründe aufklären. Nach ihrer Darstellung fuhren Hans Beimler, Max Geyer, „Louis Schuster" und der Chauffeur vom Sitz des Brigadestabes in Fuencarral in die Universitätsstadt, wo sich der Bataillonsstab im landwirtschaftlichen Mustergut etwa 200 m vom heutigen Regierungssitz Palacio de la Moncloa einquartiert hatte. Von dort führte ein schmaler, von Bäumen geschützter Hohlweg hinab zu einer an den Rio Manzanares grenzenden, von einzelnen Baumgruppen aufgelockerten Wiese, deren südliche Hälfte von Francos marokkanischen Söldnern gehalten wurde. Beimler ließ den Wagen in der Nähe des Bataillonsstabes parken, legte wegen der Wärme seine Lammfelljacke ab und ging mit „Schuster" und dem an dieser Stelle postierten Kommandeur „Richard" den Hohlweg hinab[35]. Der Rest der Schilderung entspricht derjenigen Geyers. Als Geyer den toten Beimler sah, trug dieser einen Kopfverband und wies Blutstreifen am Munde auf, obwohl „Richard" nur von einem Herzschuß gesprochen hatte. Antonia Stern schloß, in Anlehnung an Geyers Aussagen, die Möglichkeit eines zweiten „inoffiziellen" Schusses nicht aus. Interbrigadisten hatten Geyer zudem gesagt, daß Beimler an einer Stelle gestorben war, die von den marokkanischen Schützen gar nicht beschossen werden konnte. Sonderbar war auch das Schicksal „Schusters". Nach Geyers Auskunft war dieser wegen seiner Kopfverletzung schwer verwundet, aber noch lebend, in irgendein Lazarett gebracht worden. Geyer suchte die Madrider Kliniken nach ihm ab, erhielt jedoch überall abweisende oder irreführende Antworten; später erfuhr er, daß „Schuster" zwei Tage nach dem Vorfall in einem Spital, in dem er gleichfalls seinetwegen angefragt hatte, seinen Verletzungen erlegen war[36].

Antonia Stern verfaßte aufgrund der vielen von ihr erfragten Einzelheiten ein zur Veröffentlichung bestimmtes Manuskript, mußte jedoch erfahren, daß man im „Colón" nicht nur kein Interesse hierfür zeigte, sondern sie ständig schikanierte. Wie sie selbst später beschrieb und wie dies auch Laurencic bestätigte, durchsuchte man in ihrer Abwesenheit ihr Quartier und beschlagnahmte alle auffindbaren Unterlagen über Beimler. Auch ein weiterer Vermerk Laurencics' fand eine spätere Bestätigung. Er notierte am 24. Mai 1937, daß der *Treball*-Herausgeber Arturo Perucho sich sehr für die beschlagnahmten Dokumente Antonia Sterns interessierte[37]. Peruchos bereits zitierte Broschüre über Hans Beimler stützt sich ganz offensichtlich auf die von Antonia Stern zusammengetragenen Unterlagen. — Ein eigenartiges Schicksal erlebte ihr Manuskript über Beimler. Nachdem die erste Fassung beschlagnahmt und von Arturo Perucho für seine Beimler-Broschüre plagiiert worden war, versuchte sie es nach dem Spanienkriege ein zweites Mal. Sie wandte sich an Ruth Fischer und Arkadij Maslow, die im Pariser Exil eine linkskommunistische Splittergruppe gegründet hatten und für sie auch eine eigene Zeitschrift planten. Beide versprachen der begüterten Antonia Stern, ihren Beimler-Artikel abzudrucken, wenn sie das neue Blatt mit Geld unterstützen würde. Antonia Stern stiftete eine beträchtliche Summe, aber in der einzigen Nummer, die von der Zeitschrift erschien, war der Artikel nicht enthalten[38]. Nach 1945 bemühte sie sich weiterhin um eine Veröffentlichung,

---

[35] Antonia Stern: Hans Beimler, S. 252 ff.
[36] Ebd., S. 256 f.
[37] Ebd., S. 32 f. — Vermerke des SSI 29 vom 24. 5. 37: „Asunto Toni Stern" und „Arturo Perucho". AHN: Sección P.S. Barcelona, carpeta 13. — Der erste Vermerk ist auch abgedruckt bei Pastor Petit, S. 163 f.
[38] Thalmann, S. 268 ff. — Vgl. Broué/Témime, S. 303, 484.

jedoch vergeblich. Das Manuskript liegt heute im Internationalen Institut für Sozialgeschichte in Amsterdam.

Die auf Geyer zurückgehenden Angaben werden in einigen Einzelheiten durch die Erinnerungen Hubert von Rankes bestätigt. Sie widersprechen aber der zentralen Aussage über einen Mord an Hans Beimler. Zu bemerken ist, daß Ranke kein Augenzeuge war. Seine Kenntnisse über den Vorfall spiegeln eher die Gerüchte wider, die unter deutschen Spanienkämpfern kursierten. Nach Rankes Angaben fiel Hans Beimler durch die Kugel eines maurischen Scharfschützen, als er von einer an der Schußlinie liegenden Schanze zu einem anderen Vorposten kriechen wollte. Soweit Rankes Version, die den in der Presse veröffentlichten Darstellungen weitgehend entspricht. Interessanter sind seine Äußerungen zu den Gerüchten über Beimlers Ermordung: Antonia Stern, eine wohlhabende Musikerin, hatte sich Beimler angeschlossen und war ihm nach Spanien gefolgt. Sie wollte um jeden Preis an Beimlers Grab als „Witwe" sprechen, was ihr aber von der KPD verwehrt wurde, da seine Frau Kreszenz Beimler in einem deutschen KZ festgehalten wurde und man eine Kampagne zu ihrer Befreiung vorbereiten wollte. Antonia Stern tat sich mit Max Geyer zusammen, laut Ranke ein polnischer Geheimdienstmann, der behauptete, Beimler sei in seinen Armen gestorben. In Wirklichkeit habe Geyer sich während der Schüsse einige hundert Meter weiter zurück hinter Beimlers Wagen versteckt gehalten[39]. Rankes Version verbindet die offizielle Darstellung mit Details Antonia Sterns und Laurencics' zu einem in sich recht unvollständigen Bild. Sie macht aus Geyer einen Polen, obwohl er tschechoslowakischer Staatsbürger war; aber sie bestätigt den in einiger Entfernung vom Tatort wartenden Wagen mit Geyer, der sonst in keinem offiziellen Bericht erwähnt wird.

Nun muß zu allen diesen Versionen festgestellt werden, daß sie weitgehend auf eine einzige Quelle zurückgehen: auf die Aussagen Max Geyers. Dies gilt für Laurencic, für Antonia Stern, für „Aster" und wahrscheinlich auch für die wenigen Informationsfragmente Hubert von Rankes. Die Grundlage für den Beweis eines Mordes an Beimler ist also äußerst schmal und problematisch. Hingegen kann nicht übersehen werden, daß die offiziellen Darstellungen einige beträchtliche Widersprüche und Ungereimtheiten enthalten und es einem schwer machen, die Spekulationen über Beimlers Tod als bloßen Front-Klatsch abzutun. Die Unsicherheit wird weiter genährt, wenn wir uns die Erinnerungen des Zivilgouverneurs von Albacete, Justo Martínez Amutio, ansehen. Dieser hatte als höchster Verwaltungsbeamter der Provinz Albacete manche obskuren Vorgänge im Basislager der Interbrigaden beobachten können. Mögen seine Erinnerungen auch manche Verwechslungen und Fehler enthalten, die größtenteils auf geringe Kenntnisse des Auslandes zurückgehen, so kann an seiner persönlichen Integrität kein Zweifel bestehen. Justo Martínez Amutio gehörte seit langem der Sozialistischen Partei an und mußte später wegen seiner politischen Überzeugung mehrere Jahre in Francos Gefängnissen verbringen. Martínez Amutio kannte Beimler persönlich: er hatte ihn im Mai 1936 in Prag kennengelernt. Als Beimler nach Spanien kam und in Albacete und Valencia zu tun hatte, sahen sie sich einige Male wieder. In Gesprächen vertraute er Martínez Amutio an, daß innerhalb der Komintern Zweifel an seiner Linientreue bestünden und daß er wiederum Vorbehalte hegte gegenüber der Politik eines bestimmten „KP-Clans", zu dessen deutschen Mitgliedern er vor allem Wilhelm Zaisser rechnete[40].

---

39 Hubert v. Ranke: Erinnerungen/Spanien-Kapitel, S. 15 ff.; (Mskr.) IfZ. — Vgl. Zenta Herker-Beimler: Erinnerungen an Hans, in: Spanien 1936 bis 1939, a.a.O., S. 80 ff.
40 Justo Martínez Amutio: Chantaje a un pueblo, Madrid 1974, S. 301 ff.

Vom Tode Beimlers erfuhr Martínez Amutio am 1. Dezember 1936 durch das Telefongespräch eines österreichischen Hauptmannes, eines sozialistischen Lehrers aus Wien, der aber keine näheren Details nannte. Gegen Mitternacht rief die Leitung des Basislagers der Internationalen Brigaden an und teilte die Ankunft des Leichnams für den kommenden Vormittag um 10 Uhr mit. Am nächsten Morgen kam auch der Trauerzug etwa zur angegebenen Stunde mit großem Trauergefolge. Von den deutschen Kommunisten waren Gustav Regler und Hans Kahle anwesend, von der spanischen KP Santiago Carrillo sowie führende Funktionäre und Offiziere der Internationalen Brigaden: André Marty, „Lukács" (Mate Zalka) und andere. Auf der Trauerfeier sprachen Marty, Regler und Santiago Carrillo sowie Martínez Amutio selbst. Nachdem die Trauergemeinde sich wieder aufgelöst hatte und die Vertreter der Parteien abgereist waren, ließ Martínez Amutio am Spätvormittag den bis zu seinem Weitertransport nach Valencia in der Totenhalle des städtischen Friedhofs aufgebahrten Leichnam Beimlers durch den Gerichtsarzt Dr. José Carrilero untersuchen. Carrilero photographierte den Kopf, der durch eine Schußwunde verletzt worden war. Eine Revolver- oder Pistolenkugel war über dem rechten Ohr in den Schädel eingedrungen und auf der gegenüberliegenden Schädelwand wieder herausgetreten. Daneben wies Beimler noch eine Verletzung am rechten Oberarm auf. Einen Herzschuß erwähnt Martínez Amutio in seinen Erinnerungen nicht, bestätigte aber brieflich dem Verfasser eine starke Verwundung der Lungen und eine Schußwunde in Höhe des Herzens. In seinem Brief erklärte er den Kopfverband Beimlers mit Verletzungen beim Sturz, nicht mehr mit einem Kopfschuß[41]. Eine Rückfrage des Verfassers wegen dieser Unstimmigkeiten wurde von Martínez Amutio nicht mehr beantwortet: er war inzwischen verstorben.
Sollten die in Buchform veröffentlichten Erinnerungen des Zivilgouverneurs von Albacete richtig sein, würde auch der Kopfverband eine Erklärung finden, mit dem der Leichnam Beimlers stets abgebildet wird, dessen Grund aber selbst in den ausführlichen offiziellen Darstellungen nie erläutert wird. Die Tatsache, daß es sich beim Einschuß um eine Pistolen- und nicht um eine Gewehrkugel handelte, läßt es zumindest als unwahrscheinlich erscheinen, daß sie von den etwa hundert Meter entfernt liegenden Marokkanern Francos stammte, die bekanntlich mit Gewehren oder Maschinengewehren angriffen, und legt die Vermutung nahe, daß der Schuß aus nächster Nähe abgegeben wurde. Auch die Frage nach Täter und Motiv läßt Deutungen zu, die zumindest plausibler erscheinen als die Ungereimtheiten der offiziellen kommunistischen Darstellungen. Beimler war der KPD und der Komintern unbequem geworden und verfügte über Kontakte zu unabhängigen Linken oder abtrünnigen Kommunisten, was in der Verfolgungshysterie der Stalin-Zeit für sich bereits ein Verbrechen war. Andererseits besaß er in der internationalen Arbeiterbewegung durch seine Leidenszeit in Dachau und seine Flucht ein so großes Ansehen, daß man einen Mann dieses Formats nicht einfach fallen lassen konnte. Der vermeintliche Heldentod löste diesen Konflikt: man entledigte sich der Person und schuf gleichzeitig einen Märtyrer, dessen Nutzwert durch die etwas übertrieben wirkende Propaganda erhöht wurde. Für keinen anderen Offizier der Internationalen Brigaden, auch nicht für den bei Huesca im Juni 1937 durch eine Granate getöteten General „Lukács", wurde ein vergleichbarer Aufwand an Trauer- und Gedenkfeiern getrieben.
Alfons Laurencic, Antonia Stern und „Aster" behaupteten, daß drei Personen sich vom Wagen, in dem Max Geyer und der spanische Chauffeur zurückblieben, entfernt hätten: Hans Beimler, „Louis Schuster" und der angebliche Russe „Richard". Beimler starb, ebenso „Schuster", dessen Ende in der Presse völlig ignoriert wurde, während „Richard" als einziger Augenzeuge zum Wagen zurückkehrte. Bei „Richard" handelt es sich um Wilhelm Piecks späte-

---

41 Ebd., S. 305. — Schreiben des Don Justo Martínez Amutio vom 8. 7. 80 an den Verfasser.

ren Schwiegersohn Richard Staimer, damals Kommandeur des „Thälmann"-Bataillons, der wohl wegen seines längeren Aufenthalts in der UdSSR von einigen Spaniern als Russe angesehen wurde. Von Richard Staimer stammt nun die folgende, im Text der 1977 veröffentlichten Spanien-Erinnerungen Willi Bredels enthaltene Darstellung: Beimler, „Schuster", Kompanieführer „Christoph" und Staimer selbst kehren von einer Inspektion der Stellungen des „Thälmann"-Bataillons zurück, die nur 70 m von denen des Gegners entfernt liegen, und müssen dabei eine ungedeckte Böschung hinunterlaufen. Als erster rennt „Christoph" los, auf den kein Schuß abgefeuert wird. „Dann läuft Hans Beimler, zwanzig Meter hinter ihm ich. Im Laufen hole ich ihn ein. Wir sind auf gleicher Höhe. Die faschistischen MGs haben uns im Ziel. Peng, peng, peng — au! — ein Aufschrei — Hans faßt sich mit beiden Händen an die Brust, dreht sich einmal wie ein Kreisel um seine eigene Achse — fällt hin: ‚Rot Front! Rot Front! Rot Front!' — Louis, der hinter mir läuft, und ich rennen erst an Hans Beimler vorbei. Wir liegen hinter einem Baum und sehen jetzt erst mit Bewußtsein, was geschehen ist. Zu Hans zurück. Er ist schon tot. Louis packt den Körper bei den Füßen, ich am Kopf. Vorsichtig gehen wir die Böschung runter. ‚Sanitäter! Sanitäter!' brülle ich aus Leibeskräften. Wir legen unseren Hans auf die Tragbahre. Au! — der Sanitäter faßt sich an den Arm. Armschuß! — Hans Beimler ist tot! Ich weiß nicht, wie mir wird. Ambulanz — ja, ich muß die Ambulanz holen. Man muß Hans Beimler wegbringen. Wie ich loslaufe, setzt wieder fürchterliches Feuer ein. Im Laufen sehe ich noch, wie Louis, der bei dem Toten und den Verwundeten zurückbleibt, hinter einem Baum in Deckung geht. — Ein Aufschrei. Mir schwindelt es vor den Augen. Louis sinkt in sich zusammen. Kopfschuß. Tot."[42]

Leider läßt der Text nicht erkennen, wann Staimer den Bericht verfaßte und ob dieser möglicherweise später gewisse Retuschierungen hat durchmachen müssen. Jedenfalls enthält diese Version Elemente aus allen anderen bisher aufgeführten: das Trio Richard — Beimler — „Schuster" und den angedeuteten Herzschuß Beimlers und Kopfschuß „Schusters" (Laurencic); den verletzten Sanitäter (Perucho) und die Armverletzung, die Beimler zumindest *auch* erlitt (Martinez Amutio); im Unterschied zu Laurencic, aber in Übereinstimmung mit Perucho, *kam* Beimler von einer Inspektion, während er bei Laurencic, Stern und „Aster" zu einem nicht genannten Ziel *ging*. Der bei Perucho genannte Bergungspanzer taucht in keiner anderen Version auf. Schließlich noch eine Einzelheit: die sozialistische *Claridad* wie auch Martinez Amutio berichten von einer „bala explosiva" bzw. „bala cortada", also einem Explosiv- bzw. einem Dumdum-Geschoß[43], ohne daß diesem Hinweis näher nachgegangen werden könnte. Ins Reich der Legenden gehört die bei Staimer und auch in früheren Presseberichten geschilderte Episode, wonach der sterbende Beimler noch dreimal „Rot Front!" gerufen habe; wer von einer Kugel tödlich getroffen wird, dürfte wohl andere Gedanken haben. Befremdend ist Staimers Behauptung, wonach „Schuster" getötet worden sei, obwohl andere Quellen besagen, daß er erst an den Folgen der Schußwunde einige Tage später gestorben sei.

Als Ergänzung zu Staimer sei Gustav Regler zitiert, der zwar kein Augenzeuge war, aber nach eigenen Angaben einer der letzten, die Beimler lebend gesehen hatten. Nach seiner Version hatte Beimler die Stellungen, die unter dem Kommando Reglers standen, inspiziert und war dann fortgegangen. „Zehn Minuten später kamen zwei mir unbekannte Deutsche, rissen die Tragbahre hoch und rannten damit davon. Ich hörte Tankfeuer am Manzanares; irgendein Panzer gab Beimler Deckung; er war also drüben angelangt. Ich fühlte mich erleichtert und befahl, auch auf unserem Geländekrater Feuer zu geben. Der Wald hallte von Explosionen;

---

42 Bredel, I. S. 138.
43 Anm.; 25. — Martinez Amutio, S. 305.

die Sonne öffnete sich einen Weg durch die Wolken und erhellte die Birkenbäume; da kamen die zwei jungen Deutschen langsam und fast feierlich um das Ende der Schanze herum. Auf der Bahre lag Beimler. Er war merkwürdig gelb, seine Pelzjacke stand offen, in seinem Sweater war nah der Stelle, wo man das Herz vermutete, ein kleiner Schlitz. (...) Es kam kein Blut aus der Wunde, da kein Herz mehr schlug, es zu treiben. (...) Er wurde aufgebahrt; ich hielt die Totenrede; den Leichnam brachten Kameraden nach Barcelona; sie brauchten Tage, denn in jedem Dorf drängten sich Bauern und Bürger, den Fremden zu ehren, der für Spanien gefallen war."[44]

Diese Darstellung weist einige Ähnlichkeiten mit derjenigen Peruchos auf, dessen zitierter Zeuge ja auch während der Ereignisse sich auf der Schanze aufgehalten hatte. Ebenso wird hier wie dort der sonst nirgends genannte Panzer erwähnt, der Hilfe bei der Bergung leistete. Andererseits unterlaufen Regler auch einige nachweisbare Fehler. Er verlegt den Tag irrtümlich auf den 12. Dezember, obwohl Beimler am 1. Dezember starb. Regler hielt die Trauerrede in Albacete und nicht, wie in seinen Erinnerungen, in Madrid. Laut Perucho teilten sich die Soldaten Beimlers Habseligkeiten, seine Brieftasche und ein Stück seiner Uniform, untereinander auf; bei Regler fand man nur ein Taschenmesser und einen Zeitungsausschnitt mit einer Stalin-Rede in seinen Taschen, und er erwähnt eine solche Aufteilung nicht. Im Gegensatz zu Martinez Amutio weiß Regler von keiner Kopfverletzung zu berichten; nach seiner Erinnerung hatte die Kleidung nur eine kaum erkennbare Einschußstelle, was der Version von einem Dumdum- oder einem Explosivgeschoß widerspräche. Nach Regler trug der tote Beimler die Lammfelljacke, die er nach Antonia Stern am Auto abgelegt hatte. „Schuster" wird von Regler überhaupt nicht erwähnt; er übergeht auch die anderen Personen, die sich in der Nähe aufhielten und für den Fall als mögliche Zeugen eine gewisse Bedeutung hätten.

Antonia Stern erwähnt, daß Regler Gerüchte über Beimlers hohen Alkoholgenuß in die Welt gesetzt und auch behauptet habe, Beimler habe in angetrunkenem Zustande darauf bestanden, den Hohlweg entlangzulaufen, der ihm dann zum Verhängnis wurde[45]. Nach Antonia Sterns Verdacht stand Regler damals Richard Staimer nahe. Später trennte er sich von der KPD. Einen Mordverdacht wies Regler aber auch als späterer KPD-Gegner zurück: „Übereifrige Gegner der Kommunisten haben später behauptet, ein GPU-Mann habe Beimler ‚liquidiert'. Im Prinzip wäre das nicht ausgeschlossen gewesen. Beimler starb jedoch an eines Mohren Kugel."[46]

Abschließend soll hier eine Version vom Tode Beimlers gegeben werden, die von dem wahrscheinlich letzten lebenden Augenzeugen Josef Toch aus Wien stammt. Josef Toch bediente zu jener Zeit ein sogenanntes „Schweige-MG", also ein Maschinengewehr, das nur bei Erscheinen feindlicher Personen in Aktion zu treten hatte. Es lag auf einem Hügel unmittelbar am „Palacete", dem kleinen, auch heute noch existierenden landwirtschaftlichen Mustergut der Universität am Rande Madrids. Die vordersten Stellungen der Franco-Truppen waren an dieser Stelle nur etwa 75-100 m entfernt. Rückwärts zur Etappe führte ein etwa 150 m langer Pfad, der von den Feinden teilweise eingesehen werden konnte und nur beschossen wurde, wenn sich jemand auf ihm bewegte. Im Gegensatz zu den meisten anderen Darstellungen war es noch Nacht, die aber durch Mondschein erhellt wurde. Toch sah plötzlich Beimler — erkennbar an seiner Lammfelljacke und der schief sitzenden Mütze — den Weg in Richtung Front herbeieilen, etwa zehn Schritte hinter ihm „Schuster". In beträchtlicher Distanz folgten

---

44 Regler: Ohr des Malchus, S. 380.
45 Antonia Stern: Hans Beimler, S. 40 f.
46 Regler: Ohr des Malchus, S. 380.

ihnen mehrere andere Männer, unter ihnen Richard Staimer. Zu diesem Zeitpunkt waren nirgends Schüsse zu hören, auch war der in einigen Berichten erwähnte Panzer weit und breit nicht zu sehen. Plötzlich unterbrachen drei oder vier Schüsse die Stille, und Toch sah Beimler und „Schuster" stürzen. Danach trat wieder Stille ein. Als die Leichname nach Monduntergang geborgen wurden, stellte man bei Beimler einen Herzschuß und bei Schuster einen Kopfschuß fest. Die Kugeln kamen eindeutig von faschistischer Seite. Nach Tochs Erinnerung stammten die Schüsse von einem Gewehr oder einem leichten MG; Explosiv- oder Dumdum-Geschosse hält er für unwahrscheinlich. Obwohl die unmittelbare Todesursache auf feindliche Kugeln zurückgeführt werden muß, handelte es sich um ein improvisiertes Ereignis: man ließ Beimler und „Schuster" unvorbereitet und ohne entsprechende Warnungen und Instruktionen den von maurischen Scharfschützen gelegentlich beschossenen Pfad entlanglaufen und riskierte dabei die von der Gegenseite zu erwartende Lebensgefahr für Hans Beimler[47].

Stellt man die Details dieser Version allen anderen gegenüber, dann bleiben dennoch viele Fragen unbeantwortet. Als einziger verlegt Toch den Vorfall in die Nacht, allerdings bei hellem Mondschein. Anders als bei Antonia Stern trug Beimler die Lammfelljacke. Es fehlen die Episoden mit dem Panzer und dem Sanitäter, wie sie in den Darstellungen der ersten Presseberichte, in den Schilderungen Peruchos, Staimers und Reglers ganz oder teilweise angeführt werden. Unterschiedlich sind die verschiedenen Darstellungen, nach denen Beimler auf dem Hinwege zu einer Frontinspektion starb oder auf dem Rückwege. Widersprüche enthalten die Angaben über Beimlers Schußwunden und über „Schusters" Ende. Auch die Umstände seiner Bestattung werden unterschiedlich beschrieben. Während Geyer sich — laut Antonia Stern — darüber entrüstete, daß beim Leichenzug auf den Montjuich und bei der Feier kein KPD-Vertreter anwesend war, erwähnt Hubert von Ranke, er selbst habe mit anderen die Totenwache gehalten. Zusammenfassend muß festgestellt werden, daß der Tod Beimlers heute nicht mehr geklärt werden kann. Die Darstellungen, die die tödlichen Schüsse den feindlichen Truppen zuschreiben (Perucho, Staimer, Regler, Presseberichte), lassen sich nicht zu einer widerspruchsfreien Einheit zusammenfügen. Aber auch die Thesen über einen möglichen direkten oder indirekten Mord (Stern/Laurencic/„Aster"/Martinez Amutio, Toch) enthalten unvereinbare Aussagen.

Abschließend kann nur eine Legende aufgeklärt werden: die Geschichte von Beimlers Grab. Bekanntlich wurde sein Leichnam in Barcelona eingeäschert und auf dem ausgedehnten Friedhof des Montjuich beigesetzt. Nach Angaben Antonia Sterns blieb die Grabstelle lange Zeit ohne Stein und erhielt erst nach ihrer Vorsprache bei Dolores Ibárruri eine Gedenktafel. Diese enthielt einen kurzen Hinweis auf seinen antifaschistischen Kampf und seinen Tod — in der Casa de Campo (sic!), eine geographische Verwechslung, die eine weitere Irreführung darstellt. Nach Einnahme der Stadt sollen Franco-Truppen das Grab eingeebnet haben; dennoch sollen noch viele Jahre danach (1976) immer wieder frische Blumen an seine Stelle gelegt worden sein[48]. Was die Einebnung betrifft, so zeugt die Nachricht von geringer Kenntnis der Landessitten. Nur selten werden in Spanien Särge in die Erde versenkt, sondern in der Regel in Nischen eingemauert. Um Beimlers Grab einzuebnen, hätte man also die ganze Mauer mit mehreren Grabetagen über und unter ihm abtragen müssen. Tatsächlich existiert sein Grab noch unter der Nummer 69 der Via San Juan, Agrupación 9. Den Grabstein haben die Franco-Behörden wegen seines politischen Inhaltes entfernt, das Grab aber offensichtlich nicht geöffnet und anderweitig vergeben, wovon sich der Verfasser im Frühjahr 1982 überzeugen konnte.

---

47 Interview Toch.
48 Vgl. Jakob Lohrscheider: Zur Geschichte des Grabes von Hans Beimler, in: Spanien 1936 bis 1939, S. 84 f.

Die im Bürgerkrieg begonnene Propaganda mit Hans Beimler wurde auch nach 1945 fortgesetzt. Spanische und deutsche Schriftsteller wie Rafael Alberti und Anna Seghers nahmen sich seiner an. Der DDR-Ministerrat verlieh 1956 und 1966 an deutsche und ausländische Spanienkämpfer die „Hans-Beimler-Medaille" und gab Kriegsschiffen und Kasernen seinen Namen[49]. Mögen die Umstände um seinen Tod auch für alle Zeiten ungeklärt bleiben, so begleitet die großen Ehrungen doch ein unangenehmer Beigeschmack.

Die Zusammensetzung der deutschen Spanienkämpfer

Der Zustrom deutscher und österreichischer Freiwilliger machte im ersten Halbjahr 1937 eine Reorganisation der XI. Brigade und die Gründung zweier neuer Bataillone erforderlich. Nach schweren Verlusten wurde auch das „Tschapaiew"-Bataillon der XIII. Brigade aufgelöst und größtenteils der XI. Brigade zugeteilt. Es hatte zeitweilig aus Angehörigen von 21 Nationen bestanden, von denen aber fast die Hälfte aus Deutschland, Österreich, der Schweiz und Luxemburg sowie aus Ländern der früheren Donau-Monarchie stammte, in denen die deutsche Sprache weit verbreitet war[50]. Wenn wir von wenigen kleineren Einheiten (Kompanien, Batterien usw.) in anderen Verbänden der Interbrigaden und des regulären spanischen Heeres absehen, gehörten die meisten deutschen Freiwilligen der XI. Brigade an, die sich ab Sommer 1937 aus folgenden Bataillonen zusammensetzte:
1. Bataillon „Edgar André"
2. Bataillon „Hans Beimler"
3. Bataillon „Ernst Thälmann"
4. Bataillon „12. Februar"
Im Bataillon „12. Februar" kämpften vor allem Österreicher, im „Hans Beimler"-Bataillon Angehörige aus sprachverwandten Ländern, also Niederländer und Flamen, Schweden, Dänen und Norweger, aber teilweise auch andere Nord- und Mitteleuropäer: Finnen, Esten, Tschechoslowaken und Ungarn. Erwähnt wurde an anderer Stelle bereits der wachsende Anteil der Spanier, der gegen Ende des Bürgerkrieges vielfach die Hälfte der Mannschaften und einen beträchtlichen Anteil der Offiziere stellte.
Statistische Unterlagen größeren Umfanges über die deutschen Interbrigaden fehlen. Wir können daher über bestimmte Daten nur Mutmaßungen anstellen oder auf Umwegen zu bestimmten Rückschlüssen gelangen. So fehlen Unterlagen über die soziale Zusammensetzung der deutschen Spanienkämpfer; die vorhandenen Daten, die vor allem nach dem Bürgerkriege 1939 in französischen Internierungslagern zusammengetragen wurden, lassen den Schluß zu, daß der soziale Durchschnitt der deutschen Interbrigadisten nicht wesentlich vom Gesamtdurchschnitt aller Interbrigadisten abwich. Von den in Gurs internierten deutschen Sozialdemokraten, die ihre Personalien an den Parteivorstand schickten, waren etwas über 60 % Arbeiter und Handwerker und je etwa 14 % Intellektuelle bzw. kaufmännisch oder im Dienstleistungsbereich Tätige[51]. Auch eine Durchsicht der Lebensläufe deutschsprachiger Emigranten

---

49 Kühne, S. 268 ff.
50 „Tschapaiew". Das Bataillon der 21 Nationen. Dargestellt in Aufzeichnungen seiner Mitkämpfer, redigiert von Alfred Kantorowicz, (Neuauflage:) Berlin DDR 1956, S. 19. — Zum folgenden auch Roland Jäntsch: Die militärischen Formationen deutscher Interbrigadisten in Spanien — Keimformen eines demokratischen Volksheeres, *Zeitschrift für Militärgeschichte* 15. Jg. (1976), S. 286-298, hier S. 294.
51 Personalunterlagen im AsD: Emigration — Sopade, Mappe 110.

aus dem „Biographischen Handbuch der deutschsprachigen Emigration" (BHE) vermittelt durchaus den Eindruck, daß Arbeiter eine deutliche Mehrheit unter den deutschen Spanienkämpfern bildeten.

Eine weitgehende Übereinstimmung mit dem Gesamtdurchschnitt der Interbrigaden dürfte auch in der Altersstruktur der deutschen Spanienkämpfer bestehen. Die Zahl der 31jährigen und älteren Sozialdemokraten, die in Gurs interniert waren, lag doppelt so hoch wie die der 30jährigen und jüngeren. Allein die Zahl der über 40jährigen machte 1939 rund ein Drittel aus[52]. Einige in spanischen Archiven aufbewahrte Statistiken bestätigen den hohen Altersdurchschnitt auch der deutschen Spanienkämpfer. Die eine Liste, versehen mit der sprachlich gemischten Überschrift „Les volontaires de nationalité: Alemania"[53] stammt vom 8. Dezember 1938 und enthält die persönlichen Daten von 49 deutschen Freiwilligen. Eine andere Liste — wahrscheinlich vom November 1938 - führt die Daten von 52 im Lazarett von Moya einquartierten Deutschen auf[54]. Nach beiden Statistiken ergeben sich ähnliche Resultate: 29 (von 52) bzw. 16 (von 42) waren 31-40 Jahre alt, dagegen standen nur 18 bzw. 13 im Alter zwischen 21 und 30 Jahren. Angesichts von 5.000 deutschen Spanienkämpfern sind die hier genannten Listen sicher keine repräsentative Grundlage für statistische Auswertungen; andererseits dürfte es wohl auch kein Zufall sein, daß sie miteinander weitgehend übereinstimmen und in ihren Aussagen auch dem Gesamtdurchschnitt der Interbrigaden entsprechen.

Ein großer Teil der deutschen Freiwilligen ging nicht nur aus den Emigrationsländern nach Spanien, sondern verließ auch unter oft abenteuerlichen und nicht ungefährlichen Umständen die Heimat, um sich in Frankreich bei den Werbestellen zu melden. Die KPD förderte diese Bereitschaft, indem sie durch Flugblätter auf Kontaktstellen im benachbarten Ausland hinwies und teilweise auch von dort aus die Weiterreise nach Frankreich unterstützte. Ein besonderes Rekrutierungszentrum lag in der Tschechoslowakei, die für viele Deutsche aus Schlesien, Sachsen und Thüringen leicht erreichbar war. Ende 1936 verbreitete die KPD im Reich beispielsweise Flugblätter mit der Aufschrift: „Es lebe Spanien — die KPD lebt noch! Werbestellen für Spanien in Mährisch-Ostrau!"[55] Weitere Kontaktstellen befanden sich in Leipa, Königgrätz, Prag und anderen Orten. Gelegentlich griff die tschechoslowakische Polizei durch, indem sie Arbeitern die Ausreisepapiere verweigerte. Sie schöpfte Verdacht aus der Tatsache, daß plötzlich so viele arbeitslose Arbeiter — Einheimische wie Deutsche — Personaldokumente oder andere Hilfsmittel für die Reise nach Frankreich beantragten. In der Regel wurden die Freiwilligen von den Kontaktstellen an die KP-Zentrale in Prag verwiesen, von der sie eine Fahrkarte nach Frankreich und etwas Zehrgeld erhielten[56]. Andere Werbezentren lagen in den Niederlanden, vor allem in Amsterdam, und in Belgien, hier wiederum im grenznahen Eupen[57]. Aber von allen diesen Stellen aus wurden die Deutschen dann nach Paris weiterverwiesen, von wo aus sie dann den bereits beschriebenen Weg nach Spanien antraten.

Die meisten deutschen Spanienkämpfer hatten jedoch ein in der Regel mehrmonatiges Exil in einem der typischen Exilländer hinter sich. Wenn wir die oben zitierten Statistiken auswerten, kommen wir zu recht eindeutigen Ergebnissen. Von den auf der einen Liste vermerkten 49

---

52 Ebd.
53 „Les volontaires de nationalité: Alemania" vom 8. 12. 38; SHM: legajo 278, carpeta 3.
54 „Volontaires de nationalité: allemande. Hospitalizados en Moya", Liste vom November 1938; SHM: legajo 1263, carpeta 11.
55 Zitat nach Kühne, S. 161.
56 Bericht der deutschen Gesandtschaft Prag vom 7. 1. 37 an das AA; PA AA: Pol. III (31), Spanien: Innere Politik, Parlaments- und Parteiwesen, Bd. 26. — Vgl. *Sudetendeutsche Tageszeitung* vom 16. 12. 36; ebd., Bd. 25.
57 Schreiben der Gestapo vom 18. 1. 37 an das AA; ebd., Bd. 27.

Deutschen kamen 22 direkt aus ihrer Heimat, 12 aus dem Exil in Frankreich, drei aus der Schweiz, je zwei aus Dänemark und der Tschechoslowakei, der Rest kam aus sonstigen Ländern oder machte dazu keine Angaben. Die Liste der 52 in Moya stationär behandelten Deutschen fördert ähnliche Ergebnisse zutage: 12 Freiwillige kamen direkt aus Deutschland; aus folgenden Exilländern kamen jeweils: Tschechoslowakei 14, Frankreich 11, Belgien 5, Niederlande 3, Dänemark 2, andere Länder 5.

Diejenigen Freiwilligen, die aus einem Exil-Land nach Spanien geeilt waren, hatten in der Mehrheit schon ein längeres Emigrantendasein hinter sich, meistens mehr als zwölf Monate. Gewiß stellen die in den beiden Namenslisten aufgeführten 101 Personen keinen repräsentativen Durchschnitt dar, aber man wird wahrscheinlich nicht allzu weit an der Wirklichkeit vorbeigehen, wenn man den Anteil derjenigen deutschen Spanienkämpfer, die direkt aus ihrer Heimat (über Frankreich) nach Spanien fuhren, auf etwa ein Drittel schätzt. Diese Schätzung wird bestärkt durch Fahndungsunterlagen der Gestapo, die seit etwa Januar 1937 systematisch die deutschen — nach den jeweiligen „Anschlüssen" auch österreichischen und sudetendeutschen — Spanienkämpfer registrierte, soweit sie Informationen über sie erlangen konnte. Die entsprechenden Fahndungsbögen und Rundtelegramme mit Suchmeldungen enthalten zwar viele Fehler und Ungenauigkeiten und sind mit den erforderlichen Vorbehalten auszuwerten. Aber sie halten recht detailliert fest, wer wann illegal ausgereist war und dann in Spanien wiedergesehen wurde[58].

Es ist außerordentlich schwierig, eine genaue Einteilung der Interbrigadisten nach ihrer politischen Zugehörigkeit vorzunehmen. Die Volksfrontpropaganda stellte die parteipolitischen Unterschiede ganz gezielt in den Hintergrund, nicht zuletzt um die überwiegend kommunistische Regie hinter den Kulissen zu verdecken. Aber gerade aufgrund der überwiegend von der Komintern getragenen Organisation der Internationalen Brigaden ist ein zahlenmäßiges Übergewicht kommunistischer Freiwilliger unübersehbar. Da die Rekrutierungsstellen fest in kommunistischen oder von der KP gelenkten Organisationen und Institutionen lag, war damit ein wirksames Steuerungs- und Kontrollinstrument gegeben. Genaue, aber nicht repräsentative, Prozentzahlen über die politische Zugehörigkeit der Interbrigadisten stammen aus dem Internierungslager Gurs, in das die dort in der sog. „9. Kompanie" zusammengefaßten 170 Deutschen und Österreicher nach dem Bürgerkrieg von den französischen Behörden eingesperrt worden waren. Danach waren 52 % der Insassen Kommunisten, 15 % Sozialdemokraten, 15 % Anarchosyndikalisten, 2 % SAP-Mitglieder und 16 % Angehörige anderer Linksorganisationen oder politisch nicht organisiert[59]. Nun wird man hiergegen einwenden müssen, daß die Zusammensetzung dieser Lagerinsassen keine typische, sondern eine durch Gruppenbildung Gleichgesinnter bereits verzerrte war. In Wirklichkeit dürfte die Personenzahl der KP-Mitglieder höher gelegen haben. Stellt man die in verschiedenen Archiven zugänglichen biographischen Daten zusammen, so wird man bei den deutschen Freiwilligen einen kommunistischen Anteil von 60-70 % annehmen dürfen.

Allerdings muß auch diese Schätzung relativiert werden. Wer war „Kommunist"? Bei KP-Mitgliedern aus der Zeit vor 1933 ist die Antwort nicht schwierig. Aber es gab auch komplizierter gelagerte Fälle. So konnte es vorkommen, daß deutsche Freiwillige mit sozialdemokratischer Vergangenheit in Spanien durch Propaganda zum Beitritt in den PSUC veranlaßt wurden, ohne zu ahnen, daß hinter dem unverfänglichen Namen eine de facto kommunistische

---

58 Vgl. im IfZ den Mikrofilm MA 649, S. 351 716 — 352 136, auf dem etwa 500 Namen mutmaßlicher Spanienkämpfer registriert sind.
59 Vermerk Eduard Kochs vom 4. 6. 39; DÖW: Akt 7635.

Partei stand[60]. Wer aber einmal dazugehörte, konnte ohne begründete Furcht vor Repressalien nicht mehr austreten. Andere Freiwillige gerieten über die ehemals sozialistische Gewerkschaft UGT oder durch überparteiliche Komitees in die Reihen kommunistischer Organisationen, so daß an der Zahl geschätzter KP-Anhänger einige — im einzelnen nicht näher bestimmbare — Abstriche gemacht werden müssen. Die Entstehungsgeschichte der deutschen Einheiten macht aber verständlich, wie es zu diesem kommunistischen Übergewicht in den deutschen Freiwilligenverbänden kam.

Die Offiziere der XI. Brigade

So wie die Organisationsform der einzelnen Brigaden häufigen Umgruppierungen unterlag, so wurden — sogar in stärkerem Maße — auch die wichtigen Funktionsträger der Freiwilligenverbände des öfteren versetzt, befördert oder mit neuen Aufgaben betraut. Eine Übersicht, die nur ein bestimmtes Stichdatum berücksichtigen würde, ließe daher die ständig wechselnde Zusammensetzung des Offizierskorps und damit ihren dynamischen Charakter außer acht. Die hier beigefügte Liste[61] versucht, den ständigen Veränderungen Rechnung zu tragen. Nicht alle Daten waren vollständig zu ermitteln; nicht alle Pseudonyme konnten entschlüsselt werden. Aber die Liste vermittelt doch einen gewissen Überblick über die wichtigsten deutschen Kommandeure, Polit-Kommissare und Stabschefs der XI. Brigade und ihrer überwiegend deutschen Bataillone. Auch hier sind Einschränkungen anzumelden: unter den hier aufgeführten Namen befinden sich Österreicher (Adolf Reiner, „Emilio Kléber"), Ungarn („Tschapaieff" alias Miklos Szalway, „Otto Flatter" alias Ferenc Münnich), Schweizer (Max Doppler) sowie einige Personen, deren Identität und Nationalität nicht zu ermitteln waren. Umgekehrt hatten manche Einheiten außerhalb der XI. Brigade deutsche Offiziere, und Deutsche wirkten noch in Stäben, Verwaltungs- und Verbindungsstellen, technischen Dienststellen und sonstigen Zentralen mit.

Ein Blick auf die Liste zeigt eine starke Fluktuation innerhalb der hier berücksichtigten Funktionsgruppen. Von wenigen Ausnahmen abgesehen, behielt keiner der Kommandeure und Polit-Kommissare seinen Posten länger als ein halbes Jahr. Oft wurden sie schon nach wenigen Wochen auf einen neuen Posten versetzt. Über die Stabschefs kann hierzu aufgrund mangelhafter Quellen nichts gesagt werden, jedoch ist zu vermuten, daß sich diese Beobachtung auch hier wiederholen würde. Diese Fluktuation entspricht in starkem Maße auch der der Mannschaften, die aufgrund von Neuzugängen und Verlusten häufig versetzt oder umgruppiert wurden.

Eine der großen Schwierigkeiten der Internationalen Brigaden bestand im Mangel an ausgebildeten Offizieren und Soldaten. Letztere rekrutierten sich vielfach aus Personen, die noch nie eine Waffe in der Hand gehalten hatten und anfangs in nur wenige Tage umfassenden Schnellkursen notdürftig ausgebildet werden mußten. Dagegen galten diejenigen, die noch im Ersten Weltkrieg als einfach Soldaten gedient hatten, als hochqualifizierte Spezialisten und waren für eine Offizierskarriere prädestiniert. Dagegen waren Freiwillige mit höherer militärischer Ausbildung selten. Berufsoffizier war eigentlich nur Ludwig Renn gewesen, der vor 1914 unter sei-

---

60 Schreiben Rudolf Ehrlichs vom 23. 11. 39 an den Parteivorstand der SPD; AsD: Emigration — Sopade, Mappe 35.
61 Die Liste wurde zusammengestellt nach den Akten des SHM: legajo 1263, carpetas 12 — 20, sowie nach dem BHE I, Andreu Castells sowie Gustav Szinda: XI. Brigade, S. 11—15.

Offiziere und Kommissare der XI. Internationalen Brigade und ihrer Bataillone

(Die nachstehende Übersicht beruht auf Akten des SHM sowie auf entsprechenden Listen in den Schriften von Andreu Castells und Gustav Szinda. Bei nicht-deutschen Personen ist die Nationalität durch die internationale Kennzeichnung in Klammern angegeben. Die Numerierung der Bataillone nach dem Stand des Sommers 1937 entspricht nicht der Reihenfolge ihrer Aufstellung.)

XI. Brigade

Kommandeure	Polit-Kommissare	Stabschefs
„Emilio Kléber" (A) (1. — 20. 11. 36)	„Mario Nicoletti" (I) (1. 11. 36 — 14. 1. 37)	J.M. François (F) (1. — 25. 11. 36)
Hans Kahle (21. 11. 36 — 31. 3. 37)	Artur Dorf (14. 1. 37 — April 37)	Ludwig Renn (25. 11. 36 — Juni 37)
Richard Staimer (April — Dez. 37)	Heiner Rau (Mai — September 37)	Gustav Szinda (Juli — Sept. 37)
Heiner Rau (Jan. — März 38)	Kurt Frank (Sept. 37 — Jan. 38)	Heiner Rau (Oktober — Dez. 37)
Gustav Szinda (März 38)	Richard Schenk (Februar/März 38)	Ludwig Renn (Apr. 38 — Febr. 39)
Otto Flatter (H) (Apr. — Aug. 38)	Ernst Blank [+] (März 38 — Jan. 39)	
Adolf Reiner (A) (Sept. 38 — Jan. 39)		
Heiner Rau (Jan./Febr. 39)		

1. Bataillon „Edgar André"	Kommandeure	Polit-Kommissare
	Hans Kahle (28. 10. — 20. 11. 36)	Artur Dorf (28. 10. 36 — 14. 1. 37)
	Wilhelm Fölkel (20. 11. 36 — 14. 1. 37)	Josef Zettler (14. 1. — 5. 3. 37)
	„Tschapaieff" (H) (M.Szalway) (14. 1. — 15. 3. 37)	Karl Schmidt (PL) (6. 3. — Mai 37)
	Gustav Szinda (März — Juni 37)	Willy Herr (Mai/Juni 37)
	„Louis" (?) (9. 7. 37 — 16. 1. 38)	Josef Zeuner (Juni — Aug. 37)
	Heinz Schramm (Jan. 38)	Wilhelm Pinnecke (Aug. 37 — März 38)
	Willy Benz (Jan. — Apr. 38)	(spanische Kommissare)
	Ernst Buschmann (Apr. 38 — Jan. 39)	

	Kommandeure	Polit-Kommissare
2. Bataillon „Hans Beimler"	Heinz Schramm (Mai — Juli 37)	Ernst Braun (Mai 37)
	Willy Schwarz (Juli — Nov. 37)	Heinz Hoffmann (Mai — Juli 37)
	Fritz Klamm (Nov./Dez. 37)	Robert Weinand (Juli — Sept. 37)
	Max Doppler (CH) [+] (Dez. 37 — Jan. 38)	Otto Kühne (Sept. — Dez. 37)
	(spanische Kommandeure)	Hans Golz (Dez. 37 — Jan. 38) (spanische und internationale Kommissare)
3. Bataillon „Ernst Thälmann"	Ludwig Renn (10. 11. — 27. 11. 36)	Paul Wolf (28. 11. 36 — 14. 1. 37)
	Richard Staimer (27. 11. 36 — 14. 1. 37)	Frank Strunk (14. 1. 37 — März 37)
	Franz Raab (14. 1. — Mai 37)	Toni Meinel (März/April 37)
	Georg Elsner [+] (Mai — 24. 8. 37)	Robert Weinand (April — Juli 37)
	Anton Schichanowsky (24. 8. — Okt. 37)	Willi Bredel (Juli — Okt. 37)
	Max Doppler (CH) (Okt. — Dez. 37)	Richard Schenk (Okt. 37 — Jan. 38)
	Fritz Klamm (Dez. 37 — Jan. 38)	(spanische Kommissare)
	Paul Horning (Jan. — März 38)	
	Willy Hackbarth (März/April 38)	
	Jupp Güppel (Apr. — Juli 38)	
	Franz Raab (Juli 38 — Jan. 39)	
4. Bataillon „12. Februar"	Harry Hellfeld (Juni — Aug. 37)	Walter Knobloch (Juni — Aug. 37)
	Karl Bauer (A) (Aug. — Okt. 37)	Leo Wurzel (A) (Aug. — Sept. 37)
	Emil Reuter (A) (Okt. 37 — März 38)	Paul Steiner (A) (Okt. 37 — Juli 38)
	Karl Rimbach (A) (März/April 38)	(spanische Kommissare)
	Adolf Reiner (A) (Apr. — Aug. 38)	
	Willy Benz (Aug. 38 — Jan. 39)	

nem richtigen Namen Arnold Vieth v. Golssenau als königlich-sächsischer Gardeoffizier gedient hatte; er wurde zunächst Kommandeur des Thälmann-Bataillons und war zuletzt Stabschef der Internationalen Brigaden im Range eines Obersten. Ein anderer Weltkriegsoffizier war Hans Kahle, der in Spanien gewöhnlich als „Hans" oder „Jorge Hans" auftrat. Als ehemaliger Kadett wurde Kahle zunächst Kommandeur des „Edgar-André"-Bataillons, sodann der XI. Brigade und schließlich der 45. spanischen Division. Er scheint in den Interbrigaden recht beliebt gewesen zu sein und unterschied sich wohltuend vom Kastengeist und arrivierten Gehabe frisch gebackener Jungoffiziere in Spanien[62]. Der dritte Weltkriegsoffizier war Wilhelm Zaisser, unter dem Decknamen „General Gómcz" zeitweilig Kommandeur der XIII. Brigade; er wird uns an anderer Stelle beschäftigen.

Die meisten übrigen Offiziere hatten keine militärische Karriere hinter sich. Einige wie Heiner Rau und Richard Staimer, beide zuletzt Oberstleutnante und zeitweilige Kommandeure der XI. Brigade, hatten jedoch eine parteiamtliche und höchst wahrscheinlich auch militärische Ausbildung in der Sowjetunion erhalten. Dies gilt auch für Heinz Hoffmann, der es als Polit-Kommissar des „Hans-Beimler"-Bataillons wegen einer Verwundung nur bis zum Leutnant brachte und vorzeitig über Frankreich und Skandinavien in die Sowjetunion zurückkehrte; er konnte seine Karriere erst im Zweiten Weltkrieg in der Roten Armee fortsetzen und später in der DDR, wo er 1959 bzw. 1960 ordensgeschmückter Generaloberst und Verteidigungsminister wurde[63]. Wieder andere wie Gustav Szinda, Heinz Schramm, Franz Raab und Artur Dorf avancierten nach meist kurzer Tätigkeit und erlangten rasch sogar mittlere und höhere Offiziersränge: comandante (Major) und sogar coronel (Oberst)[64].

Mit nur wenigen Ausnahmen waren die Offiziere und Polit-Kommissare Mitglieder der KPD. Eine dieser Ausnahmen bildete Ernst Braun, bis 1935 Vorsitzender der SAJ im Saargebiet, zeitweilig Polit-Kommissar im „Hans-Beimler"-Bataillon, später Major[65]. Andere Sozialdemokraten, die in den Internationalen Brigaden, den Brigadas mixtas und im regulären spanischen Heer Offiziersränge bekleideten, waren außer dem bereits andernorts vorgestellten Major Rolf Reventlow noch der Österreicher Franz Gabler (Hauptmann), die Hauptleute Carl (Carlos) Oster und Joseph (José Maria) Otto sowie der Major Otto Jürgensen, der im Sommer 1937 fiel[66]. In größerer Zahl waren deutsche und österreichische Sozialdemokraten erst wieder in Mannschaftsgraden anzutreffen: als sargentos (Feldwebel) oder cabos (Gefreite). Für die Internationalen Brigaden wird man von einer straff gelenkten kommunistischen Personalpolitik sprechen können, die auch die Beförderung von überwiegend politischen Gesichtspunkten abhängig machte. Daß dies auch unter den Interbrigadisten Unmut und Ärger hervorrief, belegt ein empörter Vermerk aus einer deutschen Einheit: es sei eine Schande, daß Genosse „Papa" nach fünf Monaten Fronteinsatz noch immer nicht befördert worden sei, während andere, die noch nie einen Schuß gehört hätten, in goldenen Tressen herumliefen. Eine Personalakte trägt den bezeichnenden Vermerk: „Kein Urteil, da als Feldwebel immer hinter Front."[67]

Neben den eigentlichen Kampfverbänden der Internationalen Brigaden existierten Spezialeinheiten, in denen auch Deutsche als Offiziere, Kommissare oder sonstige Funktionsträger wirk-

---

62 BHE I, S. 342. — Interview Toch.
63 BHE I, S. 309, 585, 718. — Vgl. auch Heinz Hoffmann: Mannheim — Madrid — Moskau. Erlebtes aus drei Jahrzehnten, Berlin DDR 1981, S. 315, 322-82.
64 BHE I, S. 136, 667, 753.
65 BHE I, S. 87. — „Orden del dia" vom 19. 4. 37; SHM: legajo 1263, carpeta 5. — „Tagesbefehl" vom 9. 6. 37; ebd., carpeta 6. — Liste vom 7. 9. 37; ebd., carpeta 15.
66 Personalbogen „Ottos"; vgl. Anm. 51.
67 Undatierter Vermerk Heinz Dintelmanns sowie undatiertes Notizblatt mit verschiedenen Beurteilungen; SHM: legajo 1263, carpeta 5.

Offiziere der XI. Brigade: Ludwig Renn (r) und Heinrich Rau

ten. Erwähnenswert ist hier der „Servicio especial", in dem Richard Stahlmann eine führende Rolle spielte; Aufgabe dieser Abteilung war es, im Hinterland der Front Sabotageakte durchzuführen und den Franco-Truppen dadurch den Vormarsch zu erschweren[68]. Sodann dienten viele Deutsche in anderen Einheiten. Hans Kahle, der von den Interbrigaden zur 45. Division überwechselte, sowie General „Gómez" (Wilhelm Zaisser) wurden bereits erwähnt. Albert Schreiner, der die „Centuria Thälmann" angeführt hatte, wurde Zaissers Stabschef in der XIII. Brigade. Zwei im Madrider Militärarchiv aufbewahrte umfassende Listen führen mehrere hundert Ausländer in regulären spanisch-republikanischen Einheiten, in der Luftabwehr und in den in Katalonien stationierten Panzerwaffen (Defensa contra aviones — DECA bzw. fuerzas blindadas de Cataluña), der Luftwaffe und der Panzerabwehr auf; unter ihnen befinden sich 135 als Deutsche und 47 als Österreicher ausgewiesene Soldaten und Offiziere und eine beträchtliche Zahl solcher Personen, deren Nationalität nicht angegeben ist, die aber aufgrund ihres Namens mit großer Wahrscheinlichkeit Deutsche oder Österreicher waren[69].

Neben diesen militärischen Verbänden existierten naturgemäß reine Verwaltungsstellen, Versorgungsdienste, Fahrbereitschaften und Pressestellen, in denen man auch Deutsche antreffen konnte. Von besonderem Interesse, indessen quellenmäßig nur schwer zu erforschen, waren die geheimpolizeilichen Stellen, die wie im zivilen Bereich so auch im militärischen Sektor der Interbrigaden wirkten.

---

68 Vgl. Fritz Mergen: Aufklärung im faschistischen Hinterland; Bruno Kühn: Das I. Internationale Partisanenbataillon, und Paul Zielonka: Bei den Partisanen in Calatayud, in: Brigada Internacional II, S. 17 ff., 104 ff., und 108 ff. — Castells, S. 122, 487.

69 Undatierte, nicht spezifizierte Liste und undatierte Liste der Subsecretaría del Ejército de Tierra/Sección movilización y organización; SHM: legajo 276, carpeta 5.

Geheimpolizei und Überwachung in den Interbrigaden

So wie die ausländischen Zivilisten der Beobachtung und Kontrolle der spanischen Geheimpolizei mit ihren jeweiligen internationalen Mitarbeitern unterstanden, so wurden auch die ausländischen Freiwilligen in den Internationalen Brigaden von einer kommunistischen Geheimpolizei streng überwacht. In jeder Einheit gab es einen Vertrauensmann, der über die Äußerungen seiner Kameraden, über Stimmungen und Vorgänge an entsprechende Stellen Bericht erstattete. Da die zentrale Verwaltung der Interbrigaden zudem die Personaldokumente der meisten Freiwilligen aufbewahrte (oder nach Moskau sandte) und eine strenge Postzensur durchführte, konnte sie auf diese Weise beträchtliche Informationen über die einzelnen Ausländer sammeln.

Obwohl die Kontrollinstanzen innerhalb der Interbrigaden einen viel größeren Personenkreis überwachten als etwa der „Servicio Alfredo Herz" im zivilen Bereich, haben sie weniger Spuren hinterlassen, die dem Historiker heute als Quellen zur Erforschung von Aktivitäten des NKWD dienen könnten. Es gibt, soweit erkennbar, nur eine Darstellung über diesen Fragenkomplex. Sie stammt von dem Italiener Carlo Penchienati, der als parteiloser Antifaschist in den Internationalen Brigaden kämpfte und zeitweilig als Kommandeur die italienischen Freiwilligen der XII. Brigade befehligte. Bei dieser Schrift handelt es sich um eine scharfe Polemik, die sich nicht auf Quellen stützt, sondern auf die Erinnerungen und Erfahrungen des Verfassers[70]. Aber inzwischen lassen sich manche Aussagen dieser Schrift durch andere Quellen belegen oder ergänzen.

Nach Angaben Penchienatis wurde der „Servicio de Investigación Militar" (SIM) in den Interbrigaden noch vor (und damit wohl auch unabhängig von) dem gleichnamigen Geheimdienst im spanischen Heer geschaffen. Nach dem heutigen Kenntnisstand führte der sowjetische „Berater" A. Wronski in Albacete die Oberaufsicht und fungierte wahrscheinlich auch als Verbindungsoffizier zum NKWD. Offiziell unterstand der SIM der Interbrigaden dem Politischen Kommissariat (Luigi Longo) und damit direkt André Marty. Die Abteilung für Spionageabwehr wurde von Martys Ehefrau Pauline und die Abteilung für Säuberungen zeitweise von Palmiro Togliatti geleitet; eine besondere Sektion zur Bekämpfung des Trotzkismus (oder was man dafür hielt) unterstand „Jorge Carlos Contreras" (Vittorio Vidali). Daneben existierten noch besondere Sektionen für einzelne Nationalitäten. Für die Gefängnisse, von denen die kleine umgebaute Kirche La Purisima de la Concepción in Albacete, das nahe gelegene Kastell Chinchilla sowie die alte Burg von Castelldefels bei Barcelona als wichtigste genannt seien, war ein Jugoslawe namens Copic verantwortlich[71]. Die internen Zuständigkeiten, Subordinations- und Organisationsstrukturen dürften sich heute kaum noch ermitteln lassen.

Es ist anzunehmen, daß man mit dem Aufbau einer solchen Überwachungsinstanz schon recht frühzeitig begann, lange bevor sie unter dem Namen SIM in Erscheinung trat. Luigi Longo erwähnt die Einrichtung einer Postzensur noch während der Gründungsphase der Interbrigaden. Vermutlich machte man sich in der Zentrale der Internationalen Brigaden sogleich bei deren Gründung daran, auch eine Überwachungsinstanz für die zahllosen Ausländer zu schaffen, unter denen sich ja in der Tat auch manche politisch zwielichtigen Gestalten befanden. Diese Kontrollinstanzen verbargen sich hinter neutralen Bezeichnungen von Verwaltungsinstanzen und Ausbildungsstätten und waren als solche nicht leicht zu erkennen. Ihre Mitarbeiter versahen nominell unverfängliche Funktionen, waren jedoch oft in Moskau ausge-

---

70 Carlo Penchienati: Brigate Internazionali in Spagna. Delitti della „Ceka" comunista, Milano 1950.
71 Penchienati, S. 39 ff., 44 ff. — Vgl. Castells, S. 459 ff.

bildete, hochqualifizierte Agenten. Teilweise stützten sie sich bei ihrer Arbeit auf die Polit-Kommissare, jedoch kann man den Kommissarskader und das Agentennetz nicht gleichsetzen. Obwohl nominell dem spanischen Verteidigungsministerium unterstehend, dürften sie engstens mit dem zivilen kommunistischen Geheimdienst unter Ernö Gerö in Barcelona verbunden gewesen sein. Die administrative Trennung diente wohl nur als Tarnung, so daß man beide als zwei Erscheinungsformen derselben Institution betrachten kann.

Zu den wenigen noch vorhandenen Spuren des SIM gehören einige erhalten gebliebene Personalbögen, die über die Angehörigen der Internationalen Brigaden angelegt wurden. Sie beruhten auf den Aussagen von Vorgesetzten oder anderen befragten Personen. Leider stammen die noch erhaltenen Personalbögen nur aus dem Sanitätsdienst, also einem politisch wenig interessanten Bereich, aber vermitteln doch eine Einsicht in die Registrierung jeder Einzelheit im Leben der betroffenen Personen. Die in spanischer Sprache abgefaßten „Caracteristicas" stammen größtenteils vom September 1938 und dienten wohl einer karteimäßigen Erfassung der Personen vor ihrer bevorstehenden Ausreise nach Frankreich. Verfasser sind „Carlos" und „Richter", deren Identität sich wohl nicht mehr wird klären lassen. Recht deutlich ist zu erkennen, daß „Richter" wesentlich freundlichere und mildere Urteile fällte als „Carlos". Bei diesem konnte es schon über eine Krankenschwester heißen, ihr moralisches Verhalten lasse zu wünschen übrig und ihre Kontakte mit zweifelhaften Elementen ließen sie als wenig vertrauenswürdig erscheinen. Von einer anderen Krankenschwester heißt es, sie sei wegen ihrer vielen Männerbeziehungen kein gutes antifaschistisches Element. Übrigens scheint die Beurteilung nicht von der Parteizugehörigkeit bestimmt worden zu sein, so daß man scharfe Kritiken an Kommunisten und recht wohlwollende auch an Nicht-Kommunisten finden kann. Die beste Beurteilung erhielt der Generaladministrator des Sanitätswesens, Gustav Gundelach: „Guter Arbeiter, sehr verantwortungsbewußt, mit großen organisatorischen Gaben ausgestattet. Politisch seit vielen Jahren organisiert und voll vertrauenswürdig."[72]

Derartige Personalkarteien scheinen schon recht früh angelegt worden zu sein. Ehemalige Interbrigadisten sagten später aus, daß man in Albacete nach Nationen getrennt Akten über jeden Angehörigen der Internationalen Brigaden geführt habe. So wurde einem deutschen Spanienkämpfer mitgeteilt, daß man wegen seines Einsatzes in Spanien seinen in Deutschland lebenden Bruder erschossen habe: man war also über die persönlichen und familiären Verhältnisse genau informiert. Einem anderen deutschen Freiwilligen warf man in Albacete seinen früheren Streit mit der Roten Hilfe in Amsterdam vor, bei dem er von dieser unter dem Vorwurf der Komplicenschaft mit der Gestapo drangsaliert worden war und bei einer Rauferei in eine Gracht gestoßen werden sollte. Obwohl dieser Vorfall schon mehrere Monate zurücklag, war man in Albacete genau darüber informiert[73]. Ein anderer Fall belegt die Tatsache, daß auch interne Kritik an der Truppenführung gemeldet und aufgrund der geradezu krankhaften Furcht vor „trotzkistisch-faschistischen" Spionen verfolgt wurde. So wurde der deutsche Spanienkämpfer Rudolf Beckmann, Angehöriger einer Artillerie-Batterie, im Frühjahr 1937 von der „Checa" verhaftet. Als zwei Beamte der spanischen Regierung seinen Fall untersuchen und ihn im Gefängnis sprechen wollten, fanden sie ihn nur noch tot vor; er hatte angeblich Selbstmord begangen[74].

---

72 „Relación de los camaradas cuya repatriación ha tramitido el Servicio Sanitario Internacional"; SHM: legajo 1263, carpeta 7. — Personalbögen und „caracteristicas" ebd., carpeta 9.
73 Vernehmungsprotokolle vom 21. 11. 40 und vom 6. 10. 40; HStA Düsseldorf: RW 58, Akte 3737 bzw. 6480.
74 Penchienati, S. 42. — Vgl. Verle Johnston, S. 110 f.

Über die deutsche Sektion des SIM liegen keine so detaillierten Quellen vor wie im Falle des „Servicio Alfredo Herz". Offensichtlich war hier die Geheimhaltung wirksamer, der Zusammenhalt der Akteure enger und die Vertuschung und Verwischung der Spuren gründlicher. Daher liegen auch unterschiedliche Aussagen über eine Person vor, deren geheimpolizeiliche Betätigung in Spanien ungewiß ist. Es handelt sich um Wilhelm Zaisser, der in Spanien unter dem Decknamen „Gómez" auftrat. Zaisser war im Ersten Weltkrieg Frontoffizier gewesen, 1918 der USPD, 1919 der KPD beigetreten und hatte seitdem eine typische Untergrundkarriere der Komintern durchlaufen: Ausbildung auf sowjetischen Militärschulen und in Geheimdienststellen, Einsatz als Militärspezialist und Fachmann für Aufstände im Ruhrgebiet, Aktivist im Militärapparat der KPD, 1927 an der Organisation des Kantoner Aufstandes beteiligt, nachrichtendienstliche Betätigung für die Komintern und die Sowjetunion, unter dem Decknamen „Werner" oder „Werner Reissner" Kommandant der Militärschule der Komintern bei Moskau — alle diese Erfahrungen und die damit erworbenen Qualifikationen prädestinierten ihn auch für entsprechende Tätigkeiten in Spanien[75]. Seit September 1936 hielt sich Zaisser in Spanien auf, wo er sofort zum General befördert wurde. Nach offizieller Version wurde er zunächst Berater des (kommunistischen) Fünften Regiments (Quinto Regimiento), nach anderer Darstellung Ausbilder in Albacete. Anfang Dezember 1936 wurde er zum Kommandeur der XIII. Brigade ernannt.

Die Zeit zwischen September und Dezember 1936 läßt sich für Zaisser quellenmäßig nicht genau belegen, so daß die Angaben seiner offiziellen Biographie weder bestätigt noch widerlegt werden können. Andererseits ist zur Frage der Ausbildertätigkeit Zaissers zu bemerken, daß ihn niemand in dieser vergleichsweise öffentlichen Tätigkeit gesehen und dies später bezeugt hat. Alle Augenzeugenberichte, in denen Zaisser vorkommt, kennen ihn nur als Kommandeur der XIII. Brigade. Nun ist es sehr unwahrscheinlich, daß man einen so hochqualifizierten Geheimdienstmann dazu abgestellt hätte, Rekruten zu drillen. Wahrscheinlicher ist die Annahme, daß Zaisser in knapp drei Monaten bestimmte geheimpolizeiliche Aufgaben verrichtet hat, deren Einzelheiten nicht mehr zu ermitteln sind. Für diese Annahme spricht nicht nur der bisherige Werdegang Zaissers, sondern auch seine weitere Karriere, die ihn bis zum Minister für Staatssicherheit der DDR führte.

Für die Annahme sprechen indessen auch die Erinnerungen des sozialistischen Zivilgouverneurs von Albacete, Justo Martínez Amutio, der von Amts wegen aus nächster Nähe die Aktivitäten innerhalb der Internationalen Brigaden beobachten konnte. Anfang Dezember 1936 — also bereits nach Zaissers Ernennung zum Kommandeur der XIII. Brigade — erfuhr Martínez Amutio von der Erschießung von neun Personen im Ausbildungslager von Pozo Rubio am Ufer des Río Júcar, etwa 40 km von Albacete entfernt. Dieses Pozo Rubio war ein alter Landsitz in einem Wäldchen, verbunden mit einem Lager für etwa 300 Personen. Hier fanden tatsächlich Ausbildungskurse statt, wie wir gesehen hatten, hier wurden aber auch Personen inhaftiert und bestraft. Als Martínez Amutio Anfang Dezember 1936 von „blutigen Säuberungen", von der Erschießung von neun Personen im Zusammenhang mit Hans Beimlers Tod erfuhr und deswegen die Vertreter der Internationalen Brigaden zur Rede stellte, hatte er dabei durchweg mit dem Franzosen „Vidal" (Vital Gayman) und „Gómez" (Zaisser) zu tun, die er beide als Hauptverantwortliche für diesen Fall ansah[76]. Durch energisches Eingreifen konnte

---

75 BHE I, S. 842. — Geschichte der deutschen Arbeiterbewegung. Biographisches Lexikon, Berlin DDR 1970, S. 495 f.
76 Martínez Amutio, S. 232-51, insbes. S. 238 ff. — Vgl. hierzu ähnliche Aussagen bei Penchienati (a.a.O., S. 47 f.), der Zaisser gleichfalls zu den Hauptverantwortlichen der „Checa" in der Interbrigaden rechnet.

Martínez Amutio verhindern, daß sich derartige Fälle zumindest in dem von ihm verwalteten Gebiet wiederholten. — Bedauerlicherweise wird der Wert der Erinnerungen von Martínez Amutio geschmälert durch seine Fixierung auf Zaisser als Verkörperung alles Bösen. Wahrscheinlich verwechselt er diesen gelegentlich mit anderen Personen, zweifelsohne aber dort, wo er den 1956 Verstorbenen noch für den Bau der Berliner Mauer im Jahre 1961 verantwortlich macht.

Im Juli 1937 wurde Zaisser zum Kommandanten des Basislagers von Albacete ernannt, was möglicherweise gleichfalls mit geheimpolizeilichen Aufgaben verbunden war; zudem scheint er Kurse für Offiziere in der Kommissar- und Offiziersschule von Benicásim gegeben zu haben, bevor er 1938 nach Moskau zurückgerufen wurde[77]. Seine Identität war übrigens den meisten Spanienkämpfern unbekannt. Man wußte wohl, daß sich hinter dem spanischen Allerweltsnamen „Gómez" ein Deutscher verbarg, und man wußte um seine Karriere in der Sowjetunion. Aber sein richtiger Name dürfte wohl nur wenigen Spitzenfunktionären bekannt gewesen sein[78]. Erst nachdem Zaisser nach dem Kriege Chef der Sicherheitspolizei der Sowjetischen Besatzungszone Deutschlands und später Staatssicherheitsminister geworden war, wurde die Identität mit „Gómez" allgemein bekannt. Auch die Gestapo, die während des Zweiten Weltkrieges intensiv nach ihm fahndete, enttarnte seinen Decknamen erst im Herbst 1941. Ihre Suche nach Zaisser wurde mit solchem Übereifer geführt, daß man 1942 im besetzten Frankreich wegen der Namensgleichheit einen emigrierten aragonesischen Landarbeiter verhaftete, jedoch recht bald freiließ, nachdem sich die Nicht-Identität beider herausgestellt hatte[79].

Eine andere Person, die möglicherweise im Dienste des NKWD innerhalb der Internationalen Brigaden arbeitete, war Erich Mielke. Die Anklagen, die später Alfred Kantorowicz gegen ihn richtete, sind hart: „... Mielke, den in Spanien keiner von uns je zu Gesicht bekommen hat, ja von dessen Existenz wir nichts wußten, weil er ausschließlich im Hinterland ‚Vernehmungen',' Folterungen und Erschießungen durchführte, von denen wir, die wir vorne an den Fronten lagen, erst Jahre später erfahren haben"[80]. Leider belegt Kantorowicz seine Behauptung durch keine Zeugenaussagen oder Beweise. Tatsache ist, daß Mielke zwar als Offizier in Spanien war, jedoch als Kommandeur einer kämpfenden Einheit nicht in Erscheinung getreten ist. In der „Relación alfabética" taucht er unter seinem damaligen Pseudonym „Fritz Leistner" als capitán auf, als Hauptmann also, ohne daß nähere Einzelheiten über seinen Tätigkeitsbereich angegeben würden.

Auch Mielke hatte eine Karriere hinter sich, die ihn für unauffällige Aktivitäten prädestinierte. 1931 war er in Berlin maßgeblich in die Ermordung zweier Polizeioffiziere verwickelt und mußte deswegen fliehen. In der Sowjetunion durchlief er unter dem Decknamen „Paul Bach" die Lenin-Schule der Komintern und erhielt sehr wahrscheinlich auch eine militärische Ausbildung an der Frunse-Akademie. Über seinen Spanienaufenthalt liegen einige Aussagen vor, die seine Mitarbeit im NKWD zwar nicht bestätigen, sie aber durchaus als möglich erscheinen lassen. Heinz Hoffmann, sein früherer Kamerad von der Moskauer Lenin-Schule und späterer Kollege als DDR-Minister, berichtet, daß Mielke damals bei Zaisser gearbeitet habe, — beide avancierten später zu Leitern des Staatssicherheitsdienstes der DDR. Auch Karl Mewis, der

---

77 BHE I, S. 842.
78 Erich Kuttner: „Die abgelegene Dreizehnte", *El Voluntario de la Libertad* (dt. Ausgabe) Nr. 36, 26. 6. 37. — Vernehmungsprotokoll vom 23. 7. 41; HStA Düsseldorf: RW 58/35 787.
79 Vernehmungsprotokoll vom 3. 8. 41 und Schreiben der Gestapoleitstelle Kassel vom 15. 4. 42 an die Gestapoleitstelle Düsseldorf; ebd.
80 Kantorowicz: Deutsches Tagebuch. Erster Teil, S. 51; Zweiter Teil, S. 635.

führend im „Servicio extranjero del PSUC" tätig war, erwähnt Kontakte zu Mielke während der Bürgerkriegszeit[81]. Nach anderen Angaben wurde Mielke Leiter der Offiziersschule von Pozo Rubio, die zeitweilig auch als Haftlager diente[82]. Nach dem Spanienkrieg und nach kurzer Internierung in Frankreich gelangte er in die Sowjetunion, wo er als Offizier der Roten Armee den Zweiten Weltkrieg erlebte. Nach 1945 wurde er Stellvertreter (und wohl auch Aufpasser) Zaissers als Chef für Staatssicherheit und folgte als Anhänger Ulbrichts, nachdem dieser 1953 seinen alten Intimfeind Zaisser entmachtet hatte, drei Jahre später als Minister für Staatssicherheit der DDR, in welcher Eigenschaft er auch heute noch — vermutlich als weltweit dienstältester Chef einer Geheimpolizei — weiter amtiert.

Über den übrigen NKWD innerhalb der Internationalen Brigaden können kaum vollständige und zusammenhängende Aussagen gemacht werden. Da sich die Aktivitäten der Geheimpolizei vorwiegend im Dunkel abspielen, haben sie keine verläßlichen Spuren hinterlassen. Spätere Zeugenaussagen sind naturgemäß irgendwie gefärbt und verzerrt und nur begrenzt verwertbar. Erfahrungsgemäß hielten ehemalige Spanienkämpfer irgendwelche subalternen Agenten, mit denen sie zu tun hatten, für führende Funktionäre, wogegen sich die eigentlichen Drahtzieher im Hintergrund hielten. Es ist daher mit Vorsicht die Aussage aufzunehmen, wonach ein etwa 42jähriger Leutnant namens Oskar Brandschädel im Sommer 1937 Chef der Geheimpolizei von Albacete gewesen sei[83]. Auch andere Informationen sind solange von geringem Wert, als nicht eine volle Übersicht über Aufbau, Arbeitsweise und Mitarbeiter des NKWD vorliegt. Erst neue Quellenfunde und die Einsicht in bislang zurückgehaltene Archivalien könnten hierüber Aufschluß geben.

Presse und Propaganda in der XI. Brigade

Von besonderer Bedeutung für den Einsatz der ausländischen Freiwilligen waren Agitation und Propaganda. In Truppeneinheiten mit notorisch schlechter Disziplin, deren Angehörige in Alter, politischen Anschauungen, nationaler und sozialer Herkunft sehr verschiedenartig waren, hatten die Zeitschriften und Zeitungen wichtige psychologische und politische Aufgaben wahrzunehmen. Da die Spanisch-Kenntnisse der meisten Interbrigadisten gering waren oder ganz fehlten, stellten die Blätter in manchen Situationen oft die einzige Verbindung zwischen der Front und der Außenwelt dar. Sie mußten den Soldaten den Briefkontakt mit der ihnen versperrten Heimat ersetzen und sie zugleich zu weiterem Einsatz ermuntern. Sie mußten aber auch die Freiwilligen politisch informieren, und das hieß auch: indoktrinieren, um sie auf die offiziell allein zulässige Volksfrontlinie der Komintern zu verpflichten. Es ist daher folgerichtig, daß man in den meisten Verbänden die Herstellung und den Vertrieb der jeweiligen Blättchen den politisch zuverlässigen Funktionären, den Polit-Kommissaren, anvertraute.

Eine Übersicht über die gesamte Presse- und Öffentlichkeitsarbeit der Interbrigaden kann hier nicht gegeben werden; sie könnte gut ein eigenes Buch füllen. Etwas über ein Jahr nach Ausbruch des Spanienkrieges konnte das Politische Kommissariat der Interbrigaden resümierend

---

81 „Relación alfabética de extranjeros enrolados en las Brigadas Internacionales"; AHN Salamanca. — Vgl. Hoffmann, S. 330. — Mewis (a.a.O., S. 152 f.) bestätigt Mielkes Funktion im Ausbildungslager, bringt jedoch keine näheren Angaben zu seiner Behauptung, Mielke habe anschließend ein Bataillon geführt.
82 BHE I, S. 501 f.
83 Vernehmungsprotokoll vom 6. 6. 40; HStA Düsseldorf: RW 58/62 628. — Von Brandschädel liegen Erinnerungen vor, die allerdings diese Frage vollkommen übergehen; vgl. Oskar Brandschädel: Wir schlugen den Landungsversuch ab, in: Brigada Internacional II, S. 367 ff.

feststellen, daß inzwischen 71 Zeitungen und Zeitschriften mit einer Gesamtauflage von mehr als 100.000 Exemplaren herausgeben wurden[84]. Die Mehrheit dieser Blätter erschien ganz oder überwiegend in französischer Sprache, die zugleich die lingua franca der Internationalen Brigaden darstellte. Daneben wurden Blätter in den wichtigsten europäischen Sprachen der am Kampf beteiligten Nationen herausgegeben: Englisch, Deutsch, Italienisch, Polnisch und natürlich auch Spanisch. Kleinere Volks- und Sprachgruppen wurden dadurch berücksichtigt, daß man in den Blättern ihrer Einheiten in zunehmendem Maße auch Artikel in ihrer Sprache veröffentlichte. Mit dem wachsenden Anteil an Spaniern in den Interbrigaden stieg auch die Zahl spanisch abgefaßter Artikel, so daß manche Blätter in den letzten Monaten des Einsatzes zu etwa gleichen Teilen aus deutschen, französischen und spanischen Texten bestanden.

Aber auch die deutschsprachigen Blätter, die von den Interbrigaden herausgegeben wurden, waren zu zahlreich und vielfältig, als daß man sie hier vollständig vorstellen könnte[85]. Es gab Zeitschriften, Zeitungen, Pressemeldungen, Broschüren und Flugblätter von einzelnen Dienststellen, von einzelnen Brigaden, Bataillonen, Kompanien und kleineren Einheiten, so daß es schwierig ist, eine Übersicht über alle — teilweise nur noch lückenhaft vorhandenen — Presseerzeugnisse zu erlangen. Es sollen daher im folgenden nur die wichtigsten der in deutscher Sprache verfaßten Blätter kurz skizziert werden.

Die *Informationen der Internationalen Brigaden* wurden von der zuständigen Pressestelle herausgegeben und erschienen zweimal wöchentlich. Sie enthielten offizielle Verlautbarungen, dazu Berichte über die politische Lage, ideologische Fragen, aber naturgemäß auch Propaganda: so die unvermeidliche antitrotzkistische Hetze gegen den POUM und andere Parteien. Ähnlich geartet war das kleine hektographiere Blättchen *Nachrichten aus Spanien,* das sich offensichtlich an die in Spanien sich aufhaltenden ausländischen Zivilisten, aber auch an Interbrigadisten wandte. Das *Bulletin der Politkommissare der Internationalen Brigaden* war ein reines Kaderblatt, das sich an die Kommissare der einzelnen Einheiten wandte. Es erschien ab Juli 1937 monatlich und enthielt Richtlinien für die Kommissare auf allen Ebenen. *Der Freiwillige* war die deutsche Fassung des Organs des Basislagers der Interbrigaden und richtete sich an die in Albacete stationierten Freiwilligen und Mitarbeiter der zentralen Stäbe und Dienststellen; es scheint unregelmäßig, etwa im Abstand von zwei Monaten, herausgegeben worden zu sein. Das Zentralblatt für alle Freiwilligen war *Le Volontaire de la Liberté*; es erschien gleichzeitig in den wichtigsten Sprachen der Interbrigaden etwa alle zwei bis vier Tage und erreichte mit Einschluß der Abschiedsausgabe vom 1. November 1938 insgesamt 92 Nummern. Der Name des Blattes wurde in den anderssprachigen Ausgaben entsprechend übersetzt; die deutsche Ausgabe blieb zunächst beim französischen Titel und ersetzte ihn später durch die spanische Fassung *El Voluntario de la Libertad*. Die Mehrheit der Artikel war in deutscher Sprache abgefaßt, jedoch häuften sich 1938 auch dänische, niederländische, spanische und katalanische Artikel. Das Blatt richtete sich vor allem an die deutschsprachigen Interbrigadisten, brachte Berichte vom Leben der einzelnen Truppenteile, unterhaltende, unterrichtende und indoktrinierende Beiträge.

Neben diesen Zeitschriften allgemeiner Natur wurden noch eigene Blätter für die einzelnen Brigaden, Bataillone und teilweise auch Kompanien herausgegeben. Das Organ der XI. Brigade hieß *Pasaremos* (Wir werden durchkommen) und erschien alle zwei Wochen in einer durch-

---

84 Jean Barthel: „Ein Jahr des antifaschistischen Kampfes", *Bulletin der Politkommissare der Internationalen Brigaden* Nr. 2, 15. 8. 37. — Hans Maaßen: Zur Rolle der Brigadezeitungen im spanischen Freiheitskampf, in: Interbrigadisten, S. 396 ff. — Kantorowicz: Spanisches Tagebuch, S. 88. — Kühne, S. 178.

85 Die Fundorte dieser vielfach in Einzelexemplaren verstreuten Zeitschriften werden im Quellenverzeichnis angegeben.

schnittlichen Auflage von 8.000-10.000 Exemplaren[86]. Auch die Blätter der einzelnen Bataillone trugen meistens spanische Namen: *Ataquemos* (Laßt uns angreifen), *Todos unidos* (Alle vereint) und *Unidad Ofensiva* (Offensive Einheit); nur das Organ des österreichischen Bataillons benannte sich nach diesem: *12. Februar 1934.* Alle diese Blätter erschienen größtenteils in deutscher Sprache, enthielten jedoch ebenfalls spanische, niederländische und skandinavische Beiträge. Im Gegensatz zu den ersten noch provisorischen Blättchen, die wie die *Schützengrabenzeitung* des „Edgar-André"-Bataillons unter schwierigen Bedingungen an der Front hektographiert oder sonstwie vervielfältigt worden waren, wurden die hier aufgeführten offiziellen Organe der Jahre 1937/38 meistens gedruckt und mit Photos ausgestattet. Nur die Kompaniezeitungen, von denen einige wenige verstreute Einzelexemplare erhalten sind, wurden mit oft primitiven Mitteln vervielfältigt und verteilt[87].

Die Presseerzeugnisse der Internationalen Brigaden unterstanden, sofern sie in Albacete hergestellt wurden, der Kriegszensur. Dort wo dies aus technischen und organisatorischen Gründen nicht möglich war, wurden die Polit-Kommissare und ihre Mitarbeiter zur Selbstzensur angehalten. Jede Mitteilung, die dem Feinde nützliche Informationen hätte vermitteln können, sollte unterbleiben. Das galt vor allem für Orts- und Zahlenangaben. Da dieses Gebot offensichtlich nicht ausreichend berücksichtigt wurde, ordnete der Generalstab der Interbrigaden im Juli 1937 an, daß die Zeitschrift jeder Einheit vor ihrer Veröffentlichung der zuständigen Instanz zur Prüfung vorgelegt werde. Aber nicht nur militärische Dinge unterlagen der Geheimhaltung. So durfte nicht die geringste Kritik an der Sowjetunion oder eine ihr abträgliche Meldung gebracht werden. „Es wird angeordnet, daß, wenn dieser Befehl nicht gewissenhaft befolgt wird, die ihn verletzende Zeitung mit unbeschränkter Frist verboten wird. Wenn die Zeitung bereits die Zensur durchlaufen hat, ohne beanstandet worden zu sein, wird der Zensor, der die Zeitungsprobe zu lesen hatte, zur Verfügung der Spezialgerichte für Sabotageakte gestellt werden."[88]

Die Artikel für die Blätter wurden, sofern sie allgemeiner Natur waren, von den entsprechenden Pressestellen der Interbrigaden verfaßt, in denen wiederum für den deutschsprachigen Bereich Funktionäre der KPD saßen. Einer von ihnen war zeitweilig Alfred Kantorowicz. Dadurch wurde eine einheitliche Berichterstattung gewährleistet und die einzig zugelassene Politik, die der Volksfront[89]. Neben politischer Instruktion bildete auch die militärische Ausbildung einen wichtigen Bestandteil des Inhalts. Da viele Interbrigadisten nur eine recht provisorische Einweisung in das Kriegshandwerk erhalten hatten, brachten die meisten Blätter auch waffentechnische, kriegstheoretische und militärgeschichtliche Artikel, die gewöhnlich von Ludwig Renn oder Luigi Longo verfaßt waren. Darin wurden auch schonungslos die Schwächen der Interbrigaden kritisiert, z. B. organisatorische Mängel bei Bombardements oder Panzerangriffen oder psychologische Fehlreaktionen wie Panik[90]. Schließlich seien auch die persönlichen Erlebnisberichte einzelner Interbrigadisten genannt, die den Einsatz im Kampf oder bestimmte Episoden schilderten und von denen manche Eingang fanden in Willi Bredels Sammelband „Spanienkrieg".

---

86 Anm. 84.
87 „Unsere Brigadezeitungen", *Pasaremos* Nr. 31, 15. 10. 37. — Vgl. Hans Schaul: Die „wandernde" Bataillonszeitung, in: Brigada Internacional I, S. 246.
88 „Vorsicht bei Veröffentlichungen!" und „Die Sowjetunion unser bester Freund", *El Voluntario de la Libertad* (dt. Ausgabe) Nr. 38, 12. 7. 38 bzw. Nr. 43, 21. 8. 37.
89 „Volksfrontpolitik, die einzig zulässige im Heer", ebd., Nr. 37, 4. 7. 37; Kühne, S. 174 ff. — Daß diese Politik nicht eingehalten und vielmehr insgeheim eine kommunistische Zellenarbeit betrieben wurde, wird inzwischen auch von der KP-Historiographie zugestanden; vgl. Jäntsch, S. 291.
90 Luigi Gallo: „Las debilidades de las Brigadas", ebd., Nr. 80, 1. 7. 38.

Die deutschsprachige Agitprop-Arbeit, von der die Zeitschriften nur einen Teil bildeten, richtete sich indessen auch an die auf der Gegenseite kämpfenden Deutschen von der Legion Condor. Es wurden Zeitschriften, Flugblätter und Broschüren über feindlichem Gebiet abgeworfen. Dazu gehörte auch der von Heinrich Mann und anderen unterzeichnete Aufruf an die Angehörigen der Legion Condor mit der Aufforderung, nicht gegen das unschuldige spanische Volk Krieg zu führen[91]. Gelegentlich griff die Propaganda der Interbrigaden zu sehr unkonventionellen Methoden. So wurden an schwer erreichbarer Stelle zwischen den feindlichen Linien Lautsprecher angebracht, durch die dann mündlich Parolen verbreitet wurden. Aber ein großer Erfolg war der Propagandaarbeit deutscher Interbrigadisten unter den Landsleuten auf der Gegenseite nicht beschieden. In der Legion Condor kämpften größtenteils ausgesuchte und dem NS-Regime ergebene Soldaten, die überdies durch besondere Aufstiegschancen und hohe Besoldung politisch korrumpiert waren. Gelegentliche Meldungen über die Fahnenflucht von Hunderten von deutschen Soldaten auf die republikanische Seite beruhten auf Wunschdenken und bauschten Einzelfälle zu einem Massenphänomen auf[92].

Es wurde schon betont, daß die Brigadezeitungen wichtige politische und psychologische Funktionen wahrnahmen. Aber angesichts der personellen und politischen Zusammensetzung der Interbrigaden verwundert es nicht, daß die Arbeit dieser Blätter eine parteiliche war. Da die Presse der Internationalen Brigaden unter kommunistischer Kontrolle stand, war sie auch Sprachrohr einer massiven antitrotzkistischen Propaganda. Alle Verleumdungen, die über den POUM verbreitet wurden, finden sich auch in den deutschsprachigen Brigadezeitungen. Die angebliche Komplicenschaft der POUM-Politiker mit dem Gegner, die ausgestreuten Gerüchte über gemeinsame Fußballspiele zwischen POUM-Milizen und Franco-Truppen zwischen den Frontlinien und über gemeinschaftliche Kaffeehausbesuche ihrer Offiziere — alles dies fand Eingang in die deutschsprachigen Brigadezeitungen[93]. Da die meisten ausländischen Interbrigadisten nicht über ausreichende Spanisch-Kenntnisse verfügten, um sich aus anderen — ab Frühjahr 1937 ohnehin bald gleichgeschalteten — Quellen über die innenpolitische Lage Spaniens zu informieren, waren sie zum großen Teil auf ihre Brigadezeitschriften angewiesen; mit anderen Worten: sie hatten nur eine selektive und in bestimmten Bereichen stark entstellte Kenntnis der innenpolitischen Lage des Landes, in dem und für das sie kämpften.

Alltag und Einsatz der deutschen Interbrigadisten

Nach schweren Gefechten bei Madrid, bei denen die Internationalen Brigaden ihre Feuertaufe erhielten, und nach einem weiteren Einsatz in Zentralspanien wurde die XI. Brigade nach Murcia in den Süden verlegt, wo die Front weit war und wo die erschöpften Freiwilligen sich zunächst erholen konnten. Die Ruhepause diente aber auch dazu, die Truppen neu auszurüsten und vor allem in manchen Fertigkeiten auszubilden, die in der Eile der ersten Wochen zu kurz gekommen waren. Nicht alle praktischen Fronterfahrungen konnten den theoretischen

---

91 „Hitler führt Krieg" (undatierte Flugschrift, ca. Dezember 1936); IfZ, MA 645, S. 890 145. — „Los socialistas, comunistas y demócratas alemanes dirigen un llamamiento a sus compatriotas", *Solidaridad Obrera* 10. 1. 37.
92 Anm. 84. — „Alemanes que quieren luchar al lado de los leales", *Solidaridad Obrera* 30. 12. 36.
93 „Bis du genügend wachsam, Kamerad?", *Der Freiwillige* Nr. 15, 15. 6. 37. — „Der gegenrevolutionäre Trotzkismus in Aktion", *Nachrichten aus Spanien* 4. 5. 37. — „Willi": „Schluß mit den Agenten der Faschisten", *Pasaremos* Nr. 17, 6. 6. 37. — „Die trotzkistischen Verbrecher in Spanien", *Informationen der Internationalen Brigaden* 13. 4. 37.

Unterricht ersetzen, und manche mehr provisorisch vermittelten Kenntnisse mußten vertieft und systematisiert werden. Es galt auch, die bisher durch das gemeinsame Fronterlebnis zusammengeschweißte Kampfgemeinschaft zu einer disziplinierten und geschulten Truppe zu erziehen. Die anfängliche egalitäre Vertraulichkeit, wie sie in den Milizen und anfangs auch in den Interbrigaden bestimmend gewesen war, wurde durch ein strenges Subordinationssystem, die demokratische Erörterung von Entscheidungen durch strikte Befehlsgewalt ersetzt[94].

Wir sind über das Brigadeleben in der Etappe informiert durch erhalten gebliebene Papiere, die deutlicher noch als schriftlich fixierte Erinnerungen den Tagesablauf in einer Ruhezeit beschreiben. Der „Tagesbefehl" (Orden del día) sah in der Regel vor: um 6 Uhr Wecken, 6.05-6.20 Uhr Frühsport, nach dem Frühstück taktische Übungen von 7.30-10 Uhr, danach bis 11 Uhr Besprechung der Übungen, nach der Mittagspause Polit- oder Sprachunterricht von 14 bis 15 Uhr, anschließend bis 17 Uhr Schießübungen, danach Waffenreinigen. Gewisse Variationen wurden durch zeitliche, räumliche und andere Umstände gegeben und schlossen beispielsweise die Hilfe der Interbrigadisten bei der Ernte oder andere Aktivitäten mit ein, wichen jedoch selten allzusehr von dem angegebenen Muster ab. Als kennzeichnendes Merkmal sind neben der rein militärischen Ausbildung der Polit- und Sprachunterricht zu nennen. Sie begleiteten das Leben in der Truppe zwischen den Fronteinsätzen. Dienstsprache war trotz der faktischen Bedeutung des Französischen in der Führungsspitze der Interbrigaden das Spanische, so daß die Kenntis der Landessprache bei Offizieren und Kadern, ersatzweise bei zugeteilten Übersetzern, zwingende Vorschrift war[95].

Neben dem Unterricht wurde auch den kulturellen und geselligen Bedürfnissen der Interbrigaden Rechnung getragen, wozu auch der Kontakt zur einheimischen Bevölkerung gehörte. Die Ernteeinsätze wurden bereits erwähnt, aber auch gemeinsame Volksfeste, Demonstrationen, Feierstunden und sonstige Veranstaltungen gehörten dazu. Sie wurden von spanischer Seite gewöhnlich von lokalen KP- oder Volksfrontkomitees veranstaltet. Diese Kontakte sollten die Beziehungen zu den Spaniern verbessern, zumal das Verhältnis zu diesen durch die Länge des Krieges in zunehmendem Maße Belastungen ausgesetzt war. Solche Veranstaltungen sollten aber auch den Zusammenhalt der stets recht heterogenen Freiwilligenverbände fördern, der durch die langen Fronteinsätze gleichfalls belastet wurde. Wie für die Internationalen Brigaden gilt auch für ihre deutschen Angehörigen, daß die Disziplin durch immer neue Maßnahmen wieder hergestellt werden mußte[96].

Der Besserung der Stimmung in der Truppe dienten auch regelmäßige Beförderungsschübe. Nicht nur konnten aus einsatzbereiten Soldaten höhere Funktionsträger rekrutiert und zu ihrer Weiterbildung auf Offiziers- und Kommissarlehrgänge geschickt werden. Auch die Mannschaftsgrade dienten der Ermunterung und Belohnung für erbrachte Leistungen. Mancher deutsche Arbeiter, der vor 1936 niemals Soldat gewesen war, begann hier eine Offizierskarriere, die er dann später in der Roten Armee oder nach 1945 in den Streitkräften der DDR fortsetzte. So wurden nach dem Tagesbefehl vom 16. Januar 1938 in der XI. Brigade je zwei Unteroffiziere zu Leutnants, 28 deutsche und 14 spanische Gefreite zu Unteroffizieren sowie 11 deutsche und 19 spanische Soldaten zu Gefreiten ernannt; ein Kompanieführer wurde ausdrücklich belobigt, weil er trotz einer Verwundung bei Teruel seine Einheit weiter befehligt hatte[97]. Diese Belobigungen sollten die Einsatzfreude erhalten, um so mehr als mit dem wachsen-

---

94 Vgl. Bredel I, S. 202 ff. — Richard Staimer: Persönliche Erinnerungen bei der Erziehung der Interbrigadisten zur militärischen Einsatzbereitschaft, in: Interbrigadisten, S. 362 ff.
95 Tagesbefehl vom 7. 4. 37; SHM: legajo 1263, carpeta 5. — Vgl. Bredel I, S. 217. — Hoffmann, S. 339.
96 „Orden para resforzar la dixciplina de la 11.a Brigada" vom 7. 3. 38; SHM: legajo 1263, carpeta 2.
97 „Orden del día vom 16. 1. 38; ebd., carpeta 1.

den Anteil der Spanier an den Interbrigaden deutsche und andere ausländische Offiziere zugunsten von Spaniern teilweise wieder zurückgestuft wurden. Natürlich sollte auch die ideologische Bekehrungs- und Missionsarbeit dazu dienen, die Einsatzfreude zu mehren[98]. Interbrigadisten, die aus irgendwelchen Gründen aus dem Dienst ausschieden, erhielten ein Führungszeugnis ausgehändigt. Stellten Deutsche und Österreicher auch die Mehrheit in den Bataillonen „Thälmann" und „Edgar André" und einen beträchtlichen Anteil in den übrigen Formationen der XI. Brigade, so blieben es dennoch weiterhin national recht gemischte Verbände. Das Zusammenleben von Angehörigen so vieler und teilweise sehr verschiedenartiger Nationen warf in den Internationalen Brigaden naturgemäß zahlreiche Probleme auf. Unterschiede in Lebens- und Eßgewohnheiten, Mentalität und Sprache waren dazu angetan, Mißverständnisse zu erzeugen und Reibungsflächen zu schaffen. Um diese nach Möglichkeit zu vermeiden oder wenigstens herunterzuspielen, bedurfte es einer weitreichenden Rücksichtnahme auf nationale Neigungen und Empfindlichkeiten[99]. Es herrschte nicht die Einmütigkeit und Harmonie unter den Angehörigen verschiedener Völker vor, wie sie in der offiziellen Propaganda der Brigadeführung gefeiert und gefordert wurde. Es kam durchaus zu Konflikten, die durch die zermürbenden Lebensbedingungen von Frontsoldaten wohl noch ihre zusätzliche Verschärfung erfuhren. So wird in den Akten des „Thälmann"-Bataillons der Bericht eines Kameraden „Charlie" überliefert über die Schlägerei zwischen deutschen und französischen Soldaten in Murcia, wo die Einheit nach dem Einsatz bei Madrid ihr vorläufiges Ruhequartier bezogen hatte[100]. Derartige Vorfälle dürften in national gemischten Einheiten immer wieder vorgekommen sein.

Einige Probleme entstanden indessen aus spezifisch deutschen Eigenschaften und betrafen vor allem das Zusammenleben mit Österreichern, Schweizern und anderen sprachverwandten Kameraden. So reichte der Schweizer Sanitäter Paul Brillat an die politische Leitung des „Thälmann"-Bataillons ein Gesuch mit der Bitte um Versetzung zu einer anderen Einheit ein. Er könne nicht die vielen Dialekte seiner deutschen Kameraden verstehen und wolle lieber unter Landsleuten sein[101]. Ein anderer Schweizer bat gleichfalls um Versetzung zu einer Gruppe von etwa 30 Landsleuten, die gerade von Tarragona aus nach Madrid versetzt worden war[102]. Besonders fühlten sich aber Österreicher von den Gewohnheiten ihrer (nord-)deutschen Kameraden abgestoßen: preußischer Drill, Rechthaberei, Überheblichkeit und Kaltschnäuzigkeit wirkten eher abstoßend auf sie, insbesondere wenn sich diese Eigenarten mit dem Anspruch auf ideologische Rechtgläubigkeit und Linientreue verbanden. Bezeichnend hierfür ist der Bericht des österreichischen Arztes Walter Fischer, eines Bruders des später bekannt gewordenen KP-Theoretikers Ernst Fischer. Walter Fischer fiel bei deutschen Interbrigadisten, auch bei Kommunisten, die Vorliebe für Rangabzeichen auf. Er hörte einmal, wie im Lazarett ein zum Kapitän avancierter ehemaliger Bergmann zu seinen Offizierskameraden sagte: „Ich habe ja Verständnis für die Proleten. War ja selbst mal Prolet. Jetzt bin ich Offizier...". Sobald einer Karriere gemacht hatte, dünkte er sich mehr als seine Kameraden. Interessant ist dabei die

---

98 Vgl. Artur Dorf: Zur Rolle des moralischen Faktors im Kampf der Interbrigadisten, und Josef Zettler: Erinnerungen an die politisch-ideologische Arbeit in den Internationalen Brigaden, in: Interbrigadisten, S. 369 ff. und 348 ff.
99 Longo, S. 55.
100 „Rapport des Kameraden Charlie über den Vorfall bei den französischen Kameraden" vom 24. 1. 37; SHM: legajo 1266, carpeta 3.
101 Schreiben Paul Brillats vom 20. 1. 37 an die Dirección política des „Thälmann"-Bataillons; ebd.: legajo 1263, carpeta 2.
102 Undatierter Vermerk des Schweizers Arnold Pulver; ebd.

von mehreren Seiten überlieferte Beobachtung, daß ehemalige Frontoffiziere des Ersten Weltkrieges wie Ludwig Renn oder Hans Kahle niemals diesem Kastendenken verfielen, sondern auch gegenüber Soldaten stets Kameraden blieben. Aber gewöhnlich bestimmten Befehlen und Gehorchen — bei den österreichischen Brigade-Kämpfern höchst unpopulär — den Ton unter den deutschen Interbrigadisten[103]. Gewisse nationale Unarten wurden durch den Übereifer von Kommunisten noch verschärft und dadurch karikiert. So exerzierten deutsche Kommunisten — nach einem Bericht Helmut Rüdigers — im Hof der Bakunin-Kaserne in Barcelona nach altpreußischem Vorbild, was in der katalanischen Bevölkerung Unwillen und Heiterkeit hervorrief[104].

In den bereits erwähnten Tagesbefehlen wurden nicht nur die Zeitpläne für den Tagesablauf bekanntgegeben, sondern auch Versetzungen, Beförderungen und sonstige personelle Veränderungen, wozu auch Strafen und disziplinarische Maßnahmen gehörten, vor allem aber auch die Parolen; oft wählte man hierfür Namen aus der deutschen und internationalen Arbeiterbewegung: Marx, Engels, Lenin, Karl Liebknecht, Rosa Luxemburg, Jean Jaurès, Dimitroff, Thorez, Thälmann usw. Da für jeden Tag eine neue Parole benötigt wurde, griff man immer häufiger zu Schlachtrufen, unter denen dann solche in spanischer Sprache bald die Überhand gewannen: Proletarier aller Länder — vereinigt euch!, Vorwärts XI. Brigade!, Unidad, Solidaridad Internacional!, Siempre adelante!, Fraternidad!, Pasaremos! usw.[105].

Der militärische Einsatz der Deutschen auf seiten der Republik kann hier ebensowenig wie der der Interbrigaden insgesamt dargestellt werden. Für die Beschreibungen der Kampfhandlungen sei hier auf die bereits vorhandenen Darstellungen verwiesen[106]. Nach ihrem blutigen Einsatz am westlichen Stadtrand von Madrid waren die beiden bis dahin bestehenden Bataillone „Thälmann" und „Edgar André" sowie die anderen Einheiten der XI. Brigade weiterhin in der näheren Umgebung der Hauptstadt eingesetzt worden. Die Ortschaften Las Rozas, Pozuelo, Villanueva del Pardillo und Majadahonda waren Kampfplätze der deutschen und anderen ausländischen Freiwilligen bis Anfang Januar 1937. Zeitweilig wurden einige Kompanien anderen republikanischen und internationalen Verbänden unterstellt. Nach diesem Einsatz folgte die Ruhepause in Murcia, wo die XI. Brigade insgesamt, unter anderem durch die Aufstellung spanischer Einheiten, reorganisiert wurde. Anfang Februar 1937 wurde die XI. Brigade zusammen mit den Schwesterbrigaden XII, XIV und XV erneut in Zentralspanien eingesetzt: südöstlich von Madrid am Rio Jarama, wo die Franco-Truppen zur weiteren Einkreisung der Hauptstadt angesetzt hatten. Gemeinsam mit dem republikanischen Heer schlugen die Internationalen Brigaden diesen Versuch zurück und bald darauf einen ähnlichen Vorstoß bei Guadalajara, wo vor allem die italienischen Interventionstruppen eine vernichtende Niederlage erlitten.

---

103 Walter Fischer: Kurze Geschichten aus einem langen Leben, S. 159; DÖW: Akt 07555. — Interview Toch. — Hans Schafranek: Interview Josef Schneeweiß.
104 Schreiben Helmut Rüdigers vom 22. 9. 36 an Rudolf Rocker; IISG: Rocker-Archiv, Korr. Rüdiger.
105 Vgl. Kühne, S. 176.
106 Außer den hier bereits zitierten Memoiren- und Erinnerungsbänden vgl. auch Reinhold Henschke: Wir standen immer in der vordersten Reihe; Ewald Munschke: Wir verteidigten die spanische Republik, und Gustav Szinda: Kämpferische Solidarität mit dem spanischen Volk, in: Im Kampf bewährt. Erinnerungen deutscher Genossen an den antifaschistischen Widerstand von 1933 bis 1945, hrsg. von Heinz Voßke, Berlin DDR 1969, S. 185 ff., 245 ff. und 279 ff. — Eine Neuauflage zeitgenössischer Artikel sowie nachträglicher Erinnerungsartikel enthält der Sammelband Adelante! Pasaremos! Vorwärts! Wir werden durchkommen! Erzählungen, Reportagen und Dokumente aus dem spanischen Bürgerkrieg, Köln 1976. — Vgl. auch die Briefsammlung von Hermann Langbein: Pasaremos. Wir kommen durch. Briefe aus dem spanischen Bürgerkrieg, Köln 1982.

Nach etwa zehnwöchiger Ruhepause wurde die XI. Brigade erneut an die zentralspanische Front geworfen. Im Westen der Hauptstadt, bei Brunete, versuchten die Franco-Truppen Anfang Juli 1937 einen neuen Vorstoß auf Madrid. Zusammen mit republikanischen Truppen und einigen Schwesterbrigaden trug die XI. Brigade dazu bei, die feindlichen Linien zurückzudrängen. Zwar stießen die Franco-Truppen erneut vor, aber die republikanischen und internationalen Verbände konnten einen gewissen Geländegewinn halten. Es war nicht ihr Fehler, daß aus logistischen Gründen in diesem Falle wie auch in anderen Fällen der Erfolg nicht in weiterführendem Sinne kriegsentscheidend genutzt werden konnte. In den drei Wochen nach der Schlacht von Brunete, die die XI. Brigade in Villalba in Ruhestellung verbrachte, wurde sie erneut reorganisiert. Im Frühjahr und Sommer waren die beiden teilweise deutschsprachigen Bataillone „Hans Beimler" und „12. Februar" hinzugekommen. Jetzt wurde die XIII. Brigade aufgelöst, ihr etwa zur Hälfte deutschsprachiges Bataillon „Tschapaieff" der XI. Brigade zugeteilt. Im Anfang August 1937 verließ sie Zentralspanien und wurde nach Aragon versetzt. Folgende Ortsnamen erinnern an die Schlachten, an denen die deutschen und österreichischen Interbrigadisten im August und September 1937 beteiligt waren: Belchite, Madiana, Quinto. Im Oktober wurden die deutschen Freiwilligen bei Tardienta eingesetzt, wo ein Jahr vorher schon die inzwischen fast legendäre „Centuria Thälmann" gekämpft hatte.

Das herausragende Ereignis des Winters 1937/38 war die wochenlange Schlacht um Teruel, an der auch die Internationalen Brigaden maßgeblich beteiligt waren. Hier wurden die feindlichen Truppen vorübergehend zurückgedrängt. Diese mehr als zwei Monate dauernde Schlacht (15. Dezember 1937 — 22. Februar 1938) ging als eine der schwersten und verlustreichsten in die Geschichte des Spanienkrieges ein. Die XI. Brigade wurde wenige Kilometer nördlich von Teruel eingesetzt und eroberte den strategisch wichtigen Berg El Muletón. Die Kampfhandlungen ereigneten sich in tief verschneitem Gebirge, oft in einer Höhe von 1000 m und bei Minustemperaturen von 15 Grad. Nicht nur die feindlichen Geschütze fügten den Interbrigaden schwere Verluste zu, sondern auch Hunger und Kälte[107].

Den größten Teil des Jahres 1938 wurden die Internationalen Brigaden in Aragon und Katalonien eingesetzt, um den Vormarsch der Franco-Truppen anzuhalten. Diese Schlußphase war vermutlich die beschwerlichste für die republikanischen Truppen wie für die internationalen Freiwilligen. Nicht mehr einzelne Schlachten, zwischen denen dann wieder Ruhepausen lagen, bestimmten das Kriegsgeschehen, sondern ein zermürbender Dauereinsatz, der bei zunehmend mangelhafter Ausrüstung immer weniger das Vordringen des Feindes verhindern konnte. Die sogenannte Ebro-Schlacht (25. Juli — 16. November 1938) war der verzweifelte Versuch, den Durchbruch vom Ebro-Bogen und seiner Mündung in Richtung Barcelona aufzuhalten. Aber die Internationalen Brigaden waren daran nur noch in der Anfangsphase beteiligt. Nach dem 23. September wurden sie in die Demobilisierungslager verlegt und im November teilweise nach Frankreich entlassen. Wegen der Ausreiseschwierigkeiten für Deutsche und Österreicher mußten vor allem Soldaten der XI. Brigade länger als andere in ihren katalanischen Lagern warten. Folglich waren es besonders sie, die im Januar und Februar 1939 erneut mit ihren eilig wieder aufgestellten Einheiten zur Verteidigung der letzten republikanischen Gebiete Kataloniens eingesetzt wurden. Gewiß meldeten sich viele bereits entlassene Interbrigadisten freiwillig zu diesem — militärisch recht sinnlosen — Einsatz, es wurde aber auch Druck

---

107 Vgl. die Schilderungen bei Bredel I, S. 528 ff. — Karl Sauer: Winterschlacht um Teruel, in: Spanien 1936 bis 1939, S. 200 ff. — Vgl. auch die Beiträge in Brigada Internacional II, S. 81 — 155.

ausgeübt, und manche entkamen diesem letzten mörderischen Gefecht dadurch, daß sie sich verstecken konnten oder aber in ihren Privatquartieren vergessen wurden[108].

Dieser bereits beschriebene zweite Einsatz war besonders blutig und forderte einen ungewöhnlich hohen Blutzoll. Das lag einmal an der Erschöpfung der Interbrigadisten und an ihrer mangelhaften Ernährung, zum anderen an ihrer unzureichenden Bewaffnung und am Munitionsmangel, schließlich aber auch an der Tatsache, daß es sich letzten Endes um eine Flucht vor den Franco-Truppen handelte, die man nur hier und da etwas aufzuhalten suchte. Erschöpft strömten auch die letzten Interbrigadisten am 9. Februar über die Pyrenäen. An der Grenze mußten sie die Waffen den dort stationierten republikanischen Posten abliefern und sich auf der anderen Seite der französischen Polizei stellen. Ob dieser Abmarsch aus Spanien mit einem fröhlichen Lied auf den Lippen und dem Erdichten von Versen vonstatten ging, wie dies Erich Weinert schilderte[109], mag bezweifelt werden. Es war größtenteils eine überstürzte Flucht über die verschneiten Pyrenäen — einem ungewissen Schicksal entgegen.

Die Zahl der in Spanien gefallenen Deutschen kann heute nicht mehr genau bestimmt werden. Die in der kommunistischen Literatur angegebenen 3.000 Toten (von etwa 5.000 deutschen Freiwilligen) dürften mit einer Verlustziffer von rund 60 % erheblich zu hoch gegriffen sein. Die meisten Schätzungen gehen von etwa 17 % an Gefallenen aus, nicht eingerechnet die später an Verwundungen und anderen Kriegsfolgen Verstorbenen. Es ist nicht einzusehen, warum die Verluste der deutschen Spanienkämpfer so hoch über dem Durchschnitt gelegen haben sollen. Andererseits scheint die bei Castells angegebene Zahl von 1.053 im Kampf getöteten Deutschen doch zu niedrig gegriffen. Man wird eine realistische Schätzung wohl irgendwo in der Mitte ansetzen dürfen[110]. Die meisten Gefallenen waren während des Bürgerkrieges im Felde bestattet worden. Die Soldatenfriedhöfe der Interbrigaden wurden später vom Franco-Regime eingeebnet, so daß sich die Spuren der toten deutschen Spanienkämpfer in der Erde verlieren, auf der sie fast drei Jahre lang gegen Diktatur und Unterdrückung gekämpft hatten.

---

108 Zum letztgenannten siehe den Lebensbericht Walter Fischers, S. 228 ff., Anm. 103. — Vgl. auch die Erlebnisberichte zum „zweiten Einsatz" in Brigada Internacional II, S. 325 — 377.

109 Erich Weinert: „Das letzte Lied", *Deutsche Volkszeitung* 5. 3. 39; abgedruckt auch in Adelante! Pasaremos! a.a.O., S. 265 ff. — Zum Exodus vgl. auch Hans Maaßen: Auf der Paßstraße von La Junquera, in: Brigada Internacional II, S. 370 ff.

110 Max Schäfer: Einleitung zu: Spanien 1936 bis 1939, S. 46. — Castells, S. 381.

Nach dem Spanienkriege

Die 1938 nach Frankreich entlassenen Spanienkämpfer und ebenso die vorher über die spanisch-französische Grenze abgeschobenen oder flüchtigen deutschen Emigranten unterlagen dort den regulären Aufenthaltsbestimmungen für Ausländer. Sofern sie sich vorher legal in Frankreich aufgehalten hatten, mußten sie ihre Aufenthaltserlaubnis erneuern lassen. Viele jedoch, die Frankreich nur zur Anreise nach Spanien durchquert hatten, mußten sich irgendwie mit Hilfe von privater Seite, von Parteien oder karitativen Verbänden durchschlagen und nicht selten ein illegales oder halblegales Dasein fristen. Aber bis zum Ausbruch des Zweiten Weltkrieges gab es keine Verfolgungsmaßnahmen gegen diesen Personenkreis[1].

Das härtere Schicksal traf indessen diejenigen Freiwilligen, die bis zum Schluß des „zweiten Einsatzes" in Spanien gekämpft hatten und durch den Tunnel zwischen Port Bou und Cerbère über die Grenze oder aber weiter im Landesinnern über die verschneiten Pyrenäenpässe nach Frankreich geflohen waren. Die sich hierbei ereignenden Szenen nahmen in gewisser Weise die großen Flüchtlingskatastropen des Zweiten Weltkrieges vorweg: überfüllte Züge mit Interbrigadisten und spanischen Flüchtlingen, die im Tunnel stecken blieben; Panikszenen unter dem Geschützdonner der anrückenden Franco-Truppen; zurückbleibende Alte, Kinder oder Invaliden; Verzweifelte, die den Freitod wählten; aufgeschreckte und gejagte Menschen, die zu Fuß zwischen rollenden Eisenbahnwaggons durch den Tunnel eilten.

Die Internierung der Spanienkämpfer

Der Empfang der Spanienkämpfer in Frankreich war ein anderer als der, den die meisten von ihnen erhofft und wohl auch erwartet hatten. Auf der anderen Seite der Grenze waren sie zwar in Sicherheit vor den Franco-Truppen. Aber sie wurden von bewaffneter Garde mobile unsanft empfangen und nach Norden abgeführt. Eine größere Gruppe von Spanienkämpfern erreichte nach längerem Fußmarsch ein Gelände beim Dörfchen St. Cyprien, eine andere kleinere den Strand bei Argelès sur Mer. Diese beiden Lokaltiäten waren als erste vorläufige Lager vorgesehen. Wir sind über die Ankunft in Argelès sur Mer unterrichtet durch einen Bericht, den österreichische Spanienkämpfer darüber verfaßten. „Wo wir gerade standen, ließen wir uns nieder, unsere paar Habseligkeiten neben uns in den Sand werfend. Trotz der großen Erschöpfung konnten wir nicht schlafen, da uns der eisige Frost daran hinderte. Bei vielen machte sich nun die Reaktion bemerkbar auf die großen Anstrengungen der letzten Tage. Zähneklappernd wälzten sie sich im Schüttelfrost. So ging die erste Nacht vorbei"[2]. In dieser Art verliefen aber noch die Nächte der nächsten sechs Wochen. Die einzige Einrichtung des Lagers bestand in einem großen Stacheldrahtzaun um das Gelände, in dem die Internierten im Freien übernachten mußten. Erst in der zweiten Märzhälfte wurden Bretter und Bleche für den Bau von Baracken geliefert. Die Ernährung bestand aus einem viertel Laib Brot pro Tag und Person. Auch die hygienischen Verhältnisse waren katastrophal. Erst als Seuchen ausbrachen

---
1 Vgl. Jacob Lohrscheider: Meine Rückkehr aus Spanien, in: Spanien 1936 — 1939, a.a.O., S. 268 ff.
2 „6 Monate KZ" (hekt. Broschüre); DÖW, Akt 4 484.

und sich die ersten Todesfälle ereigneten, schlug die Presse Alarm, und die Behörden forcierten den Umzug der Lagerinsassen[3].

Im April 1939 wurden die Internierten von St. Cyprien und Argelès sur Mer in ein neues Lager verlegt: nach Gurs im westlichen Pyrenäenvorland. Bereits die Entstehungsgeschichte dieses Lagers hing mit dem Spanischen Bürgerkrieg zusammen. Nachdem die Franco-Truppen den Norden Spaniens erobert hatten, waren tausende von Flüchtlingen aus dem Baskenland in das benachbarte Frankreich geströmt, wo sie in leerstehenden Baracken, Scheunen, Katen und Hütten Unterkunft fanden. Mit Hilfe dieser Basken wurde Anfang 1939 das Barackenlager von Gurs gebaut, das im April dieses Jahres — noch nicht ganz fertiggestellt — von den internierten Spaniern und internationalen Spanienkämpfern bezogen wurde[4]. Gurs sollte für die meisten ehemaligen deutschen Interbrigadisten, ab 1940 auch für zahlreiche andere internierte Deutsche in Frankreich, zur unfreiwilligen „Heimstatt" werden.

Nach Ausbruch des Zweiten Weltkrieges konnten aufgrund eines Dekrets vom 18. November 1939 Deutsche und Österreicher, die auch als antifaschistische Emigranten unter die Rubrik „feindliche Ausländer" fielen, aus Sicherheitsgründen interniert werden[5]. In kurzer Zeit entstanden daher zahlreiche neue Lager, in die auch solche ehemalige Spanienkämpfer eingeliefert wurden, die bislang auf freiem Fuß hatten leben können. Die durch den zeitlich getrennten Rückzug auseinandergebrochene Kampfgemeinschaft in Spanien vereinigte sich hinter französischem Stacheldraht wieder zu einer Schicksalsgemeinschaft. Es ist nicht möglich, die 103 französischen Internierungslager der Jahre 1939/40 einzeln aufzuführen, in denen sich meistens auch vereinzelte ehemalige Spanienkämpfer aufhielten. Erwähnt sei hier nur das neben Gurs wichtigste Lager für Interbrigadisten bei Le Vernet südlich von Toulouse, über das der Österreicher Bruno Frei einen aufschlußreichen Tatsachenbericht verfaßt hat[6]. Die Zahl der Insassen unterlag starken Schwankungen; teilweise handelte es sich um Gefangene aus St. Cyprien und Argelès sur Mer, die nicht nach Gurs verlegt worden waren, später waren es auch solche Personen, die aus disziplinarischen und anderen Gründen von Gurs und anderen Lagern nach Le Vernet überwiesen wurden. Unter etwas über 2.000 Internierten Anfang Dezember 1939 befanden sich dort 244 Deutsche und 39 Österreicher, von denen eine nicht genau bestimmbare, aber wohl beträchtliche Zahl von ehemaligen Spanienkämpfern gestellt wurde[7].

Das größte und wichtigste Lager aber war Gurs, dessen Name zum Sinnbild für das Schicksal von etwa 19.000 internationalen Spanienkämpfern wurde. Im Januar und Februar 1939 hatten etwa 5.000 Ausländer die französische Grenze passiert. Von diesen wurden ungefähr 700 Deutsche und 480 Österreicher in Gurs interniert. Durch Todesfälle, Überweisungen in andere Quartiere und auch einige Entlassungen verringerte sich diese Zahl bis Ende 1939 auf 985 (557 Deutsche, 428 Österreicher), von denen wiederum 182 nicht den Interbrigaden angehört

---

3 Über die Verhältnisse in Argelès-sur-Mer vgl. „Ein Bericht aus dem Lager der spanischen Flüchtlinge", *Freies Deutschland* 18. 5. 39. — Oskar Heinz: Vorhof zur Hölle: Argelès-sur-Mer, in: Brigada Internacional II, S. 401 ff. — Brome, S. 267.

4 Hanna Schramm: Menschen in Gurs. Erinnerungen an ein französisches Internierungslager (1940-1941), mit einem dokumentarischen Beitrag zur französischen Emigrantenpolitik (1937-1944) von Barbara Vormeier, Worms 1977, S. 21 ff.

5 Text des Dekrets bei Schramm/Vormeier, S. 318.

6 Bruno Frei: Die Männer von Vernet. Ein Tatsachenbericht, Berlin 1950. — Françoise Joly, Jean-Baptiste Joly & Jean-Philippe Mathieu: Les camps d'internement en France de septembre 1939 à mai 1940, in: Les barbelés de l'exil. Etudes sur l'émigration allemande et autrichienne (1938-1940), hrsg. von Gilbert Badia et al., Grenoble 1979, S. 180 ff.

7 Gilbert Badia: Camps repressifs ou camps de concentration?, in: Les barbelés..., a.a.O., S. 310 f.

hatten⁸. Diese Zahlen repräsentierten nur noch einen kleinen Teil aller deutschen und österreichischen Freiwilligen. Einige ihrer Kameraden hatten schon vorher Frankreich in Richtung Skandinavien, Großbritannien, Nord- und Südamerika verlassen. Die Spanienfreiwilligen wurden größtenteils bis zum Frühjahr und Sommer 1940 in Gurs festgehalten; einige wenige wurden entlassen, andere in Arbeitskompanien aufgenommen, ein großer Teil aber der Gestapo ausgeliefert. In den geräumten Baracken wurden dann im Herbst 1940 etwa 5.500 aus der Pfalz und aus Baden deportierte Juden untergebracht⁹.

Das Lager Gurs lag unmittelbar an der Route Nationale 636 zwischen Sauveterre und Oloron unweit Pau im Departement Basses Pyrénées. Die Umgebung liegt mit einer Höhe von 900 m bereits im Pyrenäenvorland und hat ein rauhes und regnerisches Klima. Das Lager war ungefähr 500 m lang und 100 m breit und in 13 sogenannte Blöcke (îlots) aufgeteilt, von denen jeder Ilot 30 Baracken umfaßte. Die aus Holz und Blech zusammengezimmerten Baracken waren 25 m lang und 5 m breit und beherbergten 60 Personen. Als Schlafgelegenheit dienten Strohsäcke; jegliches Mobiliar fehlte und wurde erst im Laufe der Zeit in Heimarbeit von handfertigen Insassen gebastelt¹⁰. Decken waren in nur unzureichender Menge vorhanden, und Heizmöglichkeiten bestanden im Winter nicht. Auch die Verpflegung war mangelhaft und bestand gewöhnlich aus abgekochten Rüben oder dem in Frankreich meist als Viehfutter verwendeten Knollengewächs Topinambour¹¹. Das Lager war von Stacheldraht umgeben und konnte nicht verlassen werden. Die Wachmannschaften waren schwer bewaffnet und hatten die Vollmacht zu scharfen disziplinarischen Maßnahmen. Neben einer Sportanlage gab es auch einen Straftrakt in Gurs.

Da die Insassen nicht zu Arbeiten außerhalb des Lagers herangezogen wurden und nur organisatorische Tätigkeiten zur Aufrechterhaltung und Regelung des Lagerlebens verrichteten, blieb den Gefangenen relativ viel Zeit, um eigene Anregungen zu verwirklichen. Dazu gehörten Unterrichtsstätten, die in einer leerstehenden Baracke eingerichtet wurden. Es gab zwischen 8.30 Uhr und 17.30 Uhr Unterricht in Deutsch und mehreren Fremdsprachen, Mathematik, Physik, Militärtheorie und Naturgeschichte, Stenographie sowie technische und handwerkliche Kurse; abends wurden allgemeinbildende Vorträge gehalten. Die meisten Informationen liegen über die Lagerschule der Österreicher vor. Sie wurde am 7. Juni 1939 eröffnet und bestand sieben Wochen lang; an den Abschlußprüfungen nahmen 38 Personen teil. Wie es scheint, durften diese Schulen aufgrund von Schikanen der französischen Lagerkommandantur nicht mehr fortgeführt werden. Neben diesen Schulen gab es auch eine kleine, mit einer primitiven Handpresse hergestellte Zeitschrift und natürlich politische Versammlungen¹².

Der Stacheldraht von Gurs, Le Vernet und den anderen Lagern umgab zwar ein Gefängnis, war aber durchlässig für Verbindungen zur Außenwelt. Die Gefangenen konnten Briefe schreiben und selbst Post sowie Besucher empfangen. Beides aber war von Bedeutung für die politische Betätigung der deutschen Spanienkämpfer innerhalb des Lagers. Am aktivsten waren hier die Kommunisten, die recht bald ein System von Zellen und Organisationen aufbauten. Der Aufbau der Zellen paßte sich den Bedingungen des Lagers an. In der Regel bildeten die Bewohner von drei oder vier Baracken eine Kompanie, deren kommunistische Angehörige durchschnittlich zwei Zellen zu je etwa 30 Mitgliedern bildeten. Diese Zellen setzten sich

---

8 Barbara Vormeier: Les internés allemands et autrichiens en 1939-1940, in: Les barbelés..., a.a.O., S. 224 ff.
9 Laharie: Histoire du camp..., in: Les barbelés..., a.a.O., S. 258 ff.
10 Schramm/Vormeier, S. 6.
11 Kuno Rixgens: Internierung in Frankreich — Flucht vom Todesmarsch aus Dachau, in: Spanien 1936-1939, a.a.O., S. 294 ff.
12 Ebd., S. 196 — „Österreichische Volkshochschule Gurs" (hekt.); DÖW: Akt 4684.

wiederum aus Gruppen von 7 Personen zusammen. Jede Zelle hatte eine Leitung, die aus 4-5 Personen bestand. Daneben bestanden zahlreiche zusätzliche Ämter, die mit besonderen Aufgaben und Funktionen verbunden waren: es gab Beauftragte für Kulturarbeit, für Soziales, für Angelegenheiten von Post, Presse, Nahrungsmitteln; außerdem existierten Arbeitsgemeinschaften für besondere Bereiche wie Gesundheitsfragen oder Jugend[13]. Auch die oben beschriebene Bildungsarbeit wurde von solchen Arbeitsgemeinschaften betrieben.

Der Bruch mit der KPD

In einigen dieser als „Massenorganisationen" betrachteten Arbeitsgemeinschaften und Gruppierungen arbeiteten auch deutsche und österreichische Sozialdemokraten mit. Vor allem die noch in Spanien gegründete „Gruppe deutscher und österreichischer Sozialisten" unter dem Vorsitz von Ernst Braun sammelte sich in Gurs von neuem. So wie sie in Spanien sich zur Volksfront bekannt hatte, so verfolgte sie auch im Internierungslager diese Politik weiter und war zu einer engeren Zusammenarbeit mit den Kommunisten bereit. Deswegen kam es innerhalb der internierten Sozialdemokraten, aber auch zwischen der Gruppe um Ernst Braun und dem Parteivorstand (Sopade) in Paris zu Meinungsverschiedenheiten. Da der Konflikt im Lager jedoch stark durchwirkt war von persönlichen Kontroversen, wollte der Parteivorstand hierzu keine offizielle Stellung nehmen[14].
Die Differenzen hatten in der Tat mehrere Wurzeln. Eine lag in dem Streit um die Vertretung der internierten deutschen und österreichischen Spanienkämpfer nach außen, vor allem gegenüber den französischen Behörden. Unmittelbar nach Verlassen Spaniens waren die Interbrigadisten nach Nationalitäten und Sprachgruppen aufgeteilt worden und hatten im Lager St. Cyprien Ludwig Renn als Sprecher beauftragt: er war als einer der ranghöchsten Offiziere der Interbrigaden bis zum Schluß in Spanien geblieben und genoß auch weitgehend das Vertrauen seiner Kameraden. Renn suchte sich seine Mitarbeiter unter den Lagerinsassen seines Vertrauens. Aber Renn wurde nach wenigen Tagen aus St. Cyprien entlassen. Die Wahl von Delegierten mußte nach der Verlegung der Gefangenen nach Gurs wiederholt werden. Gewählt wurde nach Gruppen und Kompanien, in denen die Kommunisten die Oberhand besaßen, nicht nach politischen Gruppierungen, so daß nicht-kommunistische und der KPD nicht genehme Kandidaten überstimmt wurden. Auf diese Weise kam es in Gurs zu einer Spaltung zwischen der „deutschen Gruppe" und einer Gruppe von Dissidenten, die nach ihrem Quartier den Namen „9. Kompanie" erhielt[15].
Die zu dieser Zeit noch etwa 600 Deutsche und 460 Österreicher umfassende deutsche Gruppe erkannte die gewählte Lagerleitung unter maßgeblicher Führung von Ernst Buschmann an. Buschmann, den Spanienkämpfern besser als „Hugo Hermann Wittmann" bekannt, war KPD-Mitglied und seit März 1938 Kommandeur des „Edgar-André"-Bataillons gewesen. Der Lagerleitung um Buschmann stand auch die Gruppe von Sozialdemokraten um Ernst Braun nahe, die den Einheitsfrontgedanken als einzige Alternative zur Zersplitterung der Arbeiterbewegung ansah. Der von anderen Sozialdemokraten erhobene Verdacht, Ernst Braun sei im Grunde bereits Kommunist und nur nach außen hin noch Sozialdemokrat, mag im Hinblick

---

13 Jean-Philippe Mathieu: Les communistes allemands et leur organisation (avril — août 1939), in: Les barbelés..., a.a.O., S. 243 ff.
14 Schreiben Erich Ollenhauers vom 30. 6. 39 an Ernst Braun; AsD: Emigration — Sopade, Mappe 23.
15 Vormeier, in: Les barbelés..., a.a.O., S. 227 f.

auf seine Person und seine spätere Parteikarriere in der SED nicht völlig unbegründet gewesen sein[16]. Dennoch wäre es falsch, die deutsche Gruppe als homogenen Block zu betrachten. Ihr gehörten auch manche Sozialdemokraten an, die durchaus kritisch zum Volksfront-Kurs und zur KPD-Führung standen, jedoch eine Abspaltung nach dem Vorbild der 9. Kompanie ablehnten. Herbert Seifert beispielsweise, Sozialdemokrat aus Chemnitz, war Mitglied der Lagerleitung, ohne Sympathien für die KPD zu hegen. Gleichwohl hielt er eine enge Zusammenarbeit aller politischen Gruppen im Lager und ein geschlossenes Auftreten gegenüber der französischen Lagerkommandantur für notwendig. Hierzu sei es erforderlich, so schrieb Seifert an den Parteivorstand, gelegentlich auch französische Anordnungen gegenüber den Lagerinsassen durchzusetzen, was dann von einigen als Terror empfunden werde[17].

Eben dieser Meinung aber waren die rund 170 Gefangenen, unter ihnen etwa 120 Deutsche und Österreicher, die sich zur 9. Kompanie zusammengeschlossen hatten. Denn nicht nur die Unzufriedenheit mit der Wahl überwiegend kommunistischer Funktionäre in die Lagerleitung, sondern auch bestimmte böse Erfahrungen mit stalinistischen Verfolgungen und Unterdrückungsmethoden waren maßgebende Motive für die Trennung von der übrigen deutschen Gruppe. Der Text des Aufnahmeformulars betonte auch, daß der Beitritt zur 9. Kompanie aus Abneigung gegen jede Unterdrückung und diktatorische Maßnahme und aufgrund bestimmter Erfahrungen in Spanien erfolge. Darüber hinaus beklagten sich die Mitglieder der 9. Kompanie wiederholt bei der Sopade, sie seien bei der Verteilung von Lesestoff und Geschenkpaketen durch die kommunistische Lagerleitung übergangen oder sonstwie benachteiligt worden. Auch kleine Geldsendungen hätten die Kommunisten und die mit ihnen zusammenarbeitenden Sozialdemokraten zurückbehalten oder unter sich verteilt[18].

Politisch war die 9. Kompanie keineswegs homogen. Nach einer eigenen Aufstellung gehörten ihre Mitglieder folgenden Richtungen an: Anarchosyndikalisten (15 %), Sozialdemokraten (15 %), SAP (2 %), KAU (6 %), Parteilose (10 %) und Mitglieder oder Sympathisanten der Kommunisten (52 %). Bei diesen Kommunisten handelte es sich indessen um frühere Anhänger von KPD und KPÖ, von denen viele inzwischen mit der Partei innerlich und teilweise auch äußerlich gebrochen hatten[19]. Innerhalb der 9. Kompanie sammelten sich daher Kritiker der KP, was von dieser wiederum mit heftiger Kritik und Polemik beantwortet wurde. Die Angehörigen der 9. Kompanie wurden als „Trotzkisten", als Verräter und als Feinde der Einheitsfront bezeichnet; in einigen Fällen waren die Vorwürfe noch härter. Weil einige Angehörige der 9. Kompanie sich wegen einer freiwilligen Rückkehr in ihre Heimat an deutsche Konsulate gewandt hatten, wurden sie als „Faschisten", Gestapo-Agenten und verkappte Nazis diffamiert[20]. Aus Sozialdemokraten der 9. Kompanie sowie aus Vertretern anderer politischer Gruppierungen formierte sich im Juni 1939 im Lager eine sozialistische Arbeitsgemeinschaft, die wiederum von Gurs aus mit der SAP sowie mit kommunistischen Dissidenten um Willi

---

16 Ebd., S. 229. — BHE I, S. 87.
17 Schreiben Herbert Seiferts vom 15. 6. 39 an Hans Vogel; AsD: Emigration — Sopade, Mappe 121. — Schreiben Carl Osters vom 30. 5. 39 an die Sopade; ebd., Mappe 86. — Vgl. „Stalinistischer Terror im Flüchtlingslager", *Freies Deutschland* 25. 5. 39.
18 Schreiben Karl Klemms vom 27. 10. 39, Schreiben Carl Osters vom 30. 5. 39 und Schreiben Eugen Scheyers (undatiert) an die Sopade; AsD: Emigration — Sopade, Mappen 59, 86 und 112.
19 Vormeier, in: Les Barbelés..., a.a.O., S. 230 f.
20 Schreiben Karl Kuhns vom 11. 7. 39 und Carl Osters vom 15. 6. 39 an die Sopade; AsD: Emigration — Sopade, Mappe 59 bzw. 89. — Vgl. „Zwei Berichte aus dem Camp Gurs", *Deutsche Volkszeitung* 2. 7. 39.

Münzenberg Kontakt aufnahm[21]. Damit aber fügte sich der zunächst lagerinterne Streit ein in einen größeren Konflikt, der die deutsche Emigration — vor allem in Frankreich — insgesamt betraf.

Das Scheitern der Volksfrontbemühungen innerhalb der deutschen Exil-Parteien, Streitigkeiten, gegenseitige Verdächtigungen und schließlich die sprunghafte Politik der KPD vor dem Hintergrund der Komintern-Politik und der Moskauer Schauprozesse hatten auch unter deutschen Kommunisten im Exil einige Verwirrung gestiftet. Vor allem bei Willi Münzenberg und seinen Mitarbeitern war seit 1937 eine spürbare Abkühlung im Verhältnis zur Komintern eingetreten[22]. Ende 1938 hatte er sich ein eigenes Organ geschaffen: *Die Zukunft,* für die er als Mitarbeiter Thomas und Heinrich Mann, Arthur Koestler, Stefan Zweig, Lion Feuchtwanger, Alfred Döblin und andere Schriftsteller zu gewinnen suchte. Um diese Zeitschrift scharte sich die Gesellschaft der „Freunde der *Zukunft*", ein loser Diskussionszirkel, an dem sich verschiedene politische Gruppierungen beteiligten und der in gewisser Weise die Gespräche des Volksfrontausschusses fortsetzte. Von diesem Zusammenschluß befürchtete die KPD eine Konkurrenz im Kampf um die Führung innerhalb der linken deutschen Emigration. Da ihre Versuche, in den Volksfrontverhandlungen die dominierende Rolle über andere linke Parteien und Gruppen zu gewinnen, mit dem Ende des „Komitees zur Vorbereitung einer deutschen Volksfront" gescheitert waren, unternahm sie im Frühjahr 1939 einen erneuten Anlauf. Wegen der erwartungsgemäß geringen Gesprächsbereitschaft der Sopade nahm sie zunächst Kontakt zu den verschiedenen linkssozialistischen Splittergruppen auf: Mit „Neu Beginnen", mit der als „trotzkistisch" eingestuften SAP, dem ähnlich beurteilten ISK und den „Revolutionen Sozialisten Österreichs". Unter Einschluß der KPÖ sowie anfangs noch der Gruppe um Münzenberg fand am 22. März 1939 in Paris eine Versammlung statt, an der für die beiden kommunistischen Parteien Franz Dahlem, Paul Merker und Johann Koplenig (KPÖ) sowie Julius Deutsch (RSÖ), Richard Löwenthal (Neu Beginnen), Jacob Walcher (SAP) und andere teilnahmen. Am 30. März wurde, nachdem die Kommunisten eine weitere Teilnahme Münzenbergs verhindert und einige der anderen Gruppen herausgegrault hatten, ein von KPD, KPÖ, RSÖ und dem „Arbeitsausschuß deutscher Sozialisten" gemeinsam unterzeichneter Aufruf an alle deutschen und österreichischen Antifaschisten innerhalb und außerhalb des Dritten Reiches gerichtet. Der Aufruf war im Hinblick auf die bisherigen Streitigkeiten in der deutschsprachigen Emigration recht nichtssagend formuliert; seine Bedeutung lag wahrscheinlich darin, daß überhaupt ein unter KP-Führung ausgearbeiteter Aufruf veröffentlicht worden war[23].

Innerhalb der Emigration setzte nunmehr eine eigenartige Entwicklung ein. Am 10. März 1939 hatte Münzenberg seinen Austritt aus der KPD, die er mitbegründet hatte, erklärt. Die KPD versuchte wiederholt, Kontakte mit ihm aufzunehmen, um ihn zur Umkehr zu bewegen oder wenigstens zu einem klärenden Gespräch nach Moskau zu locken, was Münzenberg aber wohlweislich ablehnte. Gleichzeitig forderte die KPD von allen Parteimitgliedern, die mit ihm zusammengearbeitet hatten, sich von ihm loszusagen[24]. Münzenberg sammelte seinerseits um sich eine Gruppe oppositioneller Kommunisten sowie Sozialisten verschiedener Richtungen, die sich im Mai 1939 als Kreis „Freunde der sozialistischen Einheit Deutschlands" konsti-

---

21 Schreiben Karl Klemms vom 16. 8. 39 an die Sopade; ebd., Mappe 59. — Vgl. Vormeier, in: Les Barbelés..., a.a.O., S. 234.
22 Babette Gross: Willi Münzenberg. Eine politische Biographie. Mit einem Vorwort von Arthur Koestler, Stuttgart 1967, S. 311 ff., 317.
23 Dahlem, II, S. 86 f.
24 Gross, S. 317, 314 f. — Vgl. Dahlem II, S. 85 f.

tuierte und mit zwei anderen Gruppierungen der deutschsprachigen Emigration in Verbindung stand: mit dem „Arbeitsausschuß deutscher Sozialisten" und den „Revolutionären Sozialisten Deutschlands"[25].

Unter dem Einfluß Münzenbergs trennten sich nun einerseits immer mehr Kommunisten von ihrer Partei, andererseits setzte innerhalb verschiedener sozialdemokratischer und sozialistischer Gruppen eine Spaltung ein zwischen solchen, die zur Zusammenarbeit mit der KPD bereit waren, und solchen, die dies für sinnlos hielten. Diese Spaltung griff auch auf die gefangenen Spanienkämpfer über, was unvermeidlich war, als die 9. Kompanie wegen der heftigen kommunistischen Angriffe in der Gruppe Münzenberg einen natürlichen Verbündeten fand. Diese sandte den Mitgliedern dieser Gruppierung, die von den anderen Lagerinsassen vielfach geschnitten und gemieden wurden, Münzenbergs Broschüren sowie Freiexemplare seiner Zeitschrift *Die Zukunft*. Der in Gurs internierte Österreicher Eduard Koch informierte Münzenberg wiederum über die Lagerverhältnisse, die dazu geführt hätten, daß Anfang Juni 1939 weitere 16 deutschsprachige Spanienkämpfer sowie 50 — meist sozialistisch eingestellte — polnische Kameraden als „slawische Sektion" um Aufnahme in die 9. Kompanie gebeten hätten[26].

Der Konflikt spitzte sich zu, als die KPD das Gerücht verbreitete, die 9. Kompanie bestünde überwiegend aus „Heimfahrern", also Spanienkämpfern, die sich zur freiwilligen Rückkehr in das Dritte Reich an deutsche Konsulate gewandt hätten. Der im Lager maßgebliche Kommunist Ernst Buschmann soll gegenüber den französischen Behörden sogar behauptet haben, die 9. Kompanie bestünde ausschließlich aus solchen Heimfahrern. Tatsache ist, daß die 9. Kompanie alle Beitrittswilligen eine Erklärung unterschreiben ließ, wonach „... ich Antifaschist bin, folglich nicht die Absicht habe, nach Hitlerdeutschland zurückzukehren, und auch mit keiner deutschen Behörde weder mittelbar noch unmittelbar zu diesem Zweck in Verbindung stehe". Dennoch hatten sich etwa 20 Angehörige der 9. Kompanie zur freiwilligen Rückkehr nach Deutschland bereitgefunden und waren bereits abgefahren. Ihre Zahl erhöhte sich bis Juli 1939 auf 35, wobei es sich in den meisten Fällen um KPD-Anhänger handelte, die aber nervlich so zermürbt waren, daß sie die zu erwartende Strafverfolgung auf sich zu nehmen bereit waren, nur um den Lagerverhältnissen zu entgehen[27].

Die KPD veröffentlichte daraufhin in der *Deutschen Volkszeitung* eine Reihe von wütenden Artikeln, in denen sie die 9. Kompanie wegen ihrer Parteinahme für Münzenberg als „Gestapoagenten, Hochstapler, Diebe", als „Trotzkisten" und als „deutsche POUMisten" bezeichnete, die am Aufstand gegen die Spanische Republik teilgenommen hätten. Münzenberg antwortete hierauf, daß er zwar nicht an der Gründung der 9. Kompanie beteiligt gewesen sei und daß die politischen Gruppen „Neu Beginnen", RSÖ, SAP, ISK und „Freunde der sozialistischen Einheit Deutschlands" aus mangelhafter Kenntnis der Einzelheiten hierzu keine Stellung nehmen wollten, daß aber viele Kommunisten in Gurs sich mit ihm, Münzenberg, solidarisiert hätten[28]. Kurz darauf gaben die beiden früheren kommunistischen Reichstagsabgeordneten Peter Maslowski und Walter Oettinghaus sowie andere ehemalige Parteifunktionäre einen offenen Brief heraus, mit dem sie gegen die *Deutsche Volkszeitung* Stellung bezogen und gegen

---

25 Gross, S. 326. — Ingrid Lederer: Munich et le pacte germano-soviétique dans la presse des émigrés, in: Les barbelés..., S. 97 ff., hier S. 127 ff.
26 Schreiben Eduard Kochs vom 4. 6. 39; DÖW: Akt 7.635. — Vgl. Schreiben Willi Münzenbergs vom 9. 6. 39 an Friedrich Stampfer; AsD: Nachlaß Stampfer I/Mappe 11.
27 Schreiben Eduard Kochs vom 7. 6. 39; DÖW: Akt 7.635; daselbst weitere Materialien zu diesem Fall. — Vgl. Vormeier, in: Les barbelés..., S. 235 ff.
28 Schreiben Willi Münzenbergs vom 6. 8. 39 an die Spanienkämpfer in Gurs (hekt.); IISG: Nachlaß Paul Hertz, Leitzordner 1 b.

die Diffamierung Münzenbergs und teilweise auch der Gruppen „Neu Beginnen" und SAP als „Trotzkisten", „Spalter" und „Nazi-Agenten" protestierten. Das Schreiben war von einer Reihe von bisher kommunistischen Intellektuellen unterzeichnet — unter ihnen Arthur Koestler und Manès Sperber — sowie ungefähr weiteren 260 Personen, größtenteils kommunistischen Spanienkämpfern[29].

Damit drückte sich ein Bruch mit der KPD aus, den nun viele emigrierte Kommunisten nachvollzogen. Unter ihnen bildeten die ehemaligen Spanienkämpfer ein stattliches Kontingent. Sie hatten in Spanien die Verfolgungen nicht-kommunistischer Antifaschisten beobachten und teilweise selbst erleben können; sie hatten in den französischen Lagern die Diffamierung politisch mißliebiger Gruppen als „Trotzkisten", „Spalter", „Verräter" und „Gestapo-Agenten" erdulden müssen. Sie mußten ansehen, wie in der Emigration Parteifreunde, die jahrelang im Widerstand gegen Hitler gekämpft hatten, aus taktischen und opportunistischen Gründen fallen gelassen wurden. Die Zahl derer, die mit der stalinistischen KPD brachen, erhöhte sich nach Abschluß des Hitler-Stalin-Paktes am 23. August 1939 und dem nachfolgenden Kriegsbeginn. Daß die KPD die Kritiker dieses Paktes als Agenten des britisch-französischen Imperialismus bezeichnete, während sie ihre direkten Attacken auf das Nazi-Regime einstellte[30], verwirrte weiterhin die deutsche Emigration und insbesondere viele ehemalige Spanienkämpfer. Da die französische Regierung bald nach Kriegsausbruch einen großen Teil der deutschsprachigen Emigration internierte, kam das bis dahin relativ ungestörte Eigenleben von Exil-Parteien und -Gruppen zum Erliegen, was somit auch deren interne Auseinandersetzungen unterbrach. Der Bruch, den KPD-Mitglieder wie Münzenberg oder Koestler vollzogen hatten, wurde — zumindest innerlich — von vielen Kommunisten auch vollzogen. Zwar gab es auch umgekehrt Fälle wie Ernst Braun, der von der Sozialdemokratie über Spanien den Weg zur KPD/SED fand. Aber das waren Ausnahmen. Die KPD verlor mehr Mitglieder durch ihr Taktieren als sie gewann.

Hilfsaktionen für internierte Spanienkämpfer

Der spanische Bürgerkrieg war noch nicht beendet, die Massen der internationalen Freiwilligen noch nicht vollständig zurückgekehrt, als die deutschen Exilparteien sich um Hilfe für die nun mittellos nach Frankreich entlassenen Kämpfer kümmerten. Die KPD hatte viele ihrer wichtigen Funktionäre bereits 1938 aus Spanien zurückgezogen; sie bemühte sich nunmehr auch um die in den Lagern internierten Genossen[31]. Innerhalb der deutschen und österreichischen Sozialdemokratie begannen gleichfalls Ende 1938 Aktivitäten zur materiellen und politischen Betreuung der deutschsprachigen Bürgerkriegsteilnehmer. Erwähnt werden muß in diesem Zusammenhang die Sozialdemokratische Flüchtlingshilfe unter der Leitung von Wilhelm Sander. Dieser hatte bis 1938 in Prag im Auftrage des Parteivorstandes sozialdemokratische Flüchtlinge registriert, ihre Angaben überprüft und materielle Hilfe organisiert. Ab Dezember 1938 leitete er die Flüchtlingshilfe im Rahmen des „Czech Refugee Trust Fund" und des „International Solidarity Fund" in London[32]. Sander kümmerte sich vor allem um Visa für deutsche und österreichische Spanienkämpfer, um die sich einige von ihnen noch von Spanien aus,

---

29 Offener Brief vom 20. 8. 39 (hekt.); ebd.
30 Duhnke, S. 339 ff.; Lederer, in: Les barbelés..., S. 124 f. — Brome, S. 273.
31 „Das Hilfswerk für unsere Spanienkämpfer", *Deutsche Volkszeitung* 19. 2. 39. — Vgl. Dahlem II, S. 72 f.
32 BHE I, S. 634.

also vor ihrer Internierung in Frankreich, bemüht hatten. Derartige Anträge, die zunächst an die Sopade gerichtet worden waren, wurden von dieser an Sander weitergeleitet[33].

Daneben wurde Anfang 1939 in Paris ein überparteiliches „Hilfskomitee für die ehemaligen deutschen und österreichischen Kämpfer in der spanischen Volksarmee" gegründet, das im Hause 15 der rue du Faubourg Montmartre saß. In ihm waren — zumindest nominell — sozialdemokratische Politiker (Julius Deutsch, Rudolf Breitscheid, Friedrich Stampfer), KPD-Funktionäre (Franz Dahlem, Heiner Rau, Hans Kahle) und Schriftsteller (Ludwig Renn, Gustav Regler) vertreten. In einem Aufruf vom 25. Februar forderte dieser Ausschuß vor allem die Emigration auf, materielle Hilfe zu leisten[34]. Vermutlich war er identisch mit einem „Deutschen National-Comité", welches im März gleichfalls einen Aufruf zu Spenden für die Gefangenen veröffentlichte. Trotz der Streitigkeiten innerhalb der deutschen Emigration gehörten ihm nach Neuwahlen am 24. Juni 1939 auch Vertreter der SAP sowie der Gruppe Münzenberg an; offensichtlich betrachtete er sich trotz des veränderten Namens als Fortsetzung des 1936 gegründeten Spanienhilfsausschusses[35].

Das Hilfskomitee sammelte Kleidungsstücke für die internierten Spanienkämpfer und schickte Pakete mit Lebensmitteln, Tabak, Büchern und anderen Geschenken in die Lager, wo sie dann verteilt wurden. Bekannt wurden sie unter der Bezeichnung „Liebesgaben". Jedoch stifteten sie mehr Haß als Liebe, zumal ihre Verteilung in Gurs in die parteipolitischen Konflikte hineingezogen wurde. Wiederholt beschwerten sich die Mitglieder der 9. Kompanie darüber, daß die KP-Führung im Lager sie benachteiligt oder übergangen und ihnen Musikinstrumente oder Bälle für kulturelle und sportliche Aktivitäten abgenommen habe. Besondere Vorwürfe wurden dabei gegen den KPD-Funktionär Buschmann vorgebracht[36]. Vielfach baten die Internierten auch direkt ihre Parteiführung um Hilfe, worauf diese sie dann gewöhnlich an den von Julius Deutsch geleiteten Hilfsausschuß verwies. Die Hilfe der Sopade bestand fast nur aus Lesestoff und Freiexemplaren des *Neuen Vorwärts*. Wegen des geringen Umfanges der Sendungen wurde von den Gefangenen auch heftige Kritik an der Sopade geübt: es sei eine Schande, schrieben Vertreter der 9. Kompanie, daß auf 175 Lagerinsassen nur ein Exemplar des *Neuen Vorwärts* komme, während die kleine SAP 17 Exemplare ihrer Zeitschrift schicke[37]. Überhaupt scheinen die kleineren Gruppen wie SAP, ISK und „Neu Beginnen" ihre Gefangenen sehr viel aktiver und umfassender versorgt zu haben[38]. In einigen Fällen übersandte der Spanien-Hilfsausschuß auch Gelder, die im Lager gruppenweise verteilt wurden und von denen die Insassen sich Gegenstände laufen konnten. Gelegentlich wurden auch nur Grüße oder Solidaritätsadressen an die gefangenen Kameraden übersandt[39].

Der Streit innerhalb der deutschen Emigration machte naturgemäß auch nicht vor dem Spanien-Hilfsausschuß halt. Kritik kam vor allem von kommunistischer Seite, die offensichtlich

---

33 Schreiben der Sopade vom 25. 1. 39 an Julius Deutsch; AsD: Emigration — Sopade, Mappe 23. — BHE I, S. 128.
34 Gedrucktes Flugblatt des Hilfskomitees vom 25. 2. 39; PA AA; Pol. III/Spanien: Innere Politik..., Bd. 40.
35 Aufruf vom 14. 3. 39; ebd. — Schnellbrief der Gestapo-Leitstelle Münster vom 15. 7. 39 an das Gestapa; IfZ: MA 644, S. 867 730 f.
36 Schreiben Adolf Frenzels vom 5. 6. 39 an die Sopade; AsD: Emigration — Sopade, Mappe 43. — Schreiben Eduard Kochs vom 3. 6. 39; DÖW: Akt 7635.
37 Schreiben der Sopade vom 10. 6. 39 an Adolf Frenzel/Gurs und Antwort desselben vom 14. 6. 39; AsD: Emigration — Sopade, Mappe 43.
38 Schreiben Erich Ollenhauers vom 9. 12. 39 an Rudolf Breitscheid; ebd., Mappe 23.
39 Schreiben Carl Osters vom 30. 5. 39; ebd., Mappe 86. — Quittung über 880 ffrs. (undatiert); ebd., Mappe 111. — Franz Dahlem: „Heißen Gruß den Spanienkämpfern der Internationalen Brigaden", *Deutsche Volkszeitung* 11. 6. 39.

ihre Interessen nicht angemessen repräsentiert glaubte[40]. Schließlich wurde am 19. September 1939 ein neuer Ausschuß ohne kommunistische Beteiligung ins Leben gerufen, der aber keine praktische Arbeit mehr leisten konnte, da kurz darauf die französische Polizei den Spanien-Hilfsausschuß insgesamt verbot[41]. Der Streit setzte sich jedoch fort in England. Als eine gemeinnützige Vereinigung 1940 Gelder für die Spanienkämpfer zur Verfügung stellen wollte, machte sie ausdrücklich die Nicht-Beteiligung der Kommunisten zur Bedingung[42].
Die verschiedenen Hilfsaktionen von Exil-Parteien und Komitees strebten nicht nur eine materielle Verbesserung der Lage der Internierten an, sondern auch und vor allem ihre Freilassung. Dazu bedurfte es guter Beziehungen zu den französischen Behörden. Die KPD hatte neben ihrer Mitarbeit in dem überparteilichen Hilfskomitee ihre eigenen Organisationen und Verbindungen in Frankreich aufgebaut, um Sammlungen von Geld, Kleidungsstücken und Nahrungsmitteln durchzuführen, und andererseits Kontakte zu Verwaltungsstellen in Gemeinden und Departements aufgenommen. Mit dieser Aufgabe wurde Heiner Rau, der letzte Kommandeur der XI. Brigade, betraut. Mit Hilfe der französischen KP wurden auch Parteimitglieder versteckt und betreut, die illegal über die Pyrenäengrenze gekommen waren und so der Internierung hatten entgehen können[43]. Wenn die KPD jedoch bekanntgab, die Freilassung ihrer Parteifreunde nicht erreicht zu haben, so trifft dies nur teilweise zu. Es gelang ihr durchaus, die Freiheit für die wichtigsten ihrer Funktionäre zu erwirken, wie dies am Beispiel Ludwig Renns erkennbar wird. Von Anfang an hatte es vereinzelte Entlassungen aus den Internierungslagern gegeben, die naturgemäß vor allem Gefangenen mit guten Beziehungen zugutekamen. Offensichtlich konnte die Freilassung leichter für solche Personen erreicht werden, für die das Visum eines Aufnahmelandes vorlag. Auf diese Weise konnte im Juli 1939 eine Gruppe von 200 Interbrigadisten in die Sowjetunion ausreisen, unter ihnen auch eine Reihe KP-freundlicher Sozialdemokraten[44]. Wie es scheint, gelang es sozialdemokratischen Organisationen in erheblich geringerem Maße, Visa für das Ausland zu bekommen. Im Juli 1939 verhandelte Wilhelm Sander in London mit britischen Stellen wegen der Einreise von 20 deutschen und österreichischen Spanienkämpfern nach Großbritannien, wo sie in der Landwirtschaft Beschäftigung finden sollten[45]. Diese Zahl macht deutlich, welch geringes Ausmaß diese Hilfe hatte angesichts hunderter internierter ehemaliger Interbrigadisten.
Angesichts eines Daseins hinter Stacheldraht und der zermürbenden Verhältnisse in Gurs meldeten sich manche Insassen freiwillig zur Rückkehr in das Dritte Reich. Die insgesamt 35 Fälle aus der 9. Kompanie wurden bereits erwähnt. Vor allem Gruppen von Österreichern beantragten die Rückkehr bei deutschen Konsulaten, zum Teil mit der Erklärung, daß sie das sie erwartende „Schulungslager" nicht als Diskriminierung empfinden würden. Von 40 auf diese Weise über Saarbrücken heimkehrenden Spanienkämpfern stammten nur zwei aus dem „Altreich", die übrigen waren Österreicher und Sudetendeutsche[46]. Auch unter den nicht internierten deutschen Spanienkämpfern in Frankreich gab es eine gewisse Neigung, trotz der zu erwartenden Strafverfolgung in den Machtbereich der braunen Diktatur zurückzukehren, wes-

---

40 Schreiben Julius Deutschs vom 26. 5. 39 an F.M. Wagner; ebd., Mappe 23.
41 Schreiben Julius Deutschs vom 12. 10. 39 an Friedrich Stampfer; ebd.
42 Schreiben Julius Deutschs vom 23. 2. 40 an Walter Schevenels; ebd.
43 Dahlem II, S. 72 ff.
44 Schreiben Karl Klemms vom 9. 7. 39 an die Sopade; AsD: Emigration — Sopade, Mappe 59. — Brome, S. 267.
45 Schreiben Walter Sanders vom 14. 7. 39 an die Sopade; ebd., Mappe 111.
46 Materialien hierzu im PA AA: Pol. III: Spanien/Heimschaffung..., Bd. 6. — Vgl. Gestapo: „Lagebericht über die illegale kommunistische Bewegung in Deutschland für das 2. Vierteljahr 1939" (hekt.); BA: R 58/582.

wegen die KPD in mehreren Veranstaltungen in Paris auf die damit verbundenen Risiken und Gefahren hinwies[47].

Bei Kriegsausbruch internierte die französische Regierung etwa 15.000 deutsche und österreichische Emigranten. Einige Tausend wurden jedoch wieder entlassen, nachdem sie sich zur Fremdenlegion oder als sogenannte „prestataires" zum Arbeitsdienst gemeldet hatten[48]. Nicht in allen Fällen kann man hier von freiwilligen Meldungen sprechen. Zwar hatten sich bei Kriegsausbruch zahlreiche der in Gurs internierten deutschen Sozialdemokraten in einem gemeinsamen Brief an den zuständigen Präfekten dem französischen Staat zur Verfügung gestellt. Angesichts des großen Bedarfs an Arbeitskräften forderte aber die Regierung auch die Unwilligen hierzu auf und übte schließlich Druck aus[49]. Einige Lagerinsassen, die zwar zum Eintritt in den Dienst bereit, aber aus gesundheitlichen Gründen hierzu untauglich waren, wurden von Gurs in ein anderes Lager (Esanchérie/Aisne) verlegt. Viele andere wurden in sogenannte Arbeitskompanien eingezogen und mußten Befestigungsanlagen bauen[50].

Für einen Teil der internierten Spanienkämpfer brach Ende 1939 eine besonders harte Zeit an. Einige waren dienstuntauglich, andere verweigerten den Eintritt in französische Dienste. In Freiheit entlassen wurden nur wenige, meist solche, die durch Heirat französische Familien hatten[51]. Daher ist es nicht verwunderlich, daß in Gurs nach elfmonatiger Lagerhaft Psychosen ausbrachen, die sich in Verzweiflungstaten ausdrückten. Hinzu kamen besondere Schikanen gegen Kommunisten, nachdem die französische KP im September 1939 verboten worden war[52]. Obwohl sie als Antifaschisten in Spanien ihr Leben riskiert hatten, galten sie als Angehörige einer Feindnation und wurden entsprechend behandelt. Hinzu kamen die von neuem verhafteten und internierten deutschen und österreichischen Emigranten, die sich zuvor hatten frei bewegen können.

Wenige Monate nach Kriegsausbruch, am 13. Januar 1940, erließ die französische Regierung ein Dekret, das den Einsatz von sogenannten „prestataires" bei Hilfsarbeiten zur Landesverteidigung oder anderen Arbeiten von nationalem Interesse vorsah. Unter die Kategorie der prestataires fielen aufgrund älterer Bestimmungen Staatenlose sowie Asylberechtigte zwischen 18 und 40 Jahren. Nach einem weiteren Erlaß vom 9. April 1940 konnten diese Arbeitsdienstler auch zu militärischen Aufgaben herangezogen werden. Durch Schreiben aus Gurs wissen wir, daß auch ein Teil der in Gurs internierten deutschen Sozialdemokraten in eine derartige Arbeitskompnaie eingezogen und zu Fortifikationsarbeiten herangezogen wurde[53]. Nach dem Waffenstillstand mußten alle gefangenen deutschen Kriegs- und Zivilgefangenen freigelassen werden, was paradoxerweise auch einigen Antifaschisten zugute kam, die nun irgendwo in Frankreich untertauchen konnten. Andere wurden von der Gestapo gesucht und nach ihrer Festnahme zur Strafverfolgung ins Reich zurückgebracht. Wieder andere wurden direkt von

---

47 Bericht der Deutschen Botschaft Paris vom 16. 3. 39 an das AA; PA AA: Pol. III: Spanien/Innere Politik..., Bd. 40.— Durch Frau Dr. Barbara Vormeier/Université de Paris I erhielt ich nachträglich den Hinweis, daß 247 deutsche und österreichische Spanienkämpfer, die sich auf Anweisung der KPD in den südfranzösischen Lagern als Heimkehrer bei der deutschen Waffenstillstandskommission zurückgemeldet hatten, im April 1941 den deutschen Behörden ausgeliefert und danach in Konzentrationslager verbracht wurden.
48 Schramm/Vormeier, S. 223, 227.
49 Ebd., S. 219 f. — Schreiben Carl Osters vom 2. 11. 39 an Erich Ollenhauer; AsD: Emigration — Sopade, Mappe 86.
50 Schreiben Herbert Seiferts vom 15. 10. 39 und 8. 4. 40 an die Sopade; AsD: Emigration — Sopade, Mappe 121. — Schreiben Claus Georg Dschenzfigs vom 28. 4. 40 an Erich Ollenhauer; ebd., Mappe 34.
51 Vgl. Joly/Joly/Mathieu, in: Les barbelés..., a.a.O., S. 189 ff.
52 Schreiben Herbert Seiferts vom 13. 12. 39; AsD: Emigration — Sopade, Mappe 121.
53 Anm. 50. — Schramm/Vormeier, S. 227 ff.; Joly/Joly/Mathieu, in: Les barbelés ..., a.a.O., S. 193 ff.

französischen Behörden an deutsche Behörden ausgeliefert und wechselten somit bloß die Nationalität ihres Konzentrationslagers; wir werden auf die Verfolgung der Spanienkämpfer noch im einzelnen eingehen.

Einigermaßen glimpflich verlief die Kriegszeit für etwa 80 in Le Vernet internierte Spanienkämpfer, die man im Frühjahr 1941 nach Algerien brachte, wo sie bis 1943 in der Wüste gefangen gehalten wurden[54]. Ähnliches erlebte auch Rolf Reventlow nach seiner Flucht von Spanien nach Algerien. In Frankreich selbst gingen auch während des Krieges auswärtige Bemühungen zur Rettung der internierten Spanienkämpfer weiter. Bekanntlich war es nur kleinen Kontingenten gelungen, nach Großbritannien, Schweden oder in die USA zu entkommen. Auf Intervention der in dieser Frage stark engagierten Herzogin von Atholl setzte sich sogar Präsident Roosevelt beim Vichy-Regime für internierte Interbrigadisten ein. In dem konkreten Falle kam diese Fürsprache jedoch zu spät, und einige deutsche und italienische Spanienkämpfer wurden an ihre Heimatländer ausgeliefert. Aber die US-Regierung bemühte sich darum, für deutsche Emigranten mexikanische Einreisepapiere zu besorgen[55]. Nach Mexiko waren schon unmittelbar nach Kriegsausbruch etliche deutsche Emigranten geflohen, meistens über die USA, vereinzelt auch über Portugal oder andere Länder. Die Schwierigkeit lag hier nicht in der fehlenden Bereitschaft Mexikos — es hatte im Gegenteil fast die gesamte politische Prominenz der Spanischen Republik und Tausende von Republikanern aufgenommen —, sondern im Mangel an Geld für die Bezahlung der Schiffsreisen. Mit Hilfe meist amerikanischer Hilfsorganisationen konnten vor allem die Kommunisten etliche Emigranten, unter ihnen auch Spanienkämpfer nach Mexiko schleusen. Namen wie Ludwig Renn, Bodo Uhse und Egon Erwin Kisch mögen hier für knapp 200 andere stehen[56].

Einzelfälle blieben erfolgreiche Versuche, illegal nach Spanien zurückzukehren und sich mit Hilfe dort verbliebener Freunde bis Portugal weiter durchzuschlagen[57]. Das Gros der deutschsprachigen Bürgerkriegsteilnehmer blieb in Frankreich und wurde entweder, wie wir sehen werden, den deutschen Fahndungsbehörden ausgeliefert oder konnte sich rechtzeitig dem Zugriff der Gestapo entziehen. Von diesen wurden abermals viele im Laufe des Krieges doch noch gefaßt — von den Schergen des Vichy-Regimes oder aber von der Gestapo selbst. Die Zahl derer, die die Kriegszeit unbeschadet in Frankreich überstand, war dann auch relativ gering und dürfte wenige hundert nicht überschritten haben. Erwähnt werden müssen hier diejenigen Spanienkämpfer, die dann den Weg zur Résistance fanden und gewissermaßen ihren in Spanien ausgefochtenen Kampf unter veränderten Umständen fortsetzten. Unter den ungefähr 1.000 Deutschen, die in der Résistance in Frankreich mitwirkten, waren auch etliche Spanienkämpfer. Eine führende Rolle spielte hier Otto Kühne, der zuletzt Kommissar der XI. Brigade gewesen war; erwähnt werden müssen auch Paul Vesper, Heinrich Fomferra und andere Funktionäre, die auch nach 1945 in der KPD/SED eine maßgebliche Rolle spielen sollten[58].

---

54 Vgl. Hans Schaul: Deportation nach Djelfa in der Sahara, in: Brigada Internacional II, S. 429.
55 Undatiertes Schreiben Hans Kahles (1942?) an Hans Vogel; AsD: Emigration — Sopade, Mappe 56.
56 Wolfgang Kießling: Exil in Lateinamerika (Kunst und Literatur im antifaschistischen Exil 1933 — 1945, Bd. 4), Frankfurt am Main 1981, S. 180 ff.
57 Max Better: Nach dem Rückzug der Interbrigaden; in: Spanien 1936 — 1939, a.a.O., S. 265 ff.
58 Peter Sprenger: Odyssee durch Frankreich, ebd., S. 271 ff. — Vgl. Karlheinz Pech: An der Seite der Résistance. Zum Kampf der Bewegung „Freies Deutschland" für den Westen in Frankreich (1943-1945), Frankfurt am Main 1974. — Edith Zorn: Einige Aspekte der Teilnahme deutscher Spanienkämpfer am antifaschistischen Widerstandskampf in Frankreich 1940 bis 1945, in: Interbrigadisten, a.a.O., S. 472 ff. — Weitere Erlebnisberichte ehemaliger deutscher Spanienkämpfer aus der französischen Résistance in: Brigada Internacional II, S. 379 ff.

Die Verfolgung der Spanienkämpfer

Die Geschichte der Verfolgungsmaßnahmen gegen deutsche Spanienkämpfer setzte nicht erst ein, als diese im besetzten Frankreich in die Hände der Gestapo fielen oder ihr von den französischen Behörden des nicht besetzten Landesteiles übergeben wurden. Die Geschichte der Verfolgungsmaßnahmen ist fast so alt wie der Spanische Bürgerkrieg selber, weswegen an dieser Stelle ein kurzer Rückblick auf die Jahre 1936-1939 angebracht ist.

Durch die Berichte der Botschaft in Madrid, des Generalkonsulats in Barcelona und durch eine Vielzahl anderer Informationsquellen erfuhren die deutschen Behörden im Sommer 1936 von einer größeren Zahl von Landsleuten, die im republikanischen Spanien vom Kriegsgeschehen überrascht worden war. In der zunächst richtigen Annahme, daß es sich hierbei überwiegend um Emigranten handelte, die ihrer Heimat ohnehin den Rücken hatten kehren müssen, stellte sich dem NS-Regime die Frage, wie diese behandelt werden sollten, wenn sie in den Machtbereich des Dritten Reiches gelangen sollten. Obwohl es teilweise Personen waren, die gar nicht aktiv in die Kämpfe eingreifen wollten, waren sie den braunen Behörden allein aufgrund ihres Emigrantenstatus verdächtig: sie sollten, wie es in einer Anweisung vom 14. August 1936 an die Polizeiverwaltungen der deutschen Länder hieß, festgenommen und in „Schulungslager" überführt werden[59].

Als bekannt wurde, daß eine größere Anzahl von Deutschen auch aktiv in die Kämpfe zugunsten der Republik verwickelt war, stellten Richtlinien des Reichsjustizministeriums vom 11. und 12. November 1936 fest, daß die Mitwirkung zugunsten einer ausländischen Sektion der Komintern den Tatbestand der Vorbereitung des Hochverrats erfülle; Spanienkämpfer, die sich für die dortigen Kommunisten eingesetzt hatten, konnten also ebenso bestraft werden wie Personen, die innerhalb des Reiches Widerstand geleistet hatten[60]. Gleichwohl war diese juristische Grundlage den NS-Behörden noch zu schmal, zumal sie solche Personen nicht erfaßte, die nicht Kommunisten waren oder für Kommunisten kämpften, sondern anderen Parteien angehörten oder auch aus rein privaten Gründen nach Spanien gegangen waren. Am 18. Februar 1937 wurde das „Gesetz zur Verhinderung der Teilnahme am Spanischen Bürgerkrieg" erlassen[61]. Dieses Gesetz verbot deutschen Staatsangehörigen die Ausreise nach Spanien zur Teilnahme am Bürgerkrieg und untersagte die Anwerbung von Personen zu diesem Zwecke. Der Reichsminister des Innern wurde ermächtigt, weitere Maßnahmen zur Verhinderung der Teilnahme am Spanienkrieg zu erlassen. Übertretungen dieses Gesetzes oder darauf beruhender Erlasse sollten mit Gefängnisstrafen geahndet werden.

Fußend auf diesem Gesetz unterschied die Anklagebehörde folgende Tatbestände: (1) Eintritt von deutschen Staatsbürgern in die „Rote Armee" (Internationale Brigaden), (2) Eintritt von (ausgebürgerten) Emigranten in die „Rote Armee", (3) Versuch des Eintritts, (4) Werbung für den Eintritt und (5) Absichtserklärung hinsichtlich des Eintritts in die „Rote Armee". Jede antifaschistische Aktivität in Spanien fiel unter eine dieser Kategorien und konnte entsprechend verfolgt werden. Auch das Reichsjustizministerium pflichtete im Dezember 1937 der Anklagebehörde bei, daß der versuchte oder vollzogene Eintritt in die Interbrigaden „den äußeren Tatbestand der Vorbereitung eines gegen Deutschland zielenden hochverräterischen Unternehmens erfülle", sofern es nachweisbar sei, daß der Täter mittelbar auch den „bolschewistischen

---

59 Rundschreiben des Politischen Polizeikommandeurs vom 14. 8. 36; PA AA Pol. III: Spanien/Heimschaffung, Übernahme..., Bd. 1.
60 Schreiben des Reichsanwalts beim VGH vom 11. 9. 37; BA: R 22/5011.
61 RGBl. 1937, I, S. 241.

Umsturz in Deutschland" habe fördern wollen[62]. In den Jahren 1936/37 dürften diese Strafmaßnahmen wohl nur in Einzelfällen zur Anwendung gekommen sein. Nicht nur fielen Spanienkämpfer zu dieser Zeit kaum in die Hände der NS-Behörden; vielmehr waren deren Kenntnisse über die spanischen Vorgänge so lückenhaft, daß daraus kaum glaubhafte Anklageschriften erstellt werden konnten. Für diese Annahme spricht der Fall eines Anfang 1937 verklagten Spanienkämpfers, dessen Ermittlungsverfahren aus Beweismangel eingestellt werden mußte[63].

Für den Zeitraum 1936/37 beschränkten sich die Verfolgungen der NS-Stellen weitgehend auf die Registrierung von Informationen über Spanienkämpfer. In Rundtelegrammen an alle Gestapo-Stellen und -Leitstellen wurden Personalien und Suchmeldungen durchgegeben. Das älteste dieser Rundtelegramme stammt vom 19. Januar 1937; es ist aber anzunehmen, daß sich bei vollständiger Quellenlage schon ein früherer Termin für die Nachforschungen der Gestapo nachweisen ließe[64].

Eine weitere Verfolgungsmaßnahme, die zwar nicht ausschließlich Spanienkämpfer, wohl aber besonders sie betraf, war die Ausbürgerung durch das Dritte Reich. Das NS-Regime bediente sich dieses Mittels, um die politischen Emigranten im Ausland zu treffen. Das am 16. Juli 1933 in Kraft gesetzte „Gesetz über den Widerruf von Einbürgerungen und die Aberkennung der deutschen Staatsangehörigkeit" ermächtigte das NS-Regime, Einbürgerungen aus der „System-Zeit" (1918-1933) zu widerrufen und die deutsche Staatsangehörigkeit generell zu entziehen, sofern eine von zwei Bedingungen erfüllt wurde: (1) „wenn ein Deutscher der feindseligen Propaganda gegen Deutschland Vorschub leistete oder das deutsche Ansehen oder die Maßnahmen der nationalen Regierung herabzuwürdigen gesucht hat" oder wenn er (2) einer Rückkehraufforderung nicht Folge leistet, die der Reichsminister des Innern unter Hinweis auf diese Vorschrift an ihn gerichtet hat. Jeder deutsche Emigrant, der sich im Ausland politisch betätigte oder der unzumutbaren Forderung nach Rückkehr in das Land seiner Henker keine Folge leistete, konnte expatriiert werden. Mit der ersten Liste vom 23. August 1933 bis zur offensichtlich letzten vom 17. März 1945 wurden über 38.000 Personen aus rassischen oder politischen Gründen zwangsweise expatriiert[65]. Es ist klar, daß die Teilnahme am Spanischen Bürgerkrieg, die der „Vorbereitung zum Hochverrat" diente, für die NS-Juristen eine ausreichende Grundlage für die Ausbürgerung bot. Fast alle bekannten Persönlichkeiten, die in Spanien kämpften, wurden auf diese Weise expatriiert, sofern dies nicht schon — wie in den Fällen Hans Beimlers, Willi Bredels, Alfred Kantorowicz' und Erich Weinerts — vorher geschehen war. Aber auch den weniger bekannten Spanienkämpfern wurde die deutsche Staatsbürgerschaft entzogen, oft ohne ihr Wissen. Sobald deutsche Dienststellen nähere Informationen über den Spanieneinsatz von Deutschen erlangen konnten, wurde ihre Ausbürgerung eingeleitet. Nicht wenige Urteile, die die Oberlandesgerichte und später der Volksgerichtshof über Spanienkämpfer verhängten, tragen den Vermerk, daß der Verurteilte die bürgerlichen Ehrenrechte bereits durch seine Ausbürgerung verloren habe.

Trotz der zu erwartenden Strafverfolgung meldeten sich immer wieder ehemalige deutsche Spanienkämpfer bei deutschen Vertretungen im Ausland und baten um konsularische Hilfe bei der Rückkehr in ihre Heimat. Teilweise handelte es sich hier um Personen, die irgendwie von

---

62 Schreiben des Reichsjustizministeriums vom 27. 12. 37 an den Oberreichsanwalt beim VGH; BA: R 22/5011.
63 Anm. 60.
64 IfZ: Mikrofilm MA 649.
65 Hans Georg Lehmann: In Acht und Bann. Politische Emigration, NS-Ausbürgerung und Wiedergutmachung am Beispiel Willy Brandts, München 1976, S. 49 ff., 72 f.

der politischen Entwicklung in Spanien oder von den Bedingungen ihres Einsatzes enttäuscht worden waren; wahrscheinlich wird man aber auch Abenteurer und Personen mit völlig unpolitischen Motiven nicht ausschließen können. Von der Gestapo wurden das Auswärtige Amt und über dieses die deutschen diplomatischen und konsularischen Vertretungen darüber unterrichtet, daß an einer Rückkehr ehemaliger Interbrigadisten auf deutscher Seite kein Interesse bestehe; lediglich wenn von ihrer Vernehmung interessante militärische Auskünfte zu erwarten seien, sollten sie Pässe und Fahrkarten erhalten[66]. Einen Sonderfall stellten nach 1938 österreichische und sudetendeutsche Spanienkämpfer dar, die nach der Annexion ihrer Heimatgebiete Reichsbürger geworden waren. Ende 1938 und Anfang 1939 wandten sich viele Österreicher in Frankreich an deutsche Konsulate mit der Bitte um Hilfe bei der Rückkehr. Zum Teil erklärten sie, daß sie einen politischen Irrweg beschritten hätten und diesen jetzt korrigieren wollten[67]. Im Falle der Österreicher wurden die Maßnahmen gegen Spanienkämpfer gemildert, weil die meisten sich noch vor dem „Anschluß" nach Spanien begeben und somit damals nicht gegen deutsche Gesetze verstoßen hatten. Hier entschied die Gestapo, daß man österreichischen Spanienkämpfern die Rückreise ermöglichen sollte, da sie das Dritte Reich noch nicht kannten und man ihnen die Möglichkeiten geben sollte, dessen „Segnungen" mit eigenen Augen zu prüfen. Maßgebend war aber auch der Gedanke, daß staatenlos gewordene Österreicher durch Europa vagabundieren und leicht von kommunistischer Propaganda beeinflußt würden[68].

Unabhängig von den Umständen ihrer Rückkehr — ob mit oder ohne Haftbefehl, freiwillig oder gezwungen — wurden Spanienkämpfer zunächst festgenommen, sobald sie in den Machtbereich des Dritten Reiches gelangten. Am 2. Dezember 1937 hatte die Gestapo die Verhaftung aller zurückkehrenden Spanienkämpfer angeordnet und am 17. Juni 1938 diesen Erlaß auch auf das ehemalige österreichische Bundesgebiet ausgedehnt[69].

Während des Bürgerkrieges wurden auch zahlreiche Interbrigadisten von den Franco-Truppen gefangen genommen. Meistens wurden sie vor ein Militärgericht gestellt und wegen Hochverrats und Rebellion verurteilt, danach aber nicht selten als Tauschobjekt gegen gefangene Franco-Anhänger in republikanischer Haft freigelassen. Manchmal wurden Todesurteile über Interbrigadisten ausgesprochen, aber nicht vollstreckt, weil man dadurch bei einem bevorstehenden Gefangenenaustausch die Gegenseite unter Druck setzen wollte. Eine genaue Übersicht über die Zahl der ausländischen Freiwilligen in nationalspanischer Kriegsgefangenschaft besteht nicht. Als die Internationalen Brigaden im Herbst 1938 zurückgezogen wurden, bemühte sich das Internationale Spanienhilfskomitee um die Freilassung von etwa 800 in Franco-Spanien internierten Freiwilligen, was ihm im Dezember 1938 für 100 Briten, 95 Franzosen, 85 Kanadier und 11 Schweizer auch gelang; unter den in Haft verbleibenden Spanienkämpfern sollen sich noch 124 Deutsche befunden haben[70]. Von ähnlichen Größenordnungen sprechen auch andere Quellen. Ein deutscher Spanienkämpfer, der selbst zu diesen Gefangenen gehört hatte, berichtete von etwa 800 internierten Ausländern und etwa 5.000 republikanischen Spaniern im Haftlager San Pedro de Cardeña bei Burgos, und im Frühling 1939 berich-

---

66 Schreiben des AA vom 23. 6. 37 an die Botschaft Paris; PA AA: Pol. III: Spanien/Heimschaffung... Bd. 4.
67 Schreiben des Konsulats Paris vom 28. 2. 39 an das AA; ebd.; daselbst weiteres Material zu Repatriierungswünschen von Österreichern.
68 Schreiben der Gestapo vom 9. 3. und 31. 3. 39 an das AA; ebd.
69 Schreiben der Gestapo-Leitstelle Wien vom 7. 7. 38 an die Landeshauptmannschaft Nieder-Donau; DÖW: Akt 8049.
70 Delperrie de Bayac, S. 387.

tete das KPD-orientierte Exil-Blatt *Deutsche Volkszeitung,* daß das Franco-Regime 82 deutsche Spanienkämpfer an das Deutsche Reich ausliefern wollte, was es zu verhindern gelte[71]. San Pedro de Cardeña war ein ehemaliges Kloster, dessen verwahrloste Gebäude und Grundstücke während des Spanienkrieges als Gefangenenlager dienten. Dort wurden auch kriegsgefangene Interbrigadisten eingesperrt. Während des Bürgerkrieges war ihnen eine Kontaktaufnahme mit Angehörigen nicht möglich, so daß sie vielfach als tot oder verschollen galten. Erst 1939 konnten die Gefangenen durch Vermittlung des Roten Kreuzes wieder Lebenszeichen von sich geben. Über diesen ganzen Problembereich liegen nur wenige Informationen vor, so daß wir nur auf recht schmaler Quellenbasis einen begrenzten Einblick in ihr Schicksal nehmen können. 1940 wurden die ausländischen Gefangenen von San Pedro de Cardeña nach Belchite verlegt, wo sie bei Wind und Wetter, mangelhafter Verpflegung und schlechter Behandlung Bauarbeiten verrichteten. Im Mai 1941 wurden sie in ein Lager nach Palencia gebracht, wo sie in Bergwerken arbeiten mußten. Im Oktober 1941 erschien eine Abordnung der Gestapo, um einen großen Teil der Deutschen zu verhören und über Irún nach Deutschland zu deportieren[72].

Über die Auslieferung der Gefangenen an deutsche Stellen liegen einander widersprechende Nachrichten vor. Nachweisbar ist die „Abschiebung" eines gefangenen deutschen Spanienkämpfers nach Deutschland bereits im ersten Halbjahr 1937[73]; wie oft dies in anderen Fällen praktiziert wurde, ist nicht bekannt. Wohl aber kann belegt werden, daß die Spanier der Gestapo gestatteten, in San Pedro de Cardeña Vernehmungen durchzuführen. So existieren neben einigen spanischen Vernehmungsprotokollen im Madrider Militärarchiv die deutschen Entsprechungen in den Gestapo-Beständen deutscher Archive. Da die spanischen Beamten oft nicht über die entsprechenden Sprach-, Orts- und Sachkenntnisse verfügten, versuchten manche Gefangene, sich eine neue Personalidentität zuzulegen, was in der Regel auffiel, sobald Gestapo-Beamte nach gründlichen Recherchen die Gefangenen mit den Widersprüchen oder Ungereimtheiten ihrer Aussagen konfrontierten[74].

In einem konkreten Falle wurde der Gefangene im Mai 1939, also nach Ende des Spanienkrieges, an Deutschland ausgegliedert. Während des Zweiten Weltkrieges scheinen solche Auslieferungen des öfteren durchgeführt worden zu sein, zumal sie durch die deutsche Besetzung Frankreichs auch leichter abgewickelt werden konnten; fehlende Unterlagen gestatten jedoch keine Zahlenangaben. Die spanischen Stellen forderten die gefangenen Interbrigadisten des öfteren auf, freiwillig nach Deutschland zurückzukehren, aber sie zwangen sie nicht. Ebenso versuchte die Gestapo, durch Druck und Überredung die Gefangenen zur Rückkehr zu bewegen, womit sie in vielen Fällen auch Erfolg hatte. Aber eine systematische Auslieferung gegen den Willen der davon Betroffenen scheint nicht stattgefunden zu haben, was wiederum den Schluß zuläßt, daß man ihnen von seiten der Franco-Behörden den Status als Kriegsgefangene zuerkannte. Damit stimmt überein, daß mehrere Deutsche (z. B. der Kommunist Hanns Maaßen und der Pazifist Heinz Kraschutzki) langjährige spanische Haftstrafen absitzen oder in Arbeitslagern verbringen mußten, aus denen sie erst nach 1945 entlassen wurden[75].

---

71 Paul L./Lindau: „Salud Camaradas!", *El Voluntario de la Libertad* Nr. 11 (April 1958). — „Franco will 82 deutsche Spanienkämpfer der Gestapo ausliefern", *Deutsche Volkszeitung* 21. 5. 39.
72 Paul L./Lindau: „Salud Camaradas!" (Forts.), *El Voluntario de la Libertad* Nr. 12 (Mai 1958). — Vgl. Brome, S. 268.
73 Vgl. Anm. 60.
74 Unterlagen zu einem solchen Fall: HStA Düsseldorf: RW 58/18334.
75 Unterlagen hierzu ebd.: RW 58/3 468.

Die großen Massenverhaftungen von deutschen Sapnienkämpfern wurden jedoch ab 1940 in Frankreich durchgeführt. Die deutschen Behörden unterschieden dabei zwischen internierten und nicht internierten Personen sowie solchen im besetzten und anderen im unbesetzten Teil Frankreichs. Ehemalige deutsche Spanienkämpfer, deren man im deutschen Machtbereich (also auch im besetzten Frankreich) habhaft wurde, wurden grundsätzlich festgenommen und an die zuständige Gestapo-Stelle ihres letzten Wohnortes in Deutschland ausgeliefert; dort erwartete sie dann die jeweilige Anklagebehörde. Anders wurde mit den deutschen Spanienfreiwilligen verfahren, die sich im unbesetzten, vom Vichy-Regime kontrollierten Teil Frankreichs aufhielten. Im Waffenstillstandsabkommen vom 23. Juni 1940 verpflichtete sich die französische Regierung, „... alle in Frankreich sowie in den französischen Besitzungen Kolonien, Protektoratsgebieten und Mandaten befindlichen Deutschen, die von der Deutschen Reichsregierung namhaft gemacht werden, auf Verlangen auszuliefern"[76]. Die „Kontrollkommission für Zivilgefangene" (Kommission Kundt) inspizierte im Sommer 1940 fünf Wochen lang 31 Lager, 16 Gefängnisse und 10 Hospitäler im unbesetzten Frankreich und überprüfte die Personalien von 32.000 Gefangenen; unter diesen registrierte die Kommission 7.500 Personen deutscher Herkunft, von denen 5.000 als Juden und 2.500 als „Arier" eingestuft wurden[77]. Bereits Ende August 1940 wurden aufgrund der Vorarbeiten der besagten Kommission die ersten internierten Deutschen und Österreicher den NS-Behörden ausgeliefert. Andere blieben im Lager, gewissermaßen in Wartestellung, oder wurden zumindest vorübergehend vergessen. Manchen gelang kurz vor ihrer geplanten Auslieferung die Flucht in den Untergrund, in dem sich viele dem Kampf der Résistance anschlossen. Es ist aufgrund der mangelhaften Quellenlage leider nicht möglich, die genaue Zahl der Ausgelieferten anzugeben und die Zahl derer, die sich bis 1944 dem Zugriff der Gestapo entziehen konnten. Dies dürfte am ehesten noch denjenigen gelungen sein, die sich im unbesetzten Teil Frankreichs aufhielten und nicht interniert waren. Sie sollten auf deutschen Wunsch erst festgenommen werden, wenn der Sicherheitsdienst (SD) Belastungsmaterial gegen sie zusammengetragen und ihre Festnahme angeordnet haben würde. Vermutlich sollten sie dann gleichfalls der Gestapo-Stelle ihres letzten Wohnortes überantwortet werden. Dagegen sollten ehemalige Spanienkämpfer, die man in sogenannten „Front-Stalags" interniert hatte, zunächst in das KZ Mauthausen überführt werden, wo dann über ihr weiteres Schicksal entschieden wurde[78].

Über Art und Ausmaß der Strafverfolgung bestand zunächst eine gewisse Unsicherheit, da auf einer im Juni 1939 im Reichsjustizministerium abgehaltenen Besprechung der zuständigen Stellen vereinbart worden war, die Spanienkämpfer *nicht* nach dem am 18. Februar 1937 erlassenen „Gesetz zur Verhinderung der Teilnahme am spanischen Bürgerkrieg" zu verfolgen, sondern unter dem Anklagepunkt „Vorbereitung zum Hochverrat"; die zuständigen Staatsanwälte wurden daher angewiesen, vor Anklageerhebung den Fall dem hierfür höchstinstanzlich zuständigen Oberreichsanwalt beim Volksgerichtshof vorzulegen[79]. Diese Nichtanwendung des Gesetzes vom 18. Februar 1937 löste sowohl bei den in Frankreich internierten deut-

---

76 Text des Waffenstillstandsabkommens vom 23. 6. 40 in: ADAP, Serie D, Bd. IX, Dok. Nr. 523, S. 554 ff. —
77 „Liste der von der Kontrollkommission für Zivilgefangene (,Kommission Kundt') in der Zeit vom 27. Juli bis 30. August 1940 besuchten Lager, Gefängnisse und Hospitäler im unbesetzten Frankreich"; PA AA: Inland II A/B, Akten betr. Rückführung deutscher Staatsangehöriger aus dem unbesetzten Frankreich, Bd. 1. — Vgl. Hanns Maaßen: Der Tag, als die Kundt-Kommission kam, in: Brigada Internacional II, S. 404 ff. — Les barbelés de l'exil, a.a.O., S. 325 ff.; Schramm/Vormeier, S. 234.
78 Vermerk des Chefs der Sicherheitspolizei/SD vom 25. 9. 40 und Runderlaß des Militärbefehlshabers in Frankreich vom 16. 7. 41; IfZ: MA 632, S. 721 245-51.
79 Vermerk des RMJu vom 16. 6. 39; BA: R 22/5011.

schen Spanienkämpfern als auch bei deutschen Militärbehörden Verwirrung aus. Offensichtlich um Fluchtversuchen zu begegnen und Rücktransporte von Inhaftierten zu erleichtern, hatte die Waffenstillstandskommission den gefangenen Spanienkämpfern Straffreiheit zugesichert, worauf sich auch die Gefangenen gegenüber deutschen Polizei-Streifen beriefen. Der Oberreichsanwalt bestätigte diese Zusage, ergänzte sie jedoch dahin, daß die nicht strafverfolgten Spanienkämpfer bis Kriegsende in einem KZ interniert werden müßten[80]. Der bei den Prozessen gegen Widerstandskämpfer so berüchtigte Präsident des Volksgerichtshofs, Roland Freisler, gab den Anklagebehörden Anfang 1942 verbindliche Richtlinien, nach denen die deutschen Freiwilligen behandelt werden sollten. Die bloße Teilnahme am Spanienkrieg sollte nicht bestraft werden; bereits verhängte Strafen sollten, wie es im Justizjargon hieß, „zur Gnadenfrage berichtet werden"; aus Untersuchungs- oder Strafhaft entlassene Spanienkämpfer sollten der zuständigen Gestapo überstellt werden; wenn Spanienkämpfer anderweitig für die KPD tätig gewesen waren, sollte ihr Spanieneinsatz nicht als eigener Anklagepunkt aufgeführt werden[81].

Die deutschen Justizbehörden versuchten also den Eindruck zu vermeiden, daß die bloße Teilnahme am Spanischen Bürgerkrieg bestraft würde, und stellten daher den bereits 1937 formulierten „äußeren Tatbestand der Vorbereitung eines gegen Deutschland zielenden hochverräterischen Unternehmens" in den Vordergrund: „Die Strafverfolgung von Rotspanienkämpfern unterbleibt nur in Fällen, in denen lediglich ein Vergehen gegen das Gesetz zur Verhinderung der Teilnahme am Spanischen Bürgerkrieg in Betracht kommt. Soweit sich der Nachweis führen läßt, daß der Täter durch die Teilnahme am Bürgerkrieg auf rotspanischer Seite mittelbar auch den bolschewistischen Umsturz hat fördern wollen und dadurch den Tatbestand eines gegen Deutschland gerichteten hochverräterischen Unternehmens verwirklicht hat, wird das Strafverfahren gegen ihn wegen Hochverrats durchgeführt"[82].

Wurde die Verfolgung auch immer konsequenter, so lassen sich in den Urteilen keine wesentlichen Veränderungen feststellen. Auch zwischen den Urteilen der Oberlandesgerichte und des Volksgerichtshofs, der ab 1941 die Fälle der Spanienkämpfer gewöhnlich übernahm, sind keine wesentlichen Unterschiede zu erkennen. Die Begründung blieb seit 1937 der Vorwurf des Hochverrats, wie dies - in ziemlich gleichartigem Wortlaut sich wiederholend — an folgender Urteilsbegründung erkennbar ist: „Der Krieg in Spanien war der Kampf zweier Weltanschauungen, der marxistischen oder bolschewistischen Weltanschauung und der Weltanschauung der autoritären Staaten. Durch die Roten Armeen in Spanien sollte die Weltrevolution in ganz Europa verbreitet und das stärkste gegen den Bolschewismus gerichtete Bollwerk, das nationalsozialistische Deutschland, niedergeworfen werden. Daher ist auch die Teilnahme am spanischen Krieg auf Seiten der Roten Armee, wenn sie in dem Gedanken geschah, zur Verwirklichung dieses Zieles beizutragen, die Vorbereitung eines hochverräterischen Unternehmens"[83].

Das Strafmaß lag bei Anrechnung der Untersuchungshaft in der Regel zwischen zwei und drei Jahren Zuchthaus, selten darunter. Wenn höhere Strafen verhängt wurden, dann wegen zusätzlicher Anklagepunkte. So gründete sich die zwölfjährige Zuchthausstrafe gegen Willy Winkelmann auf seine langjährigen anarchosyndikalistischen Aktivitäten, deretwegen er vor 1933 schon mehrfach vorbestraft worden war. Die härteste Strafe gegen einen ehemaligen

---

80 Schreiben des Oberreichsanwalts vom 31. 8. 41 an das RMJu; ebd.
81 Rundschreiben Freislers/RMJu vom 31. 1. 42 an die Oberreichsanwälte und Generalstaatsanwälte; ebd.
82 Schreiben des RMJu vom 15. 9. 41 an das AA; ebd.
83 Urteilsbegründung des OLG Hamm vom 22. 8. 41; HStA Düsseldorf: RW 58/49 143.

Spanienkämpfer wurde gegen Hermann Geisen verhängt, der als Miliciano schon in der „Centuria Thälmann" gekämpft und später bei Karl Mewis im „Servicio extranjero del PSUC" gearbeitet hatte; er wurde im August 1941 im besetzten Belgien verhaftet, vom Volksgerichtshof zum Tode verurteilt und am 21. April 1943 in Berlin-Plötzensee hingerichtet[84]. Außerordentlich selten waren Freisprüche. Obwohl nach interner Sprachregelung der NS-Justizbehörden die bloße Teilnahme am Spanienkrieg nicht als eigener Anklagepunkt erscheinen sollte, fanden die braunen Richter fast immer irgendwelche Vorwände, um die Angeklagten für Jahre ihrer Freiheit zu berauben.

Die verurteilten Spanienkämpfer wurden nach Strafverbüßung in ein KZ überführt. Die Begründung auf den vorgedruckten roten Schutzhaftbefehlen lautete stereotyp, daß der ehemalige Spanienkämpfer deswegen in „Schutzhaft" zu nehmen sei, weil „... auf Grund seines Einsatzes in der rotspanischen Armee zu befürchten (steht), er werde sich nach Entlassung aus der Strafhaft für den Kommunismus betätigen"[85]. Diese Einweisung in ein KZ galt übrigens auch für Personen, die von der Anklage der Vorbereitung zum Hochverrat freigesprochen wurden. So ergab sich die paradoxe Situation, daß die Freigesprochenen sofort unter die gewöhnlich viel härteren Lebensbedingungen eines KZ gestellt wurden, während die zu langjährigen Zuchthausstrafen Verurteilten in der Haftanstalt größere Chancen hatten, das NS-Regime zu überleben. Diese Absurdität wird deutlich am Fall eines jungen Mannes, der wegen Minderjährigkeit zur Tatzeit freigesprochen wurde. Nachdem er auf seinem einzigen Personaldokument, über das er in der Emigration verfügte, einem Schwimmausweis, sein Geburtsjahr gefälscht hatte, war er auf Anraten seiner Mutter als 16jähriger zu den Interbrigaden gegangen. Wegen seines jugendlichen Alters wurde das Strafverfahren gegen ihn eingestellt, gleichwohl wurde er 1940 als 21jähriger in ein KZ überstellt[86]. Unter den hier ausgewerteten etwa 200 Fällen konnte nur ein einziger Freispruch ermittelt werden, bei dem eine anschließende Einweisung in ein KZ nicht erfolgte; dieser Umstand läßt vermuten, daß es sich um eine Person handelte, die Agentendienste geleistet oder sich andere „Verdienste" um das Dritte Reich erworben hatte.

Die lückenhafte Quellenlage gestattet keine Verallgemeinerungen über das weitere Schicksal der eingekerkerten Spanienkämpfer. Da nur noch wenige Aktenbestände der Gestapo erhalten sind, können genaue Angaben über die Zahl der Verurteilten und Internierten nicht gemacht werden. Wenn es sich um Gefangene jüdischer Herkunft handelte, dürften sie wahrscheinlich dem braunen Völkermord zum Opfer gefallen sein. Die Überweisung eines jüdischen Spanienkämpfers im Jahre 1944 in das Vernichtungslager Auschwitz dürfte hier wohl keine Zweifel aufkommen lassen[87]. Es ist nicht bekannt, daß in der letzten Kriegszeit Spanienkämpfer noch einzogen und „zur Bewährung" in Strafbataillonen an die Front geworfen worden wären. Es ist daher auch nicht bekannt, wie viele verhaftete, verurteilte und eingekerkerte deutsche Bürgerkriegsteilnehmer das Schreckensregime überleben konnten.

Erwähnenswert ist an dieser Stelle auch die Verfolgung von spanischen republikanischen Emigranten in Frankreich durch die NS-Behörden und ihre französischen Helfershelfer. Im Dezember 1942 regte Heinrich Himmler an, die 300.000 — 400.000 Spanier im unbesetzten Frankreich für den Arbeitsdienst zu erfassen. Die „führenden gefährlichen Köpfe" unter ihnen

---

84 VGH-Urteil vom 25. 9. 42; BA: R 600 II/100. — BHE I, S. 215.
85 Als Beispiel für viele: Schutzhaftbefehl vom 17. 5. 43; HStA Düsseldorf, RW 58, Akt 49 143 - Vgl. Rudolf Menzel: Antifaschistische deutsche Spanienkämpfer in den Konzentrationslagern des faschistischen Deutschlands, in: Interbrigadisten, a.a.O., S. 448.
86 Hierzu HStA Düsseldorf: RW 58/35 349.
87 Schutzhaftbefehl vom 1. 5. 44; ebd. RW 58/2 051.

sollten jedoch gleich in ein KZ überführt werden. Beide Maßnahmen wurden durchgeführt. Über 8.000 Spanier kamen in deutschen Lagern ums Leben; unter den Gefangenen befand sich auch Francisco Largo Caballero, der zwar überlebte, aber 1946 in Frankreich an den Folgen seiner Haft starb. Diese Opfer und die deutschen Freiwilligen waren in Spanien Kampfgefährten gewesen, in Deutschland wurden sie Leidensgenossen[88].

Die deutschen Spanienkämpfer nach 1945

Sowenig es möglich ist, die genaue Zahl der Deutschen anzugeben, die 1938/39 den Bürgerkrieg überlebt hatten, sowenig kann man die Zahl der deutschen Spanienkämpfer abschätzen, die Krieg, Flucht, Verfolgung und NS-Haft, Mitarbeit in der westeuropäischen Résistance oder Kampf in der Roten Armee bis 1945 lebend überstanden hatten. Angesichts der Verluste in Spanien, während des Zweiten Weltkrieges an allen Fronten und im Maquis sowie in den deutschen Konzentrationslagern wird man bei grober Schätzung ihre Zahl wohl weit unter 2.000 anzusetzen haben. Da unter den Interbrigadisten die KPD-Mitglieder eine beträchtliche Mehrheit stellten, zogen wiederum viele von ihnen nach Kriegsende in die Sowjetische Besatzungszone und wählten die spätere DDR als ihre Heimat.
Diese Feststellung gilt naturgemäß vor allem für führende Parteifunktionäre, die dringend für die Etablierung der kommunistischen Macht in einem Teil Deutschlands benötigt wurden. Sofern sie nicht durch die alliierten Truppen aus Lagern und Gefängnissen befreit worden waren, kehrten sie vielfach mit der Roten Armee nach Deutschland zurück. Nicht wenige Kommunisten, die als Funktionäre oder Interbrigadisten in Spanien eingesetzt worden waren, spielten in Partei und Staat, Kultur und Öffentlichkeit eine gewichtige Rolle. Franz Dahlem, einst Vertreter der KPD in Spanien, war als Mitglied des ZK der SED und verschiedener einflußreicher Gremien und Organisationen tätig; wegen seiner Popularität in kommunistischen Kreisen galt er lange als Rivale Ulbrichts, bis dieser ihn 1952 ausbootete. Wegen „kapitulantenhaften Verhaltens" im Jahre 1939 wurde er 1953 aller Parteiämter entledigt und aus dem politischen Leben ausgeschaltet; nach seiner Rehabilitierung 1956 wurde er wieder in die Parteiführung aufgenommen und in wichtige Staatsämter wieder eingesetzt, blieb jedoch stets nur noch im zweiten Glied[89].
Wilhelm Zaisser, ehemals Kommandeur der XIII. Brigade und Kommandant des Basislagers von Albacete, kehrte 1947 aus Moskau nach Deutschland zurück und übernahm hier führende Polizeifunktionen: zunächst als Chef der Landespolizei von Sachsen-Anhalt, ab September 1948 sächsischer Innenminister und stellvertretender Ministerpräsident, ab 1950 Minister für Staatssicherheit, in welcher Eigenschaft er als Mitglied einer „parteifeindlichen Fraktion" 1953 entmachtet und abgesetzt wurde. Nach parteioffizieller Version unterschätzte er die Spionagetätigkeit des westdeutschen Imperialismus und forderte die Umwandlung der SED in eine Volkspartei. Tatsächlich hatte er sich für eine flexiblere gesamtdeutsche Politik der SED

---

88 Schreiben Himmlers vom 12. 12. 42; BA, NS 19/neu 1807. — Vgl. David W. Pike: Vae victis! Los republicanos españoles refugiados en Francia (1939-1944), Paris 1969. — Antonio Vilanova: Los olvidados. Los exilados españoles en la segunda guerra mundial, Paris 1969. — Vgl. Wilhelm Alff: Die Flüchtlinge der Spanischen Republik als politisch Verfolgte der deutschen Besatzungsmacht in Frankreich(1940/44), in: ders.: Der Begriff Faschismus und andere Aufsätze zur Zeitgeschichte, Frankfurt am Main 1971.
89 Vgl. Carola Stern: Porträt einer bolschewistischen Partei. Entwicklung, Funktion und Situation der SED, Köln 1957, S. 129 ff. — BHE I, S. 121.

und für eine Liberalisierung in der DDR eingesetzt[90]. An seine Stelle rückte 1957 sein bisheriger Staatssekretär Erich Mielke, ehemals KPD-Funktionär in Albacete und nunmehr wahrscheinlich dienstältester Chef einer Geheimpolizei.
Vor allem in den Bereichen Polizei, Staatssicherheit und Militär avancierten viele ehemalige Spanienkämpfer. Richard Staimer, ehemals Kommandeur des „Thälmann"-Bataillons und danach der XI. Brigade, wurde 1945 Polizeioffizier in Berlin, 1946 Chef der Volkspolizei in Brandenburg, danach in Leipzig, bis er 1952 in die Reichsbahn, später in Verkehrs- und Hochschulressorts überwechselte. Als Generalmajor der Reserve und als zeitweiliger Vorsitzender der paramilitärischen „Gesellschaft für Sport und Technik" blieb er auch in anderen Ressorts mit Militärfragen im Kontakt. Hans Kahle, Kommandeur des „Edgar-André"-Bataillons und danach der XI. Brigade, wurde 1946 Polizeichef von Mecklenburg-Vorpommern; er starb bereits 1947. Als Offiziere der bewaffneten Streitkräfte der Nationalen Volksarmee, der bewaffneten Polizeikräfte und der Staatssicherheit wirkten folgende ehemalige Kommandeure der XI. Brigade, der einzelnen Bataillone sowie anderer Einheiten: Verteidigungsminister Heinz Hoffmann, Ewald Munschke, Heinrich Fomferra, Friedrich Dickel, Gustav Szinda, Richard Stahlmann und viele andere. Heiner Rau, der letzte Kommandeur der XI. Brigade, wurde brandenburgischer Wirtschaftsminister (1946-48) und avancierte später im Bereich der Wirtschaftsplanung. 1953-55 war er Minister für Maschinenbau, danach bis zu seinem Tode 1961 Minister für Außenhandel. Selbst eine zwielichtige Gestalt wie Karl Mewis durchlief eine Parteikarriere in Mecklenburg, war zeitweilig Minister und Vorsitzender der Staatlichen Plankommission und beendete seine Laufbahn als Botschafter der DDR in Warschau[91]. Bleiben schließlich noch die Bereiche Literatur, Presse, Musik und Öffentlichkeit zu erwähnen, in denen Ludwig Renn, der aus Mexiko zurückkehrte, Bodo Uhse, Erich Weinert, Erich Arendt, Willi Bredel, Alfred Kantorowicz, Hans Marchwitza und andere Schriftsteller sowie der Sänger Ernst Busch einen wichtigen Platz einnahmen.
In der SBZ und DDR wurde die Geschichte des Spanieneinsatzes deutscher Freiwilliger deutlich in die Tradition des antifaschistischen Widerstandes einbezogen. Kaum ein Jahrestag wurde ausgelassen, um an den Beginn oder das Ende des Bürgerkrieges zu erinnern. 1946, 1949, 1956, 1966 und 1976 wurden derartige Gedenktage oder Solidaritätsveranstaltungen abgehalten, gewöhnlich in Anwesenheit prominenter ehemaliger Spanienkämpfer. In mehreren Fällen wurden Straßen, Plätze, Betriebe und sogar Kriegsschiffe nach Spanienkämpfern benannt, 1966 in Berlin-Friedrichshain ein Mahnmal zum Gedenken an die Interbrigaden enthüllt[92]. 1956 wurde für die ehemaligen Freiwilligen die „Hans-Beimler-Medaille" gestiftet und an 632 deutsche Widerstandskämpfer verliehen. Die Auswahl der somit Ausgezeichneten war indessen eine recht willkürliche. Zwar wurden vereinzelt auch frühere Nicht-Kommunisten wie der Sozialdemokrat (und spätere SED-Angehörige) Ernst Braun dekoriert, nicht jedoch frühere Kommunisten, die mit ihrer Partei gebrochen hatten. Auch viele andere wurden übergangen, das Gros deutscher Sozialdemokraten, Anarchosyndikalisten, SAP- und KPO-Mitglieder, wirkliche und vermeintliche Trotzkisten. Dagegen erhielten die Medaille auch solche Personen, die niemals in Spanien gekämpft, sondern nur in sicherer Entfernung von der Front blutige Säuberungen und andere Verfolgungsmaßnahmen vorbereitet und durchgeführt hatten. Das Urteil der Spanienkämpfer über diese ungerechtfertigte Auszeichnung kam auch dadurch zum Ausdruck, daß die Anwesenden bei Ulbrichts Dekorierung den in anderen Fällen üb-

---

90 Stern: Porträt, S. 153 ff. — BHE I, S. 842. — Geschichte der deutschen Arbeiterbewegung. Biographisches Lexikon, S. 496.
91 BHE I, S. 719, 342, 309, 753, 182, 585, 495 f. — Pasaremos, S. 358 ff.
92 Pasaremos, S. 334 ff. — Castells, S. 423.

lichen Applaus verweigerten und den Vorgang mit eisigem Schweigen quittierten. — Zehn Jahre später wurde die „Hans-Beimler-Medaille" an etwa 100 Ausländer verliehen, unter ihnen dem Österreicher Julius Deutsch[93].
1963 wurde in der DDR das „Solidaritätskomitee für das Spanische Volk" gegründet, dem auch prominente ehemalige Spanienkämpfer angehörten. Es sammelte Materialien und Erinnerungen von noch lebenden Freiwilligen und führte Gedenkveranstaltungen durch. Historisch wurde der Einsatz gegen Franco in eine Kontinuität mit der Geschichte der deutschen Revolutionäre und der deutschen Arbeiterbewegung gestellt. Die Interbrigadisten, so verkündete Kurt Hager, Chefideologe der SED und ehemals Parteipropagandist in Spanien, seien die wahren Erben von Marx und Engels, Karl Liebknecht, Rosa Luxemburg und Ernst Thälmann[94]. Das Geschichtsbild fügte sich lückenlos in die Selbstdarstellung der Partei ein. Dennoch gab es hier einige Brüche, die von einer propagandistischen Fassade verdeckt wurden wie die terroristische Vergangenheit des NKWD in Spanien, an der auch deutsche Kommunisten maßgeblich beteiligt waren. Die Entführung, Verschleppung, Einkerkerung und Ermordung unschuldiger Personen, von denen Mark Rein nur der spektakulärste Fall war, die Diffamierung politisch abweichender Gruppen als „Trotzkisten" und die Gleichsetzung von „Trotzkisten" mit Nazis und Faschisten, fügen sich weniger rühmlich in das Bild der KPD-Vergangenheit. In der Parteihagiographie werden daher auch die Motive solcher KPD-Mitglieder unterschlagen, die nach dem Spanienkriege 1939 oder auch nach 1945 der Partei für immer den Rücken kehrten.
Schließlich sei angemerkt, daß im gesamten stalinistischen Machtbereich zwischen 1948 und 1951 Parteisäuberungen stattfanden, zu deren Opfern in hohem Maße ehemalige Spanienkämpfer gehörten. Den politischen Hintergrund bildete der Konflikt zwischen Tito und Stalin, aber unverkennbar war auch die Absicht, Mitwisser der stalinistischen Politik in Spanien zu beseitigen und selbständig denkende Parteimitglieder auszuschalten. Man machte ihnen den notorischen Vorwurf des „Trotzkismus", der Komplicenschaft mit dem Imperialismus und — sofern es Juden waren — des Zionismus. So wie etliche der führenden sowjetischen Diplomaten, Offiziere und Funktionäre liquidiert worden waren, so wurden vor allem in der Tschechoslowakei und in Ungarn im Zusammenhang mit dem Slanskij- bzw. Rajk-Prozeß etliche alte Spanienkämpfer, Funktionäre und Agenten zum Tode verurteilt und hingerichtet[95]. In der SBZ/DDR fanden derartige Wellen von Schauprozessen wie in anderen kommunistischen Ländern nicht statt, und der Spanienkrieg scheint bei den Parteiausschlüssen, Amtsenthebungen und anderen Maßnahmen gegen Paul Merker und andere zumindest keine zentrale Rolle gespielt zu haben. Von neun hiervon betroffenen SED-Funktionären waren nur drei in Spanien gewesen (unter ihnen Hans Teubner, der Propagandist des Senders 29,8), und die Funktionärin Maria Weiterer hatte im französischen Exil die Kartei für deutsche Kader in Spanien geführt[96]. Wie weit bei den Maßnahmen gegen Franz Dahlem und Wilhelm Zaisser auch noch Konflikte aus der Spanien-Zeit mitentscheidend waren, muß hier offen bleiben.
Die DDR-Historiographie beansprucht das Erbe des antifaschistischen Widerstandes vornehmlich für sich und schiebt der Bundesrepublik die Erbschaft der NS-Vergangenheit, die

---

93 Pasaremos, a.a.O., S. 347 ff. — Vgl. Kantorowicz: Deutsches Tagebuch, Zweiter Teil, S. 638 ff. — Zur Traditionspflege in der DDR vgl. die entsprechenden Beiträge in: Interbrigadisten, a.a.O., S. 490 f., 514 ff., 522 ff., 531 ff. und 540 ff.
94 Pasaremos, a.a.O., S. 344, 310. — Kühne, S. 215. — Gerhard Bogisch: Zum Einfluß der revolutionären Traditionen auf die Kampfkraft der NVA, *Zeitschrift für Militärgeschichte* 7 (1968), S. 615-18.
95 Castells, S. 419 ff.; Gross, S. 319 ff.
96 Stern: Porträt, S. 119 ff.

Traditionen alter und neuer Nazis und der Legion Condor zu. Dieses Bild ist nicht nur überzeichnet wegen einiger ehemaliger NSDAP-Mitglieder, die auch in der DDR nach Art des Chamäleons ihre politische Farbe wechselten und daraufhin Karriere machten, sondern auch wegen der Tatsache, daß eine beträchtliche Zahl von — meistens nicht-kommunistischen — Spanienkämpfern sich in der Bundesrepublik niederließ. Insgesamt lag der Anteil der zurückkehrenden Emigranten, die in der Heimat wieder politisch tätig wurden, in der SBZ bzw. DDR höher als in der Bundesrepublik. Jedoch können hier keine quantitativen Aussagen verallgemeinert werden, da die Zahlenverhältnisse in den unteren, mittleren und höheren Ebenen von Partei, Staatsapparat, öffentlichem Leben und Kultur starke Abweichungen zeigen. In der Bundesrepublik stellten nach 1945 Emigranten fast die Hälfte der SPD-Vorstandsmitglieder, nur geringfügig weniger als in der SED. 66 Emigranten in der DDR und 21 in der Bundesrepublik bekleideten auf Länderebene oder in der Zentral-(Bundes-)regierung Ministerposten. In den jeweiligen Parlamenten gleichen sich die Zahlen weitgehend. Es ist also nicht so, daß die überwiegende Zahl der deutschen Emigration, sofern sie überhaupt zurückkehrte, in die DDR gegangen wäre[97].

Im Falle der ehemaligen Spanienkämpfer oder derer, die zeitweilig während des Bürgerkrieges in der Spanischen Republik gewirkt hatten, liegt das Schwergewicht der Rückwanderung eindeutig auf der DDR, was hauptsächlich auf den überdurchschnittlichen Anteil von Kommunisten unter den Interbrigadisten zurückzuführen ist. Aber einige kommunistische Spanienkämpfer traten auch in der Frühgeschichte der Bundesrepublik als Spanienkämpfer in Erscheinung und wirkten bis zum Verbot ihrer Partei im Jahre 1956. Gustav Gundelach, ehemals Administrator des Internationalen Sanitätsdienstes in Spanien, wurde Landesvorsitzender seiner Partei in Hamburg und gehörte dem ersten Deutschen Bundestag an. Heinz Renner, bis 1948 Verkehrsminister von Nordrhein-Westfalen und 1949-53 KPD-Abgeordneter des Bundestages, war zwar kein Spanienkämpfer gewesen, hatte aber in Frankreich Hilfsaktionen für Spanien organisiert. Auf Lokal- und Regionalebene der KPD und später der DKP sowie in Organisationen von Verfolgten und Widerstandskämpfern wirkten und wirken noch etliche ehemalige Spanienkämpfer, so Ernst Buschmann in Nordrhein-Westfalen und andere[98]. Erwähnt werden müssen auch solche ehemalige Interbrigadisten, die die KPD verließen und danach in der SPD, in anderen Parteien oder in Gewerkschaften tätig waren — so Herbert Müller, der 1962-68 Vorsitzender des SPD-Bezirks Pfalz war. Hierher gehört auch Gustav Regler, der aus dem mexikanischen Exil in seine saarländische Heimat zurückkehrte. Schließlich ist hier Alfred Kantorowicz zu nennen, der 1958 aus der DDR in die Bundesrepublik flüchtete und damit — wie Regler vor ihm — mit seiner KPD-Vergangenheit brach.

Von den sozialdemokratischen Spanienkämpfern, die 1945 aus den Lagern entlassen wurden oder aber aus dem Exil zurückkehrten, schlugen nur wenige eine politische Karriere ein; sie sind daher im öffentlichen Leben der Bundesrepublik deutlich unterrepräsentiert. Rolf Reventlow, der als Major im Dienste des republikanischen Heeres und als Bataillonskommandeur gekämpft hatte, war in den 1960er Jahren stellvertretender Vorsitzender des SPD-Unterbezirks München; er starb Anfang 1980. Spanienkämpfer war auch Karl Herold, der Begründer und langjährige Herausgeber der *Frankfurter Rundschau*. Einige Mitglieder der SAP, die in Spa-

---

97 Hartmut Mehringer/Werner Röder/Dieter Marc Schneider: Zum Anteil ehemaliger Emigranten am politischen Leben der Bundesrepublik Deutschland, der Deutschen Demokratischen Republik und der Republik Österreich, in: Leben im Exil. Probleme der Integration deutscher Flüchtlinge im Ausland 1933-1945, hrsg. von Wolfgang Frühwald und Wolfgang Schieder (Historische Perspektiven 18), Hamburg 1981, S. 207 ff.
98 Ebd., S. 217. — BHE I, S. 254, 598, 105.

nien zwar nicht als Kombattanten, wohl aber als Journalisten tätig gewesen waren, wirkten auch in der Bundesrepublik im politischen Leben. Max Diamant, von Oktober 1936 bis April 1937 Vertreter der SAP-Auslandsleitung in Spanien und Leiter des deutschen POUM-Büros, kehrte erst 1961 aus dem mexikanischen Exil zurück und arbeitete im Vorstand der IG Metall und als Berater des DGB. Sein früherer Parteifreund Peter Blachstein, der im November 1936 nach Barcelona gekommen und vom Juni 1937 bis Januar 1938 festgehalten worden war, kehrte 1947 nach Deutschland zurück. Er arbeitete als Publizist und gehörte bis 1968 dem Landesvorstand der hamburgischen SPD sowie als Abgeordneter dem Bundestag an. 1968/69 war er Botschafter der Bundesrepublik in Belgrad; er starb 1977. Schließlich ist Willy Brandt zu nennen. Seine Rolle in Spanien war nur eine kurze und die mehr passive eines journalistischen Beobachters und Verbindungsmannes der SAP beim POUM[99]. Aber er war Augenzeuge wichtiger innenpolitischer Ereignisse, die die weitere Entwicklung der Spanischen Republik entscheidend bestimmten.

Genannt werden könnten noch viele Namen von ehemaligen Milicianos, Interbrigadisten, Journalisten, Parteifunktionären, die auf ihre Weise in Spanien für die Republik tätig gewesen waren und aus dem Exil weder in die DDR noch in die Bundesrepublik zurückkehrten, sondern dort blieben, wo sie inzwischen Wurzeln geschlagen hatten. Aber viele derer, die sich im westlichen Teil Deutschlands niederließen, blieben Fremde im eigenen Lande und nahmen am öffentlichen politischen Leben keinen Anteil mehr. Vor allem die frühe Bundesrepublik mochte ihre Spanienkämpfer nicht. Der Kalte Krieg begünstigte ein Geschichtsbild, in dem deutlich noch Elemente der Goebbels-Propaganda wirksam waren, und die im allgemeinen recht guten Beziehungen zwischen der Adenauer-Regierung und dem Franco-Regime zementierten diesen Zustand. Die ehemaligen Spanienkämpfer galten entweder als rote Fremdenlegionäre und Abenteurer oder als fanatische bolschewistische Söldner, die gegen das christliche Abendland anrannten. Die Verbrechen einiger KPD-Funktionäre in Spanien wurden verallgemeinert und allen internationalen Freiwilligen zur Last gelegt, die Schandtaten der Gegenseite — unter Einschluß des Einsatzes der Legion Condor — wurden unterschlagen. Die Aktivitäten der in einer Traditionsgemeinschaft und Kameradschaftsorganisation zusammengefaßten Angehörigen dieser Einheit taten das Ihre zur einseitigen Verzerrung des Geschichtsbildes[100].

Im Jahre 1954 unternahm die Bundestagsfraktion der SPD den Versuch, das Ungleichgewicht in der Bewertung des sehr unterschiedlichen Einsatzes von Deutschen auf beiden Seiten des Spanienkrieges zurechtzurücken. Sie stellte den Antrag, daß die — offiziell freiwillige — Zugehörigkeit zur Legion Condor nicht auf die ruhegehaltsfähige Dienstzeit angerechnet werde, was aber von einer parlamentarischen Mehrheit abgelehnt wurde; der Einsatz der Condor-Legionäre wird bei den Berechnungen der Rentenansprüche nach dem Bundesversorgungsgesetz als Dienstzeit angerechnet. Eine vergleichbare Anerkennung des Einsatzes in den Internationalen Brigaden wurde den deutschen antifaschistischen Spanienkämpfern jedoch lange Zeit versagt. Ihre sozialen Ansprüche fielen weder unter das Bundesentschädigungsgesetz noch unter das Bundesversorgungsgesetz für Wehrmachtsangehörige. Einige Regelungen kamen indessen auch den deutschen Spanienkämpfern zugute. So konnten Personen, die wegen der Nazi-Verfolgung ihre Heimat hatten verlassen müssen und nach der deutschen Kapitulation zurückgekehrt waren, eine Heimkehrer-Soforthilfe in Höhe von 6.000 DM beantragen. Ebenso stand ihnen eine Haftentschädigung zu, die auch bei einer im Ausland erlittenen Haft — etwa in französischen Internierungslagern — beansprucht werden durfte; hierbei waren auch Witwen

---

99 BHE I, S. 129, 67 f., 84.
100 Vgl. hierzu die selbst wiederum verzerrenden Darstellungen in: Pasaremos, a.a.O., S. 327 ff.

und Waisen der betreffenden Personen erbberechtigt. Schließlich gab es entsprechende Regelungen im Rahmen der Hinterbliebenen-Hilfe sowie bei Gesundheits- und Berufsschäden[101].
Dennoch wurden die deutschen Spanienkämpfer in sozialer Hinsicht lange Zeit auf beschämende Weise stiefmütterlich behandelt, ganz im Gegensatz etwa zu dem hohen Ansehen, das ihre Kameraden in Italien und Frankreich genossen. Der 1967 durch Vermittlung des Abgeordneten Peter Blachstein gestellte Antrag eines ehemaligen Spanienkämpfers auf eine Rente nach dem Bundesversorgungsgesetz wurde 1969 vom Bundesministerium für Arbeit und Sozialordnung mit der Begründung abschlägig beschieden, daß der Einsatz der Condor-Legionäre mit den Zielen der Wehrmacht übereingestimmt habe, der der Internationalen Brigaden jedoch nicht. Der Sturm der Entrüstung, der darauf in den Organisationen ehemaliger Spanien- und Widerstandskämpfer ausbrach, führte immerhin dazu, daß sich der damalige Bundesarbeitsminister Hans Katzer von dem Schreiben seines hierfür verantwortlichen Referenten distanzierte[102]. Jedoch sollte es noch Jahre dauern, bis hier eine längst überfällige Regelung geschaffen wurde.
1972 wurde das Bundesversorgungsgesetz novelliert; man stellte die ehemaligen Interbrigadisten den Condor-Legionären hinsichtlich ihrer Versorgungsansprüche gleich. Wahrscheinlich bedurfte es erst einer Bundesregierung, die von einem Emigranten und Augenzeugen des Spanienkrieges geführt wurde, um diese notwendige sozialpolitische Korrektur vorzunehmen. Nach dem novellierten Bundesversorgungsgesetz von 1972 können kriegsbeschädigte ehemalige Interbrigadisten oder nahe Verwandte, für die sie als Ernährer nicht mehr aufkommen können, eine entsprechende Versorgung erhalten. In den Genuß dieser Regelung kamen indessen nur noch wenige Spanienkämpfer. Trotz der Korrektur der früheren Diskriminierung blieb auch mancher Mißstand unbehoben, wie dies der Fall des Theodor Kroliczek zutage förderte. Sein Rentenantrag wurde von deutschen Stellen abschlägig beschieden, weil er als deutscher Staatsbürger im Ausland wohnte. Obwohl diese Einschränkung im Falle der Condor-Legionäre nicht vorgenommen wird, so daß sie ihre Rente auch im Ausland beziehen können, lehnten die deutschen Behörden seinen Antrag ab. Das hierauf angerufene Sozialgericht in Saarbrücken bescheinigte Kroliczek eine Minderung seiner Erwerbsfähigkeit um 30 %, setzte jedoch das Verfahren aus und rief das Bundesverfassungsgericht an wegen einer Prüfung, ob die fragliche Regelung verfassungswidrig sei. Das Bundesverfassungsgericht holte Stellungnahmen von den zuständigen Behörden ein, um ihren Standpunkt zur Teilnahme am Spanischen Bürgerkrieg zu erfahren. Bundesarbeitsministerium, Bundessozialgericht und das zuständige Versorgungsamt sahen nicht die Notwendigkeit, Condor-Legionäre und Interbrigadisten versorgungsrechtlich gleichzustellen, da nur diejenigen eine Versorgung erhielten, die Opfer für Vaterland und Allgemeinwohl gebracht hätten. Das Bundesverfassungsgericht machte sich diesen beschämenden Standpunkt zu eigen und erklärte — wenngleich mit unverkennbarer Unsicherheit — diese Ungerechtigkeit für nicht verfassungswidrig[103]. Zwar berührt das Urteil nur eine verschwindend geringe Zahl von Spanienkämpfern, aber die darin zutage geförderte politische Instinktlosigkeit und der völlige Mangel an ethischer und historischer Urteilsfähigkeit müssen doch betroffen machen.
Auch im öffentlichen Leben führten die Spanienkämpfer in der Bundesrepublik ein politisches Schattendasein. Es war ihnen nicht vergönnt, die Aufmerksamkeit und Anerkennung zu

---

101 „Die rechtliche Stellung der Spanienkämpfer", *El Voluntario de la Libertad* Nr. 1 (Februar 1957).
102 Peter Bragal: „Für die Legion Condor ein zweiter Sieg", *Süddeutsche Zeitung* 10. 4. 69.
103 BVG-Urteil 1 BvL 26/76 vom 30. 5. 78 und Verlautbarung der Pressestelle des Bundesverfassungsgerichts vom 15. 6. 78. — Hanno Kühnert: „Wie aus Recht Unrecht wird", *Die Zeit* 6. 10. 78.

gewinnen, die ihnen aufgrund ihres harten und selbstlosen Einsatzes zustand. 1957 wurde erstmals wieder ein kleines Mitteilungsblatt herausgegeben, das den gleichen Namen führte wie das Organ der Interbrigaden: *El Voluntario de la Libertad*. Nach Angaben dieses Blattes lebten 1960 noch etwa 300 ehemalige Angehörige der XI. Brigade in der Bundesrepublik[104]. Diese Zahl kann nicht mehr überprüft werden und ist insofern mit Vorsicht anzunehmen, als unbekannt ist, ob darin auch die Nicht- und Ex-Kommunisten enthalten sind. 1966 formierte sich die „Gemeinschaft der ehemaligen republikanischen Spanienfreiwilligen in der BRD" mit 240 Mitgliedern; ob sich unter ihnen auch Anarchosyndikalisten, frühere SAP- und KPO-Mitglieder befanden, darf bezweifelt werden. 1978 trat die Gemeinschaft korporativ der unter DKP-Einfluß stehenden „Vereinigung der Verfolgten des Nazi-Regimes" (VVN) bei. Wegen des Unvereinbarkeitsbeschlusses der SPD hinsichtlich der Mitgliedschaft gehörten ihr keine sozialdemokratischen Spanienkämpfer an; sie organisierten sich nicht eigens, sondern bildeten eine nur lose Gruppierung von geringer Größe im Rahmen der „Arbeitsgemeinschaft verfolgter Sozialdemokraten". Schon in den 1950er Jahren hatten vor allem Sozialdemokraten Hilfsaktionen für spanische Flüchtlinge durchgeführt. So hatte Peter Blachstein 1958 ein Hilfskomitee gegründet und als Ehrenvorsitzenden den bekannten exil-spanischen Cellisten Pablo Casals gewonnen[105].

Aber inzwischen ist die Zahl der Spanienkämpfer so stark gesunken und das Durchschnittsalter der Überlebenden so hoch, daß größere Aktivitäten nicht mehr zu erwarten sind. Die jüngsten unter ihnen dürften vom Jahrgang 1920 und somit über 60 Jahre alt sein. Ihre Geschichte und ihr opferreicher Einsatz ist bislang in der westdeutschen Öffentlichkeit nicht angemessen gewürdigt worden; man hat die geheimpolizeilichen Untaten einiger weniger Funktionäre der Mehrheit der Interbrigadisten angelastet und den selbstlosen und uneigennützigen Einsatz der vielen dabei übergangen. Auch hier ist Vergangenheit aufzuarbeiten, wobei es zweifelhaft erscheint, daß die letzten deutschen Spanienkämpfer noch die ersten erkennbaren Ergebnisse erleben werden.

---

104 „An die Anderen", *El Voluntario de la Libertad* Nr. 27 (März 1960). — Die Jahrgänge 1957 — 1961 dieser Zeitschrift befinden sich im „Studienkreis zur Erforschung und Vermittlung der Geschichte des deutschen Widerstandes", Frankfurt am Main.
105 Aufruf in *El Voluntario de la Libertad* Nr. 18 (Dezember 1958).

Nachwort

Die letzten Seiten sollen dem Lande gelten, dessen Staatsgebiet und Geschichte den räumlichen und zeitlichen Rahmen für die hier geschilderten Ereignisse stellten. Der tragische Ausgang des Bürgerkrieges warf Spanien um Jahrzehnte zurück; seine Wirtschaft war zerstört, viele Bewohner hatten im Kampf oder durch Gewaltakte von seiten des einen oder anderen Kriegsgegners ihr Leben gelassen, Hunderttausende waren emigriert — in den meisten Fällen nach Frankreich und von dort weiter nach Mexiko, teilweise in die Vereinigten Staaten oder in die Sowjetunion. Der Bürgerkrieg endete nicht sofort nach dem Siege Francos, sondern wurde in Form von Guerrilla-Aktionen gebietsweise weitergeführt — in Andalusien bis etwa 1945, in Asturien bis 1949. Wohl wurde der Widerstand im Untergrund sowie von Frankreich aus fortgesetzt; wohl etablierte sich in Mexiko für fast vier Jahrzehnte eine republikanische Exil-Regierung, die dem Regime in Madrid jede Legitimität absprach, aber zuletzt nur noch vom Gastlande anerkannt wurde. Die nächsten Jahrzehnte wurden vom Caudillo geprägt und dem System, das man mit dem Begriff „franquismo" umschreibt[1].

Dieses System war jedoch kein statisches und erlebte selbst im Laufe der Jahrzehnte einen gewissen Wandel. Mit Beginn der 1960er Jahre lösten sich ideologische Verkrampfungen, was einen Machtverlust der Falange andeutete, und begann eine vor allem durch wirtschaftliche Entwicklungen hervorgerufene Liberalisierung des Regimes. In einigen Fundamenten der Franco-Herrschaft zeigten sich Risse, an anderen Stellen machte sich eine Lockerung des Gesamtsystems bemerkbar, was auf eine stärker zum Pragmatismus hin sich wandelnde Herrschaftselite hinweist[2]. Dennoch blieb das Regime bis zum letzten Atemzug des Caudillos an der Macht und änderte sich erst danach — allmählich und nicht ohne widerspruchsvolle Entwicklungen.

Ein Widerspruch besteht darin, daß der Wandel durch den noch von Franco selbst zum Erben ernannten und auf den autoritären Staat vereidigten König Don Juan Carlos I. eingeleitet wurde. Hervorgegangen aus dem „ancien régime", gesalbt und geweiht mit der Doktrin des „franquismo", verfügte er über eine doppelte Legitimität: in den Augen des alten Staatsapparates als rechtmäßiger Nachfolger des Diktators und - weiter zurückreichend — der spanischen Könige insgesamt, in den Augen einer breiten Öffentlichkeit als Vollstrecker eines längst überfälligen Demokratisierungsprozesses. Die Loyalität des größten Teiles der Streitkräfte gegenüber der Krone stellte bislang eine Hemmschwelle dar, um gegen eine Entwicklung einzuschreiten, die sie einer republikanischen Regierung wahrscheinlich nicht nachgesehen hätten. Sowohl im Falle der Militärverschwörung „Galaxia" als auch des Operettenputsches einiger Zivilgardisten im Februar 1981 erwies sich die Autorität der Krone als Garant der Verfassung. Da ein Abweichen von dieser Rolle die Monarchie langfristig für immer beseitigen würde, ist der König — so paradox dies für die spanische Geschichte anmuten mag — zum Hüter „republikanischer" Freiheiten geworden.

---

1 Raimund Beck: Das spanische Regierungssystem unter Franco, Bochum 1979.
2 Hans-Werner Franz: Der Frankismus. Zur politischen Herrschaftssoziologie Spaniens während der Franco-Ära, Frankfurt am Main — Bern 1981.

Wer heute durch Spanien fährt, glaubt sie alle wiederzufinden, die für fast vier Jahrzehnte der Franco-Herrschaft zum Schweigen gebracht worden waren: Gewerkschaften wie CNT und UGT, Parteien und Gruppen wie PSOE, PCE, PSUC, FAI, POUM, katalanische und baskische Nationalisten. Allerdings dürfen die Mauerflächen, die mit ihren Parolen bemalt sind, nicht als Anzeichen ihrer Stärke gewertet werden. Die Kräfteverhältnisse sind heute andere als vor 1939, die Parteienlandschaft hat sich stark verändert. Die wichtigste Tatsache ist die völlige Bedeutungslosigkeit des spanischen Anarchismus; seine Organisationen sind keine Massenbewegungen, sondern eher exotische Sekten einer mehr intellektuellen Subkultur. Die früheren Anarchisten rekrutierten sich aus Proletariern, die nichts zu verlieren hatten als ihr Leben und daher die ihnen eigentümliche Einsatzbereitschaft zeigten. Der heutige spanische Arbeiter hätte in schweren Konflikten viel zu verlieren, was der Neigung zu abenteuerlichen Aktionen Grenzen setzt. Die zweite bedeutende Tatsache ist die Stärke der Sozialistischen Partei, die nach ihrem großen Wahlsieg im Herbst 1982 auf breiter parlamentarischer Grundlage unter Felipe González die Regierung stellt. Anders als früher ist auch das Spektrum auf der äußersten Linken. PCE und PSUC haben sich nicht ohne innere Schwierigkeiten zum Eurokommunismus durchgerungen; eine irgendwie geartete Fernsteuerung wie während des Bürgerkrieges durch die Komintern oder Moskau darf ausgeschlossen werden[3].

Auch im rechten Parteienspektrum haben sich die Verhältnisse geändert, wenngleich auch hier die Geister der Vergangenheit nach wie vor lebendig sind. Aber das gespenstische Szenario, das Fernando Vizcaíno Casas in seinem Buch „...y al tercer año resucitó" („...und im dritten Jahr stand er wieder auf") beschwor, ist trotz bestehender aktueller Bezüge nicht Wirklichkeit geworden. Zwar prangen von Plakaten und Mauern in bunten Farben die Parolen der Falangisten, Requetés, der neuen rechten Sammlungsbewegung „Fuerza Nueva" (Neue Kraft) sowie zahlreicher anderer Gruppen, die durch ihre häufig wechselnden Namen die Übersicht erschweren. Aber die tatsächliche Zahl ihrer Aktivisten ist trotz der oft wiederholten Parole „alístate!" (reihe Dich ein!) gering und stellt, gemessen an den mageren Wahlergebnissen der äußersten Rechten, keine nennenswerte Gefahr dar. Diese liegt vielmehr in der Anwesenheit zahlreicher Franco-Anhänger im Staatsapparat, im Militär und teilweise in der Wirtschaft. „Wir haben nicht das Volk, aber wir haben die Panzer!" lautete eine zynische Parole, und die bisher bekannten Verschwörungen, Putsch-Versuche und anderen antidemokratischen Umtriebe gingen größtenteils von diesem an autoritären Idealen orientierten Milieu aus.

Die wirtschaftliche Entwicklung mit ihrer wachsenden Zahl von Arbeitslosen und die blutigen Aktivitäten des baskischen Separatismus stellen überdies eine schwere Bürde für die spanische Demokratie dar. Beide können dazu verführen, die Franco-Ära nachträglich als Zeit des Wohlstandes und der inneren Harmonie zu verklären und sich enttäuscht von der demokratischen Staatsform abzuwenden. Aber ungeachtet dieser Schwierigkeiten steht das heutige Spanien unter günstigeren Vorzeichen als die Zweite Republik (1931—1939). In Wirtschaft und Gesellschaft, Kultur und Rechtswesen hat die Entwicklung der letzten Jahre Ergebnisse geschaffen, die kaum mehr rückgängig gemacht werden können. Das Land hat sich modernisiert und in weiten Bereichen den Standard anderer europäischer Länder erreicht. Spanien ist „europäischer" geworden und hat seine frühere historische Isolierung durchbrochen. Es soll nicht verschwiegen werden, daß dies auch mit Nachteilen verbunden ist, wie dies beispielsweise die Kehrseiten des Tourismus beweisen. — In der Innenpolitik haben die Autonomiestatuten für das Baskenland, Katalonien, Galicien und Andalusien eine Entwicklung zur Föderali-

---

3 Lothar Maier: Spaniens Weg zur Demokratie, (Reihe Transfines: Studien zu Politik und Gesellschaft des Auslandes, hrsg. von Manfred Mols, Dieter Nohlen und Peter Waldmann) Meisenheim am Glan 1977.

sierung des Landes eingeleitet und damit der traditionell zentralistisch eingestellten Rechten Boden entzogen. Vom baskischen Separatismus abgesehen darf der spanische Regionalismus als Stärkung der Demokratie gewertet werden. Auch außenpolitisch hat sich Spanien stärker seinen europäischen Nachbarn angenähert und damit der meist isolationistisch ausgerichteten Rechten ein weiteres Feld genommen.

Alle diese Entwicklungen haben schließlich auch das Bewußtsein der Bevölkerung nicht unwesentlich geprägt. Fanatismus und ideologische Rechtgläubigkeit, wie sie in den 1930er Jahren für die spanische Parteienlandschaft so typisch und im Hinblick auf notwendige demokratische Kompromisse so verhängnisvoll waren, sind einem eher pragmatischen Denken gewichen. Hier haben die bitteren Erfahrungen des Bürgerkrieges die Bereitschaft zu politischen Glaubenskämpfen und ideologischen Kreuzzügen vermindert. Vielleicht bildet die Furcht vor einem neuen Bürgerkrieg das wertvollste Erbe, das die Jahre 1936 — 1939 der spanischen Demokratie hinterlassen haben. „Los muertos abren los ojos a los vivos", sagt ein spanisches Sprichwort: die Toten öffnen den Lebenden die Augen.

Quellen- und Literaturverzeichnis

A. Ungedruckte Quellen

1. *Archivo Histórico Nacional/Sección Guerra Civil, Salamanca*

Sección Político-Social Barcelona, carpetas 13, 14, 454, 455, 769, 794, 804, 806, 827, 848, 937, 1568;
Sección Político-Social Madrid, carpetas 321, 464, 485, 486, 487, 488, 550, 1081;
Sección Político-Social Aragón, carpetas 4, 6, 7, 86, 119, 122.

2. *Servicio Histórico Militar/Archivo de la Guerra de Liberación, Madrid*

Legajo 276 (armario 5), carpetas 1 — 6, 10 — 18, 21, 23;
legajo 278 (armario 5), carpetas 2 — 7;
legajo 280 (armario 5), carpetas 3, 7, 12, 15, 16, 17, 21, 23;
legajo 1263 (armario 5), carpetas 1 — 20;
legajo 1266 (armario 5), carpeta 3;
legajo 1267 (armario 5), carpeta 22.

3. *Bundesarchiv Koblenz*

Akten des Reichssicherheitshauptamtes (R 58): 582, 590; (NS 19/neu) 1807;
Akten des Reichsjustizministeriums (R 22): 5011;
Akten der Oberreichsanwaltschaft beim Volksgerichtshof (R 60 II): 100;
Zeitschriftenausschnittsammlungen (ZSg 121/317);

4. *Politisches Archiv des Auswärtigen Amtes, Bonn*

Pol. Abt. II a (Pol. 19): Akten betr. Bolschewismus, Kommunismus in Spanien;
Pol. Abt. III: Spanien/Heimschaffung, Übernahme, Behandlung von Flüchtlingen, 6 Bde.;
Pol. Abt. III/Spanien/Gefangenenaustausch, 4 Bde.;
Pol. Abt. III (31): Spanien/Innere Politik, Parlaments- und Parteiwesen, 41 Bde.;
Inland II geheim, Bd. 40: betr. Kommunismus/Bekämpfung eines Geheimsenders;
Inland II A/B, Akten betr. Rückführung deutscher Staatsangehöriger aus dem unbesetzten Frankreich (Internierung in Camp St. Cyprien und Le Vernet), 4 Bde.

5. *Hauptstaatsarchiv Düsseldorf*

Akten der Gestapoleitstelle Düsseldorf (RW 58).

6. *Internationaal Instituut voor Sociale Geschiedenis, Amsterdam*

Archiv Rudolf Rocker, Korrespondenz Rüdiger;
Nachlaß Paul Hertz: Leitzordner 1 b; Korr.-Mappen R und Sch;
Nachlaß Hans Stein: Persönliche Korrespondenz, Mappe 77: Alfred Herz;
Sammlung Neu Beginnen: Mappen 14, 16, 18, 48, 52;
Nachlaß Karl Korsch: Korrespondenz Paul Partos;
SAI-Archiv: Nrn. 2760, 2763, 2763 A, 2763 B, 2763 D, 2763 E, 2763 G, 2764, 2765, 2765 A, 2767 A, 2769, 2771;
Antonia Stern: Hans Beimler. Dachau — Madrid (Mskr., Signatur: EMss VII/3).

7. *Institut für Zeitgeschichte, München*

Mikrofilme MA 632, 642, 644, 645, 649;
Bestand Fa 117/106;
Hubert v. Ranke: Erinnerungen (Mskr.).

8. *Dokumentationsarchiv des Österreichischen Widerstandes, Wien*

Akten-Signaturen 4375, 4571, 4684, 6955, 7635, 07555, 7591, 7635.

9. *Archiv der sozialen Demokratie, Bonn*

Bestand Emigration-Sopade, Mappen 10, 15, 16, 18, 19, 21, 22, 23, 34, 35, 43, 56, 58, 59, 67, 74, 86, 87, 88, 93, 94, 107, 110, 111, 112, 121, 126, 127, 128, 138, 139, 194, 212, 213, 214;
Depositum Willy Brandt: Spanien-Materialien;
Depositum Heinz Putzrath: Spanien-Materialien;
Nachlaß Rolf Reventlow;
Nachlaß Friedrich Stampfer.

10. *Schweizerisches Sozialarchiv, Zürich*

Sammlung Sozial-Revolutionäre Deutsche Freiheitsbewegung;
Felix Ippen: Briefe aus Spanien;
Albert Utiger: Die Internationalen Brigaden im Spanischen Bürgerkrieg 1936 — 1939, (Mskr.).

11. *Institut für Gesellschaftswissenschaften/Universität Marburg*

Nachlaß Alwin Heucke.

12. *Berlin Document Center*

Personalakte Kurt Haumann;
Personalakte Gertrud Schildbach.

13. *Schriftliche und mündliche Auskünfte:*

Willy Brandt
Max Diamant
Julián Gorkin
Justo Martínez Amutio
Herbert Müller
Rolf Reventlow
Hans Schafranek: Interview Joseph Schneeweiß (Mskr.)
Augustin Souchy
Josef Toch
Albert Utiger: Interview Peter Blachstein (Mskr.)

B. Gedruckte Quellen

1. *Zeitgenössische Periodika*
(Fundort in Klammern; Einzelexemplare und sehr lückenhafte Bestände sind mit einem * versehen.)

Adelante. Diario socialista de la mañana, Valencia 1937/38 (HMM)
El Amigo del Pueblo. Portavoz de los Amigos de Durruti, Barcelona 1937 (IISG)
Ataquemos. Número especial de la XI Brigada, o.O. 1937 (* IISG)
La Batalla. Organo central del Partido Obrero de la Unificación Marxista, Barcelona 1936/37 (IISG)
Boletín de Información. Comisariado de la 35 División, en campaña 1937 (* DÖW)
Bulletin der Politkommissare der Internationalen Brigaden, o. O. 1937 (* AHN)
Claridad. Portavoz de la U.G.T., Madrid 1936-39 (HMM)
Freies Deutschland. Organ der deutschen Opposition/Hebdomadaire antifasciste, Antwerpen 1937-39 (IISG)
Der Freiwillige. Organ der Basis der Internationalen Brigaden, o. O. 1937 (* IISG)
Informationen der Internationalen Brigaden, o. O. 1937 (* HMM)
Informationen des P.O.U.M., Barcelona 1936/37 (DÖW)
Juventud Comunista. Organo central de la JCI, Barcelona 1936/37 (IISG)
La Llibertat, Barcelona 1937/38 (DBF)
Mundo Obrero. Organo central del Partido Comunista, Madrid 1936-39 (HMM)

Nachrichten aus Spanien, hrsg. von den Internationalen Brigaden, o. O. 1937 (IISG)
Neuer Weg, o. O. 1937 (IISG)
Neuer Weg/Spanien-Informationen, o. O. 1937 (IISG)
Pasaremos. Organ der XI. Brigade, o. O. 1937/38 (HMM)
Periódico Reconquista, 35. División, o. O. 1938 (* DÖW)
Die Soziale Revolution. hrsg. von der Gruppe DAS, Barcelona 1937 (* DÖW)
Spanish Revolution. Weekly Bulletin of the Worker's Party of Marxist Unification of Spain, Barcelona 1936/37, (Reprint: New York 1968).
Revolution in Spanien, hrsg. von der SAPD, o. O. 1937 (* IISG)
Rote Sturmfahne. Wand- und Schützengrabenzeitung der Centuria 31 „Ernst Thälmann", o. O. 1936 (* IISG)
Schützengrabenzeitung Bataillon „Edgar André", o. O. o. J. (* IISG)
Schützengrabenzeitung Nr. 2. Aus dem Leben der Internationalen Brigaden, o. O. o. J. (* IISG)
Solidaridad Obrera. Organo de la Confederación Regional del Trabajo de Cataluña. Portavoz de la Confederación Nacional del Trabajo de España, Barcelona 1936-39 (HMM)
Rundschau über Politik, Wirtschaft und Arbeiterbewegung, Basel 1936-39 (AsD)
Deutsche Volkszeitung, Prag — Paris 1936 — 1939
Le Volontaire de la Liberté/El Voluntario de la Libertad (deutsche Ausgabe), o. O. 1937/38 (IISG)

2. *Aktenpublikationen, Dokumentationen, Reden und Briefe, Untersuchungsberichte, zeitgenössische Programm- und Kampfschriften*

Akten zur Deutschen Auswärtigen Politik, Serie D, Bde. III und IX, Baden-Baden 1951 ff.;
Brandt Willy: Draußen. Schriften während der Emigration, hrsg. von Günter Struve, München 1966;
Gerlach, Erich/Souchy, Augustin: Die soziale Revolution in Spanien. Kollektivierung der Industrie und Landwirtschaft in Spanien 1936 — 1939. Dokumente und Selbstdarstellungen der Arbeiter und Bauern, Berlin 1974;
Heller, Franz (= Paul Thalmann): Für die Arbeiter-Revolution in Spanien, o. O. 1936 (Reprint: Zürich 1976);
Landau, Katia: Le stalinisme en Espagne (*Cahiers Spartacus* no. 13), Paris 1939;
McGovern, John: Terror in Spain. How the Communist International has destroyed Working Class Unity, undermined the fight against Franco and suppressed the Social Revolution, (ed. Independent Labour Party) London 1938;
Rüdiger, Helmut: El anarcosindicalismo en la revolución española, Barcelona 1938;
Schwarz-Rot-Buch. Dokumente über den Hitlerimperialismus, hrsg. von der Gruppe DAS, Barcelona 1937;
Souchy, Augustin/Folgare, Paul: Colectivizaciones. La obra constructiva de la revolución española, Barcelona 1937 (Neuausgabe: Barcelona 1977);
Trotzki, Leo: Revolution und Bürgerkrieg in Spanien 1931 — 39, Bd. 1: Vom Sturz der Monarchie bis zum Bürgerkrieg, Bd. 2: Der Bürgerkrieg, hrsg. und eingeleitet von Les Evans, Frankfurt am Main 1976;
Ulbricht, Walter: Zur Geschichte der deutschen Arbeiterbewegung. Aus Reden und Aufsätzen, Bd. II: 1933 — 1946, Berlin DDR 1955.

3. *Memoiren, Erlebnis- und Augenzeugenberichte, Reportagen*

Adelante! Pasaremos! Vorwärts! Wir werden durchkommen! Erzählungen, Reportagen und Dokumente aus dem Spanischen Bürgerkrieg, Köln 1976;
Un año de las brigadas internacionales, Madrid 1937 (Reprint: Berlin 1976);
Arnau, Frank: Gelebt — geliebt — gehaßt. Ein Leben im 20. Jahrhundert, München 1972;
Borkenau, Franz: The Spanish Cockpit. An Eye-Witness Account of the Political and Social Conflict of the Spanish Civil War, London 1937;
Brandt, Willy: Links und frei. Mein Weg 1930—1950, Hamburg 1982;
Bredel, Willi: Spanienkrieg, Bd. 1: Zur Geschichte der 11. Internationalen Brigade, Bd. 2: Begegnungen am Ebro. Schriften, Dokumente hrsg. von Manfred Hahn, Berlin — Weimar 1977;
Brigada Internacional ist unser Ehrenname. Erlebnisse ehemaliger deutscher Spanienkämpfer, 2. Bde., ausgewählt und eingeleitet von Hanns Maaßen, Frankfurt am Main 1976;
Der Spanische Bürgerkrieg in Augenzeugenberichten. Herausgegeben und eingeleitet von Hans-Christian Kirsch, München 1971;
Dahlem, Franz: Am Vorabend des Zweiten Weltkrieges. 1938 bis August 1939. Erinnerungen, 2 Bde., Berlin DDR 1977;
Degen, Hans-Jürgen/Ahrens, Helmut (Hg.): „Wir sind es leid, die Ketten zu tragen...". Antifaschisten im Spanischen Bürgerkrieg, Berlin 1979;

Deutsch, Julius: Ein weiter Weg. Lebenserinnerungen, Zürich — Leipzig — Wien 1960;
Epopée d'Espagne. Brigades internationales 1936 — 1939. Recueil de récits vécus et de documents historiques, ed. par l'Amicale des anciens volontaires français en Espagne républicaine, Paris 1957;
Feuchtwanger, Franz: Der militärpolitische Apparat der KPD in den Jahren 1928 — 1935. Erinnerungen, *Internationale wissenschaftliche Korrespondenz zur Geschichte der deutschen Arbeiterbewegung* Nr. 4, 17 Jg. (1981), S. 485 — 533;
Frei, Bruno: Die Männer von Vernet, Ein Tatsachenbericht Berlin 1960;
Gorkin, Julián: Stalins langer Arm. Die Vernichtung der freiheitlichen Linken im spanischen Bürgerkrieg. Mit einem Vorwort von Willy Brandt, Köln 1980;
Hoffmann, Heinz: Mannheim — Madrid — Moskau. Erlebtes aus drei Jahrzehnten, Berlin DDR 1981;
Im Kampf bewährt. Erinnerungen deutscher Genossen in den antifaschistischen Widerstand von 1933 — 1945, hrsg. von Heinz Vosske, Berlin DDR 1969;
Kantorowicz, Alfred: Deutsches Tagebuch. Erster Teil, München 1959; Zweiter Teil, München 1961.
Kantorowicz, Alfred: Spanisches Kriegstagebuch, Köln 1966;
Kantorowicz, Alfred: Spanisches Tagebuch, Berlin 1948;
Kisch, Egon Erwin: Unter Spaniens Himmel, Berlin 1961;
Koestler, Arthur: Die Geheimschrift. Bericht eines Lebens, Wien — München — Basel 1955;
Koestler, Arthur: Ein spanisches Testament, Zürich 1938 (Frankfurt am Main 1980);
Krivitsky, W. G.: Ich war in Stalins Dienst!, Amsterdam o. J. (1940);
Langbein, Hermann: Pasaremos. Briefe aus dem Spanischen Bürgerkrieg, Köln 1982;
zu Löwenstein, Hubertus, Prinz: A Catholic in Republican Spain; London 1937;
Martinez Amutio, Justo: Chantaje a un pueblo, Madrid 1974;
Mewis, Karl: Im Auftrag der Partei. Erinnerungen, Berlin DDR 1971;
Orlow, Alexander: Kreml-Geheimnisse, Würzburg o. J. (1953);
Orwell, George: Mein Katalonien. Bericht über den spanischen Bürgerkrieg, Zürich 1975;
Pasaremos. Deutsche Antifaschisten im nationalrevolutionären Krieg des spanischen Volkes, hrsg. von einem Autorenkollektiv unter der Leitung von Horst Kühne, o. O. o. J. (Berlin DDR 1970);
Regler, Gustav: Das Ohr des Malchus. Eine Lebensgeschichte, Köln 1958 (Frankfurt am Main 1975);
Renn, Ludwig: Im spanischen Krieg, Berlin DDR 1963;
Reventlow, Rolf: Spanien in diesem Jahrhundert. Bürgerkrieg, Vorgeschichte und Auswirkungen, Wien — Frankfurt am Main — Zürich 1968;
Rocker, Rudolf: Aus den Memoiren eines deutschen Anarchisten, hrsg. von Magdalena Melnikow und Hans Peter Duerr, Frankfurt am Main 1974;
Schramm Hanna: Menschen in Gurs. Erinnerungen an ein französisches Internierungslager (1940 — 1941), mit einem dokumentarischen Beitrag zur französischen Emigrantenpolitik (1933 — 1944) von Barbara Vormeier, Worms 1978;
Schweizer kämpfen in Spanien. Erlebnisse der Schweizer Freiwilligen in Spanien, hrsg. von der Interessengemeinschaft Schweizer Spanienfreiwilliger, redigiert von Max Wullschleger, Zürich 1939;
Souchy Bauer, Augustin: Entre los campesinos de Aragón. El comunismo libertario en las comarcas liberadas, Barcelona 1937 (Neuaufl. Barcelona 1977);
Souchy, Augustin: „Vorsicht: Anarchist!" Ein Leben für die Freiheit. Politische Erinnerungen, Darmstadt — Neuwied 1977;
Spanien 1936 bis 1939. Erinnerungen von Interbrigadisten aus der BRD. Herausgegeben und eingeleitet von Max Schäfer, Frankfurt am Main 1976;
Thalmann, Paul & Clara: Revolution für die Freiheit. Stationen eines politischen Kampfes. Moskau/Madrid/Paris, Hamburg 1977;
Thelen, Albert Vigoleis: Die Insel des zweiten Gesichts. Aus den angewandten Erinnerungen des Vigoleis, Düsseldorf 1953;
„Tschapaiew". Das Bataillon der 21 Nationen. Dargestellt in Aufzeichnungen seiner Mitkämpfer, redigiert von Alfred Kantorowicz, Madrid 1938;
Uhse, Bodo: Die erste Schlacht. Vom Werden und von den ersten Kämpfen des Bataillons Edgar André, Straßburg 1938 (Neuaufl. Berlin DDR 1952);
Wehner, Herbert: Zeugnis, herausgegeben von Gerhard Jahn, Köln 1982;
Weinert, Erich: Camaradas. Ein Buch über den spanischen Bürgerkrieg, Kiel 1978;
Wintringham, John: English Captain, London 1938.

C. Sekundärliteratur

1. *Bibliographien und biographische Handbücher*

Auswahlbibliographie zur Vorbereitung des 30. Jahrestages des nationalrevolutionären Krieges des spanischen Volkes 1936 — 1939, *Zeitschrift für Militärgeschichte 5* (1966), S. 240 — 43;
Bibliografia general sobre la guerra de España 1936 — 1939 y sus antecedentes históricos. Fuentes para la historia contemporánea de España. Introducción general y dirección de Ricardo de la Cierva, Madrid 1968.
Calvo Serer, Rafael: La literatura universal sobre la guerra de España, Madrid 1962;
de la Cierva y de Hoces, Ricardo: Cien libros básicos sobre la guerra de España, Madrid 1966;
Cuadernos bibliográficos de la guerra de España 1936 — 1939, ed. por la Catedrática de la Historia Contemporánea de España de la Universidad de Madrid, Madrid 1966 ff.;
Garcìa Durán, Juan: 1936 — 1939. Bibliografia de la guerra civil española, Montevideo 1964;
Geschichte der deutschen Arbeiterbewegung. Biographisches Lexikon, Berlin DDR 1970;
Biographisches Handbuch der deutschsprachigen Emigration nach 1933. Band I: Politik, Wirtschaft, öffentliches Leben, München — New York — London — Paris 1980;
Konetzke, Richard: Literaturbericht über Spanische Geschichte. Veröffentlichungen von 1950 bis 1966, *Historische Zeitschrift* 1969 (Sonderheft 3), S. 208 — 284;
Rovida, Giorgio: La guerra civile spagnola. Problemi storici e orientamenti bibliografici, *Rivista Storica del Socialismo* 6 (1959), S. 265 — 94;
Ruhl, Klaus-Jörg: Der Spanische Bürgerkrieg. Eine Bibliographie. Teil 1: Die politische Geschichte des Krieges, (Schriften der Bibliothek für Zeitgeschichte . 22), München 1982;
Southword, Herbert: El mito de la cruzada de Franco. Crítica bibliográfica, Paris 1963.

2. *Darstellungen und Einzeluntersuchungen*

Abad de Santillán, Diego: Por qué perdimos la guerra? Una contribución a la historia de la tragedia española, Buenos Aires 1940 (Madrid 1975);
Abendroth, Hans-Henning: Hitler in der spanischen Arena. Die deutsch-spanischen Beziehungen im Spannungsfeld der europäischen Interessenpolitik vom Ausbruch des Bürgerkrieges bis zum Ausbruch des Weltkrieges 1936 — 1939, Paderborn 1973;
Aguilera Durán, Luìs: Orìgines de las brigadas internacionales, Madrid 1974;
Aisa, Javier & Arbeloa, Vìctor Manuel: Historia de la Unión General de Trabajadores (U.G.T.), Madrid 1975;
Alba, Vìctor: La Alianza Obrera. Historia y análisis de una táctica de unidad en España, Madrid 1977;
Alba, Vìctor: El Frente Popular en el mundo, Barcelona 1976;
Alba, Vìctor: Histoire du P.O.U.M., Paris 1975;
Alba, Vìctor: El marxisme a Catalunya 1919 — 1939, 4 Bde., Barcelona 1974;
Alba, Vìctor: El Partido Comunista de España. Ensayo de interpretación histórica, Barcelona 1979;
Alff, Wilhelm: Die Flüchtlinge der Spanischen Republik als politisch Verfolgte der deutschen Besatzungsmacht in Frankreich (1940/44), in: Ders.: Der Begriff Faschismus und andere Aufsätze zur Zeitgeschichte, Frankfurt am Main 1971.
Andrade, Juan: Apuntes para la historia del PCE, Barcelona 1979;
Les barbelés de l'exile. Etudes sur l'emigration allemande et autrichienne en France 1938 — 1940, ed. par Gilbert Badia et. al., Grenoble 1979;
Beck, Raimund: Das spanische Regierungssystem unter Franco, Bochum 1979;
Benson, Frederick, R.: Schriftsteller in Waffen. Die Literatur und der Spanische Bürgerkrieg, Zürich 1969;
Bentwich, Norman: Refugees from Germany, April 1933 to December 1935, London 1936;
Bernecker, Walther L.: Anarchismus und Bürgerkrieg. Zur Geschichte der Sozialen Revolution in Spanien 1936-1939, Hamburg 1978;
Bernecker, Walther L.: Willy Brandt y la Guerra Civil Española, *Revista de Estudios Polìticos* 29 (1982), S. 7 — 25;
Bernecker, Walther L.: Die soziale Revolution im Spanischen Bürgerkrieg. Historisch-politische Position und Kontroversen, München 1977;
Bock, Hans-Manfred: Zur Geschichte des „linken" Radikalismus in Deutschland. Ein Versuch, Frankfurt am Main 1976;
Bock, Hans-Manfred: Syndikalismus und Linkskommunismus von 1918 — 1923. Zur Geschichte und Soziologie der Freien Arbeiter-Union Deutschlands (Syndikalisten), der Allgemeinen Arbeiter-Union Deutschlands und der Kommunistischen Arbeiter-Partei Deutschlands, Meisenheim am Glan 1969;

Bogisch, Gerhard: Zum Einfluß der revolutionären Traditionen auf die Kampfkraft der NVA, *Zeitschrift für Militärgeschichte* 7 (1968) S. 615-18;
Bolloten, Burnett: The Grand Camouflage. The Spanish Civil War and Revolution 1936 — 1939, New York 1961;
Bolloten, Burnett: La Revolución Española. Sus origenes, la izquierda y la lucha por el poder durante la guerra civil 1936-1939, Barcelona-Buenos Aires — Mexico D.F. 1980;
Brademas, John: Anarcosindicalismo y revolución en España (1930-1937), Barcelona 1974;
Brauntahl, Julius: Geschichte der Internationale, Bd. 2, Hannover 1963;
Bremer, Jörg: Die Sozialistische Arbeiterpartei Deutschlands (SAP). Untergrund und Exil 1933-45, Frankfurt am Main — New York 1978;
Brenan, Gerald: Die Geschichte Spaniens. Über die sozialen und politischen Hintergründe des Spanischen Bürgerkrieges, Berlin 1978;
Les Brigades Internationales. L'aide étrangère aux rouges espagnols, ed. Bureau d'Information Espagnol, Madrid 1948;
Brome, Vincent: The International Brigades. Spain 1936-1939, London 1965;
Broué, Pierre/Emile Témime: Revolution und Krieg in Spanien. Geschichte des Bürgerkrieges. 2 Bde., Frankfurt am Main 1968;
Carr, Raymond: The Spanish Tragedy. The Civil War in Perspective, London 1977;
Carrillo, Santiago: Eurocomunismo y Estado, Barcelona 1977;
Castells, Andreu: Las Brigadas Internacionales de la guerra de España, Barcelona 1974;
Cattell, David T.: Communism and the Spanish Civil War. Berkeley — Los Angeles 1955;
Cattell, David T.: Soviet Diplomacy and the Spanish Civil War, Los Angeles 1957;
de la Cierva y de Hoces, Ricardo: Leyenda y tragedia de las brigadas internacionales: una aproximación histórica a la guerra civil desde las avanzadas del Ejército Popular, Madrid 1973;
Coll, Josep/Josep Panè: Josep Rovira. Una vida al servei de Catalunya i del Socialisme, Barcelona 1978;
Dahms, Helmuth Günther: Der Spanische Bürgerkrieg 1936-1939, Tübingen 1962;
Dellacasa, Gianfranco: Revolución y Frente Popular en España 1936-1939, Madrid 1977.
Delperrie de Bayac, Jacques: Les brigades internationales, Paris 1968;
Díaz, José: Tres años de lucha, Paris 1939;
Drechsler, Hanno: Die sozialistische Arbeiterpartei Deutschlands (SAPD). Ein Beitrag zur Geschichte der deutschen Arbeiterbewegung am Ende der Weimarer Republik (Marburger Abhandlungen zur Politischen Wissenschaft Bd. 1), Meisenheim am Glan 1965;
Duhnke, Horst: Die KPD von 1933 bis 1945, Köln 1972;
Edinger, Lewis J.: Sozialdemokratie und Nationalismus. Der Parteivorstand der SPD im Exil 1933-1945, Hannover-Frankfurt/Main 1960;
Ercoli, Ercole [= Palmiro Tagliatti]: Über die Besonderheiten der spanischen Revolution, Moskau 1936;
Franz, Hans-Werner: Der Frankismus. Zur politischen Herrschaftssoziologie Spaniens während der Franco-Ära, Frankfurt am Main 1981;
Franzbach, Martin: Eine Aufgabe der vergleichenden Literatur- und Sozialgeschichte: Die deutschsprachige Exilliteratur über den Spanischen Bürgerkrieg, in: ders.: Plädoyer für eine kritische Hispanistik, Frankfurt am Main 1978, S. 61-77;
Frederik, Hans: Volksfront. Der taktische Einsatz der Sowjetunion, um mit Hilfe der Einheitsfrontaktionen zwischen Sozialdemokraten und Kommunisten und der Bündnispolitik mit bürgerlichen Regierungen die materielle und politische Weltordnung des Westens abzulösen, Landshut 1977;
Gless, Rainer/Peter Kolmsee/Bernd Kopetz: Zur Geschichte des Internationalen Sanitätsdienstes (SSI) in Spanien 1936-1939, *Zeitschrift für Militärgeschichte* 15 (1976), S. 312-320;
Goebbels, Joseph: Die Wahrheit über Spanien, München 1937;
Gross, Babette: Willi Münzenberg. Eine politische Biographie, mit einem Vorwort von Arthur Koestler, Stuttgart 1967;
Guarner, Vicente: Cataluña en la guerra de España. 1936-1939, Madrid 1975;
Guerra y Revolución en España 1936-1939, 3 Bde, Moskau 1966;
Haferkorn, Katja: „Wir haben das Recht, stolz zu sein auf einen solchen Kämpfer...". Hans Beimler, *Beiträge zur Geschichte der Arbeiterbewegung (1981)*, S. 84-93.
Hernández, Jesús/Juan Comorera: Spain Organizes for Victory. The Policy of the Communist Party of Spain, London 1937;
Hermsdorf, Klaus/Hugo Fettig/Silvia Schlenstedt: Exil in den Niederlanden und in Spanien (Kunst und Literatur im antifaschistischen Exil 1932-1945, Bd. 6), Frankfurt am Main 1981;

Historia del Partido Comunista de España, Paris 1960;
Huhle, Rainer: Die Geschichtsvollzieher. Theorie und Politik der Kommunistischen Partei Spaniens 1936-38, Gießen 1980;
Ibárruri, Dolores: Der national-revolutionäre Krieg des spanischen Volkes 1936-1939, Berlin DDR 1955;
Interbrigadisten. Der Kampf deutscher Kommunisten und anderer Antifaschisten im national-revolutionären Krieg des spanischen Volkes 1936-1939. Protokoll einer wissenschaftlichen Konferenz an der Militärakademie „Friedrich Engels", 20./21. Januar 1966, Berlin DDR 1966;
Iglesias, Ignacio: León Trotski y España (1930-1939), Madrid 1977;
Jackson, Gabriel: The Spanish Republic and the Civil War, Princeton 1965;
Jäntsch, Roland: Die militärischen Formationen deutscher Interbrigadisten in Spanien — Keimformen eines demokratischen Volksheeres, *Zeitschrift für Militärgeschichte 15* (1976), S. 286-98;
Johnston, Verle B.: Legions of Babel. The International Brigades in the Spanish Civil War, London 1967;
Kern, Robert W.: Anarchist Principles and Spanish Reality: Emma Goldman as a Participant in the Civil War 1936-39; *Journal of Contemporary History 11* (1976), S. 237-59;
Kießling, Wolfgang: Exil in Lateinamerika (Kunst und Literatur im antifaschistischen Exil 1933-1945, Bd. 4), Frankfurt am Main 1981;
Kliem, Kurt: Der sozialistische Widerstand gegen das Dritte Reich, dargestellt an der Gruppe „Neu Beginnen", Phil. Diss., Universität Marburg 1957;
Kühne, Horst: Spanien 1936-1939. Proletarischer Internationalismus im nationalrevolutionären Krieg des spanischen Volkes, Berlin 1978;
Langkau-Alex, Ursula: Volksfront für Deutschland? Bd. 1: Vorbereitung und Gründung des „Ausschusses zur Vorbereitung einer deutschen Volksfront" 1933-1936, Frankfurt/M. 1977;
Lehmann, Hans-Georg: In Acht und Bann. Politische Emigration, NS-Ausbürgerung und Wiedergutmachung am Beispiel Willy Brandts, München 1976;
Leval, Gaston: Das libertäre Spanien. Das konstruktive Werk der Spanischen Revolution (1936-1939), Hamburg 1976;
Linse, Ulrich: Die Transformation der Gesellschaft durch die anarchistische Weltanschauung, *Archiv für Sozialgeschichte XI* (1971); S. 287-372;
Llaugé Dausá, Felix: El terror staliniano en la España republicana, Barcelona 1974;
Longo, Luigi: Die Internationalen Brigaden in Spanien, Berlin (West) 1976;
López Chacón, Rafael: Por qué hice las checas de Barcelona? Alfonso Laurencic ante el Consejo de Guerra, Barcelona 1939;
de Madariaga, Salvador: Spanien, Stuttgart 1979;
Madrid honra a Hans Beimler, hrsg. vom Kommissariat der Internationalen Brigaden, Madrid o. J.;
Maier, Lothar: Spaniens Weg zur Demokratie (Reihe Transfines: Studien zur Politik und Gesellschaft des Auslandes, hrsg. von Manfred Mols, Dieter Nohlen und Peter Waldmann), Meisenheim am Glan 1977;
Martínez Bande, José Manuel: Brigadas internacionales, Barcelona 1972;
Mehringer, Hartmut/Werner Röder/Dieter Marc Schneider: Zum Anteil ehemaliger Emigranten am politischen Leben der Bundesrepublik Deutschland, der Deutschen Demokratischen Republik und der Republik Österreich, in: Leben im Exil. Probleme der Integration deutscher Flüchtlinge im Ausland 1933-1945, hrsg. von Wolfgang Frühwald und Wolfgang Schieder (Historische Perspektiven 18) Hamburg 1981, S. 207 ff.;
Merkes, Manfred: Die deutsche Politik gegenüber dem spanischen Bürgerkrieg 1936 bis 1939. (Bonner Historische Forschungen Bd. 18) Bonn[2] 1969;
von zur Mühlen, Patrik: „Schlagt Hitler an der Saar!", Abstimmungskampf, Emigration und Widerstand im Saargebiet 1933-1935, Bonn 1979;
Müssener, Helmut: Die deutschsprachige Emigration in Schweden nach 1933. Ihre Geschichte und kulturelle Leistung, Stockholm 1971;
Nellessen, Bernd: José Antonio Primo de Rivera, der Troubadour der spanischen Falange. Auswahl und Kommentar seiner Reden und Schriften (Schriftenreihe der Vierteljahrshefte für Zeitgeschichte 11) Stuttgart 1965;
Nellessen, Bernd: Die verbotene Revolution. Aufstieg und Niedergang der Falange, Hamburg 1961;
Pagès, Pelai: El Movimiento trotskista en España (1930-1935). La Izquierda Comunista de España y las disidencias comunistas durante la segunda República, Barcelona 1977;
Pastor Petit, Domingo: Los dossiers secretos de la Guerra Civil, Barcelona 1978;
Payne, Stanley G.: The Spanish Revolution, London 1970;
Peirats, José: La CNT en la revolución española, 3 Bde., Toulouse-Buenos Aires 1952 ff.
Penchienati, Carlo: Brigate Internazionali in Spagna. Delitti della „Ceka" comunista, Milano 1950;
Perucho, Arturo: La vida heróica de Hans Beimler, Barcelona 1937;

Pike, David W.: Vae victis! Los republicanos españoles refugiados en Francia (1939-1944), Paris 1969;
Poretski, Elisabeth: Les nôtres. Vie et mort d'un agent soviétique, Paris 1969;
Preston, Paul: The Coming of the Spanish Civil War. Reform, Reaction and Revolution in the Second Republic 1931-1936, London 1978;
Richardson, Richard D.: Foreign Fighters in Spanish Militias: The Spanish Civil War 1936-1939, *Military Affairs 40 (1976);*
Richardson, Richard D.: The International Brigades as Comintern Propaganda Instrument, *Canadian Journal of History* 1974;
Rienffer, Karl: Comunistas españoles en América, Madrid 1953;
Rocker, Rudolf: Extranjeros en España, México D.F.-Buenos Aires 1958;
Röder, Werner: Die deutschen sozialistischen Exilgruppen in Großbritannien 1940-1945, Hannover 1968;
del Rosal, Amaro: Historia de la U.G.T. de España 1901-1939, Barcelona 1977;
Rüdiger, Helmut: Ensayo crítico sobre la Revolución Española, Buenos Aires 1940;
Ruhl, Klaus-Jörg: Die Internationalen Brigaden im Spanischen Bürgerkrieg 1936-1939, *Militärgeschichtliche Mitteilungen XVII* (1975), S. 212-24.
Ruhl, Klaus-Jörg: Spanien im Zweiten Weltkrieg. Franco, die Falange und das „Dritte Reich", Hamburg 1975;
Salas Larrazábal, Ramón: Historia del Ejército Popular de la República, Madrid 1973;
Sánchez, José: Reform and Reaction. The Politico-Religious Background of the Spanish Civil War, University of North Carolina Press 1964;
Schafranek, Hans: Kurt Landau, in: Bewegung und Klasse. Studien zur österreichischen Arbeiterbewegung, hrsg. von Gerhard Botz u. a., Wien 1978;
Schieder, Wolfgang & Christof Dipper (Hrsg.): Der spanische Bürgerkrieg in der internationalen Politik (1936-1939), München 1976;
Schlenstedt, Silvia: Exil und antifaschistischer Kampf in Spanien, in: Klaus Hermsdorf/Hugo Fetting/Silvia Schlenstedt: Exil in den Niederlanden und in Spanien (Kunst und Literatur im antifaschistischen Exil 1933-1945, Bd. 6), Frankfurt am Main 1981;
Schwartz, Fernando: La internacionalización de la Guerra Civil Española. Julio de 1936 — marzo de 1937, Barcelona² 1972;
Soria, Georges: Guerre et révolution en Espange 1936-1939, 5 Bde., Paris 1977;
Souchy, Augustin: Anarcho-Syndikalisten über Bürgerkrieg und Revolution in Spanien, Darmstadt 1969;
Souchy, Augustin: Nacht über Spanien, Darmstadt 1950;
Spielhagen, Franz [= André Simone alias Otto Katz]: Spione und Verschwörer in Spanien, Paris 1936;
Stadler, Karl: Opfer verlorener Zeiten. Geschichte der Schutzbund-Emigration, Wien 1974;
Stern, Max: Spaniens Himmel... Die Österreicher in den Internationalen Brigaden, Wien 1966;
Stern, Carola: Porträt einer bolschewistischen Partei. Entwicklung, Funktion und Situation der SED, Köln 1957;
Stern, Carola: Ulbricht. Eine politische Biographie. Köln-Berlin 1963;
Suárez, Andrés [= Ignacio Iglesias]: El proceso contra el P.O.U.M. Un episodio de la revolucion española, Paris 1974;
Szinda, Gustav: Die XI. Brigade, Berlin DDR 1957;
Thomas, Hugh: Der spanische Bürgerkrieg. Berlin-Frankfurt/M.-Wien 1962;
Tjaden, Karl Heinz: Struktur und Funktion der „KPD-Opposition" (KPO). Eine organisationssoziologische Untersuchung zur „Rechts"-Opposition im deutschen Kommunismus zur Zeit der Weimarer Republik (Marburger Abhandlungen zur Politischen Wissenschaft Bd. 4), Meisenheim am Glan 1964;
Utiger, Albert: Die Internationalen Brigaden im Spanischen Bürgerkrieg 1936-1939, Lizentiatsarbeit, Zürich 1980;
Vilanova, Antonio: Los olvidados. Los exilados españoles en la segunda guerra mundial, Paris 1969;
Walter, Hans-Albert: Deutsche Exil-Literatur 1933-1950, 4 Bde., Darmstadt-Neuwied 1972 ff.
Weber, Hermann: Die Wandlung des deutschen Kommunismus. Die Stalinisierung der KPD in der Weimarer Republik, Bd. 1, Frankfurt am Main 1969;
Wegener, Matthias: Exil und Literatur. Deutsche Schriftsteller im Ausland 1933-1945, Frankfurt am Main-Bonn 1967;
Weinert, Erich: Die Fahne der Solidarität. Deutsche Schriftsteller in der spanischen Freiheitsarmee 1936-1939, Berlin DDR 1957;
Wittmann, Erich: Die Sozialistische Jugend-Internationale. Ihre politische Tätigkeit und Entwicklung in den Jahren 1932-1939/40, Diss. Wien 1979;
Zahn, Michael: Der spanische Anarchosyndikalismus (1931/39). Das Problem der Politisierung einer apolitischen Theorie, dargestellt anhand der Ideologie der CNT, Berlin Diss. 1979;
Zugazagoitia, Julián: Historia de la guerra de España, Buenos Aires 1940.

Personenregister

Sofern nicht anders vermerkt, beziehen sich Angaben und Erläuterungen auf den Zeitraum 1936—1939. Vorübergehend verwendete Pseudonyme sowie mutmaßliche Deck- und Tarnnamen werden in Anführungszeichen wiedergegeben.

Abramowitsch, Raphael, Vorstandsmitglied der (exil-) russischen Sozialdemokraten (Menschewiki) 167, 169, 170, 171

Ackermann, Anton, zeitweilig Leiter der Kommissar-Schule in Benicásim 136

Adler, Arthur, sozialdemokratischer Emigrant 36, 108

Adler, Friedrich, Generalsekretär der SAI 106, 112

Adler, Hilda, Ehefrau Arthur Adlers 36, 108

Ahles, Manuel 143

Alberti, Rafael, spanischer Schriftsteller 23, 29, 139, 217, 226

Alfons XIII, König von Spanien (1902—31) 17

Alvarez del Vayo, Julio, spanischer Außenminister (Sept. 1936—Mai 1937, Apr. 1938—März 1939) 72, 111

Antonow-Owsejenko, Wladimir, sowjetischer Generalkonsul in Barcelona 146

Aragon, Louis, französischer Schriftsteller 138, 139, 141

Arendt, Erich, Schriftsteller 34, 37 141, 150, 267

Arnau, Frank, Schriftsteller 34, 158

„*Arndt, Karl*" (auch „*Fritz Arndt*") s. Mewis, Karl

Azaña y Díaz, Manuel, spanischer Staatspräsident (1936—39) 17, 19, 52, 181, 204

Balk, Theodor, deutschsprachiger jugoslawischer Schriftsteller und Journalist 142

Bauer, Karl, zeitweilig Kommandeur des Btl. „12. Februar" 231

Beck, Ernst, Mitarbeiter des Internationalen Spanienhilfskomitees 106

Beckmann, Rudolf, Interbrigadist 235

Beimler, Hans, KPD-Vertreter in Spanien und Betreuer der deutschen Freiwilligen 38, 128, 129, 131, 132, 147, 148, 173, 208, 209, 211, 212, 213, 214—226, 260

Benjamin, Walter, Schriftsteller 34

Benz, Willy, zeitweilig Kommandeur des „Edgar-André"-Btl., danach des Btl. „12. Februar" 230, 231

Bernanos, Georges, französischer Schriftsteller 138

Berneri, Camillo, italienischer Anarchist 156

Bernhard, Georg, Chefredakteur der *Pariser Tageszeitung* 109

Berzin, Jan, Armeekommissar II. Ranges, sowjetischer Militärberater 146

Blachstein, Peter, SAP-Mitglied und POUM-Funktionär 54, 59, 63, 161, 162, 163, 164, 270, 271, 272

Blank, Ernst, (Thoma, Karl), zeitweilig Polit-Kommissar der XI. Brigade 115, 117, 205

Blei, Franz, Schriftsteller 34

Blum, Léon, Sozialist, französischer Ministerpräsident (1936/37 und 1938) 104

Bolín, Luis, Francos Pressesprecher 188

Bolze, Waldemar, KPO-Funktionär 62, 65, 72, 161, 166, 167

Bräuning, Karl, KPO-Funktionär 62, 65, 72, 161, 165, 166, 167

Brandel. Kuno, KPO-Funktionär 161

Brandler, Heinrich, KPO-Funktionär 48

Brandschädel, Oskar, Leutnant der Interbrigaden 138

Brandt, Philipp, sozialdemokratischer Emigrant, Interbrigadist 37

Brandt, Willy, Funktionär des SAP-Jugendverbandes, Mitarbeiter im deutschen POUM-Büro 54, 58, 59, 71, 87, 168, 270

Braun, Ernst, ehemals Vorsitzender der SAJ/Saar, zeitweilig Polit-Kommissar des „Edgar-André"-Btl. 115, 116, 117, 118, 195, 231, 232, 250, 254, 267

Braun, Max, früherer Vorsitzender der SPD/Saar 109

Brecht, Bert, Schriftsteller 138, 142

Bredel, Willi, Schriftsteller, zeitweilig Polit-Kommissar des „Thälmann"-Btl. 139, 140, 141, 195, 210, 231, 240, 260, 267

Breitscheid, Rudolf, ehemaliger Vorsitzender der SPD-Reichstagsfraktion 72, 109, 255

„*Bresser, Moritz*" s. von Ranke, Hubert

Brillat, Paul, Schweizer Interbrigadist 243

Brockway, Fenner, Generalsekretär der ILP 46, 71, 72, 161, 175

de Brouckère, Louis, Präsident der SAI 103, 107

Busch, Ernst, Sänger und Liederdichter 138, 141, 195, 267

Buschmann, Ernst, zeitweilig Kommandeur des „Edgar-André"-Btl. 230, 250, 253, 255, 169

Cachin, Marcel, französischer KP-Funktionär 107

Calvo Aribayos, Tomás, Beimlers Chauffeur 219

Carbó, Eusebio, spanischer IAA-Sekretär 77
„*Carlos*", Funktionär der Interbrigaden 235
„*Carmen*" s. *Schildbach, Gertrud* (?)
Carrilero, José, Gerichtsarzt von Albacete 222
Carrillo, Santiago, Sekretär der JSU 70, 99, 110, 122, 215, 222
Casals, Pablo, spanischer Cellist 272
Challaye, Félicien, Professor an der Sorbonne 147, 166
Citrine, Walter MacLennon, Präsident des IGB 103
Codovila, Vittorio, italienischer KP-Funktionär 146
Comorera, Juan, PSUC-Vorsitzender 122, 146
Companys, Lluis, Präsident des Rates der Generalitat von Katalonien 68, 81
„*Contreras, Carlos Jorge*" s. *Vidali, Vittorio*
Copic, jugoslawischer KP-Funktionär, Gefängnisleiter der Interbrigaden 234
Cornford, John, britischer POUM-Miliciano 62

Dahlem, Franz, KPD-Vertreter in Spanien und Mitglied der Zentralen Politischen Kommission der Internationalen Brigaden (bis Januar 1938) 107, 109, 132, 133, 135, 168, 169, 170, 197, 252, 266, 268
Dalmau i Gibanel, Gaspar, Gefängnisdirektor von Barcelona 165, 166
David, Julio, ungarischer CNT-Miliciano 93
Denike, Georg, deutsch-russischer sozialdemokratischer Wirtschaftstheoretiker 109
Dessau, Paul, Komponist 195
Deutsch, Julius, ehemals Staatssekretär im österreichischen Heeresministerium, Obmann des Republikanischen Schutzbundes, General in spanischen Diensten 104, 111, 116, 117, 173, 252, 255, 268
Diamant, Max, Vertreter der SAP in Spanien und Leiter des deutschen POUM-Büros 54, 57, 58, 270
Díaz, José, Generalsekretär der spanischen KP 108, 181
Dickel, Friedrich, KPD-Funktionär, Kompanieführer im „Thälmann"-Btl. 267
„*Diesel, Hans*" s. *Diamant, Max*
Dimitroff, Georgi, Generalsekretär der Komintern 108, 181
Döblin, Alfred, Schriftsteller 252
Doppler, Max, zeitweilig Kommandeur des „Thälmann"-Btl., danach Polit-Kommissar des „Hans-Beimler"-Btl. 231
Dorf, Artur, zeitweilig Polit-Kommissar des „Edgar-André"-Btl., danach der XI. Brigade 213, 230, 232
Dos Passos, John, amerikanischer Schriftsteller 138
Doster, Gustav, Gründer der Gruppe DAS 77, 96, 160

Dünwald, Edmund, deutscher Emigrant in Barcelona 157
Durruti, Buenaventura, Anführer der anarchistischen Milizen 83, 89, 93, 214, 215

Ehrenburg, Ilja, russischer Schriftsteller, Pressekorrespondent in Spanien 138
Eichinger, Hans, Mitglied der RSÖ 118
Eichmann, Heiri, schweizerischer CNT-Miliciano 92
Einstein, Carl, Kunsthistoriker, Angehöriger der CNT-Miliz 93
Eisler, Gerhart, KPD-Funktionär, Rundfunk-Redakteur im „Freiheitssender 29,8" 137
Eisler, Hanns, Komponist 138, 195
Elsner, Georg, zeitweilig Kommandeur des „Thälmann"-Btl. 231
Engler, Willi, kommunistischer Interbrigadist 115
„*Ercoli, Ercole*" s. *Togliatti, Palmiro*

Farda, Rudi, Mitglied der DSAP/Sudetenland 118
Feldmann, Paul, NKWD-Agent 143, 158
Feuchtwanger, Lion, Schriftsteller 33, 138, 139, 252
Figal, Eduard, Generalsekretär der „Deutschen Freunde Spaniens" 111
Fischer, Ernst, Parteitheoretiker der KPÖ 243
Fischer, Ruth, Polit-Aktivistin 220
Fischer, Walter, Bruder Ernst Fischers, Arzt im Sanitätsdienst der Interbrigaden 206, 243
Flatter, Otto, zeitweilig Kommandeur der XI. Brigade 230
Fölkel, Wilhelm, zeitweilig Kommandeur des „Edgar-André"-Btl. 230
Fomferra, Heinrich, KPD-Funktionär, Hauptmann der Interbrigaden 258, 267
Franco y Bahamonde, Francisco 19, 20, 21, 23, 24, 25, 26, 27, 28, 29, 34, 41, 42, 43, 66, 68, 106, 109, 123, 124, 127, 128, 136, 137, 138, 200, 207, 268, 273
François, J.M., zeitweilig Stabschef der XI. Brigade 230
Frank, Kurt, zeitweilig Polit-Kommissar der XI. Brigade 230
Frei, Bruno, Schriftsteller 248
Freisler, Roland, Präsident des Volksgerichtshofs 264
Freund-Moulin, Hans, polnischer Trotzkist 71, 156
Friedmann, Walter, deutscher Emigrant in Barcelona 157
Frölich, Paul, KPO-, später SAP-Funktionär 49
Funck, Bernhard, Spion 143
„*Funk, Kurt*" s. *Wehner, Herbert*

Gabler, Franz, Hauptmann der Interbrigaden 232
„*Gallo*" s. *Longo, Luigi*

Garbarini, Kurt, sozialdemokratischer Interbrigadist 115, 166
Garcìa Lorca, Federico, spanischer Schriftsteller 27
Garcìa Oliver, Juan, Anarchist, spanischer Justizminister (Nov. 1936—Mai 1937) 67
Gayman, Vital, Funktionär der Interbrigaden 196, 236
Geisen, Hermann, zeitweilig Kommandeur der „Centuria Thälmann" 128, 149, 154, 209, 210, 211
Gerö, Ernö, ungarischer Kommunist, NKWD-Chef von Katalonien 146, 158, 176, 235
Geyer, Max, Beimlers Dolmetscher 159, 163, 173, 218, 219, 220, 222, 225
Giral Pereira, José, Linksrepublikaner, spanischer Ministerpräsident (19. Juli—4. September 1936) 100
Glückauf, Erich, KPD-Funktionär, Rundfunk-Redakteur im „Freiheitssender 29,8" 137
Götze, Elli, Ehefrau Ferdinand Götzes 85
Götze, Ferdinand („Nante"), Anarchosyndikalist, Mitglied der Gruppe DAS 84, 85
Goldman, Emma, russisch-amerikanische Anarchistin 82
Golz, Hans, zeitweilig Polit-Kommissar des „Hans-Beimler"-Btl. 231
„Gòmez" s. *Zaisser, Wilhelm*
Gómez Emperador, Mariano, katalanischer Polizeioffizier, Leiter des „Grupo de Información 148, 149, 170, 171, 172, 174
González Peña, Ramón, ab August 1937 Vorsitzender der UGT 102
Gorkin, Julián, POUM-Funktionär, Herausgeber von *La Batalla* 66, 149, 153, 163, 165
de Goya y Lucientes, Francisco, spanischer Maler 23, 29
Graf, Oskar Maria, Schriftsteller 33
Gudell, Martin, Mitarbeiter der Informationsabteilung der CNT 87, 88, 96, 97
Güppel, Jupp, zeitweilig Kommandeur des „Thälmann"-Btl. 231
Gundelach, Gustav, KPD-Funktionär, Generaladministrator des Internationalen Sanitätsdienstes 197, 235, 269

Hable, Rudolf, SAP-Mitglied und POUM-Miliciano 65
Hackbarth, Willy, zeitweilig Kommandeur des „Thälmann"-Btl. 231
Hager, Kurt, KPD-Funktionär, zeitweilig Mitarbeiter am „Freiheitssender 29,8" 137, 268
Hahn, Josef (José), sozialdemokratischer Interbrigadist 37
„Hans, Jorge" s. *Kahle, Hans*
Haumann, Kurt, Doppelagent 143
Heilbrunn, Werner, Neurologe, Arzt im Sanitätsdienst der Interbrigaden 197, 198

„Heller, Franz" s. *Thalmann, Paul*
Hellfeld, Harry, zeitweilig Kommandeur des Btl. „12. Februar" 231
Hemingway, Ernest, amerikanischer Schriftsteller 138, 200
Hermelin, Werner, kommunistischer Emigrant 152
Hermlin, Stephan, Schriftsteller 142
Herold, Franz, Emigrant 269
Hernández, Jesús, spanischer KP-Funktionär 121
Herr, Willy, zeitweilig Polit-Kommissar des „Edgar-André"-Btl. 230
Herre, Georg, Mitglied der SP/Danzig 118
Hertz, Paul, Vorstandsmitglied der Sopade, Mitglied der Gruppe „Neu Beginnen" 106, 113, 114, 168, 170, 174
Herz, Alfred, NKWD-Agent, Leiter des „Servicio Alfredo Herz" 149, 150, 153, 154, 158, 160, 162, 163, 164, 169, 170, 174, 176, 177, 207, 218, 220
Herz, Käthe, Ehefrau des Vorigen 149, 176, 177
Himmler, Heinrich 265
Hitler, Adolf 23, 28, 29, 34, 41, 42, 43, 66, 106, 127, 128, 136, 137, 138, 207, 254
Hoffmann, Heinz, zeitweilig Polit-Kommissar des „Hans-Beimler"-Btl. 231, 232, 237, 267
Hoffmann, Max, Emigrant in Barcelona 157
Hornig, Christian, CNT-Miliciano 94
Horning, Paul, zeitweilig Kommandeur des „Thälmann"-Btl. 232

Ibárruri Gómez, Dolores, spanische KP-Funktionärin 35, 121, 180, 204, 215, 225

Jagoda, Genrich Georgiewitsch), NKWD-Chef (1934—36, 1938 hingerichtet) 145
Jampolski, Wladimir s. *Yampolski, Vladimiro*
Jensen, Fritz, Arzt im Sanitätsdienst der Interbrigaden 197
Jiménez de Asua, Luis, Sozialist, Professor der Rechte, ab 1937 spanischer Gesandter in Prag 35, 105
Joel, Hans Theodor, Journalist 36
„Jorge" s. *Kindermann, Szaja*
Juan Carlos I., König von Spanien (seit 1975) 273
Jürgensen, Otto, Major, Offizier im Btl. „12. Februar" 232

Kägi-Fuchsmann, Regina, Leiterin der Schweizerischen Arbeiter-Hilfe 105
Kahle, Hans, zeitweilig Kommandeur des „Edgar-André"-Btl., danach der XI. Brigade 215, 222, 230, 232, 244, 255, 267
Kantorowicz, Alfred, zeitweilig Polit-Kommissar der XIII. Brigade 141, 197, 237, 240, 260, 267, 269
Katz, Otto, tschechoslowakischer Journalist und KP-Funktionär 143

Kern, Karl, Mitarbeiter im Internationalen Spanienhilfskomitee 106
Kessler, Harry, Graf, Publizist und Verleger 34
Kesten, Hermann, Schriftsteller 139
Kindermann, Szaja, NKWD-Agent, Mitarbeiter von Alfred Herz 153, 158, 162, 164
Kisch, Egon Erwin, Journalist und Schriftsteller 113, 114, 140, 142, 258
Kjelso, Aage Knud, dänischer POUM-Miliciano 64
Klamm, Fritz, zeitweilig Kommandeur des „Edgar-André"-Btl. 231
„*Kléber, Emilio*" s. Stern, Manfred
Klemm, Karl, Emigrant 35
Klepper, Otto, Schriftsteller 109
Klose, Helmut, CNT-Miliciano 94, 96, 160, 165
Knobloch, Walter, zeitweilig Polit-Kommissar des Btl. „12. Februar" 115
Koch, Eduard, Interbrigadist 253
König, Ewald, KPO-Vertreter beim POUM 60
Koestler, Arthur, Schriftsteller, Pressekorrespondent in Spanien 140, 141, 142, 252, 254
Kolzow, Michail, Prawda-Korrespondent in Spanien 139, 146, 176
Koplenig, Johann, KPÖ-Vorsitzender 252
Kopp, Georges, belgischer POUM-Miliciano, Kommandeur der „Centuria Extranjera II" 62, 72
Korsch, Karl, marxistischer Philosoph 87
Kraschutzki, Heinz, Pazifist und radikaldemokratischer Journalist 34, 38, 262
Kraus, Werner, SAP-Mitglied und POUM-Miliciano 65
Krivitsky, W.G., führender NKWD-Agent in West-Europa 145, 146, 150, 176, 187
Kroliczek, Theodor, Interbrigadist 271
Kühne, Otto, zeitweilig Polit-Kommissar des „Hans-Beimler"-Btl. 231, 258
Kulcsar, Leopold, Sekretär an der spanischen Gesandtschaft in Prag (Zusammenarbeit mit „Neu Beginnen") 170
Kuttner, Erich, ehemaliger preußischer Landtagsabgeordneter der SPD 109, 113, 114, 134, 140

Landau, Katia, Ehefrau Kurt Landaus 72, 150, 152, 157, 163, 164, 171
Landau, Kurt, ehemals österr. Trotzkist, in Spanien Mitarbeiter des POUM 59, 71, 72, 96, 157, 161, 171
Largo Caballero, Francisco, Generalsekretär der UGT, spanischer Ministerpräsident (Sept. 1936—Mai 1937) 22, 23, 24, 68, 69, 81, 100, 101, 102, 121, 180, 181, 182, 266
Laurencic, Alfons (SSI 29), Agent des SSI 155, 157, 158, 159, 160, 172, 173, 174, 175, 218, 219, 221, 222, 223
Leder, Rudolf s. Hermlin, Stephan
Lehning (Müller-Lehning), Arthur, deutscher Anarchist 77

Lenin, Wladimir Iljitsch 48, 51, 123
Leonhard, Rudolf, Schriftsteller 139
Leutze, Herbert, POUM-Miliciano 66
Leval, Gaston, französischer Anarchist 67
Lewin, Arthur, Mitglied der Gruppe DAS 78, 95, 96
„*Liowa*" s. Orlow, Alexander
Lipschulz, Mauricio, Mitglied des Partido Sindicalista 95, 159, 162, 163, 164
Lister, Enrique, spanischer republikanischer General 188, 189
zu Löwenstein, Hubertus, Prinz, Publizist 40
Löwenthal, Richard, Publizist, Mitglied der Gruppe „Neu Beginnen" 252
Longo, Luigi, italienischer KP-Funktionär, Leiter des Politischen Kommissariats der Internationalen Brigaden 107, 182, 185, 193, 194, 197, 199, 205, 217, 234
„*Lukács*" s. Zalka, Mate

Maaßen, Hanns, KPD-Funktionär, Sprecher beim „Freiheitssender 29,8" 138, 262
Machmer, Josef, sozialdemokratischer Interbrigadist 35
de Madariaga y Rojo, Salvador, Historiker und Publizist 15
Malraux, André, französischer Schriftsteller, Organisator der republikanischen Luftwaffe 138, 139
Mann, Erika, Tochter Thomas Manns 139
Mann, Heinrich, Schriftsteller 33, 39, 109, 128, 137, 139, 210, 241, 252
Mann, Klaus, Schriftsteller, Sohn Thomas Manns 33, 139
Mann, Thomas, Schriftsteller 39, 252
Marchwitza, Hans, Schriftsteller, zeitweilig Offizier der XIII. Brigade 140, 141, 195, 267
Martens, Hans, sozialdemokratischer Interbrigadist 115, 116, 117
Martínez Amutio, Justo, Zivilgouverneur von Albacete 215, 221, 222, 223, 224, 236, 237
Marty, André, französischer KP-Funktionär, Chef der Militärischen Abteilung der Internationalen Brigaden 135, 196, 197, 199, 215, 222, 234
Marty, Pauline, Ehefrau des Vorigen 234
Maslow, Arkadij, deutsch-russischer Polit-Aktivist 220
Maslowski, Peter, ehemaliger KPD-Reichstagsabgeordneter 253
Maurin, Joaquin, POUM-Vorsitzender (von Franco inhaftiert) 46, 50, 51, 60, 66
Maurin, Juana, Ehefrau des Vorigen 60
Maus, Micky, NKWD-Agent 312
„*Medina*" s. Codovila, Vittorio
McGovern, John, britischer Unterhausabgeordneter (ILP) 147, 152, 166
Meinel, Toni, zeitweilig Polit-Kommissar des „Thälmann"-Btl. 231

Merker, Paul, KPD-Funktionär 252, 268
Mewis, Karl, ab Januar 1937 KPD-Vertreter beim PSUC, ab Ende 1937 auch beim PCE, Leiter des „Servicio extranjero del PSUC" 59, 133, 135, 154, 168, 170, 176, 237, 267
Michaelis, Rudolf, Mitglied der Gruppe DAS, Kommandeur der „Centuria Erich Mühsam" 35, 91, 92, 93, 94, 96, 160
Mielke, Erich, KPD-Funktionär, Hauptmann in der Zentrale der Interbrigaden 237, 238
„*Mink, George*", NKWD-Agent 150
Mola Vidal, Emilio, General, Mitverschwörer Francos 27, 128
Montseny Mañe, Federica, Anarchistin, spanische Gesundheitsministerin (Nov. 1936—Mai 1937) 67
Mühsam, Erich, anarchistischer Schriftsteller (1934 ermordet) 76, 88
Mühsam, Zenzl, Ehefrau des Vorigen 88
Münzenberg, Willy, Mitglied des ZK der KPD 109, 140, 141, 252, 253, 254, 255
Müller, Herbert, KPD-Funktionär 269
Müller, Willi, Mitglied der Gruppe „Neu Beginnen" 109, 168, 169, 170, 174
Munschke, Ewald, KPD-Funktionär, Leiter der Kommissarschule in Benicásim 136, 267
Mussolini, Benito, 23. 66, 106, 199

Negrín, López, Juan, spanischer Finanzminister (Sept. 1936 — Mai 1937) und Ministerpräsident (Mai 1937 — März 1939) 24, 69, 72, 101, 116, 134, 171, 172, 203, 204
Nehru, Jawaharlal 87
Nenni, Pietro, Vorsitzender der italienischen Sozialisten (PSI), Kommissar der Interbrigaden 103, 104, 112, 215
Nerst, Leopold, NKWD-Agent 153
Neruda, Pablo, chilenischer Schriftsteller 138
Nettlau, Max, anarchistischer Historiker 76, 78, 84
Neumann, Rudolf, Arzt, zeitweilig Leiter des Internationalen Sanitätsdienstes 197
„*Nicoletti, Mario*" s. *di Vittorio, Giuseppe*
Nin, Andrés, Generalsekretär des POUM 46, 57, 58, 69, 70

Oettinghaus, Walter, ehemaliger KPD-Reichstagsabgeordneter 252
Olaso, Joaquín, NKWD-Agent 177
Ollenhauer, Erich, Vorstandsmitglied der Sopade, Sekretär der Sozialistischen Jugend-Internationale 105, 106, 110
Orlow, Alexander (Feldbin, Leon Lazarewitsch), Mitarbeiter der NKWD-Auslandsabteilung 145, 146, 148, 176
Orwell, George, Schriftsteller, POUM-Miliciano 62, 63, 64, 71, 138, 168

Oster, Carl (Carlos), Hauptmann im spanischen Heer 37, 232
Ott, Jacob, sozialdemokratischer Emigrant 105
Otten, Karl, Schriftsteller 34
Otto, Joseph (José María), Major der Internationalen Brigaden 232

Partos, Paul, ungarischer Marxist, Mitarbeiter der Informationsabteilung der CNT 79, 80, 83, 87, 88, 96, 97, 206
„*Pedro*" s. *Gerö, Ernö*
Penchienati, Carlo, zeitweilig Kommandeur der XII. Brigade 234
Perucho, Arturo, Herausgeber des PSUC-Organs *Treball* 217, 220, 222, 223
„*Petersen, Hans*" s. *Blachstein, Peter*
Pfeiffer, Arthur, Angehöriger des „Grupo Thälmann" 208
Picasso, Pablo, Maler 29, 42
Pieck, Wilhelm, KPD-Vorsitzender 222
Piscator, Erwin, Dramaturg und Regisseur 140
Pinnecke, Wilhelm, zeitweilig Polit-Kommissar des „Edgar-André"-Btl. 230
Prieto y Tuero, Indalecio, Sozialist, spanischer Verteidigungsminister (Sept. 1937 — Apr. 1938) 99, 100, 172
Primo de Rivera y Sáenz de Heredia, José Antonio, Gründer und Führer der Falange (1936 hingerichtet) 27
Primo de Rivera y Orbaneja, Miguel, General, spanischer Ministerpräsident und Diktator (1923—30), Vater des Vorigen 17, 99, 120
von Puttkamer, Franz, sozialdemokratischer Journalist 38

Raab, Franz, zeitweilig Kommandeur des „Thälmann"-Btl. 231, 232
von Ranke, Hubert, Polit-Kommissar der „Centuria Thälmann" 147, 150, 154, 210, 215, 221, 225
Rau, Heiner, zeitweilig Polit-Kommissar sowie Kommandeur der XI. Brigade 206, 230, 232, 255, 256
Regler, Gustav, Schriftsteller, zeitweilig Polit-Kommissar in der XII. Brigade 139, 140, 141, 142, 195, 222, 223, 225
Rein, Mark, Mitglied der Gruppe „Neu Beginnen" 110, 155, 159, 167, 168, 169, 170, 171, 172, 173, 268
Reinbold, Georg, ehemaliger Vorsitzender der SPD/Baden 105
Reiner, Adolf, zeitweilig Kommandeur der XI. Brigade 230, 231
Reiss, Ignaz, polnischer NKWD-Agent (1937 ermordet) 153
Reiter, Hans, Major, Kommandeur des POUM-Stoßbataillons „Rovira" 63, 64

Renn, Ludwig, Schriftsteller, zeitweilig Kommandeur des „Thälmann"-Btl., später Stabschef der XI. Brigade 139, 140, 141, 194, 206, 210, 229, 230, 231, 244, 250, 255, 256, 258
Renner, Heinz, KPD-Funktionär 269
Reuter, Emil, zeitweilig Kommandeur des Btl. „12. Februar" 231
Reventlow, Rolf, sozialdemokratischer Journalist, Major im spanischen Heer 72, 112, 114, 117, 150, 159, 206, 258, 269
„Richard" s. *Staimer, Richard*
„Richter", Funktionär der Interbrigaden 235
Rimbach, Karl, zeitweilig Kommandeur des Btl. „12. Februar" 231
Rocker, Rudolf, anarchosyndikalistischer Theoretiker 76, 78, 82, 89
Roosevelt, Franklin D., Präsident der Vereinigten Staaten 258
Rosenberg, Marcel, sowjetischer Botschafter in Spanien (bis Februar 1937) 146
Rosner, Bernhard, kommunistischer Emigrant, Interbrigadist 158
Rovira, Josep, Kommandeur der POUM-Columna „Lenin" 63
Rüdiger, Helmut, anarchistischer Publizist, Mitarbeiter der CNT und zeitweilig Sekretär der IAA 38, 78, 82, 83, 85, 88, 89, 91, 93, 94, 97, 160, 244

Sala, Victorio, katalanischer Polizeioffizier, Nachfolger des Gómez Emperador 174
Sander, Wilhelm, Leiter der Sozialdemokratischen Flüchtlingshilfe in Prag (später London) 254
„Sanders, Fritz" s. *Blachstein, Peter*
Sanjurjo Sacanell, José, aufständischer General 27
Schenk, Richard, zeitweilig Polit-Kommissar der XI. Brigade 230, 231
Scheungrab, Joseph, CNT-Miliciano 92, 152
Schevenels, Walter, Sekretär des IGB 103, 105, 106, 172
Scheyer, Eugen, Gründer der „Sozialrevolutionären Deutschen Freiheitsbewegung" 87
Schichanowsky, Anton, zeitweilig Kommandeur des „Thälmann-"Btl. 231
Schildbach, Gertrud, NKWD-Agentin 153
„Schindler, Albert" s. *Schreiner, Albert*
Schlosser, Gustav, Emigrant in Barcelona 160
Schmidt, Karl, zeitweilig Polit-Kommissar des „Edgar-André"-Btl.
Schneider, Luis, Interbrigadist 34
Schocken, Thomas, Mitarbeiter der Informationsabteilung des PSOE, Offizier im republikanischen Heer 112, 117, 168
Schostakowitsch, Dimitri, Komponist 195
Schramm, Heinz, zeitweilig Kommandeur des „Hans-Beimler"-Btl., danach des „Edgar-André"-Btl. 230, 231, 232

Schreiner, Albert („Schindler"), zeitweilig Kommandeur der „Centuria Thälmann"), später Ausbilder an der Offiziersschule der Interbrigaden und der KPD-Schule 128, 209, 233
Schuster, Louis (Vehlow Franz), Polit-Kommissar und Adjutant Beimlers 215, 217, 220, 224, 225
Schwab, Juliano, CNT-Mitglied 95
Schwarz, Walter, KPO-Funktionär, zeitweilig Leiter der deutschen POUM-Sektion 60, 62
Schwarz, Willy, zeitweilig Kommandeur des „Edgar-André"-Btl. 231
„Schwed" s. *Orlow, Alexander*
Segal, Arthur, Maler 34
Segal, Walter, Architekt, Sohn des Vorigen 152
Seghers, Anna, Schriftstellerin 142, 226
Seifert, Herbert, sozialdemokratischer Interbrigadist 251
Sender, Toni, frühere SPD-Reichstagsabgeordnete 106
Siemsen, Anna, frühere SPD-Reichstagsabgeordnete 105
Sinclair, Upton, amerikanischer Schriftsteller 138
„Simone, André" s. *Katz, Otto*
Sittig, Eva, Ehefrau Hans Sittigs 161
Sittig, Hans, POUM-Sympathisant 161
„Singer" s. *Gerö, Ernö*
Slutsky, Abram, Chef der NKWD-Auslandsabteilung 146, 176
Smillie, Bob, Jugendfunktionär der ILP 156
Solano, Wilebaldo, Sekretär der POUM-Jugend JCI 54
Souchy, Augustin, anarchosyndikalistischer Journalist, Leiter der Informationsabteilung der CNT 34, 77, 79, 80, 87, 88, 89, 96, 157
Sperber, Manès, Schriftsteller 254
„Spielhagen, Franz" s. *Katz, Otto*
Stahlmann, Richard, Offizier in den republikanischen Guerrillaeinheiten 233, 267
Staimer, Richard, zeitweilig Kommandeur des „Thälmann"-Btl., später der XI. Brigade 218, 219, 220, 222, 224, 225, 230, 231, 232, 267
Stalin, Joseph 100, 108, 120, 125, 145, 146, 147, 181, 268
Stampfer, Friedrich, Vorstandsmitglied der Sopade 255
Staszewski, Arthur, Handelsattaché am sowjetischen Generalkonsulat in Barcelona, führender NKWD-Agent in Spanien 146, 176
Stein, Hans, Emigrant in Amsterdam 150
Steiner, Paul, zeitweilig Polit-Kommissar des Btl. „12. Februar" 231
Stern, Antonia (Toni) 130, 131, 132, 147, 150, 151, 153, 154, 158, 173, 209, 214, 219, 221, 222, 224
Stern, Manfred („Kléber"), General, zeitweilig Kommandeur der XI. Brigade 194, 215, 217, 230

Strunk, Franz, zeitweilig Polit-Kommissar des „Thälmann"-Btl. 231
Sundelewitsch, Nicolas, russisch-französischer Sozialist 168, 172
Szalway, Miklos, ungarischer Kommunist, zeitweilig Kommandeur des „Edgar-André"-Btl. 230
„*Szaya, Jorge*" s. *Kindermann, Szaja*
Szinda, Gustav, zeitweilig Stabschef sowie Kommandeur der XI. Brigade 135, 136, 213, 230, 232, 267

Telge, Oscar, bulgarischer Arzt, medizinischer Leiter des Internationalen Sanitätsdienstes 97
Teubner, Hans, KPD-Funktionär, Rundfunk-Redakteur im „Freiheitssender 29,8" 268
Thälmann, Ernst, inhaftierter KPD-Vorsitzender 35
Thalheimer, August, KPO-Theoretiker 48, 60
Thalmann, Clara, Ehefrau Paul Thalmanns 91, 92, 93
Thalmann, Paul, Schweizer Polit-Aktivist 55, 57, 63, 64, 72, 78, 91, 93, 152, 161, 163, 164
Thelen, Albert Vigoleis, Schriftsteller 34
„*Theo*" s. *Troll, Max*
Thorez, Maurice, französischer KP-Vorsitzender 107, 180, 181
Tieze, Willi, sozialdemokratischer Emigrant 114
Tilden, Alfred, NKWD-Agent 150
Tilden, Maria, Ehefrau des Vorigen 150
Tito, Josip Broz 268
Toch, Josef, Schriftsteller, Offizier der Interbrigaden 142, 224
Togliatti, Palmiro, italienischer KP-Vorsitzender, zeitweilig Säuberungsspezialist für die Interbrigaden 146, 180, 199, 234
Toller, Ernst, Schriftsteller 33
Tomás, Pascual, spanischer Sozialist, UGT-Sekretär 101, 106
Tresca, Carlo, italienischer Anarchist 150
Troll, Max, Gestapo-Agent 130
Trotzki, Leo 45, 46, 51, 52, 64, 66, 71, 120, 157, 170
„*Tschapaieff*" s. *Szalway, Miklos*

Uhse, Bodo, Schriftsteller 141, 258
Ulbricht, Walter, Leiter des Sekretariats des ZK der KPD 136, 155, 156, 170, 175, 238, 266, 267
Utnik, Dimitri, NKWD-Agent 176

Vesper, Paul, KPD-Funktionär, Leutnant der Interbrigaden 258
„*Vidal*" s. *Gayman, Vital*
Vidali, Vittorio, italienischer KP-Funktionär in den Interbrigaden 199, 234
Vieth von Golssenau, Arnold s. *Renn, Ludwig*
di Vittorio, Giuseppe („*Nicoletti*"), italienischer KP-Funktionär, zeitweilig Polit-Kommissar der XI. Brigade 182, 185, 195, 230

Walcher, Jacob, SAP-Funktionär 49, 252
„*Walter*" s. *Ulbricht, Walter*
Wehner, Herbert, Mitglied des ZK der KPD 109, 126, 149, 176
Weinand, Robert, zeitweilig Polit-Kommissar des „Thälmann"-Btl., danach des „Hans-Beimler"-Btl. 231
Weinert, Erich, Schriftsteller 141, 246, 260
Weil, Simone, französische CNT-Miliciana 91
Weiterer, Maria, KP-Funktionärin in Frankreich 268
Wels, Otto, SPD-Vorsitzender 105
Wille, Willi, Offizier in der „Centuria Thälmann" 128, 209
Winkelmann, Willy, Mitglied der Gruppe DAS, CNT-Miliciano 35, 84, 93, 95, 96, 159, 209, 264
„*Wittmann, Hugo*" s. *Buschmann, Ernst*
Wolf, Erwin, ehemaliger Sekretär Trotzkis 71, 157
Wolf, Herbert, SAP-Funktionär und POUM-Miliciano 65
Wolf, Paul, zeitweilig Polit-Kommisar des „Thälmann"-Btl. 231
Wolff (de Ribera), Ilse, sozialdemokratische Journalistin, Mitarbeiterin von *Claridad* 114
Wronski, A., sowjetischer „Berater", führender NKWD-Agent in den Intenbrigaden 234
Würfels, Johann, CNT-Miliciano 94
Wurzel, Leo, zeitweilig Polit-Kommissar des Btl. „12. Februar" 231

Yampolski, Vladimiro, Dolmetscher des „Grupo de Información" 148, 174
Yagoda, s. *Jagoda*

Zaisser, Wilhelm („*Gómez*"), KPD-Funktionär, General in spanischen Diensten, zeitweilig Kommandeur der XIII. Brigade 198, 221, 232, 233, 236, 237, 238, 266, 268
Zalka, Mate („*Lukács*"), ungarischer Schriftsteller, General in den Interbrigaden 138, 141, 134, 222
Zetkin, Clara, deutsche Kommunistin 197
Zetkin, Maxim, Sohn der Vorigen, Arzt im Sanitätsdienst der Interbrigaden 197
Zettler, Josef, zeitweilig Polit-Kommissar des „Edgar-André"-Btl. 230
Zeuner, Josef, zeitweilig Polit-Kommissar des „Edgar-André"-Btl. 230
Zimmermann, Oskar, CNT-Miliciano 91
Zucker, Wolf, SAP-Mitglied und POUM-Miliciano 65
Zweifel, Vincenz, Schweizer Kommunist, Angehöriger der „Centuria Thälmann" 159
Zweig, Stefan, Schriftsteller 252

Über den Autor

Dr. Patrik v. zur Mühlen, geboren 1942, studierte Geschichte, Politische Wissenschaften und Philosophie in Berlin und Bonn und promovierte 1971; seit 1975 ist er Mitarbeiter des Forschungsinstituts der Friedrich-Ebert-Stiftung in Bonn. Veröffentlichungen: Zwischen Hakenkreuz und Sowjetstern. Der Nationalismus der sowjetischen Orientvölker im Zweiten Weltkrieg, Düsseldorf 1971; Rassenideologien. Geschichte und Hintergründe, Bonn 1977; »Schlagt Hitler an der Saar!« Abstimmungskampf, Emigration und Widerstand im Saargebiet 1933—1935, Bonn 1979; Sozialdemokratie in Europa, München 1980; hg. mit Richard Löwenthal: Widerstand und Verweigerung in Deutschland 1933—1945, Bonn 1982.